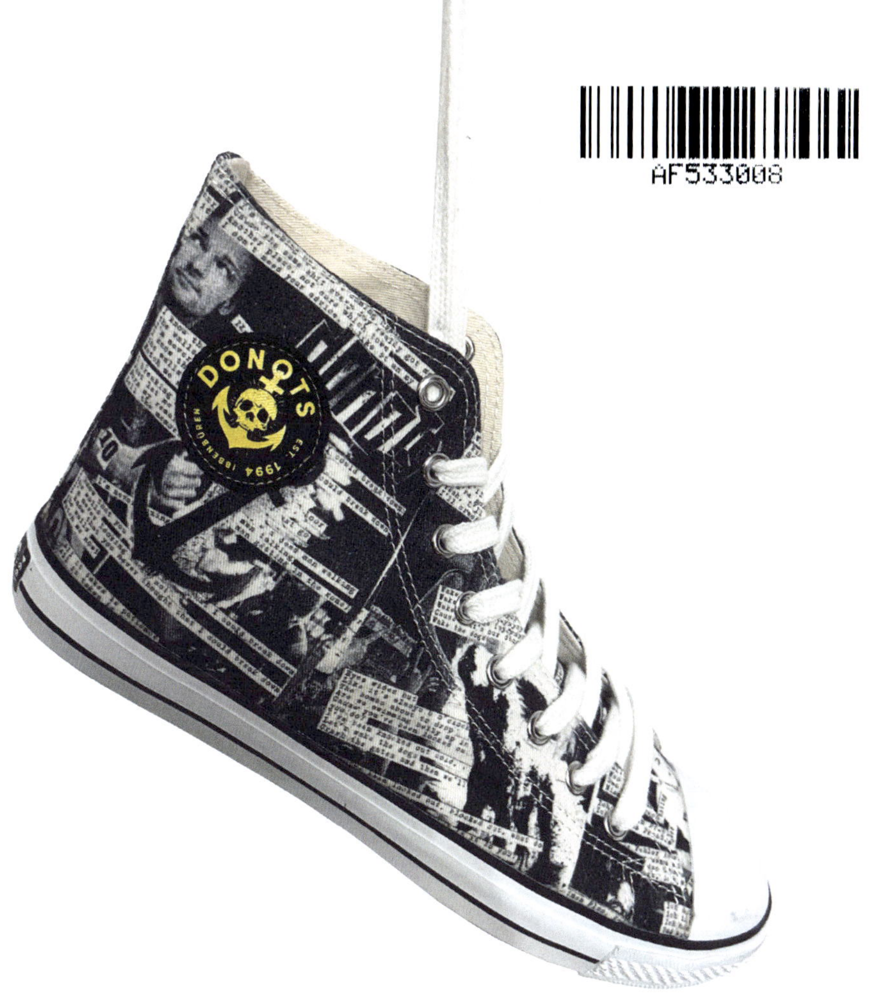
DONOTS
EST 1994 IBBENBÜREN

Ingo Neumayer

Die Geschichte der DONOTS

Heute Pläne, morgen Konfetti

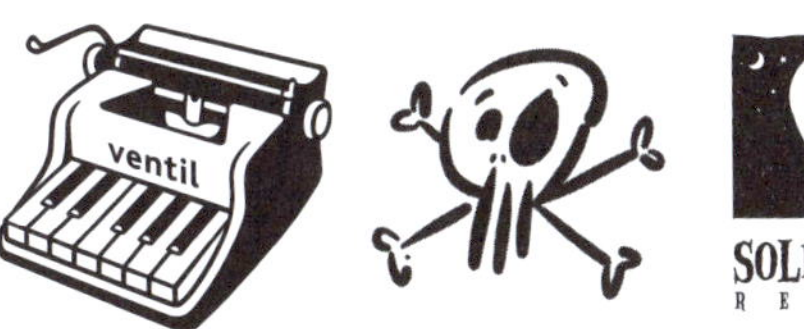

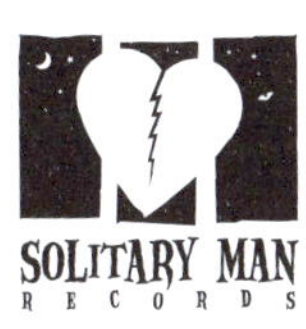

Ingo Neumayer
wird 1973 in der schwäbischen Provinz geboren und fährt dort so lange mit seinem Mofa im Kreis herum, bis ihm Heavy Metal und Punkrock den Weg aus dem Dorf weisen. Er bricht erfolgreich sein Publizistikstudium in Münster ab und wird erst Praktikant, später Redakteur, noch später Chefredakteur des Dortmunder Musikmagazins »Visions«. Seit 2005 ist er freier Autor für verschiedene Medien und Publikationen: Er verfasst Nachrichten und Reportagen für WDR.de, Gedichte für *JWD – Joko Winterscheidts Druckerzeugnis*, Reiseführer für *Marco Polo* und Interviews für *Galore*. Außerdem ist er ab und zu als DJ tätig und weiß daher genau, wann man Bonnie Tyler spielen muss (um 2:17 Uhr) und wann Helene Fischer (niemals). Er lebt, arbeitet und trinkt seinen Kaffee meistens in Köln.

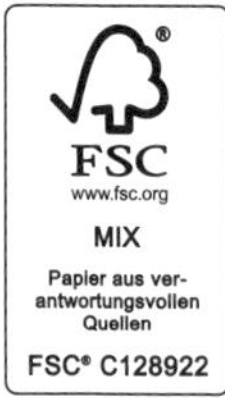

1. Auflage April 2021

Klappenbroschur: ISBN 978-3-95575-125-8
Hardcover-Sonderausgabe: ohne ISBN (exklusiv bei Solitary Man Records / Donots)

Lektorat: Jonas Engelmann und Stephan Glietsch
Layout und Satz: Oliver Schmitt
Druck und Bindung: Himmer GmbH Druckerei, Augsburg

Ventil Verlag, Boppstraße 25, 55118 Mainz
www.ventil-verlag.de

DIE GESCHICHTE DER DONOTS
INHALTSTOUR

Prolog

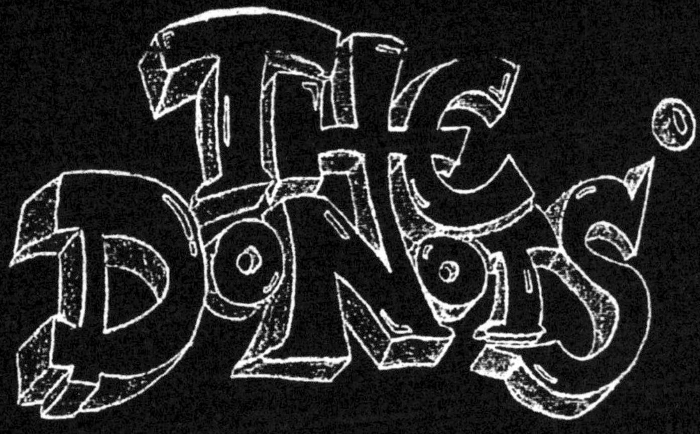

Eine Band zu gründen, ist die einfachste Sache der Welt. Alles, was man dafür braucht, sind ein paar Instrumente und ein paar Freunde. Wenn man die Instrumente beherrscht – fein. Wenn nicht, ist das auch nicht weiter schlimm. Dann kann man sich immer noch auf Punkrock berufen. Auf grandiose Dilettanten wie Sid Vicious, Joey Ramone, Fat Mike oder Bela B. Auf Musiker also, die hochkant von jedem Musikkonservatorium geflogen wären, denen man in jeder »Songwriting School« oder »Pop Music Class« die Tür vor der Nase zugeknallt hätte und die es dennoch geschafft haben, Songs für die Ewigkeit zu schreiben, und ihrem Publikum damit eine entscheidende Botschaft vermittelt haben.

Denn bei Punk ging es nie um bunte Haare, nie um Sicherheitsnadeln und im Grunde auch nie um den Mittelfinger, den man der Gesellschaft, dem System, den »anderen« zeigt. Punk hat Musik als Kunstform demokratisiert und so für den wohl wichtigsten Kulturwandel der vergangenen fünfzig Jahre gesorgt. Die Unterschiede zwischen Jello Biafra, Glenn Danzig, Joe Strummer, Greg Graffin, Blixa Bargeld, Frank Turner und Campino hätten kaum größer sein können. In dem, was sie sangen. In dem, wie sie sich ausdrückten. In dem, was sie darstellten und wollten. Aber es gab und gibt eine Botschaft, die alle gemein haben: Wir sind nichts Besonderes! Das kannst du auch!

Und dieser Ruf, dieses Credo wurde seit 1977 rund um den Planeten millionenfach gehört. In den besetzten Häusern im kalifornischen Berkeley. In einer Garage im schwedischen Örebro. Und auch im Fahrradkeller der Aasee-Schule in Ibbenbüren, einer 50.000-Einwohner-Stadt auf dem platten Land zwischen Münster und Osnabrück, wo sich Ingo, Guido, Jan-Dirk, Stone und Jens im Sommer 1993 abmühen, hinter das Geheimnis des Bad-Religion-Songs »Along The Way« zu kommen. Was genau singt der da? Heißt das »morals« oder »mortals«? Wer ist dieser »Tommy«? Und wer zur Hölle hat eigentlich behauptet, dass man für Punkrock nur drei Akkorde braucht? Dieser Song hat mindestens vier, vielleicht sogar fünf. Aber welche genau? Und wie spielt man die am besten?

Die Aufgabe ist groß, doch in Ibbenbüren ist man beharrlich, man könnte auch sagen: stur. Irgendwann wird das Rätsel gelöst, der Song steht. Jan-Dirk am Bass und Jens am Schlagzeug stampfen sich durch den Rhythmus. Stone und Guido teilen sich die Gitarrenarbeit. Und Ingo bemüht sich redlich, die gleichen Töne zu treffen wie Greg Graffin, der Sänger von Bad Religion. Das klingt genau so, wie es eben klingt, wenn fünf Schüler ihre Lieblingssongs nachspielen: Nach Ambitionen, nach Limitierungen, nach Fahrradkeller. Und dennoch: Das Ergebnis sorgt prompt für Stolz und Träumereien.

»Wisst Ihr, was der Hammer wäre?«
»Was denn?«
»Wenn wir einmal mit Bad Religion zusammenspielen könnten. Als Vorgruppe.«
»Phhh. Ja, klar. Als ob.«
»Nee, im Ernst. Stell dir das mal vor. Wie geil das wäre!«
»Ey, wenn das jemals passiert, dann ...«
»Ja?«
»Wisst ihr, was wir dann machen?«
»Was denn?«
»Dann lösen wir die Band direkt nach dem Konzert auf, okay? Dann haben wir doch alles erreicht, was man erreichen kann. Was soll danach noch groß kommen?«

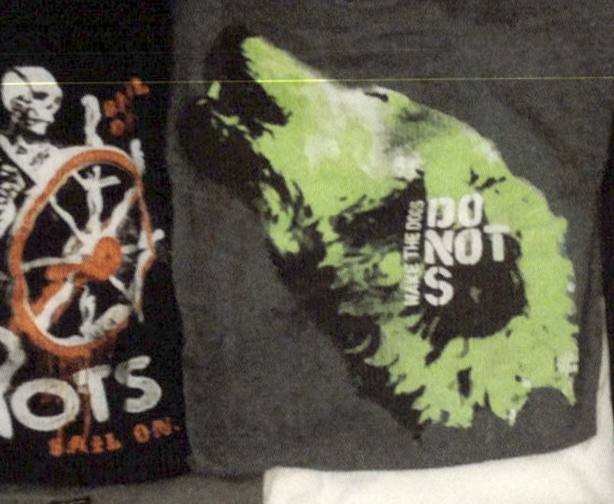
WAKE THE DOGS
DO NOT S
SAIL ON.
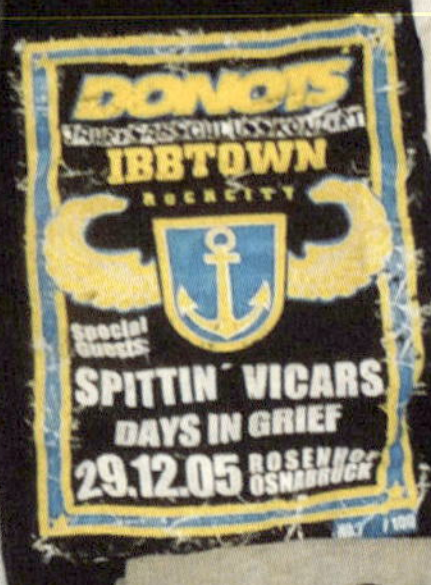
DONOTS
IBBTOWN
Special Guests:
SPITTIN´ VICARS
DAYS IN GRIEF
29.12.05 ROSENHOF OSNABRÜCK
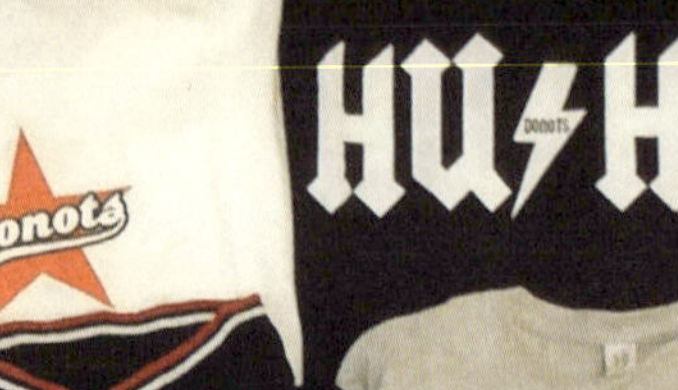
HU HA
Donots
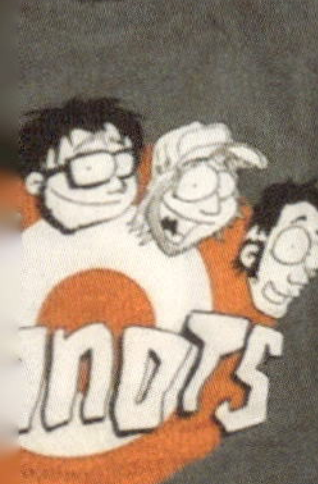
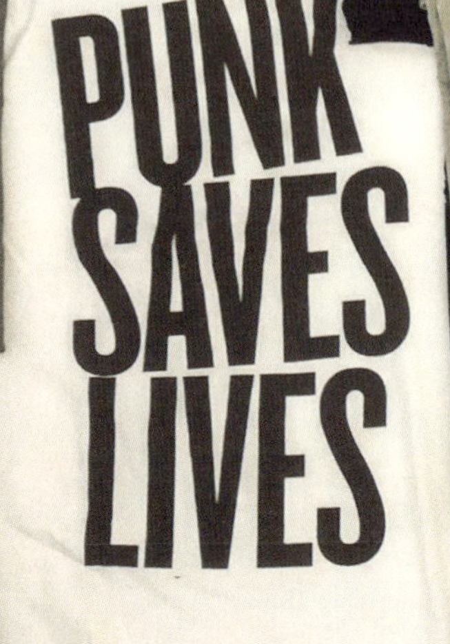
PUNK
SAVES
LIVES
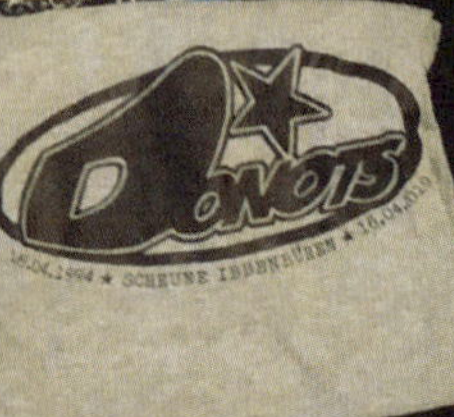
DONOTS
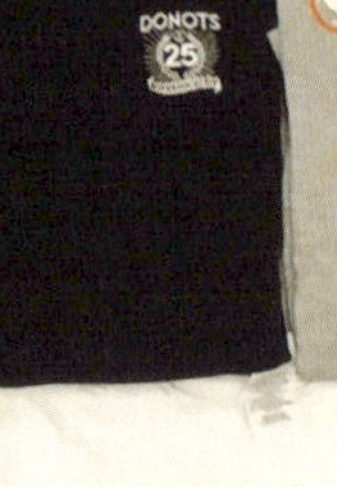
DONOTS
25
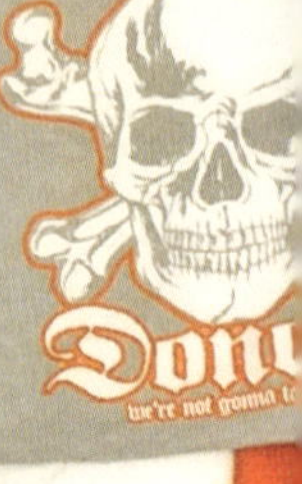
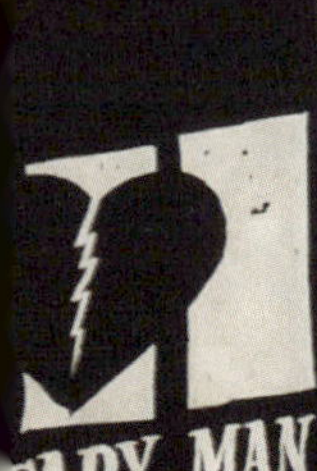
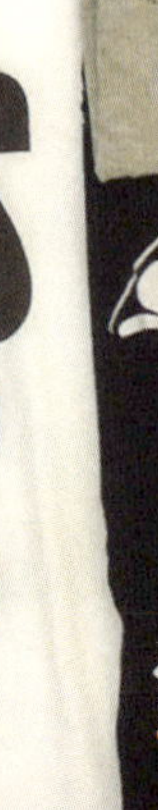
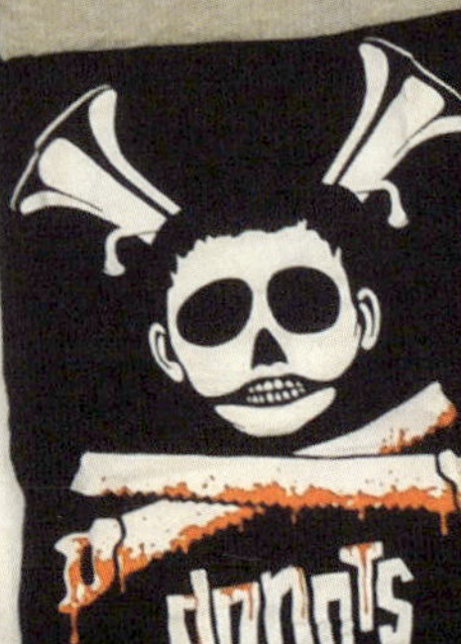
donots
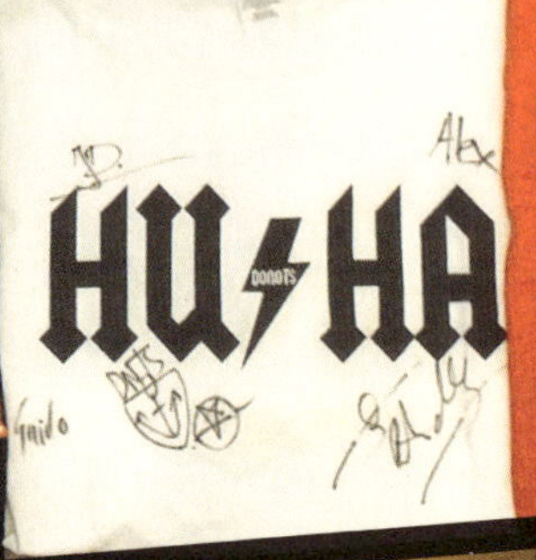
HU HA
DONOTS
Alex
Guido
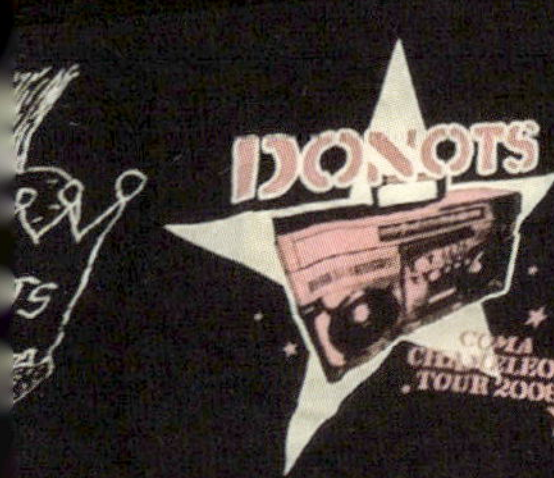
DONOTS
COMA CHAMELEON
TOUR 2008
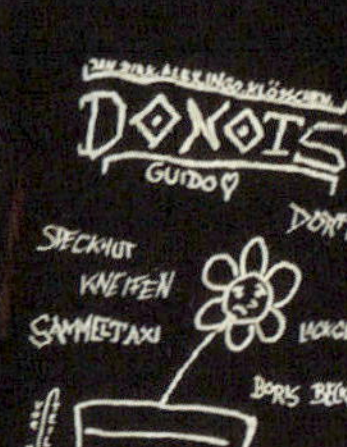
DONOTS
GUIDO
SPECKHUT
KNEIFEN
SAMMELTAXI
EDEKA (ONLINE)
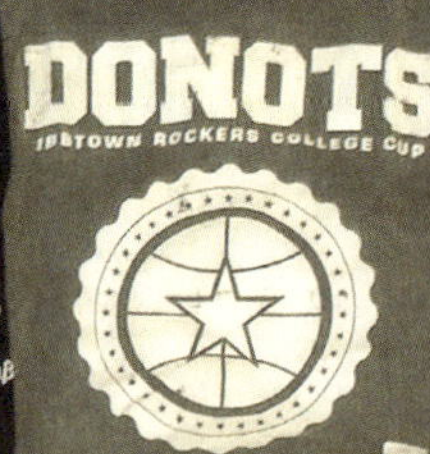
DONOTS
IBBTOWN ROCKERS COLLEGE CUP
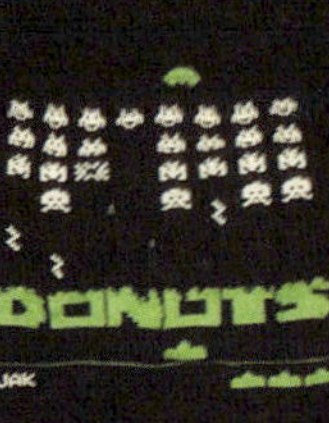
DONOTS
JAK
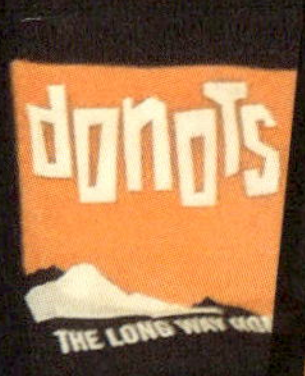
donots
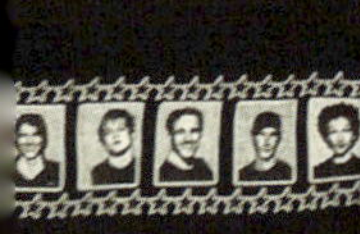
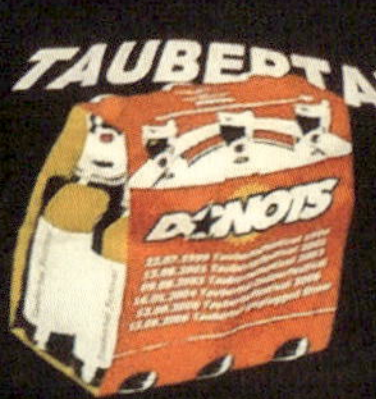
TAUBERTAL
DONOTS
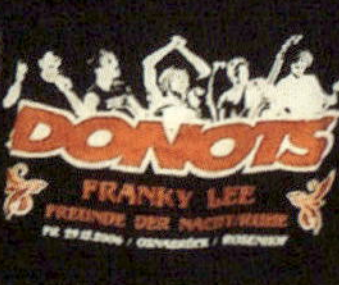
DONOTS
FRANKY LEE
FREUNDE DER NACHTMUSIK
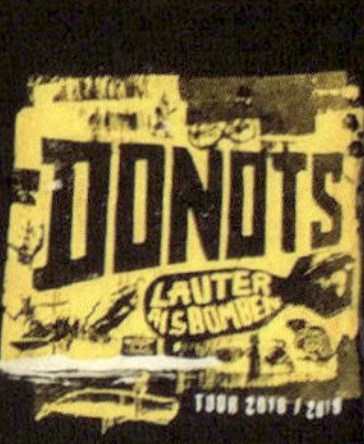
DONOTS
LAUTER ALS BOMBEN
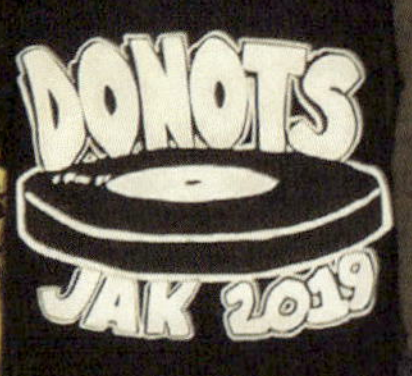
DONOTS
JAK 2019
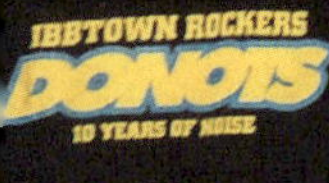
IBBTOWN ROCKERS
DONOTS
10 YEARS OF NOISE

donots
DONOTS
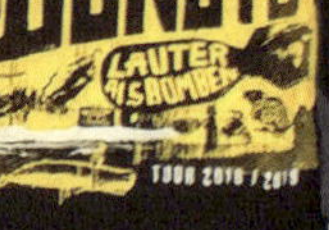
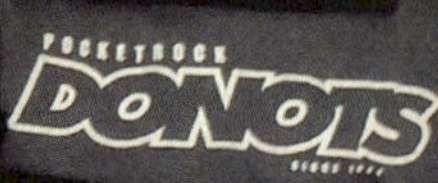
POCKETROCK
DONOTS
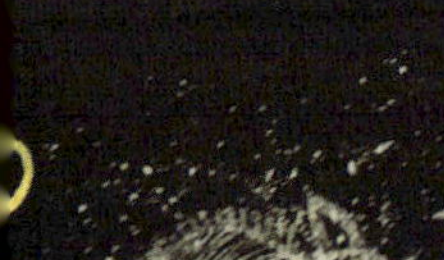
donots
JAK 2018
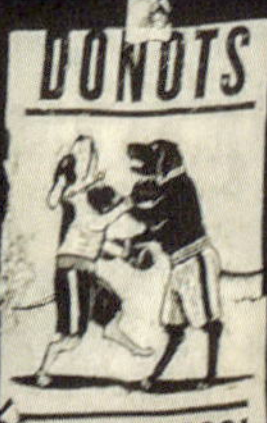
DONOTS
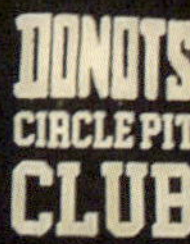
DONOTS
CIRCLE PIT
CLUB
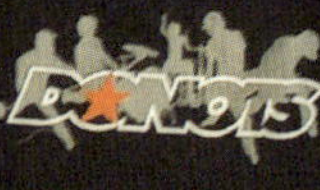
DONOTS

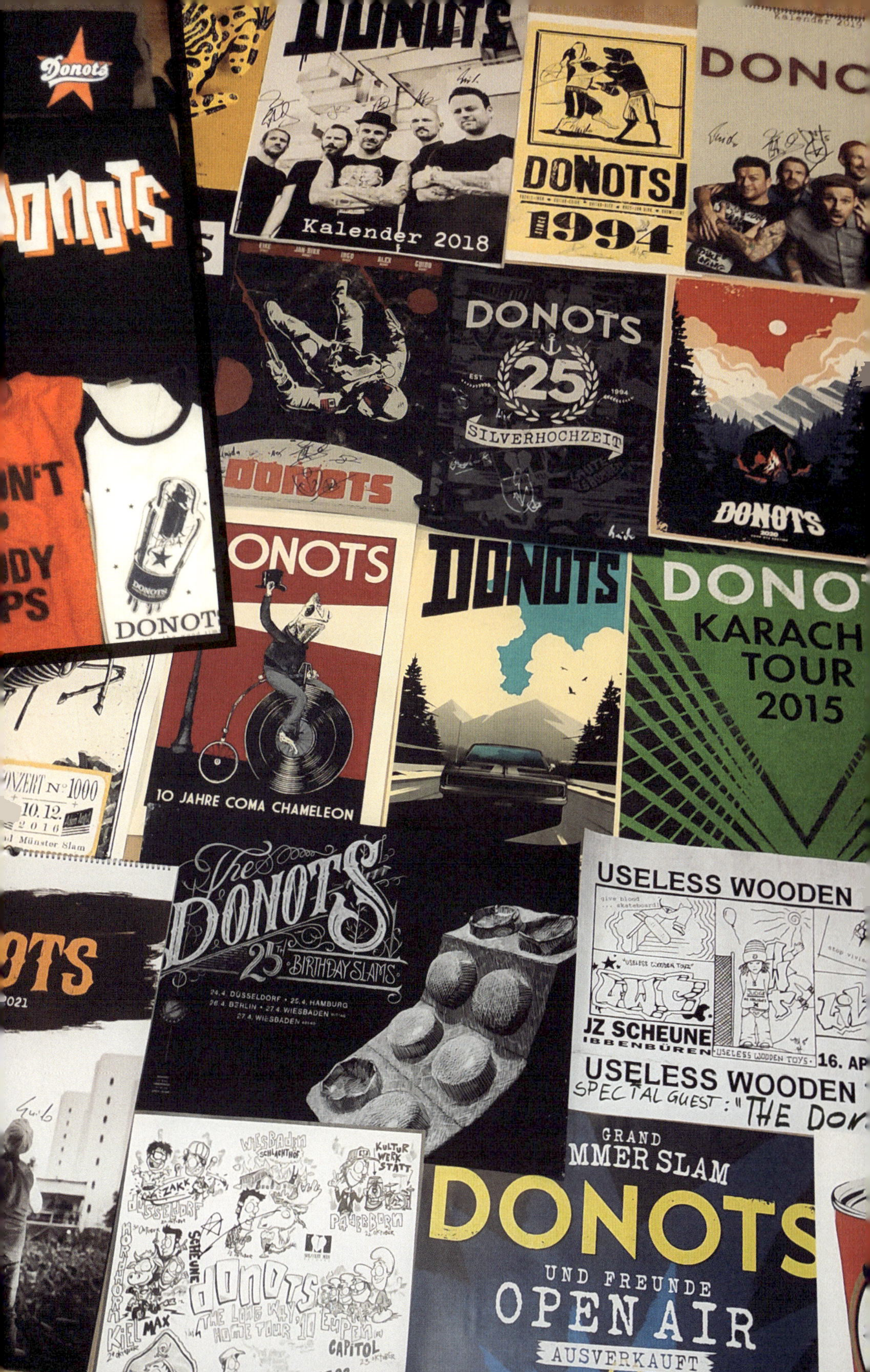
Donots
Kalender 2018
DONOTS
1994
DONOTS
25
SILVERHOCHZEIT
DONOTS
DONOTS
10 JAHRE COMA CHAMELEON
DONOTS
KARACH
TOUR
2015
The DONOTS
25th BIRTHDAY SLAMS
USELESS WOODEN
JZ SCHEUNE
IBBENBÜREN
USELESS WOODEN
SPECIAL GUEST: "THE DO
GRAND
MMER SLAM
DONOTS
UND FREUNDE
OPEN AIR
AUSVERKAUFT
THE LONG WAY HOME TOUR 10

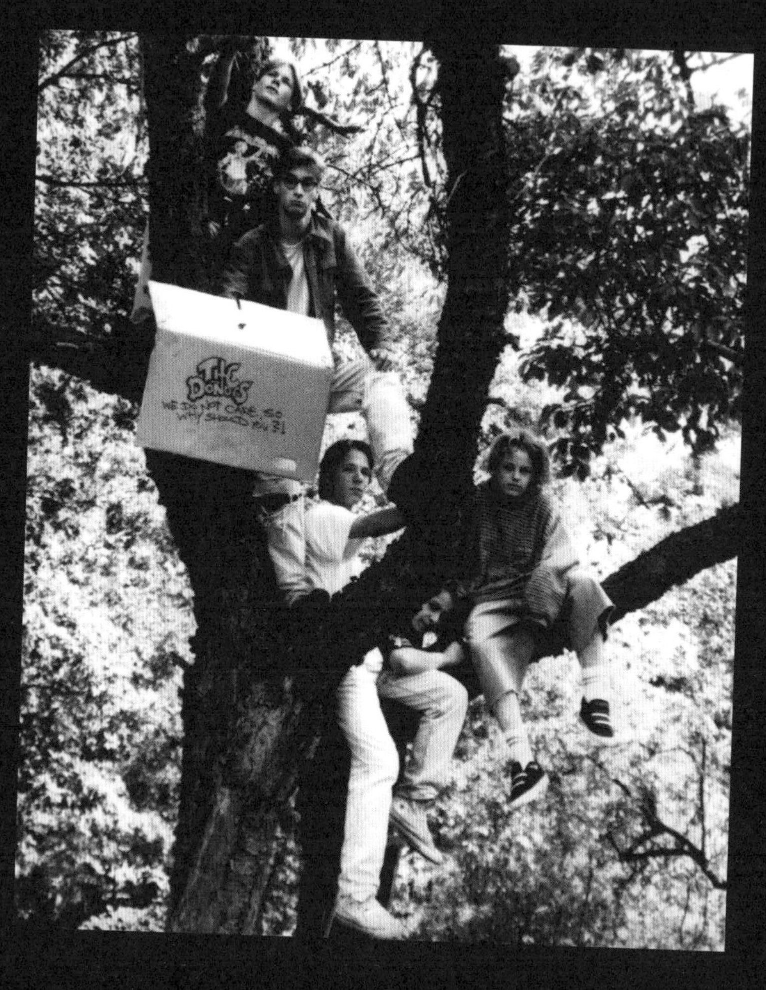
THE DONUTS
WE DO NOT CARE, SO
WHY SHOULD YOU ?!

TEIL EINS

1991–1997

KRACH UND ACH

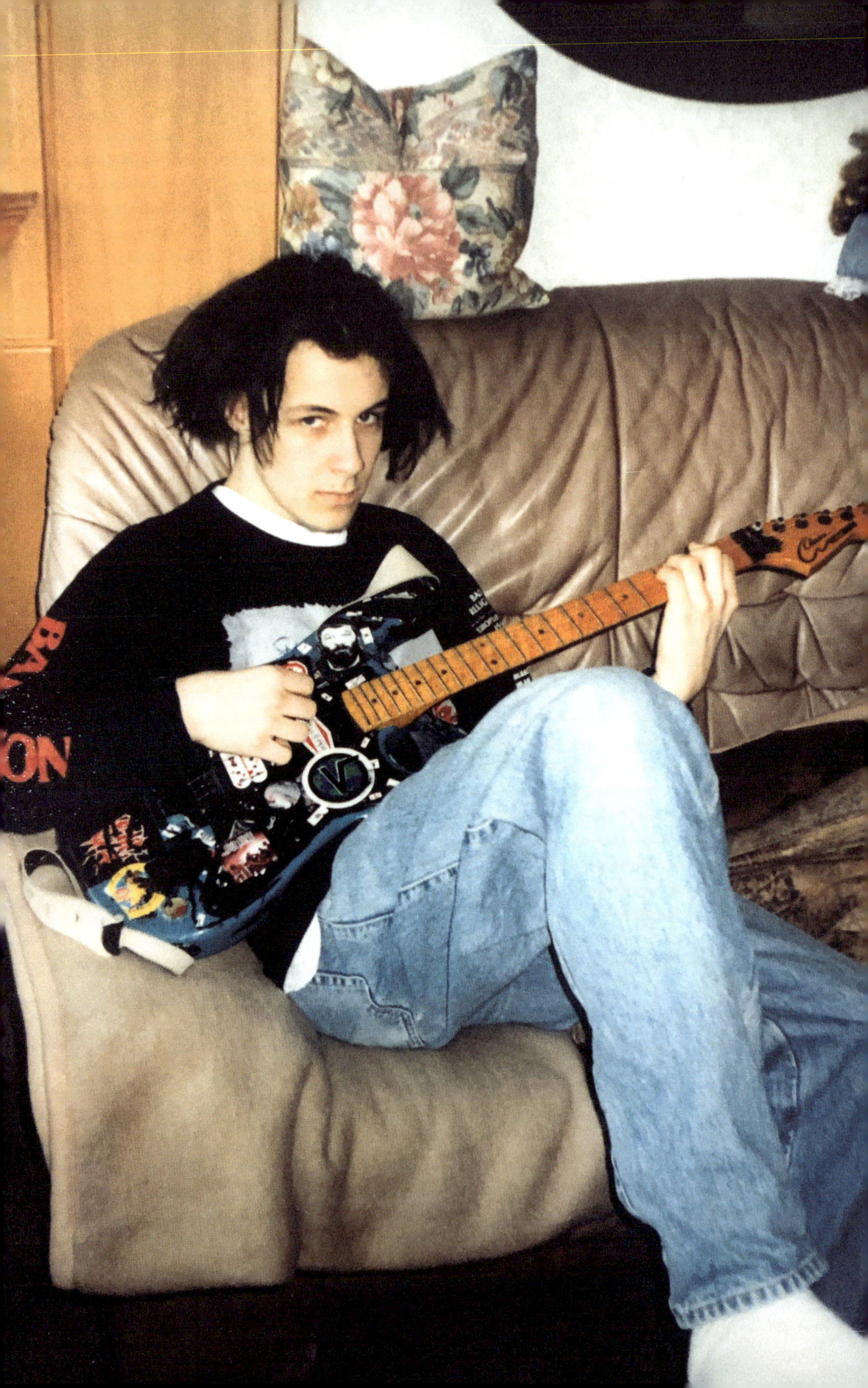

SOZIALER KLEBSTOFF: MUSIK

Rrrrring! Die Friedensstraße in Ibbenbüren. Es klingelt bei den Knollmanns an der Tür. Eigentlich ein Wunder, dass Ingo und Guido davon überhaupt etwas mitbekommen. Denn die Anlage in ihrem Zimmer ist voll aufgedreht, und so beschallen die beiden die halbe Nachbarschaft mit Heavy Metal.

Was dort an diesem Nachmittag im Sommer 1991 genau aus den Boxen dröhnte, lässt sich im Nachhinein nicht mehr klären. Helloween vielleicht, Running Wild oder Anthrax. Auf jeden Fall ist die Musik so laut, dass man sie an diesem heißen Sommertag, an dem die Sonne knallt und überall die Fenster offenstehen, noch drei Häuser weiter hört. Dort wohnt Nils Merschmeyer, der gerade Besuch von seinem Cousin aus Emsdetten hat: Jan-Dirk Poggemann. Die beiden zocken etwas lustlos StarQuest, ein Science-Fiction-Brettspiel, bei dem man ein Raumschiffwrack von Aliens und feindlichen Space Marines befreien muss. Echter Nerdkram halt, dessen Regeln so kompliziert sind, dass Jan-Dirk schnell die Lust daran verliert. Die heftigen Gitarren, das ballernde Schlagzeug und der aggressive Gesang, die zu den beiden herüberwehen, klingen sehr viel interessanter. Hart, laut und schnell. Das ist genau nach Jan-Dirks Geschmack, also lässt er seinen Cousin alleine das Weltall befrieden und macht sich auf den Weg, um herauszufinden, wer hier noch auf Metal steht. Die akustische Spur führt ihn zu den Knollmanns, bei denen Jan-Dirk kurzerhand Sturm klingelt, worauf er schließlich Ingo und Guido gegenübersteht.

»Geile Mucke, die da bei euch läuft. Was ist das? Kann ich mithören?«

»Klar. Komm rein.«

Musik als sozialer Klebstoff. Als Basis für Freundschaften, als Grundlage für Beziehungen, die jahrelang, manchmal sogar jahrzehntelang halten. Das funktioniert immer und immer wieder.

Auch die Donots können ein Lied davon singen. Beziehungsweise zwei oder drei. Das unterscheidet sie von den vielen anderen Fans, Freaks und Nerds, für die Musik ebenfalls kein bloßes Hobby, sondern ein gottverdammter Lebensinhalt ist. Anders als die meisten von ihnen wechseln die Mitglieder der Donots schon früh vom Passiv ins Aktiv. Sie hören nicht nur Musik, sie machen auch welche.

Ingo im elterlichen Wohnzimmer
Mitte der Neunziger.

INGO

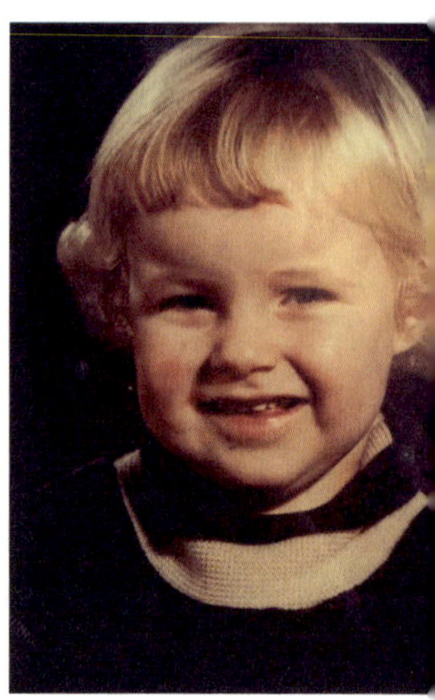

Ingo Knollmann träumt schon als Grundschüler davon, Klavier zu lernen. Das glauben zumindest seine Eltern. Für ihn selbst kommt es völlig überraschend, als an Weihnachten 1982 plötzlich eine Bontempi-Heimorgel unter dem Baum steht. Eins dieser Modelle mit Holzfurnier, das einen direkt in die Siebziger Jahre beamt, in die Welt von filterlosen HB-Zigaretten, halbleeren Mariacron-Flaschen und Alleinunterhaltern, die wie verhinderte Serienmörder aussehen.

Was genau soll Ingo jetzt damit anfangen? Er nimmt es pragmatisch: Wenn so ein Instrument schon mal zur Hand ist, dann kann man auch darauf spielen. Also geht er brav einmal die Woche in den Unterricht von Jochen Röhricht an der Musikschule Ibbenbüren. Dort lernt er – eher widerwillig – Schlager und Volksmusik wie »Der treue Husar« und »Hohe Tannen«, aber auch viel über Harmonien, Kompositionen und sogar wie der Quintenzirkel funktioniert. »Lauter Sachen, die man in einer Punkband eigentlich gar nicht braucht«, wie Ingo heute sagt. Wobei: »Eigentlich« ist relativ – im Laufe der Jahre wird sich Ingos klassische Ausbildung das eine oder andere Mal als durchaus hilfreich für das Songwriting der Donots erweisen.

An Weihnachten darf Ingo dann jedes Jahr zeigen, wie gut er sein Instrument beherrscht. Zwar kann er sich Schöneres vorstellen, als seine musikalischen Fortschritte vor Publikum zu demonstrieren, aber wenn Mama und Papa darauf bestehen, ist er der Letzte, der den Haussegen gefährdet. Also spielt er brav »Stille Nacht« und sorgt für feuchte Augen und gerührte Gesichter.

Musik ist für Ingo damals das, was im Radio gespielt wird: Anfangs richtig schlimmes Zeug wie Sabrina, eine Italo-Pop-Tante, die bevorzugt im nassen T-Shirt auftritt, um von ihrem dünnen Stimmchen abzulenken. Oder Sandra, die mit Rehaugen und Föhnwelle formatierten Disco-Pop trällert, der am Produzenten-Fließband von Michael Cretu entstand. Nicht zu vergessen Bruce & Bongo, zwei in der Bundesrepublik stationierte britische Soldaten, die 1986 mit ihrem Hit »Geil« für kurze Zeit der heiße Scheiß sind.

Der Skandal, den das Duo damit provoziert, wirkt heute, wo schon Grundschüler Gangster-Rapper wie Bushido oder 187 Straßenbande hören, eher putzig. Doch damals regen sich viele Leute über den Titel mit dem anstößigen Wort auf. Radiosender weigern sich, »Geil« zu spielen, und kurzzeitig befasst sich sogar die Bundesprüfstelle für jugendgefährdende Schriften damit. Ob es das ist, was Ingo an dem Song gefällt? Eltern, Institutionen sowie andere Moralhüter und Sittenwächter vor den Kopf zu stoßen, ist schließlich ein Motiv, das in der Popkultur schon seit Elvis und den Beatles existiert und das immer noch Wirkung zeigt, obwohl die Messlatte für Provokationen von der Punkbewegung in den 70ern gleich um mehrere Stockwerke nach oben verlegt wurde.

Doch auch in den Achtzigern ist längst nicht alles Schrott, was im Radio läuft und in *Formel Eins* zu sehen ist. Ingo pickt sich die Perlen heraus und findet schnell Gefallen an den Songs von Bands wie Pet Shop Boys, Depeche Mode und New Order. Gut gemachte Pop-Nummern eben, die durchaus Tiefe und Anspruch haben.

Aber nicht nur der Song, sondern auch die Attitüde spielt eine Rolle. Das erfährt Ingo, als er eines Samstagabends *Thommys Pop-Show* im ZDF einschaltet und Zeuge wird, wie ein blasser Typ mit blondierten Igelhaaren, schwarzer Lederjacke und zig Ketten um den Hals während des Auftritts in seine Hand spuckt, den Schmodder genüsslich im Gesicht verreibt und dann herausfordernd in die Kamera starrt. »Als ich das erste Mal Billy Idol gesehen habe, konnte ich das überhaupt nicht fassen«, sagt Ingo. »Der war so krass.« In Ibbenbüren heißen solche Typen damals »geile Atze«. Ingo ist begeistert. Da ist jemand, der nicht dem üblichen Schema folgt und einen gewissen »Assi-Touch« hat. Auch Sigue Sigue Sputnik, die wenig später mit ultrakrassen Frisuren und Outfits versuchen, eine Brücke zwischen Punk, Dance und futuristischem Gaga zu schlagen, stehen im Hause Knollmann hoch im Kurs.

Offenbar hat Ingo schon früh ganz gute Antennen dafür, wenn jemand aus der Punkszene kommt und sich dort seine ersten Sporen verdient hat. Denn Billy Idol und Tony James, der Chef von Sigue Sigue Sputnik, sind keine grellen Industriepro-

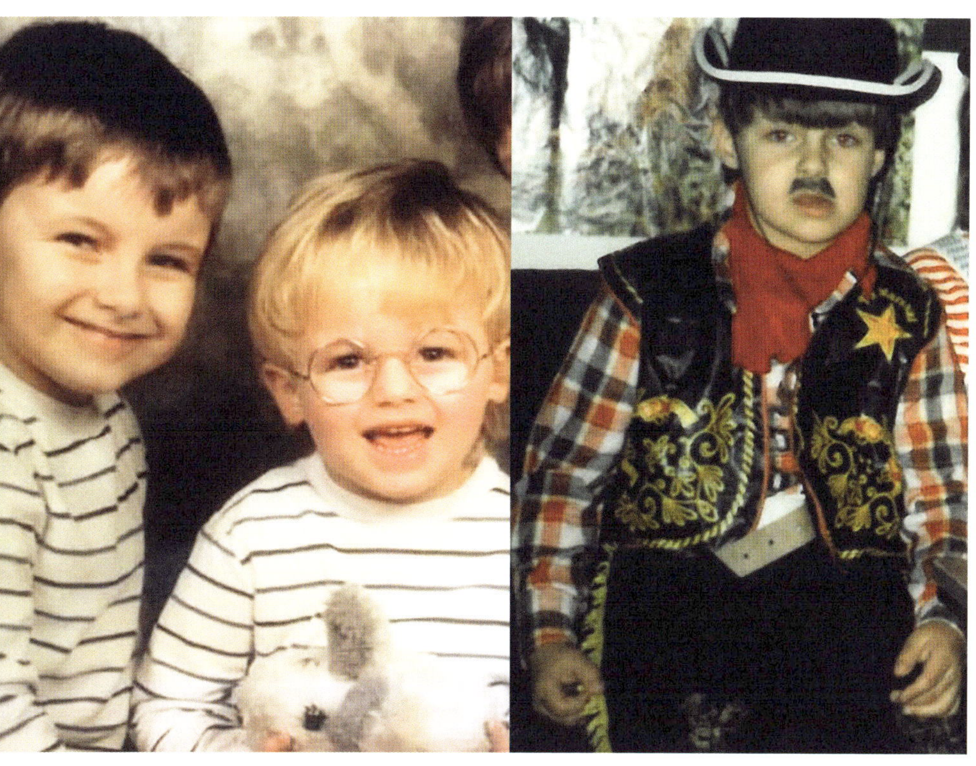

Ingo (Berufswunsch Cowboy) und Guido (mit Brille und Hase).

dukte, die ein cleverer Manager mit Sinn für Schock-Effekte auf die Bühne gejagt hat. Schon in den Siebzigern gründeten die beiden gemeinsam Generation X, eine britische Punkband, die zeitgleich mit The Clash, The Jam und den Sex Pistols aktiv war. Mit Punkwurzeln auf die große Bühne: Dieses Konzept merken wir uns mal für später.

Ingos musikalische Sozialisation findet mehr und mehr abseits der Charts und fernab des Mainstreams statt. Und was hört man, wenn man in den Achtzigern in einem westfälischen Kaff aufwächst, in dem die Mofas knattern und bei Ostwind der Gülle-Gestank von den Kuhweiden herüberweht? Richtig: Metal!

Heavy Metal, Death Metal, Speed Metal, Thrash Metal, Black Metal. Ingo hätte wahrscheinlich auch Pink Metal gehört, wenn nur irgendjemand diese Spielart erfunden hätte. Hauptsache laut, Hauptsache schnell, Hauptsache aggressiv. Der *Metal Hammer* ist die heilige Schrift, dessen Chefredakteur Götz Kühnemund der Papst, und das gelobte Land liegt in Kalifornien. Wo dort genau, ist allerdings unklar. Entweder in der Bay Area bei San Francisco, wo Metallica, Exodus, Possessed oder Testament herkommen und neue Maßstäbe in Sachen Härte setzen. Oder in Los Angeles, wo Guns N'Roses, Mötley Crüe und WASP mit endlosen Partys ihren ausschweifenden Lebensstil zelebrieren. Auf jeden Fall ganz weit weg von Ibbenbüren, dieser piefigen Kleinstadt, die so viel Glamour versprüht wie Hannelore Kohl. Und die musikalisch so viel zu bieten hat wie der Tubaspieler bei der *Knoff-Hoff-Show*.

Einen wichtigen Beitrag zur Musikbegeisterung der jüngeren Knollmanns leistet ihr großer Bruder André. Er ist fünf Jahre älter als Ingo, acht Jahre älter als Guido und steht auf ZZ Top, Sisters Of Mercy und die Toten Hosen, aber auch auf heftige Metalbands wie Sodom, Kreator oder Tankard.

Ein Klassiker: Die Plattensammlung des großen Bruders hat schon viele Menschen auf den richtigen Weg abseits der Pop-Charts gebracht. Und so ackert sich Ingo mit wachsender Begeisterung durch Andrés Schätze. Ab und an lässt er eine Platte mitgehen, die er in seinem Zimmer dann in aller Ruhe rauf und runter hört. Eine Faszination, der auch Guido schnell erliegt. Und die André manchmal ganz schön nervt. »Wenn ich nach Hause kam und meine Platten hören wollte, waren die immer öfter verschwunden«, erinnert er sich. »Und wo habe ich sie wiedergefunden? Bei Ingo und Guido im Zimmer.« Ein Ärgernis – noch dazu, weil die beiden nicht besonders pfleglich damit umgehen. Während André das Vinyl vor dem Auflegen stets penibel mit einem Schwämmchen säubert, liegen die Scheiben im Zimmer der kleinen Brüder kreuz und quer herum.

Trotz seiner Begeisterung für laute Gitarren bleibt Ingo der Bontempi-Orgel treu. Keyboard zu spielen ist zwar nicht besonders cool, aber mit seinem Lehrer Jochen versteht er sich super. Der überredet Ingo sogar zu gemeinsamen Auftritten und schleppt ihn mit in Altenheime und auf Rentnertreffs, wo sie Ü70-Kaffeekränzchen mit Hits wie »La Paloma« untermalen. Ingo erhofft sich von solchen »Gigs« eine Aufbesserung des Taschengelds. Allerdings gibt es als Gage häufig nur ein TKKG-Buch oder ähnlichen Schrott. Jochen tritt regelmäßig bei Hochzeiten, Feiern und Betriebsfesten auf und hegt offenbar den Plan, Ingo eine ähnliche Karriere zu

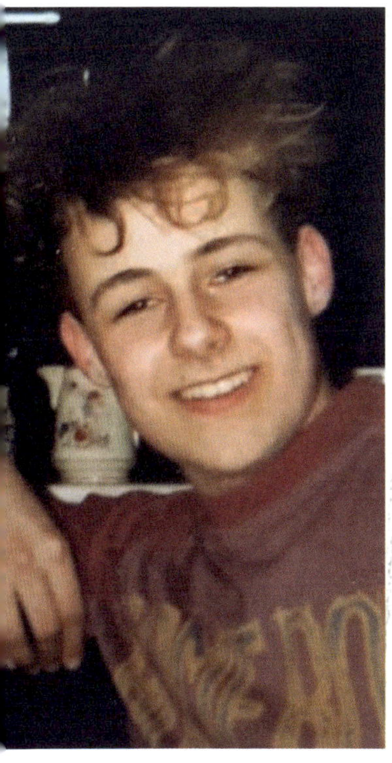

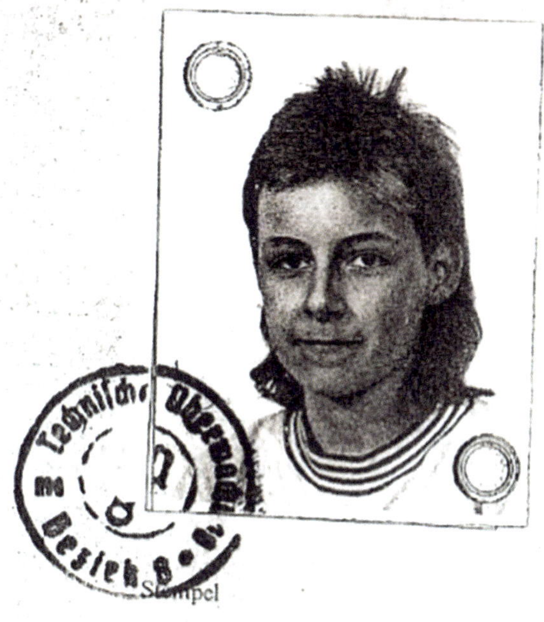

ermöglichen. Doch der merkt schnell, dass der Job des Hochzeitsmusikers nichts für ihn ist. In Pfarrsälen und Gemeindezentren zu spielen, wo alle fünf Minuten ein schwankender Typ vor dir steht und dir »Kannssu mal ›Freiheiiiiit‹ vom Marius spielen?« ins Ohr lallt? Nein danke.

Stattdessen gibt er später selbst Keyboard-Unterricht an der Musikschule und vermittelt den Schülern die Grundlagen der Harmonielehre. Spaß macht auch das eher selten. »Das war teilweise wirklich die Hölle«, blickt er zurück. »Ungefähr 98 Prozent der Kids dort hatten keinen Bock. Die sind nur da hingegangen, weil sie von ihren Eltern geschickt wurden. Aber wenn die Motivation, ein Instrument zu spielen, nicht aus einem selbst rauskommt, kann man es gleich bleiben lassen.«

In der Theorie sind Musikszenen meist sortenrein voneinander getrennt und mit diversen Ausschlusskriterien verbunden: HipHopper mögen keinen Rock, Jazz und Pop vertragen sich nicht, als Metaller darf man keinen Punkrock hören, und umgekehrt ist Metal für Punks tabu. In der Praxis spielen Scheuklappen und Schubladen zum Glück eine viel geringere Rolle.

Gerade Punk und Metal eint mehr, als man gemeinhin denkt: Beide Musikrichtungen sind hart, laut und schnell. Beide haben ihren Ursprung im Underground. Beide thematisieren das Nicht-Angekommen-Sein in Gesellschaft und Erwachsenenwelt. Außerdem stehen beide Genres für eine gewisse Ethik, einen Kodex, der

Teenage Ingo und der Beweis: In Ibbenbüren fahren Metaller noch Mofa.

dazu ermuntert, die Dinge selbst in die Hand zu nehmen. Ihr wollt nicht über unsere Band schreiben? Scheiß drauf, dann machen wir ein Fanzine! Ihr wollt uns keinen Plattenvertrag geben? Uns doch egal, dann gründen wir unser eigenes Label! Diese hemdsärmelige Haltung findet man sowohl im Punk als auch in Metal-Kreisen und sie sorgt vor allem in den Achtzigern dafür, dass sich beide Seiten gelegentlich näher kommen, als oft angenommen wird – zumindest in musikalischer Hinsicht. Man kann zwar nicht gleichzeitig wie ein Punk und ein Metaller aussehen, aber man kann gleichzeitig Punk und Metal hören. Spätestens als Metallica die Misfits covern, Megadeth die Sex Pistols und Guns N'Roses The Damned, wird wohl auch dem letzten Metaller klar, dass es ein hörenswertes Leben jenseits von Nackenmatten, Jeanskutten und Fantasy-Texten über Drachen und ägyptische Herrscher gibt.

Auch im vom Metal-Virus infizierten Haus der Knollmanns entwickelt sich Punk Ende der Achtziger zur beliebten Parallelkultur. Vor allem deutsche Bands wie Die Ärzte und Die Toten Hosen stehen hoch im Kurs, und so passiert am 31. August 1990 etwas, das Ingos Leben in eine entscheidende Richtung lenkt: André fährt mit ein paar Freunden zum Konzert der Hosen in die Halle Münsterland – und nimmt seinen kleinen Bruder mit. Die Initiative dazu geht sogar von ihrer Mutter aus. »Willst du nicht eine Karte für Ingo besorgen? Dem gefällt das doch auch«, schlägt sie vor. Das Verhältnis der Knollmann-Brüder untereinander ist gut, also ist das kein Problem. André verzichtet sogar darauf, sich in den Pogo-Pulk vor der Bühne zu schmeißen und bleibt freiwillig mit Ingo oben auf der Tribüne. Der ist zwei Wochen vorher vierzehn geworden und kriegt den ganzen Abend lang den Mund nicht zu. Die Hosen! Live und in echt und auf dem Kreuzzug ins Glück! Die Erinnerung daran ist auch fast 30 Jahre später noch frisch bei Ingo: »Ich weiß bis heute, wo ich gesessen habe. Ich weiß, wie es in der Halle gerochen hat. Und ich weiß auch heute noch, was ich gedacht habe, als das Intro losging und die Band auf die Bühne kam: So etwas will ich auch einmal machen!«

»Wir sind auf dem Weg / In ein neues Jahrtausend
Auf dem Weg / Es geht nie mehr zurück!«

Der Refrain von »Alles wird gut«, dem ersten Song, den die Hosen an diesem Abend spielen, hat etwas Programmatisches und geht Ingo danach monatelang nicht mehr aus dem Kopf. Was da los war! Wie viel Power eine Liveshow haben konnte! Wie cool dieses Gemeinschaftsgefühl und der Zusammenhalt unter den Zuschauern war! Für Ingo steht fest: Er will so schnell wie möglich selbst auf einer Bühne stehen und ein Teil von dem werden, was Soziologen gerne als »Subkultur« oder »Szene« bezeichnen. Und damit er dort auch eine gute Figur abgibt, will er so viele Konzerte sehen, wie irgendwie machbar ist. Als Inspiration. Als Lektion. Und weil Liveshows die beste Erfindung seit der Pizza, dem Bier und der E-Gitarre sind. Die Rock'n'Roll-Highschool hat ab jetzt einen neuen Musterschüler.

G-G-C-C-D-D-C-D-C. G-G-C-C-D-D-C-D-C.

Drei Töne. Immer das gleiche Tempo. Immer der gleiche Rhythmus. Stur durchgezogen bis zum Ende. Simpler geht es kaum, deshalb ist »Hang On Sloopy« seit Jahrzehnten einer der beliebtesten Songs bei Coverbands überhaupt. Egal wie gut man sein Instrument beherrscht oder ob man gerade erst angefangen hat: Dieser Hit der McCoys aus dem Jahr 1965 geht immer.

G-G-C-C-D-D-C-D-C. G-G-C-C-D-D-C-D-C.

Jan-Dirk Poggemann versucht so zu gähnen, dass es keiner sieht. »Komm doch mal bei uns im Proberaum vorbei«, hatte sein Cousin Norman vorgeschlagen. Norman ist 15, genau wie Jan-Dirk. Und Norman spielt ab und zu Schlagzeug in einer Coverband aus Borken, die hauptsächlich aus Mitgliedern der Belegschaft des Klebestreifenherstellers 3M besteht und sich durch das übliche Stadtfest-Oldie-Repertoire zockt: Smokie, Kinks, Troggs.

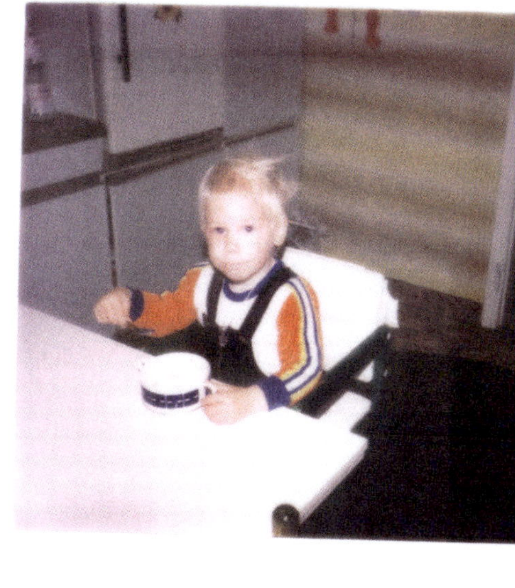

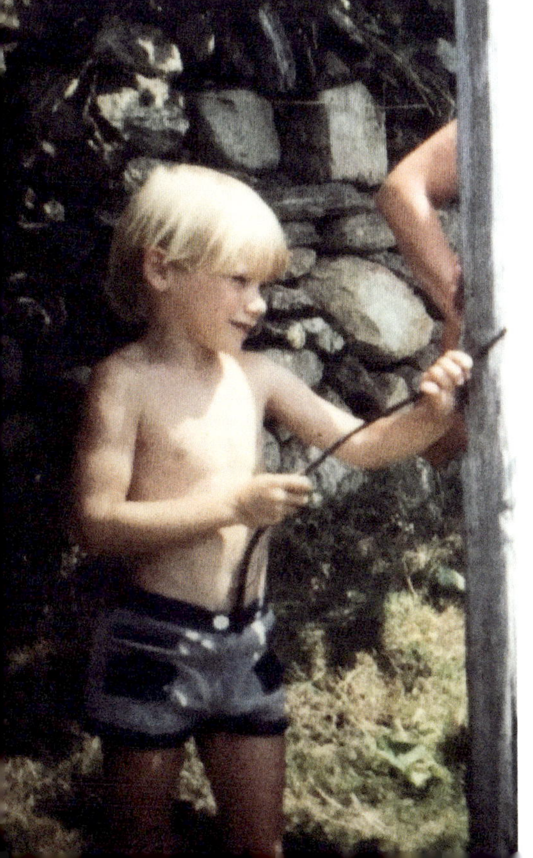

Anfang der Neunziger hat ein Fünfzehnjähriger in Emsdetten viel Zeit totzuschlagen und freut sich über jede Abwechslung. Weshalb Jan-Dirk auf Normans Frage hin sofort zugesagt hat. Doch nun hockt er auf einer umgedrehten, leeren Bierkiste und ist ein bisschen neidisch auf seinen Cousin. Norman kann da einfach mitspielen. Und Jan-Dirk? Sitzt daneben, dreht Däumchen und merkt schnell, dass eine Bandprobe lange nicht so spannend ist wie ein Konzert. Schon gar nicht, wenn es sich um die Probe einer Coverband handelt, die sich mit Standard-Elan durch ihr Standard-Programm spielt und gerade »Sloopy« in die nächste Runde schickt.

G-G-C-C-D-D-C-D-C. G-G-C-C-D-D-C-D-C.

Laaaaangweilig! Jan-Dirk überlegt, wie er möglichst unauffällig aus der Nummer rauskommt, als die Band eine Pause macht und Volker, der Bassist, ihm unvermittelt seinen Fender Jazz Bass in die Hand drückt: »Hier, probier mal. Ist nicht schwer. Das sind nur drei Töne, du musst immer nur das gleiche spielen. Das kannst du auch!«

Jan-Dirk hängt sich den Bass um und ist direkt beeindruckt: Unfassbar, wie schwer das Teil ist! Volker zeigt ihm die drei Töne von »Hang On Sloopy«, und Jan-Dirk legt los. Booooooooom! Der Sound geht ihm durch Mark und Bein. Die tiefen Basstöne landen direkt in seinem Bauch und lassen dort alles vibrieren. »Ist das geil! Wie geht das nochmal: G-G-C-C, und dann?« Leersaite, fünfter Bund, siebter Bund, fünfter Bund. Motiviert und voller Elan knöpft sich Jan-Dirk »Sloopy« vor, und tatsächlich: Nach kurzer Zeit hat er es drauf.

G-G-C-C-D-D-C-D-C. G-G-C-C-D-D-C-D-C.

Die Band steigt ein und spielt den Song einmal komplett mit ihm durch. Jan-Dirk kann es nicht fassen. Eben war er noch der Typ, der nutzlos und gelangweilt bei einer Band abhängt. Keine zwanzig Minuten später ist er selbst Musiker und hat seinen ersten Song gespielt! Hammer!

Die Euphorie verschwindet nicht, als er den Proberaum verlässt. Und auch nicht, als er nach Hause kommt und seinem Vater verkündet: »Ich will Bass spielen. Kann ich einen Bass haben?« Im Gegensatz zu Jan-Dirk ist sein Vater allerdings nicht der Meinung, das müsse jetzt unbedingt sein. Das Interesse an der Musik fällt aus heiterem Himmel. Die Poggemanns sind eher eine Sportlerfamilie.

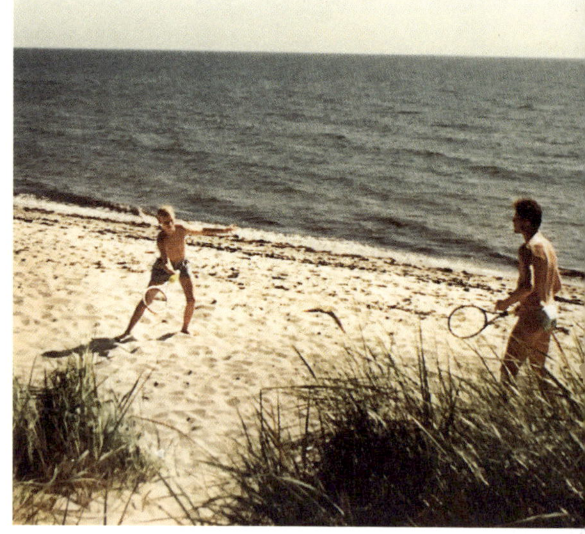

Auch Jan-Dirk treibt in seiner Freizeit viel Sport. So ziemlich alles außer Handball – das Feld wird in der Familie bereits erfolgreich be-

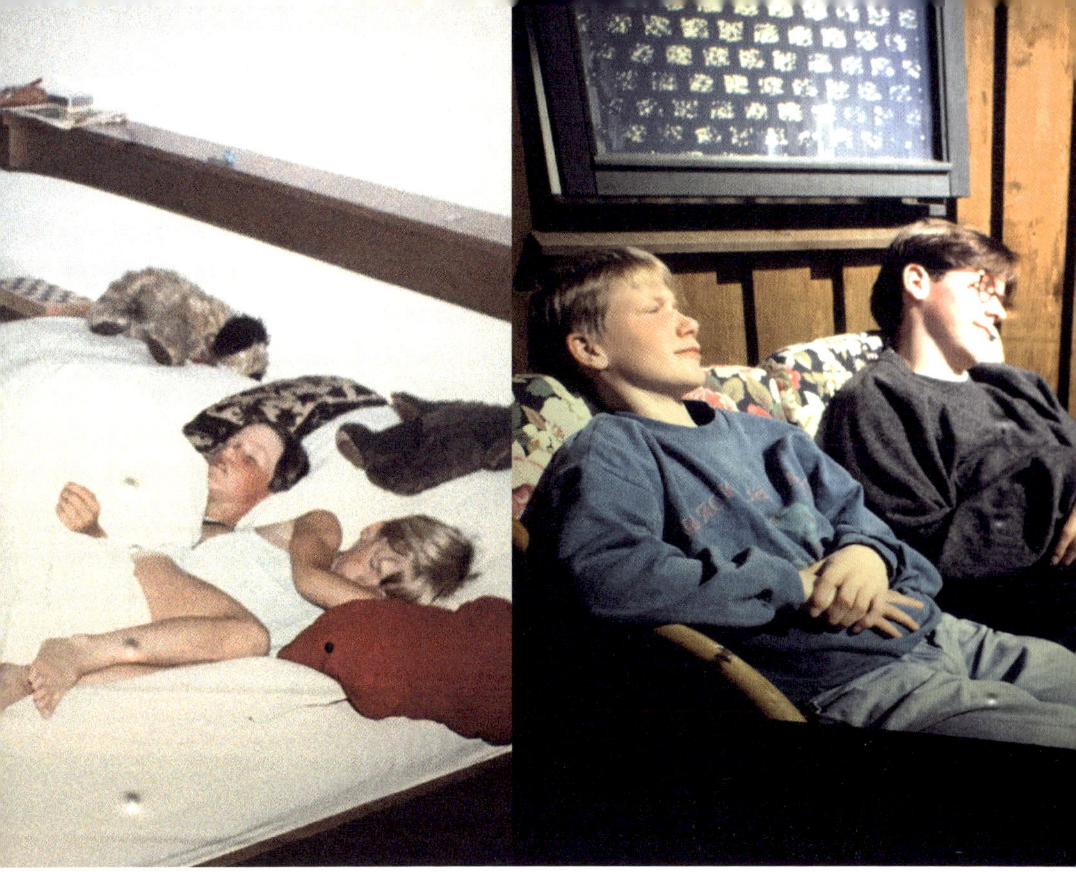

ackert: Sein großer Bruder Timo ist Kapitän beim Zweitligisten TV Emsdetten. Dafür versucht sich Jan-Dirk als Fußballer, als Tennisspieler und sogar im Kanufahren. Schließlich landet er beim Volleyball und bleibt auch dabei. Ob in der Halle oder auf Sand – den Ball über das Netz zu baggern, zu pritschen oder zu schmettern, macht ihm sichtlich Spaß, es läuft gut für ihn im Verein. Entsprechend groß ist im Hause Poggemann das Erstaunen, als Jan-Dirk auf einmal mit dem Wunsch nach einer Bassgitarre um die Ecke kommt. Vater Poggemann erinnert ihn an den teuren Tennisschläger, der im Schrank verstaubt, und an die Fußballschuhe, mit denen keiner mehr kickt. Und jetzt will der Sohnemann auch noch einen Bass haben? »Kannst du kriegen – wenn du das Ding selbst bezahlst«, lautet die Antwort. Da Jan-Dirks Taschengeld nicht gerade üppig bemessen ist und seine Ersparnisse trotz gelegentlichen Zeitungsaustragens nicht der Rede wert sind, sieht er seine Musikerkarriere schon den Bach runtergehen, bevor sie überhaupt begonnen hat.

Bei Ingo und Guido ist die Plattensammlung ihres großen Bruders André maßgeblich für ihre musikalische Sozialisierung verantwortlich. Auch bei Jan-Dirk ist es sein Bruder, der ihn der Erfüllung seines Traums vom Musikerdasein einen entscheidenden Schritt näherbringt. Der drei Jahre ältere Timo hat dank diverser Ferienjobs etwas zur Seite gelegt und erklärt sich kurzerhand bereit, dem kleinen Bruder das Geld für den Bass zu leihen. »Kannst du mir ja irgendwann wieder zurückzahlen …«

Links: Sportliche Poggemanns in Aktion.
Oben: Der junge Purgen und sein Bruder Timo.

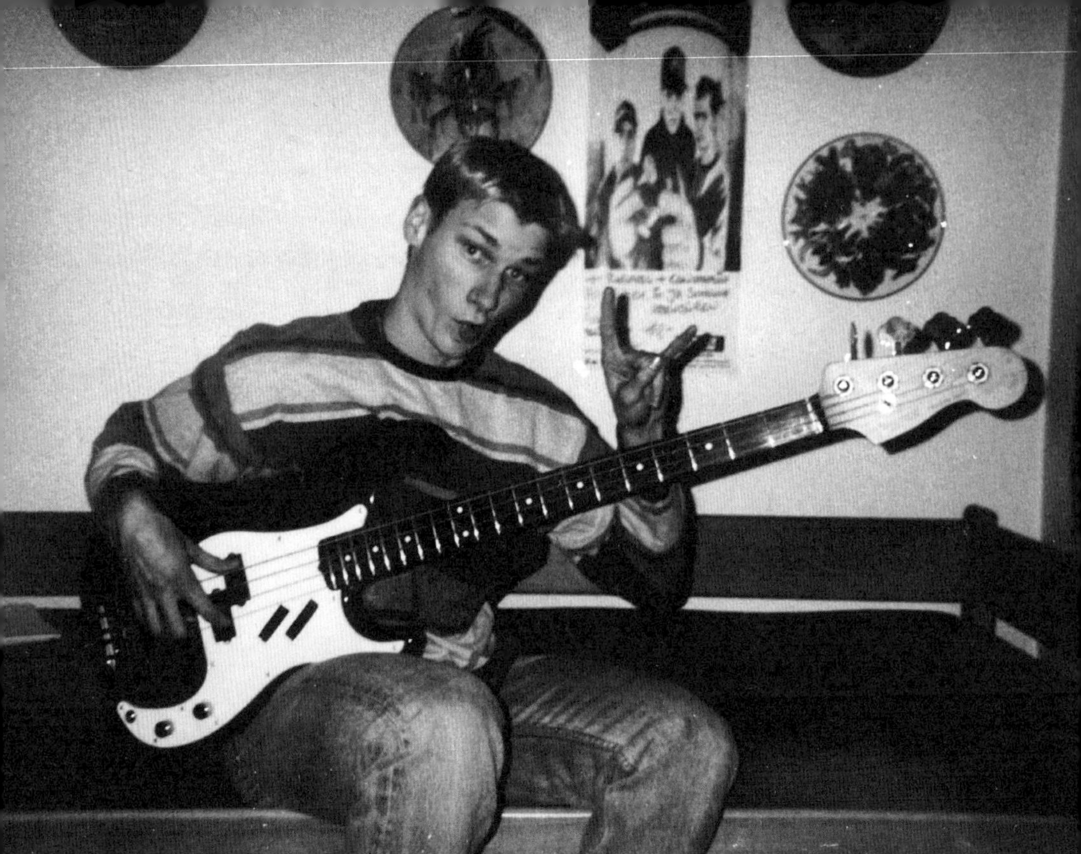

Ob er ahnt, wie ernst es Jan-Dirk mit dem Musikmachen ist? Oder hat er einfach nur ein schlechtes Gewissen, weil Jan-Dirk jahrelang seine Klamotten auftragen musste?

Wie dem auch sei: Ein paar Tage später fährt Jan-Dirk mit Papa und Bruder in die riesigen Hallen von Musik Produktiv in Ibbenbüren und sucht sich einen Bass aus. »Cool aussehen, wenig kosten« lautet die Devise, deshalb entscheidet sich Jan-Dirk für einen Ibanez Roadstar II. Ein ganz klassisches Rock'n'Roll-Modell, weiß mit schwarzem Griffbrett.

»Nicht zu sehr aufreißen, sonst raucht der ab!« Mit diesen Worten leiht ihm sein Onkel einen Gitarrenverstärker. Die Hardware ist also vorhanden. Fehlt nur noch jemand, der ihn in die Geheimnisse das Bassspiels einweiht. Auch hier hilft ihm sein Bruder weiter. Timo ist nämlich mit Anselm befreundet, der damals als der beste Bassist Emsdettens gilt. (Ob das mehr über Anselms Qualitäten als Musiker oder über die Größe Emsdettens aussagt, sei dahingestellt.) Und so setzt sich Anselm einen Nachmittag lang mit Jan-Dirk zusammen, um ihm das Nötigste beizubringen. Zunächst stellt sich die beim Bassspielen alles entscheidende Frage: Mit Plektrum oder ohne? Jan-Dirk ist Metallica-Fan und der damalige Metallica-Bassist Jason Newsted spielt mit Plektrum, also ist der Fall klar: Mit Plektrum natürlich!

Nachdem das geklärt ist, bläut ihm Anselm die wichtigsten Regeln überhaupt ein: Sauber spielen, nie schludern, immer am Fingersatz arbeiten, die Schlaghand nicht vernachlässigen! Und da Jan-Dirk vorhat, sich das alles selbst beizubringen und keinen Lehrer hat, der ihm ständig auf die Finger guckt, hält er sich an Anselms Ratschläge. Bis heute: Besonders im Punkrock sieht man immer wieder Bassisten, die nur mit den ersten drei Fingern spielen. Der kleine Finger ist eben dünn und schwach. Meistens geht es auch ohne, und zwar viel bequemer. Jan-Dirk bemüht sich dagegen von Anfang an um eine saubere Technik und schont weder sich noch seine Finger. Über Tage, Wochen und Monate. Er besorgt sich Notenbücher mit Tabulaturen. Dann legt er die dazugehörige CD in den Player und spielt dazu. Das schwarze Album von Metallica. *Nevermind* von Nirvana. Immer und immer wieder. »Ich wollte mir das alles selbst beibringen. Irgendwie war das wichtig für mich, dass ich mich allein in alles reinfuchse.«

Mehr als ein Jahr lang spielt Jan-Dirk nur allein bei sich im Zimmer. Sehr oft hält er sich dort allerdings nicht auf. Die meiste Zeit hängt er in Ibbenbüren bei den Knollmanns ab und fühlt sich fast wie der vierte Sohn der Familie. Mit Ingo zusammen träumt er manchmal davon, eine Band zu gründen. Vielleicht könnte Stone, ein Freund von Ingo, der mit ihm auf dieselbe Schule geht, ja Gitarre spielen? Oder Jan-Dirks Cousin Nils, der ja ebenfalls in der Friedensstraße wohnt? Guido hat zwar auch begonnen, Gitarre zu lernen, aber der ist eben knapp drei Jahre jünger. Und wer will schon den kleinen, dreizehnjährigen Bruder in seiner Punkrockband haben? Das ist einfach uncool.

Doch noch existiert diese Band nur in der Theorie, nach fünf Bier im Partyraum der Knollmanns. Das liegt auch daran, dass Jan-Dirk in Emsdetten und damit ganze fünfundzwanzig Kilometer entfernt wohnt: Für einen Fünfzehnjährigen ist das ein ziemliche weite Strecke. Aber zumindest aus der Ferne nimmt er wahr, dass da was geht in Ibbenbüren.

1992 macht André Knollmann Abitur, und wie an den meisten Gymnasien gibt es auch am Johannes Kepler eine Abiband. Die spielt sich durch das übliche Repertoire: eine Handvoll Klassiker, ein paar aktuelle Hits. Und natürlich muss auch das Lied kommen, auf das sich gerade alle einigen können: »Smells Like Teen Spirit« von Nirvana. Das Problem ist nur, dass der Sänger das einfach nicht hinbekommt. Kein Druck, keine Aggressivität, und die Töne stimmen auch nicht. Ingo, der durch André einen ganz guten Draht zur Abistufe hat, kriegt das irgendwie mit. Er kennt den Song, er beherrscht den Text. Und das mit dem Singen kann doch auch nicht so schwer sein. Bei einer Probe schnappt er sich kurzerhand das Mikro und gibt den Kurt Cobain.

»Eigentlich war das eher im Spaß«, sagt André. Doch Ingo macht seine Sache so gut, dass er tatsächlich engagiert und bei der Abschlussfeier für dieses Lied auf die Bühne geholt wird. Dass er erst in der Zehnten ist? Egal. Ohne sichtbares Lampenfieber und erstaunlich souverän absolviert er seinen ersten Auftritt als Sänger.

»With the lights out / It's less dangerous
Here we are now / Entertain us«

Vor allem die letzten beiden Zeilen sind beinahe prophetisch. »Man hat damals schon gemerkt, dass er ein Typ ist, der auf eine Bühne gehört. Der hatte einfach Spaß da oben, das kam direkt rüber«, erzählt André. Auch für Jan-Dirk hat Ingos erster Auftritt große Bedeutung: »Der Traum erschien plötzlich ein kleines Stückchen greifbarer.«

Ingo ist nach dem Auftritt drei Tage lang heiser. Aber er hat Blut geleckt, und so schlägt er wenig später bei einem Bandprojekt auf, das das örtliche Jugendzentrum Scheune initiiert hat. Unter Anleitung von Holger Till, einem Musiklehrer der Scheune, wird im Fahrradkeller unter der Aaseeschule geprobt. Engagierte Leute sind dort immer willkommen. Wenig später hat das Projekt einen neuen Sänger: Ingo.

Ende August 1993 steht mal wieder eine Probe an, doch der damalige Bassist Kiko muss kurzfristig absagen. Ingo denkt sofort an seinen Kumpel Jan-Dirk und ruft in Emsdetten an: »Ey, kannst du vorbeikommen? Und deinen Bass mitbringen?« Jan-Dirk lässt sich nicht zweimal bitten. Seine Schwester fährt ihn netterweise nach Ibbenbüren. Die Probe läuft gut: Nirvana-Songs sind nun wirklich kein Problem für Jan-Dirk, die hat er im vergangenen Jahr zu Hause rauf und runter geübt. Und auch sonst versteht man sich menschlich und musikalisch so gut, dass er am Ende der Probe nur noch der Form halber gefragt wird: »Du kommst doch nächste Woche wieder, oder?«

Im Proberaum unter der Aaseeschule hat sich zu dieser Zeit ein bunter Haufen versammelt: Neben einer stabilen Alternative/Punkrock-Fraktion gibt es auch einen Keyboarder und sogar einen Saxofonisten. Beide beherrschen ihre Instrumente ausgesprochen gut, fühlen sich aber eher zu jazzigen oder poppigen Sounds hingezogen. Und während der Dozent am liebsten Klassiker wie »Stand By Me« oder »Johnny B. Goode« einstudieren würde, wollen Ingo und seine Freunde lieber die Songs der Bands spielen, die sie gerade feiern: Nirvana natürlich, aber auch Ramones, The Clash und Bad Religion. Am Ende gewinnen die Punkrocker, die nach und nach alle anderen vergraulen: Erst verabschiedet sich der Dozent, dann der Keyboarder, schließlich geht auch der Saxofonist. Logisch eigentlich, was soll der auch groß zu »Anarchy In The UK« beitragen?

Die fünf Teenager, die übrig bleiben, bilden im Prinzip die Gründungsformation der Donots – auch wenn die Band damals noch einen anderen Namen hat. In schlimmster Neunziger-Jahre-Tradition nennen sie sich Mistreated Youth: Ingo am Mikro, Jan-Dirk am Bass, Jens Trippner am Schlagzeug und an der Gitarre Jens Grimstein, den alle nur Stone nennen. Den zweiten Gitarristen wollten die anderen zuerst gar nicht in der Band haben: Es ist Ingos kleiner Bruder Guido.

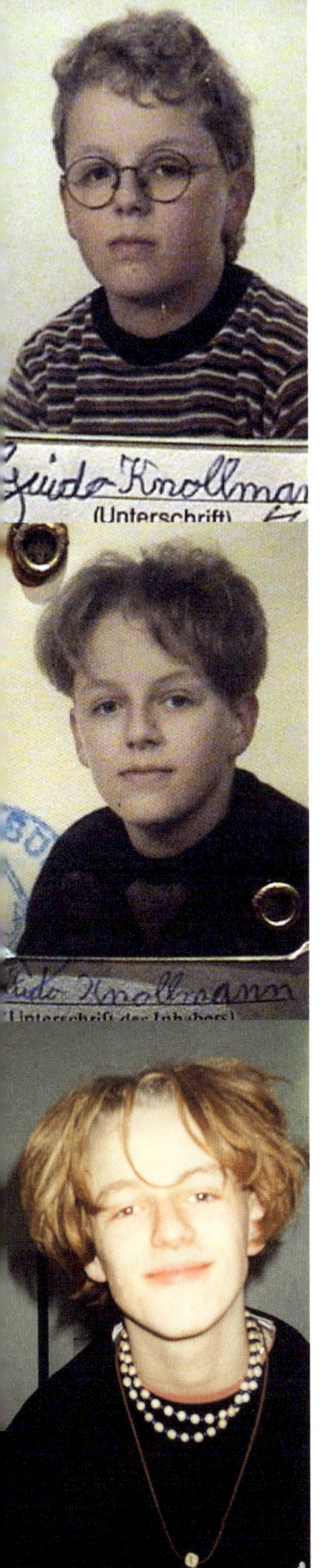

GUIDO

Erst Achtziger-Schrott, dann ein bisschen Wave-Pop und schließlich ordentlich Metal – auch dank der bereits erwähnten Plattensammlung ihres älteren Bruders André verläuft Guidos musikalische Sozialisation sehr ähnlich wie die von Ingo. Allerdings ist Guido knapp drei Jahre jünger als Ingo und kommt entsprechend früh mit musikalisch eher heftigem Stoff in Berührung.

Schon mit elf Jahren ist er ein großer Fan der Gelsenkirchener Thrash-Metal-Band Sodom, deren Mitglieder sich Tom Angelripper, Chris Witchhunter und Frank Blackfire nennen. Ihre ultraschnellen und -harten Songs drehen sich gerne mal um Giftgas, Inzucht, Atombomben, Verfolgungswahn, den Vietnamkrieg und die Verlogenheit des Christentums. Als Bandmaskottchen haben Sodom den »Knarrenheinz« gewählt: Einen schwarz gekleideten Endzeitkrieger mit Soldatenhelm, Gasmaske und Maschinengewehr, dessen Konterfei ein riesiges Poster an der Wand von Guidos Kinderzimmers ziert – das Zimmer eines Fünftklässlers wohlgemerkt. Auch Death-Metal-Bands wie Entombed oder Morbid Angel stehen bei ihm hoch im Kurs. Hauptsache schnell. Hauptsache heftig. Hauptsache extrem.

Guido hat eine Theorie, wie der menschliche Körper reagiert, wenn er mit so viel Musik konfrontiert wird: »Ich glaube, irgendwann entscheidet sich das Gehirn für ein Lieblingsinstrument, einen Lieblingssound. Den pickt man sich heraus, darauf achtet man dann besonders. Und bei mir war das eben schon ziemlich früh klar: Diese krassen, heftigen Gitarren klangen einfach cool. So etwas wollte ich auch machen.«

Als Ingo und Jan-Dirk sich in den Kopf setzen, eine Band zu gründen, bekommt Guido das natürlich mit und er lässt sich von diesem Traum anstecken. Mit 13 wünscht er sich eine Gitarre, die 1992 dann tatsächlich unterm Weihnachtsbaum liegt – zusammen mit einem Verstärker. Der ist leider schon nach zwei Tagen kaputt, weil Guido in seinem Kinderzimmer ein paar klassische Rockstarposen übt: Er stellt sich beim Spielen auf den Verstärker, verliert aber dummerweise das Gleichgewicht und knallt mit beiden Füßen durch die Membran. Der Verstärker ist Schrott. Immerhin: Die Gitarre, eine metallic-grüne Stratocaster-Kopie der Marke Phoenix, überlebt den Stunt.

Doch auch der neue Verstärker, der schnell besorgt ist, hilft nur eingeschränkt weiter. Denn als der Traum von der Band endlich konkreter wird, bleibt Guido zunächst außen vor. Als Gitarrist der Band ist Jan-Dirks Cousin Nils eingeplant. Ein paar Griffe beherrscht der auch, und er hat darüber hinaus einen entscheidenden Vorteil: Er ist genauso alt wie die anderen. Guido dagegen ist Ingos kleiner Bruder, und obwohl sich die beiden eigentlich sehr gut verstehen ... das muss dann doch nicht sein.

Ingo und Guido hängen sich ohnehin schon enger auf der Pelle, als ihnen lieb ist. Die beiden teilen sich ein Zimmer, und wenn sie zu Hause sind, haben sie entsprechend wenig Zeit und Platz für sich allein. Ein Regal, das als Raumtrenner dient und später noch mit einem Betttuch verstärkt wird, sorgt zwar für ein Minimum an Privatsphäre, aber wenn man zwei pubertierende Teenies in ein Zimmer steckt, führt das naturgemäß zu Reibereien.

»Als ich am Anfang bei der Band nicht mitmachen durfte, fand ich das natürlich scheiße. Das hat weh getan«, sagt Guido. »Ich hatte eine Gitarre, ich wollte in einer Band sein, da war eine Band – und ich durfte nicht.«

Wenn Ingo mal wieder Besuch von Jan-Dirk bekommt und die beiden um die Klinker-Häuser ziehen oder ins Jugendzentrum Scheune gehen, muss der kleine Bruder zu Hause bleiben. Dort vertreibt er sich die Zeit auf seine Weise – besonders, wenn seine Eltern nicht da sind. Dann schiebt Guido Couchtisch, Sessel und Lampe zur Seite und schnappt sich das Skateboard, um mitten im Wohnzimmer Ollies und andere Tricks zu üben. Immer und immer wieder. »Das hat natürlich mega-laut gebollert.« Guido wundert sich heute noch, dass sich Oma und Opa, die damals im Erdgeschoss unter ihnen wohnten, nie beschwert haben.

Außerdem überrascht er Ingo und Jan-Dirk bei ihrer Rückkehr gerne mit allerlei Blödsinn. Er legt ihnen Zettel mit selbstverfassten Nonsens-Texten und dadaistischen Wortkreationen wie »Killewunz« unters Kopfkissen. Oder er nimmt mit dem Videorecorder kurze Ausschnitte aus dem Fernsehprogramm auf und schneidet für die beiden absurde Collagen zusammen, in denen Bullenreiter auf Ballonfahrer treffen. Guidos Humor, mit dem er seinem Vorbild Helge Schneider nacheifert, sorgt bei Ingo und Jan-Dirk – vor allem nach feucht-fröhlichen Abenden – für große Erheiterung. Und lässt unweigerlich die Frage aufkommen: Ist der Kleine eigentlich noch ganz dicht?

Auch André kann sich an diese Zeit noch gut erinnern: »Guido war immer der Jüngste, und das war bestimmt nicht leicht für ihn. Gerade am Anfang, als er so gerne dabei sein wollte, aber eben nicht durfte.« Der große Bruder vermittelt seinen Freund Gunnar Schomaker als Gitarrenlehrer, und der kommt von nun an einmal die Woche vorbei, um Guido Grundlagen wie die richtige

Guido im Proberaum chez Grimstein.

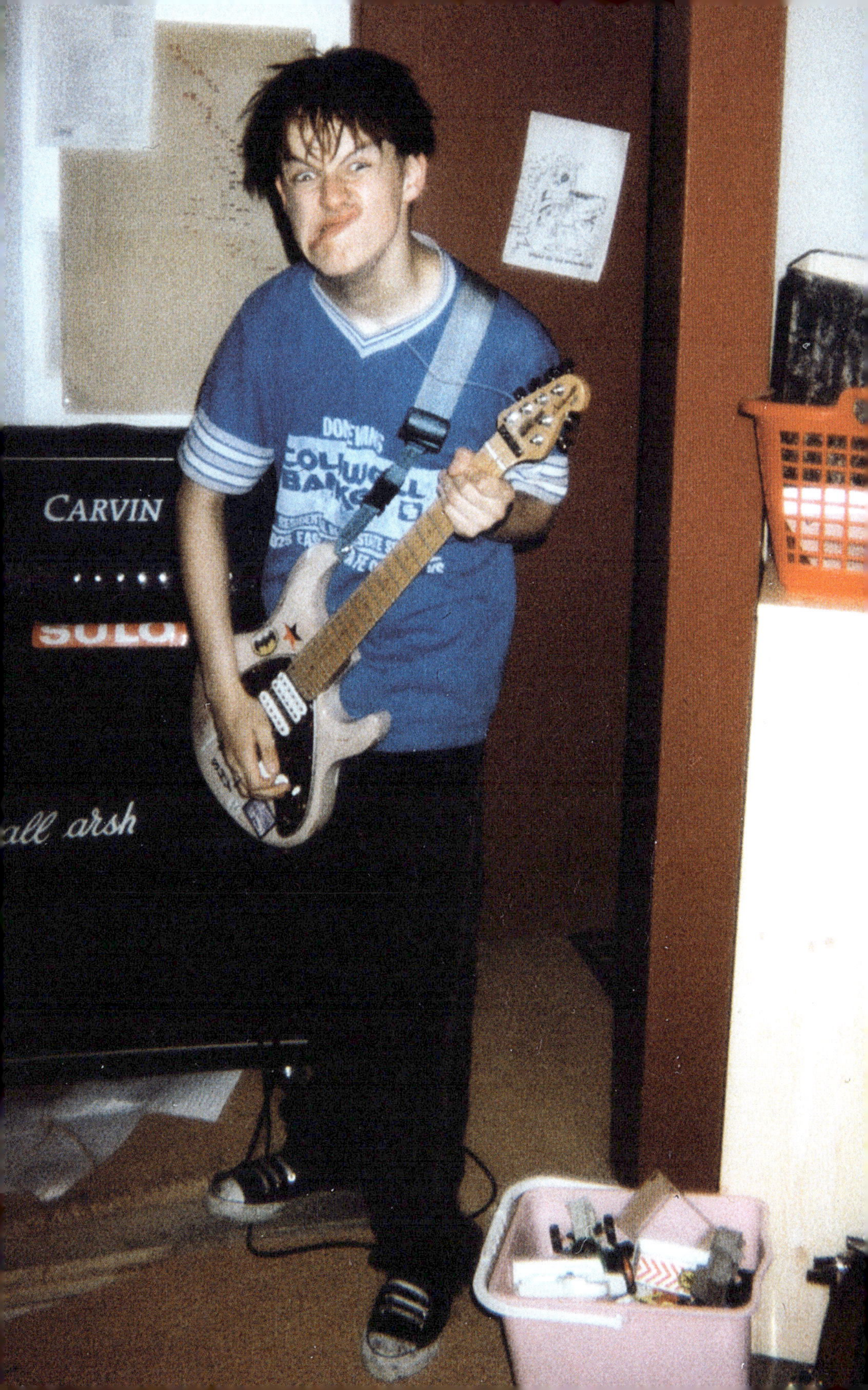
CARVIN

Fingertechnik, Pentatonik und das klassische Blues- und Rock'n'Roll-Schema beizubringen.

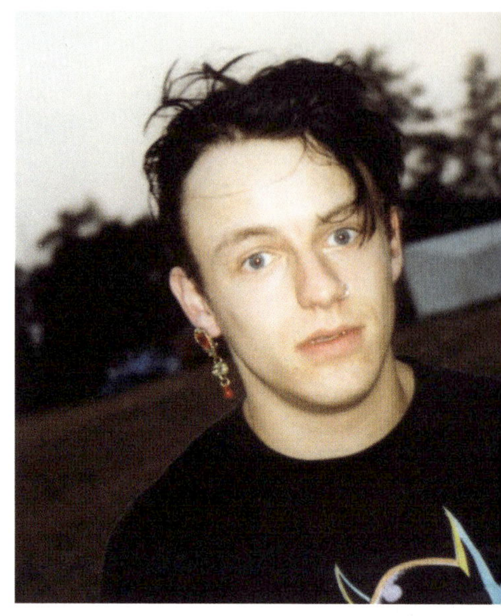

Dass ein Gitarrist viel üben sollte, wenn er besser werden will, ist ein Konzept, das Guido anfangs nicht richtig überzeugt. Er übt lieber Tricks mit seinem Skateboard und spekuliert darauf, dass ihm die Fortschritte beim Gitarrenspiel schon irgendwie zufliegen werden. Als das zu Guidos Überraschung nicht geschieht, macht Gunnar mit ihm einen Deal: Wenn sein Schüler die ihm gestellten Aufgaben binnen einer Woche erledigt, wird er ihn persönlich nach Bad Oeynhausen fahren, um ihm neue Rollen für sein Skateboard zu kaufen. Ein Angebot, das Guido nicht ablehnen kann. Also paukt er eine Woche lang wie bekloppt und beherrscht die Stücke schließlich zu Gunnars Zufriedenheit.

Pling! Üben bringt einen wirklich weiter. Nachdem der Groschen gefallen ist, sind keine weiteren Anreize und Belohnungen mehr nötig, damit die Gitarre allmählich das Skateboard verdrängt. Statt Ollies und Slides schafft sich Guido jetzt Akkorde und Melodien drauf. Genau wie Jan-Dirk spielt er gerne zu seinen Lieblingsplatten. Das mit der Pentatonik hat er schnell verinnerlicht und improvisiert nun stundenlange Soli zu Songs von Faith No More oder Metallica. »Besonders die Metallica-Balladen haben sich wunderbar geeignet. Die hatten einerseits diese Gniedel-Passagen, andererseits waren da auch Stellen, wo man mehr Gas geben und rumthrashen konnte.« Natürlich ist er von der Perfektion der Originale weit entfernt, aber für Guido reicht es völlig aus. Und offenbar auch für Gitarrenlehrer Gunnar. Der ist nämlich schon nach einem halben Jahr mit seinem Latein am Ende und muss einsehen, dass sein Schüler ihn eingeholt hat. »Jetzt kann ich dir nichts mehr beibringen, ich hab dir alles gezeigt, was ich weiß«, lauten seine Worte zum Abschied. Guido wechselt zu Thomas Janowski, der in der Scheune Gitarren-Unterricht gibt.

Im Fahrradkeller der Aaseeschule geht es mit Ingos Band derweil eher schleppend voran. Die Gründe sind vielfältig. Zum einen rühren so viele Köche in dem Brei herum, dass es ihnen schwerfällt, sich auf eine musikalische Ausrichtung zu einigen. Holger Till, der Musiklehrer der Scheune, soll den Nachwuchsmusikern eigentlich ein bisschen auf die Sprünge helfen, schafft es aber nicht so richtig, zwischen den Lagern zu vermitteln. Und wenn es ihm doch mal gelingt, resultiert das nicht selten in ungelenken Peinlichkeiten wie einem Keyboard-Arrangement von The Clashs »Should I Stay Or Should I Go«.

Zum anderen gibt es bei manchen Bandmitgliedern auch in Sachen Fleiß und Disziplin noch Luft nach oben. Vor allem Gitarrist Nils verpeilt immer wieder Termine und verpasst regelmäßig Proben. Wenn er mal da ist, sind seine Beiträge eher durchwachsen. »Nils war einfach nicht zum Gitarristen geboren«, sagt Ingo. Das wird schon damals relativ schnell klar. Also gibt sich Ingo einen Ruck und fragt dann doch seinen kleinen Bruder Guido, ob der mit seiner Gitarre nicht mal im Proberaum vorbeischauen und für Nils einspringen kann.

Obwohl Guido ohne zu zögern zusagt, ist es längst nicht mehr so, dass sich damit sein größter Traum erfüllt: »Ich habe Gitarre gespielt und ich wollte in einer Band sein. Von daher habe ich mich natürlich schon gefreut, als Ingo mich gefragt hat. Allerdings war es damals auch nicht so, dass ich unbedingt mit meinem Bruder in einer Band sein musste. Wenn das anders gelaufen wäre, wäre es auch nicht schlimm gewesen.«

Was im Aaseekeller auf dem Programm steht, deckt sich außerdem nur recht eingeschränkt mit den damaligen Vorlieben von Guido, der nach seiner Death- und Thrash-Metal-Phase mehr oder weniger direkt beim Hardcore gelandet ist, den er bevorzugt in der Straight-Edge-Variante hört. Er feiert Bands wie Snapcase, Refused oder 108 und düst mit seinem Kumpel Matze Kampmann von einem Konzert zum anderen. Matzes Passat ist klein, die Hardcore-Szene rund um die Scheune aber groß, und so stopfen sich öfter mal mehr Personen als eigentlich erlaubt in sein Auto, um zu Konzerten nach Kassel, Salzgitter oder sogar nach Holland zu fahren.

Abgesehen von der gelegentlichen Überladung müssen diese testosteronreichen Reisegruppen übrigens keine Angst vor Polizeikontrollen haben. Denn in der Straight-Edge-Szene lässt man die Finger von Alkohol, Zigaretten und Drogen; die meisten Anhänger der Bewegung sind Vegetarier oder Veganer. Das gilt auch für Guido: »Ich war mitten in der Pubertät und wollte dazugehören, also wurde ich damals straight edge. Bis ich 17 oder 18 war, habe ich keinen Tropfen Alkohol angerührt.« Was den Alkohol betrifft, hat sich das inzwischen geändert, aber Guido lebt bis heute vegetarisch. Genau wie Ingo, Jan-Dirk und Eike, der später zur Band stoßen wird.

Verglichen mit den harten, schnellen Hardcore-Bands, auf die Guido steht, sind Nirvana oder The Clash eher leichte Kost. Daher ist sich Guido anfangs auch nicht sicher, ob Ingos Band wirklich das Richtige für ihn ist: »Das war ja noch nicht einmal Punk, was die gespielt haben. Das war nur irgend so ein undefinierbares Gerühre.« Tatsächlich ist der Sound der Band noch ziemlich unentschlossen: Neben Ausflügen in Richtung Alternative und Punk haben sie auch kitschige Balladen, krude Rockversionen von Fredrik-Vahle-Kinderliedern und sogar das Volkslied »Heißa Kathreinerle« im Programm.

Da es in Ibbenbüren aber nun mal keine andere Band gibt, bei der er mitzocken könnte, lässt Guido es schließlich auf einen Versuch ankommen. Allerdings hegt er seine Zweifel, dass das Ganze eine Zukunft hat. »Keiner von uns hat wirklich geglaubt, dass es von Dauer ist. Ich wahrscheinlich am wenigsten. Hätte sich damals die Möglichkeit aufgetan, bei einer anderen Band einzusteigen, wäre ich vielleicht auch wieder gegangen.« Doch so weit kommt es nicht. Schon nach der zweiten Probe ist klar: Nils ist raus, Guido ist drin.

WIE NENNEN WIR DIE BAND?

Anfang 1994 kommt etwas Bewegung in die Sache. Den Proberaum im Fahrradkeller der Aaseeschule nutzen inzwischen auch andere Bands, deshalb können die fünf Jungs dort nicht immer proben, wenn sie wollen. Also ziehen sie in die Garage des Vaters von Drummer Jens Trippner um und lärmen dort fröhlich vor sich hin. Ihre musikalischen Vorlieben verlagern sich immer weiter in Richtung des schnellen, melodischen Punkrock, wie er aktuell vor allem aus Kalifornien kommt. Das liegt vor allem an Ingo, der schon seit längerem ein Riesenfan von Bad Religion ist: »Als ich das erste Mal deren Album *No Control* hörte, war das ein regelrechtes Erweckungserlebnis. Das, wofür die Metalbands, die ich sonst gehört habe, sechs, sieben oder acht Minuten brauchten, erledigten Bad Religion in 48 Sekunden. Ich hatte das Gefühl: Deren Musik folgte keiner Norm oder Form, es ging einfach nur um maximale Power, maximale Message, maximale Melodie.«

Auf dem musikalischen Weg, den Bad Religion gepflastert haben, herrscht zu Beginn der Neunziger Hochbetrieb: NOFX, The Offspring, Green Day, Lagwagon, Pennywise, No Use For A Name – die Westküste der USA liefert ein scheinbar unerschöpfliches Reservoir an Bands, die Haltung und Aggressivität des Punk mit poppigen Melodien und eingängigen Arrangements kombinieren. Die Bezeichnungen dafür variieren: Die einen nennen es »Pop-Punk«, für die anderen ist es »Melodycore«.

Im Zentrum stehen dabei die Labels Epitaph und Fat Wreck Chords, deren Namen oft synonym für diesen Sound verwendet werden. Und die beide tief in der Punkszene verankert sind: Epitaph wird von dem Bad-Religion-Gitarristen Brett Gurewitz gegründet und geführt. Und hinter Fat Wreck Chords steckt Fat Mike, der Sänger, Bassist und Chef von NOFX. Beides sind Independent-Labels, was eine bedeutende Rolle in der Szene spielt. Denn eine Band, die sich im weitesten Sinne als »Punk« versteht, zieht es damals vor, so viel wie möglich selbst in die Hand zu nehmen: Sie bucht ihre eigenen Konzerte, kümmert sich selbst um Promotion und das Merchandise, und veröffentlicht ihre Platten entweder auf dem eigenen Label oder auf dem von Freunden, die ähnlich ticken. Do it yourself (»Mach es selbst«) oder kurz DIY lautet die Zauberformel einer Szene, die nichts mit den Großkonzernen des Musikbusiness zu tun haben will. Zwar interessieren sich Plattenfirmen wie Sony, EMI, Warner, Universal oder BMG damals ohnehin nicht für kleine Szenebands, aber die Abgrenzung zu den großen Labels ist auch ideologisch motiviert: Als weltweit agierende, streng gewinnorientierte Konzerne, die ihr Geld eben nicht nur mit Musik verdienen, gelten die sogenannten Majorlabels vielen in der Szene als Inbegriff des Kapitalismus, nicht besser als Nestlé oder McDonald's.

Anfang 1994 existieren solche Fragen für Ingo, Guido, Jan-Dirk, Stone und Jens allerdings allenfalls in der Theorie. Noch geht es darum, einen eigenen Sound zu

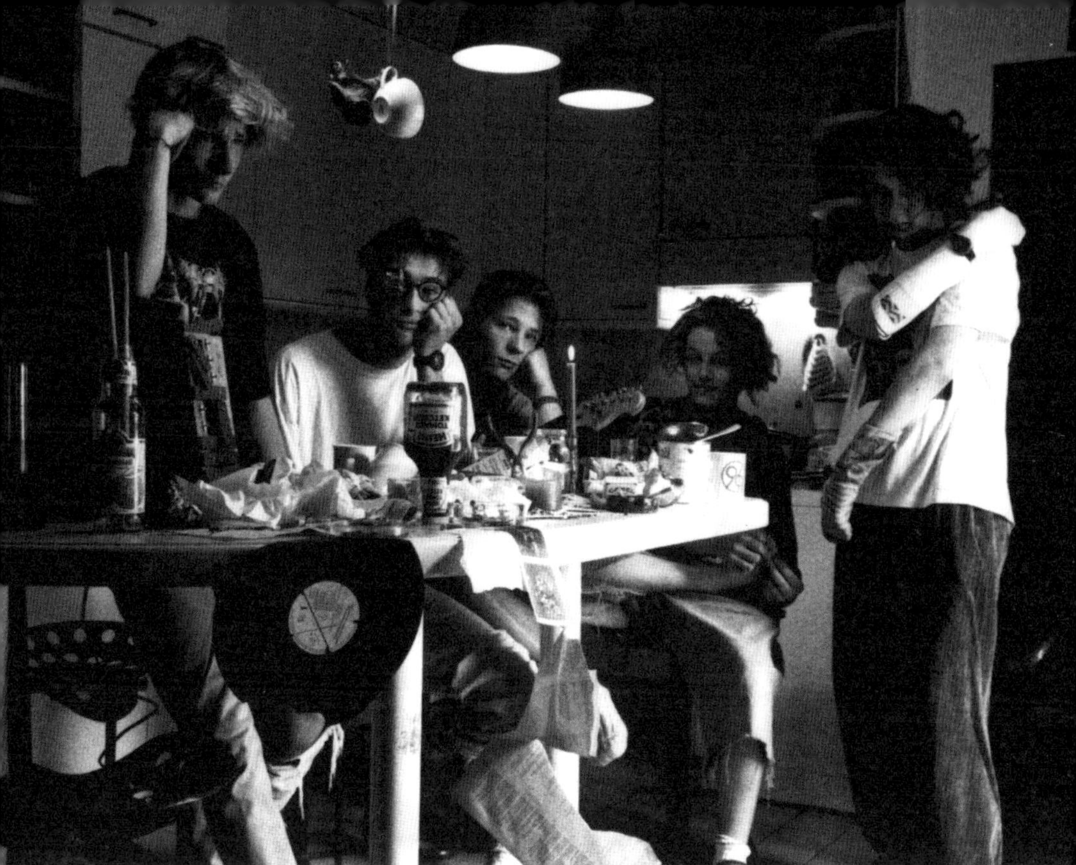

finden und ein bisschen Struktur in die unkoordiniert umherschwirrenden Vorlieben und Einflüsse zu bekommen. Neben dem Sex-Pistols-Klassiker »Anarchy In The UK« ist inzwischen auch eine Coverversion von Bad Religions »Along The Way« im Programm. Doch schon bald geben sich die Jungs nicht mehr damit zufrieden, die Songs von anderen nachzuspielen. Ihr Ziel ist es, eigene Songs zu schreiben, wie das richtige Bands eben tun. Und so entsteht »Think Again«, der erste Donots-Song überhaupt. Die musikalischen Vorbilder sind gut zu erkennen: Das Gitarrenriff und der Groove erinnern an die Midtempo-Nummern von Bad Religion, während sich Ingo beim Gesang offenbar noch nicht ganz zwischen Grunge und Hardcore entscheiden kann. Dafür ist die Botschaft des Songs deutlich. Nach der Wiedervereinigung ist Deutschland zu einem Land geworden, in dem Asylbewerberheime und Synagogen angezündet werden und in dem Menschen mit anderer Hautfarbe bepöbelt, verprügelt und ermordet werden. Auch in Ibbenbüren und Umgebung gibt es Skinheads und Faschos. Genau an die ist der Song adressiert.

> »Time's right to think about equality / And destroy your fucking ideology
> Your attitude makes me fucking sick / So do me a favour and piss off, dick!«

Frühes Bandfoto aus der Küche der Grimsteins.

Gleich der allererste Donots-Song ist eine politische Ansage. Wobei: Ob »Think Again« wirklich der allererste Donots-Song ist, lässt sich gar nicht mit Sicherheit sagen, denn die Umbenennung der Band fällt genau in die Zeit seiner Entstehung. Da ihnen der bisherige Name Mistreated Youth inzwischen etwas zu selbstmitleidig klingt, soll ein neuer her. Kurz und prägnant wäre schön. Vielleicht findet sich ja etwas, das die im Punkrock bewährte Plural-Tradition fortführt und die Band in eine Reihe mit den Ramones oder den Sex Pistols stellt. Jan-Dirk hat eine Idee: Wie wäre es mit den süßen, fettigen Schmalzkringeln, die Homer Simpson so gerne mampft? Die heißen Doughnuts beziehungsweise Donuts, doch während des Englisch-Unterrichts hat Jan-Dirk statt aufzupassen wohl mal wieder im Kopf den Basslauf von »Sad But True« durchgespielt. Als er seinen Vorschlag auf ein Stück Papier kritzelt, unterläuft ihm deshalb ein kleiner, aber entscheidender Fehler: D-O-N-O-T-S mit O statt U hinten. Doch je länger die fünf auf das Blatt starren, umso besser finden sie die Idee. Bands mit Rechtschreibfehlern im Namen haben schließlich eine gewisse Tradition. Siehe die Beatles, Led Zeppelin, Def Leppard oder auch die H-Blockx aus dem vierzig Kilometer entfernten Münster, die gerade sehr angesagt sind. Außerdem lässt sich der Name als Verneinung des Verbes »to do« deuten. »To do not« wäre dann das Gegenteil, also Nichtstun.

Das passt einerseits zu einer gewissen Punk-Attitüde, die Ablehnung, Unproduktivität, Sich-Querstellen und Einfach-Mal-Kontra-Sein quasi als programmatisch voraussetzt, und es kann auch als selbstironische Spitze auf die noch recht überschaubaren musikalischen Fähigkeiten gesehen werden. »Da war auch ein bisschen Koketterie dabei. Von wegen: Wir sind so schlecht, wir sollten das am besten bleiben lassen. Es nicht machen. Eben: to do not«, erinnert sich der damalige Gitarrist Jens »Stone« Grimstein.

Andererseits ist es natürlich irrsinnig irreführend. Denn wenn die Donots in ihrer langen Karriere etwas nicht gemacht haben, dann genau das: die Füße hochlegen, faulenzen, nichts tun.

Aber natürlich spielen diese Gedanken im Frühjahr 1994 in der Garage der Trippners keine Rolle. Sonst hätten sich die Donots womöglich doch noch für einen anderen Namen entschieden. Denn den Verweis auf das Zuckergebäck mit dem Loch in der Mitte werden sie in den kommenden Jahren und Jahrzehnten nicht mehr los. Genau wie Die Ärzte, die in ihren Songs, Artworks oder Pressetexten nie medizinische Anspielungen machen, verkneifen sich auch die Donots in ihrer Außendarstellung alles, was mit Zucker, Hefe, Mehl, Milch und Eiern zu tun hat. Und dennoch bekommen sie bei der Jubiläumsshow zum 25. Geburtstag auf der Bühne was überreicht? Richtig: Einen riesigen Donut.

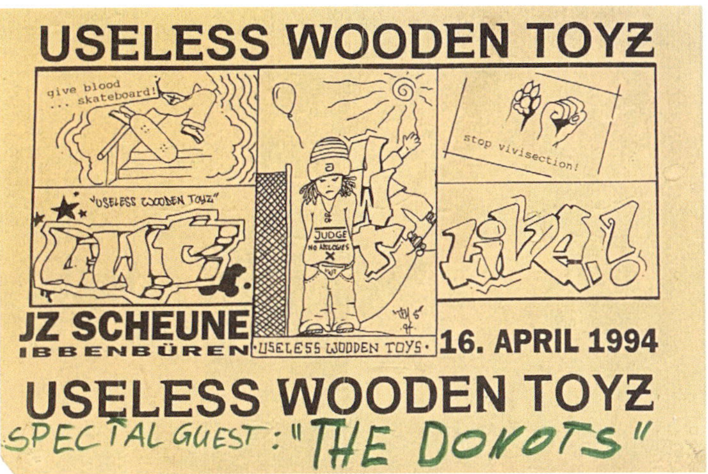

Samstag, den 16. April 1994, ist es soweit: Ingo, Guido, Jan-Dirk, Stone und Jens spielen in der Scheune ihr erstes Konzert. Eine knappe Dreiviertelstunde dürfen die Donots im Vorprogamm der befreundeten Ibbenbürener Band Useless Wooden Toys zeigen, was sie können und wie sie sich Punkrock vorstellen: Laut, aggressiv, mit viel Energie. Auf dem Programm stehen ambitionierte eigene Songs wie »Think Again«, »Misery World« und »We Are The Donots«, aber auch Albernheiten, wie sie wohl jede Teenieband im Programm hat: Der »Igel Song« des links-alternativen Kinderliedermachers Fredrik Vahle wird mit Riffs von The Clash kombiniert. Und für das Volkslied »Heißa Kathreinerle«, ein Erbe von Ingos Orgelunterricht, kommt ein Freund auf die Bühne, der dazu Akkordeon spielt. Natürlich wird auch den Vorbildern gehuldigt: Die Donots covern »Anarchy In The UK« von den Sex Pistols und mit »Along The Way« natürlich einen Song von Bad Religion.

Das Bild, das die Band auf der Bühne abgibt, ist etwas unausgegoren. Optisch dominiert der Grunge-Look: Unfrisuren, Band-T-Shirts, Jeansjacken, karierte, viel zu große Flanellhemden. Gesanglich orientiert sich Ingo dagegen eher an Punk und Hardcore. Seine aggressiven Fußtritte bleiben vorerst das einzige Show-Element. Die meiste Zeit haben die Fünf genug damit zu tun, ihren Instrumenten nicht allzu viele falsche Töne zu entlocken. Kurz Winken, Applaus, Abgang: Der erste Gig der Donots ist nichts für die Geschichtsbücher. Die Band hatte ihren Spaß und ein paar Leuten im Publikum ging es genauso. Nicht weniger, aber auch nicht mehr.

Normalerweise könnte diese Geschichte jetzt enden. Denn an diesem Samstagabend im April 1994 passiert nichts weiter als das, was zeitgleich wahrscheinlich in einem Dutzend anderer Jugendzentren geschieht: Eine junge Band spielt ihre erste

Das Poster zur allerersten Donots-Show.
Nächste Seite: Young, loud and snotty in der Scheune.

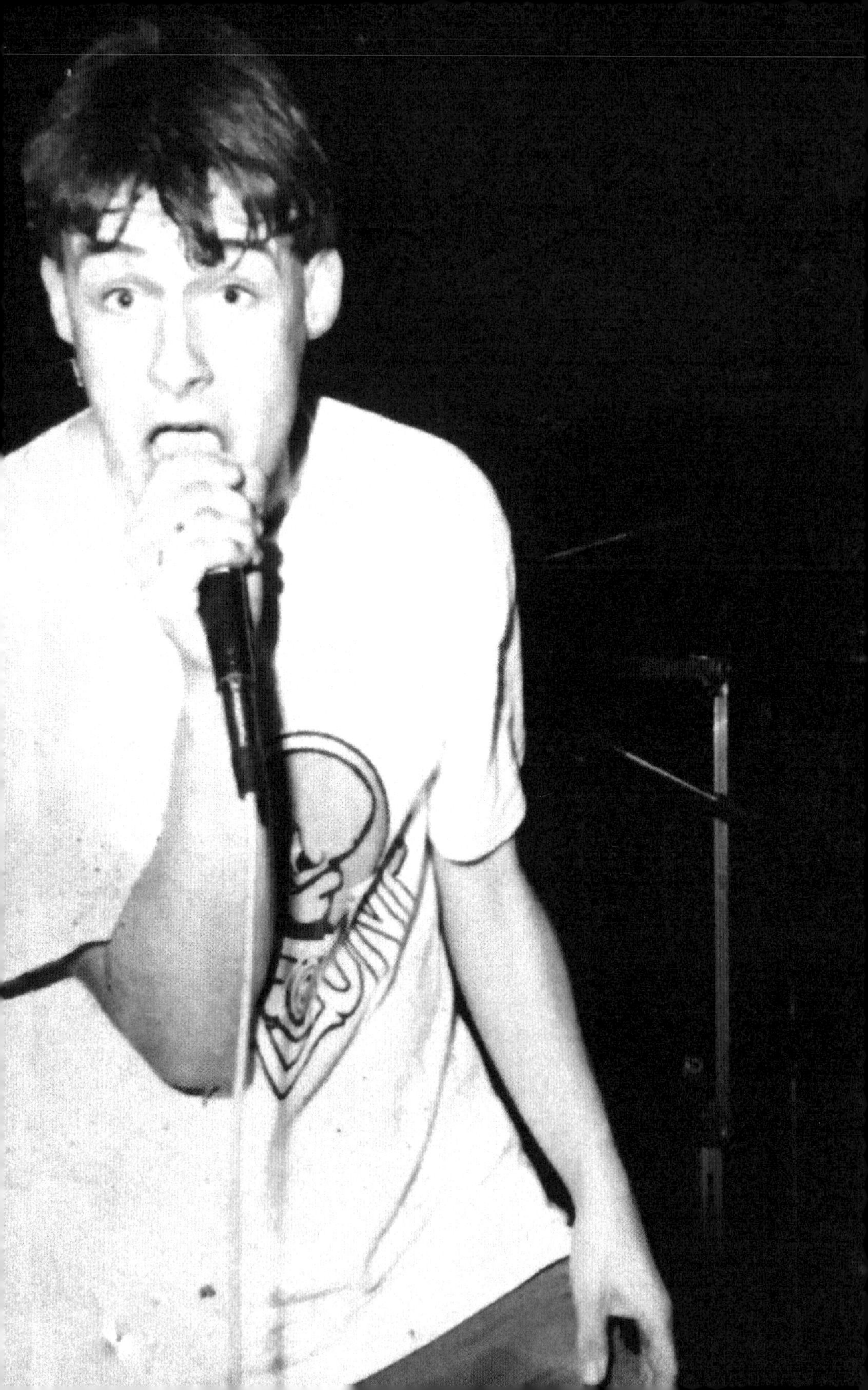

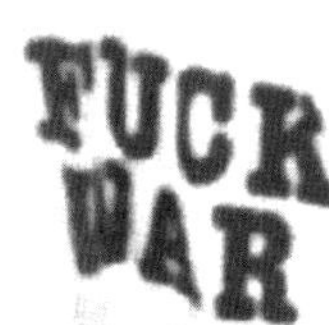
FUCK
WAR

Show. Doch während das Dutzend anderer Bands nie über den lokalen Tellerrand herauskommt und sich noch Jahre später mit »Weißt du noch?«-Anekdoten an den ersten (und oft auch letzten) großen Abend erinnert, ist der Premierenauftritt der Donots kein Endpunkt, sondern ein Anfang.

Das hat vor allem mit dem Umfeld zu tun, in dem die Band aufwächst. So wie Pflanzen in nährstoffreicher Erde und mit ausreichend Platz besser gedeihen, profitieren auch die Donots von der Szene um sie herum. Und Szene meint in diesem Fall: die Scheune.

Dass es am Ortsende, nur 200 Meter vom Aasee entfernt, dieses Jugendzentrum gibt, in dem öfter mal Konzerte stattfinden, kriegt Ingo schon früh mit. Als er sich dann im Mai 1992 das erste Mal dort hin wagt, ist er mächtig beeindruckt. NOFX spielen ein Konzert und drehen mit ihrem schnellen, melodischen Punkrock den Laden auf links. Im Publikum stürzen sich heftige Iropunker im Pogo-Pulk aufeinander, oben auf der Bühne reißt Sänger Fat Mike einen dummen Spruch nach dem anderen, jedes zweite Wort lautet »shit« oder »fuck«. Und draußen haben ein paar Typen mit Tapeziertischen Stände aufgebaut. Hier kann man Platten kaufen, die man in Ibbenbüren sonst nirgends bekommt. Es werden selbstgemachte Magazine angeboten, sogenannte Fanzines wie das *Ox*, *Plastic Bomb*, *Blurr*, *Hullaballoo* oder *Trust*. Auch Infomaterial gibt es ohne Ende: Politische Kampfschriften gegen den Kapitalismus, Plädoyers für Tierrechte, scharfe Kritik an den Castor-Transporten, die Atommüll ins nahe gelegene Ahaus fahren. Und natürlich Aufrufe zum Kampf gegen Nazis und Faschisten – eben alles, was der linken Punkszene wichtig ist.

Punk und Hardcore stehen für eine tiefere soziokulturelle Auseinandersetzung, als das in anderen Szenen der Fall ist. Man kauft sich nicht einfach eine Platte, geht damit nach Hause und hört sie dort ein paar Mal an. Das Drumherum ist fast genauso wichtig wie die Musik. Man diskutiert über Texte und Interviews, informiert sich über spezielle Medien und Kanäle, und auch politische und ethische Fragen spielen eine große Rolle. Die Musik soll natürlich Spaß machen. Häufig steht sie aber auch für Überzeugungen und Ideale, die weit über das hinausweisen, was man in einen Drei-Minuten-Song packen kann.

Wenn du Anfang der Neunziger in Ibbenbüren aufwächst, hast du im Grunde nur drei Möglichkeiten: Du wirst Fascho, ziehst mit gleichgesinnten Idioten durch die Gegend und suchst Ärger. Du wirst Dorfdisco-Proll und wickelst dich besoffen mit deinem getunten Golf um einen Baum. Oder du hängst eben in der Scheune ab. Ingo entscheidet sich für Letzteres.

Unter dem Dach der Scheune gibt es einen Verein namens Pinkpop, der von Rob Mulder geleitet wird. Rob kommt aus Holland und ist vor Jahren in Ibbenbüren gestrandet. Seine ersten Erfahrungen mit Konzertveranstaltungen hat er im legendären Club Paradiso in Amsterdam gemacht, und etwas derartiges, wenn auch im kleineren Rahmen, schwebt ihm für Ibbenbüren ebenfalls vor. Mulder sorgt für städtische Fördermittel und dafür, dass in der Scheune regelmäßig Konzerte stattfinden. Die lokalen Bands, für die er Auftritts- und Probemöglichkeiten schafft, liegen ihm besonders am Herzen. Ihren allerersten Proberaum unter der Aasee-Schule haben

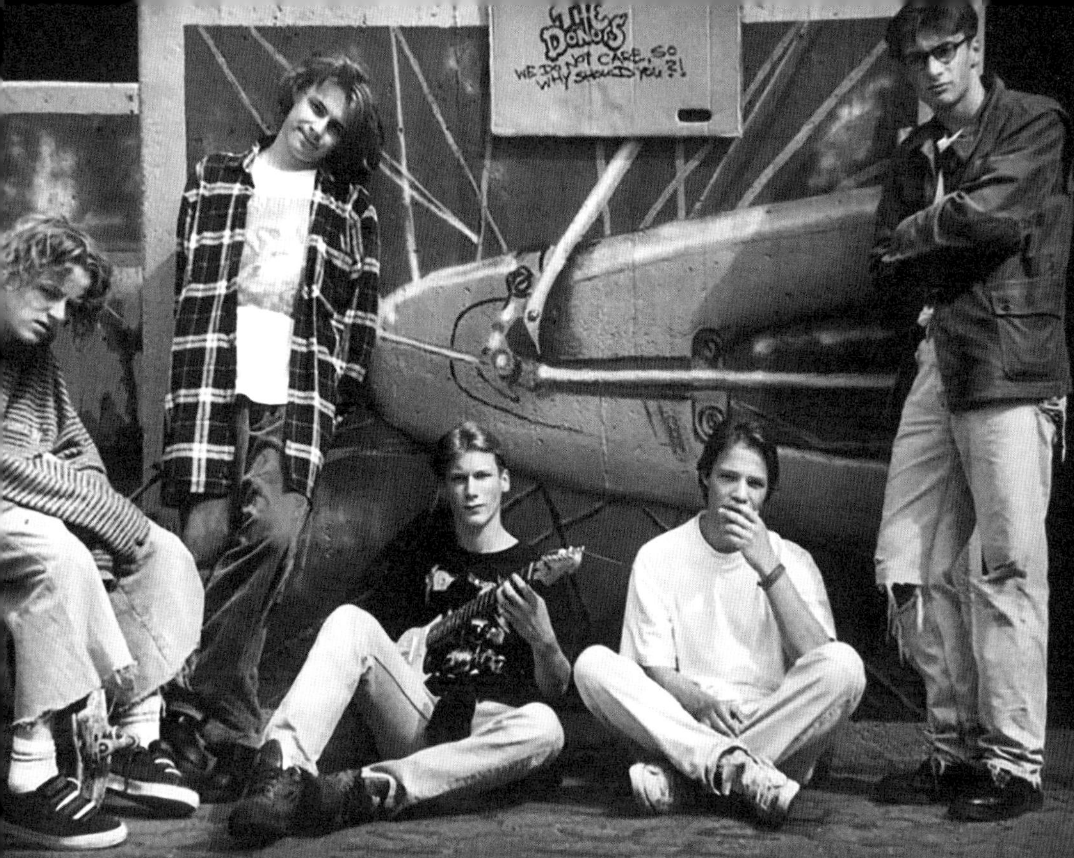

Bandfoto am Ibbenbürener Kepler-Gymnasium.

die Donots Mulder zu verdanken. Ingo erinnert sich noch gut: »Bei Rob stand die Tür immer offen, im wahrsten Sinne des Wortes. Er hatte immer Zeit, hatte immer ein offenes Ohr – und hat dir immer geholfen.« Indem er Musiklehrer vermittelt oder Treffen und Workshops organisiert, gibt Mulder den Ibbenbürener Bands das nötige Rüstzeug mit. Wie macht man eine Abrechnung, wie funktioniert die GEMA? Auf all diese Fragen hat er Antworten. Um ihn und die Scheune herum entwickelt sich ein Biotop aus Selbstanpackern und Lebenindiehandnehmern. Eine florierende Szene, die vom Miteinander lebt und nicht von der Exklusivität. Punk spielt in der Scheune zwar eine große Rolle, aber daneben ist noch viel Platz für andere Stile, Spielarten und Ansätze. Am Ende ist eine Scheune-Band erst einmal eine Scheune-Band – egal, ob sie Punk, Metal, Hardcore, Indierock, Pop oder Jazz spielt. »In dem Laden hat sich alles immer ganz gut gemischt, es gab keine übertriebenen Rivalitäten und kein Szenedenken«, sagt Ingo.

Das Do-it-yourself-Credo, wie es in der Scheune hochgehalten wird, beeindruckt Ingo von Anfang an. Jeder kann mitmachen, jeder wird gebraucht, jeder ist wichtig: Mit dieser Einstellung sorgt Mulder dafür, dass der Laden läuft und überträgt denen, die es wollen, erstaunlich viel Verantwortung. Auch Ingo will seinen Teil dazu beitragen, dass der Jugend im beschaulichen Ibbenbüren etwas mehr geboten wird. Er engagiert sich in einem Scheune-Team, das sich »Pro-Orga« nennt und die Veranstaltungen der nächsten Wochen und Monate plant: Wer macht den Sound, wer kümmert sich um das Licht, wer räumt hinterher auf? Und, ganz wichtig: Wer bucht die Bands? In Ingos Leben dreht sich ohnehin fast alles um Musik, dass er in der Scheune schon bald beim Booking hilft, ist also nur logisch. Dass er noch keine achtzehn und deshalb nicht geschäftsfähig ist, stört dabei niemanden. Mulder lässt die Kids einfach machen. Wenn es klappt, ist es wunderbar. Und wenn es Probleme gibt, übernimmt er eben die Verantwortung und hält seinen Kopf hin.

Ibbenbüren liegt zwar weit weg von den kulturellen Metropolen des Landes, hat aber einen entscheidenden Vorteil: die geografisch günstige Lage. Denn wenn eine Band – was oft vorkommt – auf einer Tour vom Ruhrgebiet in Richtung Norden unterwegs ist, bietet sich dort ein Zwischenstopp geradezu an. Und dass man in der Scheune Konzerte zu guten Bedingungen vor einem begeisterungsfähigen Publikum spielen kann, spricht sich auch bei den Booking-Agenturen herum, die prompt Demos und Tourpläne schicken. Damit bescheren sie Ingo einen Traumjob: Er kann seine Lieblingsbands nach Ibbenbüren holen, und das sogar auf Kosten der Stadt, die den Etat der Scheune aus kommunalen Kulturfördertöpfen speist. Das ist natürlich eine etwas paradoxe Situation, denn bei den Aktivitäten in einem Jugendzentrum schwingt häufig eine Anti-Establishment-Haltung mit. Einerseits will man sich querstellen und die Obrigkeiten bekämpfen, andererseits verbrät man deren Geld.

Bei den Konzerten in der Scheune läuft nicht immer alles glatt. Eher im Gegenteil. Ein Beispiel von vielen ist das Konzert der Hardcore-Band Earth Crisis, die ihre Straight-Edge-Attitüde gegen Drogen, Alkohol und Zigaretten sehr militant vertritt. Einer von Guidos Kumpels provoziert während des Konzerts die Band und zündet sich vor der Bühne demonstrativ eine Kippe an. Daraufhin eskaliert die Situation und es kommt zu einer Massenprügelei. Als einer unbeteiligten Frau ins Gesicht geschlagen wird, muss sogar die Polizei gerufen werden. Der gelingt es, das Geschehen halbwegs zu beruhigen, allerdings bekommen Earth Crisis noch einen perfiden Abschiedsgruß auf den Weg. Als die Band vom Parkplatz der Scheune fährt, werfen ein paar Ibbenbürener Punks, die sich im Gebüsch versteckt haben, die Busfenster mit Pflastersteinen ein.

Etwas harmloser verläuft die Show mit Green Day, die 1994 nach Ibbenbüren kommen. Ihr Album *Dookie* ist zwar schon erschienen, doch der weltweite Durchbruch, der die Band zu den Vorreitern des Neunziger-Punkrock-Revivals machen

10. Schülerbandfestival '95
VOMIT AFTER MULLIGRUBS
MOTHER'S RUIN
BURGER COUNT
THE DONOTS
RUBABS
CYNN
NOYS
SLUP
Fr. 28. April
19 Uhr Eintritt: 7 DM
Jugendkulturzentrum Scheune IBB
Ibbenbürener Volksbank eG

Poster zum Schülerbandfestival 1995.

sollte, lässt noch ein paar Monate auf sich warten. Green Day sind gerade im Vorprogramm der Toten Hosen unterwegs und haben einen Off-Day, also werden sie für ein Konzert in der Scheune gebucht. Die drei Kalifornier kiffen wie die Weltmeister und sorgen dafür, dass der Backstagebereich wie eine Marihuana-Plantage riecht. Untergebracht wird die Band in der Gartenlaube der Eltern eines der Scheune-Kids. Neben der Laube gibt es einen kleinen Teich, in dem Drummer Tré Cool einen Salamander entdeckt. Es gelingt ihm tatsächlich, das Tier zu fangen, das den Rest des Abends brav auf seiner Schulter sitzt und nicht nur bei Ingo für ungläubige Blicke sorgt.

Bands treffen, Konzerte organisieren, sich bei den »Profis« hier und da etwas abgucken, was vielleicht auch für die Donots hilfreich sein könnte: Ingo ist in der Scheune voll in seinem Element. Da lässt es sich auch verkraften, dass er regelmäßig bei der Stadtverwaltung vorsprechen und sich rechtfertigen muss. Die Konzerte, die er veranstaltet, locken eben ein entsprechendes Publikum an. Gerade bei Auftritten von Deutschpunk-Bands wie ...But Alive kokelt immer wieder mal ein Mülleimer an, geht eine Scheibe zu Bruch oder werden Graffiti an eine Häuserwand geschmiert.

Als ein Konzert der Terrorgruppe ansteht, schickt die Band Plakate mit dem Slogan »Live-Pogo und Fick-Party in der Scheune«. »Wir haben die Plakate montagnachmittags aufgehängt, und am Dienstagmorgen war das schon der Aufmacher in der Ibbenbürener Volkszeitung«, erzählt Ingo. Der darf danach mal wieder bei der CDU-regierten Stadtspitze antanzen, schafft es aber ein weiteres Mal, die Ratsherren von der kulturellen Bedeutung der Scheune zu überzeugen. Die Existenz des Jugendzentrums steht damals regelmäßig auf der Kippe, doch irgendwie kriegen es Ingo, Rob Mulder und die anderen dann doch immer wieder hin, dass auch die nächsten städtischen Zuschüsse fließen.

Wobei man sich nichts vormachen darf: Große Sprünge mit fetten Budgets sind in der Scheune nicht drin. Die Konzerte kosten höchstens fünfzehn Mark Eintritt, die meisten Helfer vor Ort arbeiten ehrenamtlich und auch die Bands spielen oft eher zum Zeitvertreib, als um Geld zu verdienen. Einmal gelingt es Ingo, mit AFI, H2O und Good Riddance gleich drei große Namen der Punk/Hardcore-Szene an einem Abend in der Scheune zu versammeln, und er muss dafür eine Gage von gerade einmal 800 DM zahlen. Wohlgemerkt, für alle drei Bands zusammen!

Konzerte spielen, einfach, weil es Spaß macht – mit diesem Ansatz gehen auch die Donots ihre nächsten Auftritte an. Etwas anderes bleibt ihnen auch nicht übrig. Nach dem Debüt in der Scheune sind sich alle fünf einig: Es hat Spaß gemacht, aber das geht noch besser. Viel besser! Und sie legen schon früh in ihrer Karriere ein Arbeitsethos an den Tag, das ungewöhnlich für Bands in diesem Stadium ist. Bei den meisten anderen Ibbenbürener Bands ist eine Probe nur ein fadenscheiniger Anlass, um sich gepflegt zu besaufen. Nicht so bei den Donots. Wenn die sich bei Trippners in der Garage zum Üben treffen, wird wirklich geübt. Dienst ist Dienst, Schnaps ist Schnaps und Probe ist Probe. Eine Einstellung, die auch zweieinhalb Jahrzehnte später noch gilt. »Wenn es hochkommt, gab es in all den Jahren vielleicht zehn Proben, die alkoholmäßig etwas eskaliert sind«, sagt Guido. »Wahrscheinlich sogar weniger.«

Nach ihrem Bühnendebüt treffen sich die Donots weiterhin regelmäßig zum

Proben und schon bald steht das nächste Konzert an: Wieder in der Scheune, wieder als Vorgruppe. Sie proben fleißig, sie spielen Konzerte, es fehlt also nur noch eine Sache, die man als Band dringend braucht: ein Demo! Ein richtiges Studio ist natürlich nicht drin, aber Jan-Dirk kennt da einen Typen in Emsdetten. Der bewohnt ganz allein ein komplettes Stockwerk einer Villa und hat dort einen Vierspurrecorder stehen. Wie der funktioniert, weiß er zwar nicht, aber was soll's. Das wird schon irgendwie werden. Die Donots stöpseln Bass und Gitarre nicht in ihre Verstärker, sondern direkt ins Aufnahmegerät. »Das klang als würde man mit einer Planierraupe über ein Knäckebrot fahren«, sagt Ingo. Weil die Kopfhörer nicht richtig funktionieren, hört der Sänger bei den Gesangsaufnahmen kaum etwas. Deshalb klingt er auf dem Demo seltsam verhalten und gequält.

Nach einem trashigen Easy-Listening-Intro, das Ingo auf seiner Bontempi dudelt, kommen acht (Mehr-oder-weniger-) Songs, die man schon von den Konzerten kennt: Neben eigenen Liedern wie »Think Again«, »(Welcome To) Misery-World«, »(We Are) The Donots«, »Pursuit Of Mirth« und »A Little Song« sind das zwei Liveaufnahmen vom ersten Konzert (»Along The Way« und »Anarchy In The UK«) sowie der »Igel-Song«, besagte Mischung aus The Clash und Fredrik Vahle, die der Band heute hochnotpeinlich ist. Kein Wunder: Der Clash-Song wird mit pubertärer Dicke-Hose-Attitüde zu »Should I fuck or should I blow?« umgedichtet, was natürlich kein Stück zur darauf folgenden Kinderlied-Passage passt, in der die Katze sich weigert, mit dem Hasen und dem Igel zu tanzen.

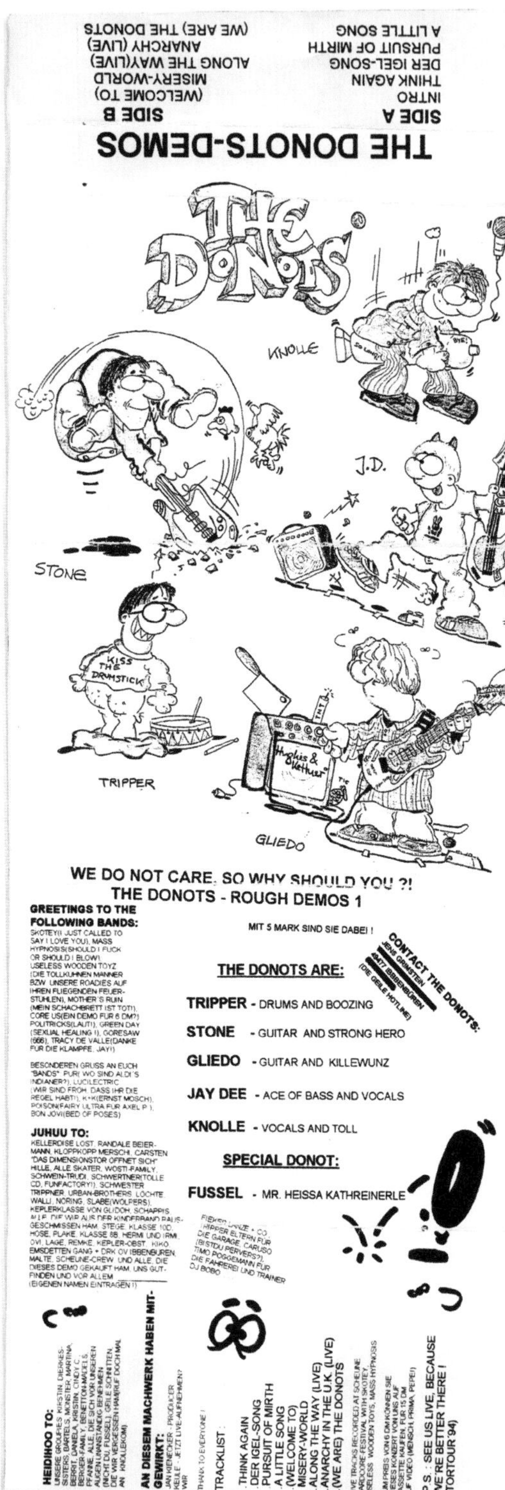

In den eigenen Songs reflektiert die Band dagegen ganz treffend ihre damalige Situation: Es geht um Langeweile und Zeitverschwendung, es gibt Solidaritätsadressen an die Punkszene sowie Anti-Nazi-Ansagen. Und für ein bisschen Selbstironie ist auch noch Platz. So heißt es im »Little Song« augenzwinkernd:

»The guitar chords are ridiculous / The bass lines are the same
The drummer is always late / And my singing is a shame«

Als Ingo und Jan-Dirk kurz danach auf eine Plattenbörse fahren, um nach Metallica- und Sex-Pistols-Bootlegs zu stöbern, fällt den beiden der Stand von »Roadstar Rolf« auf. Der verkauft Demo-Kassetten, und die beiden ordern direkt 50 Stück. Auf dem Doppel-Tapedeck der Knollmanns werden dann die Kopien gezogen, Ingo malt für das Cover Karikaturen der fünf Mitglieder, und fertig ist die erste Veröffentlichung der Donots. Der Titel *We Do Not Care So Why Should You?!* ist nicht gänzlich frei von Understatement, denn völlig egal ist den Donots das, was sie da machen, doch nicht. Zumindest Ingo, Guido, Jan-Dirk und Stone sind voller Elan bei der Sache. Sie freuen sich auf jede Probe und über jede Show, die sie spielen können. Letztere finden anfangs zwar ausschließlich in der Scheune statt, aber in Ibbenbüren und Umgebung ist das durchaus ein Ritterschlag: Wer es dort auf die Bühne geschafft hat, der muss schon ziemlich gut sein.

Drummer Jens ist allerdings nicht ganz so begeistert. Die regelmäßigen und ausgiebigen Proben werden ihm immer öfter zu viel, der Punk-Lifestyle ist auch nicht unbedingt seine Sache. Konzerte zu spielen macht zwar Spaß, ist aber nicht alles im Leben. Als Jan-Dirk Anfang 1995 einen Auftritt in Emsdetten an Land zieht, ist bei Ingo, Guido und Stone die Freude riesig. Endlich einmal außerhalb von Ibbenbüren spielen! Doch während die vier den Coup als weiteren, kleinen Schritt in der Entwicklung zu einer »richtigen Band« feiern, zieht Jens eine Flappe und nörgelt herum: »Alle meine Freunde können am Wochenende machen, worauf sie Bock haben. Nur wir müssen ständig Konzerte spielen. Und jetzt auch noch in Emsdetten.« In diesem Moment wird den anderen klar: Das wird nichts mit dem. Jens ist ein netter Typ, aber bei so unterschiedlichen Erwartungen und Ambitionen muss man wohl getrennte Wege gehen. Jens sieht das ähnlich und steigt wenig später aus. Für ihn hat nicht nur die Band sondern auch das Instrument seinen Reiz verloren. Zwei Wochen nachdem er die Donots verlassen hat, verkauft er sein Schlagzeug.

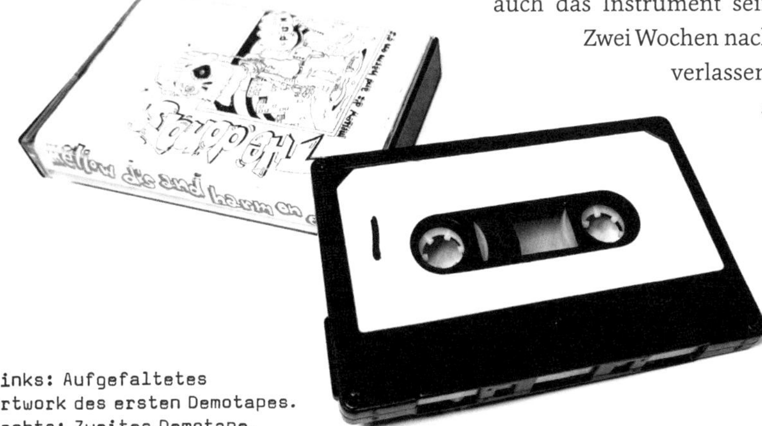

Links: Aufgefaltetes Artwork des ersten Demotapes. Rechts: Zweites Demotape.

EIKE

Gute Schlagzeuger liegen nicht auf der Straße herum – aber manchmal vor dem Klo. Zumindest bei den Donots. Irgendwann Anfang 1995 treibt sich Guido auf einer Oberstufenparty des Kepler-Gymnasiums herum, als er im Vorraum der Toiletten einen sichtlich angetrunkenen Typen sieht. Er trägt eine blaue Sonnenbrille, und lallt wirres Zeug, während ein Mädchen versucht, ihn wegzuzerren – wohin auch immer. Es dauert einen Moment, bis Guido den Typen erkennt: »Ey, Eike!«

Eike Herwig war bis vor einem Jahr Schlagzeuger bei der inzwischen aufgelösten Band Living Venture, die sich ebenfalls im Dunstkreis der Scheune bewegt hat. Dass Living Venture keine Punk- sondern eher eine Hardrockband waren, ist jetzt zweitrangig, denn die Donots suchen händeringend einen Drummer. Eike ist ein kraftvoller, lauter und präziser Schlagzeuger, der seinen Wumms schön sichtbar macht und dem man gerne zusieht. Kein Wunder, dass seine Auftritte mit Living Venture bei Guido bleibenden Eindruck hinterließen. Er beugt sich zu Eike hinunter.

»Ey, ich bin von den Donots.« – »Okay.«

»Wir suchen einen Drummer.« – »Okay.«

»Ähm, willst du vielleicht bei uns einsteigen?« – »Okay.«

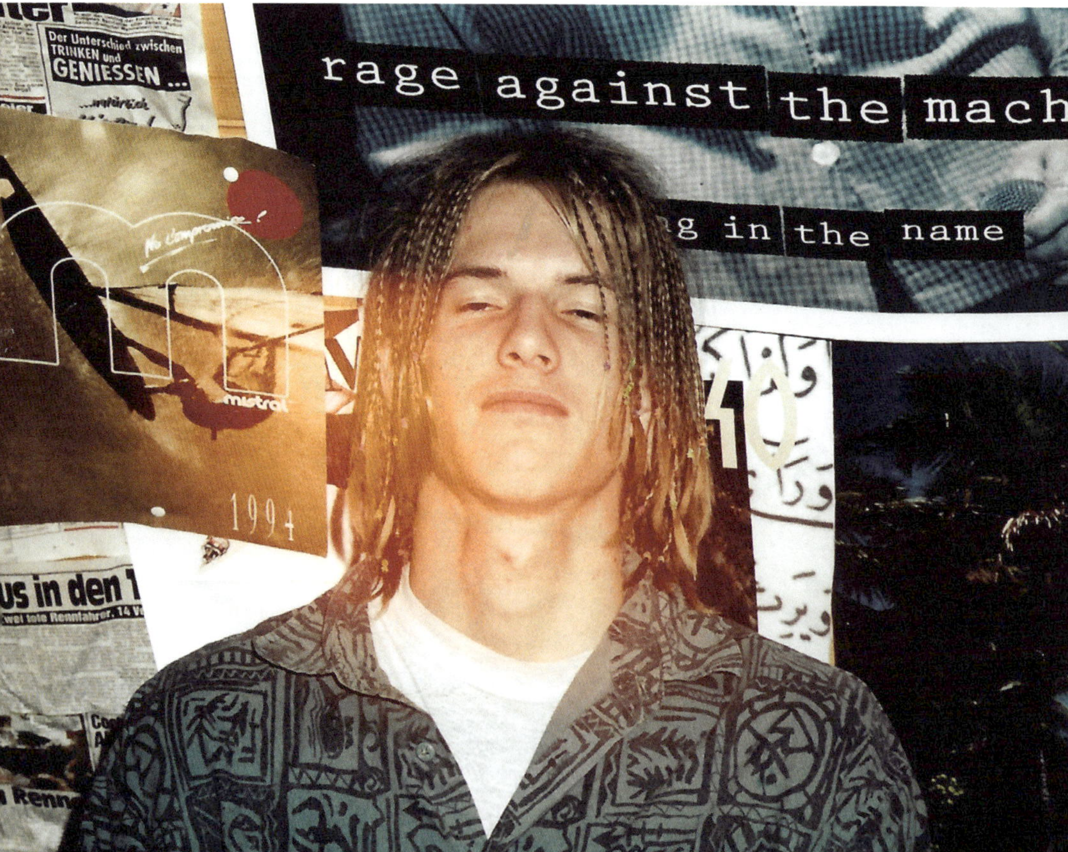

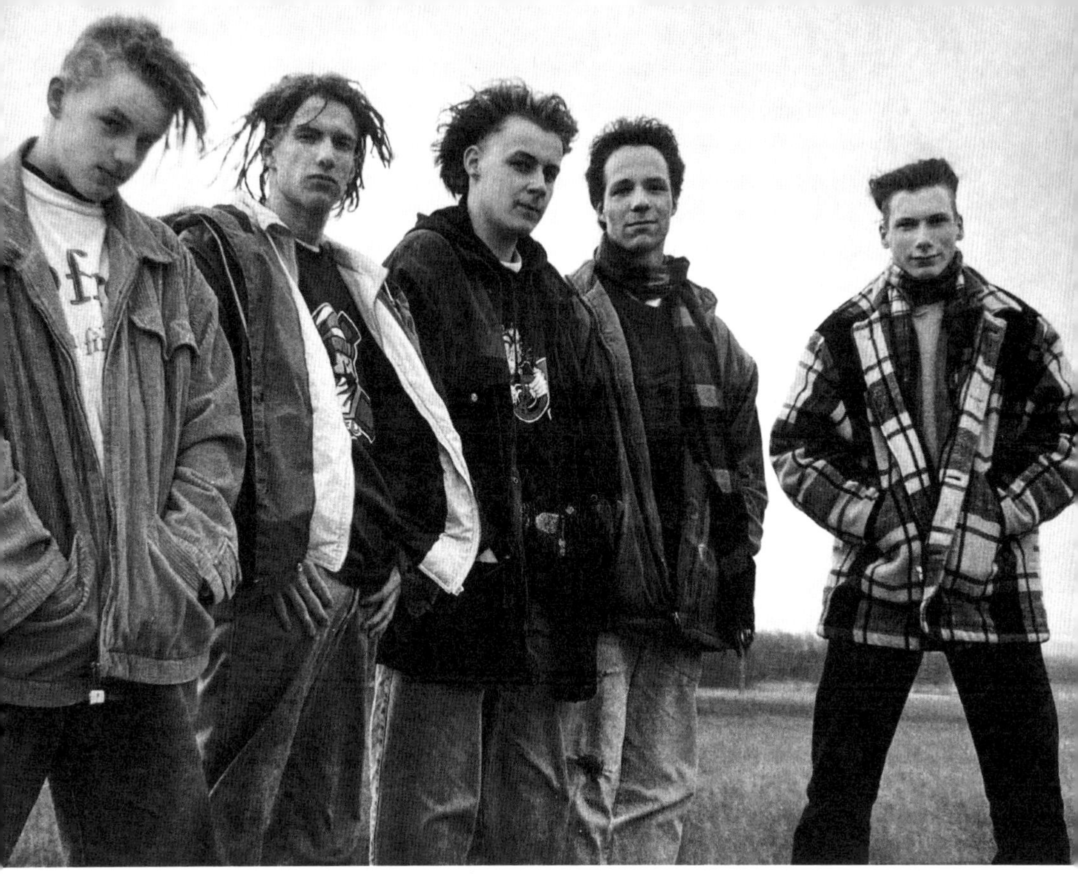

Eike ist auf dem Kepler-Gymnasium eine Stufe über Ingo und macht in ein paar Wochen Abitur. Genau wie bei Ingo, Guido und Jan-Dirk trägt die liebe Verwandtschaft auch bei ihm maßgeblich zu seiner musikalischen Entwicklung bei. Denn den Grundstein für Eikes Musikbegeisterung legt seine Oma. Die ist eine fröhliche, leicht exaltierte Rheinländerin. Sie liebt die Musik, und bei der musikalischen Früherziehung innerhalb der Familie folgt sie einem Plan: Wenn eines der Enkelkinder zwölf wird, bekommt es ein Instrument geschenkt. Egal welches. Und da Eike gerne die Töpfe und Pfannen in der Küche mit Kochlöffeln malträtiert, wird es bei ihm ein Schlagzeug. Die Herwigs wohnen in Bevergern, einem 3.000-Seelen-Dorf fünfzehn Kilometer westlich von Ibbenbüren. Ein freistehendes Haus am Dorfrand, der Garten geht nahtlos in den Acker über. Es gibt also keine Nachbarn, denen Eikes Getrommel irgendwann zu viel wird.

Allerdings merkt er schnell, dass es nicht unbedingt sein Ding ist, alleine zu Hause zu spielen. »Ich war faul und hatte keine Lust zu üben. Ohne Druck und ohne andere, die mich antreiben, konnte ich mich nicht aufraffen«, sagt Eike. (Das ist übrigens noch heute so. Eike dürfte einer der wenigen professionellen Schlagzeuger in diesem Land sein, der erst einmal zwei Stunden fahren muss, bis er bei seinem Instrument ist.) Es könnte also helfen, mit jemandem zusammenzuspielen. Eine Band wäre ideal.

Oben: Bandfoto am Ibbenbürener Aasee.
Links: Klassischer Mitt-Neunziger Herwig.

Praktischerweise ist Eikes Vater Lehrer an einer Realschule und hat einen ganz guten Draht zu seinen Schülern. Zwei von denen, ein Bassist und ein Gitarrist, suchen gerade einen Drummer, also bringt Papa Herwig seinen Sohn ins Spiel. Dass der erst seit zwei Monaten Schlagzeug spielt, scheint den beiden egal zu sein. Vielleicht befürchten sie auch nur, dass ihnen Eikes Vater schlechte Erdkunde-Noten gibt, wenn sie seinen Sohn nicht mitspielen lassen. Mit Rockmusik haben sie wenig am Hut, ihre Leidenschaft gilt dem Blues. Eine Probe sieht bei ihnen normalerweise so aus, dass die beiden jammen und Eike sie auf dem Schlagzeug begleitet. Bumm-tschak, bumm-bumm-tschak. Er sieht darin eine gute Gelegenheit, seine Lektionen aus dem Schlagzeugunterricht in die Praxis einer Band zu übertragen. Das will allerdings nicht so richtig zünden, und als Eike nach eineinhalb Jahren immer noch nicht für den Blues brennt, beschließen die drei, getrennte Wege zu gehen.

Mit ein paar Jungs aus seiner Stufe gründet Eike bald darauf eine neue Band namens Living Venture. Hier kann er endlich die Musik spielen, die er mag: harten Gitarrenrock. Das erste Konzert, das Eike sieht, sind nicht umsonst die Scorpions, 1989 in der Halle Münsterland. Sein Vater nimmt ihn mit, und Eike ist natürlich schwer beeindruckt. Von der Musik, aber auch vom ganzen Drumherum: den Frisuren, den Klamotten, den Posen. Kein Wunder also, dass Eike sich eine Vokuhila-Frisur schneiden lässt – in Westfalen auch »Pommesmatte« genannt –, eine Jeanskutte trägt und voller Stolz mit seinem Mofa durch die Gegend brettert. Die anderen Mitglieder der Band sind musikalisch ähnlich gepolt, und so stehen neben eigenen Songs Coverversionen von ZZ Top, Deep Purple, Guns N'Roses aber auch U2s »Sunday Bloody Sunday« auf dem Programm. Im Gegensatz zu den Donots mangelt es bei Living Venture am Ende an Herzblut und wohl auch an Überzeugung. Als das Abitur näherrückt, löst sich die Band nach zehn Konzerten in vier Jahren sang- und klanglos auf.

Eike tut sich daraufhin mit zwei Freunden zusammen, mit denen er im Lagerraum eines Schuhgeschäfts ein paar Coverversionen zockt: Helmet, Rage Against The Machine, Red Hot Chili Peppers, eben die Alternative- und Crossover-Nummern, die gerade angesagt sind. Eikes musikalischer Fokus hat sich Mitte der Neunziger etwas verschoben. Er fährt regelmäßig zum Dynamo-Festival nach Eindhoven, wo neben klassischem Metal immer mehr neue Bands wie Kyuss, Life Of Agony, Type O Negative, Danzig, Biohazard, Fear Factory oder Korn zu sehen sind. Einen ähnlichen Sound selbst auszuprobieren, wäre ganz schön. Zumindest in der Theorie. In der Praxis geht es im Lager zwischen den Schuhkartons nicht wirklich voran. Die Band hat zwar einen Namen – Dextrose –, aber keinen Sänger. Und wahrscheinlich auch keine große Zukunft, also kommt Eike das Angebot der Donots gerade recht. »Als die mich gefragt haben, hat mich das natürlich gefreut. Ich hatte schon ein paar Donots-Konzerte gesehen und war echt beeindruckt, wie die auf der Bühne losgelegt haben. Das war nicht das, was man normalerweise von Schülerbands sieht. Die starren meist verschüchtert auf ihre Schuhe oder Instrumente. Die Donots gaben immer Vollgas und in Ibbenbüren waren sie definitiv schon eine Nummer. Eine der Bands, von denen man sprach«, erinnert er sich. Seine Zusage ist also reine Formsache. Eike hat total Bock. In einer Band sein, Konzerte spielen, durch die Gegend fahren, einfach

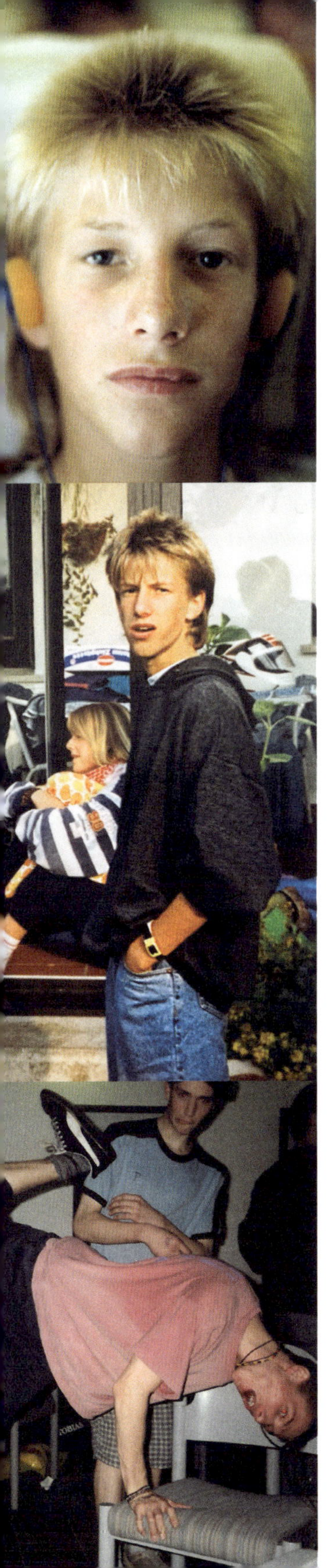

mal rauskommen aus dem gewohnten Trott und etwas erleben – das ist genau seine Welt. Allerdings gibt es da noch ein klitzekleines Problem: Eike hat von Punkrock keinen blassen Schimmer.

Am Tag der ersten Probe mit ihrem neuen Drummer ist noch eine Fotosession geplant: Die Band hat schon vor Wochen einen Termin mit einem Fotografen ausgemacht, der ein paar vernünftige Bandfotos schießen soll. Nur wer soll auf den Fotos zu sehen sein? Der bisherige Schlagzeuger Jens Trippner, der gar nicht mehr dabei ist? Wohl eher nicht. Nur Ingo, Guido, Jan-Dirk und Stone? Das wäre auch seltsam. Also stellt sich die Band kurzerhand mit dem neuen Drummer vor die Kamera, noch bevor Eike auch nur einen Takt gespielt hat. »Wir dachten, das wird schon irgendwie hinhauen«, sagt Guido rückblickend. »Aber bei der Probe haben wir gemerkt, dass Eike mit unseren Songs nicht so richtig zurechtkommt. Da sind wir schon ein bisschen ins Grübeln gekommen.«

Nach der Probe meldet sich der neue Drummer erst einmal ab. Seine Mandeln entzünden sich ständig und müssen raus. Dafür muss man damals noch eine Woche in der Klinik verbringen. Wer wie Eike kein Eis mag, dem können die Tage dabei ganz schön lang werden. Zum Glück bekommt er direkt Besuch von den Mitgliedern seiner neuen Band. Die haben ihm netterweise etwas mitgebracht, das zugleich Geschenk, Zeitvertreib und Hausaufgabe ist: Das *Trashed*-Album von Lagwagon. Wäre doch gelacht, wenn man diesem Typen nicht die Vorzüge von schnellen Songs, flott geprügelten Rhythmen, Knödelgesang und großen Harmonien beibiegen könnte. Und so dreht sich in Eikes Discman während der Zeit im Krankenhaus kaum etwas anderes als diese Platte. *Trashed* ist Eikes erster ernsthafter Kontakt mit Punkrock, er seziert und studiert das Album mit beinahe wissenschaftlicher Akribie: Was für ein Tempo legt die Band vor? Wie ist die Rhythmik angelegt? Welche Fills spielt der Schlagzeuger?

Allmählich wächst Eikes Begeisterung, er bekommt ein Gefühl für den Sound, und als er aus dem Krankenhaus entlassen wird, kann er es kaum erwarten, endlich hinterm Schlagzeug zu sitzen, um sich diesen neuen Stil draufzuschaffen.

Eike hat keinen Schimmer von Punkrock? Das war einmal.

KASTEN BIER? DANN SPIELEN WIR

Eikes erstes Konzert mit den Donots ist gleichzeitig das größte der bisherigen Bandgeschichte. Im Mai 1995, ein gutes Jahr nach ihrem ersten Auftritt, spielen die Donots in der Scheune als Vorband der kalifornischen Band Rich Kids On LSD, kurz: RKL. RKL beweisen gleich nach ihrer Ankunft, dass die Drogen-Anspielung in ihrem Bandnamen keine bloße Pose ist: Sänger Jason stolpert kreidebleich und mit zerstochenen Armen aus dem Bus. Dann leiht er sich Ingos Toyota Corolla, um zu einer Methadon-Ausgabestelle ins nahegelegene Lengerich zu fahren. Später, beim Soundcheck, kotzt er einmal quer über die Bühne. Das ist für die Donots faszinierend und abstoßend zugleich. Trotzdem sind sie sich nach ihrem Auftritt einig, dass es einfach nur geil ist, im Vorprogramm einer bekannteren Band aufzutreten. Sie dürfen in einem rappelvollen Laden spielen, wo auch noch genau die richtigen Leute vor der Bühne stehen und können mit anderen Bands Freundschaften schließen. Außerdem sparen sie Geld. Denn statt Eintritt für ein Konzert zu zahlen, das sie ohnehin besucht hätten, kommen sie umsonst rein und können vielleicht ein, zwei Bier mit Musikern trinken, deren Platten in ihrem Regal stehen. RKL kommen aus Santa Barbara und haben ihre letzten beiden Alben auf Epitaph veröffentlicht – *dem* Punkrock-Label überhaupt. Es einmal so weit zu bringen, scheint ein unerfüllbarer Traum zu sein. Aber mit einer Band wie RKL auf derselben Bühne zu stehen, macht sie nicht nur ein wenig stolz, sondern gibt ihnen darüber hinaus das Gefühl, Teil der großen, weltweiten Punkrockszene zu sein.

Der nächste, kleine Schritt ist gemacht, aber er soll bitte nicht der letzte sein. Kurz danach nehmen die Donots ihr zweites Demo auf. Die Songs auf *Mellow D's And Harm On E's* sind teilweise dieselben wie auf *We Do Not Care So Why Should You?!*, allerdings deutlich besser gespielt. Und auch vom Sound her ist das zweite Demo ein Fortschritt – wenn auch kein sehr großer.

Die Prioritäten der Band gelten eher der Bühne. Konzerte zu spielen ist schließlich das, was an der ganzen Sache richtig schockt. Könnte da nicht noch mehr gehen? Shows in der Scheune und auch mal in Emsdetten oder Greven sind ja ganz nett, aber wäre es nicht der Hammer, sich aus ihrer Komfortzone herauszuwagen? An Orte, wo nicht nur Freunde, Kumpels und Verwandte vor der Bühne stehen? Wo man sich vor einem fremden Publikum richtig beweisen muss? Das Ziel der Donots ist klar: Im Vorprogramm von größeren, schon bekannten Bands wollen sie auf sich aufmerksam machen. Aber wie lässt sich dieser Plan in die Tat umsetzen?

Eines darf man nicht vergessen: Das Internet nutzen Mitte der Neunziger lediglich ein paar IT-Nerds, Geheimdienst-Mitarbeiter, technikaffine Militärs und Horst Seehofer. Aber als Normalsterblicher kann man nicht einfach einen Namen, eine E-Mail-Adresse oder eine Telefonnummer googeln und dann eine Anfrage an einen Veranstalter stellen, die 45 Minuten später beantwortet wird.

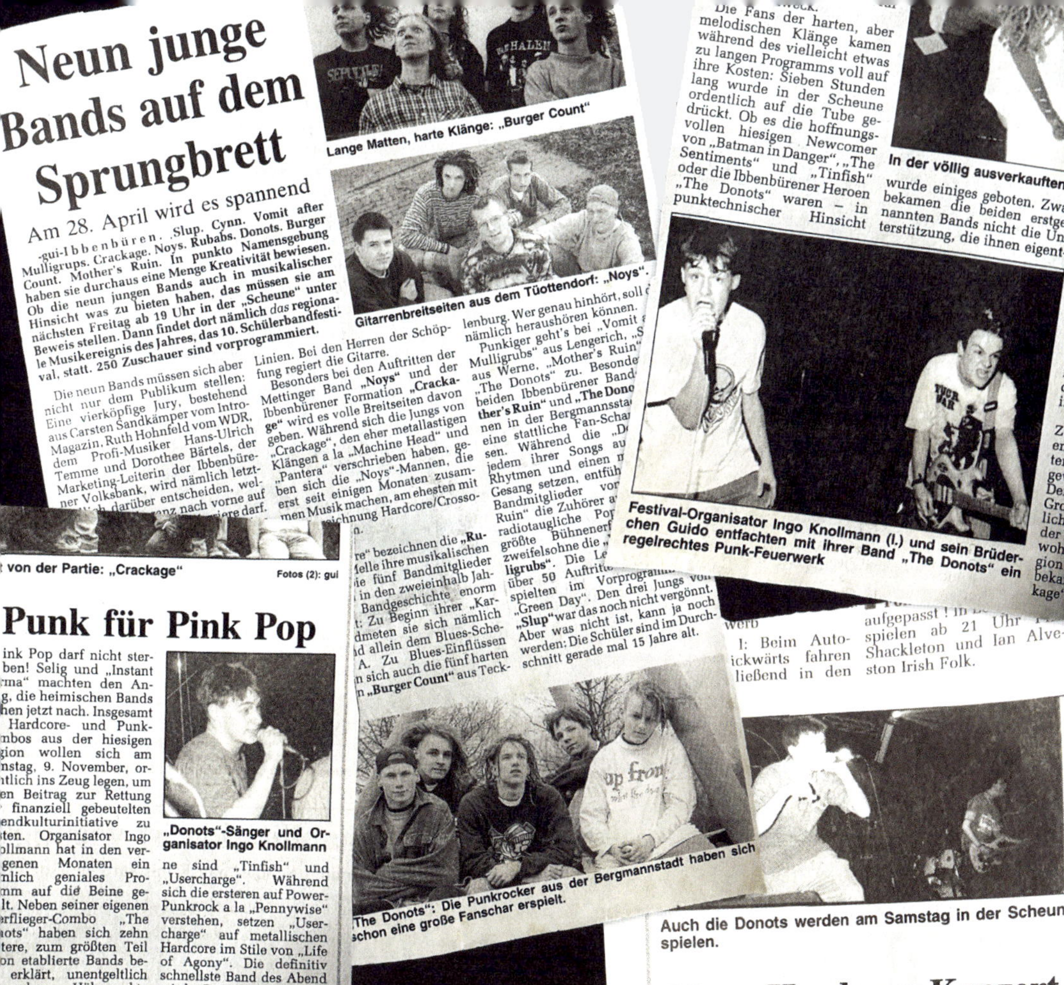

Neun junge Bands auf dem Sprungbrett

Am 28. April wird es spannend

-gui-Ibbenbüren. Slup. Cynn. Vomit after Mulligrups. Crackage. Noys. Rubabs. Donots. Burger Count. Mother's Ruin. In punkto Namensgebung haben sie durchaus eine Menge Kreativität bewiesen. Ob die neun jungen Bands auch in musikalischer Hinsicht was zu bieten haben, das müssen sie am nächsten Freitag ab 19 Uhr in der „Scheune" unter Beweis stellen. Dann findet dort nämlich das regionale Musikereignis des Jahres, das 10. Schülerbandfestival, statt. 250 Zuschauer sind vorprogrammiert.

Die neun Bands müssen sich aber nicht nur dem Publikum stellen: Eine vierköpfige Jury, bestehend aus Carsten Sandkämper vom Intro-Magazin, Ruth Hohnfeld vom WDR, dem Profi-Musiker Hans-Ulrich Temme und Dorothee Bärtels, der Marketing-Leiterin der Ibbenbürener Volksbank, wird nämlich letztlich darüber entscheiden, wel... ganz nach vorne auf ...iere darf.

Linien. Bei den Herren der Schöp-fung regiert die Gitarre. Besonders bei den Auftritten der Mettinger Band „Noys" und der Ibbenbürener Formation „Crackage" wird es volle Breitseiten davon geben. Während sich die Jungs von „Crackage", den eher metallastigen Klängen a la „Machine Head" und „Pantera" verschrieben haben, gebe sich die „Noys"-Mannen, die erst seit einigen Monaten zusammen Musik machen, am ehesten mit ...ichnung Hardcore/Crosso...

lenburg. Wer genau hinhört, soll ... nämlich heraushören können. Punkiger geht's bei „Vomit ... Mulligrubs" aus Lengerich, „S... aus Werne, „Mother's Ruin" ... „The Donots" zu. Besonde... beiden Ibbenbürener Band... ther's Ruin" und „The Dono... nen in der Bergmannssta... eine stattliche Fan-Schar... sen. Während die „D... jedem ihrer Songs au... Rhytmen und einen m... Gesang setzen, entfüh... Bandmitglieder vor... Ruin" die Zuhörer a... radiotaugliche Pop... größte Bühnenerf... zweifelsohne die „... ligrubs". Die Le... über 50 Auftritt... spielten im Vorprogramm von „Green Day". Den drei Jungs von „Slup" war das noch nicht vergönnt. Aber was nicht ist, kann ja noch werden: Die Schüler sind im Durchschnitt gerade mal 15 Jahre alt.

...re" bezeichnen die „Ru... ...elle ihre musikalischen ...ie fünf Bandmitglieder ... in den zweieinhalb Jah... Bandgeschichte enorm ...: Zu Beginn ihrer „Kar... ...dmeten sie sich nämlich ...d allein dem Blues-Sche... A. Zu Blues-Einflüssen ...n sich auch die fünf harten ...n „Burger Count" aus Teck...

Lange Matten, harte Klänge: „Burger Count"

Gitarrenbreitseiten aus dem Töttendorf: „Noys".

... von der Partie: „Crackage" Fotos (2): gui

„The Donots": Die Punkrocker aus der Bergmannstadt haben sich schon eine große Fanschar erspielt.

Die Fans der harten, aber melodischen Klänge kamen während des vielleicht etwas zu langen Programms voll auf ihre Kosten: Sieben Stunden lang wurde in der Scheune ordentlich auf die Tube gedrückt. Ob es die hoffnungsvollen hiesigen Newcomer von „Batman in Danger", „The Sentiments" und „Tinfish" oder die Ibbenbürener Heroen „The Donots" waren – in punktechnischer Hinsicht

In der völlig ausverkauften ... wurde einiges geboten. Zwar bekamen die beiden erstgenannten Bands nicht die Unterstützung, die ihnen eigent...

Festival-Organisator Ingo Knollmann (l.) und sein Brüderchen Guido entfachten mit ihrer Band „The Donots" ein regelrechtes Punk-Feuerwerk

Punk für Pink Pop

...ink Pop darf nicht sterben! Selig und „Instant ...ma" machten den An...g, die heimischen Bands ...hen jetzt nach. Insgesamt Hardcore- und Punk-...mbos aus der hiesigen ...gion wollen sich am ...nstag, 9. November, or-...tlich ins Zeug legen, um ...en Beitrag zur Rettung ... finanziell gebeutelten ...endkulturinitiative zu ...ten. Organisator Ingo ...ollmann hat in den vergangenen Monaten ein ...nlich geniales Pro-...mm auf die Beine ge-...lt. Neben seiner eigenen ...rflieger-Combo „The ...nots" haben sich zehn ...tere, zum größten Teil ...on etablierte Bands be-... erklärt, unentgeltlich ...urocken. Höhepunkte ...es viele geben: Schließ-... haben nicht nur die ...ove-Experten von ...ckage" und die Melo...

„Donots"-Sänger und Organisator Ingo Knollmann

...ne sind „Tinfish" und „Usercharge". Während sich die ersteren auf Power-Punkrock a la „Pennywise" verstehen, setzen „Usercharge" auf metallischen Hardcore im Stile von „Life of Agony". Die definitiv schnellste Band des Abend wird „Batman in Danger" sein – schließlich wird bei ihrem Auftritt eine ordentliche Ladung Trash-Punk geboten. Abgerundet wird das ...

...werb ...: Beim Auto-...ickwärts fahren ...ließend in den

...aufgepasst ! ... Uhr ... spielen ab 21 ... Shackleton und Ian Alveston Irish Folk.

Auch die Donots werden am Samstag in der Scheune spielen.

Mega-Hardcore-Konzert

-ran-Ibbenbüren. Morgen startet im Anschluß an den Skatecontest das längste Hardcorekonzert, das die ...

aus Osnabrück/Berlin, Le... mure aus Bielefeld. Useles Wooden Toys aus Ibbenbü... ren dürften den meisten ei... Begriff sein ...

Als Ingo die Sache in die Hand nimmt, verfolgt er deshalb einen anderen Ansatz. Er schnappt sich sämtliche Fanzines und Musikmagazine, die er auftreiben kann: *Visions*, *Metal Hammer*, *Rock Hard*, *Intro*, *Ox*, *Plastic Bomb*. Dort durchforstet er das Segment mit den Tourdaten nach Bands, die gut mit den Donots harmonieren würden. Hat er eine gefunden, sieht er sich als Nächstes an, wo die Band Station macht und pickt sich möglichst kleine Clubs raus, die nicht allzuweit von Ibbenbüren entfernt sind. Ingos Kalkül dabei: Je kleiner der Laden, desto größer die Chance, kurzfristig als Vorband einzuspringen zu können.

Wenn ein Club – wie etwa der Ostbunker in Osnabrück, das Spunk in Herford oder das Forum in Enger – den Parametern entspricht, dann wählt Ingo die 118 und lässt sich von der Auskunft die Telefon- oder Faxnummer geben. Anschließend ruft er auf gut Glück dort an oder schickt ihnen Bewerbungsschreiben – meistens nach

...rtikel der *Westfälischen Nachrichten* aus ...rühen Jahren. Auch über NOYS, Alex' Band vor den ...onots, wird berichtet.

folgendem Muster: »Bei Euch spielen doch demnächst XXXXXX, braucht Ihr da noch eine Vorgruppe? Wenn ja: Wir sind die Donots und würden ganz gut ins Vorprogramm passen ... finden wir. Wenn Ihr wollt, können wir Euch ein schlechtes Demo schicken. Ach so: Eine Gage brauchen wir nicht unbedingt. Spritgeld wäre ganz nett. Falls das nicht geht, reicht uns auch ein Kasten Bier.«

Diese Anfragen peppt er mit ein paar Zeichnungen, Karikaturen oder albernen Sprüchen auf. Dem Booker im Osnabrücker Ostbunker verspricht Ingo beispielsweise, dass die Donots sich den Clubnamen auf ihre Pimmel tätowieren ließen, wenn sie dort im Vorprogramm von Propagandhi spielen dürften. Ein Teil der Abmachung wird tatsächlich erfüllt: Am 24. April 1996 dürfen die Donots im Ostbunker Propagandhi supporten. Auch wenn der zweite Teil der Abmachung noch immer darauf wartet, eingelöst zu werden: In Vergessenheit geraten wird er nicht so schnell, denn das ominöse Fax hängt seither gerahmt in den Büros des Ostbunker an der Wand.

Bei besagtem Propagandhi-Konzert ist übrigens auch ein gewisser Thorsten Nagelschmidt, genannt Nagel, im Publikum. Der gibt das Punkrock-Fanzine *Wasted Paper* heraus, hat eine Band namens Muff Potter und will die Donots eigentlich doof finden. Zu fröhlich, zu unernst, zu flach erscheint ihm die Band, und dann steht auf deren Plakaten auch noch das Unwort »Funpunk«, das bei Nagel und seinen Freunden schwer verpönt ist. Dennoch geht es ihm wie vielen anderen Skeptikern: Wer die Donots live sieht, der ist schnell überzeugt. Wie auch nicht, angesichts einer Band, die ihren Enthusiasmus so überzeugend Gassi führt? Die auf der richtigen Seite steht? Die an sich und ihre Songs glaubt, so holperig die auch klingen mögen? Die einfach Bock auf die Bühne hat? Die dankbar ist und ihr Glück kaum fassen kann? Nicht nur Nagel, auch der Rest des Propagandhi-Publikums ist angetan: Die Donots muss man sich merken.

Ingos Taktik geht auf. Viele Veranstalter honorieren es, wenn eine Band so viel Eigeninitiative, Hartnäckigkeit und auch Charme zeigt. Und sogar bereit ist draufzuzahlen. Denn eine Gage gibt es selten bis nie, die Jungs sind froh, wenn sie mal ein bisschen Spritgeld bekommen.

Schon zwei Jahre nach ihrer Gründung spielen die Donots Shows, die eigentlich über ihrem Status liegen. Kurz nach dem Konzert mit Propagandhi treten sie im Vorprogramm von Strung Out auf, einer Cali-Punkband, die ihre Platten bei Fat Wreck Chords veröffentlicht. Und vier Wochen später dürfen die Donots im Forum Enger Down By Law supporten. Deren Sänger Dave Smalley wird vor allem von Ingo und Guido verehrt, spielte er früher doch gleich bei zwei legendären Punkbands: Dag Nasty und All. Ingos Hoffnung, seine Band könnte sich über Support-Shows für bekannte Bands einen Namen machen und sich so ein, zwei Schritte weit in den Kreis der Großen reinzecken, scheint aufzugehen.

DO IT YOURSELF: DIE ERSTE CD

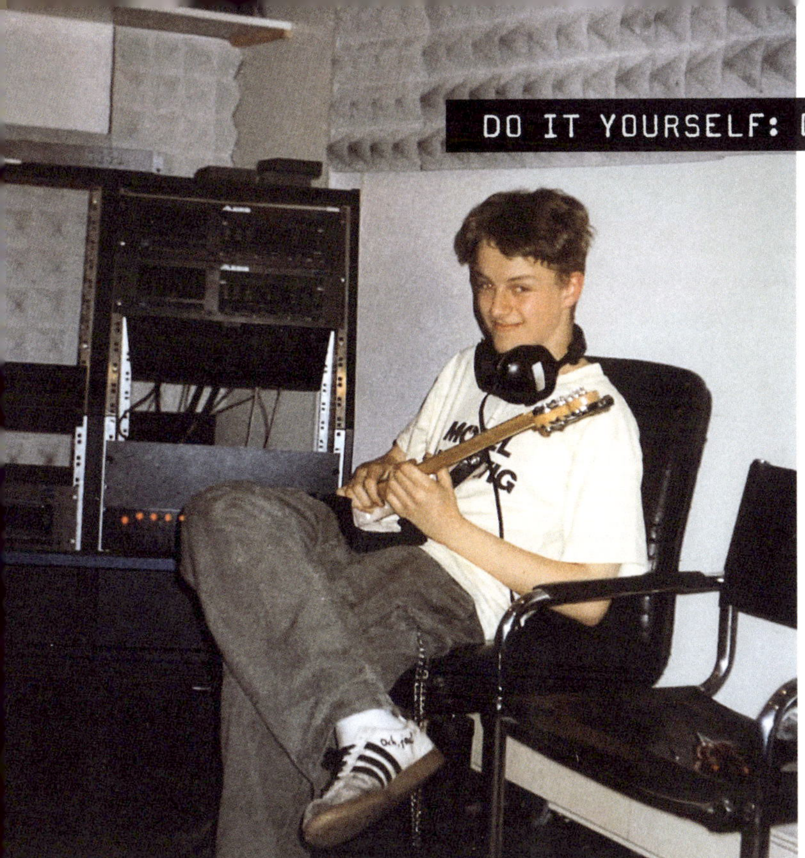

Die Donots nehmen allmählich Fahrt auf. Statt sich auf ihren Erfolgen auszuruhen, haben Ingo, Guido, Jan-Dirk, Eike und Stone Bock auf mehr. Mehr sehen, mehr hören, mehr erleben. Die Coverversionen und die albernen Nummern fliegen nach und nach aus dem Programm, stattdessen konzentrieren sich die Donots auf den Sound ihrer kalifornischen Vorbilder: Schneller Punkrock, der manchmal ziemlich aggressiv rüberkommt, aber auch ein Herz für harmonische Momente und Pop-Melodien beweist.

Das soll nach Möglichkeit nicht nur live, sondern auch auf CD dokumentiert werden. Die ersten beiden Demos klingen ziemlich amateurhaft und wenn es darum geht, Konzertveranstalter und Booker zu überzeugen, sind sie nicht gerade glänzende Visitenkarten. Das kriegen sie mit Sicherheit besser hin. Aber wo? Und wie?

Die Aufnahmen zum *Mellow D's And Harm On E's*-Demo sind damals bei Andreas John entstanden, einem befreundeten Schlagzeuger aus Ibbenbüren. Andreas schickte die fertigen Songs auf eigene Initiative an die Kölner Whitehouse Studios, wo sie so viel Eindruck hinterließen, dass die Band im Herbst 1995 das Angebot erhält, dort drei Tage lang aufzunehmen.

Natürlich nicht aus purer Nettigkeit – die Donots müssen die Studiozeit bezahlen, und das nicht zu knapp. »Wir haben alle Ersparnisse zusammengekratzt, die

uido in den Whitehouse-Studios Köln.

wir hatten«, sagt Guido. Doch das ist es ihnen allemal wert: Sie fahren nach Köln! In ein richtiges Studio! Zu einem richtigen Engineer! Angeblich gehört das Studio sogar einem der Scorpions. Mit großen Augen betreten die Donots die Räume in der Kölner Innenstadt.

Die Aufnahmen verlaufen leider zäher als gedacht. In drei Tagen entstehen genau drei Songs. Für eine ganze CD ist das natürlich zu wenig, also wird in Ibbenbüren nachgelegt. Im Vorstand des Pinkpop e.V., einem Verein, der zur Unterstützung der musikalischen Aktivitäten im Umfeld der Scheune gegründet wurde, sitzt unter anderem ein gewisser Gerd Bracht. Der spielt Bass bei Die Zwillinge & Die Blechgäng und hat in seiner Garage in Münster ein kleines Studio, das die Scheune-Bands zum Selbstkostenpreis nutzen können. Dort zimmern die Donots im Januar 1996 innerhalb von zwei Tagen sechs weitere Stücke zusammen. Mit den drei Liedern aus den Kölner Sessions kommen sie nun auf neun Songs, die unter dem Titel *Pedigree Punk* veröffentlicht werden. Die erste CD der Donots!

Kein Label, kein Management und – abgesehen von Freunden wie Grafiker Matze Kampmann – keine fremde Hilfe: Das erste Album der Donots ist ein Paradebeispiel in Sachen Do it yourself. Für das Artwork greift die Band auf alte Fotos aus dem Familienalbum der Knollmanns zurück. Das Cover zeigt Papa Knollmann als Schuljungen in den Fünfziger-Jahren. Mit kariertem Hemd und Hosenträgern grinst er frech in die Kamera. Die Donots lassen zunächst 500 Exemplare herstellen. Was sie für Aufnahmekosten, Bookletdruck, CD-Pressung etc. insgesamt hinblättern, ist schwer nachzuvollziehen. Ein paar tausend D-Mark sind es aber auf alle Fälle.

Die CDs werden an Labels und Booking-Agenturen verschickt, von der Band bei ihren Konzerten verkauft und neben Freunden und Verwandten greift sogar der ein oder andere Lehrer zu, weil er sich freut, dass seine Schüler mal etwas Produktives machen.

Dafür, dass *Pedigree Punk* in ein paar ausgewählten Plattenläden steht, muss die Band selbst sorgen. Dehalb fährt Guido mit einer Kiste CDs nach Münster und klappert dort die Plattenläden ab. Meistens stößt er mit seiner Bitte, das Album ins Sortiment aufzunehmen, auf taube Ohren: »Was soll das denn, das kauft doch keiner!«

Nur Elpi und der Punkrock-Spezialist Green Hell zeigen sich interessiert. Vor allem Letzteres kann Guido kaum glauben. Früher hat er häufig die Schule geschwänzt, um nach Münster zu fahren und dort Platten zu kaufen. Für ihn und seine Freunde ist der Laden das reinste Musik-Mekka. Welche neuen Bands gibt es? Wie klingt die neue NOFX? Taugt das Cock Sparrer-Livealbum etwas? Bei Green Hell gibt es die Antworten. Für Millenials mag das komisch klingen, aber in den Zeiten vor MP3s und Spotify musste man tatsächlich Haus und Computer verlassen, wenn man musikalisch auf dem neuesten Stand bleiben wollte. Der Plattenladen war der soziale Treffpunkt, wo gefachsimpelt wurde, wo man sich austauschen konnte und wo man auch einfach mal nur gepflegt Scheiße labern durfte.

Auch Frank Kestennus, der Green Hell 1993 eröffnet hat und seitdem betreibt, fallen die Jungs aus Ibbenbüren auf. Dass sie die Schule schwänzen, um in seinem Laden abzuhängen, ist ihm klar, und macht die Clique nur noch sympathischer.

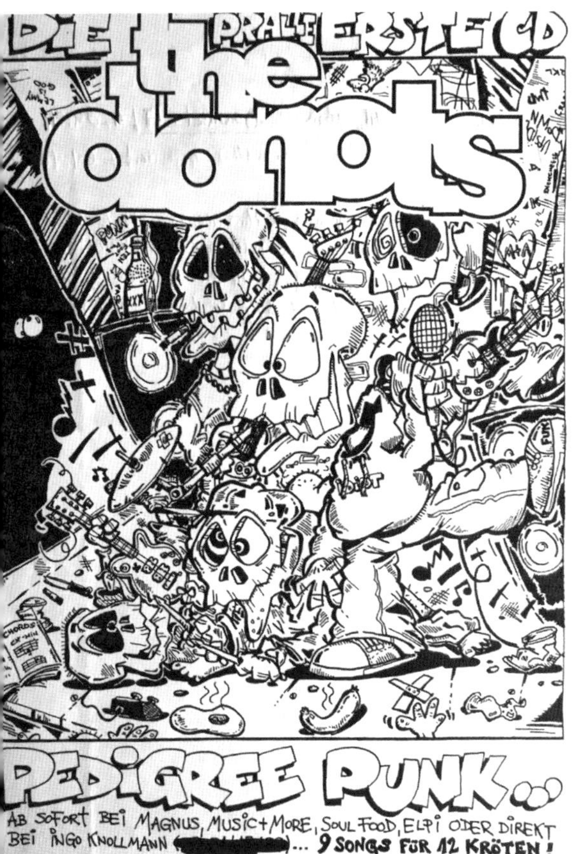

Die Jungs sind so oft in dem Laden, dass er ihnen Spitznamen gibt. So heißt Guido bei ihm wegen seiner Frisur nur »Lord Helmchen«, in Anlehnung an die *Star Wars*-Parodie *Spaceballs*. Eines Tages kommt eben jener Guido ungewöhnlich schüchtern an den Tresen geschlichen.

»Ey, ich spiele in einer Band. Wir haben eine Platte aufgenommen. Verkaufst du die hier?«

»Klar, warum nicht? Gib her, wir hören mal rein.«

Frank gefällt, was er hört. Zudem weiß er den Enthusiasmus und das Engagement der Band zu schätzen. Er kauft Guido direkt einen ganzen Stapel ab – und stellt die CD sogar ins Schaufenster. Guido ist begeistert: Unsere! CD! Im! Schaufenster! Bei! Green! Hell! Dem Laden, in dem er die *Energy* von Operation Ivy gekauft hat, *Can I Say* von Dag Nasty, *Schützen und Fördern* von Dackelblut, *Let's Go* von Rancid und zig andere Meilensteine seiner musikalischen Sozialisation!

Dass sie das der musikalischen Qualität von *Pedigree Punk* zu verdanken hatten, kann sich Guido bis heute nicht vorstellen: »Ich glaube, Frank und die anderen dort mochten nicht unbedingt unsere Songs, sondern eher den Spirit und die Attitüde. Die Tatsache eben, dass wir das alles selbst gemacht haben, wie es sich gehört im Punkrock. Denn wenn wir ehrlich sind: Die Musik war ein Schlag gegen den Hals.«

Das mag aus heutiger Bandsicht ein nachvollziehbares Urteil sein, 1996 treffen die Donots aber durchaus den Sound der Zeit: Schneller Punkrock mit vielen Tempiwechseln in bester Lagwagon-Tradition, hier mit ein bisschen Ska und dort mit aggressiven Hardcore-Elementen verfeinert. *Pedigree Punk* klingt zwar teilweise ziemlich roh und beim Sound gibt es noch reichlich Luft nach oben. Aber was Songwriting und Eingängigkeit betrifft, ist die Band gar nicht mal so weit von dem entfernt, was die Speerspitzen des Genres in Kalifornien oder Schweden abliefern.

Die Donots sind damals zu Recht stolz wie Bolle auf ihr Debütalbum. Zumindest vier ihrer fünf Mitglieder.

Pedigree Punk-Poster, von Ingo gezeichnet.

STONE STEIGT AUS

Dass die Donots immer härter und punkiger werden, ist ein Kurs, der Gitarrist Stone zunehmend Bauchschmerzen bereitet. Er steht eher auf Britpop-Bands, bevorzugt melodische, längere und ausgefeiltere Songs. »Diese Unterschiede waren von Anfang an da, wurden aber im Laufe der Zeit immer deutlicher«, sagt Stone. Während die anderen vier begeistert ihren kalifornischen Vorbildern nacheifern, fühlt sich Stone mehr und mehr wie ein Fremdkörper. Auch mit der Punkszene kann er wenig anfangen: »Dieses Punk-Ding war nie so meine Sache. Das war etwas, das aus der Metropole kam, etwas Britisches. Aber ich war ein kleiner, pubertärer Teenie aus der Kleinstadt. Für mich hat sich das nicht echt angefühlt. Ich hab da schon stark gefremdelt.«

Anfangs fällt es Stone noch leicht, darüber hinwegzusehen. Motor der Band ist schließlich nicht nur die Musik, sondern vor allem die Freundschaft. Stone kennt Ingo seit er vierzehn ist, und mit der Idee, gemeinsam eine Band zu gründen, haben die beiden Schulfreunde immer mal wieder geliebäugelt. Auch als der Donots-Stein langsam ins Rollen gerät, ist Stone mit Elan dabei. Als ihr Drummer Jens aussteigt und sie die Garage der Trippners räumen müssen, besorgt er ihnen einen neuen Proberaum. Stones Vater hat ein leerstehendes Büro, auf dessen Dachboden die Donots sich netterweise breitmachen dürfen. Und den sie ziemlich ramponieren: Der weiche, flauschige Teppichboden bietet sich wunderbar zum Springen, Hüpfen und Durchdrehen an. Die Donots geben schließlich nicht nur auf der Bühne, sondern auch bei den Proben Vollgas. Die Holzdielen unter dem Teppich sind allerdings schon etwas älter und so morsch, dass immer mal wieder einer der Jungs einbricht, wodurch mit der Zeit ein großer Krater entsteht – sehr zum Ärger von Stones Vater.

Im Frühjahr 1996 gerät Stone zusehends ins Grübeln, ob das mit der Band für ihn wirklich das Richtige ist. Immerhin bahnt sich bei den Donots ja offenbar so etwas wie eine Karriere an. Eine Aussicht, die er im Gegensatz zu den anderen nicht wirklich verlockend findet, wie er sich heute erinnert: »Das Leben in einer professionellen Band darf man nicht verklären, und ich habe damals schon gemerkt, dass das nichts für mich wäre. Dieser ganze Leerlauf, den man hat, das Warten auf den Soundcheck, auf die Show, auf die Abfahrt des Busses – und am nächsten Tag dasselbe von vorn. Das ist vielleicht ein paar Wochen lang schön oder von mir aus auch sechs Monate lang. Aber 25 Jahre? Nein, nicht mit mir. Dafür muss man brennen, und das habe ich nicht.«

Damals steht Stone kurz vor dem Abitur und für ihn ist klar, dass er auf keinen Fall in Ibbenbüren bleiben will. Stone will studieren, er will raus aus der westfälischen Provinz.

Wochenlang wiegt er Pro und Contra gegeneinander ab und als sein Entschluss schließlich feststeht, trifft er sich mit Ingo. Stone möchte aussteigen. Es gibt kein böses Blut, keinen Ärger, keine Vorwürfe, keinen Streit.

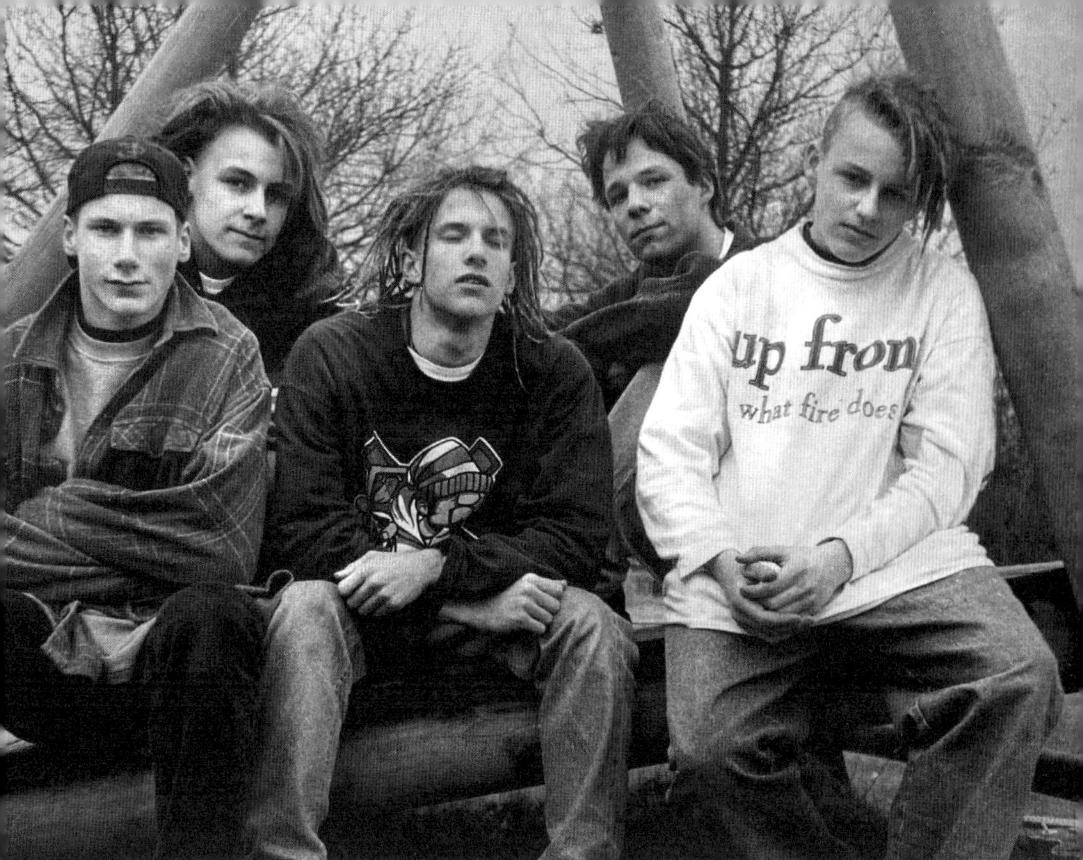

Trotzdem ist seine Entscheidung für die anderen ein Schock. Als ihm Ingo die schlechte Nachricht überbringt, sitzt Guido gerade vor dem Fernseher und schaut *Tom & Jerry*. Ein Augenblick, der sich ihm so einbrennt, dass er auch 23 Jahre später noch weiß, welche von den 161 Folgen der Zeichentrickserie an diesem Tag läuft: Die, in der Jerry von Tom mit der Bowlingkugel gejagt wird. Bei Guido fließt sogar die eine oder andere Träne: »Das kann doch jetzt nicht zu Ende sein! Diese Band war das coolste überhaupt in unserem Leben.«

Doch nach dem ersten Schock und einer kurzen Trauerphase sind sich die verbliebenen Mitglieder einig: Das darf es nicht gewesen sein. Nicht nur, weil für den September schon einige Shows gebucht sind, sondern vor allem, weil diese Band für alle etwas ganz Besonderes ist und sie fest daran glauben, dass sie zwar schon ungeheuer viel erreicht haben, aber noch viel mehr bewegen können. Ingo, Guido, Jan-Dirk und Eike sind sich schnell einig: »Wir machen weiter.«

Vorher gilt es allerdings, einen passenden Ersatz für Stone zu finden.

Eines der letzten Bandfotos mit Stone (2. v. r.).

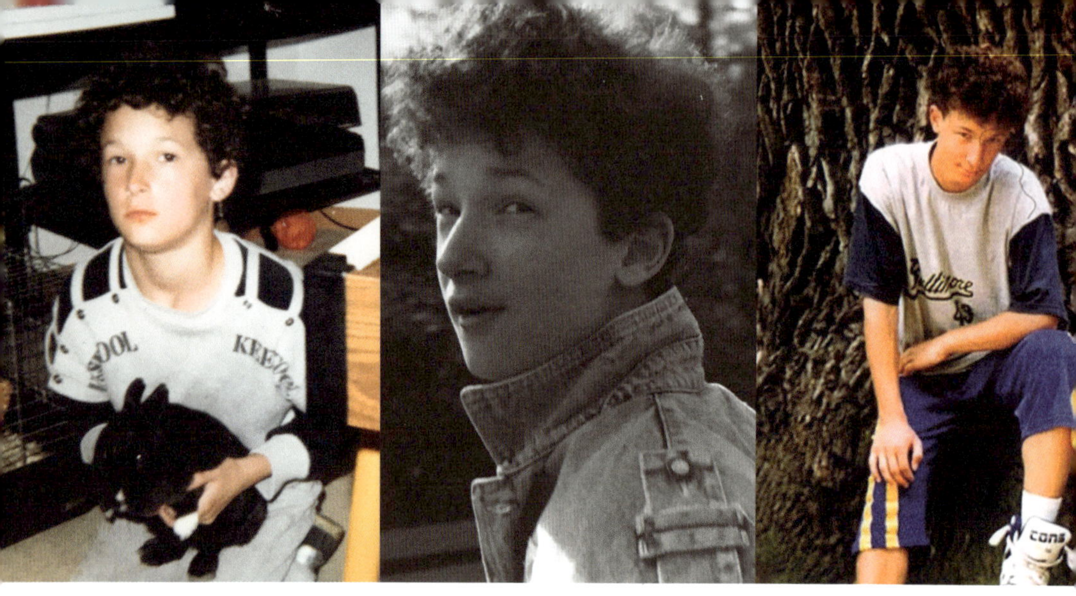

ALEX

Im Dunstkreis der Scheune gibt es einen Gitarristen, der den Donots bei Konzerten schon ein paar Mal aufgefallen ist: Alex Siedenbiedel.

Geboren und aufgewachsen ist Alex in Hannover, wo die Familie dreimal umzieht, bevor es sie kurz ins hessische Biebergemünd verschlägt. Als er in der siebten Klasse ist, ziehen die Siedenbiedels schließlich ins zehn Kilometer von Ibbenbüren entfernte Mettingen, einen staatlich anerkannten Erholungsort mit knapp 12.000 Einwohnern und vielen schönen Fachwerkhäusern. Im Norden ein Moor, rundherum Äcker und Felder. Und mittendrin viel Zeit und Langeweile.

Die füllt man in den Neunzigern am einfachsten mit Musik. Alex hört als Teenager eher Rap als Gitarrenmusik. Er geht sogar mit einem Foto von Vanilla Ice zum Friseur, damit der ihm das gleiche Streifenmuster in die Schläfen rasiert, wie es der »Ice Ice, Baby!«-Rapper damals populär gemacht hat. Ein Austauschjahr in den USA kuriert ihn von solchen Geschmacksverwirrungen und entfacht seine Begeisterung für harte, glaubwürdige HipHop-Acts wie N.W.A. oder Public Enemy. Alex' Bewunderung für seine neuen Helden geht sogar so weit, dass er sich ab und zu eine überdimensionale Uhr um den Hals hängt: das Markenzeichen von Flavor Flav, einem der beiden Frontmänner von Public Enemy.

Zur Gitarre kommt Alex während eines Camping-Urlaubs auf der holländischen Nordseeinsel Texel. Oder soll man besser sagen: Die Gitarre kommt zu ihm? Den Erweckungsmoment verdankt er jedenfalls EMF, einer britischen Band, die ihren Dance- und Rave-Sound gerne mal mit Rockelementen anreichert. Alex liegt alleine im Zelt und hört sich mit seinem Discman den EMF-Hit »Unbelievable« auf

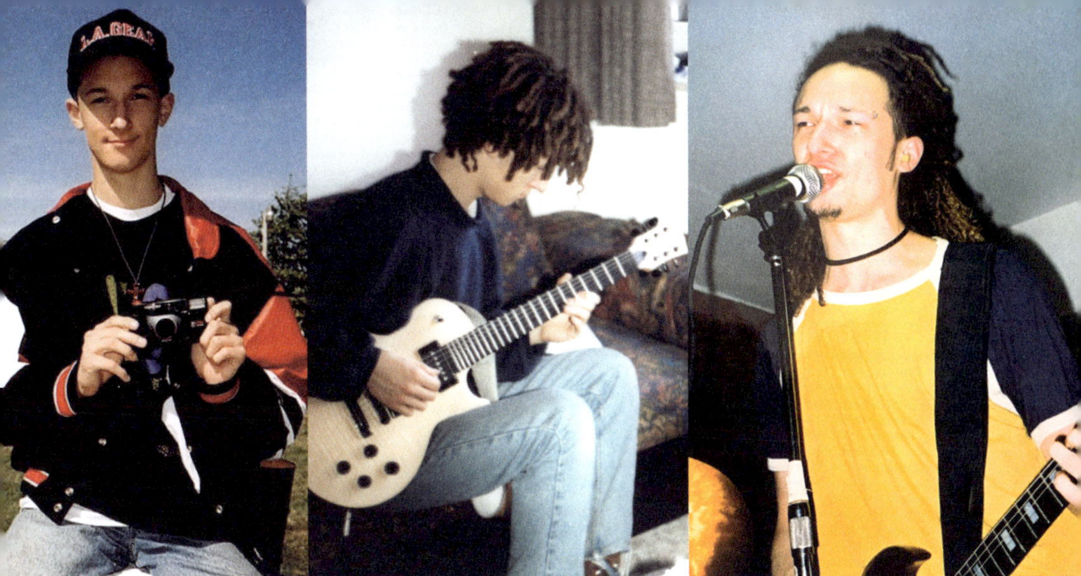

Endlos-Repeat an. Wie gesagt: EMF sind eigentlich eine Danceband, und der Song ist trotz seiner Riffs eher groove-orientiert. Zumindest bis nach zwei Minuten und fünfzig Sekunden der Gitarrist zum Solo ansetzt – und damit Alex' Welt auf links dreht.

»Das Solo ist einfach mega-mega-gut. Es hat mich regelrecht umgehauen, als ich das gehört habe!«, sagt er. Schlagartig ist ihm klar: Das will ich auch. Der Wunsch, Gitarre zu spielen, Teil einer Band zu sein, einmal etwas Vergleichbares auf die Beine zu stellen, wird schnell übermächtig. »Wie unfassbar perfekt muss das Gefühl sein, wenn du mit ein paar Freunden in einer Band spielst und so einen Song hinbekommst? Der bei den Leuten, die ihn hören, so etwas auslöst?«

Alex' Plan steht fest: Er muss eine Gitarre haben. Zuerst nimmt er klassischen Gitarrenunterricht, steigt aber schon bald auf die E-Gitarre um. Zusammen mit ein paar Freunden gründet er eine Band. Geprobt wird bei einem Kumpel im Keller und auch ein Bandname ist schnell gefunden: Im Schottland-Urlaub klaut Alex ein Verkehrsschild. Die Aufschrift »Traffic Control Ahead« klingt cool, ist eingängig, und mit dem Schild ist auch schon eine gute Bühnendekoration am Start.

Von Rap und HipHop hat sich Alex inzwischen weitgehend verabschiedet. Traffic Control Ahead eifern stattdessen den harten Crossover-Bands nach, die damals in aller Munde sind. Allen voran Helmet, die mit ihrem ultra-trockenen, klinisch-mathematischen Gitarrensound Maßstäbe setzen: Stakkato-Riffs, viele Synkopen, ungewöhnliche Akkordfolgen und Taktschemata. Das Quartett aus New York zieht seine Einflüsse aus dem Hardcore genauso wie aus dem Jazz und bezeichnet sich selbst als »thinking man's metal«, also als Metalband für Leute, die etwas in der Birne haben. Aber auch Rage Against The Machine, mit ihrem innovativen Mix aus Rap, Groove, harten Riffs und innovativen Gitarrensounds, haben es Alex angetan. Wie schon damals als Vanilla-Ice-Fan geht er in seiner Verehrung so weit, dass er die Frisur seines Idols imitiert. Er verzichtet konsequent darauf, seine Haare zu kämmen, bis die Locken anfangen zu verfilzen und sich daraus Dreadlocks drehen lassen, wie sie

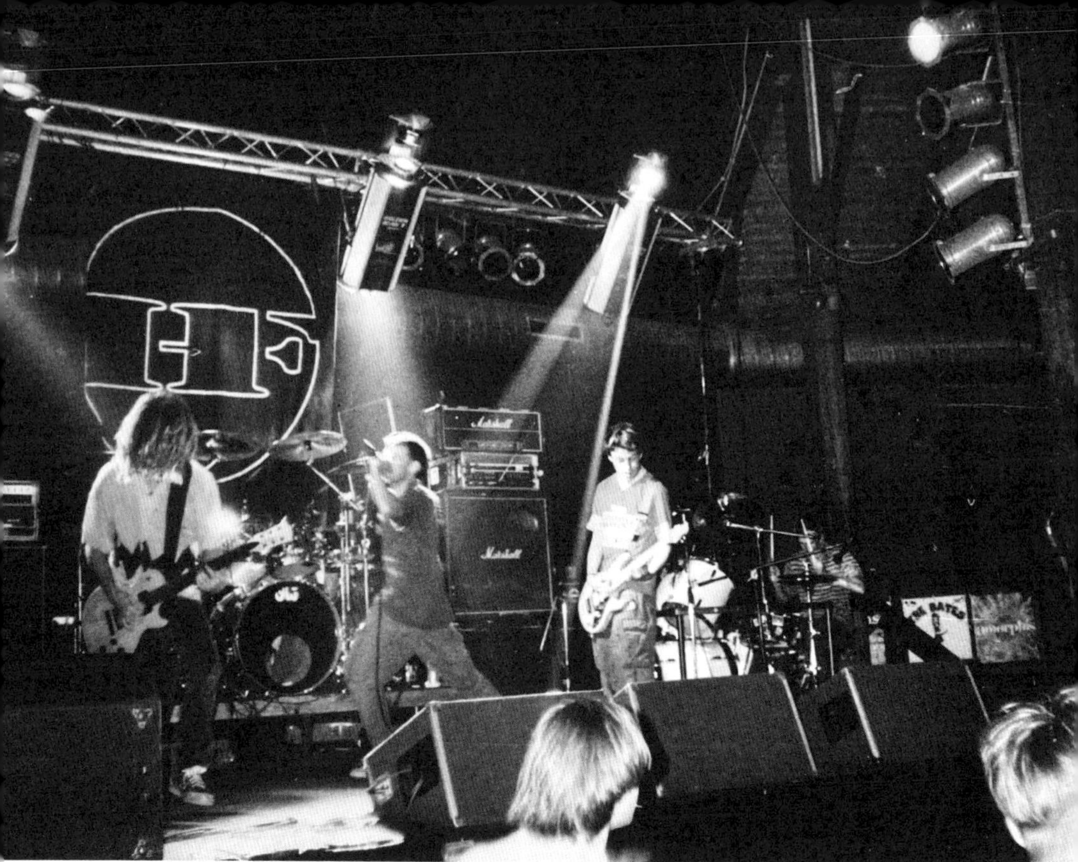

Rage-Against-The-Machine-Sänger Zach de la Rocha trägt. Die Frisur wird für die nächsten zehn Jahre zu Alex' Markenzeichen.

Neben Coverversionen von Helmet und Rage Against The Machine haben Traffic Control Ahead auch eigene Songs im Programm, und ab Ende 1993 gibt die Band immer mal wieder Konzerte in der Umgebung von Mettingen – auch in der Ibbenbürener Scheune. Doch so richtig zufrieden sind die Mitglieder nicht mit dem Alternative-Sound ihrer Band. Es könnte gerne noch etwas sperriger, lauter und aggressiver sein. Also vollziehen sie einen Stilwechsel, der sich auch im neuen Namen widerspiegelt. Ab 1995 nennen sie sich NOYS, und die Songs prägt vor allem eins: Der Spaß am organisierten Lärm. Insbesondere Alex geht bei den Konzerten richtig aus sich heraus, springt auf der Bühne herum wie ein Irrwisch und lässt seine Dreads kreisen.

Guido und Ingo, die NOYS einige Male live erleben, sind von Alex so beeindruckt, dass er bei den Donots als Wunschkandidat für Stones Nachfolge gehandelt wird. Dummerweise findet Alex damals Punkrock kalifornischer Prägung richtig scheiße – und damit den wichtigsten Einfluss der Donots. Mehrstimmige Chöre? Eingängige Harmonien? Schnelles Uffta-uffta-Schlagzeug? Damit kann er herzlich wenig anfangen. Punkbands wie Green Day oder Offspring, die damals schwer angesagt sind, werden von ihm eher belächelt als gefeiert.

Dass er dennoch sofort zusagt, als Guido ihn zu einer Bandprobe einlädt, hat viel

Erste Show mit Alex als Support für Downset.

mit den Donots selbst zu tun. Denn Alex mag die Band bereits, bevor er ihr Gitarrist wird. Als die Donots zum allerersten Mal in der Scheune spielen, ist er im Publikum und verfolgt ihren Weg danach mit Interesse und wachsender Begeisterung. »Dass diese Band etwas Besonderes hat, haben viele in Ibbenbüren geahnt. Die Donots haben einfach herausgestochen. Das war keine von diesen typischen Schülerbands, wie es sie dutzendweise gab. Da ging mehr, das hat man gespürt«, blickt er zurück.

Die Tatsache, dass die Donots regelmäßig in der Scheune auftreten, tut ihr Übriges. Mehr können junge Musiker in der Gegend kaum erreichen, und wer es einmal so weit gebracht hat, gehört in Alex' Augen definitiv zum lokalen Band-Adel.

Als er im Ibbenbürener Plattenladen Music & More die *Pedigree Punk*-CD hört, kann er es kaum fassen: »Ich fand es unglaublich geil, dass eine Band aus Ibbenbüren so was auf die Reihe bekommt.« Eine CD aufzunehmen und zu veröffentlichen! Und die steht dann auch noch im Laden. Zwischen all den »richtigen« Bands, die man aus Musikmagazinen oder durch ihre Videos kennt, die nachts auf MTV und Viva laufen!

Als Alex zum gegenseitigen Beschnuppern ins Gartenhaus der Knollmanns kommt, haben Eike und Jan-Dirk keine Zeit. Sie sind als nur zu dritt. Ingo setzt sich ans Schlagzeug, während Guido dem Neuen zeigt, worauf es bei Songs wie »Elbow And A Smile« oder »Personality Clash« ankommt. Die drei verstehen sich auf Anhieb. Dass Alex die Schublade »Fun-Punk«, in die die Donots gerne gesteckt werden, gar nicht mag, behält er vorerst für sich. Schnell merkt er, dass die Donots sich nicht damit zufrieden geben, sich in die Armada all der Melodycore-Bands einzureihen, die überall wie Pilze aus dem Boden schießen. Außerdem steht er nicht nur auf laute Krachgitarren, sondern mag auch Bands wie Pearl Jam. Und seine Hardcore-Vorliebe macht auch nicht Halt vor den melodiöseren Bands des Genres – wie zum Beispiel Farside oder Shades Apart, die auch von Ingo und Guido geschätzt werden. Vielleicht geht ja was in diese Richtung?

Überhaupt ist Alex ein Typ, der sich gern auf Neues und Ungewohntes einlässt. Woher das kommt? Alex vermutet als Grund die vielen Umzüge in seiner Kindheit: »Vielleicht habe ich dadurch, dass ich häufig in einem komplett neuen Lebensumfeld war, ein Interesse an den unterschiedlichsten Leuten und Situationen entwickelt.«

Als er nach der Probe nach Hause fährt, ist er voller Euphorie: »Das klang so gut, wir drei haben direkt gespürt, dass das funktioniert. Ich konnte das nächste Treffen kaum erwarten. Und ich habe mich schon total darauf gefreut, zusammen mit den anderen auf der Bühne zu stehen. Wenn durch das Zusammenspiel als Band ein Song entsteht – egal ob auf der Bühne oder im Proberaum –, ist das ein einzigartiges Gefühl. Ein bisschen wie bei einer Geburt. Vorher war da nichts, und dann ist da auf einmal etwas. Etwas Großes, Überwältigendes. Wenn man das als Band gemeinsam schafft, ist das ein einzigartiges Gefühl. Das kann man sonst nirgends erleben.«

Als er das erste Mal mit den Donots auftritt, darf Alex dieses Gefühl in vollen Zügen auskosten. Denn seine Live-Premiere als Gitarrist findet gleich vor einer ganzen Menge Zeugen statt. Im September 1996 spielt die Band im Osnabrücker Hyde Park vor über 500 Zuschauern im Vorprogramm von Downset, einer Hardcore-Crossover-Band aus Los Angeles.

UND JETZT SOGAR MIT MANAGER

Alex ist nicht der einzige, der 1996 zu den Donots stößt. Auch Florian Brauch wird mehr und mehr Teil der Band – wenn auch nicht auf der Bühne, sondern dahinter.

Florian lernt die Donots kennen, als er mit seiner Band an einem Schülerbandwettbewerb in der Scheune teilnimmt. Er ist Schlagzeuger der Rubabs, die ein bisschen wie Biohazard klingen: hart, schnell, mit viel Groove, zu dem man wild herumspringen kann. Als er die Show der Donots sieht, geht es ihm wie vielen: Er ist sofort hin und weg von der Energie und Spielfreude. Florian lädt die Band zu sich nach Bruchmühlen ein. Dort hat er mit ein paar Freunden ein freistehendes Bauernhaus, einen sogenannten Kotten gemietet. 50 D-Mark Jahresmiete und zweimal im Jahr der Bäuerin den Garten umgraben – mehr braucht es nicht, um sich einen kreativen Freiraum zu schaffen. Der Kotten steht etwas abseits, und da es keine direkten Nachbarn gibt, die sich beschweren könnten, wenn es laut wird, proben dort verschiedene Bands und es finden auch immer wieder Konzerte statt. Warum also nicht auch mal eins mit den Donots?

Da die Donots damals aus Prinzip nicht nein sagen, wenn sich die Gelegenheit ergibt, machen sie sich wenig später auf den Weg ins Niemandsland zwischen Osnabrück und Bielefeld. Mit Florian verstehen sie sich auf Anhieb super. Die Chemie zwischen ihnen stimmt in jeder Hinsicht: Sowohl in menschlicher und musikalischer Hinsicht als auch Ethos und Ambitionen betreffend liegen sie auf einer Wellenlänge. So wie die Donots ihre Do-it-yourself-Ideale hochhalten, macht auch Florian am liebsten alles selbst. Der Kotten in Bruchmühlen ist kein klassischer Jugendtreff, bei dem einmal im Monat der langhaarige Sozialdezernent nach dem Rechten sieht, sondern ein autarker Raum ohne städtische Anbindung, der ohne einen Pfennig Fördergelder auskommt. Florian ist einer, der Musik liebt und lebt und einfach etwas bewegen will. Vielleicht nicht unbedingt auf der Bühne – seine Karriere als Drummer endet recht schnell und recht unspektakulär –, aber eben im Hintergrund.

Neben den Konzerten, die er veranstaltet, bringt Florian einen Tape-Sampler heraus, auf dem sich Bands ohne Plattenvertrag präsentieren können. Er hat gute Kontakte zu Clubs, Booking-Agenturen, Managements und einen Plan vom Musikgeschäft. Das alles ist für ihn schon zu Schulzeiten mehr als ein Hobby, und so orientiert er sich auch beruflich in diese Richtung. Direkt nach dem Abitur macht er ein Praktikum bei einer Hannoveraner Booking-Firma namens Castor. Dort leistet er Überzeugungsarbeit für seine Freunde aus Ibbenbüren, lässt immer wieder den Namen Donots fallen und schafft es tatsächlich, der Band einige Festival-Auftritte zu verschaffen. Später wechselt Florian zu der Management-Agentur Headshock nach Bremen – und nimmt die Donots kurzerhand mit. »Die Zusammenarbeit wurde enger und enger, er hat sich richtig ins Zeug gelegt für uns. Und dann hatten wir auf einmal einen Manager: Florian«, sagt Ingo.

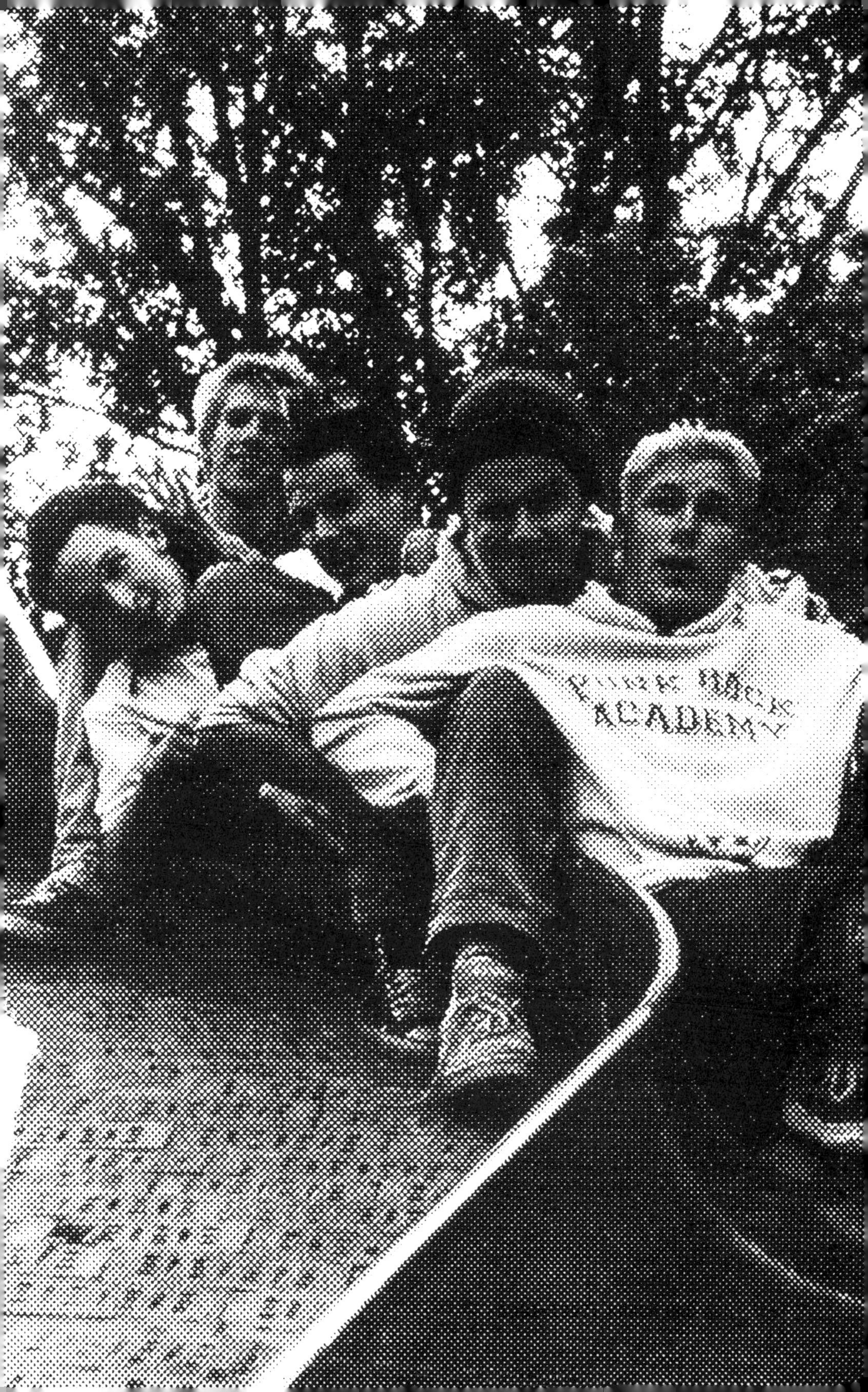

Florian merkt schnell, dass die Donots anders sind als die Masse der Bands, mit denen er es damals zu tun hat: »Mir war schon früh klar, dass diese Band etwas Besonderes hat. Diese Dynamik, diese positive Spannung, das war beeindruckend. Sie hatten einerseits eine große Leichtigkeit, andererseits wollten sie aber auch etwas erreichen und haben viel Arbeit reingesteckt. Es war toll zu sehen, wie die Dinge wachsen und sich entwickeln. Wie sich Türen öffnen und man Schritt für Schritt weiterkommt.«

Mit Florians Hilfe gelingt es, immer größere Shows an Land zu ziehen. Die Liste der Bands, in deren Vorprogramm die Donots 1996 und 1997 spielen, liest sich wie ein Who-is-Who der damaligen Punkszene: No Fun At All, Swingin' Utters, Dwarves, Strung Out, Lagwagon, No Use For A Name. Dank dieser Shows macht sich die Band bei Bookern, Managern und Veranstaltern allmählich einen Namen.

Aber auch bei den Zuschauern, die schnell merken, dass sie die Auftritte dieser Band besser nicht quatschend am Bierstand verpassen, weil sie alles gibt und jeden Abend spielt, als ob es der letzte wäre. »Rausgehen, auf die Bühne springen, und nicht nur in im eigenen Keller seinen Kram machen – das war für uns immer das Wichtigste«, erklärt Alex. »Außerdem trifft man bei Konzerten viele Leute, man knüpft Kontakte und Freundschaften, kann andere um Rat fragen und einander aushelfen. Die ganzen Bands aus Amerika oder Schweden, die wir schon recht früh kennengelernt haben – da sind tolle Verbindungen entstanden, die oft noch bis heute bestehen.«

Allerdings heißt die Welt der Donots am Montagmorgen wieder Ibbenbüren und dort interessiert es niemanden, ob man am Wochenende ein Konzert zusammen mit Blink-182 gespielt hat, die damals kurz vor dem Durchbruch stehen. In ihrem Heimatort wird man eher schief angesehen, wenn man so aussieht wie die

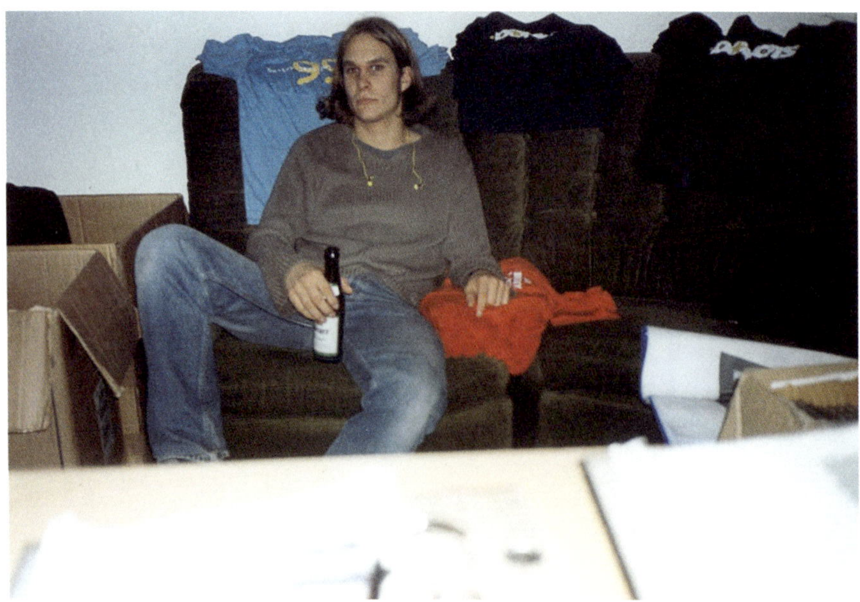

Florian Brauch, langjähriger Manager der Donots
Rechts: Frühes Bandfoto im endgültigen Line-up

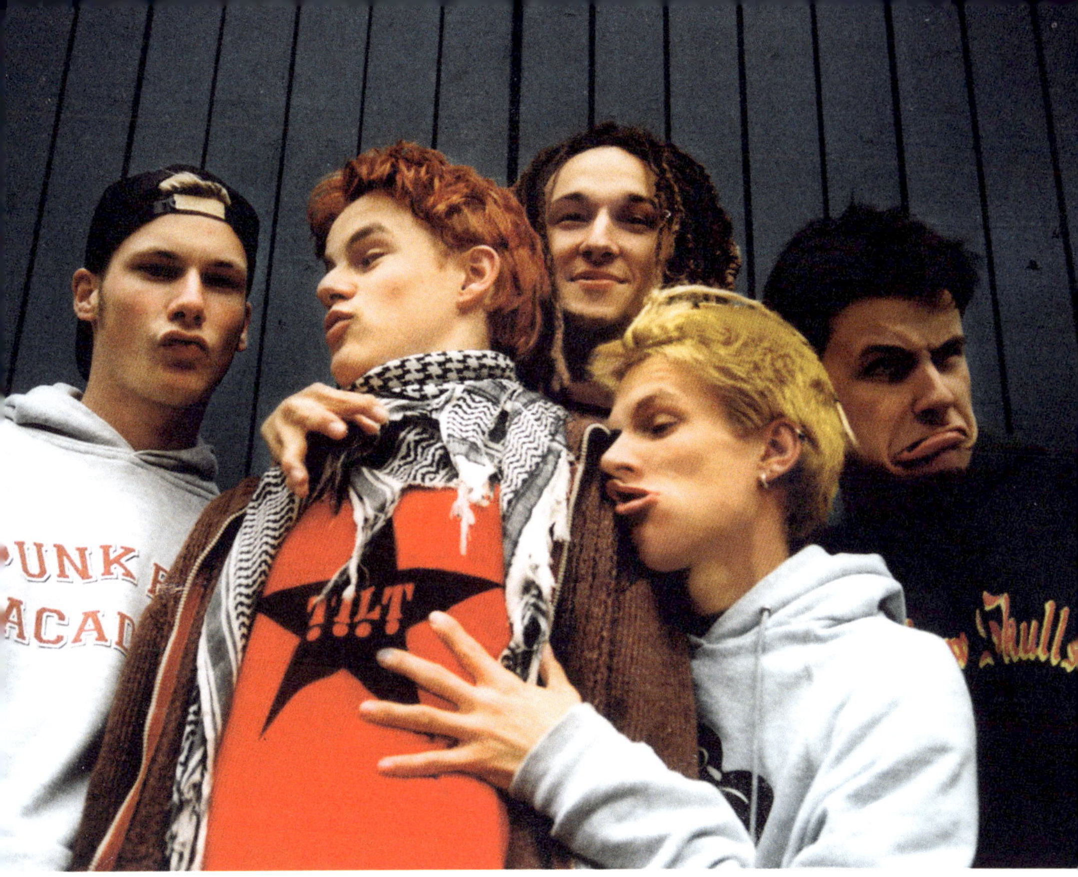

Donots damals. Die Poggemanns haben einen Frisörsalon in Emsdetten, und so sitzt Jan-Dirk natürlich an der Quelle, wenn es darum geht, neue Haarfarben wie rot, grün oder blau auszuprobieren. Einmal nimmt er sich gar die Fellzeichnung eines Dachses zum Vorbild. Doch statt unten blauschwarz und oben weiß sind seine Haare nach dem Färben lila und gelb.

Guido hingegen schwört auf den klassischen Punk-Look und modelliert sich gerne einen Irokesenkamm. Als Festigungsmittel nimmt er Zahnpasta, Mayonnaise, Kernseife – was eben zur Hand ist. Kernseife erweist sich allerdings als weniger gute Idee. Denn als Guido nach einer Party mit dem Fahrrad nach Hause fährt, beginnt es zu regnen und die Seifenlauge läuft ihm aus den schäumenden Haaren in die Stirn. Also kneift Guido die brennenden Augen zusammen und fährt fast blind so lange, bis er den Schmerz nicht mehr aushält. Spätestens nach zehn Metern hält er kurz an, wischt sich mit dem Ärmel das Gesicht und fährt dann weiter. Anschließend geht das ganze Spiel von vorne los. Der Heimweg dauert an diesem Abend ziemlich lange, und am Ende ist Guido froh, dass er sich nicht das Genick gebrochen hat.

Ein Look, wie ihn die Donots damals pflegen, sorgt im beschaulichen Ibbenbüren für irritierte Blicke. Das liegt auf der Hand. »Natürlich war das ein Klischee, das wir gepflegt haben. Aber solche Klischees sind auch wichtig, um sich abzugrenzen vom Spießerterror in dieser stillen, aufgeräumten Siedlung«, sagt Guido.

Wobei sich diese Rebellion eher allgemein gegen die Gesellschaft und Obrigkeit als gegen die eigenen Eltern richtet. »Das ging auch gar nicht, dafür waren unsere Eltern viel zu cool«, sagt Guido.

Dieter Knollmann hatte jahrelang im Ibbenbürener Steinkohlebergwerk der Preussag AG gearbeitet, bis er von einer Grubenbahn überfahren wurde. Unter Tage schuften geht danach nicht mehr, also arbeitet er ab diesem Zeitpunkt als Maschinenbauingenieur und Feuerwehrmann. Seine Frau Reinhilde kümmert sich um die drei Söhne und den Haushalt – eine klassische Aufteilung eben. Allerdings entsprechen die beiden ganz und gar nicht dem Klischee eines konservativen Paars, das keinen Draht zur Generation seiner Kinder hat. Ihre Tür steht für die Freunde und Bekannten von Ingo und Guido immer offen, und die beiden werden oft um ihre entspannten Eltern beneidet.

»Guido und Ingo haben ständig irgendwelche Punks mit nach Hause gebracht. Aber das waren alles tolle Leute, wirklich«, erzählt Reinhilde Knollmann. Wenn Ingo damals samstagabends um halb elf zur *Sportstudio*-Zeit bei seinen Eltern anrief, verlief ein typisches Gespräch etwa wie folgt:

»Mama, hier sind ein paar Leute in der Scheune, können die heute bei uns übernachten?«

»Wie viele denn?«

»So acht oder zehn.«

»Na dann ...«

Gewöhnlich suchen Reinhilde und Dieter daraufhin alle im Haus befindlichen Matratzen und Gartenliegen zusammen, um ein Massenquartier vorzubereiten. Schlafplätze, Getränke, am nächsten Morgen ein sauberes Bad und ein ordentliches Frühstück – wer bei den Knollmanns zu Gast ist, der hat es gut. Nicht selten stehen sogar drei verschiedene Gerichte auf dem Tisch: Eins für die Fleischesser, eins für die Vegetarier und eins für die Veganer.

»Die Frisuren und das Aussehen haben unsere Eltern jetzt nicht unbedingt gefeiert, aber letzten Endes haben sie uns immer so akzeptiert, wie wir waren. Ich durfte scheiße aussehen und hatte jede Menge Freiheiten, um das zu machen, was ich wollte«, sagt Guido.

Selbst bei Problemen mit den Freunden und Helfern von der örtlichen Polizei können Ingo und Guido auf ihre Eltern bauen. Vor allem Guido haben die Ordnungshüter auf dem Kieker. Immer wieder wird er mit dem Fahrrad angehalten und überprüft. Die Fragen sind stets die gleichen: Hat er getrunken oder Drogen genommen? Entspricht das Rad der Straßenverkehrsordnung? Und überhaupt – ist das wirklich sein Rad oder hat er es womöglich geklaut? So einem abgerissenen Typen mit Iro und bunter Löcherhose ist schließlich alles zuzutrauen. Reine Schikane – das findet nicht nur Guido, sondern auch Reinhilde Knollmann. Als ihr Sohn nach einer ewig langen Polizeikontrolle mal wieder spät nach Hause kommt, hat sie die Faxen dicke. Wutentbrannt wählt sie die Nummer der Ibbenbürener Polizeidienststelle und schreit den Beamten am anderen Ende der Leitung an: »Mein Guido klaut keine Fahrräder! Merkt Euch das!« Das zeigt Wirkung. Ab diesem Moment hat Guido Ruhe.

DER EINSATZ WIRD ERHÖHT

1994 spielen die Donots sechs Konzerte, 1995 sieben, 1996 sind es bereits zweiundzwanzig. Dazu kommen Proben, Aufnahmen und viele Bandtreffen, wo nicht nur konkrete Pläne besprochen, sondern auch mal Luftschlösser gebaut werden. Davon, wie die sich verwirklichen lassen, haben die fünf (beziehungsweise sechs, wenn man Florian dazuzählt) höchstens eine vage Vorstellung.

Das Blatt, das sie auf der Hand haben, ist nicht gerade mit Assen gespickt. Die höchste Karte entspricht in etwa einer Pik 10. In den meisten Fällen ist damit nichts zu reißen. Aber entweder kennen die Donots die Spielregeln nicht richtig, oder es ist ihnen egal, wie die Chancen stehen. Vielleicht ist es jugendliche Blauäugigkeit, vielleicht auch die sprichwörtliche westfälische Sturheit, jedenfalls setzen sie alles auf die Pik 10, und im Vergleich zu anderen Bands gehen sie dabei auf volles Risiko.

Jan-Dirk zum Beispiel nimmt einen Job bei einer Tankstelle an. Der ist ganz gut bezahlt und hat flexible Arbeitszeiten, doch das schlagende Argument steht hinten auf dem Hof: Zur Tankstelle gehört ein Auto-Anhänger, und wenn Jan-Dirk nett fragt, darf er sich den am Wochenende ausleihen, um ihn an Ingos weißen Kadett-Kombi zu hängen und das Equipment der Band durch die Gegend zu fahren. Manchmal schnappt er sich das Teil auch ohne zu fragen.

Wenn in der Oberstufe ewig lange Matheklausuren anstehen, ist Jan-Dirk meist nach einer Stunde fertig. Die Aufgaben, die er lösen kann, werden erledigt; mit denen, die ihn überfordern, hält er sich nicht lange auf. Doch er will sich nicht die Blöße geben, so früh den Raum zu verlassen. Lieber bleibt er sitzen und nutzt die Zeit, um Setlisten für die nächsten Konzerte zu schreiben, und zwar gleich in fünffacher Ausführung.

Auch das Volleyballspielen im Verein gibt er auf. Denn beim Pritschen und Baggern kann es schnell passieren, dass die Finger umknicken und man sich Kapseln oder Gelenke lädiert. Als Bassist braucht man aber zehn intakte Finger, und obwohl Jan-Dirk ein ziemlich guter Volleyballspieler ist, geht der Spaß an der Musik auf jeden Fall vor.

Nach dem Abitur sucht er seine Zivildienststelle allein danach aus, ob sie mit dem Bandkalender vereinbar ist: »Ich hätte viele easy Jobs machen können, aber mir war es wichtig, dass ich in einem Team bin, in dem ich auch mal kurzfristig tauschen und mir die Wochenenden bei Bedarf freihalten kann.« Also fängt er beim mobilen sozialen Dienst der Caritas an. Er betreut Kinder und Senioren, fährt Patienten durch die Gegend, kocht und putzt – was eben so anfällt.

Alex berücksichtigt die Band sogar bei der Wahl seines Studiums. Zur Auswahl stehen zunächst Biochemie, Elektrotechnik und Sonderpädagogik, ein Bereich, den er durch seinen Zivildienst an einer Förderschule kennenlernt. Doch bei all diesen Studiengängen gibt es wenig Raum für Flexibiltät, die Präsenzeiten sind hoch und eine Menge verbindlicher Termine müssen eingehalten werden. Wenn man in einer Band spielt, sind das alles potenzielle Hindernisse. Also sucht er sich ein Fach ohne Anwesenheitspflicht und landet letztendlich bei BWL. Nun ist Betriebswirtschaftslehre so ungefähr das un-punkrockigste Studium, was man sich vorstellen kann. Aber Alex hat die diffuse Hoffnung, dass sein dort erworbenes Wissen vielleicht irgendwann auch seiner Band zugute kommen könnte. Bis es soweit ist, lebt er eben vom BAföG und ernährt sich hauptsächlich von Cevapcici aus der Dose, die kostet bei Lidl nur 79 Pfennig. Als kurz darauf die Uni beginnt, stört ihn das Ping-Pong-artige Wechseln zwischen Tourbus und Hochschule nur wenig. Er genießt sogar den Kontrast und die Abwechslung vom Rock'n'Roll-Chaos, die ihm das Studentenleben bietet. So werden die BWL-Vorlesungen für ihn zum Kurzurlaub vom Tourleben.

Ingo hingegen weiß nicht so recht, was er machen soll, als er mit der Schule fertig ist. Er hat zwar ein Super-Abi in der Tasche, aber keinen Plan, was er damit anfangen soll. »Ich wusste damals nicht so richtig, wohin mit mir«, erzählt er. »Alle anderen aus meiner Stufe hatten genaue Vorstellungen, wie es weitergeht. Das fand ich total irre. Wie konnten die direkt nach der Schule schon wissen, was sie später machen wollen?«

Da damals noch Wehrpflicht herrschte, steht auch Ingo vor der Entscheidung, um die kein männlicher Bundesbürger herumkam: Zivildienst oder Bundeswehr? Zum Bund will er definitiv nicht! Zivildienst klingt da schon besser. Aber wie wäre es stattdessen mit Musik? Bei der Musterung lässt er sich mit Meniskusproblemen und einer Roggenallergie, die von einem sehr wohlwollenden Arzt attestiert werden, vorläufig vom Wehrdienst zurückstellen und spricht schließlich bei Rob Mulder vor.

Ob es in der Scheune nicht vielleicht einen Job für ihn gebe? Rob muss nicht lange überlegen. Ingo hat schließlich schon oft gezeigt, dass auf ihn Verlass ist, also macht er ihn zum Leiter des Rockbüros. Ingo veranstaltet Konzerte, macht die Pressearbeit, betreut Bands und organisiert Kurse für Musiker. Außerdem ist er in der Scheune als Jugendbetreuer tätig. Damit hat er alle Hände voll zu tun, denn die Scheune ist nicht nur Treffpunkt sämtlicher Bands aus Ibbenbüren und Umgebung, sondern auch Anlaufstelle für Kinder und Jugendlichen aus schwierigen Verhältnissen. Gestrandete Kids, die Banden bilden, Schlägereien anzetteln und auch schon mal mit Messern oder Beilen aufeinander losgehen. Auch Ingo hat damals seine Erfahrungen mit ihnen: »Wenn du denen begegnet bist, haben sie dir eine reingehauen, damit du ihnen Zigaretten gibst. Und wenn du keine Zigaretten hattest, haben sie dir erst recht eine gezimmert. Ich weiß nicht, wie oft ich damals aufs Maul bekommen habe.«

Viele dieser Kids trifft Ingo in der Scheune wieder. Manche, weil sie dort Sozialstunden ableisten müssen. Putzen, Aufräumen, Security bei Konzerten – in der Scheune gibt es immer etwas zu tun, und Ingo teilt die Jungs entsprechend ein. Aufs Maul bekommt er ab diesem Zeitpunkt keine mehr. Im Gegenteil: »Ich war für die auf einmal eine Art Kollege. Am Ende haben sie mir sogar Zigaretten angeboten, statt mich abzuziehen.«

Wie Ingo weiß auch Eike nach der Schule nicht so richtig, wo es langgehen soll. Dass er mit der Band einmal Geld verdienen und das Schlagzeugspielen zum Beruf

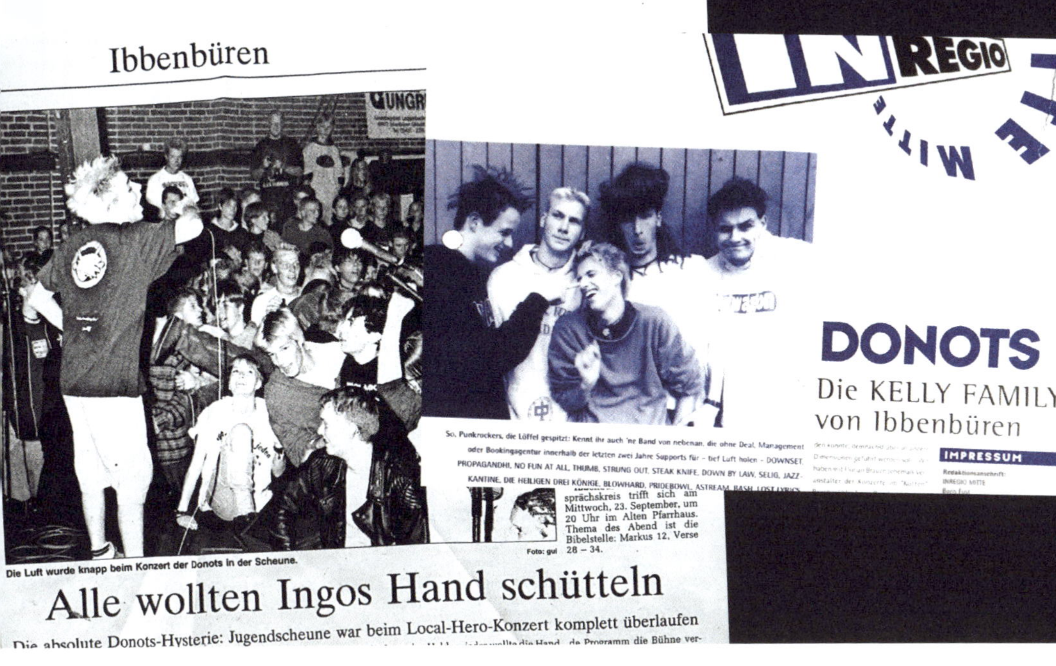

Ibbenbüren

Die Luft wurde knapp beim Konzert der Donots in der Scheune.

Alle wollten Ingos Hand schütteln

Die absolute Donots-Hysterie: Jugendscheune war beim Local-Hero-Konzert komplett überlaufen

So, Punkrockers, die Löffel gespitzt: Kennt ihr auch 'ne Band von nebenan, die ohne Deal, Management oder Bookingagentur innerhalb der letzten zwei Jahre Supports für – tief Luft holen – DOWNSET, PROPAGANDHI, NO FUN AT ALL, THUMB, STRUNG OUT, STEAK KNIFE, DOWN BY LAW, SELIG, JAZZ-KANTINE, DIE HEILIGEN DREI KÖNIGE, BLOWHARD, PRIDEBOWL, ASTREAM, BASH, LOST LYRICS

sprächskreis trifft sich am Mittwoch, 23. September, um 20 Uhr im Alten Pfarrhaus. Thema des Abend ist die Bibelstelle: Markus 12, Verse 28 – 34.

Foto: gul

INREGIO MITTE

DONOTS

Die KELLY FAMILY von Ibbenbüren

IMPRESSUM

Redaktionsanschrift:

INREGIO MITTE

Berichte in der *Ibbenbürener Zeitung* und im *Intro*-Magazin.

machen könnte, wagt er nicht einmal zu träumen. Dafür gibt es auch wirklich keinen Grund: Die Donots spielen ein, höchstens zwei Konzerte im Monat und wenn sie dafür überhaupt etwas bekommen, dann in der Regel Spritgeld. Eike macht ein paar Praktika, betreut Gehörlose und Alkoholkranke, und ist sich schließlich sicher, dass er seine berufliche Zukunft im medizinisch-therapeutischen Bereich sieht. Er bewirbt sich an einer Schule für Physiotherapie, wird aber nicht angenommen. Also beginnt er mit Ergotherapie. Ab dem Frühjahr 1996 besucht er die Timmermeister Schule in Münster: Die Ausbildung dauert drei Jahre und kostet monatlich stolze 800 DM Schulgeld, das seine Eltern übernehmen.

Guido wiederum macht sich über Dinge wie Beruf und Ausbildung herzlich wenig Gedanken. Er spielt Gitarre, reicht das etwa nicht? In der Schule läuft es bei ihm nie so richtig gut, und als er seine erste Klampfe bekommt, geht es mit den Noten erst recht bergab. Warum Mathe pauken? Wozu Erdkunde lernen? Alles, was ihn interessiert, ist sein Instrument, mit dem er mehr und mehr verwächst. Einen Tag ohne Gitarre? Gibt es nicht. Ständig tüftelt er an einem Sound, probiert immer wieder etwas Neues aus. Mal schüttelt er Riffs und Songideen locker aus dem Ärmel, mal scheinen die schwarzen Löcher in seinen Hosentaschen sämtliche Ideen zu schlucken. Das eine wie das andere facht seine Leidenschaft nur noch weiter an.

Seinen Eltern zuliebe macht er sich dann doch auf die Suche nach einem richtigen Job und spielt verschiedene Möglichkeiten durch. Soll er vielleicht Gärtner werden? Oder Schreiner, mit dem Fachgebiet Instrumentenbau? Guido bewirbt sich bei ein paar Betrieben, bekommt aber keine verbindlichen Zusagen. Schließlich fängt er an, bei Musik Produktiv in Ibbenbüren zu jobben. Musik Produktiv ist einer der größten Händler für Musikinstrumente und Zubehör in ganz Europa und hat eine entsprechend riesige Gitarrenabteilung. In diesem Laden fühlt sich Guido wohl: Das

Fachsimpeln und die Beratungsgespräche machen ihm Spaß, und er kann all die schönen Gitarren nach Herzenslust ausprobieren. Da er sich mit seinem Chef gut versteht, fragt er ihn nach ein paar Monaten, ob aus dem Aushilfsjob eine richtige Ausbildung werden kann. Der Chef sagt ja, und fortan ist Guido Auszubildender zum Groß- und Außenhandelskaufmann. Vom Gitarrenspielen kann er nicht leben, aber vom Gitarrenverkaufen. Das ist für den Anfang ja auch nicht so schlecht.

1997 spielen die Donots die ersten Shows, mit denen sie ein bisschen Geld verdienen – wobei die Betonung auf »ein bisschen« liegt. Im Jugendzentrum Blomberg bekommen sie 80 DM Gage. Für einen Auftritt vor den 1.900 Zuschauern eines Festivals in der Stadthalle Haselünne kassieren sie 100 DM. Den Vogel schießt die Band im Februar ab: Für eine Show im Eckhaus Nienburg gibt es ganze 250 DM, und zwar bar auf die Hand! Unfassbar, denken die Donots, wir dürfen das machen, was uns am meisten Spaß macht, und werden sogar dafür bezahlt!

Trotzdem bleibt die Band ein Zuschussgeschäft. Die Bandkasse füllt sich nicht durch die Gagen und die CD-Verkäufe, sondern dadurch, dass alle so viel Knete beisteuern, wie sie können. Die Jungs kümmert das herzlich wenig. Wer braucht schon Geld, wenn er in einer Band spielen und regelmäßig coole Konzerte geben kann? Ihre Freundschaft wird dadurch nur weiter gestärkt. Es schweißt sie zusammen und macht die Donots mehr und mehr zu einer verschworenen Gemeinschaft, einer regelrechten Gang. Nur dass sie keine Drogen verticken oder Leute abziehen, sondern sich voll und ganz dem Punkrock verschreiben.

Zwar haben Ingo, Guido, Alex, Eike und Jan-Dirk inzwischen tatsächlich ein paar Fans gewonnen, aber die größten Donots-Fans sind immer noch sie selbst. Jan-Dirk und Guido tragen den Beweis auf der eigenen Haut: Beide lassen sich schon zu Schulzeiten das Donots-Logo aufs Bein tätowieren. Jan-Dirk erntet dafür von seinen Mitschülern hauptsächlich mitleidige oder konsternierte Blicke: »Viele Leute konnten das nicht fassen, aber mir war das egal. Selbst wenn die Band sich nach zwei Jahren wieder aufgelöst hätte: Das wäre es auf jeden Fall wert gewesen.«

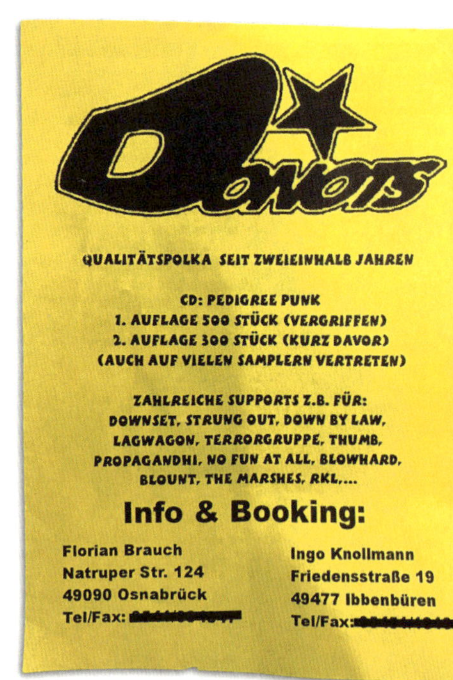

Guido ist gerade mal 17, als er sich das Tattoo über dem Knöchel zulegt. Seine Eltern sind in den Urlaub gefahren und haben ihm ein bisschen Geld dagelassen, damit er sich verpflegen kann. Und was macht er? Er fährt nach Münster und drückt die gesamte Kohle einem Tätowierer in die Hand. Der fragt Guido zwar, wie alt er ist – allerdings erst hinterher. »Siebzehn«, sagt Guido, und der Tätowierer wird bleich: »Sag deinen Eltern bloß nicht, dass du hier warst. Sonst machen die mir den Laden zu!« Den Rest der Ferien ernährt sich Guido von Konserven aus der Vorratskammer und schnorrt sich bei Freunden durch. Das ist es allemal wert. Die stetig wachsende Zahl seiner Tattoos kann er übrigens noch eine ganze Weile erfolgreich vor seinen Eltern verbergen. »Einmal sollte ich mit anpacken, als mein Vater unsere Waschküche umgebaut hat. Es war Sommer, brütend heiß, und wirklich anstrengend. Damit er die Tattoos nicht sieht, hab ich die ganze Zeit eine lange Hose und einen Pulli getragen. Ich habe geschwitzt wie Sau, aber es hat funktioniert: Papa hat nichts gemerkt.« Ein paar Jahre später lässt sich Guido DK und RK, die Initialen seiner Eltern, groß auf die Schultern hacken. Verstecken muss er die Tattoos da längst nicht mehr, und statt Ärger gibt es gerührte Blicke von Dieter und Reinhilde.

Der Aktionsradius der Band wächst immer weiter. Und damit allmählich auch ihr Bekannheitsgrad. Wer sich 1997 für Punkrock und Hardcore interessiert und irgendwo zwischen Osnabrück, Münster und Hannover lebt, dürfte mit großer Sicherheit einmal mit der Band Bekanntschaft gemacht haben. Die Donots spielen zahlreiche Shows im Vorprogramm von mehr oder weniger klassischen Punkbands wie der Terrorgruppe, den Yeti Girls, Steakknife, Lagwagon oder No Use For A Name, aber auch auf Festivals mit Spaßkapellen wie den Schröders. Egal wo sie spielen, eins ist überall gleich: Am Ende der Show gibt es mehr Donots-Fans als am Anfang.

In Ibbenbüren nimmt der Hype um die Band langsam Ausmaße an, die bei den Mitgliedern für ungläubiges Kopfschütteln sorgen. Wenn sie in der Scheune spielen, kommen regelmäßig mehrere hundert Zuschauer und sehen zu, wie die Donots den ausverkauften Laden auf links drehen.

Auch im Musikbusiness wird man langsam hellhörig. Als erste Plattenfirma meldet sich Lost And Found Records bei ihnen. Das Label aus dem Örtchen Wedemark in der Nähe von Hannover hat sich seit Anfang der Neunziger durchaus einen Namen in Punk- und Hardcore-Kreisen gemacht. Lost And Found veröffentlicht Platten bekannter US-Bands wie Minor Threat, Government Issue, Ignite, Youth Of Today und Judge, aber auch deutsche Melodycore-Bands wie Gigantor, Skin Of Tears oder die Killrays sind dort unter Vertrag. Zu denen würden die Donots stilistisch durchaus passen. Das denken sich wohl auch die Labelmacher, die deren Demo gehört haben, und rufen kurzer Hand in Ibbenbüren an. Als Guido klar wird, wer da gerade die Nummer der Knollmanns gewählt hat, fällt ihm fast die eben gekaufte Boxhamsters-Platte aus der

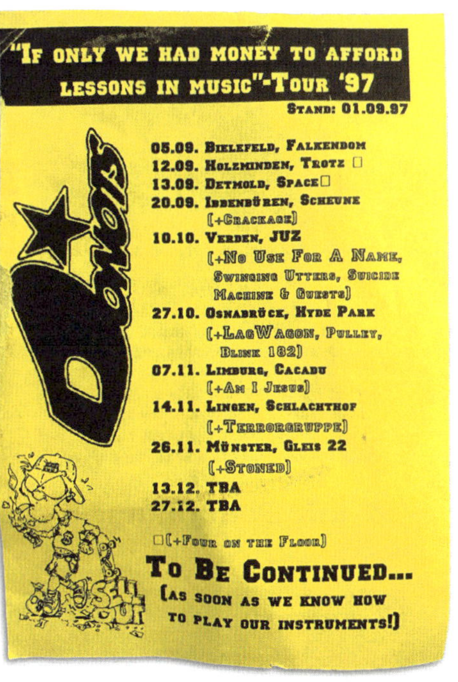

IY-Flyer.
ächste Seite: Aftershowparty außer Kontrolle.

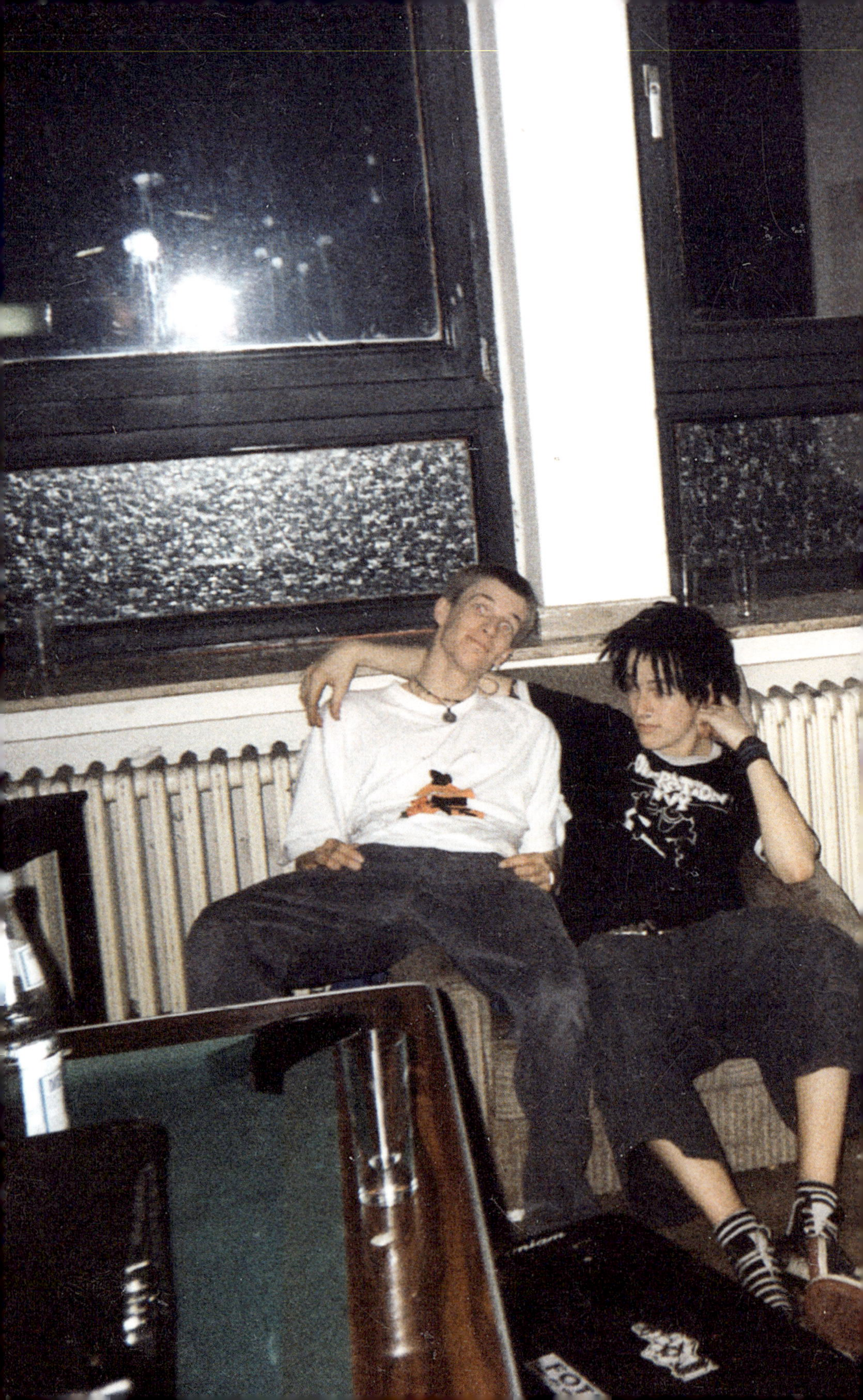

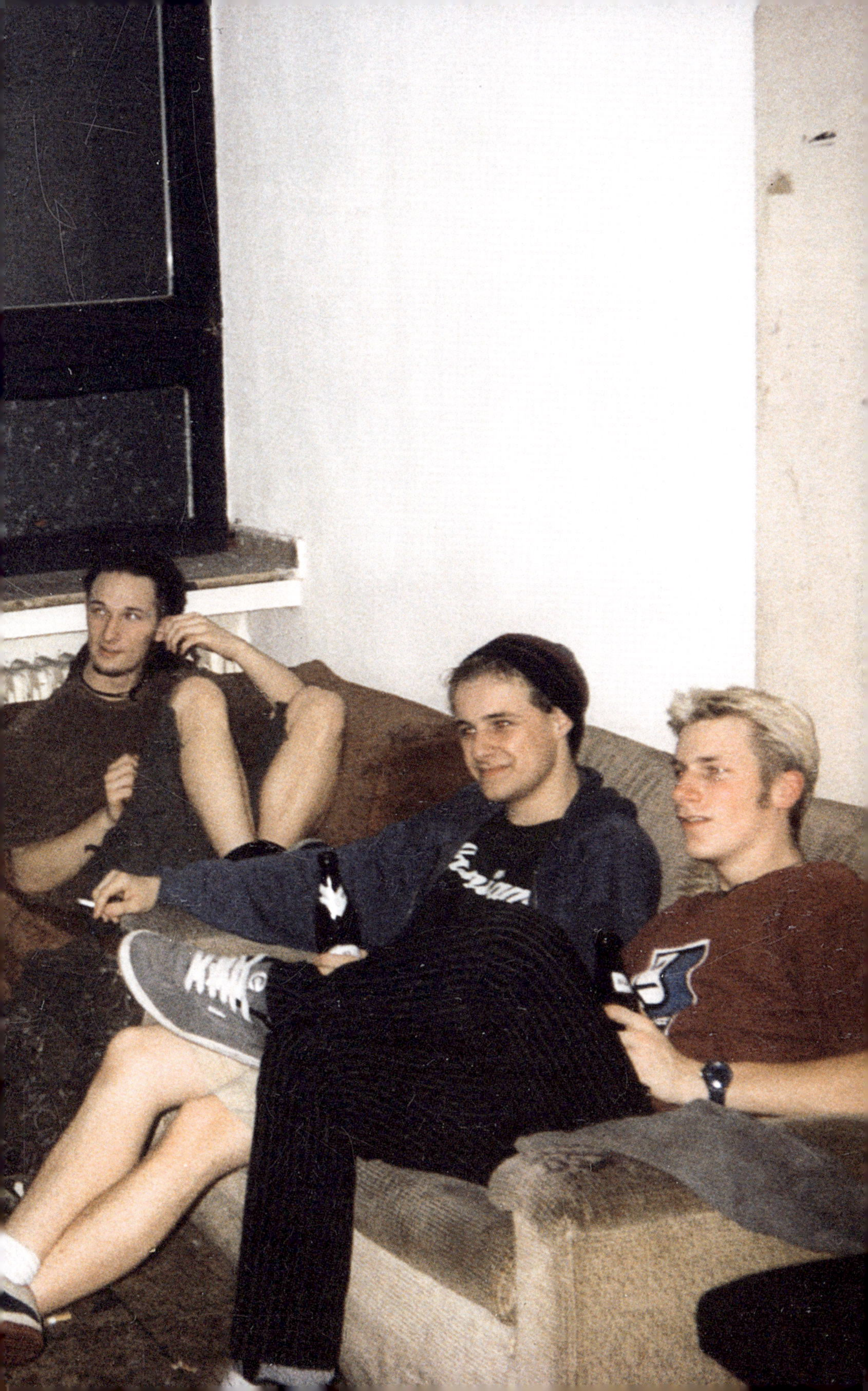

Hand. Eine Plattenfirma! Eine richtige, gottverdammte Plattenfirma hat Interesse an den Donots!

Ingo, der den Anruf entgegennimmt, hält sich bei aller Freude über das Interesse eher bedeckt. Denn er hat mitbekommen, dass Lost And Found in der Szene einen durchaus zwiespältigen Ruf genießen. Zwar erscheinen dort Platten von Bands, die einen großen Namen haben, allerdings sind viele davon auch Liveaufnahmen oder Wiederveröffentlichungen, die gerüchteweise ohne explizite Genehmigung der Künstler erscheinen. Andere Bands beklagen, sie seien von Lost And Found abgezockt und um ihre Tantiemen gebracht worden. Ein Album der kanadischen Hardcore-Band Strain trägt deshalb den vielsagenden Titel *Bomb Wedemark*. Ingo fürchtet um die Autonomie der Band. Die Aussicht, auf Gedeih und Verderb einer Plattenfirma ausgeliefert zu sein und bei der Gestaltung, der Songauswahl und dem Veröffentlichungstermin eines Albums womöglich nicht mehr mitreden zu können, schreckt ihn ab. Höflich, aber bestimmt wimmelt er den Anrufer mit ein paar unverbindlichen Floskeln ab: Danke, mal sehen, wir melden uns. Und dabei bleibt es dann auch.

Der grassierende Punkrock-Hype um Green Day und Offspring hat auch noch andere Begleiterscheinungen, die sich für Ingo damals fremd und irgendwie nicht richtig anfühlen. Es irritiert ihn zum Beispiel, wenn die Kids ihn nach der Show um ein Autogramm bitten. Punkrock bedeutet für die Donots, dass Publikum und Band auf einer Stufe stehen. Kein Mensch ist besser oder wichtiger, bloß weil er ein Instrument oder ein Mikrofon in der Hand hält. Dass ein Autogramm auch einfach Freude bereiten kann, ist ihnen damals noch nicht klar. Heute sehen sie das sehr viel lockerer und die Borniertheit von damals ist ihnen inzwischen eher peinlich. Als aufrechter Punkrocker Anfang Zwanzig betrachtet man die Welt allerdings noch nicht ganz so nuancenreich: Es gibt schwarz, weiß und wenig dazwischen.

Im Grunde sind das aber alles unwichtige Nebenkriegsschauplätze. Was für die Donots zählt, ist allein ihre Musik. Und die könnte dringend ein Update vertragen. Denn die *Pedigree Punk*-CD, die noch mit Stone an der Gitarre aufgenommen wurde, repräsentiert die Band längst nicht mehr richtig. Mit Alex hat sich nicht nur der Sound verändert, sondern auch das Songwriting soll in eine etwas andere Richtung gehen. Ein bisschen seriöser zu klingen, wäre nicht schlecht. Auf die Fun-Punk-Elemente und Ska-Offbeats, die auf *Pedigree Punk* noch zu hören sind, hat keiner in der Band mehr so richtig Lust. Also mieten sich die Donots mal wieder in Gerd Brachts Garage ein, wo sie sechs Nummern aufnehmen: »Part Of Our Hearts«, »Rock, Paper, Scissors«, »Embrace And Price«, »Wordplay«, »Randy« und »Another Song To Be Ignored« sind die ersten Donots-Songs der bis heute bestehenden Besetzung.

Für die Öffentlichkeit sind sie zunächst einmal nicht bestimmt. Die Band lässt zwar einen Stapel Tapes davon herstellen, die werden allerdings nicht verkauft, sondern sollen lediglich zur Promotion dienen. Dass gerade eine kleine Lawine ins Rollen kommt und die Band nahezu überall, wo sie auftaucht, für Begeisterung sorgt, fällt den Donots und Florian natürlich auf. Diesen Schwung wollen sie nutzen, indem sie die sechs Songs an Konzertagenturen und Booker schicken. Denn für die Donots gilt nach wie vor: Was auf der Bühne passiert hat absolute Priorität. Aufneh-

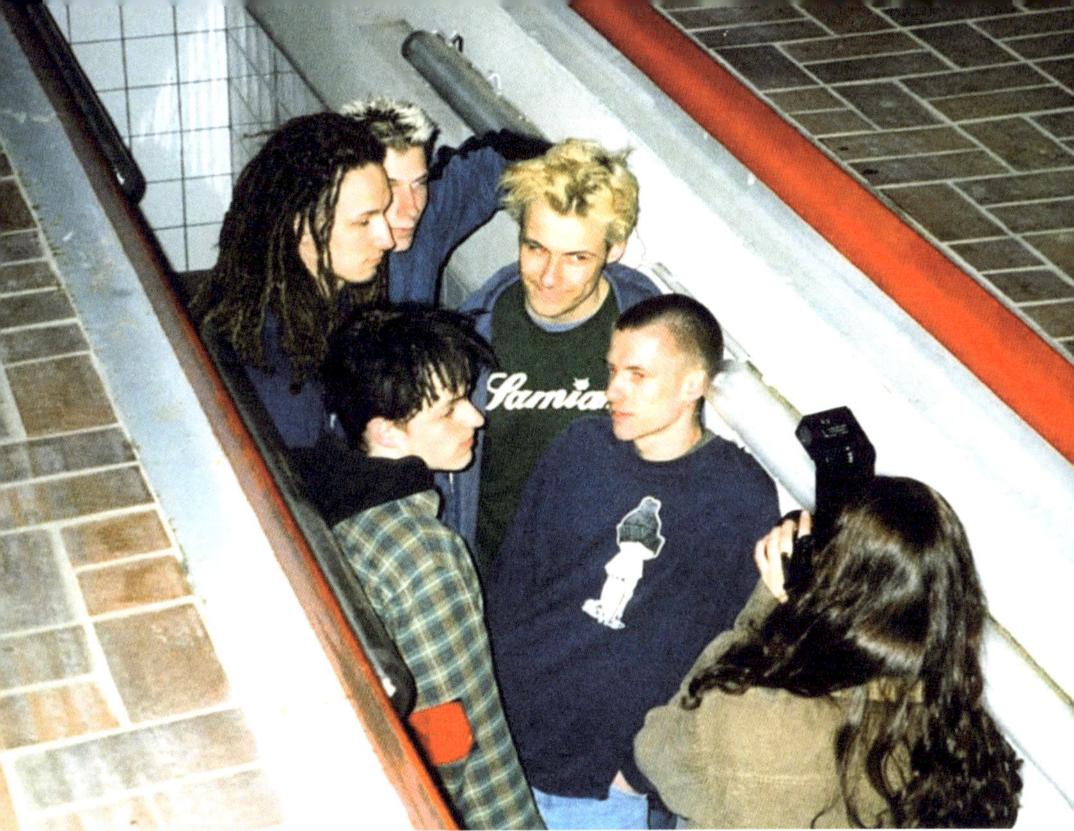

men, an Songs basteln, sich im Studio in Kleinigkeiten verlieren – das ist damals alles nicht ihr Ding. Und auch bei den Proben steht immer eine Sache im Fokus: Wie bringen wir die Songs am besten auf die Bühne?

Bei vielen Bands wird der Enthusiasmus für die Liveauftritte im Laufe der Zeit weniger: Zu viel Routine, zu viel, was schiefgehen kann, zu viel Leerlauf und Warterei. Für die Donots ist das alles kein Problem, erzählt Ingo: »Wir wollten so viel live spielen, wie es nur ging. Dabei habe ich immer auch aufgesogen, was andere Bands auf der Bühne so veranstalten: Was für eine Attitüde haben die, wie geben die sich?«

Besuche von Konzerten anderer Bands sind für die Donots erst einmal Spaß: Man hört ja nicht auf, Musikfan zu sein, nur weil man selbst in einer Band spielt. Andererseits sieht vor allem Ingo sehr genau und durchaus mit einem professionellen Blick hin. Zu den Shows, die ihn nachhaltig beeindrucken, gehört auch die der kalifornischen Assi-Punker Dwarves, mit denen die Donots im November 1997 in Verden spielen. Der Auftritt der Dwarves ist ein einziges Inferno – und dauert nur achtzehn Minuten. Dann stürzt sich Sänger Blag Dahlia kopfüber ins Drumkit. Der Gitarrist namens HeWhoCannotBeNamed, der stets nackt auftritt und lediglich eine Wrestling-Maske trägt, testet derweil die Ekelgrenzen der Fans aus: Er fährt sich mit seinem Plektrum mehrmals die Arschritze entlang und präsentiert das Ergebnis stolz dem Publikum. Blut, Fäkalien, Gewalt, Chaos und ein vorzeitiges Show-Ende: Als die Dwarves von der Bühne torkeln, ist sich Ingo sicher, dass das Publikum ausrasten und sein Geld zurückverlangen wird. Aber nichts da: Er blickt überall in verzückte Gesichter. Einige Besucher erklären die Show sogar zu den besten achtzehn Minuten ihres Lebens. Ingo gewinnt daraus eine ungemein wichtige Erkenntnis: So lange du Haltung zeigst und konsequent dabei bleibst, kannst du dir auf der Bühne alles erlauben.

Auch die laxe Art, die eine Band wie NOFX bei ihren Shows an den Tag legt, gefällt den Donots. Fat Mike und Co. spielen sich nicht als Rockstars auf, sondern gehen mit viel Understatement und einer Art *Antitüde* auf die Bühne. Frei nach dem Motto »Wir sind ohnehin nur Stümper und deshalb können wir uns alles erlauben« pfeifen sie auf Erwartungen und Regeln. Die sind genauso egal, wie die Grenze zwischen Band und Publikum, die bei Punkkonzerten immer wieder aufgelöst wird. Der ganze Club kann zur Bühne werden: Denn wer hat gesagt, dass man als Band nicht mitten im Publikum spielen kann? Oder am Merchandisestand? Oder einmal um die Lichttraverse gewickelt?

Auf dem Weg, das eigene Schaffen als Band zu definieren, werden die Donots überall fündig. Bei Hardcore-Shows ist es der Proll-Faktor und der hemdsärmelige Energietransfer, der sie fasziniert, während sie vom testosteronschwangeren Macho-Gestus, der dort weit verbreitet ist, lieber Abstand nehmen. Auch die Stadionshows von Megastars wie Metallica üben ihren Reiz aus. Ingo fragt sich: Was macht diese Band so magisch für mich? Was funktioniert bei großen Massen, wie sprechen Metallica die Zuschauer an? Der Rock'n'Roll ist wie ein Jedi: mächtig, kenntnisreich, vielseitig, immer für eine Überraschung gut. Und Ingo ist ein fleißiger Padawan.

Dass sie sich in dieser Zeit fast ausschließlich Richtung England und Amerika orientieren und dort ihre Vorbilder finden, liegt sicher auch an den englischen Texten der Donots, aber vor allem an ihrer ländlichen Herkunft. Sie grenzen sich von ihrem provinziellen Umfeld ab, indem sie ihre Inspirationen in den Metropolen rund um die Welt suchen.

Doch die Donots sehen nicht nur bei ihren Vorbildern genau hin, sie entwickeln auch ein gutes Gespür dafür, wie man es nicht macht. Denn auch Negativbeispiele gibt es genug: Immer wieder treffen sie auf Bands, die ungeniert ihr teures Equipment zur Schau stellen, das ihnen am besten noch der Herr Papa gekauft hat – und das ihre Songs oder die Show leider kein Stück besser macht. Warum manche Bands einen Nightliner brauchen, um die 200 Kilometer zum nächsten Auftrittsort zurückzulegen, und auch noch sechs Crewmitglieder dorthin mitschleppen, will ihnen auch nicht so richtig einleuchten. Sie selbst quetschen sich klaglos in den Band-eigenen Bulli, und zwar mitsamt ihrem halbschrottigen Equipment. Das kriegen wir schon gerockt und auch alleine geregelt, lautet die Devise.

Arroganz auf der Bühne? No fucking way. Stattdessen bleiben die Donots immer nahbar und nachvollziehbar. Nicht aus Berechnung, sondern einfach weil sie es sind. »Unsere Musik nehmen wir schon ernst, uns selbst als Personen aber nicht unbedingt«, sagt Ingo. »Wir sind uns im Klaren darüber, dass wir niemals die geilsten Instrumentalisten oder Sänger waren und es auch niemals sein werden. Aber wir haben gemerkt, dass man durchaus ordentlich durch den Tisch treten kann, wenn man sich nur weit genug in seine Instrumente reinlehnt. Oder eben in sein Bier.«

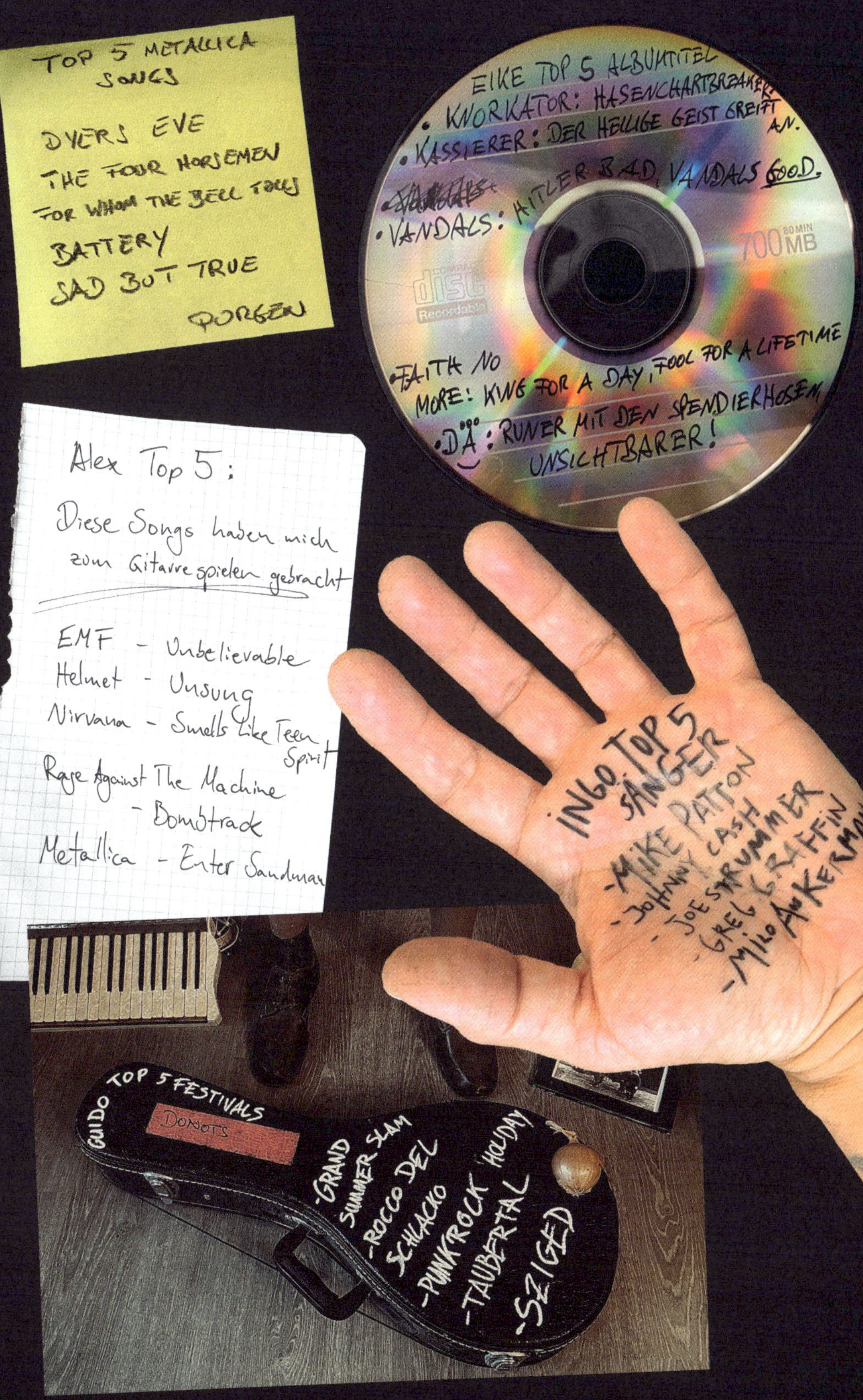
TOP 5 METALLICA SONGS
DYERS EVE
THE FOUR HORSEMEN
FOR WHOM THE BELL TOLLS
BATTERY
SAD BUT TRUE
JORGEN
EIKE TOP 5 ALBUMTITEL
• KNORKATOR: HASENCHARTBREAKER
• KASSIERER: DER HEILIGE GEIST GREIFT AN.
• VANDALS: HITLER BAD, VANDALS GOOD.
700 MB
80 MIN
COMPACT disc Recordable
• FAITH NO MORE: KING FOR A DAY, FOOL FOR A LIFETIME
• DÄ: RUNTER MIT DEN SPENDIERHOSEN, UNSICHTBARER!
Alex Top 5:
Diese Songs haben mich zum Gitarre spielen gebracht
EMF - Unbelievable
Helmet - Unsung
Nirvana - Smells Like Teen Spirit
Rage Against The Machine - Bombtrack
Metallica - Enter Sandman
INGO TOP 5 SÄNGER
- MIKE PATTON
- JOHNNY CASH
- JOE STRUMMER
- GREG GRAFFIN
- MILO AUKERMAN
GUIDO TOP 5 FESTIVALS
DONOTS
- GRAND SUMMER SLAM
- ROCCO DEL SCHLACKO
- PUNKROCK HOLIDAY
- TAUBERTAL
- SZIGED

EIN STUDIO. EIN ECHTES STUDIO!

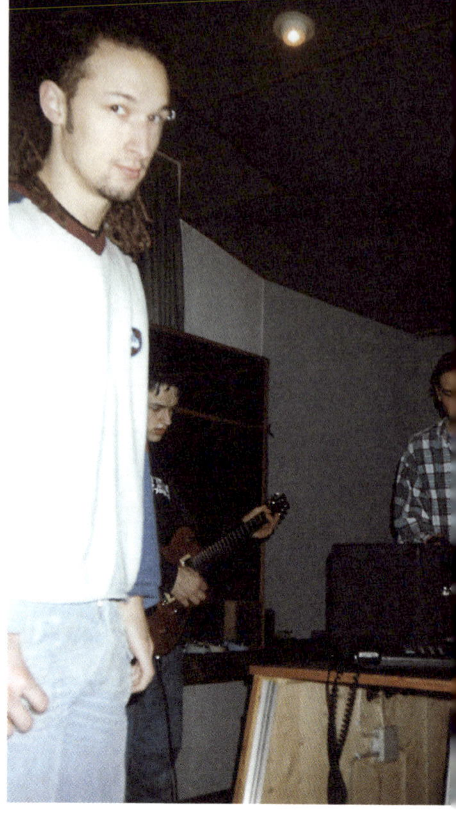

Geschichte wird in der Regel von hinten nach vorne geschrieben. Wenn man den Ausgang kennt, wenn die Sieger und die Verlierer identifiziert sind, ist es recht einfach, die entscheidenden Punkte zu benennen. Jene Ereignisse, die dazu führen, dass man eine Meisterschaft gewinnt, eine soziale Bewegung ins Leben ruft – oder eben mit seiner Band Karriere macht.

Die Donots befinden sich Anfang 1998 in einer entscheidenden Phase, ohne dass ihnen das damals bewusst wird. Die Konzerte laufen immer besser, das Interesse wird größer, sie erhalten immer mehr Zuspruch, und auch im Proberaum passiert einiges. Der befindet sich seit Anfang des Jahres nicht mehr auf dem runtergerockten Dachboden von Stones Vater, sondern in einem Industriegebiet in Emsdetten. Links ein Autoschrauber, rechts ein Immobilienverwalter, und dazwischen viel Leerstand. Platz für neue Ideen und neue Songs. Die wollen Alex, Guido, Eike, Ingo und Jan-Dirk dann auch aufnehmen, diesmal allerdings gerne professioneller. Besser und fetter sollen sie klingen, denn die Aufnahmen, die 1997 für ihr Demo und *Pedigree Punk* in Gerd Brachts Garage entstanden, erfüllten damals zwar ihren Zweck, aber mit den neuen Songs wollen die Donots einen Schritt weiter gehen. Ihr Ziel ist es, mit einem richtigen Profi zu arbeiten. Einem Produzenten, der die Energie ihrer Livekonzerte auch im Studio einfangen kann.

Mehr als einmal kreuzen sich die Wege der Donots mit denen von Vincent Sorg, der als Keyboarder der Fusion- und Spacerock-Band Helios hin und wieder auf der Bühne der Scheune steht, wo sie einen Sound zum Besten geben, der irgendwo zwischen Queen, Pink Floyd und Chicago liegt. Vince ist gut bekannt mit Gerd Bracht und arbeitet im Principal-Studio. Das Aufnahmestudio in Ottmarsbocholt südlich von Münster spielt in einer anderen Liga als Gerds Garage: Hier nehmen Profis ihre Platten auf! Das weckt auch das Interesse der Donots, die sich mit Vince treffen und schnell feststellen, dass sie musikalisch auf einer Wellenlinie liegen. Alle sechs feiern *The Colour And The Shape* total ab, das kurz zuvor erschienene, zweite Album der Foo Fighters. Wenn man es schaffen könnte, mit den Donots in die Nähe solcher Songs und eines solchen Sounds zu kommen, wäre das der absolute Hammer.

Einmal mehr kratzt die Band all ihr Geld zusammen und mietet sich im März 1998 für zehn Tage in Ottmarsbocholt ein. Zwischen Maisfeldern, Bolzplätzen und

Alex, Guido und Vincent Sorg im Principal-Studio.

dem Dorfbach gelegen, bietet das Studio optimale Bedingungen, um sich auf das Wesentliche zu konzentrieren. Die komplizierte Technik und die zahllosen Prozesse einer professionellen Musikproduktion sind für die Donots ein Buch mit sieben Siegeln, aber Vince scheint der ideale Mann zu sein, um sie durch dieses Neuland zu lotsen. Das Vertrauen in Vince' Fähigkeiten ist groß, obwohl er keineswegs so souverän an die Sache rangeht, wie es von außen aussieht. Denn auch er hat nicht allzu viel Erfahrung als verantwortlicher Produzent. Genau genommen gar keine: »Ich war damals gerade fertig mit meinem Praktikum in dem Studio und hatte keine Ahnung, wie man eine Band aufnimmt. Das habe ich den Jungs aber natürlich nicht gesagt.«

Spätestens als die Donots die Rough Mixe der Songs zum ersten Mal hören, spielt das alles keine Rolle mehr. Sie sitzen im Auto, fahren über den Kappenberger Damm Richtung Münster und können es nicht fassen: *Das sind wir? DAS SIND WIRKLICH WIR?? Wie gut das klingt!!!* Endlich klingen ihre Songs so, wie sie es von den Bands kennen, die sie selbst abfeiern. Druckvoll, dynamisch, präzise und so, dass man jedes einzelne Instrument problemlos wahrnehmen kann – und den Gesang natürlich auch.

Auch beim Songwriting haben die Donots große Fortschritte gemacht. Den hektischen, stark von Bands wie Lagwagon beeinflussten »Fat Epitaph«-Stil haben sie größtenteils abgelegt. Stattdessen gibt es eine Mischung aus riffbasiertem, muskulösem Foo-Fighters-Rock, Pop-Punk-Elementen und Emo-Core, wie ihn Samiam oder Quicksand präferieren.

Bereits der Opener »You Cannot« ist eine Ansage: Kraftvolle Gitarrenriffs, die schön viel Raum bekommen und den Kopf unweigerlich mitwippen lassen. Eine eingängige Gesangsmelodie. Und schließlich die »Gang-Vocals« im Refrain, die später zu einer Art Markenzeichen der Band werden. Will man bei Donots-Songs von Klassikern sprechen, dann ist »You Cannot« wohl ihr erster. Mit »Wordplay«, »Rock Paper Scissors« und »Embrace And Price« überarbeiten sie drei Songs, die bereits auf dem letzten Demo zu finden sind, und geben ihnen einen neuen Anstrich. Mit der zurückgenommenen Akustikballade »Reminder« zeigen die Donots, dass sie nicht immer mit vollem Besteck operieren müssen. Und das knackig arrangierte New-Order-Cover »True Faith« beweist neben ihrer Leidenschaft für große Pop-Melodien, dass in den Achtzigern eben doch nicht alles schlecht war, was im Radio lief.

Anders als bei den bisherigen Aufnahmen haben die Donots diesmal jemanden an ihrer Seite, der nicht nur auf »Record« drückt: Vince macht Verbesserungsvorschläge und greift auch mal korrigierend ein: »Willst du das nicht mal mit weniger Verzerrung spielen? Wie wäre es, wenn ihr diesen Teil nach vorne stellt?«

Dass ein Außenstehender an ihren Songs mitarbeitet, ist für die Donots völlig neu. Manchmal ist ihnen Vince' Hilfe willkommen, weil sie die Songs weiterbringt, aber es kommt auch vor, dass sie auf die Vorschläge des Produzenten eher allergisch reagieren und sie als ungerechtfertigte Einmischung empfinden. So findet Vince den Anfang und das Ende von »Got Some Nerve« eher langweilig und schlägt vor, nur mit dem Mittelteil zu arbeiten. Doch die Donots sehen das als Eingriff in ihre künstlerischen Vorstellungen. »Die Band war schon damals ziemlich störrisch, was das

Annehmen von Ratschlägen angeht«, erinnert sich Vince. Am Ende setzt sich die Band durch: Der Song wird in einer knapp sechs Minuten langen Version aufgenommen und Vince ist frustriert.

Für das Artwork der neun Songs umfassenden CD scannen Ingo und Grafiker Matze Kampmann aus einem Coffeetable-Bildband ein paar Fünfziger-Jahre-Fotos, die sie ganz stylisch finden – natürlich ohne die Genehmigung der Urheber einzuholen. Kombiniert mit ein paar Fotos der Band auf der Bühne und im Proberaum ergibt sich ein stimmiges Bild. Bei der Wahl des Titels lassen sich die Donots von der Band Lifetime inspirieren, deren letztes Album *Jersey's Best Dancers* heißt, und leihen sich ein Zitat aus der Zeichentrickserie *Duckman*, das auch am Anfang von »True Faith« zu hören ist: *Tonight's Karaoke-Contest Winners*. Klingt gut, sieht gut aus, fertig.

Kein Musiker vergisst den Moment, in dem er zum ersten Mal das eigene Werk in den Händen hält. Ganz egal, ob es eine Platte, CD oder nur ein schäbiges Tape ist. Stolz und Motivation, Hoffnungen und Träume werden destilliert und in ein paar Songs gegossen, die nur aus einem einzigen Grund existieren: Weil man sie selbst ausgedacht und aufgenommen hat. Genauso ist es, als Ingo, Guido, Jan-Dirk, Eike und Alex endlich die fertigen *Karaoke-Contest*-CDs auspacken. Und doch: Irgendetwas ist dieses Mal anders. Besser. Größer. Bedeutender.

Die Songs, die die Band zusammen geschrieben hat, die Zeit im Studio, die Aufnahmen, die Produktion – das alles fühlt sich seltsam unwirklich, fast magisch an. »Die Produktion mit Vince war für uns auf jeden Fall ein Riesenschritt nach vorne. Als wir damit fertig waren, haben wir uns nur ungläubig angeguckt: Wie zur Hölle haben wir das denn hinbekommen? Das war wirklich kaum zu fassen«, sagt Ingo.

Allerdings gibt es häufig Unterschiede zwischen Eigen- und Fremdwahrnehmung: Was die einen feiern, lässt die anderen gähnen. Doch im Falle von *Tonight's Karaoke-Contest Winners* gibt es diese Diskrepanz nicht. So ziemlich jeder, der die CD in die Finger bekommt, zeigt sich beeindruckt. Songwriting, Produktion, Artwork – das alles wirkt äußerst professionell und hat nur wenig mit den Demos gemein, die Bands dieser Größenordnung normalerweise bei ihren Konzerten verkaufen. Nicht nur für die Donots ist *Tonight's Karaoke-Contest Winners* ihr eigentliches Debüt. Das einzige, was zu einem »richtigen« Album fehlt, ist der Barcode, der symbolisiert, dass hinter dieser Band auch ein Label und ein Vertrieb stehen.

Diesmal machen Florian und die Donots ordentlich Alarm und verschicken das Album nicht nur an Booking-Agenturen, sondern auch flächendeckend an Plattenfirmen, Managements, Fanzines, Stadtmagazine und Musikzeitschriften. Einer, der dadurch auf die Band aufmerksam wird, ist Philipp Styra. Er bucht damals Konzerte für die Bremer Agentur Blue Star und ist dort unter anderem für Acts wie Millencolin oder Samiam zuständig. »Ich bekam ständig Anrufe und Mails aus dem Münsterland, in denen ich auf die Band angesprochen wurde, die super zu uns passen würde«, sagt er. Sein Interesse ist geweckt und als er sich die Donots schließlich live ansieht, ist er sofort überzeugt: »Was die auf der Bühne gemacht haben, war wirklich krass. So was sieht man nicht alle Tage. Mir war sofort klar, dass bei den Donots etwas geht. Vor allem die beiden Knollmanns waren ein echtes Spektakel.«

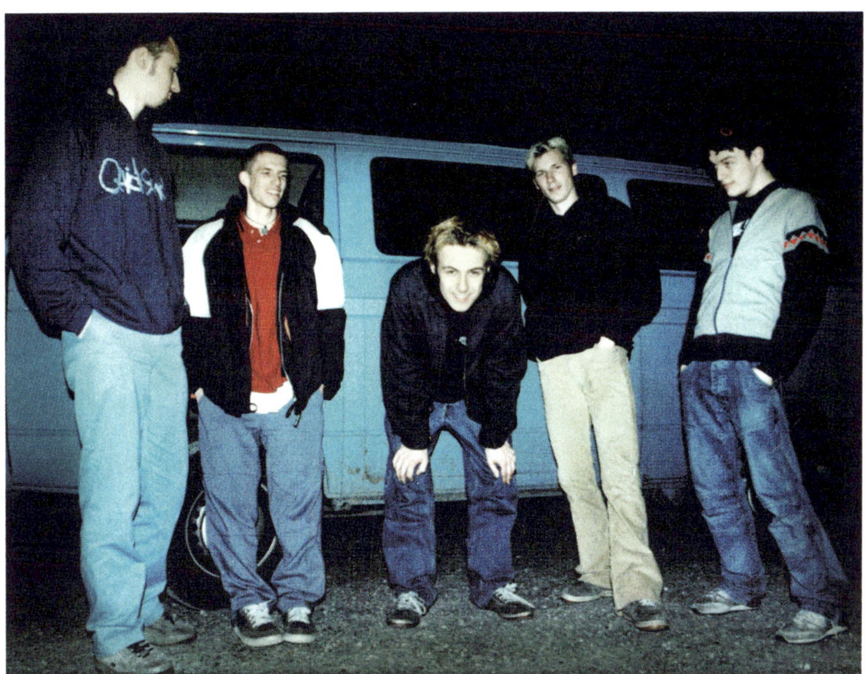

Styra, der früher bei der Bremer Hardcore-Band Queerfish Schlagzeug gespielt hat, ist mit dem Ethos, der Einstellung und dem Szenebewusstsein der Donots vertraut: »Die Sozialisierung, die Community, aus der sie kamen, hat man immer deutlich gespürt. Die Donots haben ihr Ding selbst in die Hand genommen, eben das klassische Do-it-yourself-Prinzip, wie man es im Punk und Hardcore lernt.« Eine Spitzen-Liveband mit korrekter Einstellung, die bereit ist, hart zu arbeiten und nicht darauf wartet, dass ihr irgendetwas in den Schoß fällt – der Traum eines jeden Bookers.

Als am 14. Juni 1998 im Rahmen der »Flying High Across The Sky«-Tour in Essen kurzfristig ein Platz für eine Band frei wird, denkt Styra deshalb sofort an die Donots. Mit Breach, Ignite und Suicidal Tendencies stehen drei gestandene Hardcore-Institutionen auf der Bühne und die Donots würden das Programm um eine etwas andere, melodiösere Klangfarbe ergänzen, ohne stilistisch komplett aus dem Rahmen zu fallen. Der Booker kontaktiert die Band und die lässt sich nicht lange bitten. Die Zeche Carl ist einer der angesagtesten Clubs im Ruhrgebiet, und wenn sie mit den Suicidal Tendencies auf einer Bühne stehen, können sie auf der imaginären Liste der Bands, mit denen sie immer spielen wollten, einen weiteren Punkt abhaken. Der Donots-Auftritt in Essen ist früh und er ist kurz, aber das tut nichts zur Sache. Am Ende kommt es so, wie es damals immer kommt: Die Band geht von der Bühne und hinterlässt beeindruckte Gesichter. Im Publikum, bei den Veranstaltern, bei Journalisten und bei den anderen Bands. Auch Styra hat für den Auftritt der Donots nur ein Wort: Wow. Wenn er noch Zweifel hatte, ob die Band auch in einem so großen Rahmen funktioniert, sind sie spätestens jetzt beseitigt.

ie Donots vor ihrem Bandbulli „Hubtscheff".

Auch die Musikpresse wird auf die Donots aufmerksam. Das Alternative-Rock-Magazin *Visions* kooperiert 1998 mit dem *Bizarre*-Festival und führt am Festival-Samstag auf der Zeltbühne einen Wettbewerb durch. Gesucht wird die beste Nachwuchsband ohne Plattenvertrag, als Preis winken professionelle Studioaufnahmen und eine Tour im Vorprogramm einer etablierten Band. Knapp 2.000 Bands aus ganz Deutschland, Österreich und der Schweiz bewerben sich und sorgen dafür, dass die Postboten kistenweise Tapes und CDs in die *Visions*-Redaktion schleppen. Darunter auch die *Tonight's Karaoke-Contest Winners*-CD von der man sich auch beim *Visions* beeindruckt zeigt. Sie wird zum »Demo des Monats« gekürt, Alex darf auf einer halben Seite berichten, wie er zum Gitarrespielen gekommen ist, und die Redaktion packt den Song »You Cannot« sogar auf die CD-Compilation, die dem Heft beiliegt – neben Größen wie Anthrax, Biohazard, Korn und Lard. Die Donots verschlingen die Zeitschrift regelmäßig selbst und lassen sich gerne von der Redaktion neue Bands empfehlen. Ingo ist sogar Abonnent – das Abo hat ihm Alex geschenkt. Im *Visions* über die eigene Band zu lesen, ist fast schon surreal.

Allerdings sind die Donots ein paar Tage zu spät dran, um an dem Nachwuchswettbewerb auf dem *Bizarre*-Festival noch teilzunehmen. Der Einsendeschluss für den Wettbewerb auf der »Sessionbühne« ist schon abgelaufen, als das *Karaoke*-Demo in der Redaktion ankommt. Die zehn Nachwuchsbands, die dort spielen werden, stehen fest und sind bereits benachrichtigt.

Doch drei Wochen vor dem Festival ergibt sich kurzfristig ein Platz im Line-up. Die Bochumer Band El Cuatrimotor, die eigentlich dort spielen sollte, hat sich kurzerhand aufgelöst. Die *Visions*-Redaktion ist schnell einig, wer die Lücke füllen soll: die Donots natürlich. In Ibbenbüren ist allerdings nur Mama Knollmann zuhause und nimmt die gute Nachricht entgegen. Ingo, Alex und Jan-Dirk hängen gerade in Arcachon ab und machen Urlaub auf der größten Wanderdüne Europas. In der Friedensstraße knallen trotzdem die Sektkorken. Nach ein paar Tagen kommt die Neuigkeit dann auch in Südfrankreich an, als die drei Urlauber sich um den Münzfernsprecher an der Rezeption des Campingplatzes scharen, um zu hören, was in Ibbenbüren so geht. Und da geht einiges. Zum Beispiel ein Auftritt auf dem wichtigsten Alternative-Festival Deutschlands.

1998 unterscheidet sich die deutsche Festivallandschaft noch grundlegend von heute. Erstens gibt es sehr viel weniger Festivals, und zweitens ist die Gewichtung unter den etablierten Veranstaltungen eine völlig andere. Das *Hurricane* findet erst zum zweiten Mal statt und dauert nur zwei Tage. *Rock am Ring*, wo neben Alternative- und HipHop-Acts auch ziemlich viele Altherrenrocker spielen, gibt dank Bands wie Genesis, BAP und Supertramp ein seltsam unausgegorenes Bild ab. Das *Bizarre* dagegen ist Ende der Neunziger das Festival schlechthin, wenn man seine Musik

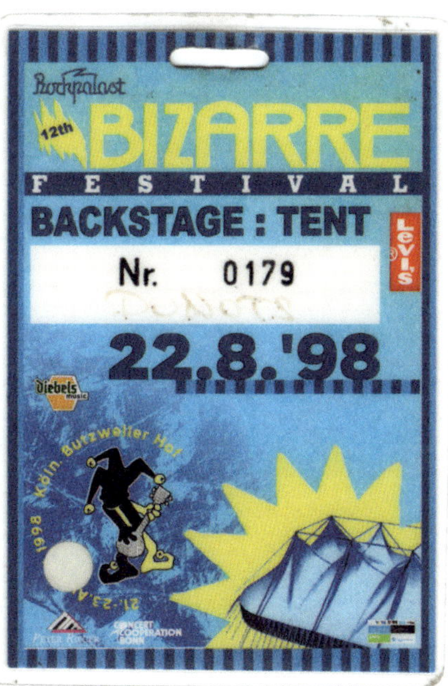

gerne etwas alternativer und abseits des Mainstreams mag.

Die Einladung ist für die Donots nicht nur wegen des Bandwettbewerbs ein Volltreffer, sondern auch weil sie ihnen die Möglichkeit bietet, so viele großartige Bands aus nächster Nähe zu sehen: Iggy Pop, Green Day, Portishead, The Cure, Placebo, Deftones, Turbonegro, Danzig, Queens Of The Stone Age, Lagwagon, No Use For A Name – die Liste ist so lang wie beeindruckend. Sogar Rancid spielt, Guidos absolute Lieblingsband, was diesen ganz wuschig werden lässt. »Klar war das cool mit unserem Auftritt bei diesem Wettbewerb«, blickt er zurück. »Aber noch mehr habe ich mich darauf gefreut, endlich mal Rancid live zu sehen. Ich war aufgeregt wie Sau.«

Die Band bekommt Zugangspässe, die für alle drei Festivaltage gültig sind. Gemeinsam mit ihrem Mischer Sascha Kramski packen die Fünf ihren Bulli deshalb schon am Freitagmorgen, legen das selbst aufgenommene Tape mit den neuesten Alben von Lagwagon und Samiam ein und machen sich auf den Weg Richtung Köln-Ossendorf. Das *Bizarre* findet auf dem stillgelegten Flughafen am Butzweiler Hof statt, der Rückstau auf der A1 reicht bis zum Kreuz Leverkusen: Stop-And-Go, Warnblinklichter, genervte Festivalgänger, die endlich ihr Zelt aufbauen wollen. Als die Band den Stau erreicht, kann Ingo den Bulli gerade noch rechtzeitig bremsen. Der Fahrer hinter ihnen hat allerdings nicht so gute Reflexe und fährt auf den Bus der Donots auf. Der Schaden beschränkt sich Gott sei Dank auf ein paar Dellen und Kratzer. Nichts Wildes, im Gegenteil: Für die Donots lohnt sich die Karambolage sogar. Denn der Verursacher, ein italienischer Geschäftsmann, will auf keinen Fall, dass der Unfall von der Polizei aufgenommen wird. Also zückt er sein Portemonnaie und drückt Ingo kurzerhand 200 D-Mark in die Hand. Damit ist nicht nur das Spritgeld gesichert, sondern auch für das ein oder andere Festivalbier gesorgt.

Die Donots müssen beim Wettbewerb bereits als zweite Band auf die Bühne. Damit sie um 13:30 Uhr nicht ganz alleine im Zelt stehen, machen sie vorher ordentlich Alarm. Sie verteilen Flyer auf dem Gelände, die auf ihren Auftritt hinweisen, und versuchen es mit dem guten, alten Bestechungsbier: Das Karlsquell, das sie dosenweise unters Volk bringen, wird zwar in der spätsommerlichen Augusthitze schnell warm, zeigt aber offenbar trotzdem Wirkung und lockt den ein oder anderen zu ihrer Show. Am Ende stehen über fünfhundert Zuschauer vor der Bühne. Doch im Grunde ist es den Donots fast egal, ob sie vor fünf, vor fünfzig oder vor fünfhundert Leuten auftreten. Hier spielen zu können, ist einfach der Hammer, und entsprechend euphorisch gerät der Auftritt. Sie stürmen auf die Bühne, spannen die Zuschauer mit einem viel zu langen Intro auf die Folter und hauen ihnen schließlich »You Cannot« um die Ohren, worauf nicht wenige Münder sperrangelweit offenstehen. Wie viel Spielfreude passt in 30 Minuten? Was kippen die in Ibbenbüren ins Trinkwasser? Und kann man als Band überhaupt noch mehr Begeisterung rüberbringen?

Auch die zwölfköpfige Jury ist größtenteils beeindruckt: Wiebke Wiechell, die das deutsche Büro von Fat Wreck leitet, Anthony X. Martin von Boomba Records, der für die internationale Karriere von Turbonegro mitverantwortlich ist, und die Vertreter der *Visions*-Redaktion – sie alle vergeben Höchstnoten.

Das gilt auch für Gero Langisch, der bei Gordeon Promotion in Berlin für Bands wie Millencolin, Refused oder die Hives arbeitet. Langischs Erwartungen an die Donots sind vor der Show eher niedrig: Dass eine Band aus Ibbenbüren hier etwas reißt, kann er sich absolut nicht vorstellen. Wenn deutsche Bands sich an Punkrock versuchen, kommt seiner Erfahrung nach meistens »einfach stumpfes Gedröhne« heraus. Doch die Donots überzeugen ihn vom Gegenteil: »Die sind mit einer völlig unverdienten Selbstsicherheit durch ein Set aus hochmelodischen Punkrock-Krachern und albernen Ansagen gerast, als ob sie das schon seit mindestens einem Jahrzehnt machen würden.« Für ihn strahlen die Donots bei ihrem Bizarre-Auftritt vor allem Freude aus: »Freude an ihrer Musik, Freude darüber, auf einer solchen Bühne spielen zu können.« Langisch liegt mit seinen Prognosen, was die Zukunft diverser Bands angeht, regelmäßig falsch. Bei den Donots trügt ihn sein Gefühl aber nicht: Aus dieser kleinen Band, so sein Fazit nach dem Auftritt, kann mal was ganz Großes werden.

Nur einer in der Jury kann dem Geschehen auf der Bühne so gar nichts abgewinnen: Aydo Abay, der Sänger von Blackmail. »Ich fand deren Auftritt richtig kacke. Unerträglich. Aber damit war ich der einzige«, sagt er rückblickend. Eine Sache hat ihn dann aber doch beeindruckt: »Die Donots waren eine Band, der man das auch sagen konnte, dass man sie scheiße fand. Die nahmen einem das nicht übel. Im Gegenteil: Die haben einem dann trotzdem einen Sweater geschenkt. Vielleicht ist das das Geheimnis ihres Erfolgs …«

Nach der Show verstreuen sich die Donots bald über das Festivalgelände. Hier jemanden treffen. Dort ein Bierchen trinken. Und natürlich wollen sie auch schauen, was auf den anderen Bühnen geht und in welche Backstage-Bereiche sie mit ihren Pässen kommen: Zum Beispiel hinter die Hauptbühne, wo Green-Day-Sänger Billie Joe Armstrong mit dem BMX-Rad Tricks übt. Und der Typ da hinten, der mit dem Vogelnest auf dem Kopf, ist das wirklich Robert Smith von The Cure?

Jan-Dirk schaut sich noch einige der Konkurrenten im Band-Wettbewerb an und ist sich sicher: Hier gibt es für die Donots nichts zu holen. Die Emil Bulls, Red Aim oder Mental Tearing After 9 wirken einfach zu professionell: Spitzen-Equipment, routinierte Show, geprobte Abläufe, durchdachte Dramaturgie. Außerdem sind die Donots die einzige Punkrock-Band im Feld, während sich der Rest hauptsächlich an

Oben: Auf der *Visions*-Sessionbühne des *Bizarre*-Festivals
Unten: Artikel in den *Westfälischen Nachrichten*

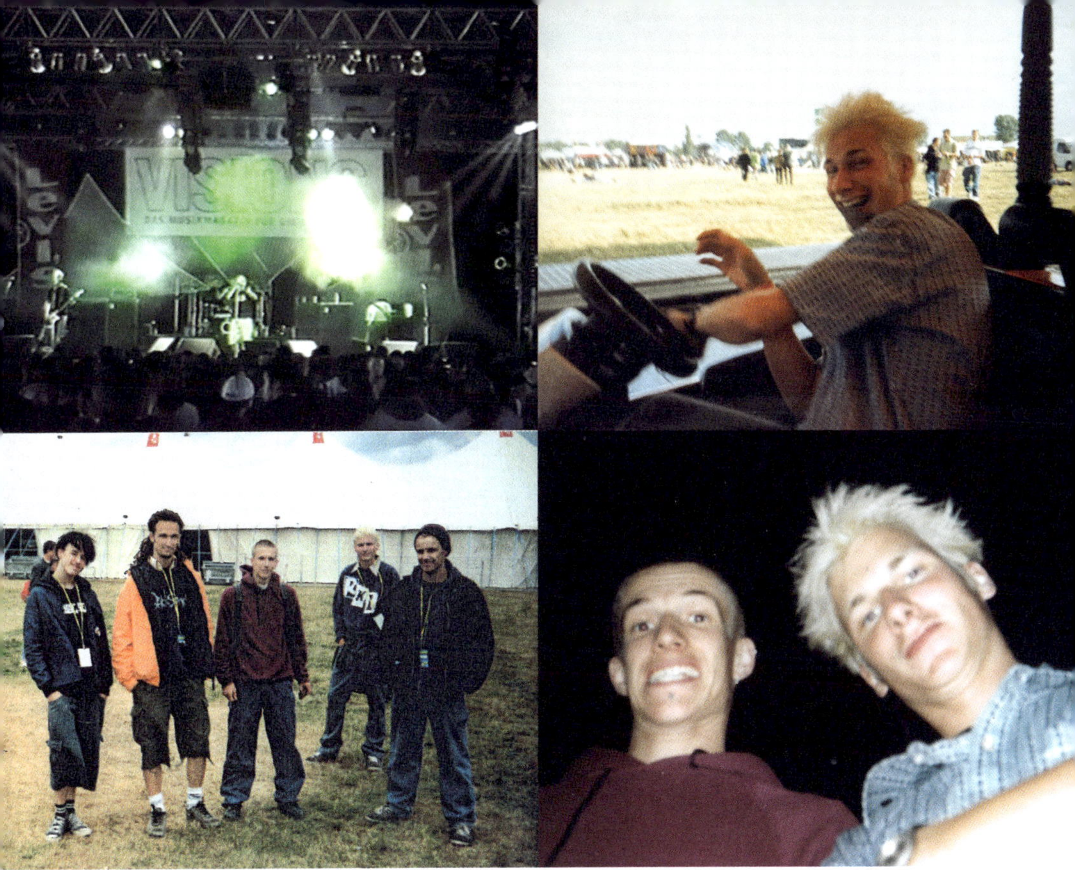

Stilrichtungen orientiert, die damals angesagter sind: Alternative, New Metal oder Stoner Rock. »Der Contest war mir dann im Grunde scheißegal. Wir hatten unseren Spaß, haben einen guten Auftritt hingelegt, fertig«, sagt Jan-Dirk. Statt zur Siegerehrung zu gehen, schaut er sich lieber The Cure auf der Hauptbühne an.

Auch Guido stolpert am Abend eher zufällig vor die Zeltbühne – und wundert sich, da oben Alex, Eike und Ingo zu sehen. Was machen die da? Was ist hier eigentlich los? Und wieso hüpfen die rum und umarmen sich?

Wieso? Ganz einfach: Die Donots haben den Wettbewerb gewonnen.

Erster Platz für Donots auf Bizarre-Festival

-pi- **Ibbenbüren.** „Erst stellst du dir alles riesig vor, wenn du dann auf der Bühne stehst, ist es fast so wie immer", erzählt Donots-Bassist Jan-Dirk Poggemann über den Auftritt seiner Band auf dem Bizarre-

mit Fernseher und Kühlschrank gestellt.

Die Donots wünschen sich die „Foo Fighters", eine Punk-Grunch-Gruppe aus Amerika, als Partnerband. Die Erfüllung dieses Wunsches sowie der Tour-

PLATTENVERTRAG MIT GUN RECORDS

Auch Markus Balk ist Mitglied der Wettbewerbs-Jury beim *Bizarre*-Festival. Balk ist bei GUN Records als A&R (Artist & Repertoire) tätig, ein Job, der idealerweise die Qualitäten eines Türstehers und eines Trüffelschweins vereint. Ein A&R hört sich Demos an, besucht Konzerte von Newcomern, trifft sich mit Managements und Agenturen – immer mit dem Ziel, die neue, coole Band zu entdecken, von der demnächst alle reden. Wenn er die schließlich gefunden und unter Vertrag genommen hat, ist neben der Band und ihrem Management häufig auch der A&R an weiteren, meist künstlerischen Entscheidungen beteiligt: Mit welchem Produzenten könnte man aufnehmen? Welcher Song eignet sich als Single? Welche musikalische Richtung könnte interessant sein?

Markus Balk hat als A&R zwei Jahre zuvor die Guano Apes unter Vertrag genommen, die 1998 zu den erfolgreichsten deutschen Bands zählen. Songs wie »Open Your Eyes« und »Lords Of The Boards« laufen im Radio rauf und runter, die Videos dazu rotieren auf MTV und VIVA in der Dauerschleife. Die Guano Apes spielen auch beim *Bizarre*, und zwar an prominenter Stelle, als drittletzte Band auf der Hauptbühne, noch nach Notwist, nach Placebo und nach den Deftones. Das spricht Bände über den damaligen Status der Band, zu dem auch Balk einiges beigetragen hat.

Nun sind die Donots zwar keine ausgemachten Fans der Guano Apes, doch die Art und Weise, wie sich die Plattenfirma für die Band ins Zeug gelegt hat, nötigt ihnen durchaus Respekt ab. Und Markus Balk kennen sie ohnehin schon länger. Er kommt ebenfalls aus Münster, macht auch Musik und hängt mit seiner Band Will O' The Wisp zeitgleich mit den Donots im Principal-Studio ab, als die dort *Tonight's Karaoke-Contest Winners* aufnehmen. Als er die Aufnahmen der Donots hört, ist er sofort begeistert. »Ich habe selbst viel Punkrock gehört und stand total auf Melodien, auf gute Songs, und auf Bands, die keine Angst haben, ihr Pop-Herz zu öffnen. Die Donots waren schon damals sehr kreativ, sind von Standards abgewichen und haben spielerisch alle möglichen Einflüsse zugelassen, ohne groß darüber nachzudenken«, sagt Balk. Eine Band wie die Donots gibt es damals in Deutschland nicht, findet er. Die würden gut zu GUN passen.

Balk bringt die Band dort immer wieder ins Spiel, und als die GUN-Belegschaft 1998 wegen der Guano Apes ohnehin beim *Bizarre*-Festival versammelt ist, lotst er die Kollegen zur Mittagszeit ins Zelt der Sessionbühne. Auch Wolfgang Funk, der Chef von GUN, sieht sich den Donots-Auftritt an. Der ist hinterher voll des Lobes und gratuliert der Band, zeigt aber gleichzeitig in Richtung Hauptbühne: »Das ist doch der Ort, wo wir eigentlich hinwollen, oder? Ein Abend-Slot auf der großen Bühne, das muss unser Ziel sein« – so erinnert sich zumindest Ingo an das Treffen. »Das hat uns ehrlich gesagt schon ein bisschen befremdet. Denn so haben wir das gar nicht empfunden. Wir waren noch total euphorisch und fanden es einfach nur

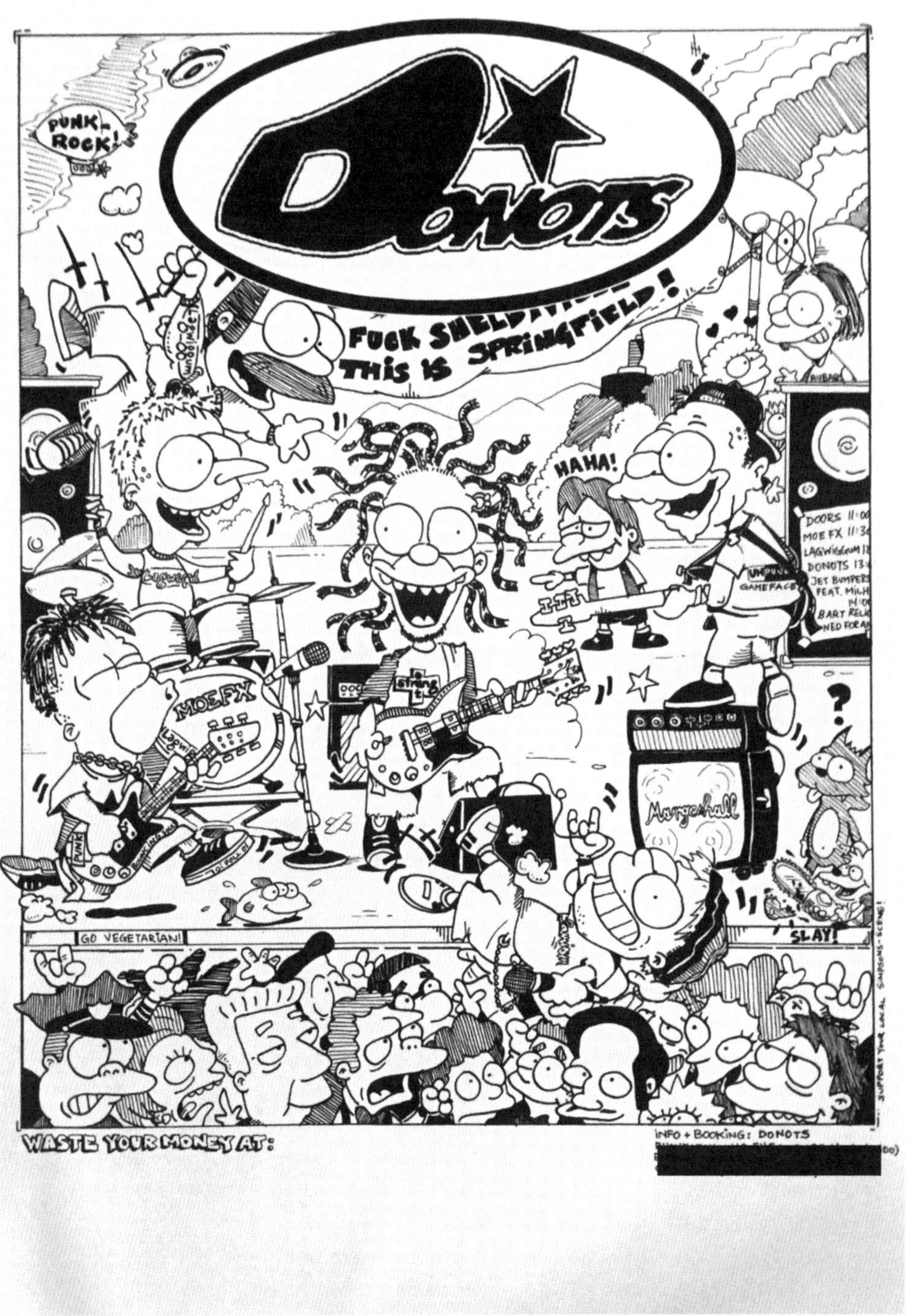

impsons vs. Donots: Tourposter von Ingo.

geil, dass wir überhaupt auf der Sessionbühne auftreten konnten. An die Hauptbühne haben wir keinen Augenblick gedacht.«

GUN ist im Sommer 1998 aber nicht das einzige Label, das seine Fühler nach den Donots ausgestreckt hat. Es gibt eine lose Anfrage von Epitaph sowie ein relativ konkretes Angebot von Burning Heart aus Schweden. Burning Heart hat sich mit Millencolin, No Fun At All und den Satanic Surfers zu einer Art europäischem Pendant von »Fat Epitaph« gemausert, hat mit Refused, Randy und The Hives aber auch Bands unter Vertrag, die nicht dem szenetypischen Cali-Punk-Sound entsprechen und gerade einiges an Aufsehen erregen. Der internationale Vertrieb von Burning Heart hätte zudem den Vorteil, dass die Platte auch über Deutschland hinaus erhältlich wäre.

Was also tun? Einerseits können die Donots es selbst kaum fassen, dass nicht nur eine, sondern gleich mehrere Plattenfirmen Interesse signalisieren und ihnen einen Vertrag anbieten. Einen richtigen Plattenvertrag! Der sie zu Labelmates, also zu Kollegen von Millencolin oder NOFX machen würde.

Andererseits steht die Band vor einer Grundsatzentscheidung, was ihre Zukunft angeht. Denn die Wahl der richtigen Plattenfirma brechen die Donots nicht übers Knie, die Entscheidung sorgt für lange Diskussionen. Für eine Punkrock-Band gilt es damals besonders genau hinzusehen, denn der Tenor unter Fans ist relativ einmütig: Unabhängige Independent-Labels wie Epitaph, Fat Wreck und Burning Heart sind die Guten, weil ihnen die Szene und die Integrität einer Band am Herzen liegen. Große Major-Plattenfirmen wie EMI, Universal, Sony oder BMG sind dagegen die Bösen. Die wollen nur Geld verdienen und was auf lange Sicht aus den Bands wird, schert die relativ wenig. Und GUN gehört nun mal zu BMG, sprich: zur Bertelsmann Music Group, einem weltweit agierenden Konzern, bei dem auch Whitney Houston, Rick Astley und die Wildecker Herzbuben unter Vertrag stehen.

Die Donots diskutieren wochenlang und wägen Pro und Contra gegeneinander ab. Indie oder Major? Herz oder Kopf? Die Kritik und die Ablehnung mancher Fans, die Bands wie Green Day oder Offspring nach einem Wechsel vom Indie-Label zum Major erfahren haben, sind den Donots nur zu präsent. Genauso wie die Tatsache, dass die Gleichung »Major = böse, Indie = gut« oft zu simpel gedacht ist. Denn auch unter den Indies gibt es Labels, die ihre Bands respektlos behandeln oder sie über den Tisch ziehen. Anderseits zeigt die Punkrock-Geschichte, dass man auch bei einem Major sein Ding durchziehen kann, ohne künstlerische Kompromisse eingehen zu müssen: Die Sex Pistols, The Clash oder die Ramones sind da die bekanntesten Beispiele.

Dazu kommt, dass GUN sich zunächst einmal nicht wie ein anonymer Großkonzern anfühlt. »GUN war damals eine eigenständige Zelle. Die gehörten zwar zu BMG, wirkten aber eher wie ein Indie mit Major-Power im Rücken«, bewertet der damalige Manager Florian die Situation im Rückblick. Kleines Team, kurze Wege, schnelle Entscheidungen – die Aufstellung des Labels kann den Donots nur zugutekommen, hoffen sie. »Natürlich hatten GUN einen anderen Ansatz als Burning Heart. Aber sie boten eben auch andere und größere Möglichkeiten, um vielleicht mal über den Tellerrand hinauszublicken«, sagt Florian. Außerdem, so die Überlegung der Band,

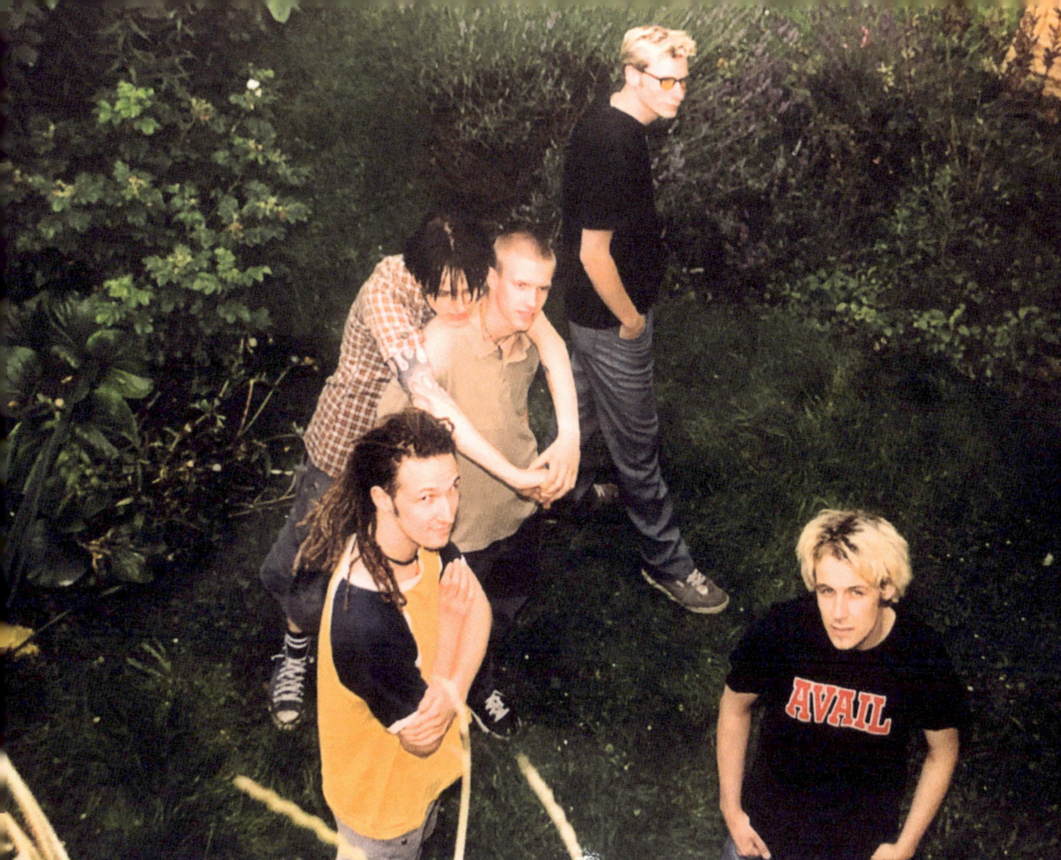

wäre man bei Burning Heart nur eine Punkband unter vielen. Bei GUN hingegen, neben Bands wie Guano Apes, HIM oder Sun, wären sie die einzige.

Zudem klingt das Konzept, das die Plattenfirma präsentiert, recht schlüssig. »Wir hatten den Anspruch, dass eine Band, die zu GUN kommt, immer auf zwei Beinen steht«, erläutert Markus Balk den Ansatz des Labels. »Mit dem einen Bein sollte die Band in der Welt und dem Genre verankert sein, aus dem sie kommt. Und wenn man dort einen festen Stand hat, kann man versuchen, sich mit dem anderen Bein eher in Richtung Mainstream-Welt zu strecken. Einen Schritt aus dem Genre und aus der Szene heraus zu machen, um so Leute erreichen, die keine Spezialisten sind.«

Auch die geografische Lage spielt eine nicht unwichtige Rolle bei der Entscheidungsfindung. Denn das europäische Hauptquartier von Epitaph ist in Amsterdam, Burning Heart hat seinen Sitz im schwedischen Örebrö. Das GUN-Büro hingegen liegt in Witten, einer kleinen Ruhrgebietsstadt zwischen Dortmund und Bochum, gerade mal eine Autostunde von Münster entfernt. Da ist man schnell mal hingefahren und kann wichtige (und nicht ganz so wichtige) Dinge persönlich und in der Gruppe besprechen, statt am Telefon oder – was damals noch sehr viel seltener geschieht – per E-Mail. Und es wird einiges zu besprechen geben, da sind sich die Donots sicher. Nach viereinhalb Jahren, in denen sie alles selbst gemacht und entschieden haben, nach knapp hundert Konzerten und mit einem beeindruckenden

Album im Gepäck, das weitaus mehr ist, als ein normales Demo, wissen Ingo, Guido, Alex, Eike und Jan-Dirk ziemlich genau, was sie wollen und was sie nicht wollen. Es geht ihnen nicht darum, groß rauszukommen und mit aller Macht das nächste große Ding zu werden. Die Band will einfach den nächsten Schritt machen.

Nach langem Hin und Her fällt im Herbst 1998 endlich eine Entscheidung: Die Donots unterschreiben einen Plattenvertrag bei GUN Records. Die Feierlichkeiten sind unspektakulär: Kein Champagner, kein Konfetti, kein goldenes Plektrum mit Bandlogo drauf. Stattdessen geht es gemeinsam mit den Mitarbeitern und dem Chef ihres neuen Labels zu Pommes und Bier in eine Wittener Eckkneipe. Aber insgeheim fragen sie sich damals schon, ob sie wirklich die richtige Entscheidung getroffen haben. »Wenn man als junge Band einen Plattenvertrag bekommt, hat man normalerweise ja die größten Hoffnungen: ›Jetzt geht es total ab, die haben eine riesigen Promotion-Apparat und können uns alles ermöglichen‹ – solche Gedanken eben. Doch bei uns gab es von Anfang an die Angst, wir könnten unsere Glaubwürdigkeit verlieren«, sagt Eike.

Der Deal mit GUN wirkt sich direkt auf die Lebenssituation der einzelnen Bandmitglieder aus. Mehr Geld haben sie eigentlich nicht, aber dafür deutlich weniger Zeit. Darunter leiden natürlich die beruflichen Pläne, die alle fünf gerade schmieden. Jan-Dirk hat erst vor wenigen Wochen angefangen, in Münster Sport und Pädagogik zu studieren. Noch ist sein Berufsziel eher vage: Er könnte sich vorstellen, Lehrer oder Physiotherapeut zu werden.

Auch Ingo lebt inzwischen nicht mehr in Ibbenbüren. Irgendwann musste er dann doch raus aus der Kleinstadt, die Scheune und die Musikschule hinter sich lassen, und mal etwas anderes sehen. 1998 meldet er sich ebenfalls zum Studium in Münster an: Englisch, Deutsch und Philosophie auf Lehramt. Nicht, dass er unbedingt Lehrer werden will: Das Studium ist in erster Linie ein Vorwand, endlich zu Hause auszuziehen, in einer WG zu leben und dort ordentlich auf den Putz zu hauen. Auch Eike und Alex leben in Münster. Eike besucht die Ergotherapeuten-Schule, wo er kurz vor dem Abschluss steht. Alex hat den Zivildienst hinter sich und sammelt im BWL-Studium mehr oder weniger fleißig Scheine.

Nur Guido ist in Ibbenbüren geblieben und geht bei Musik Produktiv in die Lehre – wenn er denn mal da ist. Denn die Prioritäten liegen ganz klar bei seiner Band. Schon am allerersten Tag der Ausbildung muss er fragen, ob er den folgenden Tag frei haben kann: Die Donots spielen auf einem Festival in Hessen, in der Nähe von Marburg. Guido rechnet damit, dass sein Chef ausrastet. Doch der willigt ein und freut sich für seinen Auszubildenden, dass dessen Band so gut läuft. Als Guido immer mehr Fehltage anhäuft und ständig kurzfristig abwesend ist, ändert sich die Situation allerdings. Und spätestens mit Unterzeichnen des Plattenvertrags ist klar, dass es so nicht weitergeht. Drei Wochen auf Tour? Vier Wochen im Studio? Guidos Chef zuckt mit den Achseln: »Sorry, aber das kann ich nicht machen. Wenn ich dir so viel frei gebe, steigen mir die anderen Mitarbeiter aufs Dach.«

Ausbildung oder Band? Für Guido ist das überhaupt keine Frage. Er ist bereit alles auf eine Karte zu setzen: die Donots. Es ist ihm egal, dass seine Kollegen ihn belächeln: »Jaja, schmeiß du mal schön deine Lehre und werd Rockstar. Aber nicht, dass du in zwei Jahren wieder angekrochen kommst …« Solche Sprüche hört er ständig. Auch seine Eltern sind nicht gerade begeistert, als Guido ihnen eröffnet, dass er die Ausbildung abbrechen will, um sich künftig voll und ganz auf die Band konzentrieren zu können.

Bei den anderen sieht es ähnlich aus. Auch dort haben die Eltern Bedenken und sorgen sich um die Zukunft ihrer Söhne: Wie geht das weiter, wo führt das hin? Es wird Zeit für ein Treffen, bei dem all diese Fragen geklärt werden. Eltern, Bandmitglieder und natürlich auch Manager Florian setzen sich zusammen und besprechen, was zu besprechen ist. Am Ende ist es Florian, der die meiste Überzeugungsarbeit leistet. Er spricht eindringlich von »einmaligen Chancen« und von »Gelegenheiten, die nicht wiederkommen«. Erklärt, wie schwer es ist, als Band überhaupt an den Punkt zu kommen, einen solchen Plattenvertrag zu unterschreiben. Und dass die Donots nur als Einheit stark seien, weshalb die ganze Zukunft der Band davon abhinge, dass alle fünf an einem Strang zögen und denselben Einsatz brächten. Florians Argumente überzeugen die Eltern, die schließlich ein Einsehen haben und mit ihren Söhnen eine Abmachung treffen: Für die nächsten zwei Jahre werden sich die Jungs mit Leib und Seele den Donots verschreiben. Sie sollen Gas geben und alles reinstecken, was geht. Anschließend wird eine Bestandsaufnahme gemacht: Hat sich das Engagement gelohnt, hat die Band eine Zukunft, und sehen sich alle Beteiligten imstande, den eingeschlagenen Weg konsequent weiterzugehen? Falls ja: super. Und falls nein, sind sie immer noch jung genug, um »was Vernünftiges« zu lernen oder da weiterzumachen, wo sie aufgehört haben.

Als Guido daraufhin bei Musik Produktiv kündigt, bietet sein Chef ihm netterweise an, dass er jederzeit in seinen alten Job zurückkehren könne. Jan-Dirk und Ingo legen ihr gerade erst begonnenes Studium auf Eis, wogegen Alex der Betriebswirtschaftslehre die Stange halten möchte, wenn auch künftig mit geringerem Einsatz. Auch Eike will versuchen, Ergotherapie-Ausbildung und Band unter einen Hut zu bekommen.

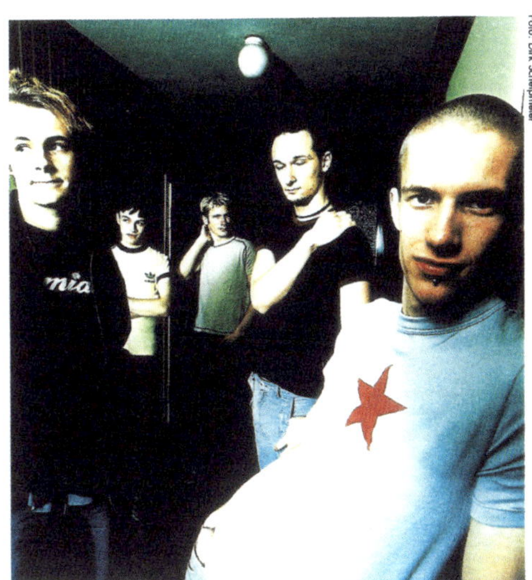

Foto: Dirk Schelpmeier

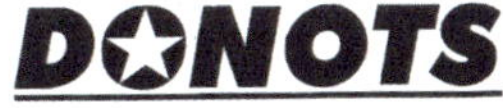

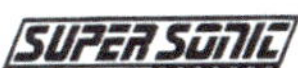

:rste Autogrammkarte.

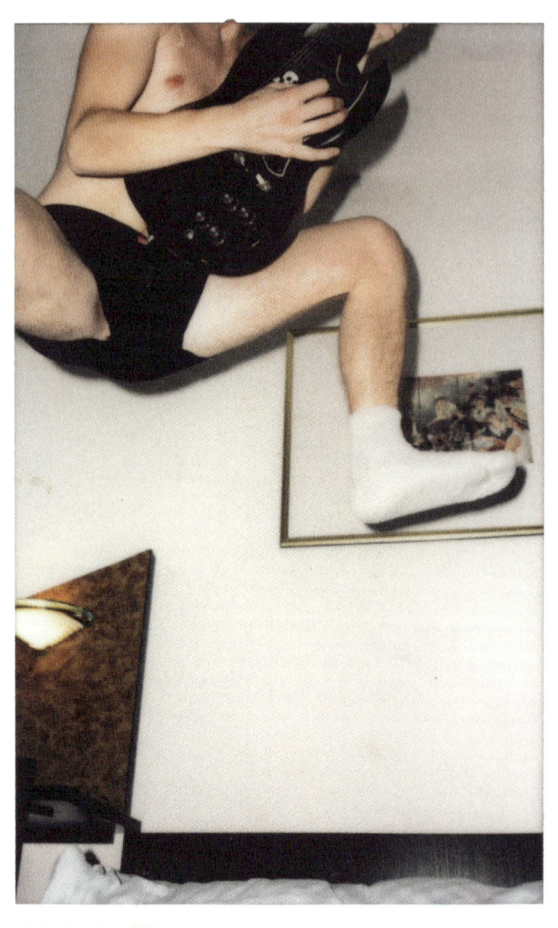

TEIL ZWEI

1998–2007

MASCHINE UND STURM

- Better Days Not Included
- Pocketrock
- Amplify The Good Times
- Got The Noise
- The Story So Far: Ibbtown Chronicles

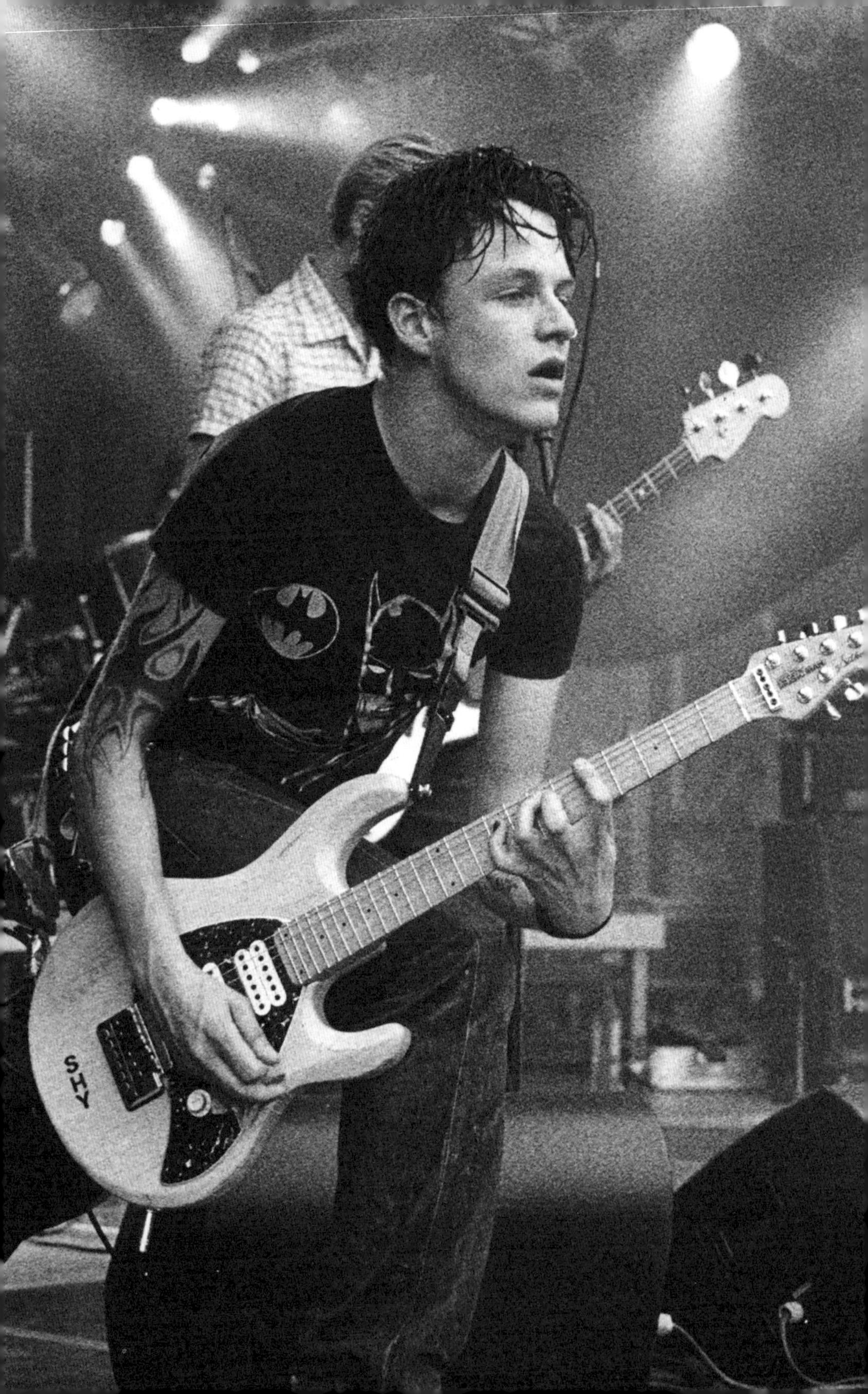
SHY

DIE ERSTE TOUR

Im Leben jeder Band gibt es Momente und Orte, die sich für immer einprägen und fester Bestandteil der eigenen Bandhistorie werden: Der erste Proberaum. Der erste Auftritt. Der erste gute Auftritt. Der erste Song. Der erste gute Song. Der erste Aufenthalt in einem richtigen Studio. Und natürlich: Die erste Tour.

Bis Ende 1998 sind die Donots eher eine Wochenend-Band. Auftritte spielen sie meistens freitags oder samstags, und wenn sie Glück haben, lassen sich diese Termine sogar verbinden. An mehr als drei aufeinanderfolgenden Tagen standen sie allerdings noch nie auf der Bühne, und auch der Live-Radius der Band ist zu diesem Zeitpunkt noch relativ klein: Trotz vereinzelter Auftritte in Bremen, Berlin, Hannover und Frankfurt beschränkt er sich im Großen und Ganzen auf Nordrhein-Westfalen und das Grenzgebiet der benachbarten Bundesländer. Morgens den Bus vollladen, alle reinquetschen, zum Club gondeln, Bus ausladen, Konzert spielen, Bus vollladen, alle reinquetschen, zurückfahren – so sieht der normale Ablauf aus.

Dass es auch anders geht, erfährt die Band im Dezember 1998. Samiam und Errortype: 11, eine Indie/Postcore-Band aus New York kommen nach Deutschland und die Donots dürfen dank ihrem Booker Philipp als Supportband dabei sein. Nicht nur an ein paar ausgewählten Terminen, sondern auf der kompletten Deutschland-Tour.

Als die finale Bestätigung kommt, setzt bei den Donots Schnappatmung ein: Die erste Tournee! In einem richtigen Tourbus! Durch ganz Deutschland! Und sogar ins Ausland (zwei Termine sind in der Schweiz)! Un-fucking-fassbar!

Als wäre das nicht bereits Grund genug, zu hyperventilieren, gehören Samiam auch noch zu den erklärten Lieblingsbands der Donots, die entsprechend nervös sind, als sie am Nachmittag vor der ersten Show im Münsteraner Odeon zum Soundcheck eintrudeln. Zwei Wochen auf Tour mit den großen Helden – wie geil ist das denn?

Samiam hingegen nehmen von den fünf jungen Deutschen zunächst wenig Notiz. »Wir hatten vorher noch nie von den Donots gehört. Philip, unser deutscher Agent, hat die aufs Line-up gepackt«, sagt Samiam-Gitarrist Sergie Loobkoff. »Dass diese fünf Jungs etwas Besonderes sind, wurde mir aber schnell klar. Man sah die und dachte sich: Wow, diese Typen mögen sich wirklich. Die sind wie fünf Brüder, eine richtige Gang, das spürte man in jeder Situation. Außerdem war ich überrascht, wie aufgeräumt und diszipliniert die waren. Und das bei ihrer ersten großen Tour, wo die meisten anderen Bands so richtig die Sau rauslassen.«

Stattdessen hauen die zehn Jahre älteren Samiam-Mitglieder auf die Kacke. »Wir haben sehr viel getrunken und gekifft, und es gab da auch ein paar Mädels ...«, sagt Sergie. Die Donots hingegen sitzen oben im Tourbus, zocken mit der Playstation und können es nicht fassen, was die anderen Bands so veranstalten. Gleich am ersten

CANNOT
16 TONS
WATCH Y
OUTSHINE
ASHES
TRUE FAITH
NOTHING LEFT
SUITCASE LIFE
STORY
IN TOO DEEP
STATIC
HEY KIDZ
WE'RE NOT

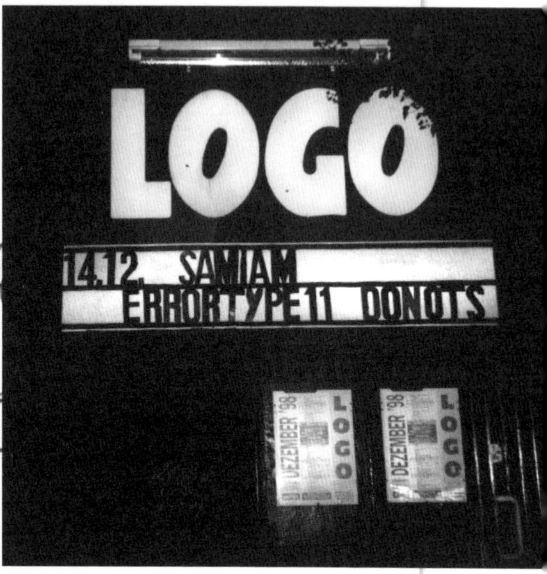

ooo

Abend kommt es zu einer Schlägerei zwischen dem Bassisten und dem Drummer von Samiam. Der Grund? Irgendetwas Banales wie ein verlorener Ring.

Diese Erlebnisse sind für die Donots ein Augenöffner. Fünf Freunde müsst ihr sein? Die Band als Einheit, die gleichermaßen künstlerisch wie menschlich zusammenpasst? Das mag im Münsterland vielleicht so sein, aber anderswo gelten offenbar andere Regeln.

Dennoch schließen Samiam und die Donots rasch Freundschaft. Den Grundstein dafür legen ihre gemeinsamen musikalischen Vorlieben, und spätestens als Sergie im Tourbus entdeckt, dass die Donots CDs der schwedischen Indie/Hardcore-Band Fireside im Gepäck haben, wird ihm klar: Mit den Jungs kann man was anfangen.

Außerdem sind die Donots bemüht, ihr Samiam-Fantum so gut es geht zu verbergen: Keine offenkundige Verehrung, keine »I'm not worthy«-Gesten, keine Nerdfragen nach dem Produzenten der B-Seite dieser Fanclub-Single, die nur in Japan erschienen ist. »Dass die Donots große Samiam-Fans waren, wurde uns erst nach und nach klar. Aber das hat auch keine so große Rolle gespielt. Wir waren auf Augenhöhe, zumindest habe ich das so empfunden. Wir hatten kein Lehrer/Schüler-Verhältnis, sondern waren einfach zwei Bands, die abends auf die Bühne gingen und ein paar Songs spielten«, sagt Sergie.

Die Tour ist ein wilder Ritt, der kaum Zeit zum Luftholen lässt: vierzehn Shows in fünfzehn Tagen, einmal quer durch Deutschland und die Schweiz. Und mit einer Routenplanung, wie von einem betrunkenen Schimpansen ausgewürfelt: So geht es nach dem Auftritt in Hannover knapp 500 Kilometer in den Westen nach Trier,

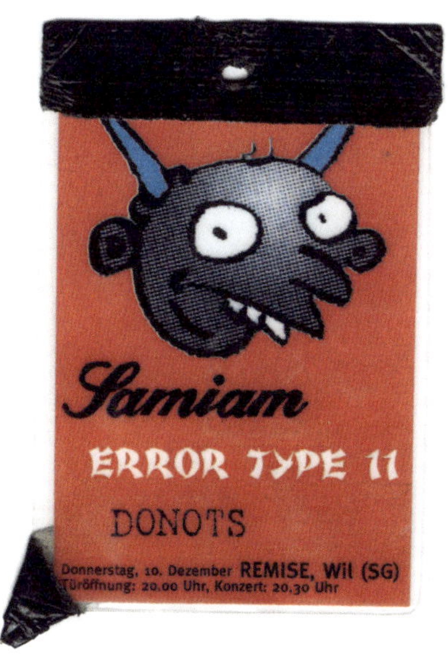

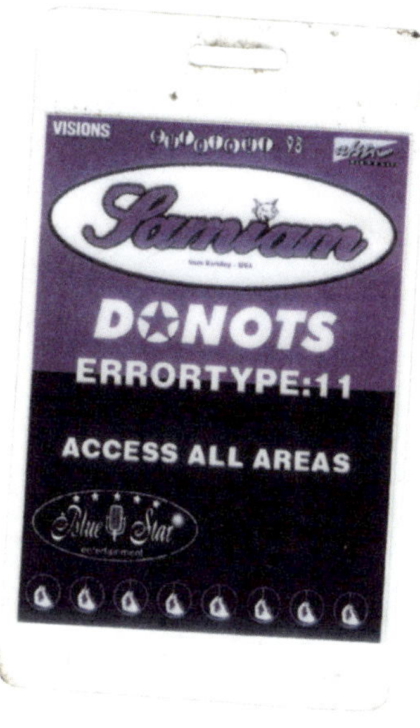

inks: Setlist Anfang 2000er.
inks oben: Hamburger Club Logo, 1998.
echts: Pässe der Samiam-Tour.

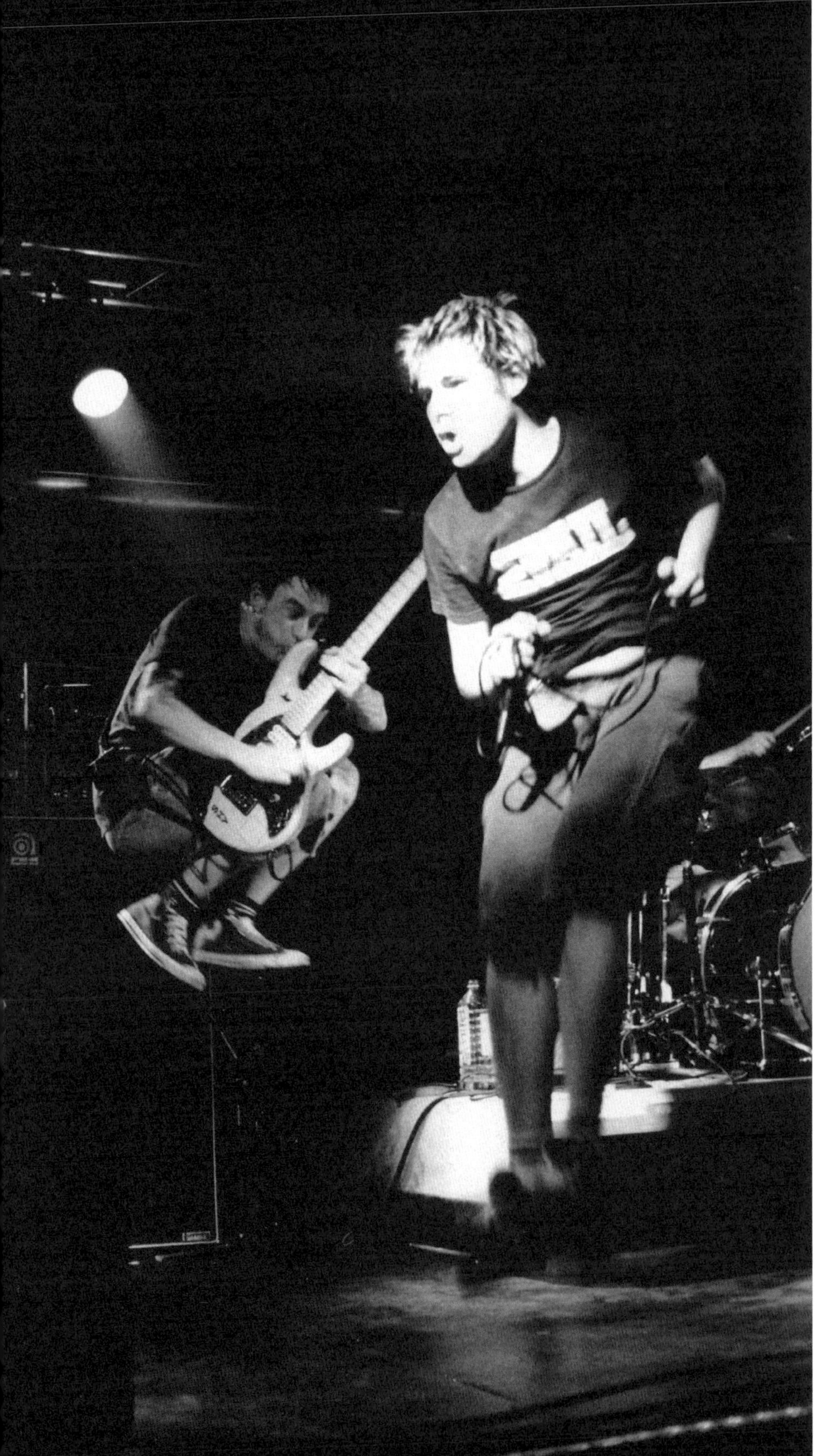

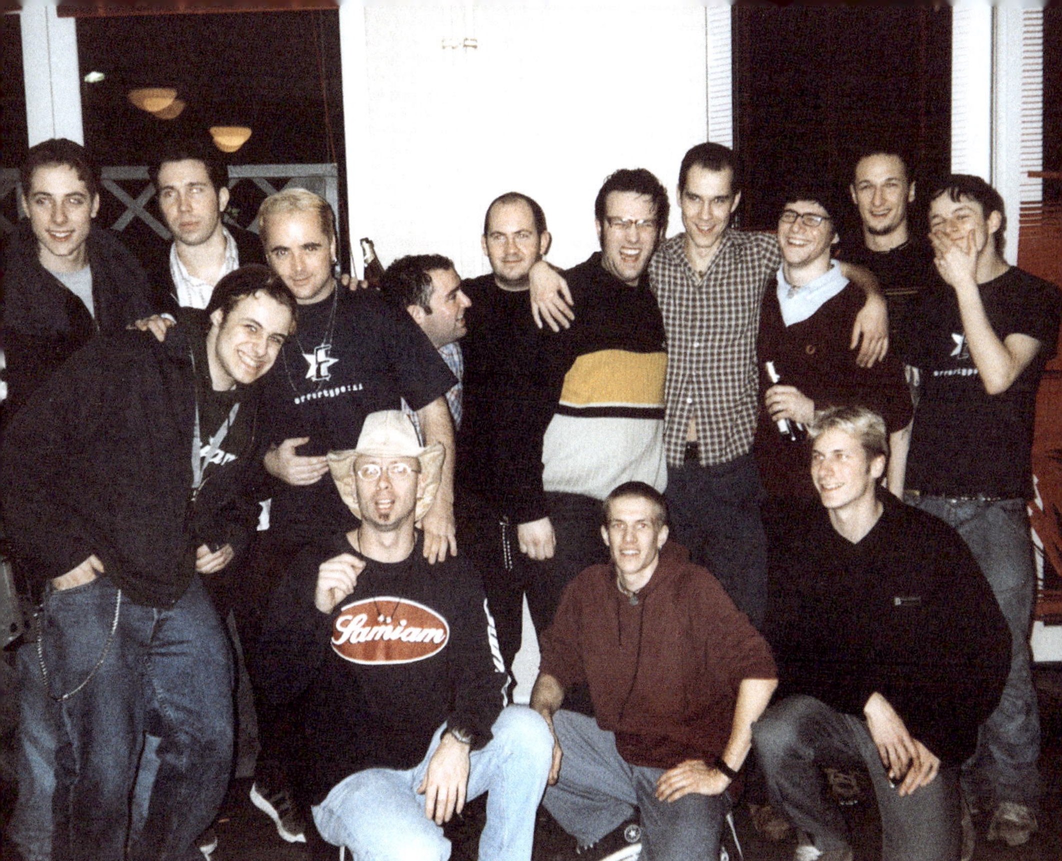

dann 400 Kilometer in den Süden bis fast zum Bodensee, und von Donaueschingen 500 Kilometer in den Norden nach Düsseldorf, anschließend 630 Kilometer bis nach München, und zu guter Letzt 550 Kilometer nach Lausanne am Genfer See. Nach dem Auftritt in Trier war ursprünglich noch ein Abstecher ins 400 Kilometer entfernte Amsterdam geplant. Der fällt dann aber wegen der winterlichen Wetterkapriolen aus.

Doch die Donots lassen sich von den Strapazen nicht die Laune verhageln, stattdessen feiern und genießen sie jede Minute und jeden Kilometer: Sie sind auf Tour, dürfen Abend für Abend ihrer absoluten Lieblingsbeschäftigung nachgehen, und bekommen dafür auch noch Applaus und gute Resonanzen. Denn obwohl die Donots in den meisten Städten der Tour noch nie gespielt haben und es in den Plattenläden dort auch keine CDs von ihnen gibt, kommen sie an fast jedem Abend richtig gut an. Im Grunde ist also alles wie immer: Nach dem Konzert gibt es mehr Donots-Fans als vorher.

inks: Im Berliner Club Knaack, Ende der Neunziger.
ben: Der Samiam-Tourtross.

AUFNAHMEN IN SPANIEN

Anfang 1999 konkretisieren sich bei den Donots und ihrer Plattenfirma die Planungen für das erste »richtige« Album. Vincent Sorg, der schon bei *Tonight's Karaoke-Contest Winners* gut und gerne mit den Donots gearbeitet hat, ist kurz als Produzent im Gespräch. Doch letztendlich fällt die Wahl auf Uwe Hoffmann, der sich seinen Namen vor allem als Haus- und Hof-Produzent von Die Ärzte gemacht hat. Hoffmann lebt und arbeitet im spanischen Javea, einem Örtchen zwischen Valencia und Alicante, wo er sich ein Studio aufgebaut hat.

Das Casa Pepe-Studio liegt auf einem Hügel am Mittelmeer, und wenn die Sicht klar und der Wellengang niedrig ist, kann man fast bis nach Ibiza gucken. In einem professionellen Studio bei einem namhaften Produzenten aufnehmen und wenn es die Zeit erlaubt, die Sonne und das Meer genießen oder ein Bierchen am Swimming Pool zischen – das klingt für die Donots mehr als verlockend. Zumindest vier Fünftel der Band geht es so.

Für Eike sind die Aufnahmen im März 1999 allerdings purer Stress. Schon nach der Samiam-Tour wird er zum Schulleiter der Timmermeister-Schule zitiert, an der er seine Ergotherapie-Ausbildung macht, und muss sich dort für seine Fehlzeiten rechtfertigen. Die Ansage ist deutlich: Noch ein weiterer Fehltag, und du fliegst raus! Der Druck ist groß für Eike. Da sind zum einen seine Eltern, die seit knapp drei Jahren viel Geld für die Privatschule bezahlen. Zum anderen hat er selbst den Anspruch, seine Ausbildung mit einem Abschluss zu beenden und nicht kurz vorher rauszufliegen. Doch dummerweise fallen die Examensprüfungen genau mit der Albumproduktion in Spanien zusammen. Das führt dazu, dass Eike ständig zwischen Javea und Münster hin- und herpendelt. Er nimmt vier Tage lang Schlagzeug-Parts auf, dann fliegt er für das schriftliche Examen nach Münster, anschließend für weitere Aufnahmen zurück nach Spanien, drei Tage später wieder nach Münster, um dort die praktische Prüfung zu absolvieren, und danach wieder zurück ins Studio. Und so weiter, und so fort. Während sich die anderen zwischendurch in der Sonne aalen, beugt sich Eike über seine Bücher und büffelt für die Prüfungen.

Für ihr erstes Album bei GUN haben sich die Donots mit dem Label auf einen Bandübernahmevertrag geeinigt, wobei Band für die konkrete Aufnahme (im Sinne von Tonband) steht und nicht für die Musikgruppe. Das bedeutet vereinfacht gesagt: Die Band nimmt eine Platte auf, liefert die fertige Aufnahme bei der Plattenfirma ab, und die veröffentlicht sie. Bei einem Bandübernahmevertrag ist das wirtschaftliche Risiko für die Band größer, weil sie erst einmal in Vorleistung geht. Andererseits hat sie im Idealfall auch mehr Kontrolle und künstlerische Freiheiten bei den Aufnahmen.

Für die Donots scheint dieses Modell der beste Weg zu sein, ihren Do-it-yourself-Spirit in das Geschäftsverhältnis mit ihrer Plattenfirma hinüberzuretten. Wir

Donots in Javea, Spanier

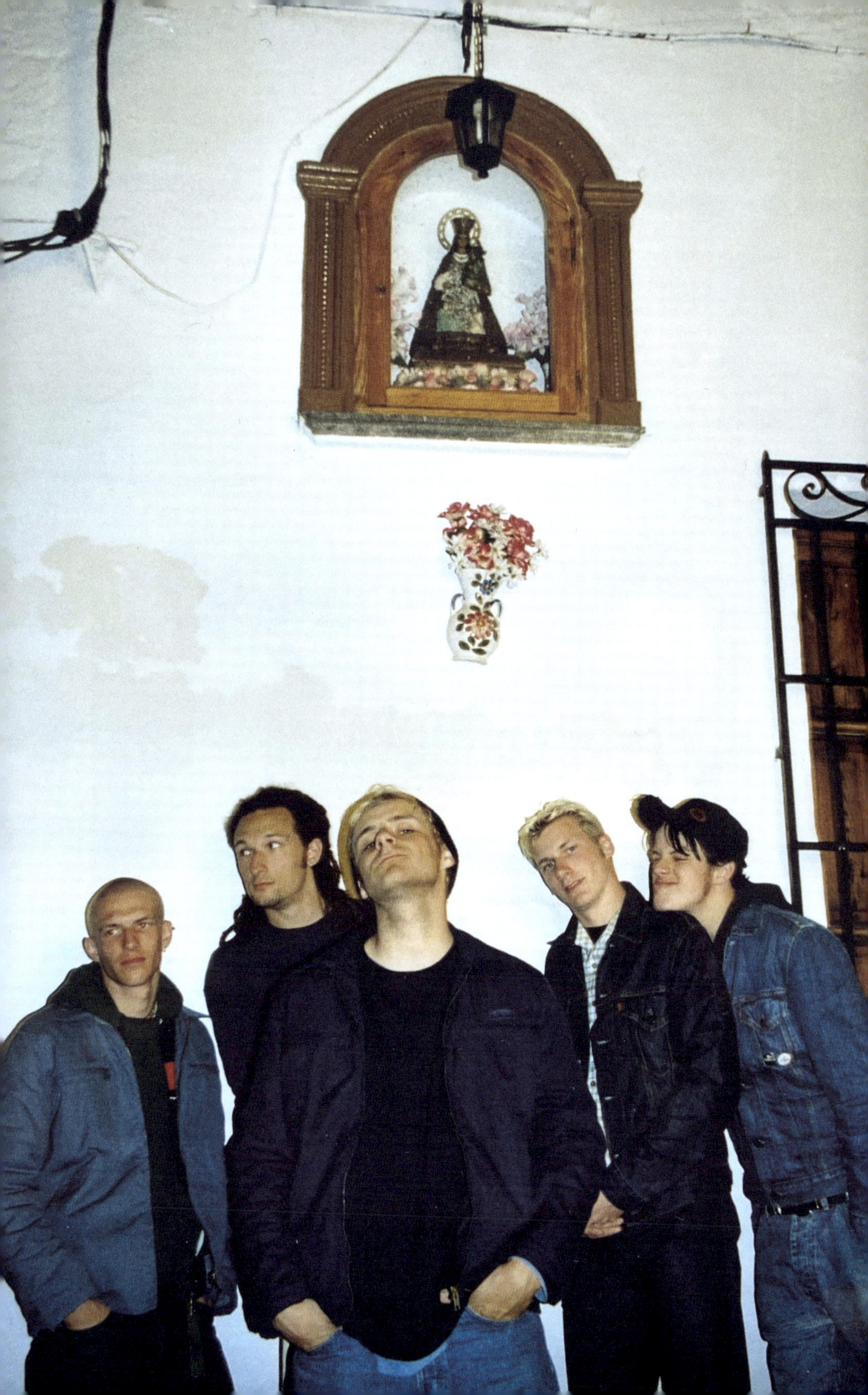

sind die Donots, wir wissen selbst am besten, was gut für uns ist und wie unsere Band klingen soll: Mit dieser Attitüde fliegen die fünf nach Spanien, und entsprechend schwer hat es Produzent Hoffmann. Wenn er der Band Vorschläge macht, wie man diesen Song etwas knackiger gestalten und jenen Song vielleicht anders arrangieren könnte, verschränken die Donots die Arme und lassen sich auf nichts ein: Ihre Songs, ihre Ideen. Da hat niemand dran zu rühren, mag sein Schatz an Erfahrungen und Goldenen Schallplatten auch noch so groß sein.

Die Aufnahmen zu *Tonight's Karaoke-Contest Winners* liegen gerade mal ein Jahr zurück, als die Donots in Spanien aufschlagen. »Das ging alles Knall auf Fall, wir hatten gar nicht genug Zeit, um ausreichend Songs für ein komplett neues Album zu schreiben«, sagt Ingo. Da sich die Band von den Songs ihrer selbstveröffentlichten CD immer noch prächtig repräsentiert fühlt, nimmt sie gleich sieben Stücke erneut auf. Fünf weitere, neue Songs haben sie als Proberaum-Demos mitgebracht, und eine Nummer, *»Nothing Left«*, entsteht vor Ort in Javea am Pool, während im Hintergrund der Jazzgitarrist Django Reinhardt dudelt und ein Nachbar spanische Arien singt – nachzuhören auf dem Intro der Platte.

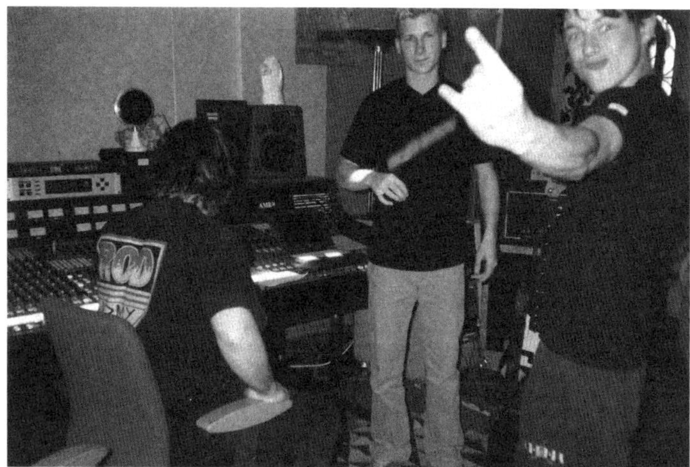

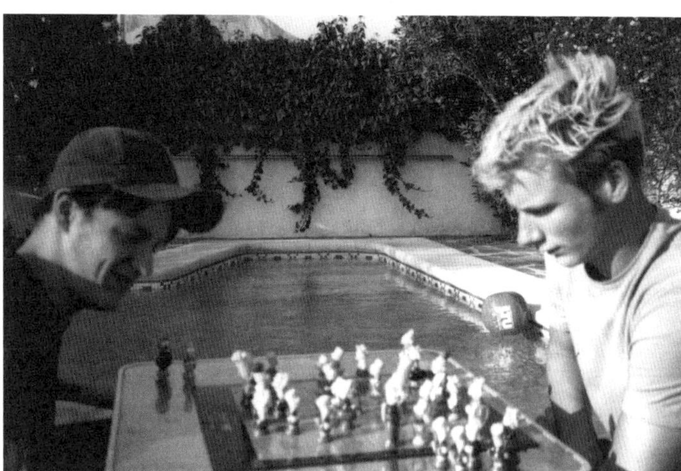

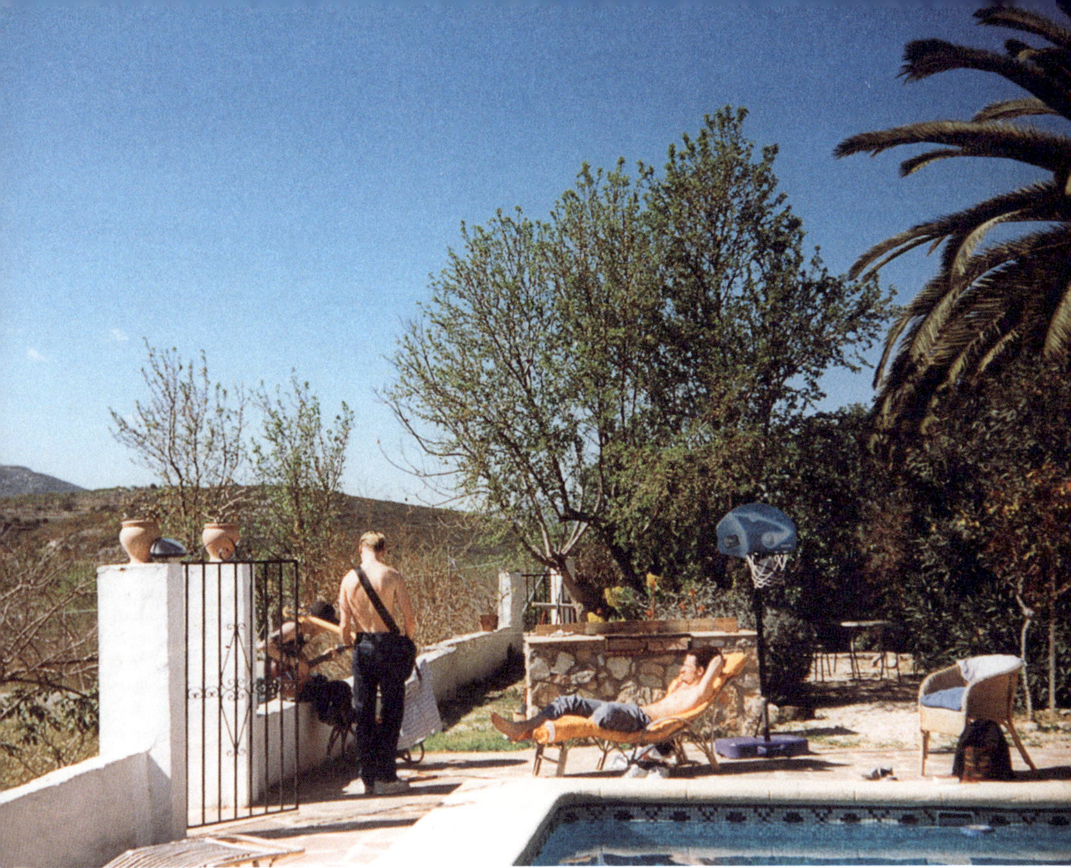

Ansonsten verläuft die Produktion relativ unspektakulär: Uwe Hoffmann merkt schnell, dass er den Donots mit Vorschlägen und Anregungen gar nicht erst kommen muss. Er nimmt die Songs lediglich auf, statt sie groß zu produzieren, enthält sich aller Kommentare und hängt ansonsten die Beine in den Pool. Abends beim Bier bestärkt er die Band sogar in ihrer Haltung: »Ihr macht das genau richtig, lasst euch von diesen Labeltypen nichts sagen.« – so erinnert sich zumindest Ingo.

Außerdem schottet Hoffmann die Band von ihrem geschäftlichen Umfeld ab: Als Manager Florian und A&R Markus Balk von ihm wissen wollen, wann sie mal vorbeischauen können, um sich ein Bild über den Stand der Aufnahmen zu machen, wimmelt er die beiden ziemlich brüsk ab. Warum sie überhaupt kommen wollten? Das könne er jetzt gar nicht gebrauchen und würde nur unnötig von der Arbeit ablenken.

Am Ende haben die Donots ein Album in den Händen, das sich nicht allzu sehr vom Vorgänger unterscheidet. Die Hälfte der Songs ist identisch, und sogar das wieder von Bandkumpel Matze Kampmann gestaltete Cover weist starke Ähnlichkeiten auf. Auch klanglich gibt es keine große Weiterentwicklung. Wer Songs wie »You Cannot«, »True Faith« oder »Word Play« mit den Versionen auf *Tonight's Karaoke-Contest Winners* vergleicht, wird kaum Unterschiede feststellen. Manchmal scheinen die älteren Aufnahmen den Spirit und Drive der Band sogar ein bisschen besser einzu-

essions zu *Better Days Not Included* und die
arte Arbeit am Pool des Casa Pepe.

fangen. *Better Days Not Included*, so der Titel des neuen Albums, hat zwar einen Barcode und steht – zumindest theoretisch – in sämtlichen Plattenläden des Landes. Davon abgesehen fühlt sich der Sprung allerdings gar nicht so groß an.

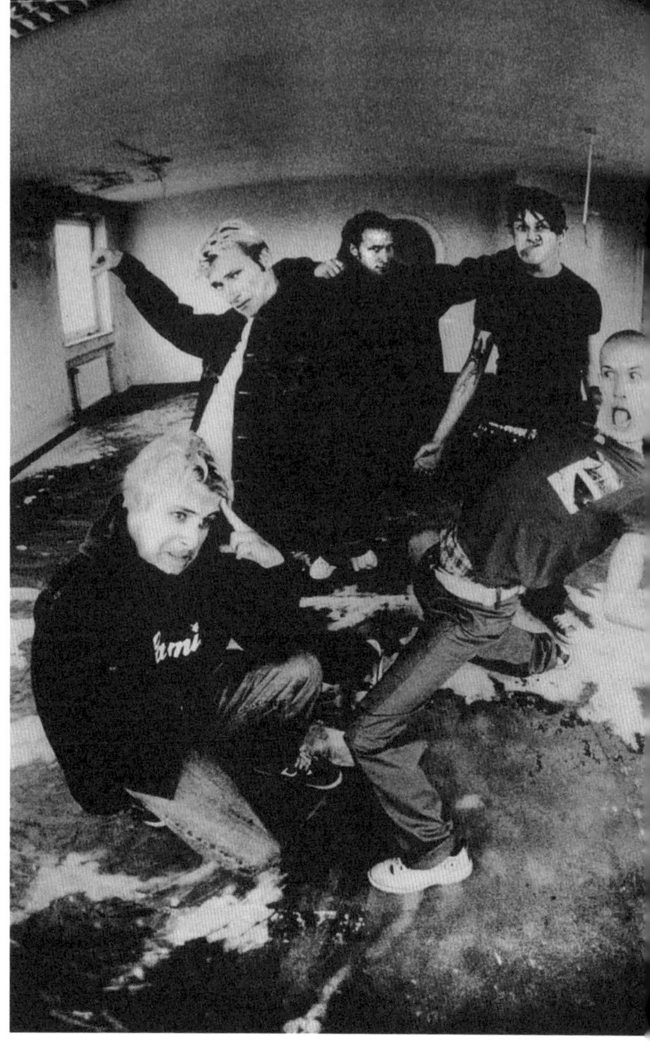

Promofoto 1999

Zwar lässt die Plattenfirma den Donots bei der Produktion erstaunlich viele Freiheiten, zumindest für ein Majorlabel, aber einen Gefallen fordert sie dann doch ein: GUN kooperiert mit den Veranstaltern der Snowboard-EM und hat die Möglichkeit, als »offizielle Hymne« des Wettbewerbs einen Song einer ihrer Bands beizusteuern. Im Jahr zuvor landeten die Guano Apes mit »Lords Of The Boards« einen Volltreffer, und nun sind die Donots an der Reihe. Zwar widerstrebt es ihnen, einen Song als Auftragsarbeit zu schreiben, zumal keiner der fünf etwas mit der Trendsportart Snowboarding am Hut hat. Aber gerade zu Beginn einer Zusammenarbeit kann man sich auch nicht immer verweigern. Und das Label gibt sich alle Mühe, der Band die Sache schmackhaft zu machen. »Wenn ihr euch auf eine solche Koop committet und uns einen Aufhänger bietet, mit dem wir als Label arbeiten können, kann euch das einen richtig großen Schub geben. Fettes Video, fette Promo, das volle Programm. Da ist für jeden ein Kleinwagen drin.« So vollmundig klingen die Überzeugungsversuche in der Erinnerung der Donots.

Die Band nimmt die Herausforderung an und liefert mit »Outshine The World« einen Song, der schon ein paar Monate vor den *Better Days*-Sessions in Ottmarsbocholt aufgenommen wird. Im Gegensatz zu den Guano Apes bei »Lords Of The Boards« achten die Donots darauf, keine Wintersport-Metaphern zu verwenden und gehen das Thema Wettstreit und Wettbewerb sehr viel allgemeingültiger an: indem sie für die Außenseiter Position beziehen. Auch musikalisch hält sich die Band an ihr bewährtes Rezept: Ein bisschen Punk, ein bisschen Emo, schön eingängig und mit ausgefuchster Gitarrenarbeit.

Trotzdem bleibt ein fader Beigeschmack, und der vergeht auch nicht, als die Band eines Tages die neueste Ausgabe der Compilation-Reihe *Crossing All Over* in den Händen hält. Die Zusammenstellung, die von GUN herausgebracht wird, präsentiert aktuelle Songs von (Mehr-oder-weniger-)Alternative-Bands. Dass darunter auch Größen wie Placebo, Garbage, Depeche Mode oder Refused sind, ist für die Donots fast wie ein Ritterschlag.

Allerdings ist die Freude sehr schnell verflogen, als sie das Booklet aufschlagen. Dort werden sie angepriesen als »fünf Dreikäsehochs, die abrocken, als wären sie fleischgewordene Flummis« und überdem als »eine Horde übermütiger Bubis«, »Jungspunde« und »Bühnenflitzer« bezeichnet, »auf deren Konzerten, schon so manches Mädchenherz verhaftet wurde.« Eine unpassende Charakterisierung jagt die nächste, und der Band kommt das kalte Kotzen: Wollen GUN die Donots wirklich als Teenieschwärme vermarkten? Deren größte Leistungen sich darin erschöpfen, jung zu sein und herumzuspringen?

»Wir konnten es überhaupt nicht fassen, wie wir da dargestellt wurden. Wir hatten das Gefühl, dass wir als fünf Sunnyboys vermarktet werden sollten, die sich mit Snowboards unterm Arm ständig High fives geben. Unsere Berührungsängste mit Major-Labels waren ohnehin groß und wurden durch solche Aktionen nur noch bestätigt. Da fliegt die Credibility direkt zum Fenster hinaus«, sagt Ingo. »Dazu kam, dass wir natürlich immer im Hinterkopf hatten: Wir könnten jetzt auch bei Burning Heart sein.« Sprich: bei einem Szenelabel, das die Belange und Nöte einer Punkrockband deutlich besser versteht.

Als *Better Days Not Included* im Juni 1999 schließlich erscheint und entsprechend beworben werden soll, lehnt die Band die meisten Promotion-Anfragen ab. Fanzines und Musikmagazine bekommen zwar Interviewtermine, doch davon abgesehen verweigert sich die Band: Ob Teeniepresse, Musikfernsehen, fragwürdige Kooperationen – alles, was zu bunt aussieht und den Verdacht erregt, die Fünf müssten eher Fragen zu ihren Freundinnen als zu ihrer Musik beantworten, wird rigoros abgesagt.

Bei GUN arrangiert man sich mit dieser Anti-Haltung, aus Sicht des Labels gibt es ohnehin nicht allzu viel zu vermarkten. Denn so richtig zufrieden ist man mit dem Album dort nicht. »Im Grunde waren das ja nur suboptimal aufgenommene Demos«, sagt A&R Markus Balk im Rückblick. »Wir dachten: Ja, das ist ganz nett, hätte aber besser werden können.«

In Alex' Erinnerung fällt das Urteil des Labels noch deutlich härter aus: »Die haben gesagt: Das ist alles Schrott! Wir bringen das zwar raus, aber da ist nichts Geiles dabei.« Das Video zu »Outshine The World« läuft manchmal nachts auf VIVA, darüber hinaus wird keine Single ausgekoppelt und kein Video gedreht. In solchen Situationen reden sich Labels gerne mit einer ihrer Lieblingsfloskeln heraus: »Diese Songs können wir nicht arbeiten.«

EIN SOMMER VOLLER FESTIVALS

»Ey Ingo, gib mir mal einen aus. Du hast es doch jetzt geschafft!« Sprüche wie diese hört Ingo immer wieder, wenn er im Sommer 1999 in Ibbenbüren in der Scheune abhängt. Die Vorstellung, dass man im Geld schwimmt, wenn man einen Plattenvertrag – noch dazu bei einem Majorlabel – ergattert hat, ist weit verbreitet. Vor allem, wenn man auf großen Festivals spielt, ab und zu im Musikfernsehen zu sehen ist auch die eine oder andere Musikzeitschrift über einen berichtet. Doch egal, ob diese Sprüche bloß Spaß oder ernst gemeint sind: Die Wirklichkeit sieht anders aus. Die finanzielle Situation der Donots hat sich durch den Deal mit GUN nicht verbessert. Im Gegenteil. Die Band kostet so viel Zeit, dass ein regulärer Job nicht möglich ist, wirft aber so wenig ab, dass die fünf sich mit Nebenjobs über Wasser halten müssen.

Eike fährt Pakete aus und arbeitet in Münster als Schwimmlehrer. Dort bringt er zweimal die Woche Kindergartenkinder auf Seepferdchen-Niveau und kommt ständig mit derart aufgeweichten Händen zur Probe, dass sich die Haut beim Schlagzeugspielen sofort in Blasen von den Fingern schält. Jan-Dirk schiebt weiter Schichten an der Aral-Tankstelle in Emsdetten, Ingo pendelt zwischen Münster und Ibbenbüren, gibt dort Musikunterricht und schaut im Rockbüro der Scheune nach dem Rechten. Und auch Guido jobbt immer mal wieder bei Musik Produktiv, wenn er Zeit hat und Geld braucht.

Außerdem hat er noch einen weiteren »Nebenjob«: Er spielt Schlagzeug bei der Band Fieberglascojote, die er mit ein paar Kumpels ins Leben gerufen hat. Mit Fieberglascojote bewegt er sich tief im Deutschpunk: besetzte Häuser, versiffte Jugendzentren, Shows mit Szenegrößen wie Hammerhead, Boxhamsters oder Muff Potter. Einerseits gibt ihm diese Szene politisch und ideologisch sehr viel mit, andererseits wird ihm zunehmend bewusst, wie engstirnig und vorurteilsbehaftet sie ist. Das erfährt er am eigenen Leib. Denn natürlich bekommt man auch in Deutschpunk-Kreisen mit, dass es bei den Donots gerade ganz gut läuft. Und so wird Guido bei Fieberglascojote-Auftritten öfter mal beschimpft und mies angemacht: »Hey, das ist doch der Wichser von dieser Scheißband, den Donots!« Die Donots, so der Vorwurf, hätten sich an die Industrie verkauft und seien »voll der Sellout«. Ungefähr das Schlimmste, was man als Band von der Szene zu hören bekommen kann. Später wird Guido über solche Anfeindungen gelassen hinwegsehen, aber damals juckt ihn das natürlich schon.

So sehr diese Reibereien – einerseits mit der Plattenfirma und anderseits mit der Szene, der man sich zugehörig fühlt – gelegentlich schlauchen: Zumindest live läuft es wie am Schnürchen. Die Bühne ist für die Donots ein perfekter Erholungsort. Hier sind sie genau die Band, die sie sein wollen. Hier müssen sie keine Kompromisse machen, nicht diskutieren, nicht überlegen, welches Bild sie von sich vermitteln wollen. Hier können sie ganz sie selbst sein, Songs spielen, Spaß haben, Erfahrun-

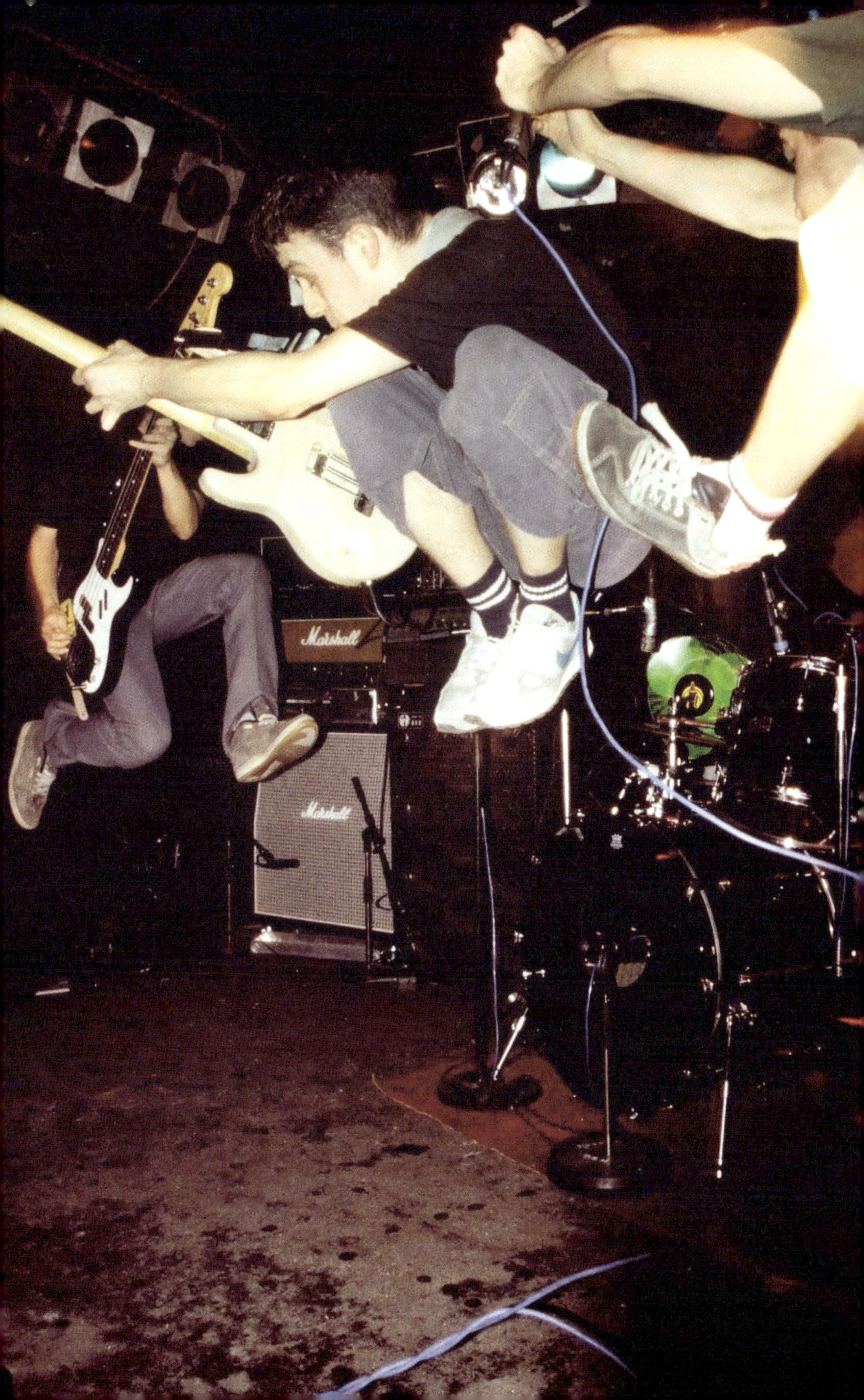
Marshall
Marshall

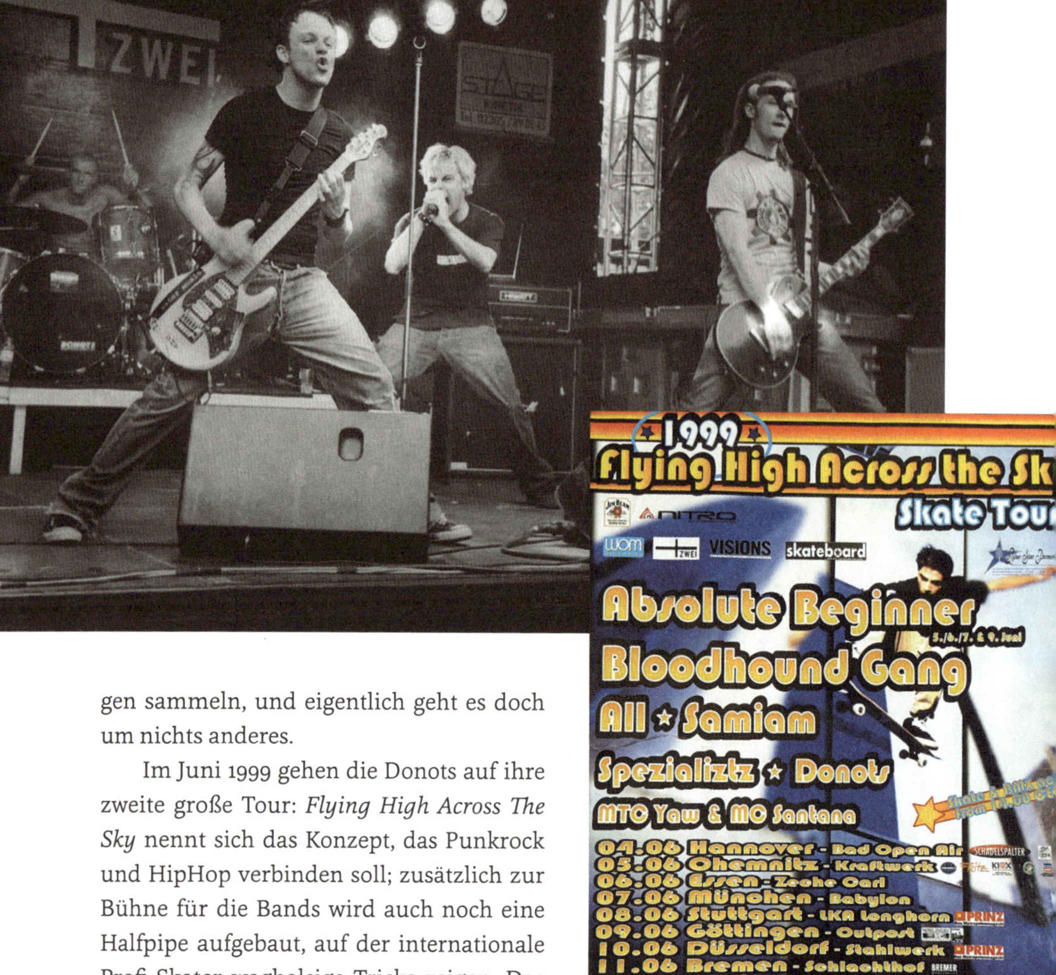

gen sammeln, und eigentlich geht es doch um nichts anderes.

Im Juni 1999 gehen die Donots auf ihre zweite große Tour: *Flying High Across The Sky* nennt sich das Konzept, das Punkrock und HipHop verbinden soll; zusätzlich zur Bühne für die Bands wird auch noch eine Halfpipe aufgebaut, auf der internationale Profi-Skater waghalsige Tricks zeigen. Das Line-up besteht aus Absolute Beginner, der Bloodhound Gang, All, Samiam und den Spezializtz, und für die Donots ist das eine wunderbare Gelegenheit, mit alten und neuen Freunden ein paar grüne Flaschen zu leeren. Mit Samiam verstehen sie sich seit der gemeinsamen Tour Ende 1998 ohnehin super, aber auch mit der Bloodhound Gang und All freunden sie sich rasch an.

Besonders Ingo und Guido können manchmal gar nicht fassen, was passiert: Nicht nur, dass sie auf derselben Bühne wie All spielen, die seit Jahren zu den absoluten Lieblingsbands im Hause Knollmann gehören. Sie können hinterher auch noch mit ihren Helden abhängen, über Bands fachsimpeln, Quatsch labern.

Auf der Tour, die sie knapp zwei Wochen quer durch Deutschland führt, teilen sich die Donots den Bus mit den Spezializtz, einem HipHop-Duo aus Berlin, das sich offenbar alle Mühe gibt, sämtliche THC-Vorräte der Republik über die eigene Lunge zu entsorgen. Das klappt wohl nur deshalb nicht ganz, weil Samiam auch noch ein Wörtchen mitzureden haben. Immerhin reicht es für den Titel »verpeilteste

Band auf der Tour«. An manchen Tagen sind die beiden sogar so breit, dass sie ihre Auftrittszeit verpassen.

Die Donots heben sich ihre – ohnehin eher harmlosen – Eskapaden lieber für die Zeit nach der Show auf. Wirkungstrinken vorm Auftritt ist tabu, was vor allem bei Guido viele Zuschauer kaum glauben können. »Ich werde sogar heute noch ab und zu gefragt, ob Guido eigentlich Drogen nimmt oder krass viel säuft, weil er auf der Bühne immer so abgeht und durchdreht«, sagt Alex. »Dabei trinkt er vor dem Konzert nicht mal ein einziges Bier.« Die Prämisse der Donots lautet: Da kommen Leute, die wollen uns sehen, und die haben ein Recht darauf, dass wir so gut spielen, wie wir können. Und wenn man benebelt ist, kann man einfach nicht so gut abliefern.

Mit der gleichen Disziplin bestreiten sie auch ihre Aufnahmen und Proben. Das geht soweit, dass sich Ingo und Jan-Dirk eine Zweitband zulegen. »Das haben wir eigentlich nur gemacht, um beim Proben auch mal so richtig saufen zu können, wie andere Bands das eben machen«, erklärt Jan-Dirk. Weil das bei den Donots nicht geht, steigen die beiden bei der Ibbenbürener Metallica-Coverband Nutellica ein. »Wir hatten natürlich auch Bock, uns die Metallica-Songs draufzuschaffen. Aber eigentlich war die Motivation eine andere: Musik machen und trinken – darum ging es uns«, erinnert sich Jan-Dirk. Ingo zeichnet damals ab und zu Comics für ein Fanclub-Magazin von Metallica, was dazu führt, dass Nutellica auch für Konzerte bei Fanclub-Treffen angefragt werden. Es kommt zu ein paar Auftritten – einer findet sogar im holländischen Eindhoven statt –, bis Ingo und Jan-Dirk schließlich den Stecker ziehen und aussteigen. Immerhin haben sie schon eine Band, mit der sie regelmäßig auftreten.

Und die hat in dieser Hinsicht wirklich reichlich zu tun. Rückblickend fühlt es sich für die Band zwar gar nicht so an, aber 1999 ist das Jahr, in dem die Donots die meisten Konzerte geben: ganze siebenundachtzig. Es ist auch das Jahr, in dem sie viele legendäre Bühnen zum ersten Mal betreten: Unter anderem geben die Donots ihren Einstand bei *Rock am Ring*, nachmittags im Talent Forum. Direkt vor den Donots tritt Kid Rock auf und lockt prominente Zuschauer an den Bühnenrand: Dort stehen Metallica und begutachten den Auftritt des Crossover-Rednecks. Die Donots sind allerdings zu schüchtern, ihre Helden anzusprechen, und quetschen sich stumm und »starstruck« (O-Ton Ingo) an Hetfield & Co. vorbei. Außerdem haben sie einen Auftritt unter erschwerten Bedingungen vor sich. Denn Ingo ist ein paar Wochen vorher in Quakenbrück von der Bühne gefallen. Geblendet von den Scheinwerfern hat er die Lücke zwischen den Tischen übersehen, auf denen die Monitorboxen standen und sich bei dem Sturz das Wadenbein gebrochen. Den Auftritt bei *Rock am Ring* absolviert er deshalb mit Gips und auf einem Hocker sitzend. Den Bühnensport muss er komplett den anderen überlassen. Aber auch das funktioniert, die Donots ernten mehr als nur Höflichkeitsapplaus. Was umso beachtlicher ist, wenn man bedenkt, dass im Publikum kaum jemand die Songs kennt. Immerhin erscheint *Better Days Not Included* erst ein paar Tage danach.

1999 wird der erste richtige Festivalsommer für die Donots. Die Band ist so gut wie jedes Wochenende unterwegs, und an viele Orte und Veranstaltungen, die sie besuchen, werden sie in den kommenden Jahren oft und gerne zurückkehren: *Bochum Total, Taubertal Open Air, Rock am See* in Losheim, *Strange Noise* in Dietzenbach, *Schlachthof Open Air* in Wiesbaden. Auch zum *Bizarre*-Festival werden die Donots eingeladen und spielen auf derselben Bühne wie im Jahr zuvor. Nur eben nicht samstags bei den Nachwuchsbands, sondern am Sonntag auf der Fat Stage, zusammen mit Punk- und Hardcore-Größen wie Sick Of It All, Good Riddance, Snuff oder The Living End.

Dort treten auch die Beatsteaks auf, mit denen die Donots schon seit ihrer ersten Berlin-Show im Juni 1998 in Kontakt stehen. Die beiden Bands verstehen sich auf Anhieb wunderbar: Alter, Lieblingsbands, musikalische Sozialisation, Attitüde, Arbeitsethos – das alles ist nahezu deckungsgleich. Beide Bands befinden sich an einem ähnlichen Punkt. Auch die Beatsteaks sind gerade mit mächtig Rückenwind unterwegs und haben nach vielen DIY-Jahren das erste Album bei einem richtigen Label veröffentlicht: *Launched* ist ein paar Wochen zuvor bei Epitaph erschienen.

Schnell entsteht die Idee einer gemeinsamen Tour, die im Herbst 1999 in die Tat umgesetzt wird: Die Donots und die Beatsteaks gehen auf *Ladies First, James Last*-Tour. Die Stationen lesen sich wie ein Best-Of der damaligen Clubszene: Das Logo in Hamburg, das Conne Island in Leipzig, der Schlachthof in Wiesbaden, das Underground in Köln. Insgesamt siebzehn Shows spielen die Bands und treten dabei auch in Amsterdam, Mailand und Wien auf. Einen festen Headliner gibt es nicht. Ob die Donots oder die Beatsteaks als letztes spielen, hängt allein davon ab, wer in welcher Stadt »Heimvorteil« hat und dort mehr Fans zieht. Dass beide Bands musikalisch gerne über den Punkrock-Tellerrand hinausblicken und sich ihrer Metal-Sozialisation nicht schämen, wird Abend für Abend deutlich: Die Beatsteaks covern live gerne »Kings Of Metal« von Manowar in einer Blues-Version im Danzig-Stil. Und auch die Donots zollen ihrer langhaarigen Vergangenheit Tribut: Sie haben den Twisted-Sister-Hit »We're Not Gonna Take It« im Programm, der sich bei Band und Publikum schnell zum Favoriten entwickelt und bis heute auf nahezu jedem Donots-Konzert für wackelnde Wände sorgt.

Zum Jahresende folgen noch ein paar Shows mit den Heideroosjes in Holland und mit den Burning Heads in Frankreich, und hätten sie die Zeit, mal kurz in sich zu gehen, würden sich die Donots wahrscheinlich verwundert am Kopf kratzen, angesichts all dessen, was in den vergangenen zwölf Monaten passiert ist: Sie haben eine Platte aufgenommen und veröffentlicht, 87 Konzerte in ganz Deutschland und auch im Ausland gespielt, und dabei viele neue Freunde gewonnen. Die kleine Nachwuchsband aus der Ibbenbürener Scheune: Das was einmal. Inzwischen mischen die Donots in ganz Deutschland mit, wenn es darum geht, laute Gitarren, fette Melodien und eine adrenalinreiche Show unter die Leute zu bringen.

Wie wollen sie das noch toppen? Aber Fragen wie diese stellen sich die Donots zu diesem Zeitpunkt gar nicht. Mit langfristiger Karriereplanung sollen sich andere beschäftigen, die Donots denken immer nur einen kleinen Schritt voraus: die nächste Probe, der nächste Song, die nächste Show. Alles weitere lassen sie auf sich zukommen.

Purgen und Arnim Teutoburg-Weiß im Kölner Underground
Backstage-Wandzeichung Donots vs. Beatsteaks

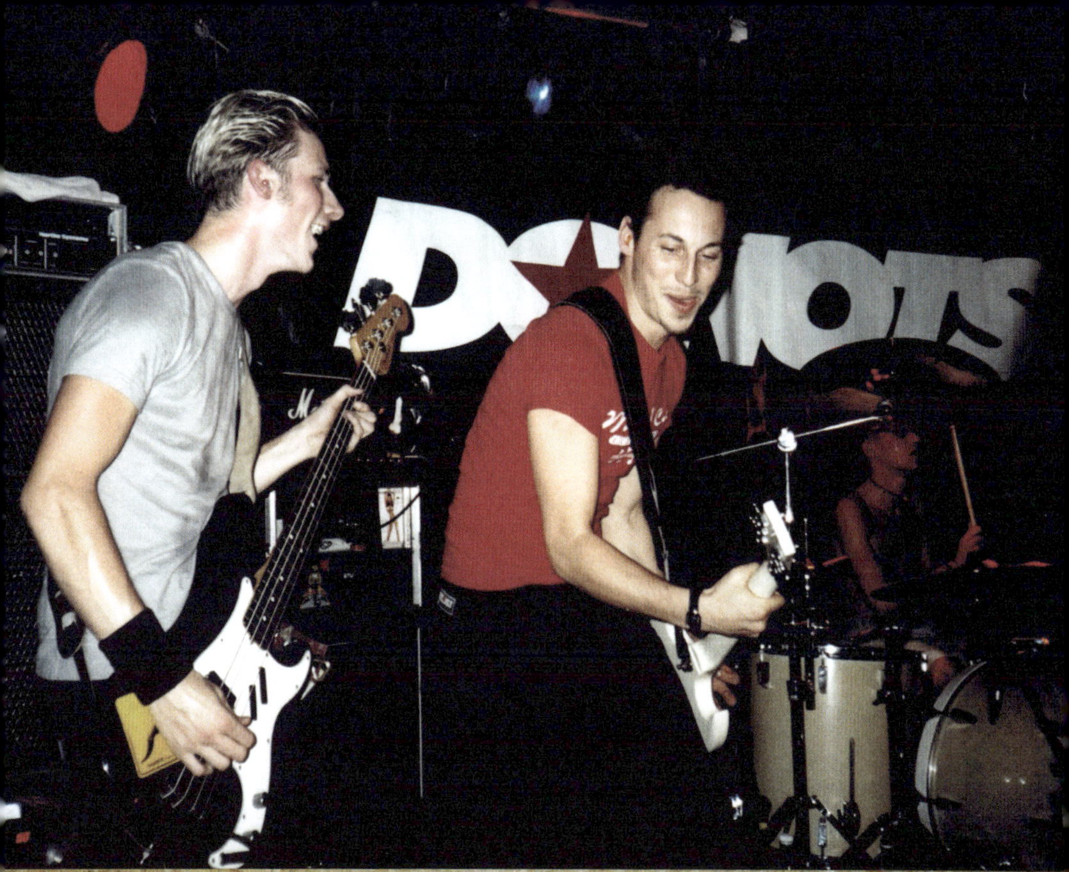

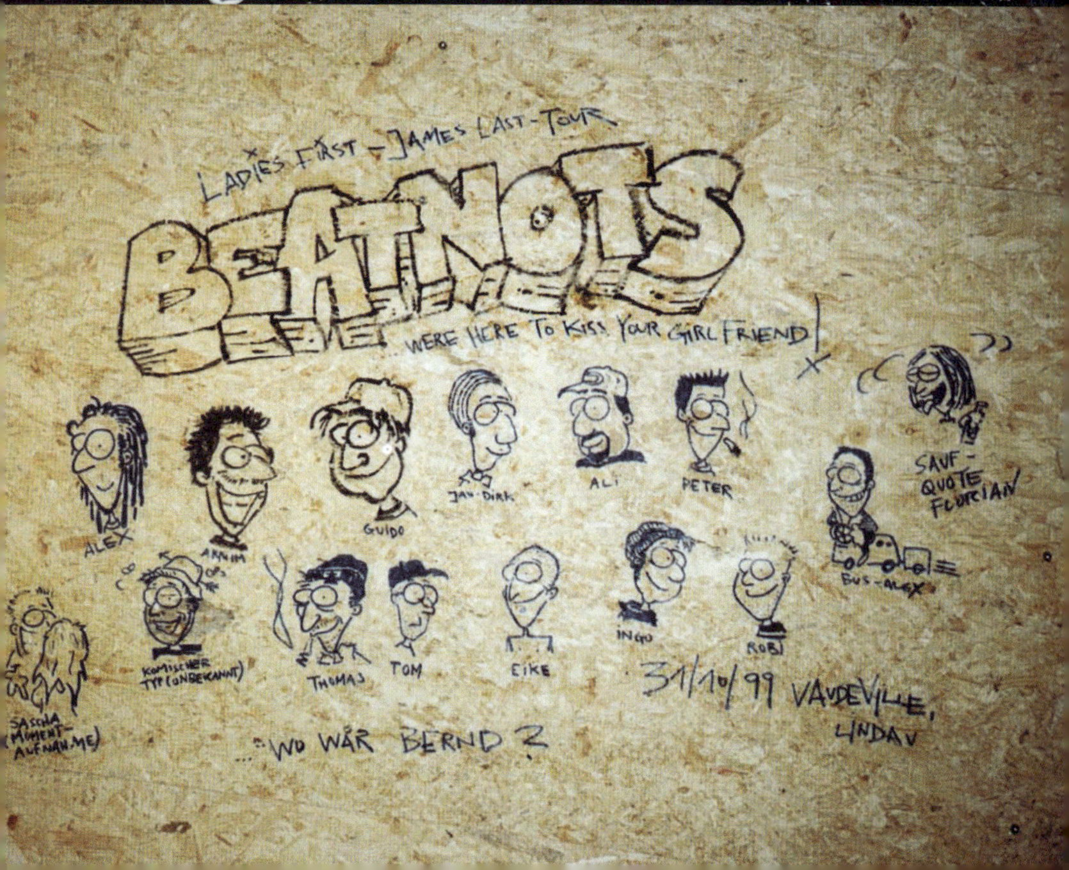

LADIES FIRST – JAMES LAST-TOUR
BEATNOTS
…WERE HERE TO KISS YOUR GIRLFRIEND!
ALEX
ARMIN
GUIDO
JAN-DIRK
ALI
PETER
SAUF-QUOTE FLORIAN
BUS-ALEX
KOMISCHER TYP (UNBEKANNT)
THOMAS
TOM
EIKE
INGO
ROBI
SASCHA (MOMENT-AUFNAHME)
31/10/99 VAUDEVILLE, LINDAU
…WO WAR BERND?

Arnim Teutoburg-Weiss [Beatsteaks]

Wenn ich an die Donots denke, dann denke ich automatisch an die Anfangszeit meiner Band zurück und an die gemeinsame Tour 1999. Die »Ladies First, James Last«-Tour. Yep, so haben wir sie genannt.
Beide Bands ausgestattet mit komischen Bandnamen.
Beide Bands hatten fünf Mitglieder, einer schlimmer als der andere.
Beide Bands hatten keine Ahnung von dem, was sie da tun.
Beide Bands sangen teilweise in einem etwas komischen Englisch.
Nicht so richtig definierbare Texte.
Aber beide Bands waren live sehr gut, liebten es zusammen zu spielen und beide wollten wo hin.

Die Zeit in einer Band vor dem Erfolg ist die schönste Zeit in einer Band.
Alles neu, alles spannend, alles aufregend.

»Und wie viele T-Shirts haben wir heute verkauft?«
»Acht!«
»Was?«
»Ja, acht!«
»Wow, nicht dein Ernst!?«

Oder:
ein zahlender Gast, sieben Leute Gästeliste
fünf verkaufte CDs
bestes Konzert der Welt …

Es gab große Abende im Zusammensein und im Zusammen-die-gleichen-Dinge-Erleben, Niederlagen und Triumphe. Es gab nur uns und wir haben uns genügt.
Das werde ich nie vergessen und deswegen werde ich die Donots nie vergessen.

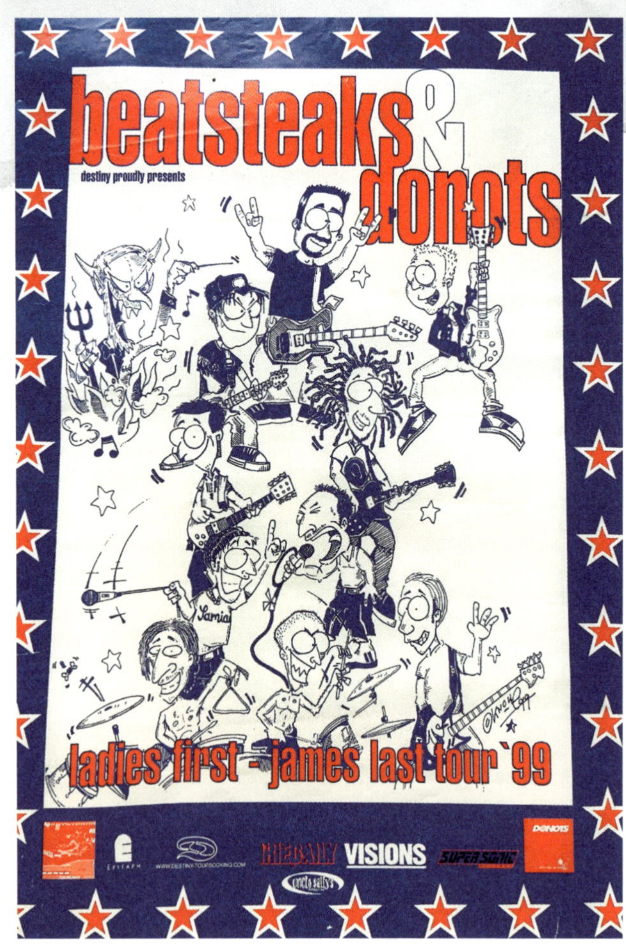

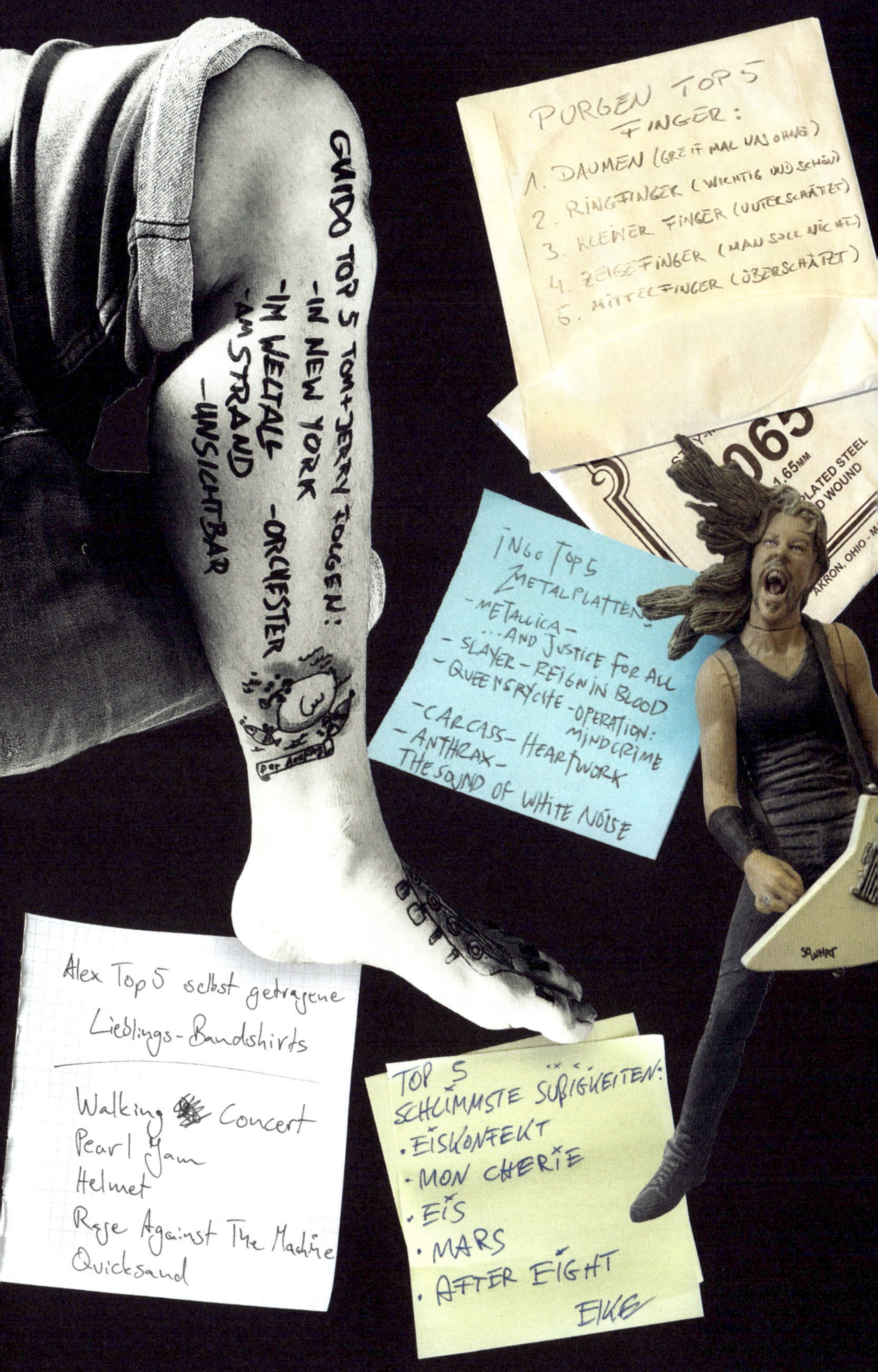

GUIDO TOP 5 TOM+JERRY FOLGEN:
-IN NEW YORK
-IM WELTALL
-ORCHESTER
-AM STRAND
-UNSICHTBAR
PURGEN TOP 5
FINGER:
1. DAUMEN (GREIF MAL WAS OHNE)
2. RINGFINGER (WICHTIG UND SCHÖN)
3. KLEINER FINGER (UNTERSCHÄTZT)
4. ZEIGEFINGER (MAN SOLL NICHT)
5. MITTELFINGER (ÜBERSCHÄTZT)
065
1.65MM
PLATED STEEL
AKRON, OHIO
INGO TOP 5
METALPLATTEN:
-METALLICA-
...AND JUSTICE FOR ALL
- SLAYER - REIGN IN BLOOD
- QUEENSRYCHE - OPERATION: MINDCRIME
-CARCASS- HEARTWORK
- ANTHRAX -
THE SOUND OF WHITE NOISE
SO WHAT
Alex Top 5 selbst getragene
Lieblings-Bandshirts
Walking Concert
Pearl Jam
Helmet
Rage Against The Machine
Quicksand
TOP 5
SCHLIMMSTE SÜßIGKEITEN:
· EISKONFEKT
· MON CHERIE
· EIS
· MARS
· AFTER EIGHT
EIKE

DAS ERSTE „RICHTIGE“ ALBUM

Anfang 2000 fahren die Donots regelmäßig nach Bochum. Im neuen Büro von GUN gibt es eine Menge zu bereden: Auf beiden Seiten besteht erhöhter Gesprächsbedarf. Denn das, was im Jahr zuvor mit *Better Days Not Included* erreicht wurde, stellt keine der beiden Parteien so richtig zufrieden. Die Plattenfirma hätte gerne ein Album, das man »arbeiten« kann, und natürlich eine Band, die sich nicht komplett verweigert. Für die Donots stellt sich dagegen die grundsätzliche Frage, ob sie die Zusammenarbeit überhaupt fortsetzen wollen. Eine Albumproduktion mit Bandübernahmevertrag kommt für GUN nicht mehr in Frage, stattdessen soll ein Künstlerexklusivvertrag abgeschlossen werden. Der gibt zwar einerseits der Plattenfirma ein größeres Mitspracherecht, bedeutet aber andererseits auch ein geringeres finanzielles Risiko für die Band, da sie die Produktionskosten nicht mehr vorschießen muss. »GUN wollte das gerne umstellen, ansonsten wäre die Zusammenarbeit wohl beendet gewesen«, sagt Alex.

Die Donots und ihr Manager Florian diskutieren sich die Köpfe heiß. Was passiert, wenn sie GUN den Laufpass geben? Wird sich eine solche Chance nochmal bieten? Und wer sagt eigentlich, dass es mit einem neuen Label wirklich anders läuft? Am Ende sind sie sich einig: Die Band will die Zusammenarbeit mit GUN fortsetzen. Wenn auch mit knirschenden Zähnen.

Auch den Umstand, dass ihr Label in Zukunft mehr Mitspracherecht hat, biegen sich die Donots irgendwie zurecht. Vielleicht, so die Hoffnung, verstärkt die Plattenfirma im Gegenzug dann auch ihr Engagement und gibt beim nächsten Album richtig Gas. »Wir haben ihnen sozusagen die Chance gegeben, uns zu beweisen, was sie draufhaben«, sagt Ingo. GUN sieht sich damals in einer ziemlich einzigartigen Situation auf dem deutschen Markt, wie A&R Markus Balk erläutert: »Es gab kein anderes Label, das so viele Anstrengungen und so viel Geld in talentierte Genrebands gesteckt hat.«

Aber je mehr in eine Band investiert wird, desto größer werden auch die Erwartungen. »Uns war natürlich auch klar, dass wir ab diesem Zeitpunkt ein Spiel spielen, das zumindest teilweise nach anderen, nämlich nach deren Regeln läuft«, sagt Ingo. »Und wir hatten entschieden, uns etwas mehr darauf einzulassen. Einfach um zu sehen, was passiert.« Auch diese Entscheidung wird nicht einfach übers Knie gebrochen. Denn in einer basisdemokratischen Band, in der jede Stimme gleich viel zählt, führt das zu sehr vielen, sehr langen Diskussionen.

Nachdem sich die Donots mit GUN geeinigt haben, wird die neue Platte in Angriff genommen. Als erstes geht es darum, den passenden Produzenten zu finden. Ein weiteres Album mit Uwe Hoffmann kommt nicht in Frage, also bringt die Plattenfirma Fabio Trentini ins Spiel, der zuvor schon mit den Guano Apes gearbeitet hat. Die Donots sind zunächst skeptisch, weil ihnen das Auswahlprinzip von

Oben: Proberaum Emsdetten
Mitte: *Pocketrock*-Vorproduktion mit Fabio Trentini
Unten: Guido während der Vorproduktion

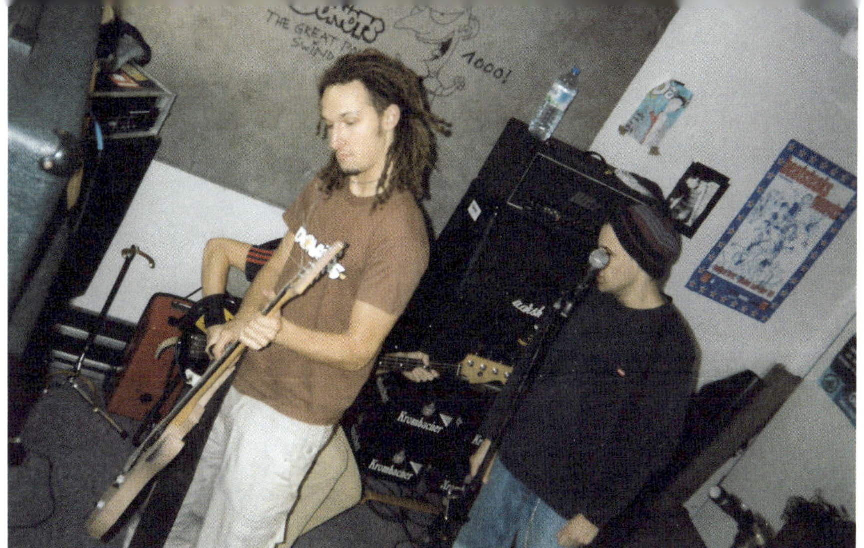
1000!
Krombacher
Krombacher

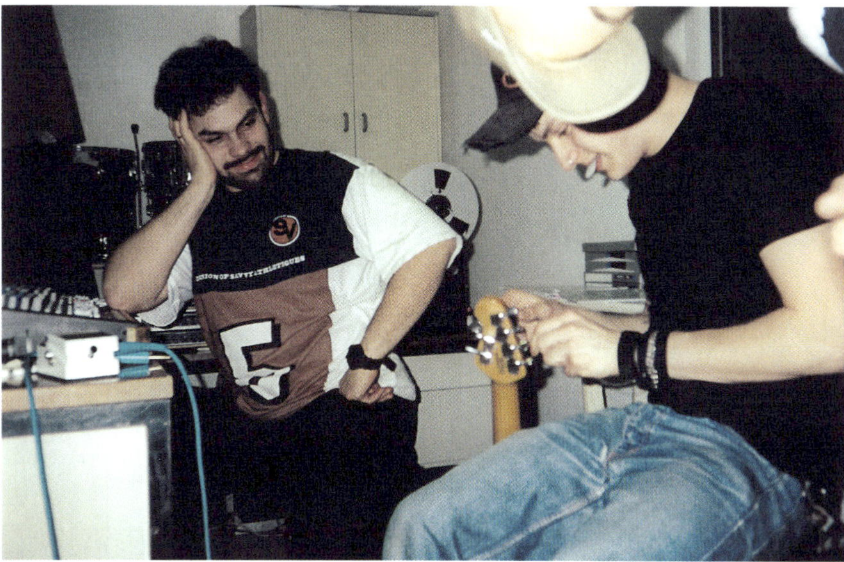

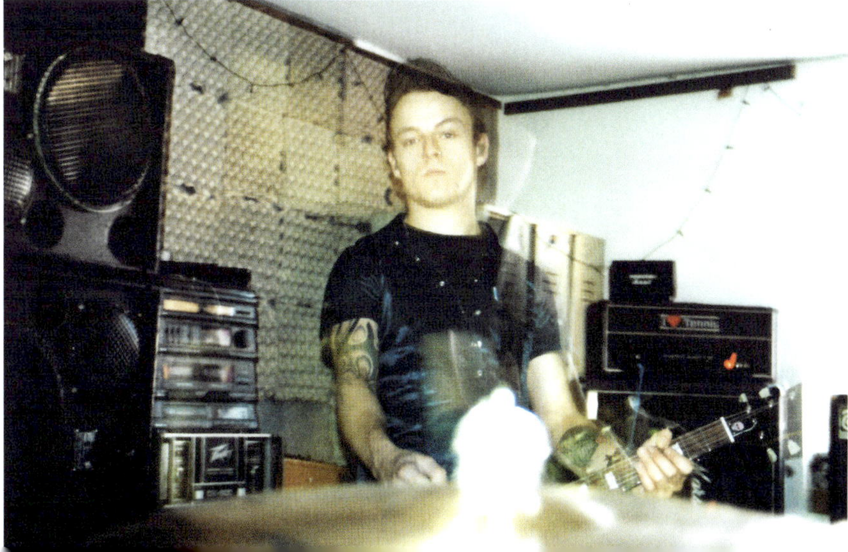

GUN ziemlich schematisch vorkommt: Trentini hat die Guano Apes produziert, die Guano Apes sind gerade mega-erfolgreich, also soll er das bei den Donots auch mal hinkriegen. Als sie Trentini nach einem ihrer Konzerte kennenlernen, verfliegen die Zweifel allerdings schnell. Trentini hat interessante Ideen und Ansätze, weiß viel über Musik und findet dieselben Bands gut wie die Donots: Klassiker wie Police, The Clash oder die Beatles, und aktuell die Foo Fighters, 3 Colours Red oder Face To Face. Für Trentini zählt nur die Qualität eines Songs, der ideologische Überbau einer Band oder ihre Szenezugehörigkeit juckt ihn dagegen wenig.

Fabio kommt nach Emsdetten und nimmt im Proberaum der Band ein paar Demos mit ihr auf. Einfach so, ohne großen Druck, um sich ein bisschen zu beschnuppern und zu schauen, wie das ist, wenn man zusammen an Songs arbeitet. Es macht sofort Klick. Die Donots verstehen sich super mit ihrem Produzenten, und die Songs, die dabei herauskommen, überzeugen alle. »Das war ein richtiger Wow-Moment. Ab diesem Zeitpunkt waren wir wieder voll an Bord. All der Ärger und die Probleme mit dem Label waren erst einmal vergessen«, blickt Alex zurück.

Im Frühling 2000 nisten sich die Donots im Horus-Sound-Studio in Hannover ein. Dort nehmen sie mit Trentini vierzehn Songs auf, die größtenteils auf den Proberaum-Demos basieren. Die Stimmung ist gelöst bis euphorisch, die Bedingungen vor Ort ideal: Einerseits kann sich die Band weit weg von zu Hause ganz auf die Arbeit, sprich auf die Songs konzentrieren. Im Gegensatz zu Südspanien liegt Niedersachsens Hauptstadt allerdings so nah, dass sie ab und zu Besuch von Freundinnen

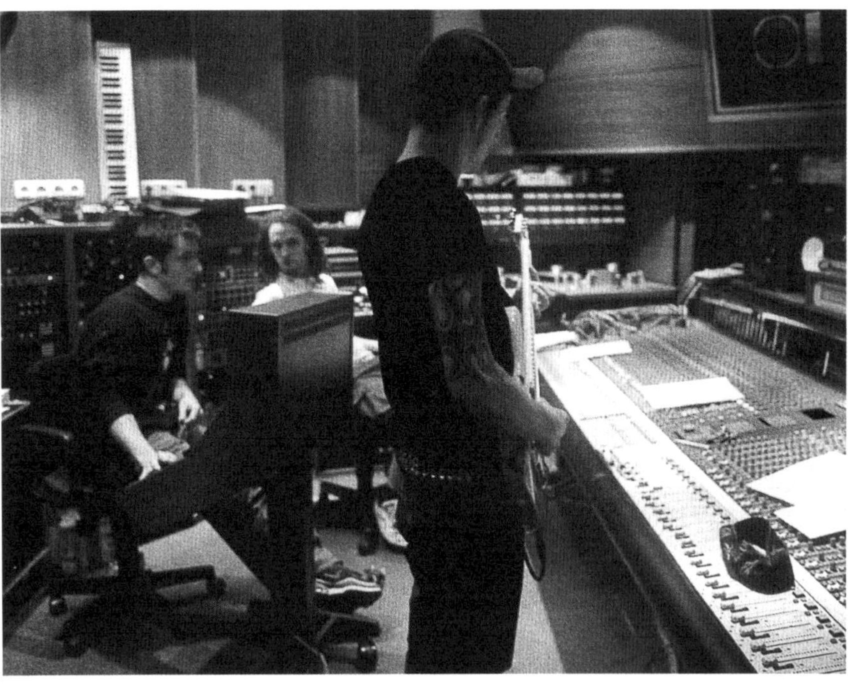

Albumproduktion *Pocketroc*
im Horus-Studio, Hannover

und Freunden bekommen. Entgegen seines biederen Images hat Hannover – zumindest im Frühling 2000 – einiges zu bieten. Die Weltausstellung EXPO zum Beispiel, die gerade mit großem Tamtam startet. Auf einem Festival spielen die Beatsteaks zusammen mit den Get Up Kids, und Sänger Arnim Teutoburg-Weiß lässt es sich nicht nehmen, bei den Donots im Studio vorbeizuschauen und singt ein paar Gast-Gesänge für den Song »Jaded« ein.

Die vierzehn Stücke, die die Donots aufnehmen, klingen deutlich frischer und kompakter. Das liegt zum einen daran, dass es sich wirklich um komplett neue Songs handelt. Und eben nicht um Neuaufnahmen bereits im Jahr zuvor eingespielter und damit irgendwie abgehakter Lieder, wie das bei der Hälfte der Tracks auf *Better Days Not Included* der Fall war. Der Elan, das Feuer, die Freude daran, etwas zum ersten Mal einzuspielen – das alles ist in den Songs präsent. Aktuelle musikalische Strömungen werden gekonnt verarbeitet und in den Donots-Kosmos integriert. Nummern wie »In Too Deep« oder »Watch You Fall« merkt man an, dass neue Emo-Bands wie Get Up Kids, The Promise Ring oder Jimmy Eat World bei den Donots gerade in Dauerschleife laufen. Außerdem lässt sich die Band bei Trentini viel mehr auf dessen Kritik, Anmerkungen und Vorschläge ein, als das bei Hoffmann der Fall war. Zum ersten Mal überhaupt arbeiten die Donots mit einem Produzenten, der dieser Bezeichnung auch gerecht wird: Er produziert die Songs, statt sie einfach nur aufzunehmen. Und die Donots wissen bald zu schätzen, dass da jemand ist, der ihnen helfen kann, ihre Songs noch ein bisschen griffiger und besser zu machen. Mittlerweile versteht die Band diese Unterstützung nicht mehr als schwerwiegenden Autonomieverlust. Sie haben gelernt, darauf zu vertrauen, dass ihre Kompositionen eigenständig genug sind, um immer als Donots-Songs erkennbar zu bleiben.

Als die Band das fertige Album hört, ist die Begeisterung groß. Auch bei GUN leuchten die Augen. »Genauso haben wir uns das vorgestellt«, erzählt Markus Balk. »Auf dem Album waren tolle Songs, von denen wir genauso überzeugt waren wie die Band. Uns war klar: Damit können wir arbeiten, um es den Donots zu ermöglichen, den berühmten Schritt raus aus dem Genre zu schaffen.« Goldene Schallplatten, wie sie die Guano Apes bekamen, erwartete bei GUN damals niemand von den Donots, sagt Balk. Aber eben schon ein bisschen mehr als beim Vorgänger-Album: »Auf der Platte gab es ja auch Songs, die bei den Medien, den Multiplikatoren und Gatekeepern gut ankamen und verstanden wurden. Das war auf jeden Fall das Ziel, und das haben wir erreicht.«

Die Donots wünschen sich einen Albumtitel, der zu den klareren, etwas entschlackten Songs passt. Kurz, kompakt soll er sein. Eine Weile ist *Stereocide* der Favorit – ein Kunstwort aus dem Song »Radio Days«, in dem es heißt »Do you still remember how we committed stereocide?« Letzten Endes entscheidet sich die Band allerdings für *Pocketrock*, ein Titel, der das Album noch besser auf den Punkt bringt.

»*Pocketrock* war für mich unser erstes ›richtiges‹ Album«, blickt Eike zurück. »Da ist so viel entstanden, wir haben so viele neue Erfahrungen gemacht. Zum ersten Mal war da dieses Gefühl: Wir sind eine richtige Band. Das ist das, was wir machen, und

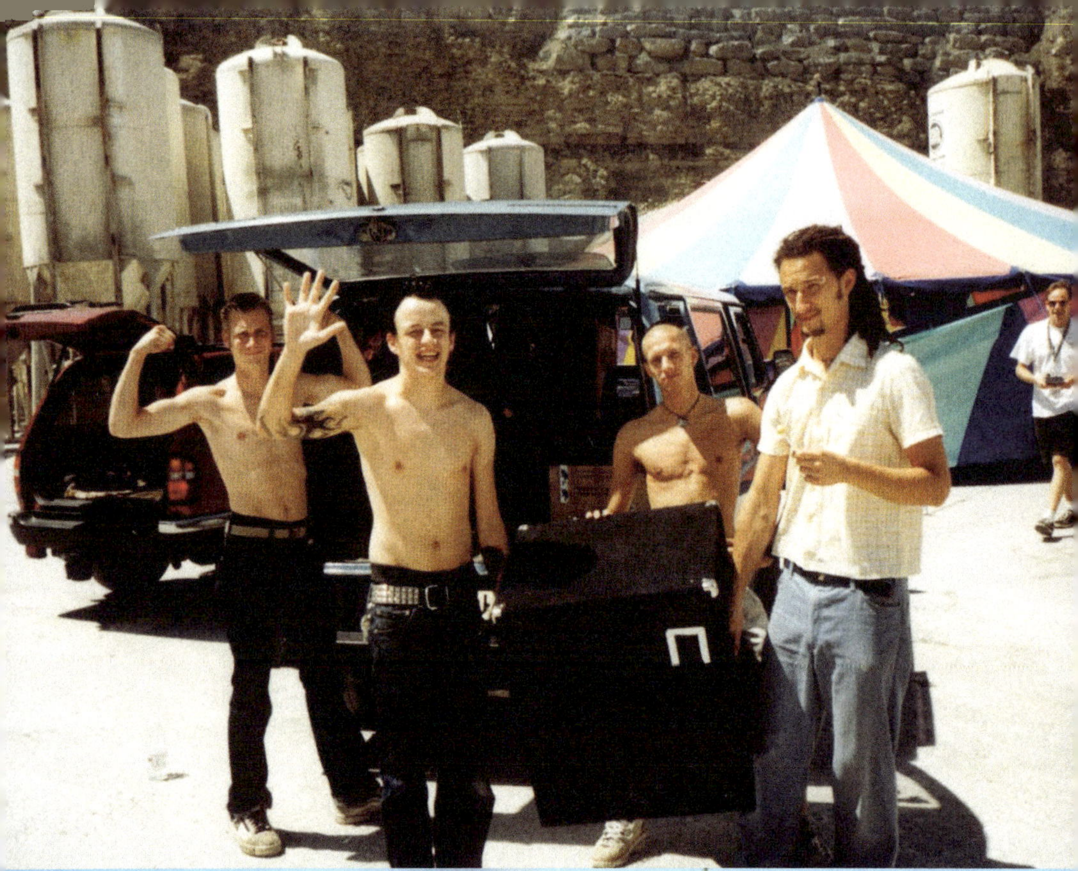

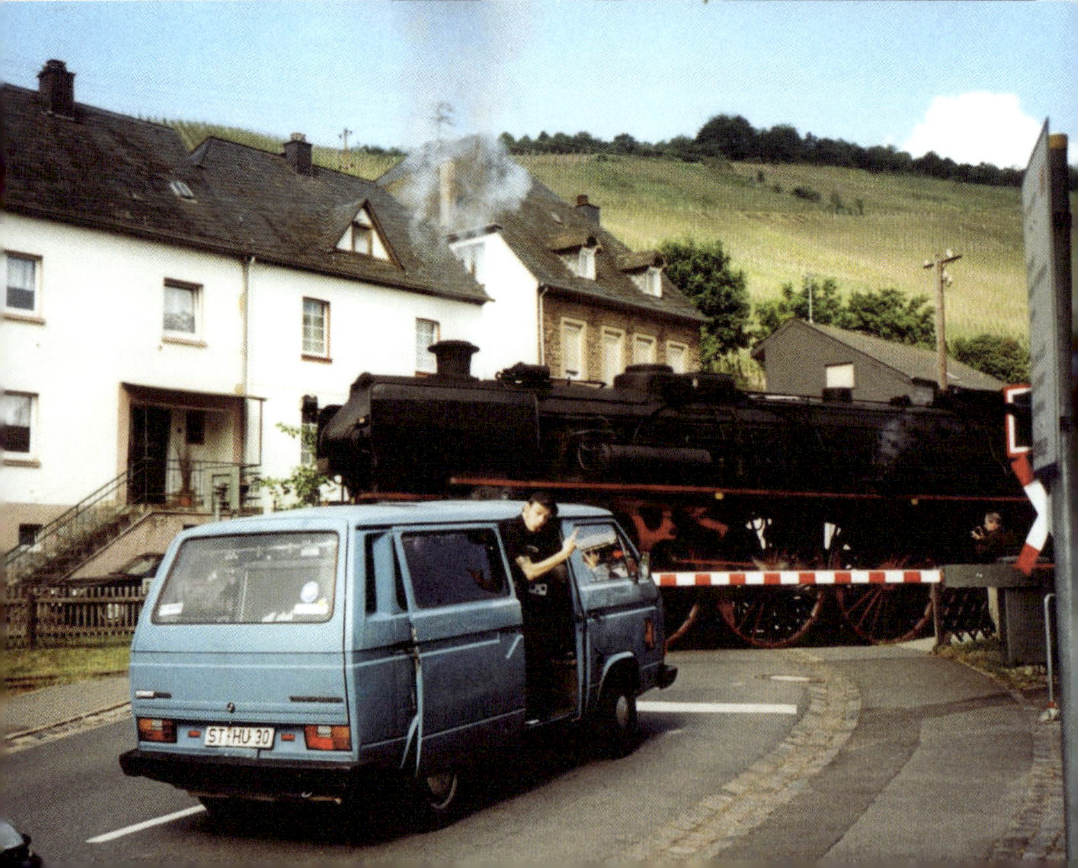

zwar zu hundert Prozent. Alles, was an Zeit, Energie und Gedanken da war, haben wir in die Band gesteckt.«

Mit der Veröffentlichung von *Pocketrock* wird auch Jan-Dirks Spitzname offiziell; im Booklet des Albums wird er zum ersten Mal schwarz auf weiß als »Purgen« tituliert. »Purgen« leitet sich von Poggemann ab und entstammt einer Sprache namens Nonisch. Die haben sich Guido und seine Ladbergener Freunde an einem bedröhnten Abend ausgedacht und beschreiben sie als »eine Mischung aus Plattdeutsch und wenn man müde ist«. Irgendwie passt der Name zu ihm, und zwar so gut, dass Jan-Dirk nicht nur in der Band, sondern auch im Freundes- und Bekanntenkreis zu Purgen wird. Selbst seine Vermieterin nennt ihn inzwischen so.

Bevor die Promotion-Phase für *Pocketrock* beginnt, packen die Donots mal wieder ihren Bus voll und gehen auf Tour. Im Jahr zuvor hat ihr alter Bulli ziemlich spektakulär den Geist aufgegeben. Weil der Thermostat ständig falsche Werte anzeigte, hatten ihn die Donots kurzerhand ausgebaut. Und schon gab es keine nervigen Fehlalarme mehr – allerdings auch keine Warnung, als der Motor auf dem Weg zum Proberaum dann tatsächlich überhitzte. Irgendwo zwischen Saerbeck und Sinningen hörten Guido und Ingo ein Sirren, das immer lauter wurde, bis mit einem fetten Knall eine Klappe aufschlug und siedend heißes Kühlwasser durch den Innenraum spritzte – zum Glück ohne jemanden zu verbrühen.

Eine Zeitlang leihen sich die Donots den Firmenwagen von Papa Knollmann oder den Bulli der Münsteraner Noiserock-Band Porf aus, um zu ihren Shows zu kommen. Doch schnell wird klar: Ein eigener Bus muss her. Zeit und Lust, sich mit der Suche lange aufzuhalten, hat aber keiner, also kaufen sie den erstbesten, der ihnen angeboten wird. 14.000 DM und damit fast die gesamte Bandkasse blättern die Donots hin. Für einen VW Multivan, der schon 113.000 Kilometer gefahren ist, knapp 20 Liter Sprit schluckt und dessen Scheibenwischer und Außenspiegel arg ramponiert sind, ist das ein mehr als stolzer Preis. Die Winterreifen, die eigentlich inklusive sind, vergessen sie übrigens in der Garage des Verkäufers. Der wohnt knapp zwei Stunden entfernt im Sauerland, daher macht sich auch nie mehr jemand die Mühe, noch mal dort hinzufahren, um die Reifen zu holen.

Der Van wird zum rollenden Zuhause für die nächsten Jahre. Die Donots kacheln damit zu ihren Auftritten quer durch die Republik und gelegentlich muss das Gefährt auch als Schlafplatz herhalten. Wenn es in der Nähe kein Hotel gibt oder das Budget nicht für eine Übernachtung reicht, parken sie ihren Bulli einfach auf einem Autobahn-Rastplatz und legen sich zum Pennen hinten auf das Equipment. Wie es dort dann morgens riecht, mag man sich lieber nicht vorstellen. Zumal sich zu altem Schweiß und Alkoholdunst nach einer Zeit auch noch ein seltsam-süßlicher Verwesungsgeruch gesellt. Es dauert eine Weile, bis Eike den Grund dafür entdeckt. Offenbar hat ein Marder eine tote Taube in die Lüftungsanlage geschleppt, wo das Tier seitdem fröhlich vor sich hin rottet.

ben: Backstage beim *Steinbruch-*
estival in Ditzingen.
nten: Touren heißt Warten.

»Sollen wir uns jetzt eigentlich auflösen? Oder besser doch nicht?«

Purgen zwinkert Ingo und Guido zu. Die wissen sofort, was gemeint ist, und grinsen sich einen, während Alex und Eike die drei mit großen Augen und offenem Mund anstarren.

»Auflösen? Was? Wovon zur Hölle redet ihr?«

Es ist der vorletzte Tag im August 2000. In Hamburg scheint die Sonne, die Hecken im Stadtpark sind akkurat in Form geschnitten und rahmen den Platz vor der Bühne ein, die sich auf einem grünen Hügel befindet und dem Gelände ein gewisses Auenland-Flair verleiht. Die Donots sitzen in einem Zelt hinter der Bühne und bereiten sich auf ihren Auftritt vor. Der soll 40 Minuten dauern, eine Support-Show, wie sie sie in den letzten Wochen und Monaten schon ein Dutzend Mal gespielt haben. Etwa vor Millencolin. Oder vor der Bloodhound Gang. Und doch ist dieser Abend für die fünf etwas ganz Besonderes.

Denn die Band, die sie heute supporten, heißt Bad Religion. Und Bad Religion sind nun mal einer der Hauptgründe dafür, dass die Donots überhaupt existieren. Das Bad-Religion-Album *No Control* ist die Platte, die Ingo wohl am stärksten geprägt und die er in seinem Leben am meisten gehört hat. Und die ihm das Tor zu dieser wunderbaren Spielwiese namens Punkrock geöffnet hat. Nicht nur für Ingo, auch für den Rest der Band waren Bad Religion stets ein Vorbild in Sachen Musikalität, Dynamik, Anspruch und Haltung. Nicht umsonst haben sich Ingo, Guido, Jan-Dirk, Stone und Jens Trippner bereits bei ihrer allerersten Probe mehr schlecht als recht an dem Bad-Religion-Song »Along The Way« versucht. Damals, vor sechseinhalb Jahren, im Fahrradkeller unter der Aaseeschule, als ihr musikalisches Können sich noch in eng gesteckten Grenzen hielt, ihre Träume aber umso größer waren: *Einmal mit Bad Religion spielen, danach können wir uns auflösen. Denn was soll dann noch kommen?*

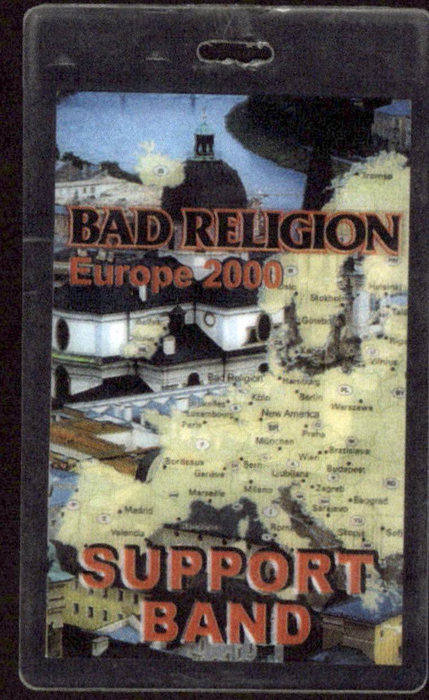

Das Gute und zugleich Beängstigende an Träumen ist ja: Manchmal werden sie wahr. Zum Beispiel heute, an diesem sonnigen Mittwoch in Hamburg, an dem die Donots tatsächlich auf derselben Bühne stehen wie ihre größten Helden. Und nicht nur das: Im Gegensatz zu manchen Support-Shows, wo man dem Headliner nur von weitem kurz zunickt, lernen die Donots die Mitglieder von Bad Religion

RUNNING ORDER

BAD RELIGION

DONOTS

HAMBURG - STADTPARK 30/8/2000

GET IN	12.00 pm
soundcheck BAD RELIGION	3.00 pm
soundcheck DONOTS	5.00 pm
DINNER	6.00 pm
DOORS OPEN	6.00 pm
DONOTS	6.45 - 7.30 pm
BAD RELIGION	8.00 pm
CURFEW	10.00 pm

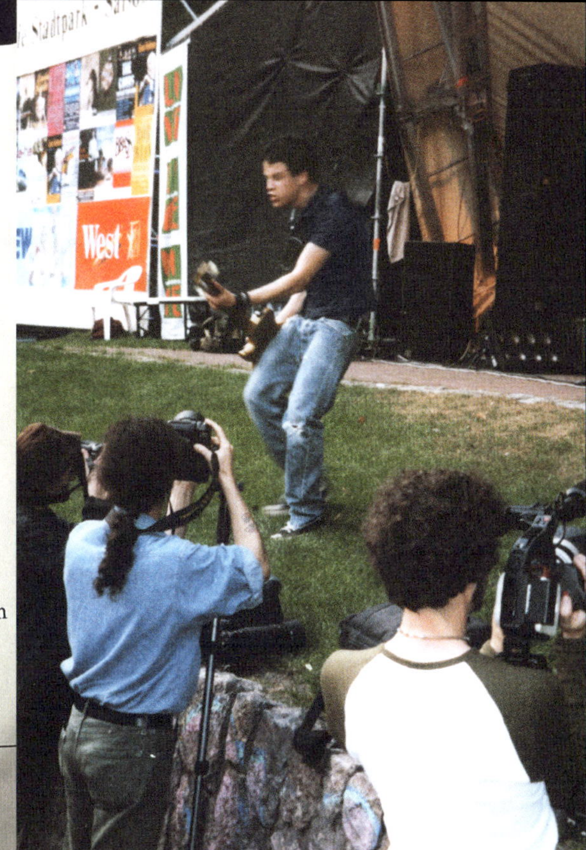

wirklich und leibhaftig kennen. Sie unterhalten sich, essen und trinken zusammen und versichern sich ihrer gegenseitigen Wertschätzung.

Irgendwann hebt Bad-Religion-Gitarrist Brian Baker sein Glas und stößt mit Ingo an. »You can consider yourselves our friends now«, sagt Baker. Ingo ist baff: *Der* Brian Baker! Der Minor Threat und Dag Nasty mitgegründet hat. Der mit Glenn Danzig bei Samhain gespielt hat. Der ein Angebot von R.E.M. ausschlug und stattdessen lieber zu Bad Religion ging. Dieser Typ also, der die Punkrock-Geschichte der letzten zwanzig Jahre geprägt hat wie kaum ein zweiter, bietet Ingo und seiner Band die Freundschaft an und heißt sie damit quasi im Club willkommen! Ein Moment für die Ewigkeit.

»Auflösen? Ach nee, besser nicht. Läuft doch eigentlich ganz gut gerade, oder?«

Guido, Ingo und Purgen erzählen Eike und Alex von dem launigen Pakt, den sie bei der ersten Donots-Probe geschlossen haben, als die beiden noch nicht in der Band waren. Und den sie jetzt natürlich über Bord werfen.

Was da noch kommen soll? Das wissen die Donots auch nicht. Aber sie sind neugierig darauf, es zu erfahren.

IN DEN CHARTS UND IN DER *BRAVO*

Die erste Single aus dem neuen Album *Pocketrock* erscheint im Herbst 2000 noch vor Veröffentlichung der Platte: »Whatever Happened To The 80s« ist ein flotter Geradeaus-Song, der gute Laune macht, mit einem ansteckenden Ohrwurm-Refrain und einem Text, der sich als Absage an die Retrowelle versteht und die Pop-Auswüchse der Achtziger charmant aufs Korn nimmt. Kurz gesagt: ein potenzieller Hit. Das sieht man bei GUN auch so und investiert entsprechend. Viel Promo, viel Aufwand, und auch für das Video wird eine Menge Geld in die Hand genommen: Knapp 100.000 DM, wenn sich Alex richtig erinnert.

Mitte August fliegt die Band für den Videodreh nach München und performt den Song in einer stickigen Fabrikhalle bei knapp 40 Grad. Stundenlang, immer wieder. Gedreht wird mit einem riesigen Team, was den Donots irgendwie unverhältnismäßig erscheint: Zu viele Leute für so ein bisschen Band. Das Publikum, von dem sich Ingo im Video tragen lässt, besteht nicht aus Fans, sondern ist gecastet. Manche dieser Statisten kennen die Donots, viele aber auch nicht. Am Ende des Tages lautet das Fazit: Alles in allem war das nicht so richtig der Hammer, weil es sich irgendwie unecht und nach Fake anfühlt. Aber ganz so schlimm wie befürchtet war es auch nicht. So ist das wohl, wenn man ein »richtiges« Musikvideo dreht.

Als die Donots allerdings mitbekommen, was am nächsten Tag gedreht wird, sind sie wirklich schockiert. Für die Spielszenen zwischen der Bandperformance hat der Regisseur ein Kabinett an »skurrilen« Typen versammelt: Zwei Metal-Fans, die vor einem Daddelautomaten abrocken. Eine Tennis-Queen, die mit ihrem Schläger Luftgitarre spielt. Zwei Frauen, die in einer Tiefgarage tanzen – die eine in Jogginghose, eine andere mit Jeans-Hotpants und High Heels. Außerdem eine Oma mit Nietenarmband, ein übergewichtiger Nerd mit Skateboard und ein Popper im Waschsalon. Das soll vermutlich so frech und lustig rüberkommen, wie das Blink-182 in ihren Videos damals regelmäßig vormachen. Am Ende finden es die Donots aber hochnotpeinlich. Die Perücke des Poppers, die Kutte des Metal-Typen, der Pullunder des dicken Nerds – das alles sieht einfach nur cheesy und aufgesetzt aus. Mit dem Selbstverständnis der Band hat es rein gar nichts zu tun.

Bei GUN hingegen ist man hellauf begeistert, und auch im Musikfernsehen springen die Verantwortlichen auf das Video an. »Whatever Happened To The 80s« bekommt die höchsten Rotationsstufen und wird mehrmals am Tag gesendet. Und zwar sowohl auf MTV, als auch auf VIVA und VIVA2. Manchmal kann man sogar zwischen zwei Sendern hin- und herschalten und sieht auf beiden die Donots.

Sie werden auch in diverse Sendungen eingeladen. Besonders in Erinnerung bleibt der Band ihr Auftritt bei Christoph Schlingensief im Herbst 2000. Schlingensief, der mit seinen Filmen, Performances und sonstigen, meist abseitigen Aktionen zu einem der bekanntesten, aber auch umstrittensten deutschen Künstler geworden

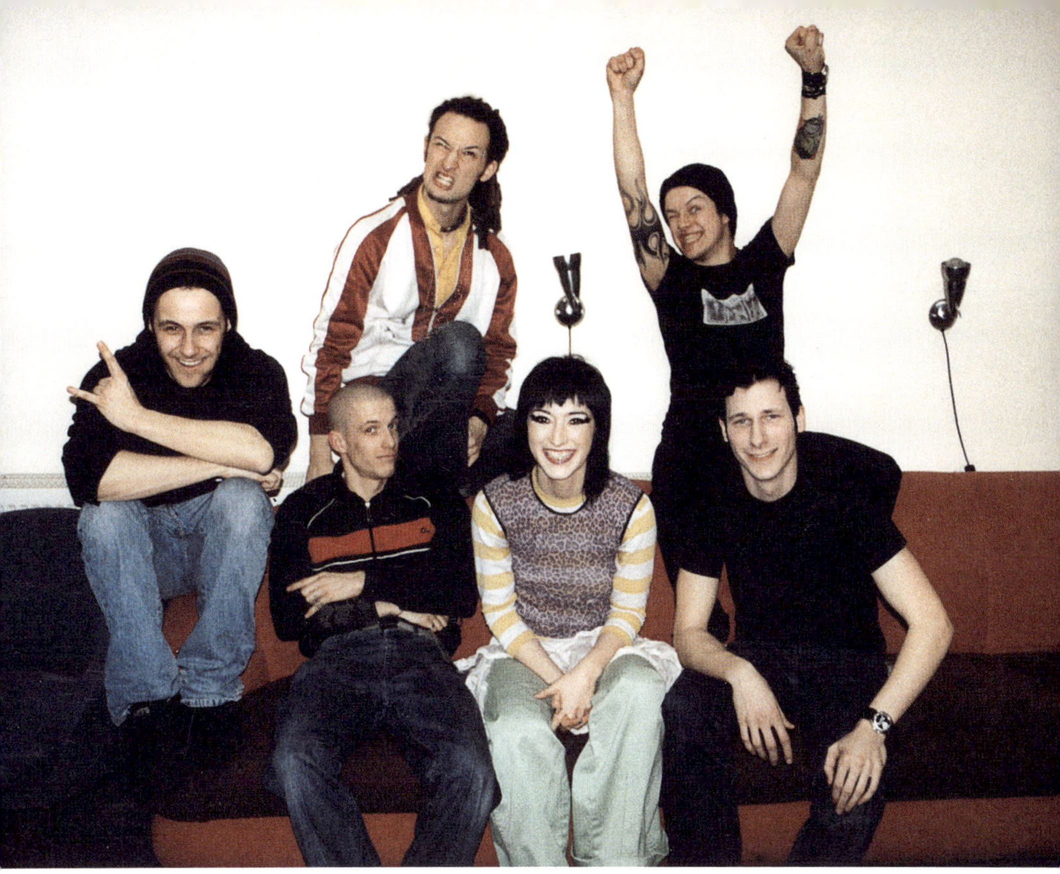

ist, hält die Band vor der Show bewusst über den Ablauf im Unklaren. Schlingensiefs Show *U3000* läuft auf MTV und wird in einer U-Bahn gedreht. Während der Zug durch Berlin fährt, finden in den vorderen Waggons die Talks statt, während die Donots im letzten Wagen »Whatever Happened To The 80s« spielen sollen, sobald Schlingensief und das Kamerateam bei ihnen auftauchen.

Nach langem Warten geht endlich die Tür auf. Schlingensief stürmt hinein, zusammen mit einer afrikanischen Trommlergruppe, mehreren Menschen mit Behinderung sowie Achim von Paczensky. Paczensky, den Schlingensief in einer psychiatrischen Klinik »entdeckt« hat, gehört schon länger zu dessen Ensemble und spielt an diesem Tag einen Rassisten. Keiner der Donots weiß, was Show oder echt ist. Tapfer bemüht sich die Band, ihren Song zu spielen, während Schlingensief und seine Mitstreiter den eingeschüchterten Paczensky bedrängen, auf den Boden werfen, mit Kunstblut bespritzen und »Kreuzigung, Kreuzigung!« skandieren. So laut, dass sie die Band immer wieder übertönen. Das Spektakel endet damit, dass die Donots ein langsames Outro improvisieren, zu dem eine Sängerin namens Hanayo spontan und schief trällert, während sich Schlingensief als Jesus Christus inszeniert und D-Mark-Scheine ins Publikum wirft, um gegen Kapitalismus, Marktwirtschaft und das aktuelle Entwicklungshilfekonzept der Regierung zu protestieren. Ein irres Schauspiel, das an Absurdität kaum zu überbieten ist – und die Donots mittendrin.

Zu Gast bei Charlotte Roche / VIVA2.

Während der Taxifahrt zum Bahnhof spricht keiner von ihnen ein Wort. Sie müssen das Geschehene erst einmal verarbeiten. Was zur Hölle war das denn bitte?

Heute, im Internet-Zeitalter, der Ära von Youtube, hat das Musikfernsehen seine Relevanz als kultureller Seismograph und Verstärker komplett verloren. Aber Anfang des Jahrtausends sieht das noch ganz anders aus. Wer auf VIVA und MTV zu sehen ist, der ist präsent, und wer präsent ist, der verkauft Platten und hat Erfolg.

Das gilt auch für die Donots, die ihr Album *Pocketrock* Anfang 2001 veröffentlichen und damit tatsächlich in den Charts landen. Fast zwei Monate lang hält sich das Album in den Top 100, als höchste Position erreicht es Platz 31. Die Donots kratzen sich ungläubig am Kopf: In den Charts? Wir? Euer Ernst?

Die Zweijahresfrist, die sich Ingo, Alex, Guido, Eike und Purgen gesetzt haben, um zu schauen, ob und wie es mit der Band so weitergeht, ist vorbei. Und das Resümee ist eindeutig: Es läuft. Und zwar besser denn je. Bescheidenheit und Understatement gehören bei den Donots zwar seit jeher zur charakterlichen Grundausstattung, aber wenn sie ehrlich sind, dann gibt es spätestens seit *Pocketrock* keinen Grund mehr, ihr Licht unter den Scheffel zu stellen. Die Donots mögen sich immer noch fühlen wie die kleine Trümmertruppe aus Ibbenbüren, aber die Fakten sagen etwas anderes.

Auch die Eltern der fünf blicken inzwischen deutlich entspannter in die Zukunft ihrer Söhne. »Alles, was wir vorher in der Punkszene erreicht hatten, war für die natürlich nicht sichtbar. Das haben sie nie mitbekommen und konnten es nicht einschätzen«, sagt Ingo. Im Gegensatz zu den Videos der Band, die damals ständig über den Bildschirm flimmern. »Das war der Moment, in dem sie zum ersten Mal gedacht haben: Vielleicht wird das ja doch was mit der Band ...« Mit *Pocketrock* ist die Zeit der Nebenjobs für die Donots endgültig vorbei. Ab jetzt konzentrieren sie sich ganz auf die Musik und die Band.

Als zweite Single des Albums wird »Superhero« ausgewählt, und natürlich muss auch zu diesem Song ein Video her. Die Grundidee des Drehbuchs, an dem die Donots selbst mitschreiben, ist recht charmant: Erzählt wird die Geschichte eines Außenseiters und Nerds, der sich durch die Musik in eine Traumwelt schießt. Dort zahlt er es den fiesen Lehrern und tyrannischen Mitschülern heim. Endlich findet er Beachtung bei den Mädels seiner Klasse. Doch auch diesmal gerät die Umsetzung nicht so, wie die Band es gerne hätte. Kostüm, Ausstattung, Figuren wirken sehr klischeehaft und kein bisschen punkrockig. »Alles, was uns in der Richtung gefallen hat, war dreckig, räudig, cool. Und alles, was GUN für uns gemacht hat, war das Gegenteil: sauber, nett, lustig, bonbonfarben«, sagt Alex. Die Donots setzen sich zwar mit der Idee durch, den kleinen Nerd am Ende des Videos mit ihrem Bandbus zu überfahren, doch das rettet den Clip auch nicht mehr.

Die Band befindet sich in einer verzwickten Situation. Sie hat Erfolg, das Label ist begeistert und motiviert, und auch die Medien zeigen verstärkt Interesse. Berichte und Interviews gibt es nicht nur in Fanzines und Punkrock-affinen Musikzeitschriften wie *Visions* oder *Uncle Sally's*, sondern auch in Stadtmagazinen, Kulturbeilagen, Tageszeitungen. Selbst Teenie-Blätter wie *Bravo* & Co. finden Gefallen an den Donots. Das ist für die aufrechten Punkrocker unter den Fans natürlich schwer zu

Zurecht gefürchtet: Die Teenie-Presse in Form von *Bravo* und *Yam*!

ertragen, und die Band spürt, dass ihr Image leidet. »Das war die Zeit, als die ersten Leute, die uns früher mochten, anfingen, uns uncool zu finden«, erinnert sich Guido.

»Wir wollen euch nicht in unserer Szene. Ihr zieht den Begriff Punkrock in den Dreck« – so viel Ablehnung begegnet der Band teilweise in den Briefen, die sie nun erreichen. Anfeindungen wie diese bleiben zwar die Ausnahme, das macht sie für die Band aber nicht weniger schmerzhaft.

Gerade Ingo und Guido sind Credibility und Akzeptanz in der Punkszene enorm wichtig. »Die beiden haben da am meisten drunter gelitten, wir anderen drei waren in manchen Dingen eher pragmatisch und weniger emotional«, sagt Eike. »Aber wenn Ingo und Guido etwas haben, mit dem sie nicht leben können, hat das natürlich auch Auswirkungen auf den Rest der Band.«

Anfangs weigern sich die Donots, mit der Teeniepresse zu sprechen. Das führt allerdings dazu, dass deren Reporter völligen Unfug über sie schreiben. So greift die *Yam*! das absurde Gerücht auf, die Band würde nur auf die Bühne gehen, wenn backstage ein lebender Schimpanse auf sie wartet. Oder sie gehen den »acht wichtigsten Fragen zu den Donots« nach – darunter die, ob Ingo, Guido, Alex, Purgen

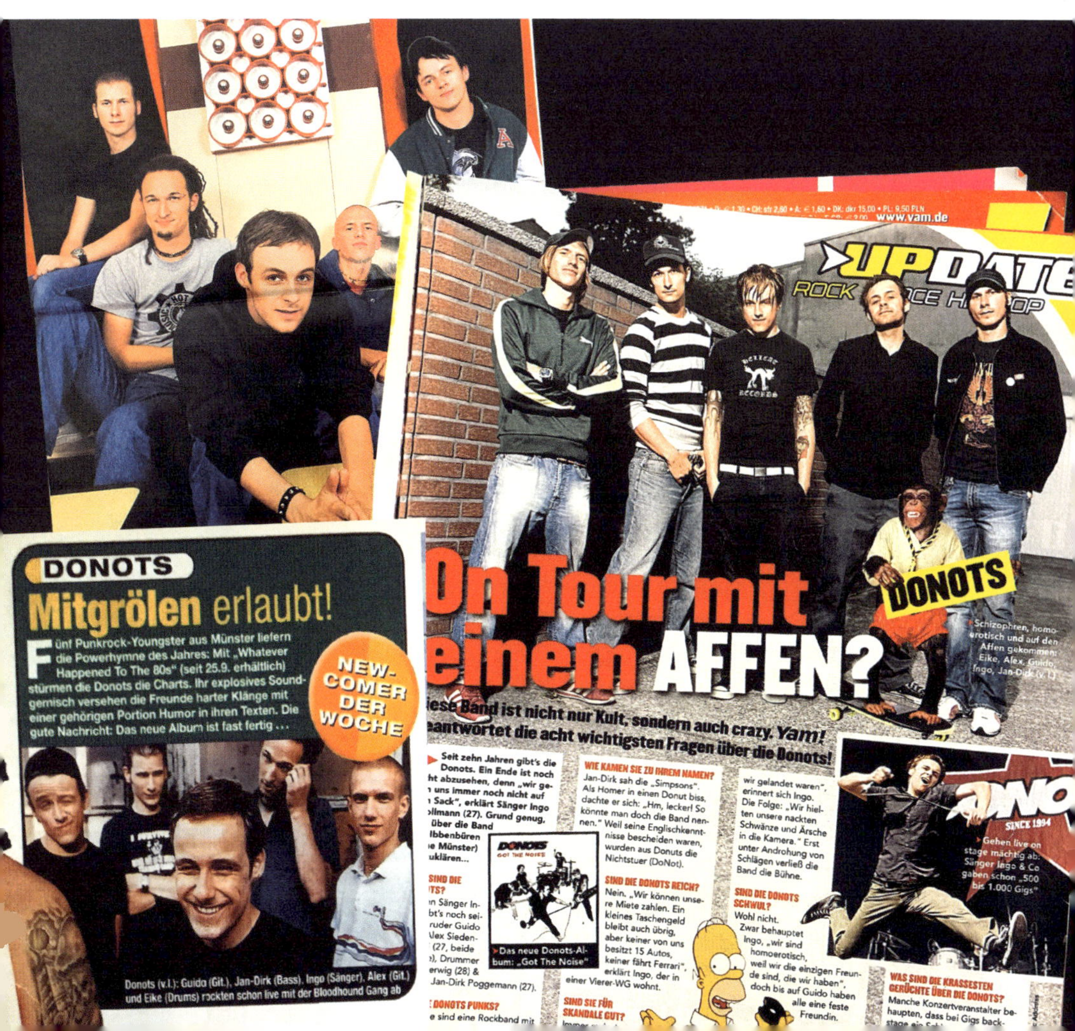

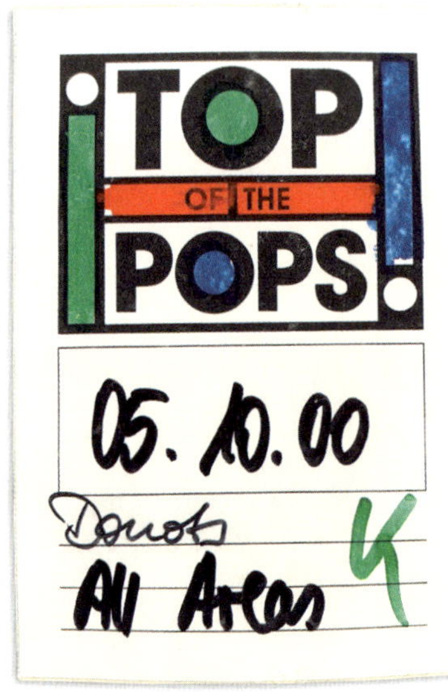

und Eike reich, Punks oder schwul sind. Später ringt sich Ingo dann doch noch dazu durch, der *Bravo* ein Interview zu geben. Vielleicht gelingt es auf diese Weise ja, die Band richtig rüberzubringen oder zumindest mit ein paar Gerüchten und Halbwahrheiten aufzuräumen. Doch das Interview ist sehr schnell vorbei, als Ingo klar wird, dass der Reporter gar kein Interesse an der Band hat, sondern nur wissen will, wie es für die Donots denn so bei den Mädchen läuft …

Die Band wird auch zu *Top Of The Pops* eingeladen. Anders als das gleichnamige britische Original ist die Charts-Show, die damals auf RTL läuft, eine Art TV-Äquivalent zur *Bravo*: Bunt, doof, und wahnsinnig uncool. Aber mit einer großen Reichweite, was die Plattenfirma natürlich gerne sieht. Und wer weiß, vielleicht kann man so ja den einen oder anderen Teenie zum Punkrock bekehren? Die Donots reden sich die Sache schön und sagen zu.

Der Auftritt gerät zu einem etwas bemühten Versuch, sich ironisch von sich selbst und dem, was man gerade macht, zu distanzieren. Die Band heuert einen älteren Herrn in Unterhose an, der sie mit Geldscheinen bewirft: Sellout-Band eben. Dass sie Playback spielen, versuchen sie nicht etwa zu kaschieren, sondern bewegen sich mit Absicht so, dass es möglichst jeder mitbekommt. Für diejenigen, bei denen der Groschen noch immer nicht gefallen ist, wird extra eine Tafel aufgestellt, auf der Ingo vor laufender Kamera eine Strichliste ihrer Playback-Auftritte führt.

»Wenn wir da hingehen, dann nur nach unseren Regeln und zu unseren Konditionen«, erinnert sich Ingo an ihren damaligen Vorsatz. Eine Anti-Haltung mit Tradition: Schon Nirvana haben bei ihren Playback-Auftritten gerne mal erkennbar daneben gegriffen, um das Unnatürliche dieser Situation zu unterstreichen.

Statt einfach gute Miene zum schlechten Spiel zu machen, demonstrieren die Donots Distanz, indem sie der Situation mit Ironie begegnen. Allerdings ist ihnen auch klar, dass das Spiel dadurch nicht besser wird. »Wer weiß, vielleicht haben wir vieles dadurch sogar noch peinlicher gemacht?«, räumt Guido heute ein. Auch Alex fragt sich: »Wieso gehen wir überhaupt in eine solche Sendung, wenn wir sie doch eigentlich scheiße finden?« Eike wiederum ist sich gar nicht mal sicher, ob diese Distanzierungsversuche, die viel Kraft kosten und zu langen Diskussionen führen, wirklich wahrgenommen werden: »Ich glaube, viele Leute haben gar nicht gemerkt, was wir damit bezweckt haben. Wie galten nie als große Revoluzzer. Im Gegenteil: Manche hatten uns längst als VIVA-Band abgestempelt. Daran konnten diese manchmal verzweifelten Versuche, sich im Rahmen der Möglichkeiten davon zu distanzieren, auch nichts ändern.«

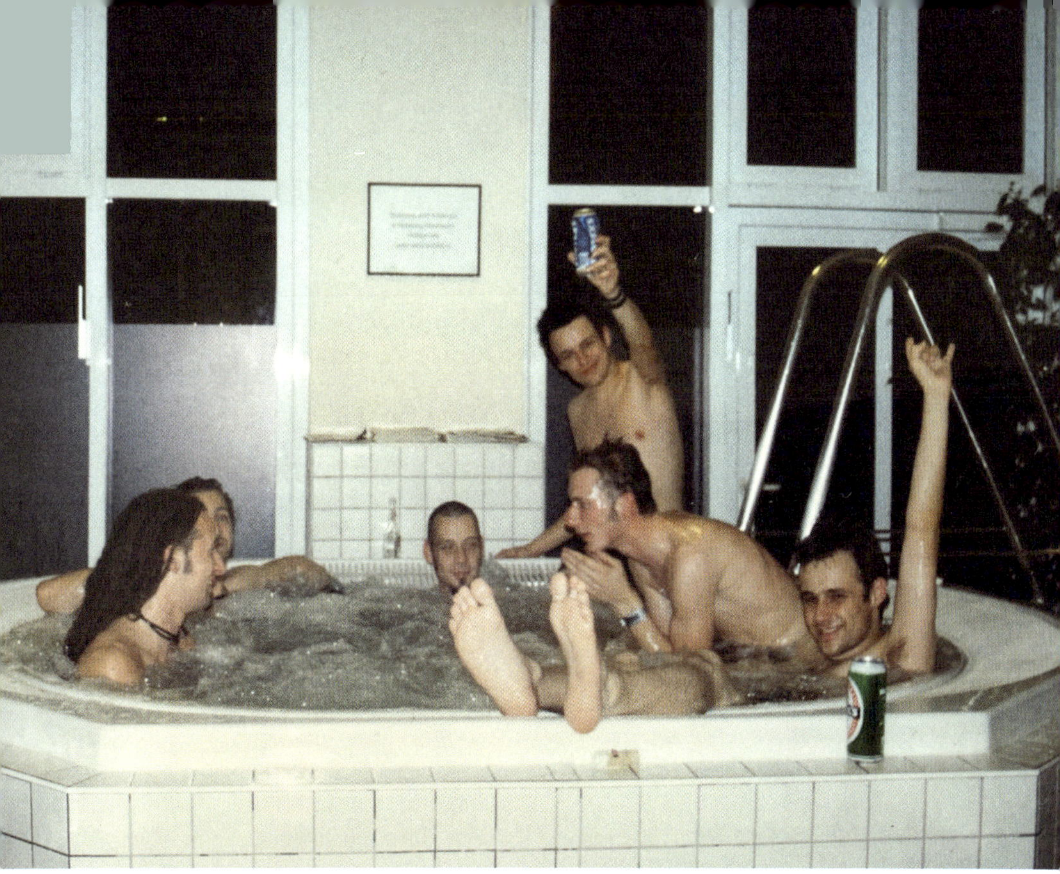

Dass die Bandmitglieder es sich mit ihren Entscheidungen niemals leicht machen, sondern sich ständig die Köpfe zerbrechen, geht leider häufig unter. Wenn die Band neun Anfragen ablehnt, weil sie ihr zu cheesy sind, bekommt das keiner der Kritiker mit, wohl aber die zähneknirschende Zusage bei der nicht ganz so absurden zehnten Anfrage. Das Business – zumindest auf diesem Level – ist für die Donots immer noch ziemlich neu. Zu sagen, welche Entscheidung auf lange Sicht die richtige ist, fällt hinterher meistens leichter als vorher. Häufig bleibt nur die Wahl zwischen dem größeren und dem kleineren Übel. Plattenfirma, Management, Medien, Fans: Alle haben Erwartungen an die Band. Die einen zerren sie in diese und die anderen in jene Richtung. »Und wir steckten mittendrin und konnten das alles zum Teil gar nicht richtig einschätzen«, sagt Purgen. »Wir bemühten uns dann immer, Schadensbegrenzung zu betreiben, und haben auf unserer Homepage zig Entschuldigungen und Rechtfertigungen veröffentlicht. Es wurde viel diskutiert und viel gemeckert, das war ultra-anstrengend. Für uns, aber auch für das Label.«

Gelegenheit zur Erholung gibt es für die Donots immer dann, wenn sie die Verstärker einstöpseln und auf die Bühne stürmen können. Dort müssen sie sich keine Gedanken darüber machen, wie sie sich geben und ob sie womöglich falsch verstanden werden könnten.

2001 gehen sie auf ihre erste eigene Tour. Keine Support-Tour und auch keine Co-Headliner-Tour wie mit den Beatsteaks. Sondern eine richtige große Headliner-Tour, deren Konzerte die Leute nur wegen ihnen besuchen. Von Aachen bis Zedtwitz, von der Ostsee bis in die Schweizer Alpen, von Metropolen wie Berlin, Hamburg und Wien bis zu Käffern wie Munderkingen, Oslip oder Schrobenhausen spielen die Donots in insgesamt 31 Clubs. »Ein Riesenflash für uns!«, erzählt Alex. »Nicht nur, dass wir so viel spielen konnten. Sondern auch, dass das so super ankam. Viele Shows der Tour waren ausverkauft, pro Konzert kamen zwischen 400 und 800 Leute. Und das allein für uns! Total verrückt. Das war großartig und es hat uns natürlich über so manches hinwegsehen lassen.«

Für Alex ist die *Pocketrock*-Tour allerdings doppelt stressig. Als einziger in der Band hat er weiter den festen Vorsatz, sein Studium zu Ende zu bringen. Dummerweise sind im Februar einige Klausuren angesetzt, die er nicht verpassen darf, was zu diversen absurden Pendel-Aktionen führt: Gleich nach dem Konzert in der Röhre in Stuttgart fährt er mit der Bahn nach Münster. Dort schreibt er am nächsten Morgen um 9.00 Uhr eine Klausur. Danach hetzt er zum Bahnhof, um den Zug nach München zu erwischen, wo die Donots abends im Metropolis spielen. Auch von dort geht es direkt im Anschluss an die Show nach Münster, wo er am Morgen darauf die nächste Klausur absolviert. Gleich darauf heißt es erneut: Ab zum Bahnhof, den Zug nach Köln erwischen, dort in den ICE nach Offenburg umsteigen, und von da mit der Regionalbahn nach Lahr im Schwarzwald gondeln, wo die Donots ein Konzert auf einem stillgelegten Flughafen der kanadischen Armee geben.

Das klingt zwar nach reichlich Stress, aber irgendwie genießt Alex sein Studium als Gegengewicht zur Band. Es gefällt ihm, dass sich an der Uni niemand für die Donots interessiert, und er einfach ein normaler Student sein kann. »So wie andere ins Theater oder ins Kino gehen, bin ich in die Vorlesung gegangen. Ein bisschen auch, um abzuschalten und eine ganz andere Welt zu erfahren«, sagt er.

Und da er im Gegensatz zu den anderen keinen Alkohol trinkt, fällt es ihm auch auf Tour nicht schwer, konzentriert zu lernen. Er steht morgens früh auf, schnappt sich seine Bücher und findet dabei die Ruhe, die er braucht. Wenn die anderen dann mittags aus ihren Kojen kriechen, hat er schon eine Menge geschafft. Dennoch rasselt er durch die eine oder andere Prüfung, und bis er alle Scheine zusammen hat, um sich zum Examen anmelden zu können, braucht es noch ein paar weitere Tourneen.

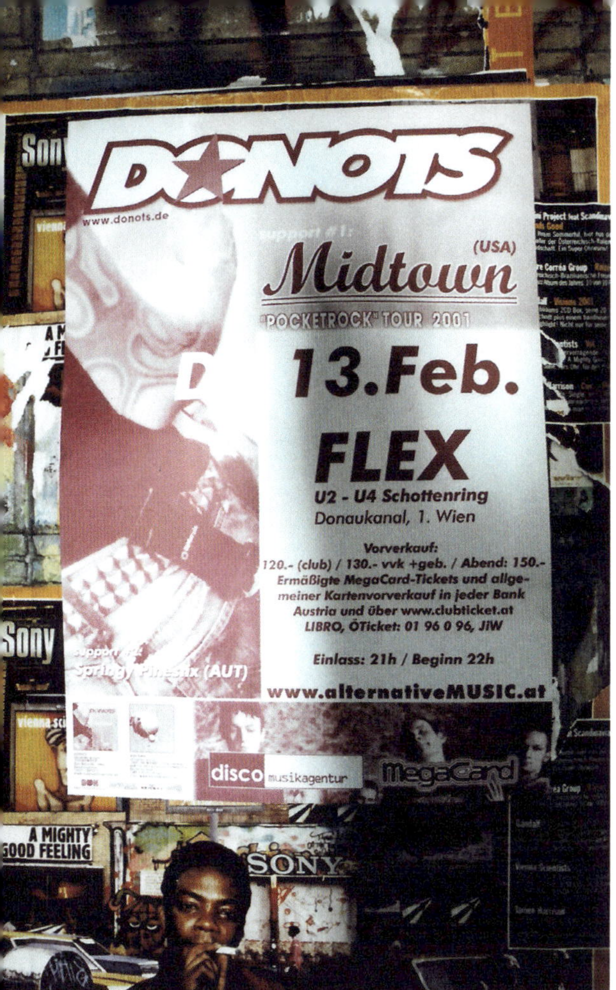

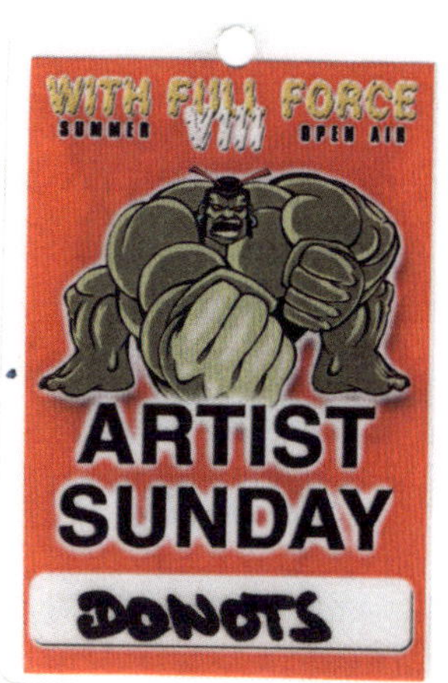

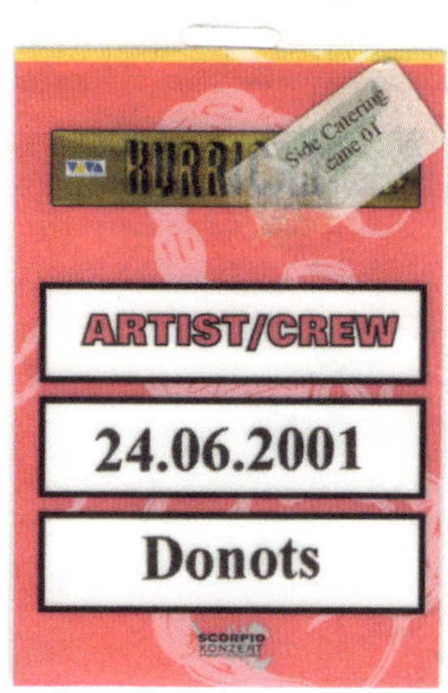

2001 sind die Donots vom Jahresbeginn an ständig unterwegs. Im Januar spielen sie zehn Shows, im Februar dreiundzwanzig, dann folgt eine kleine Pause mit nur sechs Shows im März und im April. Nach zwölf weiteren Club-Shows im Mai beginnt die Festivalsaison: *Immergut*, *Open Flair*, *Strange Noise*, *Rock am Ring*, *Rock im Park*, *Southside*, *Bizarre*, *Taubertal* – und das sind nur die bekanntesten Open Airs.

Am 24. Juni reißen die Donots sogar gleich zwei Shows an einem Tag runter. Morgens um elf Uhr stürmen sie direkt nach dem Frühstück auf die Bühne des *Hurricane*-Festivals in Scheeßel und locken damit erstaunlich viele Zuschauer aus den Zelten. Doch statt sich Iggy Pop, Weezer, Ash oder die Hives anzusehen, springen Alex, Eike, Guido, Purgen und Ingo nach dem Auftritt sofort in den Bus. Der soll sie möglichst schnell von Niedersachsen an den sächsischen Mühlfeldsee bringen, wo auf dem Segelflughafen Roitzschjora das *With Full Force*-Festival steigt – ein Mekka für Metal- und Hardcore-Fans. Die Entfernung beträgt 400 Kilometer, angepeilt ist

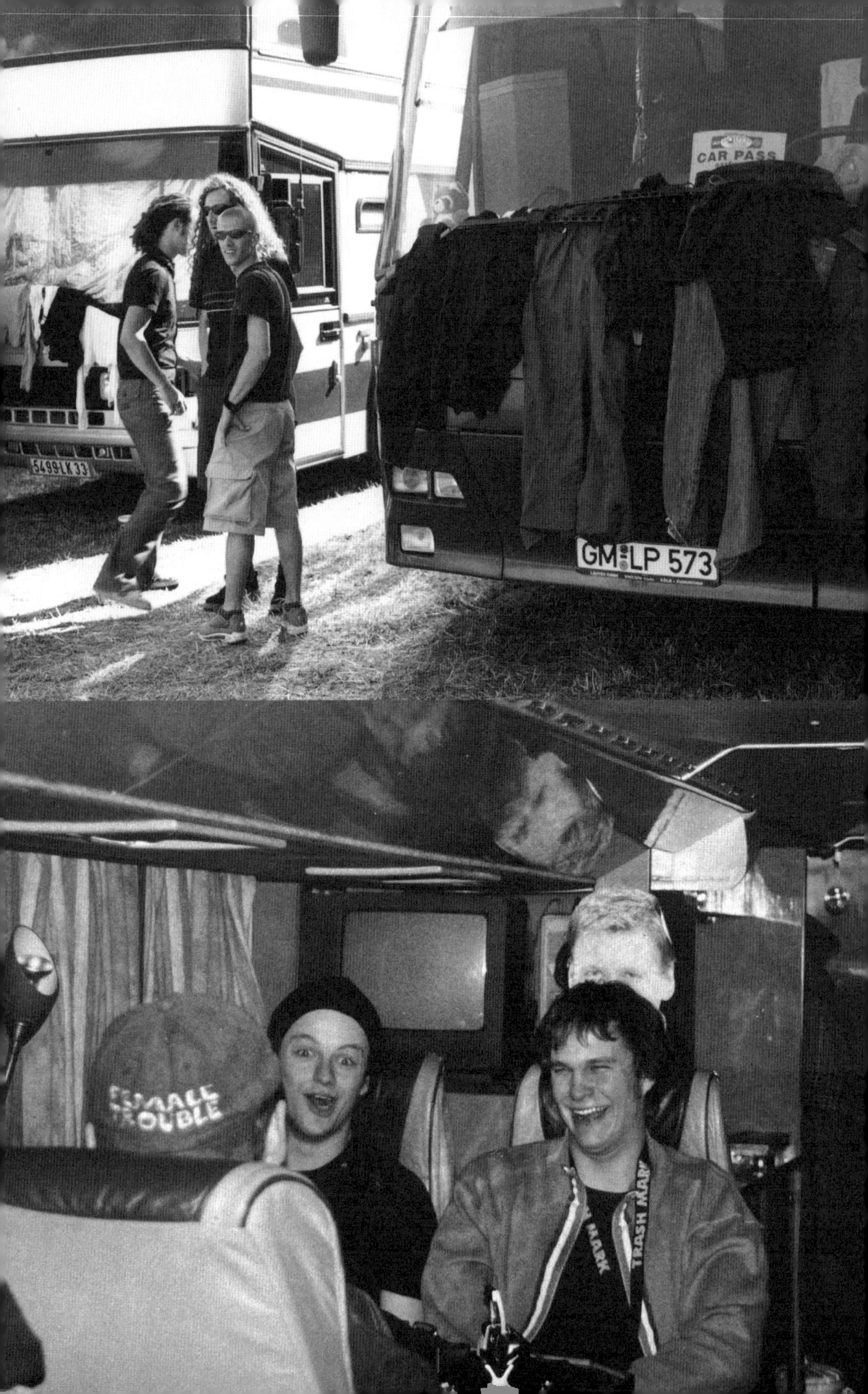
CAR PASS
GM LP 573
5499-LK 33
FEMALE TROUBLE
TRASH MARK

eine Fahrtdauer von fünf Stunden. »Das schafft ihr locker«, beruhigt ihr Booker Philipp die Band. Und er soll Recht behalten: Wie durch ein Wunder gibt es auf der gesamten Strecke keinen Stau, keine Umleitung oder sonst irgendeine Verzögerung. Die Donots kommen wie geplant an und pünktlich um 19.30 Uhr stehen sie auf der Bühne des *With Full Force*. Es ist der letzte von sechs Auftritten in nur fünf Tagen, die sie einmal mehr kreuz und quer durch die Republik führten, und zwar ganze 4.000 Kilometer weit.

Die Donots spielen, spielen, spielen. Egal, ob mit geliehenem Schrott-Equipment auf einem Festival in Portugal oder vor den nordisch unterkühlten Segelfans auf der Kieler Woche. Konzerte in halb Europa und fast überall Fans, die einen abfeiern: Für eine Band muss sich das doch anfühlen wie ein wahrgewordener Traum. Oder vielleicht doch nicht? Ingo empfindet das Pensum der Band zunehmend als Belastung. Der Sänger ist ständig krank, er leidet an einer Infektion, die einfach nicht abklingen will. Auf der Bühne hat er manchmal unerklärliche Schwächeanfälle, immer wieder knicken ihm die Beine weg. Was zur Hölle ist nur mit ihm los?

Der Druck, der auf Ingo lastet, ist enorm. Auf ihn prasselt eine Menge ein. Der Tour-Stress mit dem immer gleichen, ermüdenden Rhythmus: fahren, warten, spielen, feiern – fahren, warten, spielen, feiern – fahren, warten, spielen, feiern. Der Druck, stets zu einem bestimmten Zeitpunkt am Start sein, alles geben und sämtliche Erwartungen erfüllen zu müssen. Die ewigen Diskussionen mit dem Label. Die Kompromisse und Zugeständnisse, die er eigentlich nicht machen will. Die Rechtfertigungen und Erklärungen gegenüber den Fans. Bei den Donots haben zwar alle gleich viel zu sagen, aber als Sänger ist Ingo eben doch das Gesicht der Band. Ihn wollen alle haben, ihn fragt man zuerst, wenn es um Interviews geht, um Autogrammstunden, um Promo-Aktionen. »Wir haben damals fast jedes Wochenende Konzerte gespielt und kamen erst am Sonntagabend nach Hause. Die anderen hatten dann gefühlt bis Donnerstag frei, aber ich habe mich oft direkt am Montagmorgen wieder in den Zug oder hinters Steuer gesetzt, weil ich noch irgendwo hin musste. Oder ich hab den ganzen Tag am Telefon gehangen, um Interviews zu geben«, sagt Ingo. »Ich habe damals viel zu wenig geschlafen und viel zu viel Kaffee getrunken.« Ingo hat zunehmend das Gefühl, dass von allen Seiten an ihm gezerrt wird. Die Liste der Ansprüche und Aufgaben nimmt kein Ende, und egal, wie viele Dinge er auf dieser Liste abhakt – es kommen ständig neue dazu.

Am 31. August 2001 spielen die Donots beim *Two Days A Week*-Festival im österreichischen Örtchen Wiesen. Schon als Ingo auf die Bühne geht, fühlt er sich beschissen. Seit einer Woche leidet er an einer Magen-Darm-Grippe, ist dehydriert und schlapp. Aber da ist noch etwas anderes. Einerseits kann er sich keinen besseren Ort vorstellen als den Platz am Bühnenrand, das Publikum vor sich, seine Freunde im Rücken. Andererseits ist da so ein Flüstern, so eine diffuse Angst. Plötzlich wäre Ingo am liebsten woanders. Zuhause, im Bett, irgendwo, nur nicht hier.

Normalerweise hält dieses Gefühl nur kurz an und lässt sich dann verdrängen: *Ich stehe auf der Bühne, habe meine vier besten Freunde an meiner Seite, wir spielen unsere Songs vor Leuten, die sich darauf freuen – wieso sollte ich mich dabei schlecht*

ben: Eigentlich ein fahrender
äschetrockner: Nightliner.
nten: Guido und Florian im Tourbus.

fühlen? Aber heute ist es anders. Heute funktioniert diese Taktik nicht. Heute geht es einfach nicht weiter. Nach sechs Songs bricht Ingo zusammen. Sein Herz rast, er zittert, die Knie sind weich. Nichts geht mehr. Gar nichts mehr. Mitten im Auftritt stürmt Ingo von der Bühne. Er will nur noch weg und verkriecht sich backstage. Guido, Alex, Eike und Purgen blicken ihm ratlos hinterher und folgen ihm dann.

Was ist los? Ist das eine Herzattacke? Warum macht sein Körper nicht das, was Ingo will? Was kann man dagegen unternehmen? Ingo ist klar: So kann es nicht weitergehen. Er fühlt sich hundeelend, ist von allem überfordert – auf einer Bühne zu stehen, geht gerade überhaupt nicht. Der nächste Auftritt wird abgesagt. Statt zwei Tage später beim *Bulldog*-Festival in Eberschwang zu spielen, fährt die Band nach Hause.

Ingo liegt die nächsten sechs Wochen fast durchgehend im Bett. Er kommt einfach nicht hoch. Jedes Mal, wenn er versucht aufzustehen, fühlen sich seine Beine an wie Pudding und klappen ihm weg. Die Vorhänge sind zugezogen, Sonnenlicht und Helligkeit kann er kaum ertragen. Konzentriert lesen, Musik hören, fernsehen? Geht alles nicht. Viel zu anstrengend. Ingo liegt die meiste Zeit bloß da, während die Angst in ihm immer größer wird: Was, wenn er nie wieder zu Kräften kommt? Wenn sein Zustand nicht vorübergehend, sondern von Dauer ist? Was wird aus ihm, seiner Band, seinem Leben?

Ab und zu schafft er es doch, sich aus dem Bett zu zwingen, und klappert verschiedene Ärzte ab. Aber keiner kann ihm weiterhelfen. Einer hält eine Nervenkrankenheit für möglich, vielleicht Multiple Sklerose im Frühstadium? Ein anderer vermutet einen Schlaganfall. Der Dritte will abklären, ob eine degenerative Muskelschwäche vorliegt, während Arzt Nummer vier eine Hirnhautentzündung als Ursache in Erwägung zieht. Ingo hört viele Spekulationen und Vermutungen, aber nichts Definitives. Mit diesen Hiobsbotschaften allein gelassen, liegt er im Bett und horcht angstvoll in sich hinein. Wenn sein Arm einschläft, ist er sich sicher, dass er einen Herzinfarkt bekommt. Die kleinsten Anzeichen seines Körpers interpretiert er als Signal, dass gleich etwas ganz Schlimmes passiert. Die Episoden, in denen ihn die Angst überwältigt, häufen sich.

Bei weiteren Untersuchungen stellt sich nach und nach heraus, dass die Ärzte falsch lagen. Es ist kein Schlaganfall, keine Nervenkrankenheit, keine MS. Ingo weiß jetzt zwar, welche Krankheit er nicht hat, aber besser geht es ihm dadurch auch nicht. Im Gegenteil: Nicht zu wissen, was mit ihm und seinem Körper los ist, macht ihn fertig. Es dauert quälend lange Wochen, bis ihn ein Arzt darauf bringt, dass sein Problem womöglich gar keine körperliche Ursache hat. Sondern, dass es sich um eine Angststörung handeln könnte, ausgelöst durch zu viel Stress.

Für Ingo klingt das plausibel, und endlich hat er einen Punkt, an dem er ansetzen kann. Er beginnt eine Gesprächstherapie, um seine Ängste in den Griff zu bekommen. Denn er spürt: Die gehen nicht von alleine weg, die werden immer mehr. Die Flugangst, unter der er leidet, ist weit verbreitet, sie macht vielen Menschen zu schaffen, aber bei Ingo geht es so weit, dass er sich nicht einmal mehr in ein Auto setzen will. Was ist, wenn er am Steuer sitzt, die Kontrolle verliert und das

Lenkrad verreißt? Die Angst vor solchen Momenten ist das erste, woran er morgens denkt, wenn er weiß, dass er später Auto fahren muss.

»In der Therapie wurde mir attestiert, dass ich eine latent depressive Ader habe«, erzählt der Sänger. »Es hieß, ich müsste für mich ein anderes Bewusstsein entwickeln, um mit der ganzen Sache umzugehen. Ich sollte mich in die Angst hineinbegeben und dürfte nicht versuchen, schwierige Situationen zu vermeiden.« Sonst, erklärt ihm die Therapeutin, würde der Lebenswirkungsbereich stetig kleiner. Man fährt nicht mehr in den Urlaub, lügt sich vor, dass es besser sei, zu Hause zu bleiben, und irgendwann geht man nicht mehr vor die Tür, weil man denkt: Wer weiß, was mir da draußen passiert?

Ingo zieht den Stecker. Er muss runterkommen, den Stress völlig hinter sich lassen. Nichts machen, nichts mitkriegen, und vor allem: Statt sich mit den Erwartungen anderer auseinandersetzen, muss er erst einmal mit sich selbst ins Reine kommen. Es dauert eine Weile, bis Ingo sich den anderen gegenüber öffnen kann und ihnen davon berichtet, was ihn quält und was er dagegen tut: »Depressionen sind ja nichts, worüber man gerne redet. Das ist ein Thema, das oft totgeschwiegen wird. Aber irgendwann habe ich mich überwunden. Mir war natürlich klar, dass sich die anderen Sorgen machen. Dass sie sich fragten, was mit mir los ist, und wie es mit der Band weitergeht? Ob es überhaupt weitergeht? Dadurch, dass ich meine Situation transparent gemacht habe, wussten die anderen auch besser, wie sie reagieren müssen, wenn ich bestimmte Symptome zeige.«

Ingos Krankheit führt dazu, dass die Donots intern einiges ändern. »Bis dahin hieß es eigentlich immer: Ingo hier, Ingo da. Der macht das schon, haben wir uns

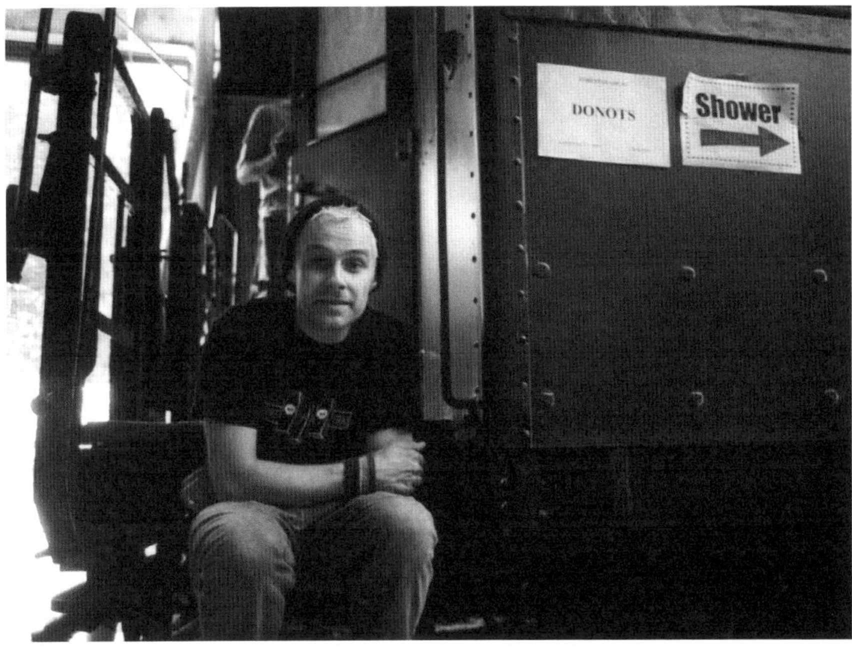

ngo vor den Backstage-Waggons in Wiesen.
ächste Seite: Im Hangar auf dem *Bizarre*-Festival 2001.

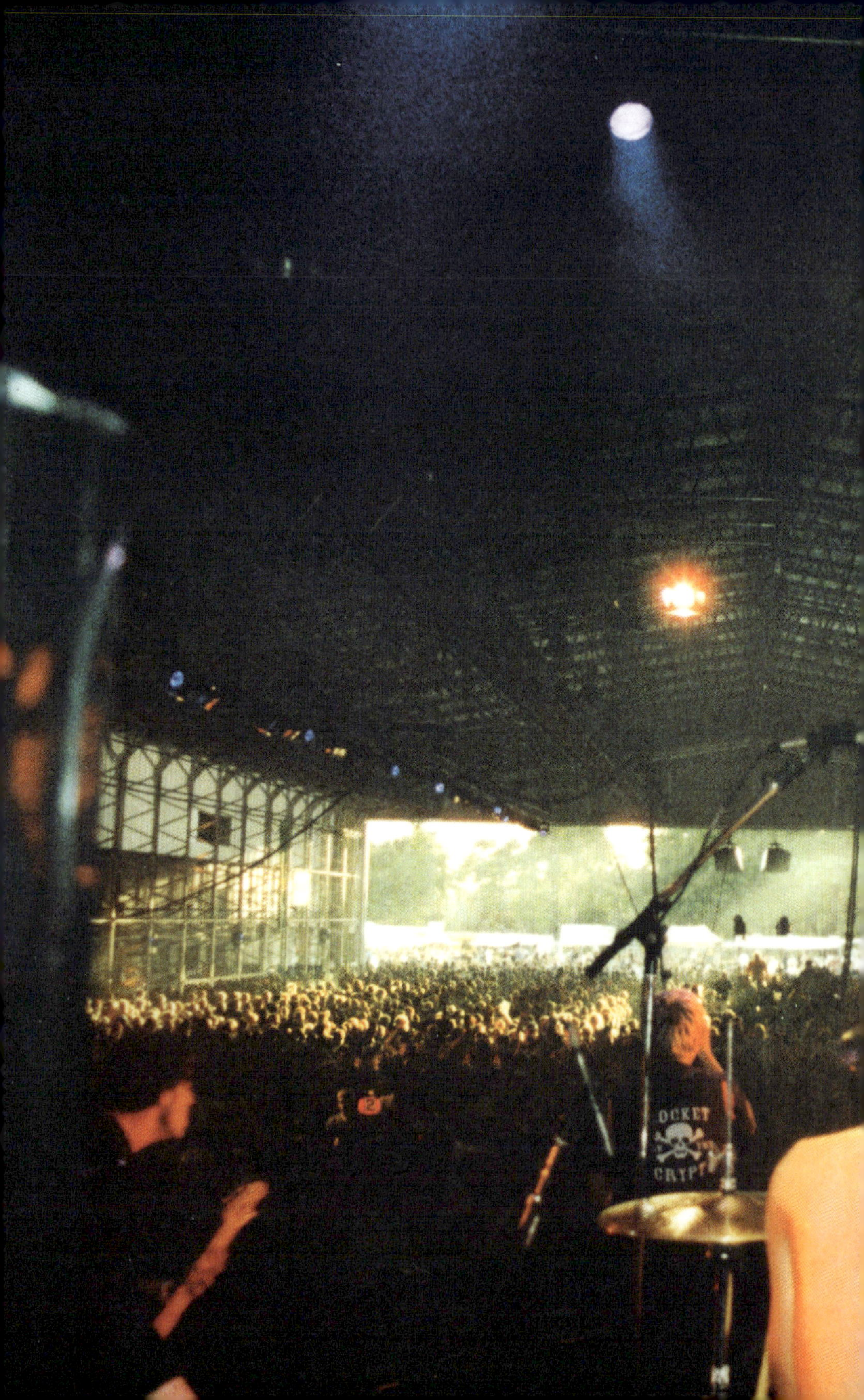

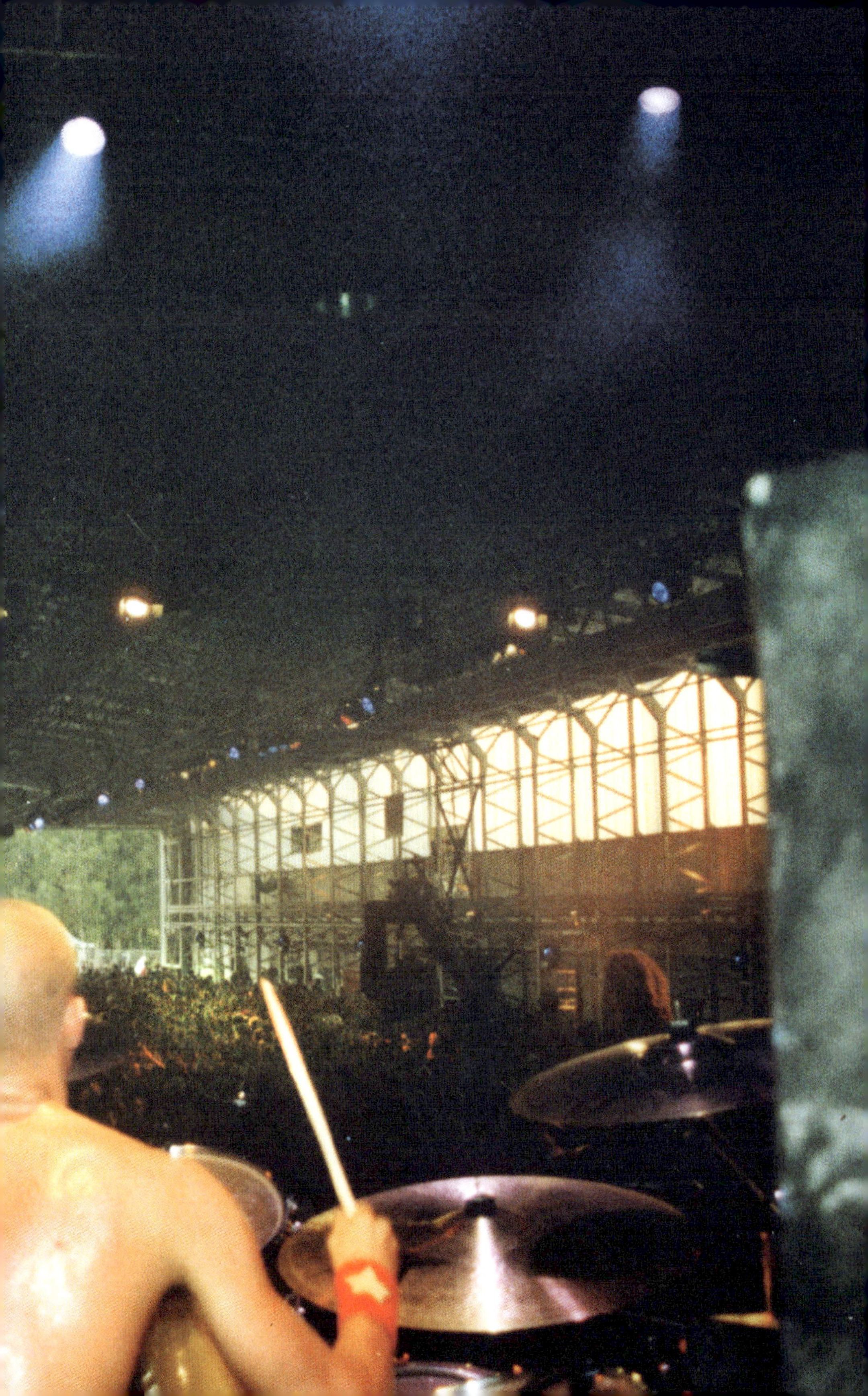

gedacht, und uns entsprechend zurückgenommen. Wie viel tatsächlich auf seinen Schultern lastete, war uns vielleicht gar nicht so bewusst«, erinnert sich Eike. Er und die anderen drei übernehmen seitdem vieles von dem, was Ingo bislang allein gestemmt hat: Interviews geben, Anfragen beantworten, mit dem Label und dem Management sprechen. »Natürlich können wir ihn nicht aus allem raushalten. Und bei vielen Sachen sagt er auch von sich aus: ›Das will ich machen.‹ Aber wir sind seitdem viel stärker sensibilisiert für Situationen, die potenziell überfordernd sind. Wir wissen, wann und wo es besser ist, mal einen Gang zurückzuschalten und die Dinge anders zu verteilen.«

Dass es viele Musiker gibt, die an Depressionen leiden, ist wahrscheinlich kein Zufall. Auch die Donots treffen im Laufe der Jahre immer wieder Mitglieder anderer Bands, denen es ähnlich geht. »Eine Band ist nun mal eine sehr soziale Veranstaltung«, sagt Ingo. »Ständig trifft man Leute, ständig hat man mit anderen Menschen zu tun. Sich da rauszuziehen, ist nur sehr schwer möglich.«

Außerdem sind Bands dauernd auf Achse: heute im Sprinter, morgen im Flugzeug, übermorgen im Bus. »Wann sind wir wieder zu Hause?« – »In dreieinhalb Wochen. Wenn nichts dazwischenkommt ...« Ein Lebensstil, der seine ganz eigenen Probleme aufwirft. Obwohl man ständig unter Leuten ist, kann es auf Tour sehr einsam werden. Und wenn die Tournee mit ihren Routinen und Ritualen schließlich zu Ende ist, fallen nicht wenige Musiker in ein tiefes Loch.

Ingos Therapie hat ein klares Ziel. Er will, nein, er muss einen Weg finden, mit seiner Krankheit zurechtzukommen, damit er weiterhin das tun kann, was er liebt: mit den Donots Musik machen. Denn die Band-Maschinerie läuft weiter. Konzerte sind bereits gebucht, Aktivitäten sind geplant, und auch ein neues Album soll in Angriff genommen werden. Deshalb treffen sich die Donots in unregelmäßigen Abständen mit Produzent Fabio Trentini in ihrem Proberaum, um Songs zu schreiben und Ideen zu entwickeln. Ingo ist zunächst nicht dabei. Einerseits beschäftigt ihn das natürlich sehr: Die Donots machen etwas Neues und er ist nicht dabei? Geht irgendwie gar nicht. Andererseits ist er aber auch ganz froh darüber. Gesundheitlich ist er einfach nicht in der Lage, stundenlange Sessions im Proberaum runterzureißen. Während die anderen an neuen Liedern schrauben, schraubt er an sich selbst herum.

Ingo stellt sich seinen Ängsten und begibt sich auf Rat seiner Therapeutin immer wieder in Situationen, die er eigentlich vermeiden will. Nach und nach kämpft er sich aus dem Bett, aus dem Zimmer, aus dem Haus. Auch Autofahren geht irgendwann wieder: »Wenn du eine solche Panikstörung hast, bist du nicht mehr einsatzfähig. Du fokussierst dich nur noch auf deine Angst, die dominiert all deine Gedanken, und du bekommst Angst vor der Angst. Aber mir wurde klar, dass ich mich diesen Situationen einfach aussetzen muss. Ich wollte nicht, dass die Angst mein Leben beherrscht. Und irgendwann habe ich gemerkt: Die Angst kommt zwar, aber sie wird auch wieder weniger«, sagt Ingo.

Im Laufe der Jahre findet Ingo einen Modus, mit seiner Krankheit umzugehen. Ihm hilft es, ein paar Routinen in den Tagesablauf einzubauen: »Als Musiker hast du ein sehr unstetes Leben. Wenn du auf Tour oder im Studio bist, dann gammelst du entweder den ganzen Tag vor dich hin, oder du bist nur am Durchpeitschen.« Um sich und diesem Leben ein wenig Halt und Struktur zu geben, geht er nach Möglichkeit jeden Tag joggen. »Das hilft natürlich einerseits, damit ich fit auf der Bühne bin«, sagt Ingo, »aber es hat für mich auch eine andere Komponente. Als Musiker bist du oft von außen determiniert, dein Tag wird oft durch andere bestimmt. Da ist es gut, wenn es etwas gibt, was man nur für sich hat. Bei mir ist es das Joggen.« Auch Muskelentspannungsübungen helfen Ingo, zu ein bisschen mehr innerer Ruhe zu finden. Im Laufe der Jahre kriegt er seine Ängste immer besser in den Griff. Und doch wird sich diese Stimme nie ganz zum Schweigen bringen lassen. »Wenn man einmal eine Panikstörung hatte, wird man die nie wieder los. Das ist immer in dir drin. So wie eine Tür, die man aufstößt und hinter die man blickt. Danach weißt du, was in dem Raum ist und kriegst die Tür nie wieder ganz geschlossen.«

In der Öffentlichkeit wird zunächst nichts von Ingos Krankheit bekannt. Er hält sich lieber an das Motto »live to tell« und schreibt Songtexte, die sich mehr oder weniger deutlich mit seiner Situation auseinandersetzen. »Die Musik hat mich da reinmanövriert, also muss sie mich da auch wieder rausführen – das war mein Ansatz. Um aus diesem Scheiß wieder rauszufinden, habe ich das genutzt, was mir am meisten bedeutet.«

Die emotionale Schere klafft bei den Donots in dieser Zeit ganz schön weit auseinander. Einerseits vermitteln sie auf der Bühne mit ihrer »Let's Go«-Attitüde dieses positive Gefühl. Andererseits hängt ihr Sänger in einem tiefen, schwarzen Loch fest und lässt seine düsteren Gedanken in die Texte der neuen Songs einfließen.

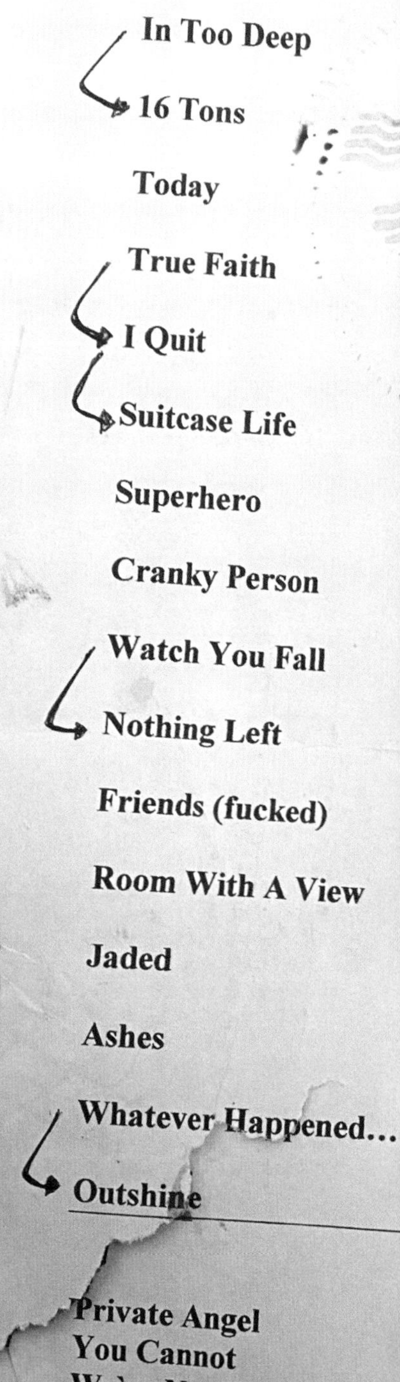

Originale Setlist 2001.

SIBBI [Itchy]

Hach, die Donots … ehrlich gesagt sitze ich jetzt gerade hier und bin ziemlich ratlos, Ich frage mich, wie ich die ganzen Geschichten, Anekdoten, Gemeinsamkeiten, Aufeinandertreffen und Situationen zusammenschreiben soll, ohne dass am Ende ein 500-seitiges Buch dabei herauskommt. Denn wer möchte sowas lesen?! Ich weiß jedenfalls, dass ICH sowas nicht schreiben will. Daher versuche ich mal, die große Liebe zwischen meiner Band Itchy und den Donots in einigen Stichpunkten zusammenzufassen:

1998: Mit 15 Jahren erste Donots-Aufnahmen hören und für super befinden. Auf der Gitarre versuchen, diese nachzuspielen. Ist schwerer als gedacht.

1999: Shows von den Donots und Beatsteaks in diversen Jugendhäusern mit wenig Publikum besuchen. Vor einer dieser Shows durch lautes Singen des CD-Intros der *Better Days Not Included*-Platte vor dem Club versuchen, auf uns aufmerksam zu machen. Klappt vorzüglich! Wir spielen das erste Mal Tischfußball zusammen und haben danach losen E-Mail-Kontakt.

2001: Eigene Band gründen. Erstes furchtbares Itchy-Demo an Ingo schicken, welcher danach seltsamerweise den Kontakt zu uns nicht abbricht.

2002: Ingo ruft mich an und fragt, ob wir eine Show supporten wollen. Ich sage sofort zu und merke nach dem Auflegen, dass die Show mitten in der Schulzeit ist und zusätzlich noch 700 Kilometer von unserem Zuhause entfernt. Nach Abwiegen der Prioritäten spielen wir die Show in Flensburg. Wir verkaufen dort 40 (!) der besagten Demo-CDs und spielen komischerweise danach 13 Jahre lang nicht mehr in Flensburg.

2003: Noch weitere Supportshows für die Donots spielen. Vor einer der Shows zeigt uns Guido seinen Penis.

2003 bis heute: Auf unzähligen Festivals im In- und Ausland zusammen spielen und feiern. Gegenseitig auf der Bühne bei den Shows der jeweils anderen mitsingen und mitspielen. In keinem der Fälle die Show dadurch besser machen.

2011: Nach Vorbild der Donots und mit Tipps von Alex und Ingo eine eigene Plattenfirma gründen.

2014: Beim *Grand Münster Slam* mitspielen. Ich habe furchtbar schlimmen Durchfall während der Donots-Show. #justsayin

2015: Ingo schreibt einen Empfehlung für den Buchrücken unseres ersten Buches

2017: Ingo schreibt das Bandinfo für unser Album *All We Know*.

2018: Backstage beim *Mini Rock*-Festival zusammen mit Ingo und Guido die für alle

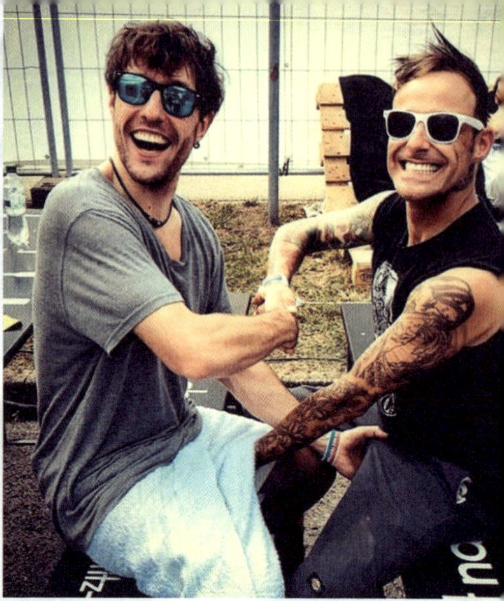

drei lustigste Situation überhaupt erleben. Leider muss man dabei gewesen sein, um sie zu verstehen. Deshalb hätte ich mir diesen Punkt hier sparen können. Aber ich muss alleine bei der Erinnerung schon wieder meinen Harndrang unterdrücken.

2019: Support bei den wunderbaren 25 Jahre Donots-Jubiläumsshows.

In regelmäßigen Abständen mit Alex über das Musikbusiness reden.

In regelmäßigeren Abständen von Guido sinnbefreites Audiomaterial erhalten.

In noch regelmäßigeren Abständen mit Ingo über alles mögliche quatschen.

In stündlichen Abständen mit Ingo in Whatsapp-Kontakt stehen.

„Medien, Fotos, Videos"-Anzahl im Whatsapp-Chat mit Ingo: 4796 (Stand: 04.12.2019)

Alleine beim Schreiben dieses Textes hat mich Ingo unwissentlich elfmal unterbrochen. Das ist elfmal öfter als es meine Mutter in dieser Zeit tat. Dafür liebe ich ihn, jeden einzelnen seiner vier Bandkollegen, ihre Crew und ihre Fans. Müssten wir uns für absolute Lieblingsfreunde im Musikbusiness entscheiden, dann gäbe es für uns nur eine Antwort:

Madsen.

Oder auch Billy Talent.

Unabhängig davon ist es aber ziemlich okay, dass uns 1998 eine Platte einer Band namens Donots in die Hände gefallen ist. Ohne diesen Umstand wäre unser Leben hundertprozentig ein anderes, und sicher kein so wundervolles.

DANKE ALEXPURGENINGOEIKEGUIDO,
wir lieben Euch!
(Update: jetzt zwölfmal unterbrochen)

Auf dem Album *Amplify The Good Times*, das die Donots im Winter 2001/2002 aufnehmen, hinterlässt Ingos Auseinandersetzung mit seiner Krankheit deutliche Spuren. Songs wie »Worst Friend/Best Enemy«, »The Up Song« oder »Rollercoaster« thematisieren mehr als deutlich Ingos Verfassung: »The hardest part is staying sane«, »Again it's me against myself«, »Never gonna feel just fine«, »I've locked myself inside this lonely cell«, »Does your life feel like swimming with the sharks where you can't find your own way out?« – Zeilen wie diese finden sich zu Dutzenden auf dem Album. Zudem sind Ingos Texte zynisch und pessimistisch wie nie zuvor. So gibt er sich in »Friends (Fucked)« als unzuverlässiger Schwätzer und schlechter Freund, der nichts lieber mag, als seine Versprechen zu brechen und die Menschen, die auf ihn zählen, im Stich zu lassen. Jeder, der Ingo ein bisschen kennt, weiß natürlich, dass das Quatsch ist, dafür hätte es den Hinweis im Booklet, der Song sei »quite ironic«, gar nicht gebraucht.

Die inhaltliche Arbeit am Album ist für Ingo eine Form der Selbstheilung, und sie hat einen Nebeneffekt: Sie lässt ihn das aktuelle musikalische Geschehen völlig neu bewerten. Denn damals herrscht ein großer Hype um Emo-Bands, die harte Gitarren mit schweren Herzen und gefühlsduseligen Texten kombinieren. Manche dieser Bands findet Ingo zwar gut, aber die meisten erscheinen ihm jetzt nur noch eklig und vermessen. »Da gab es irgendwelche Heiopeis, die nur so taten, als ob es ihnen schlecht ginge, weil sich das gerade gut verkaufte. Während ich zu Hause saß, gegen eine Depression ankämpfte und manchmal nicht wusste, wie ich den Telefonhörer abnehmen soll, um jemanden anzurufen«, sagt er.

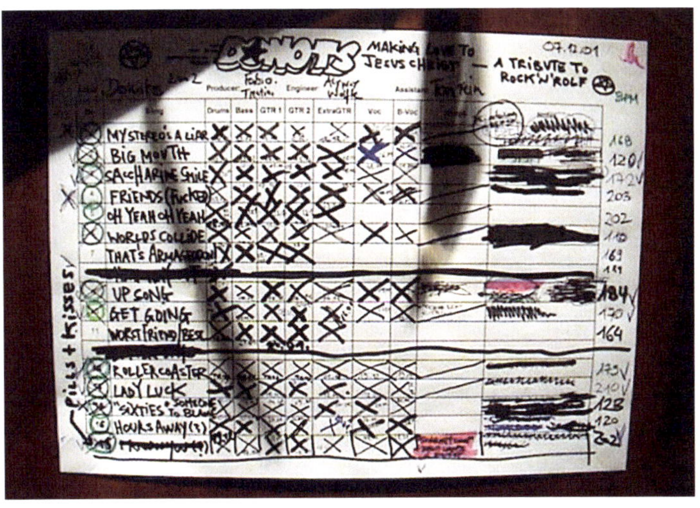

To-do-Liste der Aufnahmen zu *Amplify The Good Times*.

Das Album, das wieder von Fabio Trentini in Hannover aufgenommen wird, zeigt auch, wie viel die Donots seit *Pocketrock* gelernt und wie sehr sie sich weiterentwickelt haben. Die Songs sind präziser, durchdachter und vielseitiger, ohne dabei die Fans des Vorgängeralbums zu verschrecken. Die Band ist weiterhin auf der Suche nach der perfekten Formel, um Elemente aus Rock, Pop und Punk so zusammenzusetzen, dass am Ende ein Donots-Song herauskommt. Und sie wird dabei immer öfter fündig.

Nachdem *Pocketrock* ein echter Erfolg war, hofft man bei GUN natürlich darauf, dass mit dem Nachfolge-Album der Kurs beibehalten wird – mindestens. »Die Erwartungen waren schon ein bisschen höher, aber das ist normal«, sagt A&R Markus Balk. »Man setzt sich ein Ziel, und wenn man es erreicht hat, setzt man sich das nächste Ziel. Und für eine Plattenfirma, die kein reiner Liebhaber-Indie ist, sind solche Ziele eben auch kommerzieller Natur. Als Label will man immer, dass eine Band wächst und größer wird. Die meisten Bands wollen das ja auch.«

Dass »We're Not Gonna Take It« inzwischen einer der Höhepunkte jeder Donots-Liveshow ist und verlässlich für Begeisterung sorgt, hat sich auch im GUN-Büro in Bochum herumgesprochen. Kein Wunder, dass das Label mit einer Studioaufnahme der Twisted-Sister-Hymne liebäugelt. Das wäre doch ein starker Single–Kandidat. Der ließe sich bestimmt prächtig vermarkten.

Doch die Donots stellen sich quer. »We're Not Gonna Take It« ist ein großer Spaß, gehört aber nach Meinung der Band auf die Bühne und nicht auf eine Platte. Die Donots wollen ihren »großen Durchbruch« auf keinen Fall einer Coverversion verdanken. Bands wie die Bates, die mit Punkrock-Covern von Shakespeare's Sister und Michael Jackson in den Charts, aber eben auch im Credibility-Abseits gelandet sind, sind ihnen ein abschreckendes Beispiel. Ihrer Meinung nach hat das Album auch so genug Hits. Zum Beispiel »Saccharine Smile« und »Big Mouth«. Beide Songs werden als Singles ausgekoppelt, zu beiden werden Videos gedreht, und bei beiden ist die Band am Ende unzufrieden. Im Clip zu »Saccharine Smile« spielt die Band auf einer rotierenden Peepshow-Bühne und verpasst sich alberne Pseudonyme wie George Premium, Seymour Wood oder A. J. Lightning. Das Video zu »Big Mouth« inszeniert die Donots gar als unsympathische Schnösel in cremeweißen Anzügen, die dicke Zigarren rauchen und sich in einer Luxuskarre chauffieren lassen. Leider geht die Ironie durch die aalglatte Bonbon-Ästhetik nahezu komplett flöten.

»Im Grunde lief es mit den Videos immer gleich«, sagt Purgen. »Wir sind zum Label nach Bochum gefahren. Dort legten sie uns dann drei Treatments für ein Video vor, das in der Woche darauf gedreht werden sollte. Das Problem war: Alle drei Treatments waren scheiße. Aber wir standen unter Zeitdruck und mussten uns entscheiden. Also haben wir das genommen, was wir am wenigsten schlimm fanden, und uns bemüht, das Ganze ein bisschen in unsere Richtung zu lenken und zu verbessern.« Das erklärt zum Beispiel, warum sich im »Big Mouth«-Video zwei halbnackte ältere Herren scheinbar ohne jeden Anlass mit Teppichklopfern verprügeln. Retten lässt sich das Ganze auch dadurch nicht mehr. »Deutsche Videos sahen damals einfach fast immer uncool, glatt und quietschbunt aus«, sagt Alex, »das war einfach die

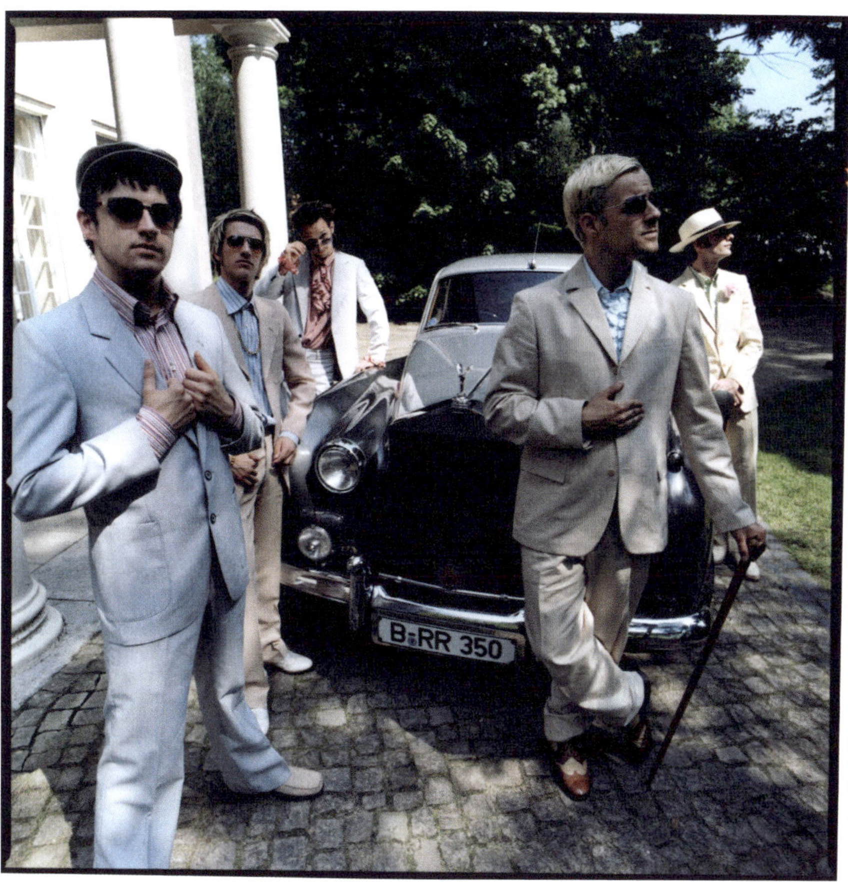

VIVA-Ästhetik.« Ein Erfolg wird *Amplify The Good Times* dennoch: Platz 18 in den deutschen, Platz 45 in den österreichischen Charts. Für die Donots ist das immer noch schwer zu glauben.

Eine eigene Tour zum Album, das im Juni 2002 erscheint, ist erst für den Herbst geplant. Denn für das Frühjahr hat die Band schon andere Pläne. Das Angebot, mit Millencolin und Anti-Flag auf große Europatour zu gehen, können die Donots einfach nicht ablehnen. So begeistert die Fünf auch sind, ihre Plattenfirma ist dagegen. Die will lieber, dass sie in Deutschland bleiben, um Promo für das neue Album zu machen. »Außerdem haben die sich daran gestört, dass wir ›nur‹ die Vorband waren«, sagt Alex. »›Ihr macht Euch total klein‹, hieß es. Und außerdem sei das Ganze viel zu ›spitz‹ von der Zielgruppe her, viel zu sehr Punkrock.« Doch die Donots setzen sich durch und sagen Millencolin zu. Zu sehr Punkrock? Was soll das heißen? Wie soll das denn gehen?

Die Europa-Tournee führt die drei Bands durch Holland, England, Schottland, Frankreich, Spanien, Italien, die Schweiz, Österreich und am Ende auch durch Deutschland. Siebzehn Shows in achtzehn Tagen: für die Donots »einfach eine

ährend des Videodrehs zu „Big Mouth“.

megageile Zeit«, wie Alex erzählt. Wie gut oder schlecht das alles für ihr »Standing« und ihre kommerzielle Verwertbarkeit ist, interessiert sie herzlich wenig. Der Band tut es einfach gut, dass die leidigen Diskussionen um Image und Außenwirkung ein paar Wochen beiseite gelegt werden. Die Frage, ob die Donots glaubwürdig sind oder eine Sellout-Band, stellen sich weder das Publikum, noch die Veranstalter oder die anderen Bands. Indie oder Major, fette Videos oder kleine Budgets – das alles spielt keine Rolle. Die Donots rocken und beweisen jeden Abend, was sie drauf haben. Das ist alles, was zählt.

Der Band macht es einen Riesenspaß, sich in so großen Venues wie der legendären Brixton Academy in London, dem Razzmatazz in Barcelona, der Großen Freiheit in Hamburg oder dem Kölner Palladium zu beweisen. Und das gelingt ihnen mehr als überzeugend: Der Unterschied zwischen der Vor- und der Hauptband besteht eigentlich nur darin, dass Millencolin länger spielen als die Donots. Was die Reaktionen und die Stimmung im Publikum angeht, nehmen sich die Bands nicht viel.

Und das, obwohl die Donots für die Tour einen neuen Schlagzeuger engagieren müssen. Denn Eike ist vorerst außer Gefecht gesetzt.

Zwei Wochen vor Tourstart waren die Donots in Laax in der Schweiz bei einem Event namens »Boardercross« eingeladen: Viel Schnee, steile Hügel und Snowboards, die von der Band gratis genutzt werden dürfen. Eike überlegt nicht lange und nimmt das Angebot an, obwohl er noch nie auf einem Snowboard gestanden hat. Dafür macht er auf dem Brett eigentlich eine ganz gute Figur. Anfangs noch etwas wacklig, gewinnt er zunehmend an Sicherheit und fährt ein paar Mal den Berg hinunter. Eigentlich will er schon aufhören, aber eine allerletzte Abfahrt gönnt er sich dann doch noch. Und natürlich passiert es genau dann: Er stürzt, will sich abstützen, um den Sturz abzufangen, und fällt dabei auf das Handgelenk. Und zwar so richtig. Das Gelenk ist gebrochen, so kompliziert, dass es genagelt und geschraubt werden

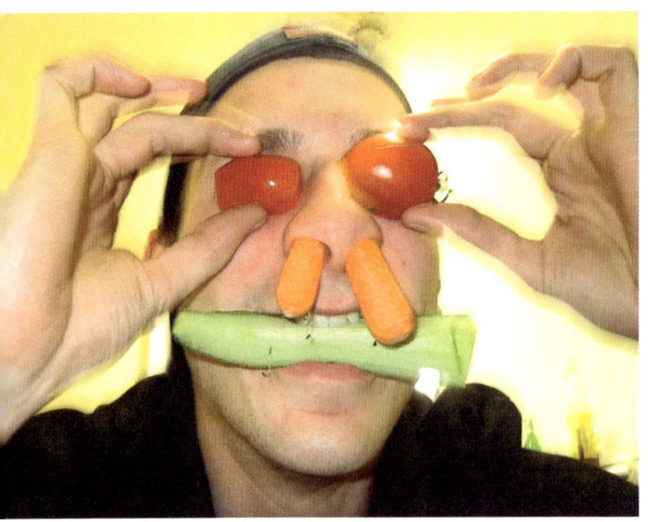

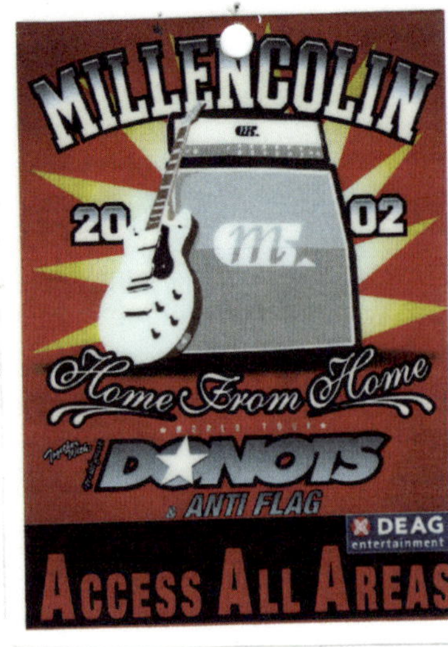

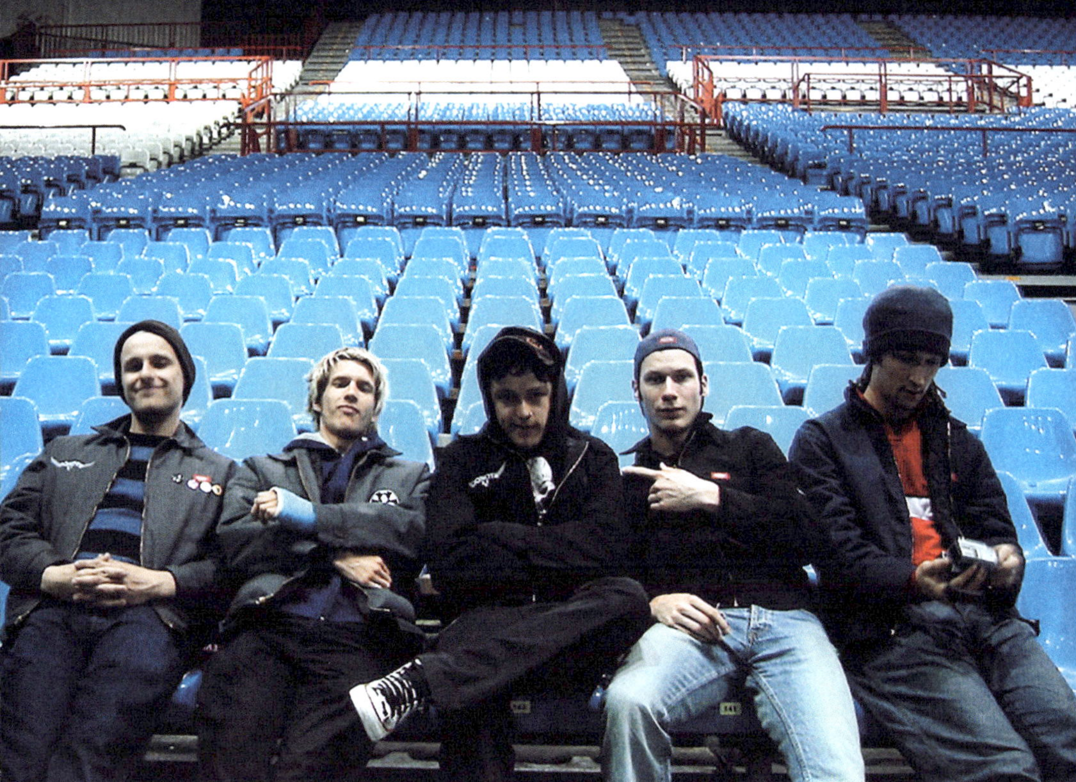

muss. Der Arzt schätzt, dass der Drummer drei Monate nicht spielen kann. Als Eike mit eingegipstem Arm ins Hotel zurückkommt, erwartet ihn kein Mitleid, sondern Ärger. Vor allem Ingo und Guido sind echt sauer, als ihnen klar wird, dass Eike die Millencolin-Tour nicht spielen kann. Was nun? Sollen sie etwa absagen?

Nein. Diese Chance lassen sie nicht sausen. Die Donots fangen hektisch an, nach einem Ersatzmann zu suchen. Zum Glück ist auf die Westfalen-Connection Verlass, und Steffen Wilmking, der früher bei Thumb war und nun bei den H-Blockx spielt, springt kurzfristig ein. Er schafft sich in kürzester Zeit die Songs drauf und integriert sich ohne Probleme. Seine Gage wird komplett von Eike bezahlt, der damit freiwillig eine Art Bußgeld für seine Trotteligkeit entrichtet. Eike fährt die Tour übrigens trotzdem mit. Mit einem Cocktail in der Hand sitzt er Abend für Abend im Klappstuhl am Bühnenrand und sieht sich an, wie die Donots ohne ihn zurechtkommen.

Ingo arbeitet derweil weiterhin daran, seine Angststörungen in den Griff zu bekommen. Ob im Studio oder auf Tour – es gibt immer wieder Situationen, wo er sich rausziehen und seinen Ängsten begegnen muss. Manchmal hilft ein spontanes Telefonat mit seiner Therapeutin, manchmal nimmt er Medikamente, um die innere Unruhe und die Ängste in den Griff zu kriegen.

Die Tour mit Millencolin endet an einem Montag in Bremen, dann haben die Donots einen Tag frei, und schon am darauffolgenden Mittwoch stehen sie in Ham-

Links: Purgen mit Tomaten auf den Augen.
Mitte: Backstage-Pass der Millencolin-Tour.
Oben: Vor der Millencolin-Support-Show in Mailand.

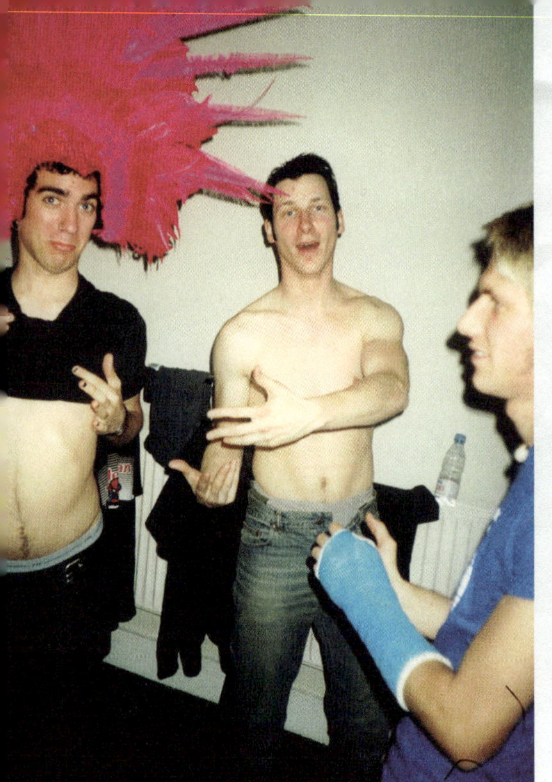

CHRIS #2 [Anti-Flag]

Es ist mir eine Ehre, dass die Donots seit mehr als 15 Jahren folgendes für mich sind:

Freunde. Wenn man so viel unterwegs ist, wie wir alle es sind, ist es schwer, Kontakt zu halten und bedeutsame Beziehungen aufrecht zu pflegen. Aber wenn wir uns treffen, ist es immer so, als hätten wir uns eben erst verabschiedet. Im Ernst: Die Donots gehören zu den nettesten, freundlichsten und aufmerksamsten Menschen, die ich je getroffen habe.

Mentoren. Als wir zum ersten Mal in Europa getourt sind, haben die Donots ihren Bus mit uns geteilt. Sie haben uns ihre Szene näher gebracht, haben uns gezeigt, wie man auf größeren Bühnen zurechtkommt und dass man diese Momente niemals als selbstverständlich hinnehmen darf.

Alliierte und Komplizen. Im Kampf gegen soziale, wirtschaftliche und rassistische Ungerechtigkeit haben die Donots ihre Kunst immer auf Empathie aufgebaut. Es geht ihnen bei allem, was sie machen, um die Menschen und nicht um den Profit. Die Welt ist ein besserer Ort, weil es die Donots gibt.

burg wieder auf der Bühne. Erneut sind sie als Supportband gebucht, und zwar erstmals von den Toten Hosen.

Campino ist über Freunde auf die Donots gestoßen und macht aus seiner Begeisterung keinen Hehl. »Das sind richtig gute Jungs, ehrliche Arbeiter, die dem Publikum nie etwas schuldig bleiben«, sagt er später in der Münsteraner Radioshow *London Calling*. »Die Spielfreude, mit der die Donots jeden Abend Gas geben, ist selten. Das kickt mich jedes Mal, wenn ich das sehe.« Hosen-Bassist Andi pflichtet ihm bei: »Die Donots kriegen es immer sehr schnell hin, die Leute zu packen. Auch die, die vorher noch nie von der Band gehört haben. Die Energie auf der Bühne, das Gefühl für Melodien – die Donots sind einfach eine außergewöhnliche Liveband.«

Eine Band voller gleichberechtigter Mitglieder, alle auf Augenhöhe und an einem Strang ziehend – die Parallelen sind groß. »Ich hab schnell kapiert, dass die Donots eine Gang sind, genau wie wir«, erzählt Campino. »Deshalb hab ich mich auch direkt wohlgefühlt bei denen.« Beide Bands halten mit ihrer Sympathie füreinander nicht hinterm Berg. »Unser Verhältnis war immer offen und ehrlich. Ohne

Animositäten, ohne Konkurrenzgefühl. Eine wirklich schöne Freundschaft«, sagt der Hosen-Sänger.

Ein entscheidendes Ereignis für diese Freundschaft ist sicher der gemeinsame Auftritt auf der Loreley im September 2002. Am Abend vor ihrer eigentlichen Show spielen die Hosen einen Warm-up-Gig in einem Zelt, und Campino fragt Ingo ein paar Tage vorher, ob der nicht vorbeikommen und einen Song mit ihm singen wolle. »Ich glaube, Campino hat mich damals ein bisschen für einen Schwätzer und ein Großmaul gehalten«, sagt Ingo. »Er dachte wahrscheinlich, ich tauche dort eh nicht auf. Oder wenn, dass ich dann die Songs nicht kenne.« Doch Ingo, der die Hosen-Songs selbstverständlich draufhat, singt den *Damenwahl*-Klassiker »Verschwende deine Zeit« fehlerfrei und genau auf den Punkt. Keine Frage: Er ist ein echter Fan. Das imponiert den Hosen sichtlich, und am nächsten Tag hat Ingo bereits sein nächstes Engagement als Gastsänger, allerdings in einem etwas größeren Rahmen: Auf den Rängen der pickepackevollen Freilichtbühne in St. Goarshausen sehen 17.000 Hosen-Fans gespannt zu, wie Ingo von Campino auf die Bühne gebeten wird. Und zwar nicht, um den Leuten eine kurze Verschnaufpause am Bierstand zu verschaffen, sondern als einer der Höhepunkte der Show. Denn diesmal singt Ingo nicht »Verschwende deine Zeit«, sondern einen der bekanntesten Hosen-Songs überhaupt: »Hier kommt Alex«.

Ein weiterer Kreis hat sich geschlossen. Schließlich hat Ingo eine ganz besondere Beziehung zu den Hosen. Wer weiß, was aus ihm geworden wäre, wenn André ihn vor knapp zwölf Jahren nicht mit zum Hosen-Konzert in die Halle Münsterland genommen hätte. Und nicht nur aus ihm, auch aus dem Rest der Band. Gäbe es die Donots dann überhaupt?

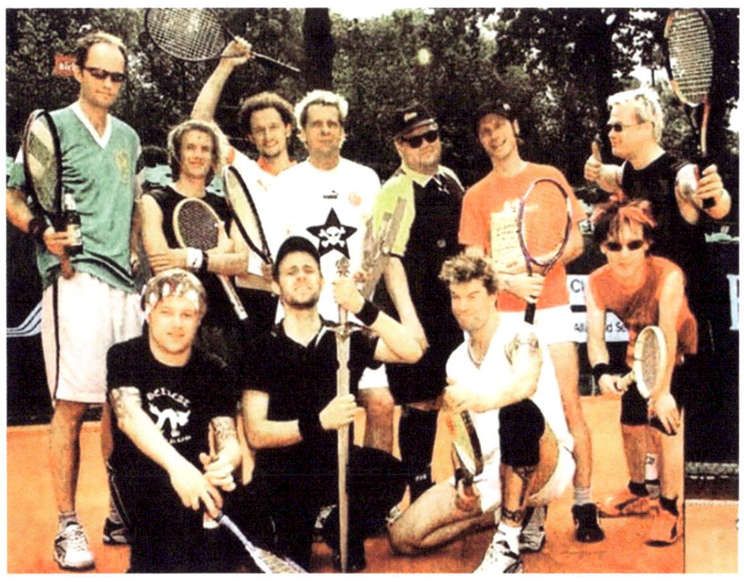

riss Oder Stirb:
osen-vs.-Donots-Tennismatch.

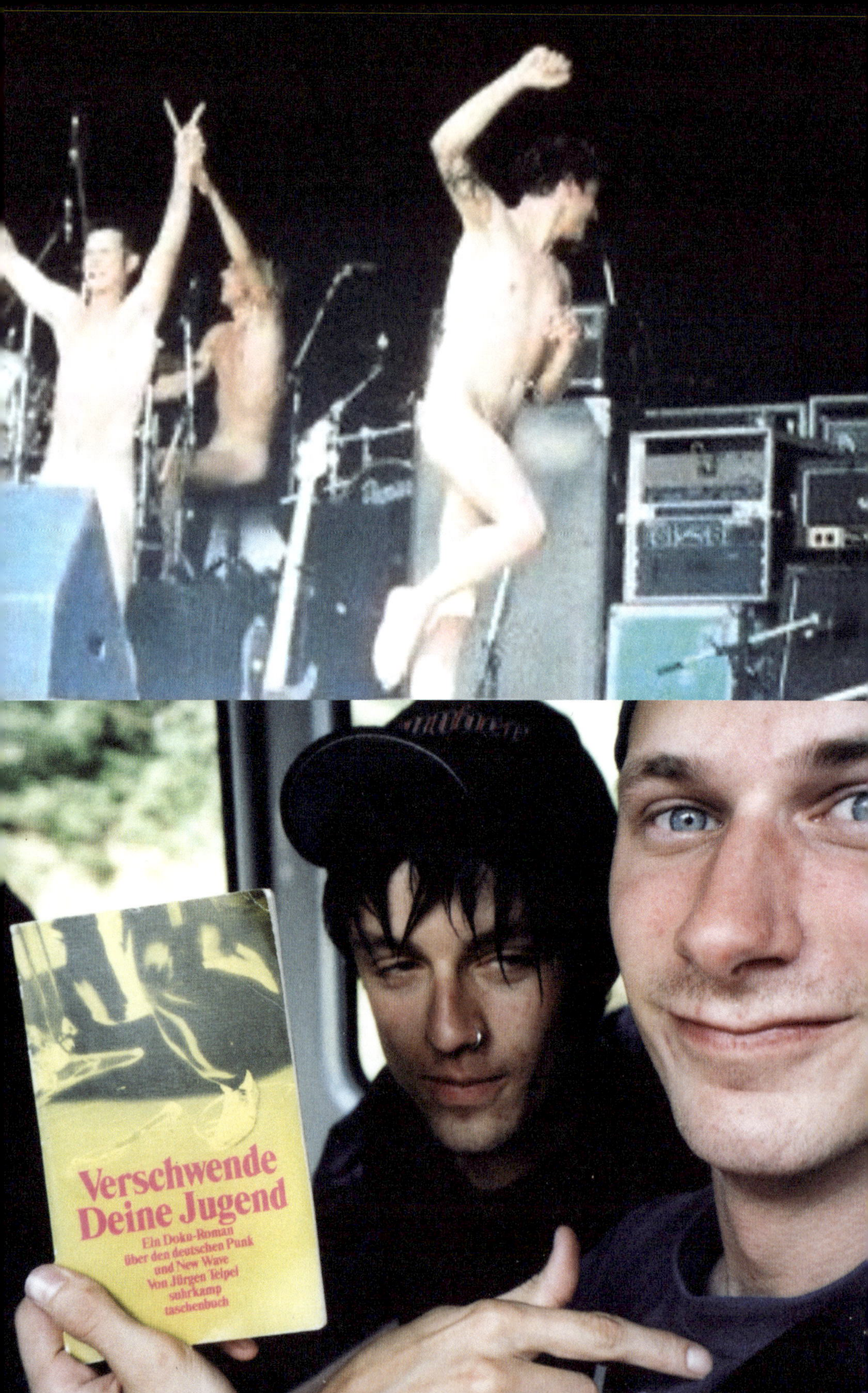
Verschwende
Deine Jugend
Ein Doku-Roman
über den deutschen Punk
und New Wave
Von Jürgen Teipel
suhrkamp
taschenbuch

Auch im Sommer 2002 ist ihr Terminplan wieder vollgepackt mit Festivals: *Rock am See* in Konstanz, *Folklore im Garten* in Wiesbaden, das Kölner *Ringfest*, das *Highfield* in Leipzig, das *Frequency* Festival in Salzburg und das *Pukkelpop* im belgischen Hasselt sind nur die bekanntesten. Auch kleinere Open Airs in Orten wie Lustenau, Zwertendorf, Geislingen oder Jüterbög stehen auf dem Programm. Und ein ganz besonderes in ihrer Heimatstadt Ibbenbüren: Denn am 6. Juli veranstalten die Donots zusammen mit der Scheune-Initiative Pinkpop ihr erstes eigenes Festival. Es heißt *Rock Release*, findet auf dem Parkplatz von Guidos früherem Arbeitgeber Musik Produktiv statt und kostet gerade mal zehn Euro Eintritt. Neben den Donots und diversen lokalen Bands spielen Muff Potter, Waterdown und die Beatsteaks. Kein Wunder also, dass die Veranstaltung schon im Vorfeld ausverkauft ist. Am Ende kommen mehr als tausend Besucher, die sich ausgelassen freuen, im kleinen Ibbenbüren ein Konzert dieser Größenordnung erleben zu dürfen. Auch die Donots sind begeistert, obwohl es organisatorisch hier und da noch Luft nach oben gibt. Weil backstage keine Dixis stehen, müssen sich die Bands zwischen den Zuschauern an den Toilettenwagen anstellen – von denen gibt es aber nur zwei und damit deutlich zu wenig. Doch kleine Pannen wie diese können den Spaß, den die Donots an der Sache haben, nicht trüben. Alle denken das Gleiche: *Könnte man glatt öfter machen, so ein eigenes Festival …*

Im Herbst, als die Festivalsaison vorbei ist, gehen die Donots endlich auf eigene Tour. Monate, nachdem *Amplify The Good Times* veröffentlicht wurde. Obwohl sie sich wirklich nicht rar machen, ist die Nachfrage so groß, dass zur Herbsttour im Schnitt über 500 Zuschauer pro Abend kommen. Egal ob im PC69 in Bielefeld, im Grünspan in Hamburg, im Longhorn in Stuttgart, im SO36 in Berlin, dem Soundgarden in Dortmund, oder der Live Music Hall in Köln, die Donots spielen vor vollem Haus. Doch so gut die Konzerte auch laufen, was die Plattenverkäufe angeht, hat sich *Amplify The Good Times* »nur« auf dem Niveau von *Pocketrock* eingependelt. Der Band ist das zwar ziemlich egal, doch bei GUN hat man sich höhere Ziele gesteckt. Die Band bräuchte einen weiteren Push, findet das Label. Und kommt mit einem Vorschlag um die Ecke, den die Donots nicht zum ersten Mal hören: GUN wollen »We're Not Gonna Take It« als Single veröffentlichen.

Nicht nur vom Label, auch von den Fans werden sie regelmäßig gebeten, den Song aufzunehmen. Irgendwann fragt sich auch die Band: Warum eigentlich nicht? Allerdings soll der Song nicht für sich alleine stehen, sondern Teil eines Mini-Albums werden, auf dem die Donots neben Twisted Sister auch andere Metalbands covern, die für ihre musikalische Sozialisation wichtig waren: »All We Are« von Warlock, »School's Out« von Alice Cooper, »Bad To The Bone« von Running Wild und, um dem ganzen die Krone aufzusetzen, das Cover eines Covers: Joe Jacksons »Got The Time« in der Anthrax-Version, für das die Donots Holger Kochs, den Sänger von Pale, als Gast einladen. Obwohl Purgen den Song scheiße findet, nehmen sie mit »Ausgebombt« auch eine Nummer der Ruhrpott-Thrashmetal-Band Sodom auf. Doch die anderen können Purgen nicht überzeugen, worauf das Sodom-Cover bis auf Weiteres in der Schublade verschwindet.

ben: FKK bei *Rock am See* in Konstanz.

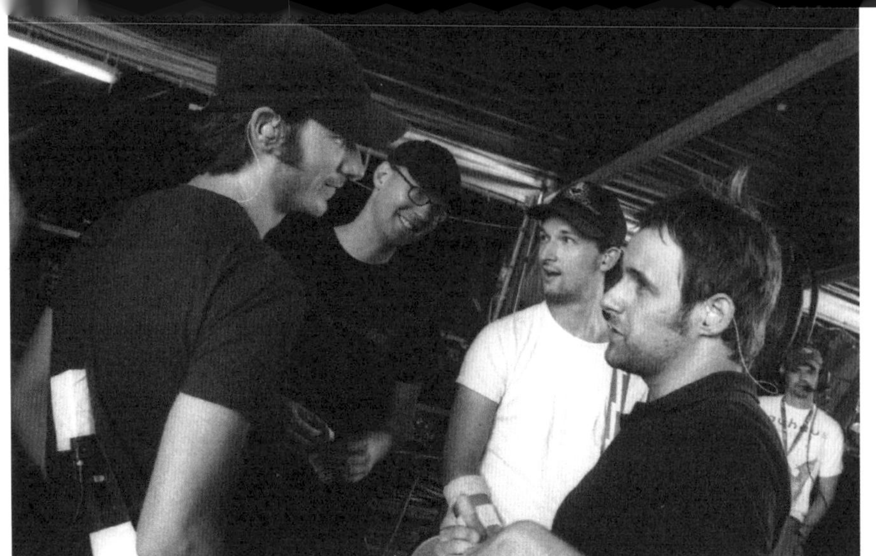

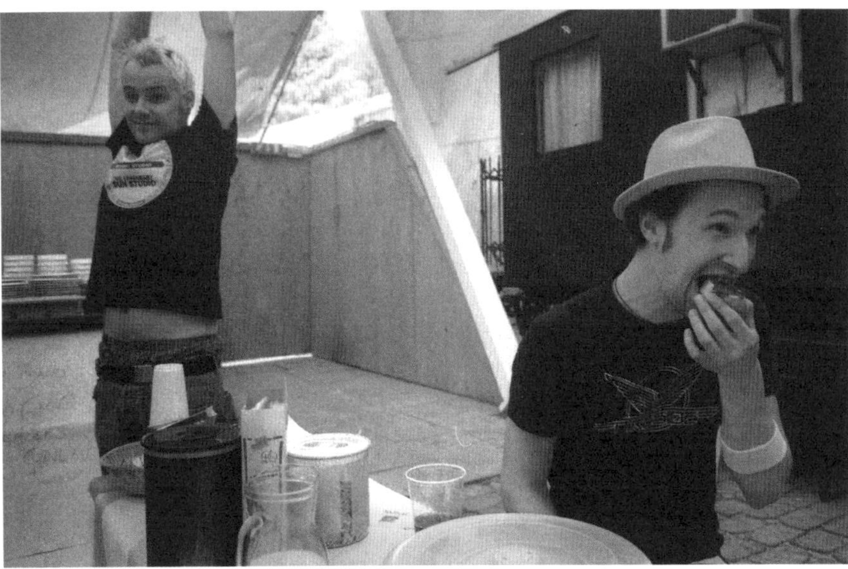

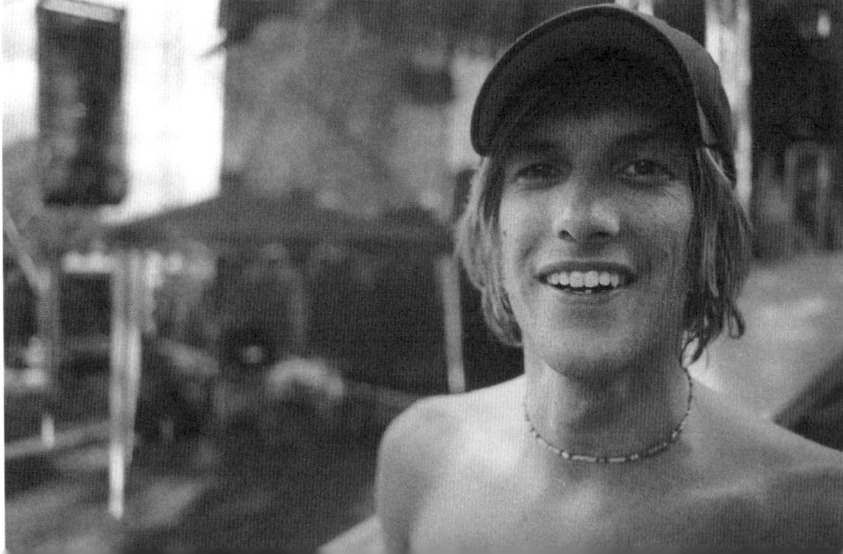

Einen Teil der Aufnahmen produziert Gerhard »Anyway« Wölfle im legendären Studio von Conny Planck in Neunkirchen, wo schon Kraftwerk, Eurythmics oder DAF aufgenommen haben. Der andere Teil wird im Koblenzer Studio 45 unter der Regie von Guido Lucas und Kurt Ebelhäuser eingespielt, die man nicht nur als Produzenten kennt. Lucas betreibt das in Noise-Rock-Kreisen hoch angesehene Label bluNoise, und Ebelhäuser hat sich als Gitarrist von Blackmail und Scumbucket einen Namen in der deutschen Indierock-Szene gemacht. Die beiden verstehen sofort, worum es den Donots geht: Der Umgang mit ihren Metal-Wurzeln soll auf keinen Fall ironisch rüberkommen. Sie wollen sich nicht lustig machen, sondern einem Sound und einer Szene Respekt zollen, der sie und damit auch ihre Musik geprägt hat. Das heißt: Keine Perücken und keine albernen Verkleidungen mit Kutten und Lederoutfits, auch wenn das Label die beim Videodreh offenbar gerne sehen würde. Gedreht wird in einem runtergekommenen Gasometer in Berlin, und während die Band die raue Atmosphäre betonen will, indem sie der Performance-Ebene des Clips Filmausschnitte von Aufständen und Polizeigewalt entgegenstellt, schleppt ein Produktmanager des Labels eine Kiste mit Nietenarmbändern an: »Hier, zieht die an, das passt doch voll super!« Es folgt das Übliche: Hitzige Diskussionen; eine Band, die sich weigert; ein Labelmanager, der das nachvollziehen kann. Und am Ende haben die Donots einmal mehr das Gefühl, dass die meisten bei ihrem Label nicht wirklich verstehen, wie sie ticken und was ihnen wichtig ist.

Dass ihnen die respektvolle Umsetzung der Metal-Einflüsse gelingt und dass das auch bei anderen so ankommt, beweist vor allem die Umsetzung von Running Wilds »Bad To The Bone«. Denn die Donots können Running-Wild-Chef Rolf Kasparek als Gastsänger verpflichten. Kasparek alias Rock'n'Rolf ist bekannt für sein Freibeuter-Image und eigentlich nie ohne sein Piratenoutfit in der Öffentlichkeit zu sehen. Er fühlt sich geschmeichelt, dass eine junge Punkband ihn und seine Songs feiert. Und Rock'n'Rolf ist nicht die einzige deutsche Metal-Ikone, die der Band ihren Segen gibt. Warlock-Sängerin Doro Pesch gefällt die Donots-Version von »All We Are« so gut, dass sie die Band persönlich anruft und darum bittet, ihr eine CD zu schicken.

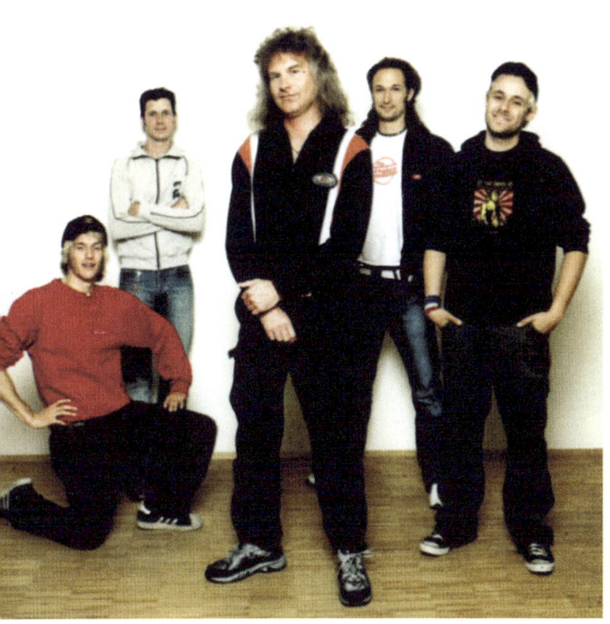

inks: Vor der Wiesen-Show, oben mit Erik von Kettcar.
etal Heaven: Donots vs. Running Wild.

EINMAL VORSPIELEN IN NEW YORK

Für die meisten Punkrockbands gibt es nicht nur ein gelobtes Land, sondern gleich zwei: England und die USA. England hatte die Sex Pistols, The Clash und den 100 Club in London, die USA hatten die Stooges, die Ramones und das CBGB's. Dort fing alles an. In New York wurde Geschichte geschrieben. Einmal im Big Apple aufzutreten, ist ziemlich sicher ein Wunschtraum fast aller deutschen Bands. Und für fast alle deutschen Bands geht er genauso sicher nie in Erfüllung.

Doch für die Donots wird dieser Traum wahr – dank ihrer Plattenfirma. Denn GUN gehört zum BMG-Konzern, der auch in den USA verschiedene Labels betreibt. Der Draht zum New Yorker BMG-Büro ist also vorhanden, und beim transatlantischen Hin und Her kommt das Gespräch offenbar irgendwann auf die Donots. Von wem die Initiative ausgeht, lässt sich rückblickend nur noch schwer rekonstruieren, aber eines Tages haben die Donots eine Einladung auf dem Tisch: Am 2. November 2002 können sie im Rahmen der Musikmesse CMJ in New York spielen. Im Elbow Room auf der Bleecker Street, gleich um die Ecke vom legendären CBGB's, der Keimzelle des US-Punk, wo Bands wie die Ramones, die Dead Boys, Blondie, Patti Smith oder Johnny Thunders & The Heartbreakers ihre Karrieren gestartet haben.

Die Donots in New York. *Wahnsinn. Einfach nur Wahnsinn. Wir können in Amerika spielen! Da gibt es Leute, die uns tatsächlich sehen wollen!* Vier der fünf Bandmitglieder sind hin und weg, während einer sich über das Angebot ganz und gar nicht freuen kann. Die Aussicht, stundenlang in einem Flugzeug sitzen zu müssen und über den Atlantik zu fliegen, dem Piloten und der Technik komplett ausgeliefert, sorgt bei Ingo dafür, dass Panik und Angst wieder hochkochen. Einerseits will er nicht der Bremsklotz sein, der seiner Band eine große Chance verbaut, zumal er sich auf die Show natürlich selbst tierisch freut. Andererseits fühlt sich das Abenteuer New York für ihn zunächst nur wie eine weitere große Hürde an, von der er nicht weiß, wie er sie bewältigen soll. Die Lösung ist rezeptpflichtig. Zur Stimmungsaufhellung und um den Flug durchzustehen, nimmt Ingo ein paar Wochen lang ziemlich harte Psychopharmaka. Entsprechend grundsediert und »smooth« kommt er in New York an.

Der Donots-Auftritt im Elbow Room ist ein sogenannter Showcase, im Grunde eine Art mündliche Prüfung für Bands. Im Publikum stehen neben normalen Zuschauern vor allem wichtige Musikbusiness-Menschen, die sich von der Band überzeugen lassen wollen, dass sie etwas taugt, Potenzial hat, sich für eine eventuelle Zusammenarbeit eignet.

Für die Donots heißt das: Ständig werden sie jemandem vorgestellt, schütteln hier Hände, sagen dort »Hi, how are you?« und merken dabei schnell, dass das Interesse meistens eher oberflächlich ist. Statt konkreter Angebote bekommen sie vor allem viel heiße Luft serviert. So fragt eine BMG-Marketing-Managerin, die eben aus

Punk Heaven: Ingo vor dem CBGB's

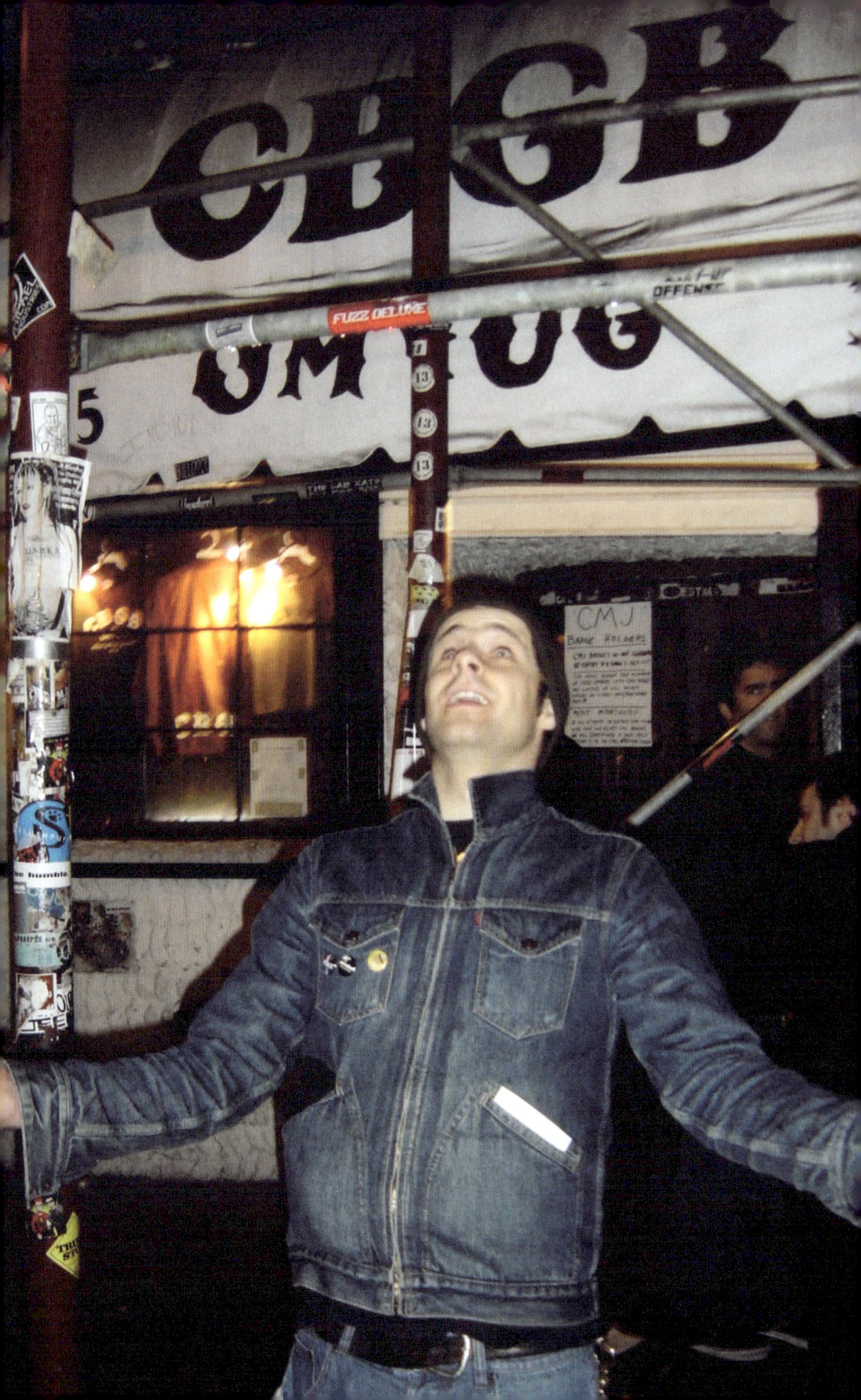

CBGB
FUZZ DELUXE
CMJ
BADGE HOLDERS
be humble.

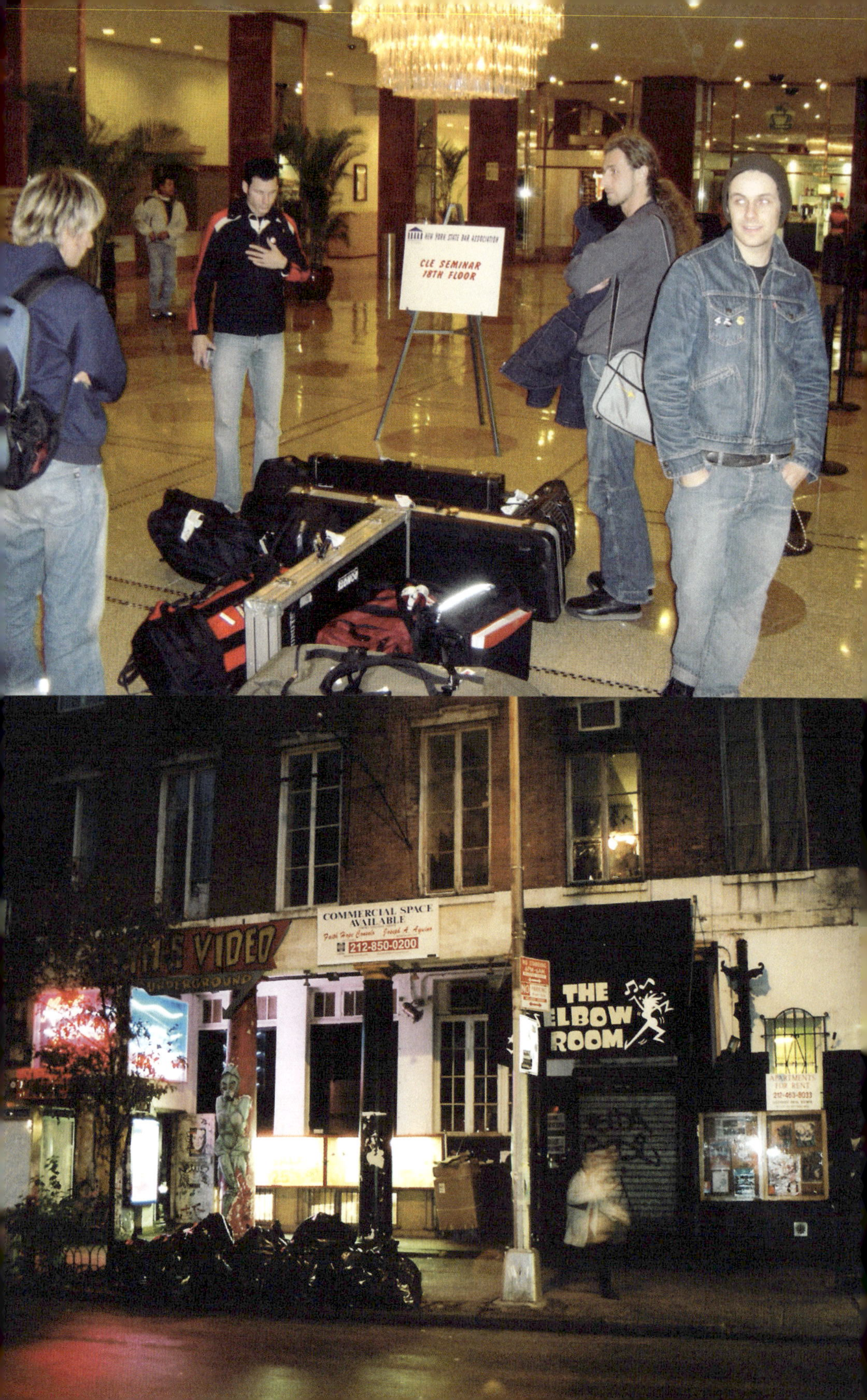
NEW YORK STATE BAR ASSOCIATION
CLE SEMINAR
18TH FLOOR
VIDEO
COMMERCIAL SPACE AVAILABLE
212-850-0200
THE ELBOW ROOM
APARTMENTS FOR RENT

Schweden rüber gejettet ist, ob die Donots denn eine Homepage hätten. »Klar, schon lange«, lautet die Antwort. »Das ist super, darauf können wir aufbauen«, kommt von ihr. Außerdem hätten die Donots »tatts and creds«, also »Tattoos und Glaubwürdigkeit«, und damit könne man es ja weit bringen. Ein gereckter Daumen, dann geht sie weiter und das Gespräch ist nach dreißig Sekunden beendet. Den Donots bleibt nichts weiter übrig, als ihr fassungslos nachzublicken.

Neben einigen amerikanischen Fans, die eine fünfstündige Anreise auf sich genommen haben, um die allererste Donots-Show in den USA zu sehen, tauchen auch ein paar Kollegen und Freunde auf. The Stereo etwa, eine amerikanische Emo/Pop-Punk-Band, die die Donots auf ihrer letzten Deutschland-Tour kennengelernt haben. Hives-Sänger Pelle Almqvist ist zwar vor allem gekommen, um die Sahara Hotnights zu sehen, die ebenfalls spielen, verfolgt aber auch den Auftritt der Donots mit Interesse. Und dann ist da noch ein etwas älterer, durchtrainierter Einmeterfünfundneunzig-Schrank mit eckiger Sonnenbrille, der während ihrers Auftritts links neben dem Mischpult steht. Als die Band »We're Not Gonna Take It« spielt, fängt er an, mit dem Fuß im Takt mitzuwippen. Kein Wunder – er heißt Jay Jay French, war früher Gitarrist bei Twisted Sister und hat den Song mitgeschrieben.

Seit dem Ende von Twisted Sister versucht sich French recht erfolgreich als Manager, und da es gerade ganz danach aussieht, als würden junge Punkbands wie Sum 41, Good Charlotte oder New Found Glory dem New-Metal-Genre langsam aber sicher den Rang ablaufen, schaut er sich auch gerne mal fünf deutsche Punkrocker aus Ibbenbüren an.

Der erste Eindruck, den French auf die Donots macht, ist allerdings zwiespältig. Mit viel Trara verteilt er Plektren mit Twisted-Sister-Logo und erzählt lautstark Anekdoten. Etwa, wie einmal der Bandbus brannte, als er mit Twisted Sister gerade auf der Bühne stand. Oder wie er nach 20 Jahren den Typen wiedertraf, mit dem er sich mal heftig geprügelt hatte. Jeder Schwank aus seinem Leben ist ihm ein dröhnendes Lachen wert. Sein Interesse an den Donots scheint dagegen zunächst eher gering zu sein und beschränkt sich auf ein paar nette Floskeln. Doch als er sich verabschiedet, lädt er die Band für den nächsten Tag zu sich nach Hause ein.

Da sagen die Donots natürlich nicht Nein. Wann hat man schon mal die Gelegenheit, einen Helden seiner Teenagerzeit in dessen vier Wänden besuchen? Im Haus von French gibt es dann auch jede Menge Twisted-Sister-Memorabilia zu bestaunen, wie zum Beispiel die Stiefel aus dem »I Wanna Rock«-Video. Die legendäre Gitarre mit dem »Disco Sucks«-Logo darf sich Guido sogar umhängen. Für ein weiteres Treffen verabreden sie sich in einer noblen Anwaltskanzlei in Manhattan. An den Wänden hängen reihenweise Goldene Schallplatten und aus dem Fenster hat man einen wunderbaren Blick auf den Central Park. »Let's talk business«, heißt die Devise, und French erläutert den Donots die Situation in den USA: Trotz MTV funktioniere laute Gitarrenmusik hier immer noch über die Livepräsenz. Sollten die Donots den Versuch starten, in den USA Fuß zu fassen, müssten sie sich darauf einstellen, dort quasi pausenlos auf Tour zu sein. 250 Shows im Jahr sollten es schon sein, rechnet French ihnen vor. Da würde es nicht reichen, ein paar Mal im Jahr

ben: In der Hotellobby in New York.
nten: Der Elbow Room an der Bleecker Street, NYC.

rüber zu fliegen. Vielmehr müssten sie künftig ihren Lebensmittelpunkt in die Staaten verlegen.

French bietet den Donots an, deren Band-Management in den USA zu übernehmen. Allerdings wäre das auch mit gewissen Kosten verbunden: Er bräuchte von der Band erst einmal 50.000 Dollar als Startguthaben, dann könne man weitersehen. Außerdem bräuchten sie einen Anwalt, das sei ohnehin das Allerwichtigste. Ohne Anwalt, sagt French, ginge hier gar nichts.

Egal, wen die Donots bei den Meetings in New York treffen: Alle reden vom Business, aber keiner redet über Musik. Nicht nur deshalb ist sich die Band schnell einig: Im Grunde ist das alles Bullshit – viel Gelaber, wenig Substanz, und vor allem null Interesse an der Band und ihrer künstlerischen Vision.

Selbst wenn sich hinter all der Schaumschlägerei wider Erwarten dennoch eine realistische Chance auf einen Labeldeal und ein Management in den Staaten verbergen sollte: In die USA zu ziehen, kommt für die Donots aus mehreren Gründen nicht in Frage. Sie wollen weder ihre Familien, Freundinnen und Freunde einfach zurücklassen, noch sind sie bereit, ein derart großes finanzielles Risiko einzugehen. Im Moment können die Donots von ihren Konzerten und CD-Verkäufen in Deutschland gut leben. Würden sie Deutschland den Rücken kehren, würde sich das ändern, und sowohl GUN als auch ihre Booking-Agentur wären davon vermutlich wenig begeistert.

Trotzdem betrachtet die Band den Kurztrip in die USA nicht als vertane Zeit. »Ob am Ende ein Deal dabei herausspringt oder sonst etwas passiert – das war uns im Grunde scheißegal«, sagt Ingo. »Wir durften in New York auftreten und haben dort eine gute Zeit gehabt. Das ist das, was zählt.«

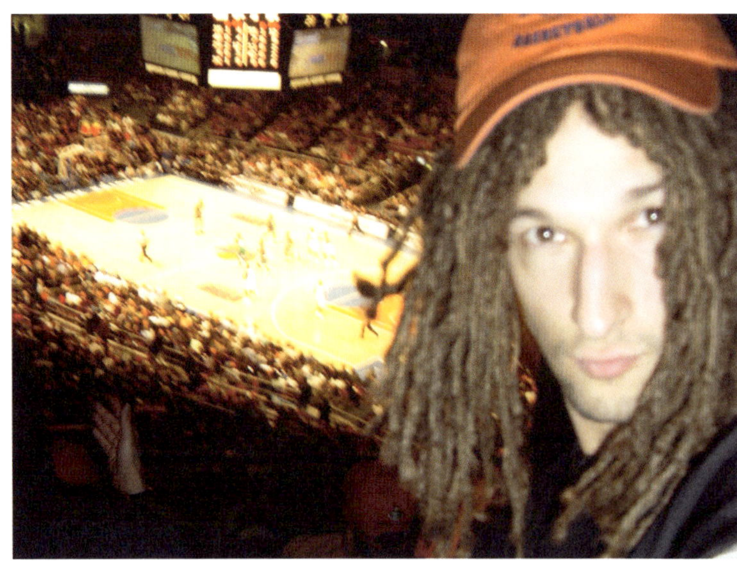

Oben: Alex im Madison Square Garden
Rechts: Unterwegs in New York mit Autor Ingo Neumayer

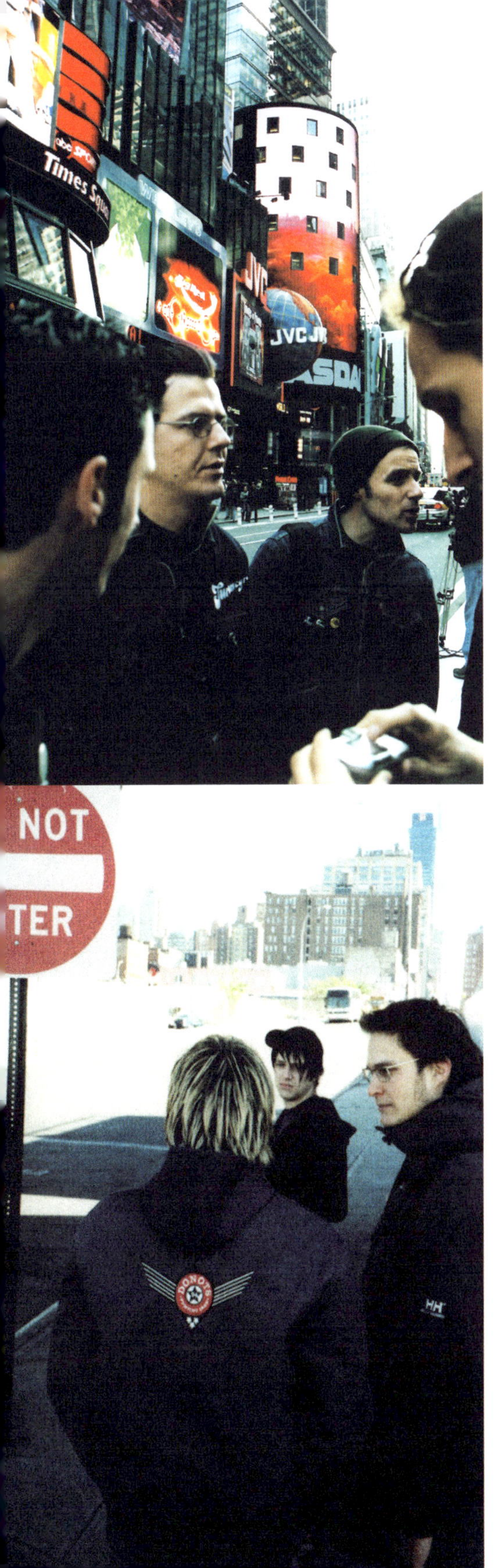

Außerdem sind die Donots nicht nur »beruflich« unterwegs, sondern haben auch Zeit, sich in der Stadt umzusehen. Bei einem Besuch im Madison Square Garden werden Eike, Purgen und Alex Zeugen, wie Paul Pierce von den Boston Celtics die New York Knicks mit 46 Punkten quasi im Alleingang auseinandernimmt. Ingo und Guido, die sich kein Stück für Profisport und erst recht nicht für Basketball interessieren, stromern lieber durch die Häuserschluchten und lassen sich treiben. Comics, Bücher, Klamotten, Platten – die Läden im East Village und in der Bowery sind ein kulturelles Schlaraffenland. Gleich am ersten Abend stehen die beiden in einem der engen, vollgepackten Schallplattenläden in der Bleecker Street, als ihnen ein Typ auffällt, der sich dort ebenfalls konzentriert durch das Angebot wühlt. *Moment, ist das nicht ...?* Tatsächlich: Vor ihnen steht Ärzte-Schlagzeuger Bela B.! Der ist in der Stadt, weil er beim New York Marathon mitläuft. Die drei kommen ins Gespräch, denn für Bela sind die Donots keine Unbekannten. Schon mit »Whatever Happened To The 80s« waren sie ihm positiv aufgefallen. »Das war ein schöner Sommerhit«, sagt er rückblickend. Und auch die Donots-Version von »We're Not Gonna Take It« hat ihn aufhorchen lassen: Welche Punkband würde schon einen Hair-Metal-Song covern? Die drei quatschen und fachsimpeln ein bisschen. Zwei Handshakes später kratzen sich Guido und Ingo verwundert die Köpfe. Wie klein diese Welt doch ist ...

„IN JAPAN SEID IHR TOTAL POPULÄR!“

In New York kommt es noch zu einer weiteren bemerkenswerten Begegnung. Als die Donots beim Einchecken in der Lobby des Madison Hotels warten, spricht sie ein Japaner an.

»Ich kenn euch irgendwo her. Ihr seid ne bekannte Band, oder?«

»Ja, wir sind ne Band. Die Donots, aus Deutschland. Aber bekannt sind wir nicht, da musst du uns verwechseln.«

»Moment, Donots? *Die* Donots?«

»Ähm, ja?«

»Na klar kenn ich euch. Ihr seid in Japan total populär!«

»Wir? In Japan? Sorry, aber du musst uns wirklich verwechseln.«

»Nein, im Ernst. Ich erzähl doch keinen Quatsch. In Japan habt ihr super viele Fans! Eure Songs laufen da im Radio.«

Die Donots ordnen die Reaktion des Mannes als typische japanische Höflichkeit ein. Wahrscheinlich hat er noch nie von ihnen gehört und sich nur nicht getraut, das zuzugeben. Dennoch, irgendwas ist seltsam an der Geschichte. Denn zur gleichen Zeit trudeln bei der Band mehr und mehr Fan-Mails aus Japan ein. Die Donots recherchieren, kontaktieren internationale BMG-Mitarbeiter und stellen schließlich erstaunt fest: Der Typ in der Hotellobby hatte Recht, sie sind tatsächlich eine Nummer in Japan! Ein japanischer Baseball-Star benutzt »Saccharine Smile« seit ein paar Monaten als Einlaufhymne und hat damit eine kleine Lawine ins Rollen gebracht. Immer mehr japanische Radiosender spielen den Song. Und das, obwohl die Singles und Alben der Donots in Japan offiziell gar nicht erhältlich sind. Doch die japanischen Plattenhändler sind findig. Um ihre Kunden glücklich zu machen, bestellen sie *Amplify The Good Times* kurzerhand als Import aus Europa.

Inzwischen hat es sich auch zu GUN und BMG herumgesprochen, dass im Land der aufgehenden Sonne großes Interesse an den Donots herrscht. Also soll *Amplify The Good Times* nun auch offiziell in Japan veröffentlicht werden. Und natürlich hilft es bei der Veröffentlichung einer Platte, wenn die Band vor Ort ist, Interviews gibt und Promotion macht. Noch besser wäre es natürlich, wenn sie auch noch ein paar Konzerte spielen könnte.

Hier kommt einmal mehr das stetig wachsende internationale Punkrock-Netzwerk der Donots in Spiel. 2001, auf ihrer ersten eigenen Headliner-Tour, hatten sie unter anderem die Pop-Punker Midtown aus New Jersey als Support dabei. Da die Bands weiterhin Kontakt halten und sich immer noch bestens verstehen, wird der Spieß nun umgedreht: Auf dem Tourplan von Midtown stehen kurz vor Weihnachten 2002 zwei Shows in Tokio und eine in Osaka, also nehmen sie kurzerhand die Donots als Vorband mit. Womit sie unseren fünf Helden Eindrücke bescheren, die sie wohl nie wieder vergessen werden.

Oben: Fans auf der ersten Japan-Tour.
Unten: Einer von vielen Fanbriefen. Domo arigato!

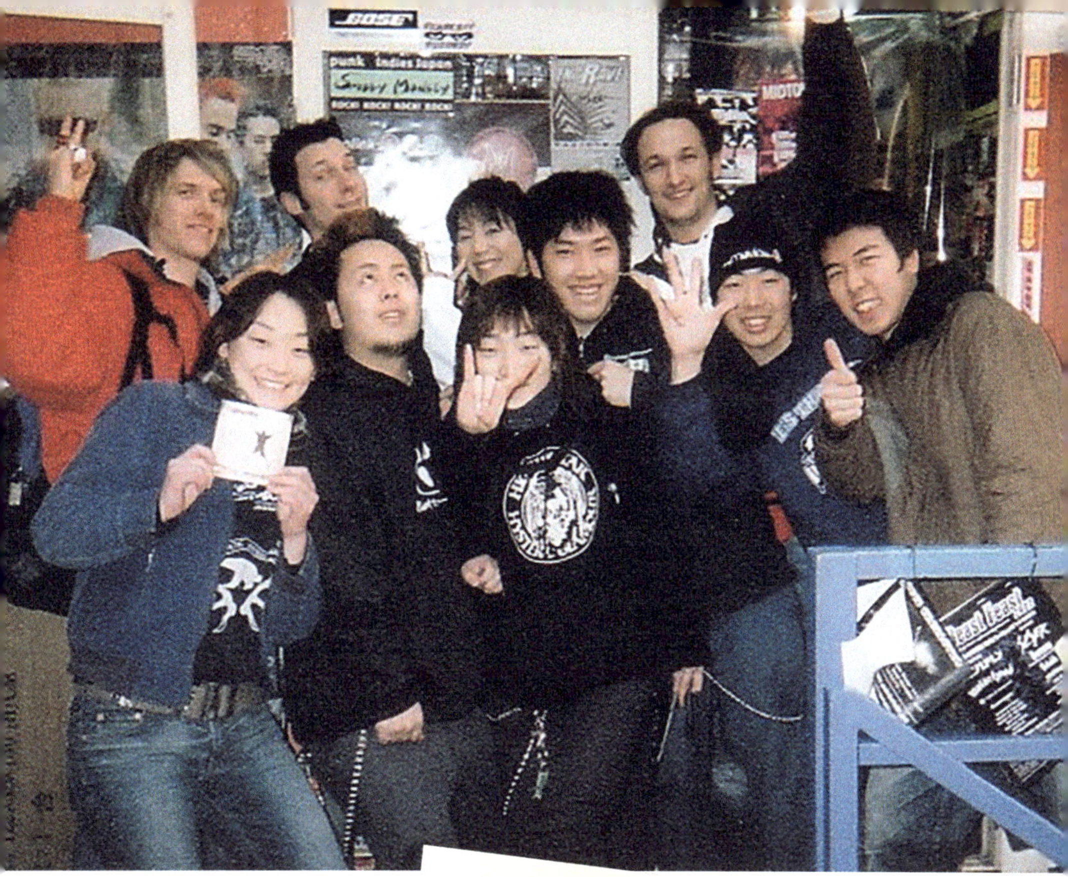

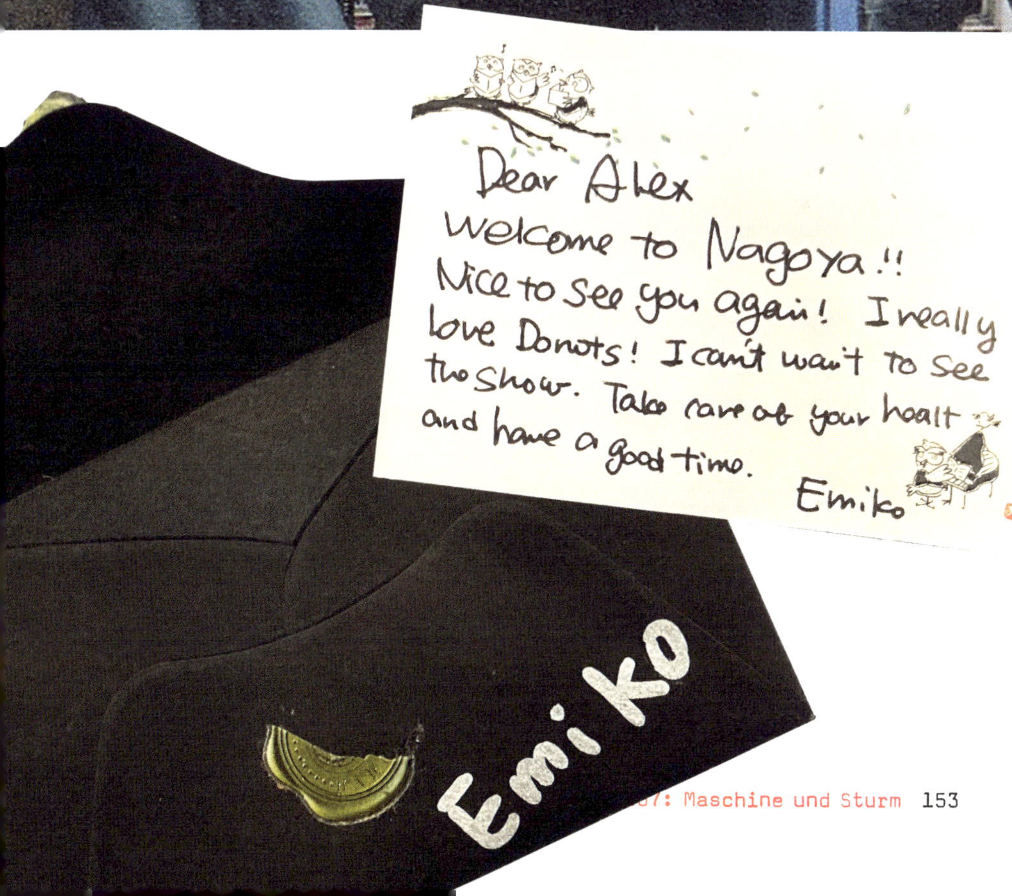

Dear Alex
Welcome to Nagoya!!
Nice to see you again! I really love Donots! I can't wait to see the show. Take care of your healt and have a good time.
Emiko

Emiko

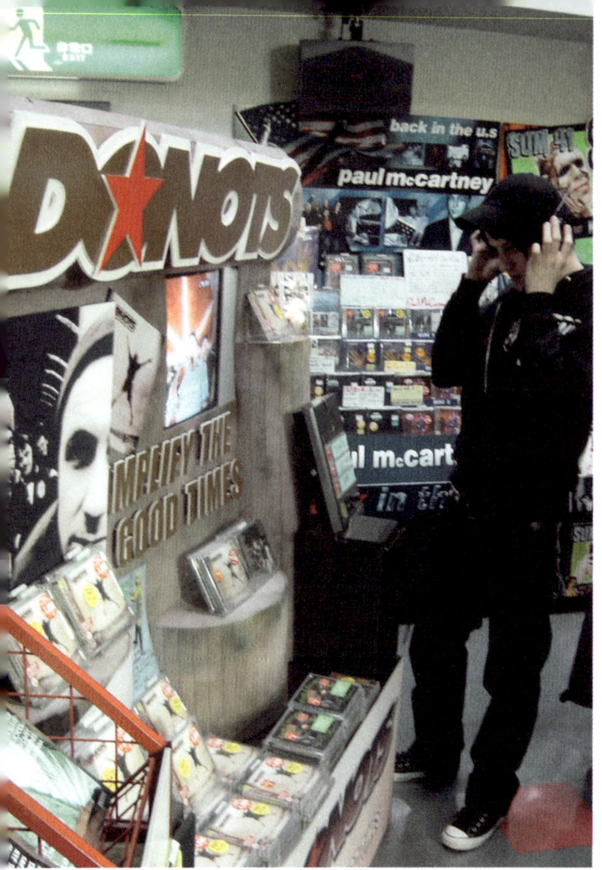

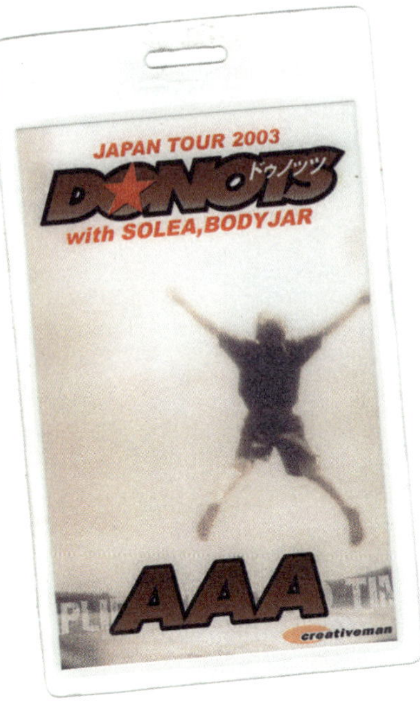

Schon bei der Ankunft am Flughafen in Tokio spielen sich unwirkliche Szenen ab: In der Ankunftshalle warten Dutzende japanische Fans auf die Donots und begrüßen sie mit lautem Jubel! Kaum verlassen sie das Gate, bildet sich eine Menschentraube um die Musiker. Sie müssen Autogramme geben, Erinnerungsfotos machen und werden mit Geschenken und Briefen überhäuft. Ein Empfang, wie ihn Superstars wie Robbie Williams, Eminem oder Madonna wahrscheinlich gewohnt sind, der sich für die Donots allerdings ziemlich absurd anfühlt.

Dabei ist er bloß der Anfang. Auch vor dem Hotel und in der Lobby wird die Band von jubelnden Fans erwartet. »Wer das nicht erlebt hat, wird das niemals komplett verstehen können«, sagt Alex auch 15 Jahre später noch. Der Rummel, der in Japan um die Donots gemacht wird, spottet jeder Beschreibung: Es gibt Fotosessions ohne Ende, die Band wird von einem Interview zum nächsten geschleust, besucht Radiostationen und Fernsehsender. »Saccharine Smile« läuft auf MTV Japan und anderen Musiksendern auf Dauerrotation und ist in diversen Karaoke-Maschinen als Mitsing-Version abrufbar – in manchen sogar bis heute.

Zwischen 2002 und 2008 reisen die Donots viermal nach Japan, und nachdem ihre Alben dort auch offiziell erhältlich sind, nimmt der Trubel weiter zu: In den Plattenläden stehen Papp-Aufsteller mit ihren Gesichtern. Im Stadtteil Shibuya laufen ihre Videos auf den riesenhaften Bildschirmen rund um die weltgrößte

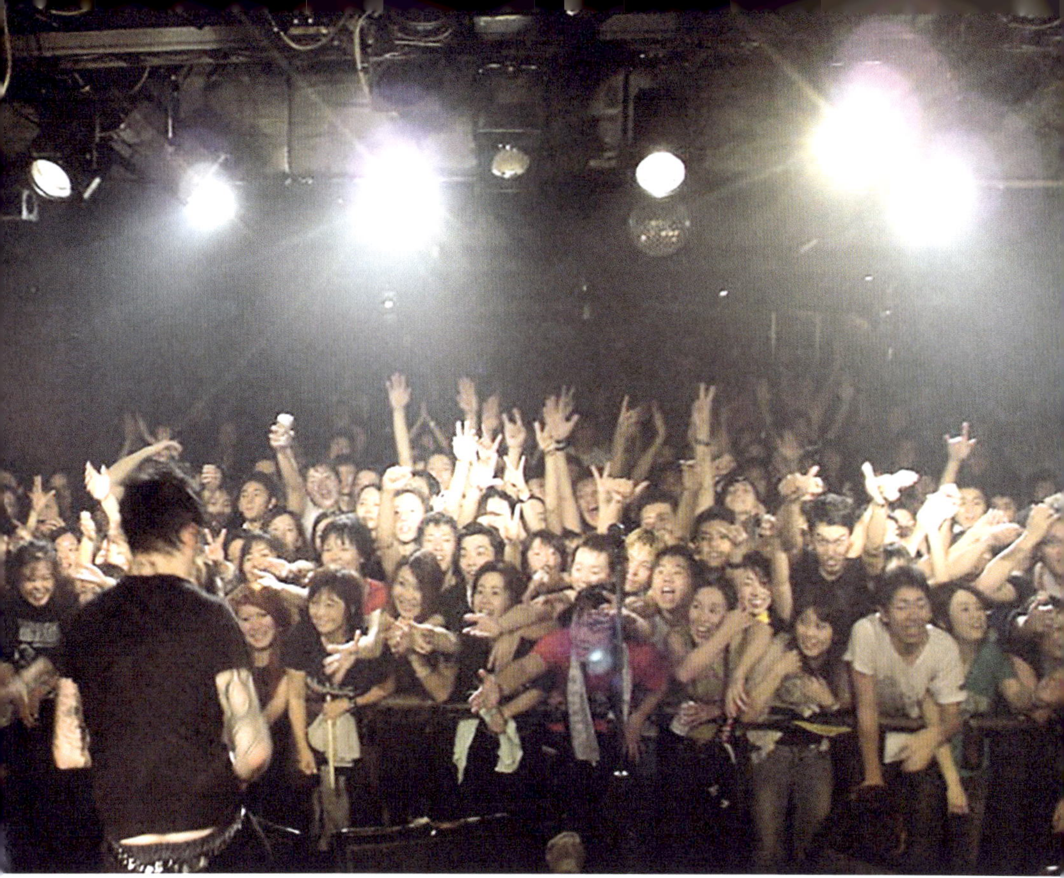

Straßenkreuzung, über deren Zebrastreifen während jeder einzelnen Grünphase 2.500 Fußgänger hetzen. Die Band wird auf Schritt und Tritt erkannt und angesprochen. »Japaner sind einfach sehr extrem, auch in ihrer Wertschätzung«, sagt Ingo. »Jeder will dich in den Arm nehmen, jeder macht dir Komplimente, und ständig bekommst du Geschenke.«

Immer wieder ziehen Ladenbesitzer die Band in ihre Geschäfte, um ein Erinnerungsfoto mit ihnen zu machen. Um die Donots vom Hotel zum Club zu fahren, wo abends die Show stattfindet, sperrt die Polizei wie bei einem Staatsempfang ganze Blocks und Straßenzüge ab, damit Eike, Purgen, Ingo, Alex und Guido sicher und ohne Verzögerung ankommen. Der Rummel um die Band ist völlig verrückt.

Auch die Konzerte bleiben der Band unvergesslich. Ein Gänsehautmoment reiht sich an den nächsten. »Das muss man sich mal vorstellen: Wir sind 12.000 Kilometer entfernt von zu Hause, in einem Club, der rappelvoll mit Leuten ist, und die singen alle mit. Und nicht nur einen, sondern alle Songs! Wort für Wort, von vorne bis hinten!«, sagt Alex. »Wir spielen unsere Lieder, die zu Hause in unserem schäbbigen Proberaum entstanden sind, wo das Dach undicht ist und man sich im Winter den Arsch abfriert. Und am anderen Ende der Welt kommen Leute, singen mit und feiern das ab. Unfassbar!« Nicht nur Alex, auch den anderen fehlen die Worte für das, was während dieser Shows in ihnen vorgeht.

Bei den Auftritten in Tokio und Osaka lernen die Donots zum ersten Mal die Eigenheiten des japanischen Publikums kennen. Während der Songs drehen die Zuschauerinnen und Zuschauer komplett am Rad: Mitsingen, Gröhlen, Pogo – das volle Programm. Eine derartige Euphorie hat die Band noch nie erlebt. Doch sobald ein Lied zu Ende ist, herrscht Totenstille. Kein Applaus, keine Rufe, nichts. Die fünf blicken in eine schweigende Menge und sind erst einmal irritiert: *Haben wir etwas falsch gemacht? Finden die Leute das nicht gut, was wir auf der Bühne machen?* Nach und nach stellt sich heraus, dass dieses Verhalten bei Konzerten in Japan üblich ist: »Das hat viel mit deren Verständnis von Respekt zu tun«, sagt Ingo. »Keiner will dich unterbrechen, keiner will dir ins Wort fallen.« Die Rollenverteilung zwischen Band und Publikum ist ganz klar.

Das merken die Musiker auch, als sie nach der Show in ihre Garderobe kommen. Die sieht nämlich aus, als hätte dort jemand einen Blumenladen eröffnet. Als Fan einer Band bringt man ihr in Japan zu den Konzerten gerne mal etwas mit: Origami-Figuren, Briefe, Geschenke. Und Blumen jeglicher Art, Farbe und Form. Nach den Konzerten haben die Donots keineswegs Feierabend: Zuerst müssen noch Hände geschüttelt, Erinnerungsfotos gemacht und allerhand Dinge signiert werden, anschließend geht man mit der Chefetage des japanischen Labels piekfein speisen. Teure Restaurants, bestes Essen, und mittendrin eine Band aus Ibbenbüren, die aus dem Kopfschütteln gar nicht mehr herauskommt.

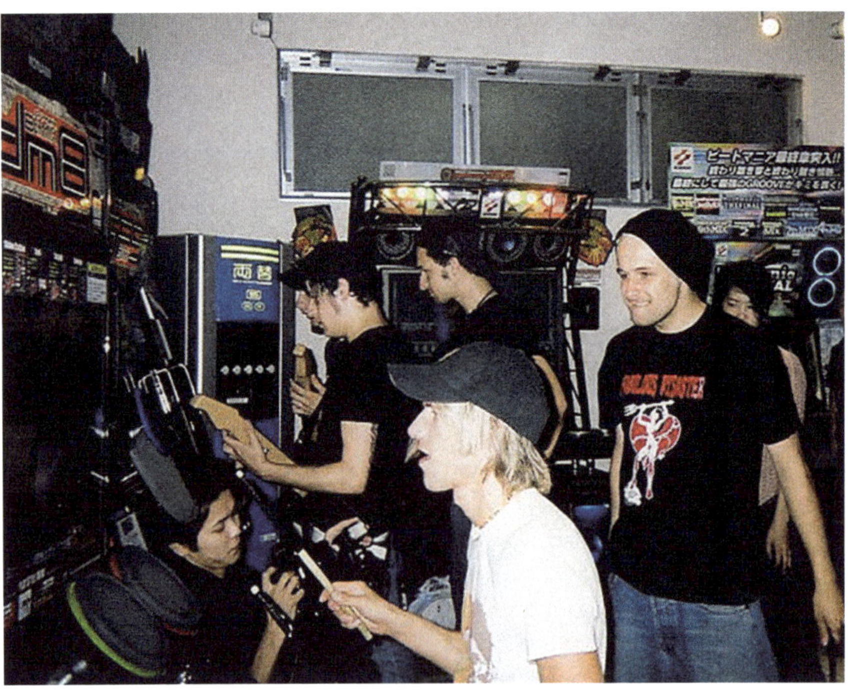

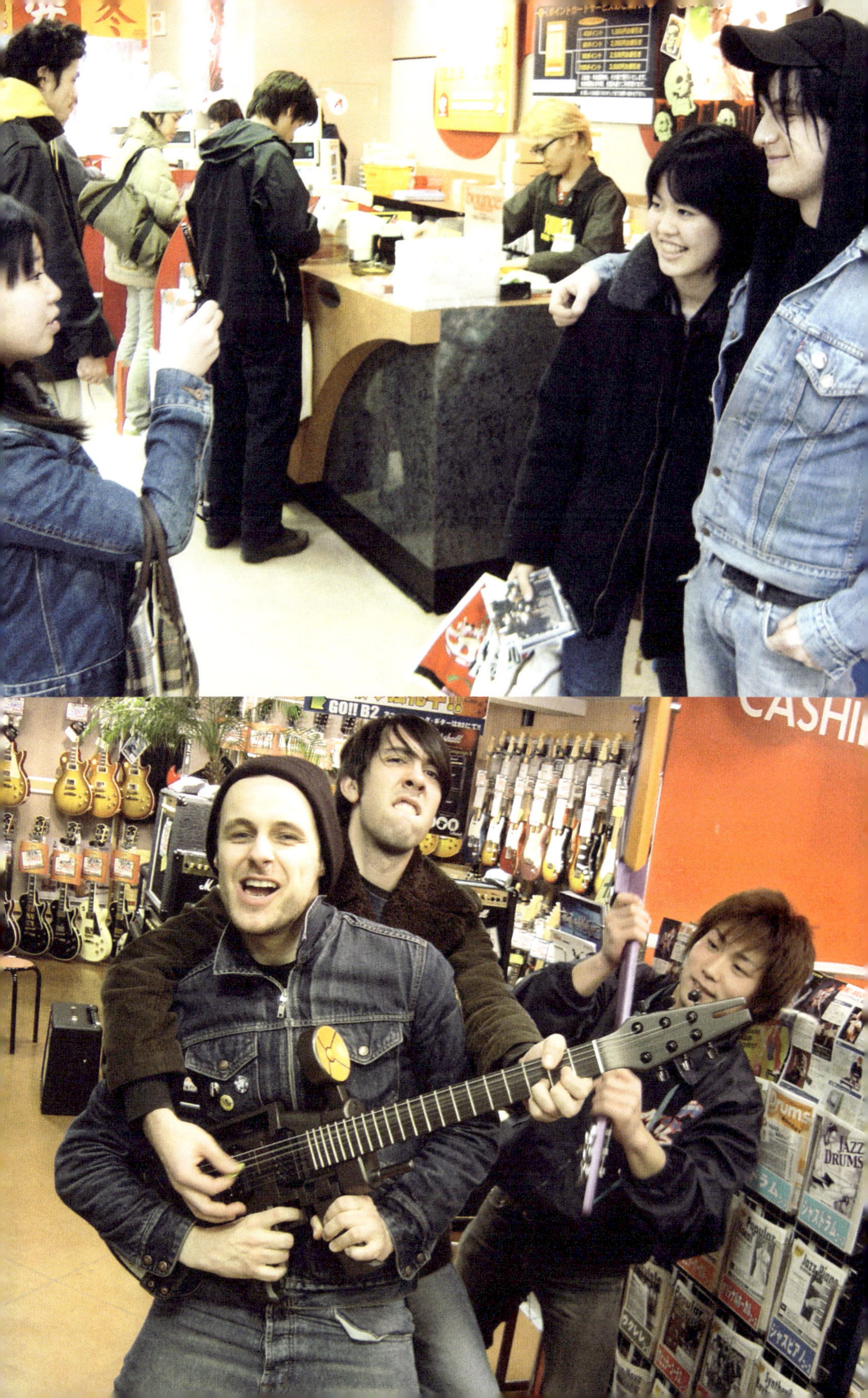
GO!! B2
CASHI
JAZZ DRUMS

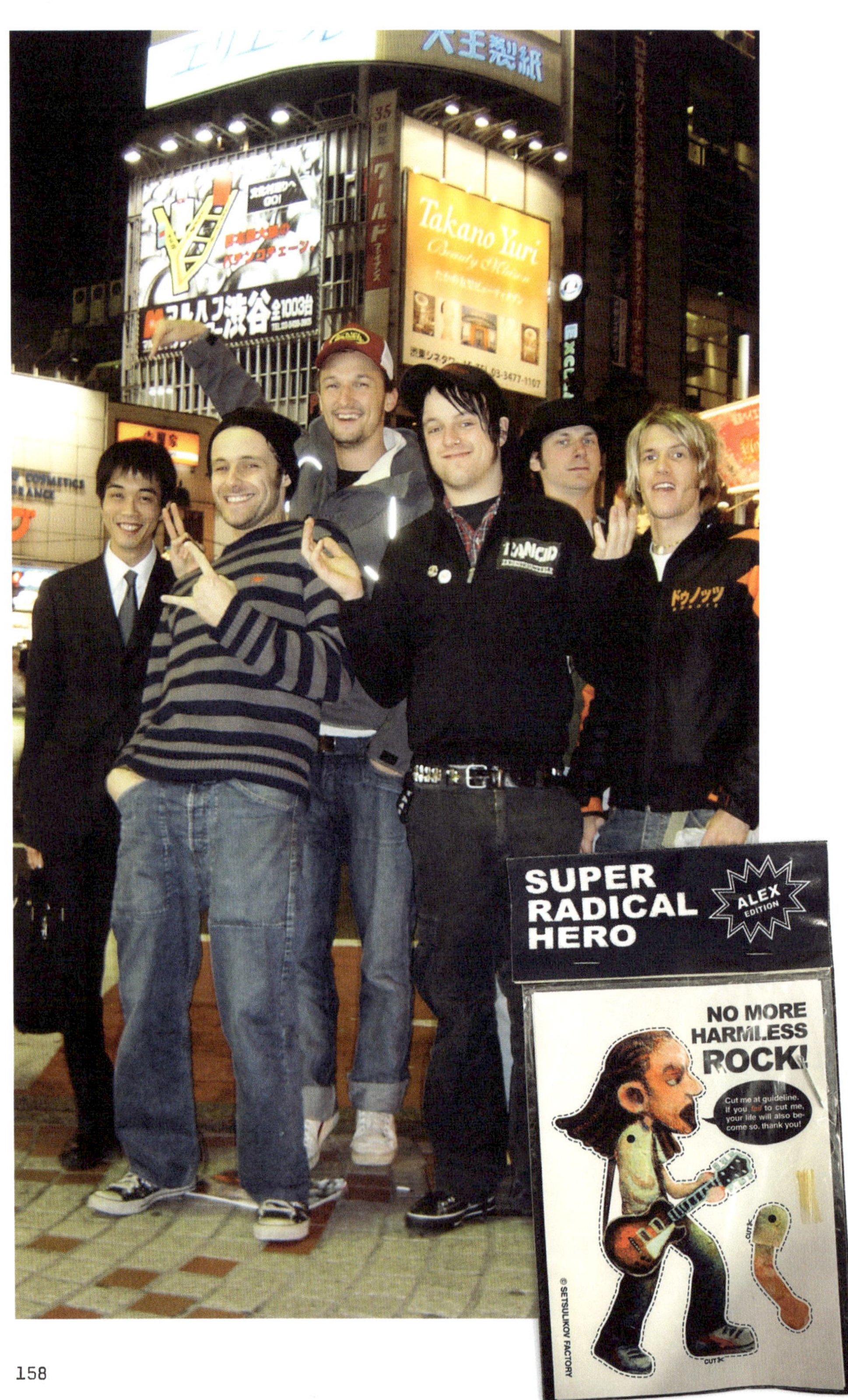
SUPER
RADICAL
HERO
ALEX EDITION
NO MORE HARMLESS ROCK!
Cut me at guideline. If you fail to cut me, your life will also become so, thank you!
© SETSULIKOV FACTORY

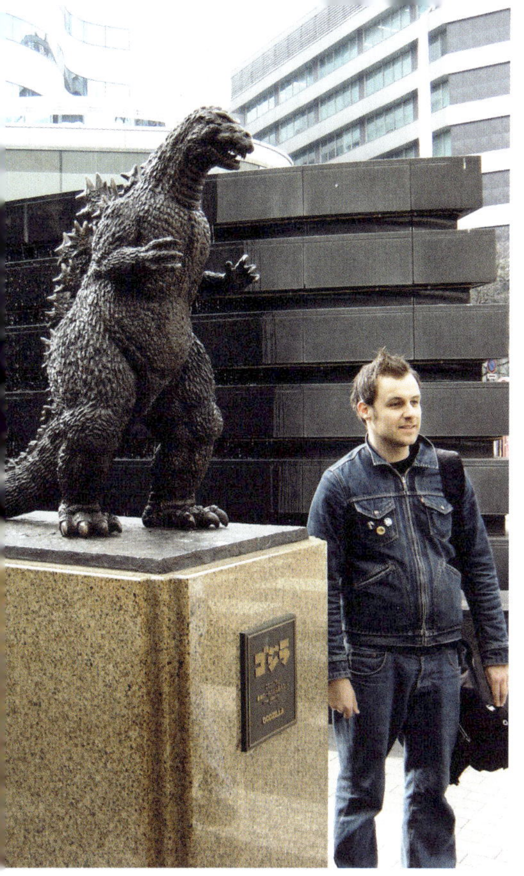

Die Donots lernen allerdings auch die Kehrseite der streng hierarchischen japanischen Kultur kennen. Denn an einem dieser feuchtfröhlichen Abende wirft ein Mitarbeiter ihres japanischen Labels aus Versehen ein Glas um und verschüttet dabei etwas Bier über Guidos Schoß und Beine, was den allerdings nicht groß stört. »Das passiert mir selbst ja auch jeden zweiten Tag«, sagt der Gitarrist. Trotzdem herrscht am vorher so ausgelassenen Tisch auf einmal absolutes Schweigen. Der Labelboss straft seinen Mitarbeiter erst mit eisigen Blicken und staucht ihn dann vor versammelter Gästeschar zusammen. Der arme Kerl greift sofort nach einer Serviette, um das Malheur zu beheben. Hektisch und unentwegt Entschuldigungen murmelnd macht er sich an Guidos Hose zu schaffen, während sein Boss ihn weiterhin anstarrt, als habe er dessen Mutter ermordet.

Doch Erlebnisse wie dieses bleiben die absolute Ausnahme. Insgesamt überwiegen die positiven und netten Begegnungen bei weitem. Zwischenzeitlich wird es sogar romantisch: Bei einem ihrer Konzerte lernt sich ein Paar im Publikum kennen und lieben. Später heiraten die beiden sogar. Ihre Hochzeitsreise führt sie nach Europa und bei dieser Gelegenheit natürlich auch nach Deutschland. Doch während die meisten Touristen aus Japan nur dem Kölner Dom, Schloss Neuschwanstein und vielleicht noch Heidelberg einen Besuch abstatten, suchen sich die beiden ein wirklich exotisches Ziel: Ohne zu wissen, was sie dort erwartet, fahren sie nach Ibbenbüren, um die Heimatstadt ihrer Lieblingsband kennenzulernen! Doch japanischen Touristen, die sich nicht unbedingt für Steinkohleverstromung oder bizarre Sandsteinformationen namens »Hockendes Weib« oder »Dreikaiserstuhl« interessieren, wird dort überraschenderweise ziemlich wenig geboten. Also lädt Guido das Pärchen zu sich nach Münster ein. Das läuft allerdings auch nicht ganz nach Plan. Denn die beiden sitzen offenbar der Vorstellung auf, dass Guido als Gitarrist einer in Japan bekannten Band bestimmt äußerst mondän und nobel wohnt, in einer Villa oder zumindest einem schicken Haus. Als sie dann in seiner WG stehen, sind sie ziemlich schockiert: In hygienischer Hinsicht ist die Wohnung eine echte Zumutung. An den Wänden kriecht der Schimmel hoch, und Guidos Zimmer sieht aus wie ein grün-brauner Glaswald, in dem die Pfandflaschen wachsen.

inks: Nippon Nightlife und
lex-Action-Figur-Sticker aus Japan.
ben: Godzilla vs. Ing Kong.

EIN EIGENES LABEL

Immer, wenn die Donots in Japan Interviews geben, fällt ihnen auf, wie viele europäische oder amerikanische Bands, die in ihrer Heimat mehr oder weniger große Nummern sind, dort gar keine Rolle spielen. Schlicht und einfach weil ihre Platten dort nicht erhältlich sind. Das Interesse an neuer, unbekannter Gitarrenmusik scheint in Japan aber sehr groß zu sein, und das Urteil der Donots gilt offenbar recht viel. Wenn sie in einer großen Zeitschrift oder einem reichweitenstarken Sender eine Band empfehlen, steigen in den Tagen danach die Import-Verkaufszahlen genau dieser Band merklich an. Bald reift der Entschluss, mehr daraus zu machen.

Zusammen mit Motoko Fujii, einer Managerin ihres japanischen Verlags, heben die Donots ihre eigene Plattenfirma aus der Taufe: Solitary Man Records. Das Konzept ist klar: ein interkontinentales Indielabel, das westliche Bands in Japan rausbringt. Ingo und Donots-Manager Florian fungieren als A&Rs. Durch den Verlag sind die finanziellen Mittel vorhanden und die beiden brauchen sich »nur« darum zu kümmern, für das Japan-Only-Label Künstler zu gewinnen. Dank kurzer Dienstwege zu anderen Bands können sie dabei auf zeitraubende Vorstellungsrunden, Kennenlernabende, vertrauensaufbauende Maßnahmen und Wellenlängenfeinjustierungen verzichten. »Ein echter Traumjob«, sagt Ingo. »Wir haben einfach unsere Freunde und Lieblingsbands gefragt, ob sie ihre Platten auf unserem Label in Japan veröffentlichen wollen. Das war natürlich ein Spitzenangebot: Welche Band sagt da schon Nein?« Los geht es mit den langjährigen Buddies Beatsteaks und Muff Potter. Letztere singen für die Japan-Platte namens *My Huckleberry Friend* zwölf ihrer Songs auf Englisch ein. Die Übersetzung der Texte übernimmt übrigens Ingo. Es folgen Dover, Boysetsfire, Dropkick Murphys, The Lucky Nine, 3 Colours Red, Bombshell Rocks, Monta, Favez und auch die britischen Fun-Punk-Urgesteine Toy Dolls veröffentlichen bei Solitary Man. Das Label besetzt offenbar eine Lücke.

Solitary Man läuft. Das Label, das nach einem grandiosen Spätwerk von Johnny Cash benannt wurde, hat in der Szene einen guten Ruf, so dass Ingo und Florian gar nicht mehr viel Akquise betreiben müssen. Die Bands melden sich zum Teil von alleine, und eines Tages klopfen keine Geringeren als die britischen Alternative-Stars von Placebo bei ihnen an. Die haben nach fünf Alben ihren Major-Vertrag bei Virgin erfüllt und wollen das nächste Album gerne bei einem Indie herausbringen. Ein weltweiter Deal ist nicht gewünscht, stattdessen sucht sich die Band verschiedene regionale Partner. Dass Ingo, Florian und Motoko gute Arbeit machen, hat sich offenbar bis zu Brian Molko & Co. herumgesprochen. Man wird sich schnell einig, und so erscheint 2009 das neue Placebo-Album *Battle For The Sun* in Japan auf Solitary Man Records. »Ganz schön merkwürdig. Und ganz schön geil!«, lautet Ingos Fazit.

Solitary-Man-Records-Flyer für Japan

ヨーロッパ各国で既に5枚のアルバムをリリースし、各30-
を記録。常に3ー4万人規模の前でプレイする、スペインで

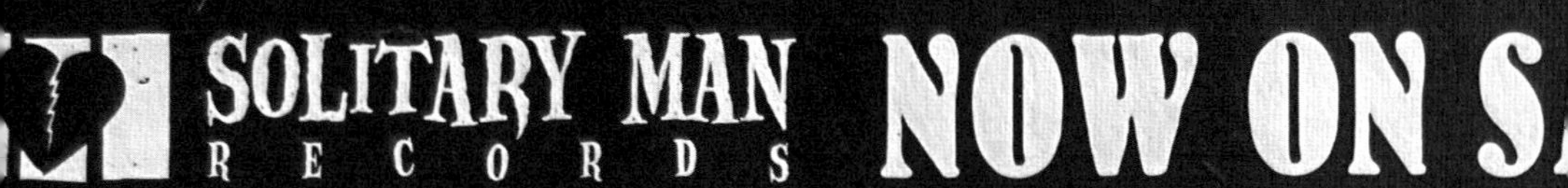

A ROCK'N ROLL COMPILATION THE SOLITARY ENGINE

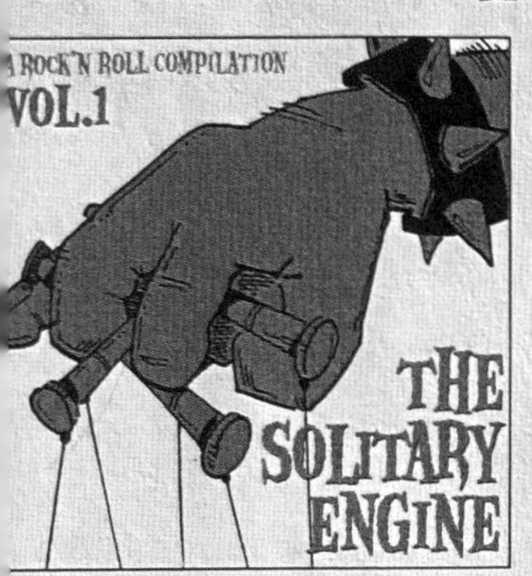

コンピレーションアルバム「ザ ソリタリー エンジン VOL.1

インゴがツアー先で見つけた世界中のバンドの中から14バンド・29
レーションアルバム2枚組。日本での完全独占企画盤。DON
POLICEカヴァー曲「NEXT TO YOU」収録!

参加アーティスト

**THE LUCKY NINE / BEATSTEAKS / DOVER / HEIDEROOSJES / 3
THE MOVEMENT / BOMBSHELL ROCKS / FORCE OF CHANGE /
FAVEZ / THE COALFIELD / FABULOUS DISASTER / THE SPITTIN
ENDSTAND / DONOTS**

¥2,000/tax incl. 発売元:SOLITARY MAN RECORDS 品番:

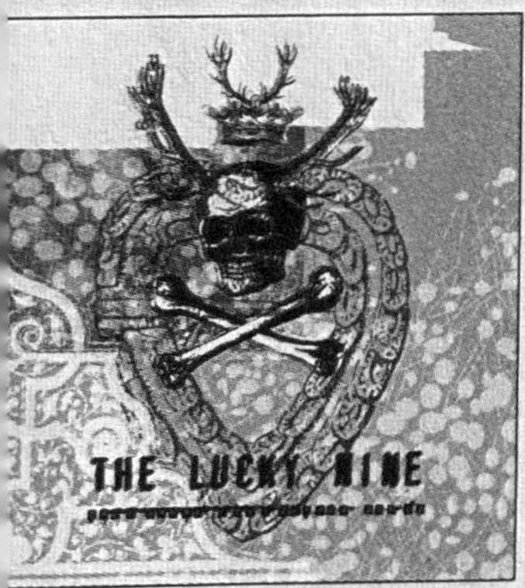

THE LUCKY N
TRUE CROWN FOUNDATION

ザ・ラッキー・ナイン「トゥルー クラウン ファウンデーション

ソリタリーマンレコード第一弾アーティスト。イギリスで最もビッグな2つ
と"HUNDRED REASON"のメンバーが組んで結成された、UK
に話題になっているザ・ラッキー・ナイン。ボーナストラック収録。日本

¥2,000/tax incl. 発売元:SOLITARY MAN RECORDS 品番

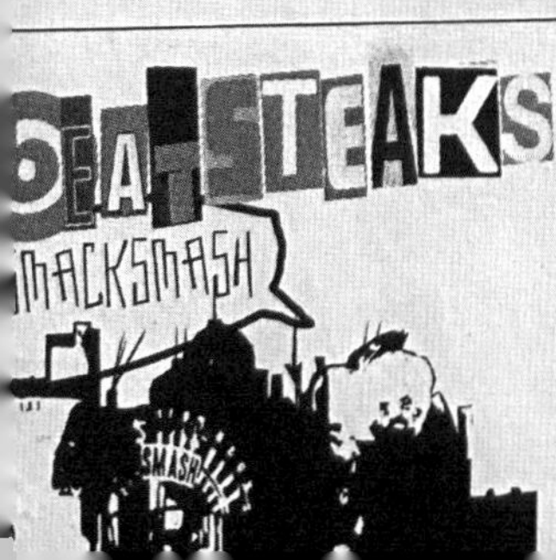

BEATSTEAKS SMAC

ビートステイクス「スマック スマッシュ」

96年にセックス・ピストルズの再結成ツアーのオープニングアクトに
ンクロックファンにはお馴染みのエピタフ・レーベルと契約。本作は

MOTOKO FUJII [Solitary Man Japan, Nippon TV]

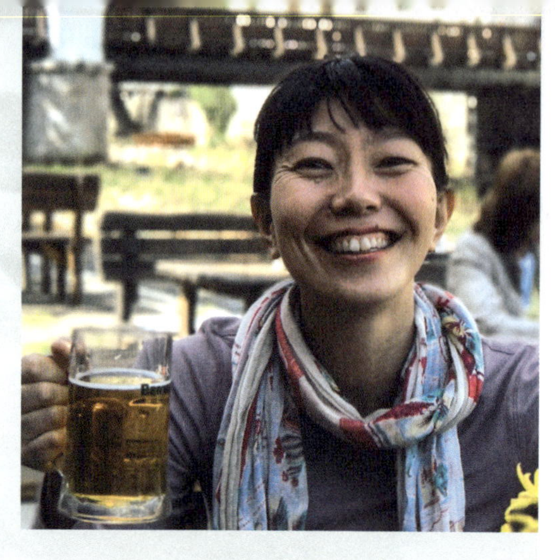

Mit den Donots in Japan zu arbeiten und sogar gemeinsam ein deutsch-japanisches Label zu betreiben, war eine der aufregendsten Erfahrungen in meinem Leben. Das Ganze fing ganz unspektakulär an. Ich war auf dem *Taubertal*-Festival und sah backstage, wie gut Ingo mit den anderen Bands konnte. (Backstage mit den Donots ist es immer crazy-funny!)

Also fragte ich ihn, ob er nicht ein paar Bands kennen würde, die ihre Platten in Japan herausbringen wollten. Zum Glück sagte er Ja! Und so starteten wir das Label und brachten nicht nur die Donots in Japan heraus, sondern auch Placebo, Toy Dolls, Beatsteaks, Dover und viele mehr. Das Ganze war vor dem SMS-Zeitalter, und Ingo war dabei eine großartige Brücke zwischen der deutschen und der japanischen Szene.

Wenn die Donots in Japan waren, hat es mich immer wieder überrascht, wie leicht es ihnen fiel, den kulturellen Graben zwischen Deutschland und Japan zu überwinden und mit ihren Fans zu kommunizieren. Sie haben die japanische Kultur und den japanischen Geist respektiert und sehr schnell verinnerlicht. Das kam irgendwie ganz von alleine, und so etwas sieht man nicht oft.

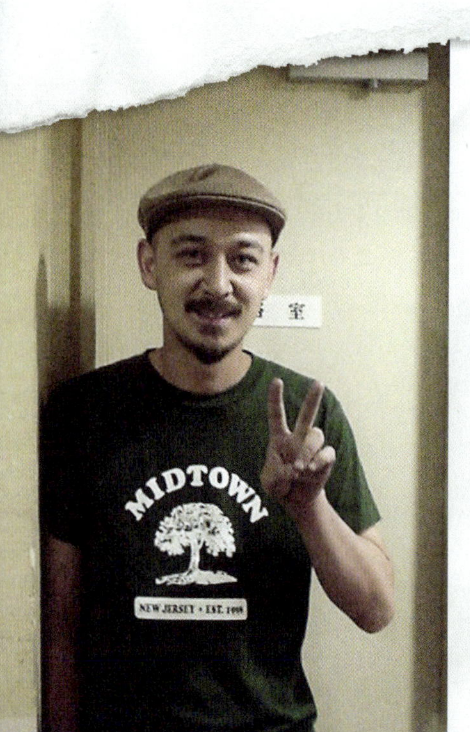

HAYATO KASUGA [BMG Japan, Epitaph/Anti Records]

Ein paar Songs der Donots wurden in Japan in einem Videospiel verwendet, wo man das Schlagzeug und die Gitarren nachspielen musste. Dieses Game war eine Zeitlang in den Spielhallen sehr beliebt. Als die Donots dann hier auf Tour waren, haben wir sie in eine Spielhalle geschleppt, wo sie in dem Spiel ihre eigenen Songs spielen sollten. Aber sie haben das nicht so gut hinbekommen. Ihr Punktestand war sehr niedrig.

TOP 5
FOO FIGHTERS SONGS

1) MY HERO
2) EVERLONG
3) BEST OF YOU
4) COLD DAY IN THE SUN
(VOCALS TAYLOR HAWKINS!!!)
5) SKIN AND BONES

EIKE

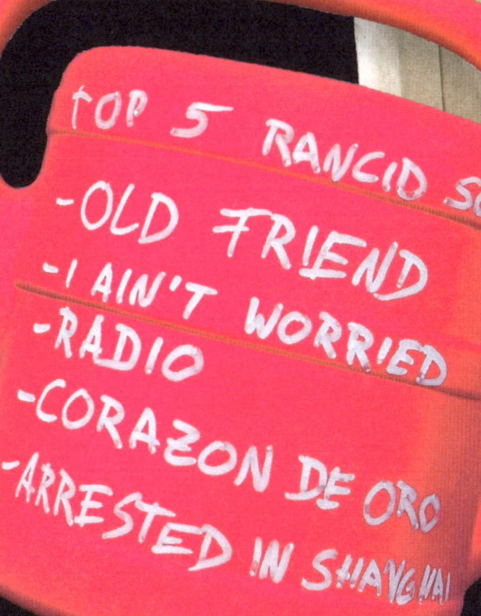

INGO TOP 5 COVER-ARTWORKS

* SLAYER - SEASONS IN THE ABYSS
* RANCID - ...AND OUT COME THE WOLVES
* BAD RELIGION - AGAINST THE GRAIN
* JOHNNY CASH - AMERICAN 3: SOLITARY MAN
* THE CLASH - LONDON CALLING

TOP 5
DONOTS SHOWS ALS SUPPORT

GREEN DAY 1.7.2010 MAINZ MESSEPARK
TOTEN HOSEN 29.5.2018 ESSEN STADION
FLOGGING MOLLY 12.3.2013 SEATTLE PARAMOUNT THEATRE
BLINK 182 1997 OSNABRÜCK HYDE PARK
BILLY TALENT 7.5.2013 PARIS BATACLAN

PORGEN

Alex Top 5 Videospiele

Mario 64
Dark Souls
Golden Eye
Resident Evil 4
Inside

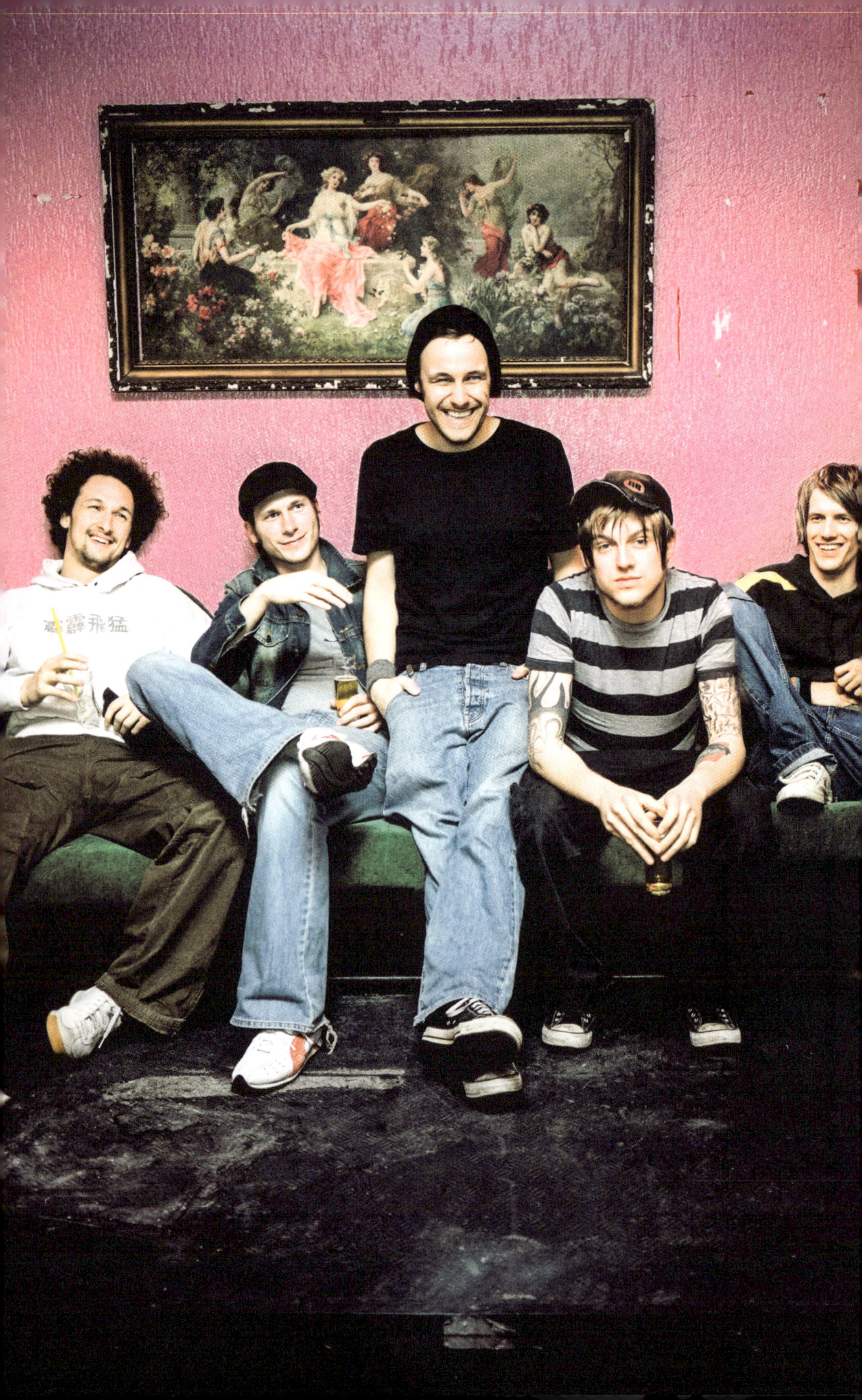

Japan ist nicht das einzige Land, in dem sich die Donots Respekt und neue Fans erspielen. Auch in England läuft es erstaunlich gut – vor allem, wenn man bedenkt, dass deutsche Bands dort in der Regel keinen leichten Stand haben. Doch die Donots sorgen nicht zuletzt dank ihrer Liveshows für Aufmerksamkeit: Im April 2003 spielen sie fünf UK-Shows mit 3 Colours Red, und fünf Wochen später sind sie erneut in England, Schottland und Irland unterwegs, diesmal als Support von Hot Water Music. Nicht nur das britische Publikum, auch die Presse kann sich für die Donots begeistern. Das renommierte Magazin *Kerrang!*, das schon von Manowar und Guns N'Roses besungen wurde, kürt *Amplify The Good Times* sogar zum »Album der Woche«.

Ob in den Beneluxländern, in Österreich, der Schweiz oder auch in Spanien, wo bis zu 500 Zuschauer zu den Konzerten kommen: Die Donots sind inzwischen fester Bestandteil des internationalen Punkrock-Zirkus, mit dem sie emsig durch die Clubs und über die Festivalbühnen des halben Kontinents ziehen. Möglich wird das unter anderem dadurch, dass *Amplify The Good Times* als erstes Donots-Album europaweit erhältlich ist. Peter Ahlqvist, mit dem die Band immer in Kontakt geblieben ist, lizensiert das Album für ganz Europa mit Ausnahme von Deutschland, Österreich und der Schweiz. Er versieht es mit dem Logo seines Labels Burning Heart und sorgt dafür, dass man in den Plattenläden von Tromsø bis Málaga und von Limerick bis Warschau unter D wie Donots fündig wird.

Auch in den USA gibt es Interesse an den Donots – und das nicht von irgendwem: Als Florian eines Abends nach Hause kommt, blinkt in der Münsteraner WG der Anrufbeantworter. Ein richtiges Büro hat Florian damals noch nicht, also landen viele geschäftliche Anrufe in der WG. Als Florian den Anruf abhört, bleibt ihm erst einmal die Spucke weg. »Hi guys, this is Brett from Epitaph.« Die Stimme auf dem AB gehört Brett Gurewitz, dem Chef von Epitaph Records, der weltweit wichtigsten Punkrock-Plattenfirma. Und der hat nicht zum Plaudern angerufen, sondern weil er die Platten der Donots in den USA veröffentlichen will. Die Band und Florian sind natürlich Feuer und Flamme, doch leider scheitert die Zusammenarbeit letztendlich an ihrem Mutterlabel BMG. Die würden einer Lizenzierung an Epitaph zwar grundsätzlich zustimmen, allerdings nur für ein Album. Florian vermutet, dass BMG abwarten will, ob die Donots bei Epitaph Erfolg haben. Sollte das der Fall sein, würden sie das nächste Album selbst in den USA veröffentlichen. Auf diesen Deal will sich Gurewitz verständlicherweise nicht einlassen. Warum sollte er die mühsame Aufbauarbeit leisten, wenn vorher bereits klar ist, dass im Erfolgsfall andere profitieren?

Große Euphorie in Japan, ein Showcase in den USA, Interesse von Epitaph, volle Clubs in Spanien, tolle Resonanz in England – für die Donots läuft es in den Jahren 2002 und 2003 auch auf internationalem Parkett mehr als rund. »Damals sah es so aus, als könne plötzlich weltweit richtig viel für uns passieren – mit der entsprechenden Unterstützung«, sagt Alex. Allerdings wird genau zu dieser Zeit das GUN-Mutterlabel BMG und somit die komplette Musiksparte von Bertelsmann mit der von Sony zusammengelegt. Und zwar nicht nur in Deutschland, sondern weltweit. Die Folge: Ein gewaltiges Chaos. »Ganze Labels haben aufgehört zu existieren. Veröffentlichungen – eben auch von uns – wurden gecancelt. Keiner wusste, wie es weitergeht«, erinnert sich Alex. »Und als dann nach Monaten endlich Klarheit herrschte, saßen an vielen Stellen neue Leute, die nichts von den Absprachen ihrer Vorgänger wussten.« In dem riesigen, neu geschaffenen Konzern namens SonyBMG sind die Donots nur eine von zahllosen Bands und eben keine »Top-Prio«, wie es im Managerjargon heißt.

Einmal mehr wird der Band bewusst, wie sehr sich Indies und Majorlabel unterscheiden. »Bei Indie-Labels wie Burning Heart war klar: Du machst deine Platte, und mit der gehst du dann groß auf Tour, auch international. Bei den Majors ging es eher um teure Videos und Promotion. Dafür war dann oft der Kohlehahn offen. Aber man wusste eben nicht, ob es die Wand, an der der Hahn befestigt war, nächste Woche überhaupt noch gibt«, sagt Ingo.

Der internationale Erfolg der Donots stößt bei GUN nicht nur auf Begeisterung. »Im Gegenteil: Wir hatten teilweise den Eindruck, dass unsere Pläne und Ideen sie sogar eher störten«, sagt Alex. »Wenn wir in England oder Spanien auf Tour waren, hatten die nämlich zunächst gar nichts davon. Wir standen nicht für Promo-Aktivitäten zur Verfügung, und auf die Verkaufszahlen unserer Platten in Deutschland, Österreich und der Schweiz hatte das auch keinen Einfluss.«

Auch deshalb befindet sich das Verhältnis der Donots zu ihrem Label damals auf einem Tiefpunkt. Während der einstündigen Fahrten von Münster zum Büro des Labels simulieren sie sogar mögliche Gesprächsverläufe, üben sich im Argumentieren und verteilen vor der Ankunft in Bochum klare Rollen innerhalb der Band: Einer soll den »good cop« geben, der nett bleibt und eher kumpelhaft versucht, mit den GUN-Mitarbeitern eine Basis herzustellen. Während ein anderer als »bad cop« für das Nein, das So-Nicht und das Auf-gar-keinen-Fall zuständig ist.

BRETT RASMUSSEN [Ignite]

Als Ignite vor 20 Jahren bei Supersonic/GUN unterschrieben, freuten wir uns, gemeinsam auf einem Label zu sein mit Bands wie Guano Apes, HIM, Rage und einer lauten schwedischen Heavy-Band namens The Doughnuts, die nur aus Frauen bestand. Schnell fanden wir heraus, dass es sich dabei nicht um die Schwedinnen handelte, sondern um fünf Typen aus Ibbenbüren, die sich Donots nannten. Naja …

ROYAL REPUBLIC

2010 haben wir die Donots in Deutschland supportet, und das war der Startschuss für unsere Karriere. Sie sind ein liebenswerter Haufen Idioten, deren Fans genauso nett sind wie sie. Wir schulden ihnen allen eine Menge. Auf die nächsten 25 Jahre!

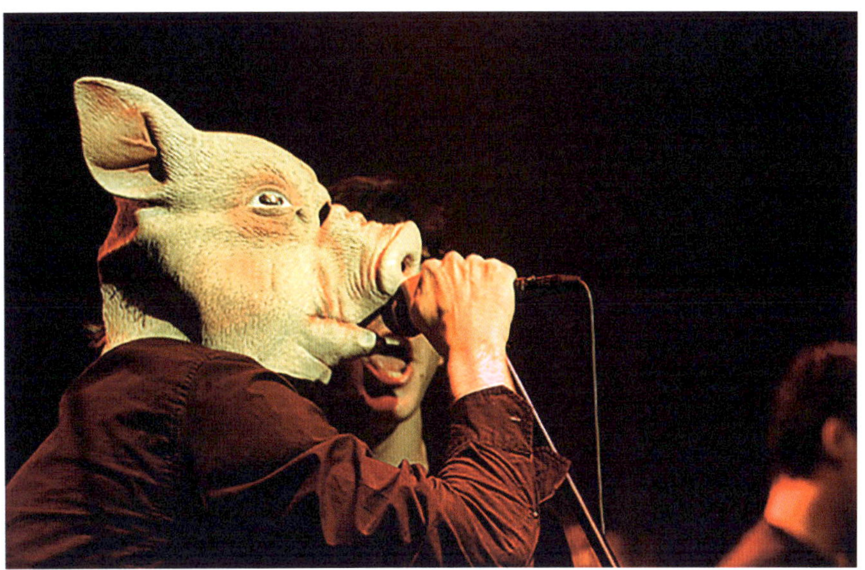

Ein Verhalten, auf das die Band im Nachhinein auch nicht unbedingt stolz ist. »Heute muss man sagen: Wir hatten damals auch nicht die ganze Weisheit der Welt mit Löffeln gefressen«, sagt Alex. »Im Gegenteil: Wir waren superjung und wussten auch nicht immer, wo es lang ging. Es gab aber auch keine Vergleichsmöglichkeiten. Wir kamen aus einem kleinen Kaff und da hatte natürlich keiner der Leute, die wir kannten, einen Plattenvertrag oder wusste, wie man mit einem Label umgeht. Außerdem steckten wir mittendrin in dieser Überwältigungsmaschine: Fünf Jungs Mitte zwanzig, die auf Tour gehen dürfen, sich die Welt angucken, Konzerte spielen und dabei bejubelt werden.« Himmelhochjauchzend und zu Tode betrübt. Oder, um es mit den Worten der Band zu sagen: aufgeregt und angesoffen. Dieses Motto fasst den damaligen Zustand der Donots ganz gut zusammen.

Egal wie viel Spaß Band und Zuschauer haben, wenn die Donots auf der Bühne stehen: Regelmäßige Veröffentlichungen sind für eine professionelle Band genauso wichtig wie die Live-Shows. Und bei GUN ist man sehr darauf bedacht, dass der Album-Tour-Rhythmus nicht ins Stocken gerät. Nach den Erfolgen von *Pocketrock* und *Amplify The Good Times* soll das nächste Album nach Möglichkeit richtig durchs Dach gehen. Entsprechend groß ist die Erwartungshaltung. »Natürlich gab es die Hoffnung und den Wunsch, dass die Donots vielleicht auch mal einen Song vorlegen, der im deutschen Radio laufen kann«, blickt GUN-A&R Markus Balk zurück. »So was kann man zwar nicht erzwingen oder konstruieren, aber das war auch nicht nötig. Schließlich hat die Band ja von sich aus immer wieder tolle Balladen und ruhigere Songs geschrieben.«

Label-intern sind die Meinungen darüber, wie man das kommende Donots-Album angehen soll, durchaus geteilt. Die eine Fraktion legt der Band einen Produzentenwechsel ans Herz: Neues Team, neue Einflüsse, frischer Wind durch einen Tape-

Schwein im Schwein: Ingo.

tenwechsel, der die Band, so die Hoffnung, noch klarer definiert und so vielleicht sogar für den ersehnten Radiohit sorgt. Doch die Donots wollen gerne wieder mit Fabio Trentini arbeiten. Und A&R Balk ergreift Partei für die Band: »Bei den Donots war es immer wichtig, dass sie sich wohlfühlen. Insofern habe ich sie unterstützt, weil ich der Meinung war, dass dabei am Ende eine bessere Platte herauskommt.«

Die ständigen Diskussionen, die im Hause GUN mit den Donots geführt werden, empfindet Balk nicht als negativ – im Gegenteil. »Ich glaube, Reibung ist ein gutes Zeichen. Die Künstler, mit denen wir den größten Erfolg hatten, waren auch die, mit denen wir uns am meisten gestritten haben. Wenn die kreative Seite auf die Business-Seite trifft, setzt das eine gewisse Energie frei, die zu Konflikten, aber eben auch zu Kompromissen führt. Kompromisse gehören zum Leben dazu, die muss jeder Mensch machen – und natürlich auch jeder Musiker.«

Letztlich läuft die Auseinandersetzung darauf hinaus, dass die Band zwar wieder mit Fabio als Produzenten arbeitet, das Setting aber ansonsten gründlich ändert: Statt in Hannover finden die Aufnahmen in den von Otto Waalkes gegründeten Gaga-Studios in Hamburg statt. Als Ton-Ingenieur engagiert die Band Peter »Jem« Seifert, der zuvor schon an Hits von Liquido, Reamonn und HIM mitgearbeitet hat. Auch der Aufnahmemodus wird geändert: Zum ersten Mal in ihrer Karriere spielen die Donots ihre Songs live und gemeinsam in einem Raum ein, nur Ingos Gesang wird einzeln aufgenommen. Das, findet die Band, sind dann vorerst auch genug Veränderungen.

GUN lässt die Donots in Hamburg relativ ungestört werkeln. Markus Balk kommt erst gegen Ende der Aufnahmen vorbei. Dadurch, dass er sich hinter die Band-Entscheidung pro Fabio und somit gegen seine Kollegen bei GUN gestellt hat, ist seine Anspannung nicht gerade kleiner geworden. Er erhofft sich von seinem Besuch die Antwort auf die Frage, ob er sich letztendlich für die richtige Entscheidung eingesetzt hat. Hat die Band die nächste Stufe erreicht? Ist auf der Platte der ersehnte Hit, der die Donots ins Radio und hoch in die Charts katapultieren kann? »Ich stand intern massiv unter Druck. Eben, weil ich die Produktion, wie sie ablief, so stark in Schutz genommen habe. Aber ich war damals einfach noch zu unerfahren, um das zu tragen«, sagt er. Als die Band ihm im Gaga-Studio die neuen Songs vorspielt, ist er enttäuscht – und kann seine Enttäuschung auch nicht verbergen. Einen Hit oder auch nur eine klare Single, kann er nicht hören. Also bombardiert er die Band mit Vorschlägen, wie man aus den existierenden Songs mehr rausholen könnte: Hier könnte Eike ein alternatives Schlagzeug-Fill spielen, dort würde Ingo eine andere Gesangslinie gut zu Gesichte stehen. Dem Rest der Anwesenden bleibt nur Kopfschütteln.

Für die Donots geht bei diesem Treffen ganz viel Vertrauen und Respekt gegenüber einem der engsten Vertrauten bei ihrer Plattenfirma verloren. Und auch Balk bereut seine ungeschickte und herablassende Attitüde im Nachhinein: »Dieser Abend war einer der wirklich großen Fehler, die ich in diesem Job gemacht habe. Das Verhältnis zur Band war danach nie mehr so wie vorher.«

Doch nicht nur zwischen Band und Plattenfirma, auch intern kriselt es während dieser Produktion ein wenig. Das Urteil des Labels ist eindeutig und deckt sich mit

Oben: Good-bye, Wursthaar
Mitte: Strahlig auf dem Promenadenflohmarkt in Münster
Unten: Proll-Perücken-Power

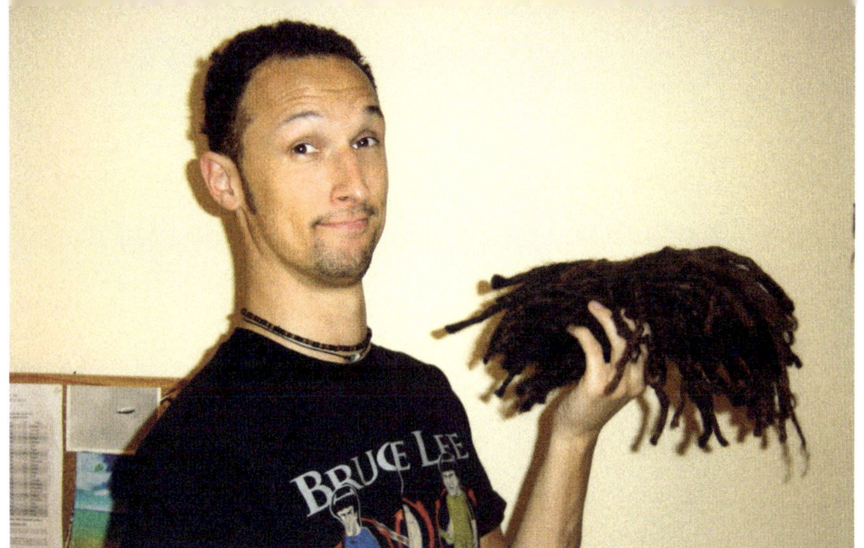
BRUCE LEE

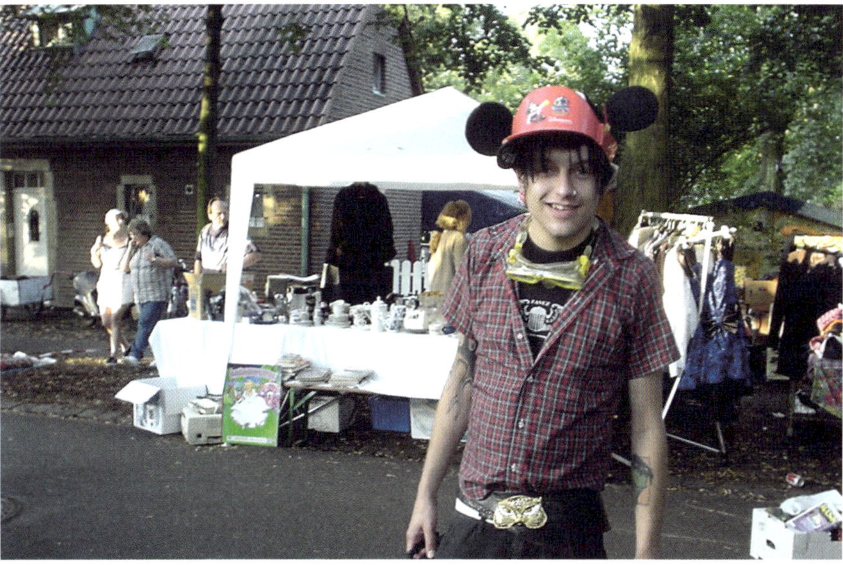

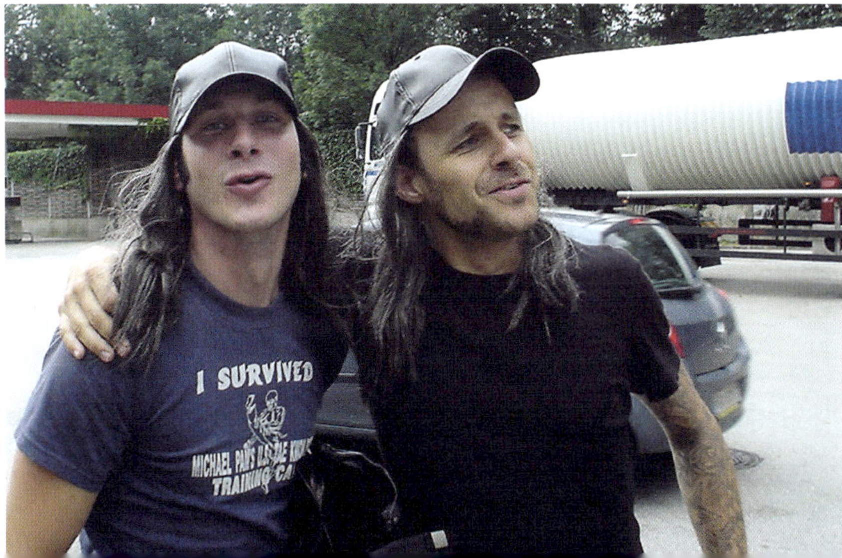
I SURVIVED
TRAINING

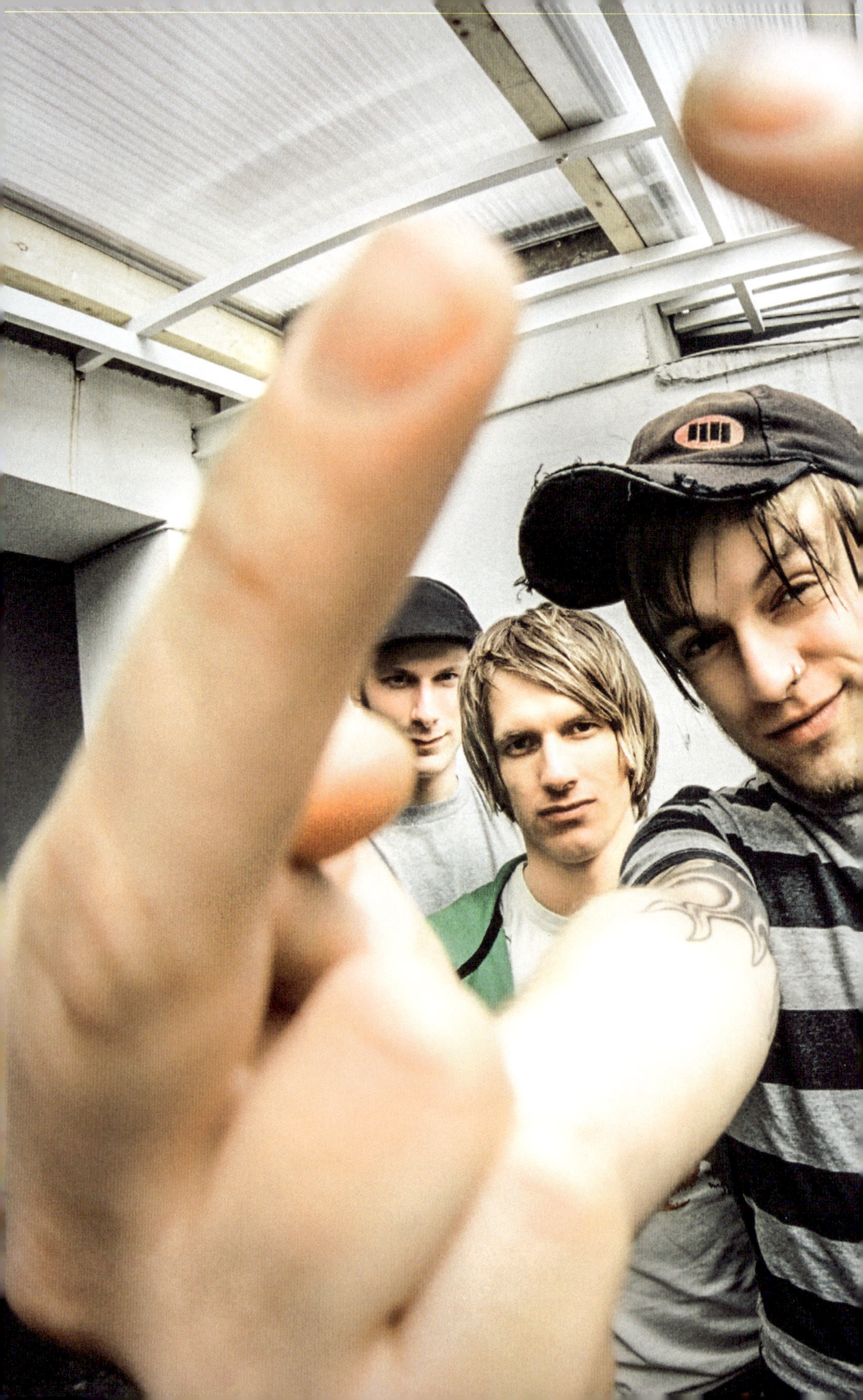

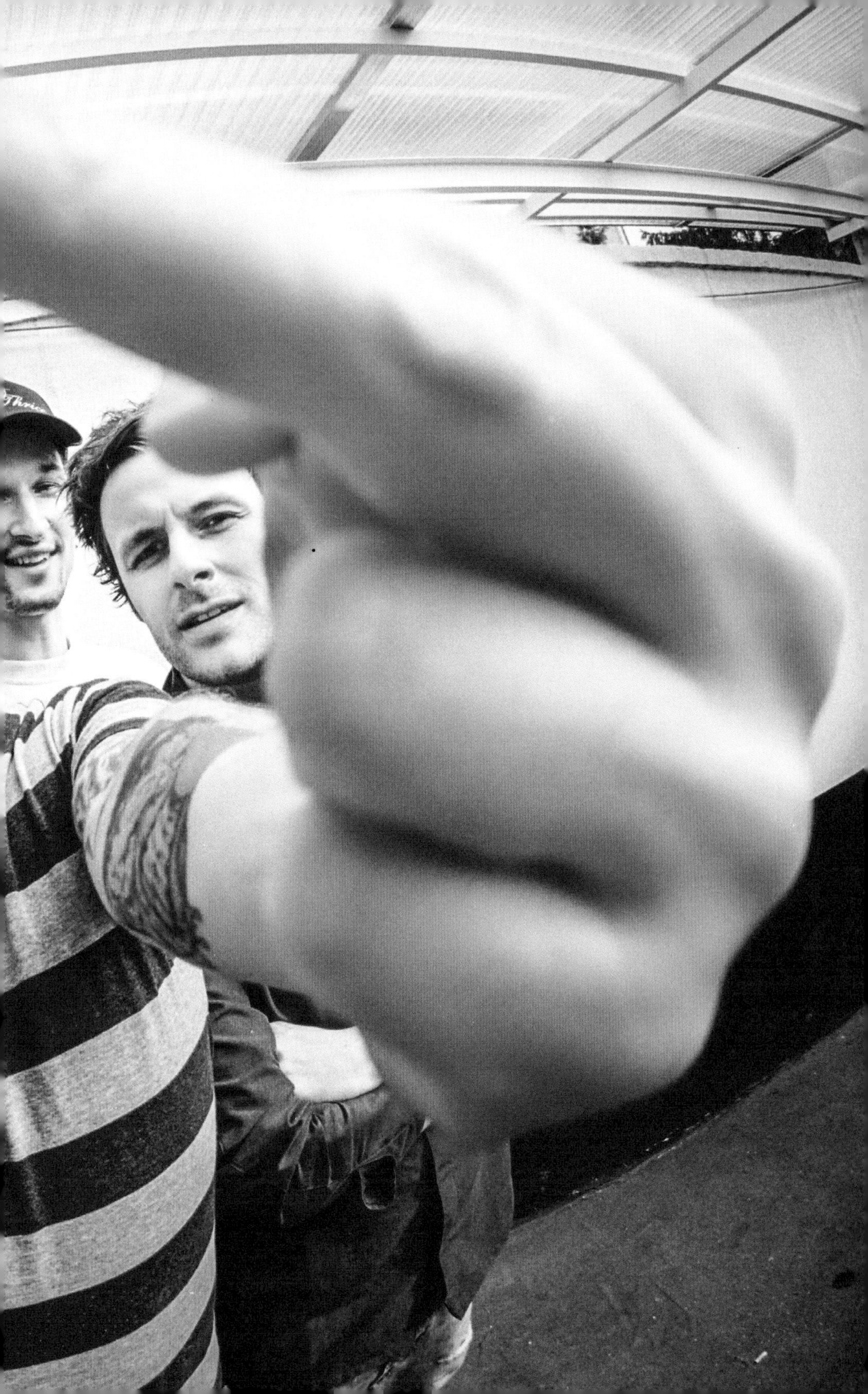

dem von Balk: Die Songs wären zwar gut, aber es sei eben keine Single dabei. Ob die Band nicht einen weiteren Song aufnehmen könne, der sich als Single-Kandidat eignet? Alex zieht es zumindest in Erwägung, gezielt weiter an Songs zu arbeiten. »Ganz unverbindlich, einfach mal versuchen«, schlägt er den anderen vor. Doch die nehmen es ihm übel, dass er diese Option überhaupt in Betracht zieht. Purgen, Eike, Guido und Ingo ziehen wütend ab und gehen einen saufen, während Alex total frustriert ist, weil die anderen – so sieht er es – offenbar nicht verstehen wollen, dass die Plattenfirma sich kaum für eine Band engagieren wird, wenn sie keinen der neuen Songs für Single-kompatibel hält. Stattdessen strafen sie ihn für sein Bemühen um einen Kompromiss geschlossen ab. So fühlt es sich zumindest für ihn an ...

Schließlich schnappt er sich seine Gitarre, tüftelt an einer Songidee herum, die ihm schon länger im Kopf herumschwirrt, und am Ende des Abends ist das Demo für eine brandneue Nummer fertig: »We Got The Noise«.

Am nächsten Tag haben sich zwar alle wieder beruhigt, doch auch mit kühlerem Kopf ist sich keiner der Fünf sicher, wie sie mit dem Wunsch der Plattenfirma umgehen sollen. »Machen wir das? Lassen wir es bleiben?« Die Diskussion geht hin und her, und am Ende entscheiden sich die Donots dafür, ihrem Label entgegenzukommen. »Eine Situation, die exemplarisch war für die Lage, in der wir uns damals befanden«, sagt Alex. »Es war nicht mehr so organisch wie früher, nicht mehr dieses Wir-machen-nur-das-worauf-wir-Bock-haben-Ding, kein Alle-an-einem-Strang-Gefühl. Stattdessen gab es viel mehr Kompromisse und viel mehr Kopf- als Bauchentscheidungen.« Die am Ende aber auch nicht für ein besseres Verhältnis zum Label sorgen – im Gegenteil. Beim Video zur ersten Single »We Got The Noise« werden dieselben Fehler gemacht wie immer: Alles wird überstürzt und die Auswahl an Treatments ist so klein wie der Anteil an Bullshit groß. Zum Dreh finden sich die Donots im Filmpark Babelsberg inmitten einer Stuntshow wieder, bei der Flammen hochschießen, Motorräder über die Bühne schanzen und Teslaspulen ziemlich schlecht animierte künstliche Blitze generieren. »Unfassbar schlimm, wie das Video am Ende aussieht«, lautet Ingos vernichtendes Urteil.

Auch die Promo-Kampagne zum Album, das *Got The Noise* heißen soll, verläuft äußerst unglücklich: Ohne mit der Band Rücksprache zu halten, nimmt die Plattenfirma Änderungen an der vor Veröffentlichung an die Presse verschickten Promo-CD vor. Zum einen ändert sie die Reihenfolge der Tracks und platziert die »klasssischen« Donots-Nummern alle am Anfang, zum anderen sind auf dieser Vorab-CD Lieder zu hören, die letztendlich gar nicht auf dem Album landen. Und zu allem Überfluss packt GUN den Song »Wretched Boy« unabgesprochen mit der Band auf die neueste Compilation der *Crossing All Over*-Reihe. Ein Song, den die Band sich als zweite Single ausgeguckt hat, nur dass dieser Zug nun leider abgefahren ist.

Was die reinen Verkaufszahlen angeht, ist *Got The Noise* zunächst ein Erfolg. Das Album klettert auf Platz siebzehn der Charts und damit einen Platz höher als *Amplify The Good Times*. »We Got The Noise« schafft es auf Platz 33 der Single-Charts und ist (neben »We're Not Gonna Take It«) die erfolgreichste Donots-Single überhaupt. Auch im fernen Osten läuft es weiterhin sehr gut: *Got The Noise* landet dort

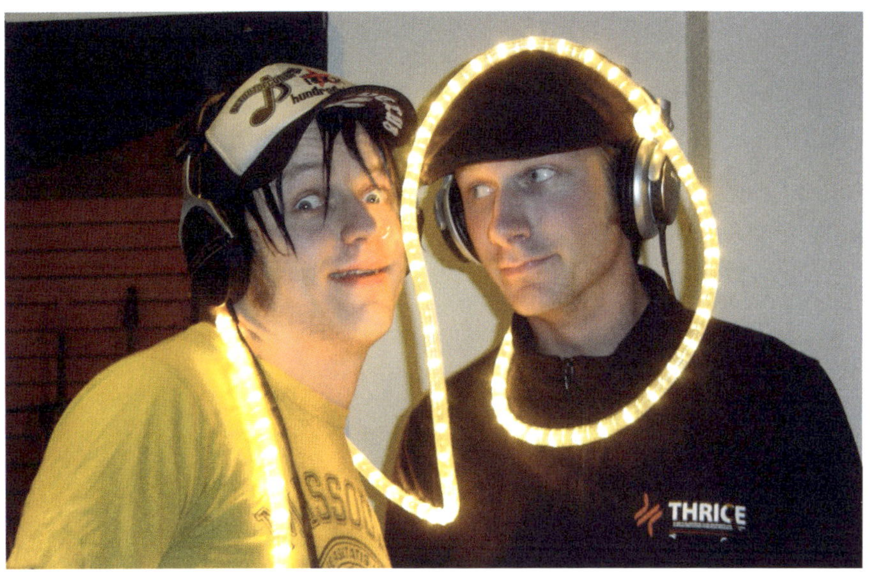

auf Platz sechs der Soundscan-Charts, knapp hinter Avril Lavigne und den Beastie Boys. Ihre mit Abstand beste Charts-Platzierung in Japan.

Solche Erfolge sind für die Donots zwar immer wieder aufs Neue unfassbar, aber als Band achtet man nicht nur auf die Verkäufe, sondern auch auf das Feedback der Presse. Und da erleben die Donots das erste Mal in ihrer Karriere einen Knick. Die Resonanz in den Medien gerät eher mau. »Bis dahin hatten wir einen echt guten Lauf, es ging praktisch nur nach oben. Mit *Got The Noise* änderte sich das«, sagt Ingo. Der Tenor der Musikkritiker lautet: Alles schön und gut, aber die neue Platte klingt jetzt nicht groß anders als die letzte. Die Phase, in der die Band als »next big thing« gehandelt wurde, wäre wohl endgültig vorbei. Manche gehen sogar so weit, zu orakeln, die Donots hätten ihre beste Zeit hinter sich.

Ein hartes Urteil, das rückblickend allerdings nicht gänzlich ungerechtfertigt scheint. Denn die Donots wissen bis heute selbst nicht so genau, was sie mit *Got The Noise* anfangen sollen. Irgendwie fehlt der Platte die Leichtigkeit und Frische, die die Band bis dahin ausgezeichnet hat. Das lässt sich sicher mit der stressigen Produktion und den Querelen mit dem Label begründen. Die vielen Diskussionen und Kompromisse, das ständige Austarieren von Bedürfnissen und Erwartungshaltungen, Ansprüchen und Zugeständnissen, dem aufreibenden Gezerre zwischen dem eigenen Autonomiebedürfnis und der Branchenabhängikeit, dem steten Balanceakt zwischen Kunst und Kommerz.

Aber es schlägt sich auch im Songwriting nieder, das ein wenig vorhersehbarer und formelhafter erscheint. »Zu einem gewissen Grad waren wir eine berechenbare Maschine geworden«, sagt Ingo. »Wir wussten: Wenn wir oben in den Trichter ganz bestimmte Elemente reinschütten, kommen unten ganz bestimmte Songs dabei heraus. Da war nur noch wenig Raum für Spontanes und Unvorhergesehenes.«

Die Donots sind auf einen gewissen Sound abonniert. Ob dieses Abo nun von ihnen selbst oder ihrem Publikum abgeschlossen wurde, können sie so genau sagen. Doch sie müssen sich eingestehen: Nachdem sie vier Jahre lang Vollgas gegeben haben, ist die Luft ein bisschen raus. Der ständige Wechsel zwischen Tour und Album schlaucht und führt zu Ermüdungserscheinungen. Kreativität braucht Raum und Zeit, von beidem war zuletzt viel zu wenig vorhanden.

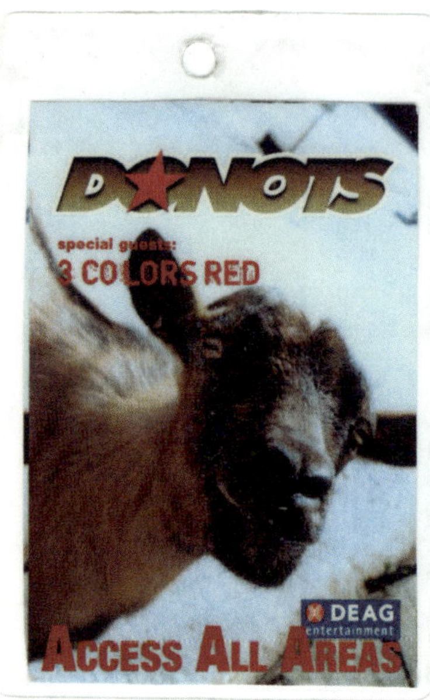

Der vom Label erhoffte nächste Schritt will auch mit *Got The Noise* nicht gelingen. Im Gegenteil: Für GUN wird es zusehends schwieriger, die Donots in der Presse, im Radio oder im Fernsehen zu »platzieren«. Die Band schiebt den Ärger und die Probleme mit dem Label beiseite. Stattdessen konzentriert sie sich einmal mehr auf das, was seit jeher ihre Basis ist: die Liveshows. »So scheiße auch alles lief mit dem Business und dem Label, wir hatten immer unsere Konzerte, an die wir uns klammern konnten«, sagt Ingo. »Auf die haben wir hingearbeitet und uns gefreut, und das hat auch sehr geholfen, für eine Zeitlang den ganzen Schlamassel auszublenden.« Die Donots spielen in diesem Jahr 73 Shows, vom Riesenfestival bis zum kleinen AZ, von Ostfriesland bis Japan, vom Schlachthof Wiesbaden bis zum Schlachthof Bremen.

Gelegenheit, sich ein bisschen zu feiern, gibt es 2004 ebenfalls. Am 5. Juni steigt auf dem Neumarkt in Ibbenbüren ein Open Air zum zehnjährigen Bestehen der Band: Neben den Donots spielen 3 Colours Red, De Heideroosjes und zwei lokale Bands. Auch die örtliche Politikprominenz will dabei sein, wenn die wahrscheinlich prominentesten, zumindest aber lautesten Söhne der Stadt nach Hause kommen. Der Ibbenbürener Bürgermeister Otto Lohmann hat schon seinen Besuch angekündigt und den Wunsch geäußert, die Band für ein Erinnerungsfoto zu treffen. Der Konservative, der mit Hilfe der CDU ins Amt gewählt wurde, ist den Donots und vor allem Ingo noch in Erinnerung – und zwar in keiner guten. Denn Lohmann gehörte zu den Mitgliedern des Stadtrats, vor denen sich Ingo rechtfertigen musste, wenn in der Scheune mal wieder etwas aus dem Ruder gelaufen war, und der regelmäßig für die Schließung des Jugendzentrums plädiert hatte. Für *diesen* Typen sollen sie jetzt beim Handshake gute Miene machen, damit er auf ihre Kosten bei den Jungwählern punktet? Kommt gar nicht in Frage, entscheiden die Donots und sagen das Treffen ohne Wenn und Aber bereits im Vorfeld ab.

Doch so gut die Konzerte auch laufen: Letzten Endes lassen sich die schwelenden Probleme nicht ignorieren. Die Zukunft der Band, ihre Identität und auch ihre künstlerische Ausrichtung stehen auf dem Prüfstand. Alle fünf sind sich einig: Das Modell der Pop-Punk-Band amerikanischer Prägung ist für die Donots allmählich ausgereizt. Sie brauchen dringend ein Update.

BIS HIERHER UND NICHT WEITER

Die Donots sind sich in vielem unsicher, nur in einer Sache nicht: Die Zusammenarbeit mit GUN hat keine Zukunft mehr. Nach sechs Jahren ist der Band klar, dass es so nicht weitergehen kann. Die ständigen Konflikte zermürben und nerven die Donots, die es leid sind, sich ihrem Label gegenüber ständig erklären zu müssen. Sie fühlen sich immer weniger verstanden, und vor allem was Image und Vermarktung angeht, gewinnen sie zunehmend den Eindruck, dass ihr Label sie mit völlig anderen Augen sieht, als sie selbst das tun. »Ein bisschen war das so, als ob deine biedere Cousine dir Klamotten kauft. Sie kennt dich zwar, aber eben doch nicht so richtig. Und am Ende entscheidet sie sich meistens für das Falsche«, sagt Alex.

Als das Label über die weitere Zusammenarbeit und das nächste Album reden möchte, macht Manager Florian am Telefon deutlich, dass es keine gemeinsame Zukunft geben wird. »Wir wollen nicht mehr«, erklärt er kurz und knapp.

Bei GUN hat mit dieser Entscheidung keiner gerechnet. »Uns hat das aus heiterem Himmel getroffen«, erinnert sich A&R Markus Balk. In Bochum, so sagt er, hätten alle gerne weiter mit den Donots gearbeitet. »Wir hatten nicht das Gefühl, dass unser gemeinsamer Weg schon zu Ende ist.« Doch die Band steht zu ihrer Entscheidung. Balk wünscht sich in der Rückschau, die Donots hätten »ein bisschen weniger Misstrauen und ein bisschen mehr Wohlwollen« gegenüber dem Label gehabt. »Ich glaube, es gab viele Phasen, da dachten die Donots, wir wollten ihnen etwas Böses. Dass wir sie zu einer Radiopop-Band umformen wollten oder so. Aber das war nie unser Interesse. Wir wollten zusammen mit der Band wachsen, nicht gegen sie arbeiten.«

Florian kann diese Sichtweise sogar ein Stück weit nachvollziehen. »Wir haben damals bestimmt auch nicht alles richtig gemacht. Wir haben uns sehr viel beraten in dieser Zeit, manchmal haben wir auch *ge*raten«, räumt der Ex-Manager der Band ein. »Aber man muss auch sehen, dass wir alle sechs null Erfahrung im Umgang mit einem Label hatten, und schon gar nicht mit einem Majorlabel. Ansonsten hätten wir sicher vieles anders gemacht. Manche Dinge hätten wir entspannter gesehen, bei anderen hätten wir wahrscheinlich noch mehr auf unser Bauchgefühl gehört und uns gewehrt. Andererseits: Die Entscheidung, zu GUN zu gehen, haben ja alle gemeinsam getragen. Und wenn man das macht, ist der Auftrag, den man einem Label erteilt, auch klar: Verkauft meine Platten! Versucht das, was wir machen, an eine größtmögliche Öffentlichkeit zu bringen und zu vermarkten. Und bis zu einem gewissen Grad hat das ja auch funktioniert.«

Daran, dass die Zeit mit GUN auch ihre guten Seiten hatte, haben die Donots keine Zweifel: Dank GUN stehen ihre Alben gefühlt in jedem Plattenladen der Republik und erreichen so ein Publikum, das sonst vielleicht nie auf die Band aufmerksam geworden wäre; die Donots konnten Unmengen an Kontakten knüpfen; sie durften

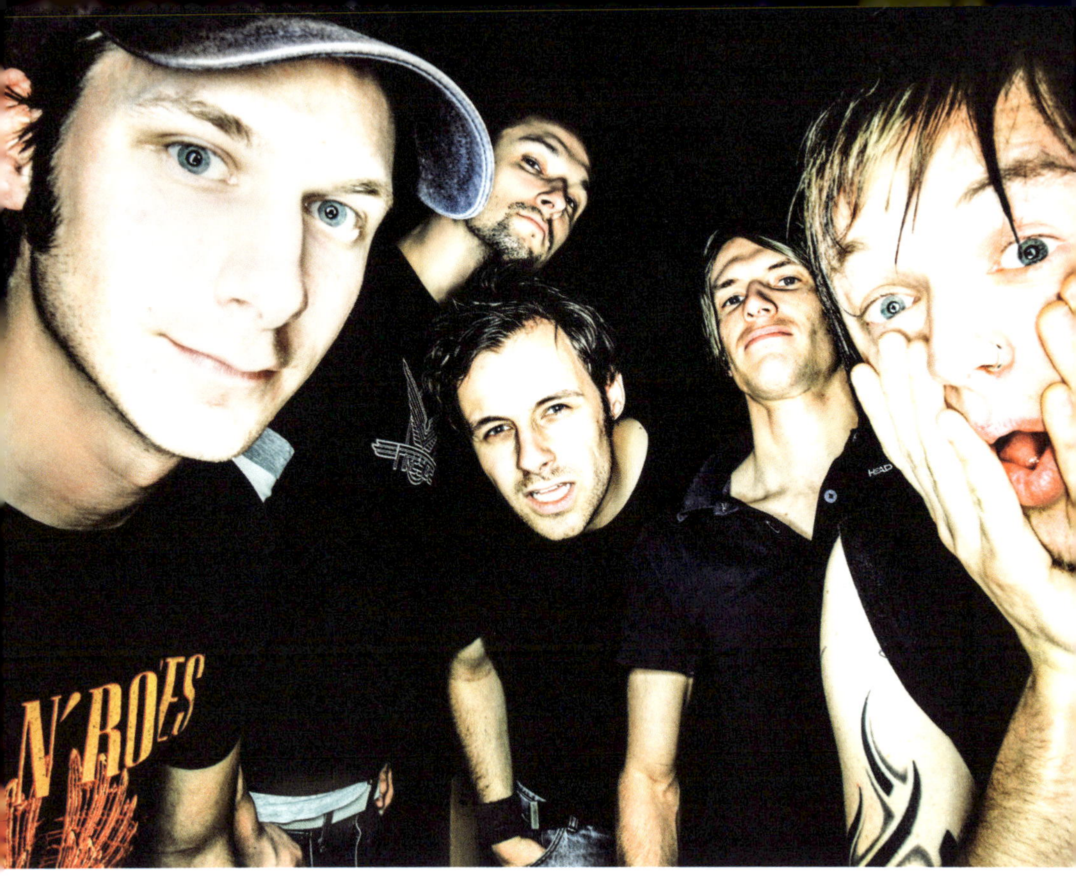

auf den Bühnen der größten Festivals spielen; sie haben reichlich Studio-Know-How erworben und völlig neue Einblicke in den Maschinenraum des Musikbusiness gewonnen. Und natürlich hat GUN schlussendlich einen gewichtigen Teil dazu beigetragen, dass sich für die Band ein großer Traum erfüllt hat: Endlich können und dürfen sie vierundzwanzig Stunden am Tag Musiker sein. Keine Nebenjobs, keine Geldsorgen. Einfach nur Musik machen und eine professionelle Band sein.

Und dennoch: Der GUN-Deal hat dazu geführt, dass bei vielen Menschen ein falsches Bild von den Donots entstanden ist. Wie wichtig der Band ihre Ideale, ihr Do-it-yourself-Spirit und ihre Verbindung zur Subkultur sind, wird angesichts des Major-Deals häufig verkannt. »Es war ein bisschen wie der Kampf zwischen zwei Welten: Wir haben immer vom Künstlerischen, von der Botschaft her gedacht. Und für die Plattenfirma stand die Wirkung und die Vermarktung im Vordergrund«, sagt Florian. »Die Mechanismen eines Majorlabels haben eben nicht zu unserer Philosophie gepasst. Und auch nicht zu der Szene, in der wir uns bewegt haben.«

Das sieht der Booker der Band genauso: »Die Platten sind zwar bei einem Major erschienen, aber live haben die Donots sich meistens im Umfeld der Hardcore- und Punkrock-Szene bewegt«, sagt Philipp Styra. »Das konnte man an den Clubs sehen, in denen sie gespielt haben. Und auch an den günstigen Preisen für die Tickets und das Merchandise. Das war der Band immer sehr wichtig.«

Dieser Szene und Community wollen die Donots gerne etwas zurückgeben. Um jungen Bands ein Sprungbrett zu bieten, rufen sie zusammen mit ihrem damaligen Webmaster Alex Hansen die Aktion »Amplified« ins Leben. In diesem Rahmen ermuntern sie Nachwuchsbands, ihnen ein Demo zu schicken, und einmal im Monat hören sie gemeinsam den kompletten Stapel durch. Die Bands, die ihnen besonders gut gefallen, bekommen ein Feature auf der Homepage der Donots und werden als Vorband eingeladen. Der Zuspruch ist groß. Unter den zahlreichen Bewerbern sind auch Jupiter Jones mit ihrem ersten Demo. Die Band Alice's Gun, aus der später Madsen hervorgehen, bekommt ebenfalls das »Amplified«-Siegel und spielt eine Show auf der Osnabrücker Maiwoche, wo die Donots eine Nachwuchsbühne kuratieren.

Doch egal wie man es dreht und wendet: Nach vier Alben bei GUN werden die Donots von gar nicht so wenigen unter »U wie uncool« abgelegt. Ein bisschen kann die Band das sogar nachvollziehen – zumindest aus heutiger Sicht. Selbst Purgen wäre wohl kein hundertprozentiger Donots-Fan geworden, hätte er die Band damals kennengelernt: »Ich glaube, ich hätte uns live geil gefunden, auf Platte zu glatt, und die Videos echt beschissen.«

Allerdings darf man nicht vergessen, dass die gewachsene Popularität und nicht zuletzt der Zugang zu bestimmten Medien und Formaten, den sie GUN verdanken, auch ihre guten Seiten haben. Schließlich tanzt die Welt keineswegs nur nach der Pfeife der Punkrock-Polizei. Gerade in ihrer GUN-Phase haben die Donots sehr viele junge Hörerinnen und Hörer angesprochen. Ein musikalischer Sozialisationsbeitrag, der sich erst nach und nach offenbart: »Wir haben im Laufe der Jahre viele Leute getroffen, für die unsere frühen Platten der Erstkontakt mit einer gewissen Szene und einem bestimmten Sound waren«, sagt Alex. »Wir hätten dafür gesorgt, dass sie zum Punk oder Indierock gefunden hätten, hieß es. Das hat uns natürlich sehr gefreut und auch stolz gemacht. Denn irgendeinen Einstieg in diese Welt muss es ja geben. Schließlich fangen die wenigsten direkt mit den Gorilla Biscuits an.«

Obwohl die Donots ihrem Label laut Vertrag noch zwei weitere Alben schulden, signalisiert das Label, dass aus seiner Sicht nichts gegen eine saubere Trennung spricht. »Wir wollen euch keine Steine in den Weg legen. Wenn ihr gehen müsst, müsst ihr eben gehen – so gönnerhaft klang das am Anfang«, erinnert sich Ingo.

Die Vertragsauflösung wandert allerdings schnell von GUN in die Hände des Mutterkonzerns SonyBMG, der solche Fälle den Anwälten seiner Rechtsabteilung übergibt. Und die spielen erst einmal auf Zeit. Anfragen werden nicht beantwortet, Fristen werden ignoriert. Den Donots geht es wie vielen Künstlern in vergleichbaren Situationen: Sie hängen für Wochen und Monate in der Luft. »Dass hinter den Verträgen, Klauseln und Zahlen eine Band steckte, deren Existenz auf dem Spiel stand, weil sie weiter Musik machen wollte und musste, aber nicht konnte, wurde von denen komplett ignoriert«, sagt Ingo. Und dass es damals in der Tat um die Existenz der Band geht, ist keinesfalls übertrieben. Nicht nur er, auch die anderen vier sind sich sicher: Lieber lösen sie die Donots auf oder werden zur reinen Hobbytruppe, als dass sie noch ein weiteres Album bei GUN veröffentlichen.

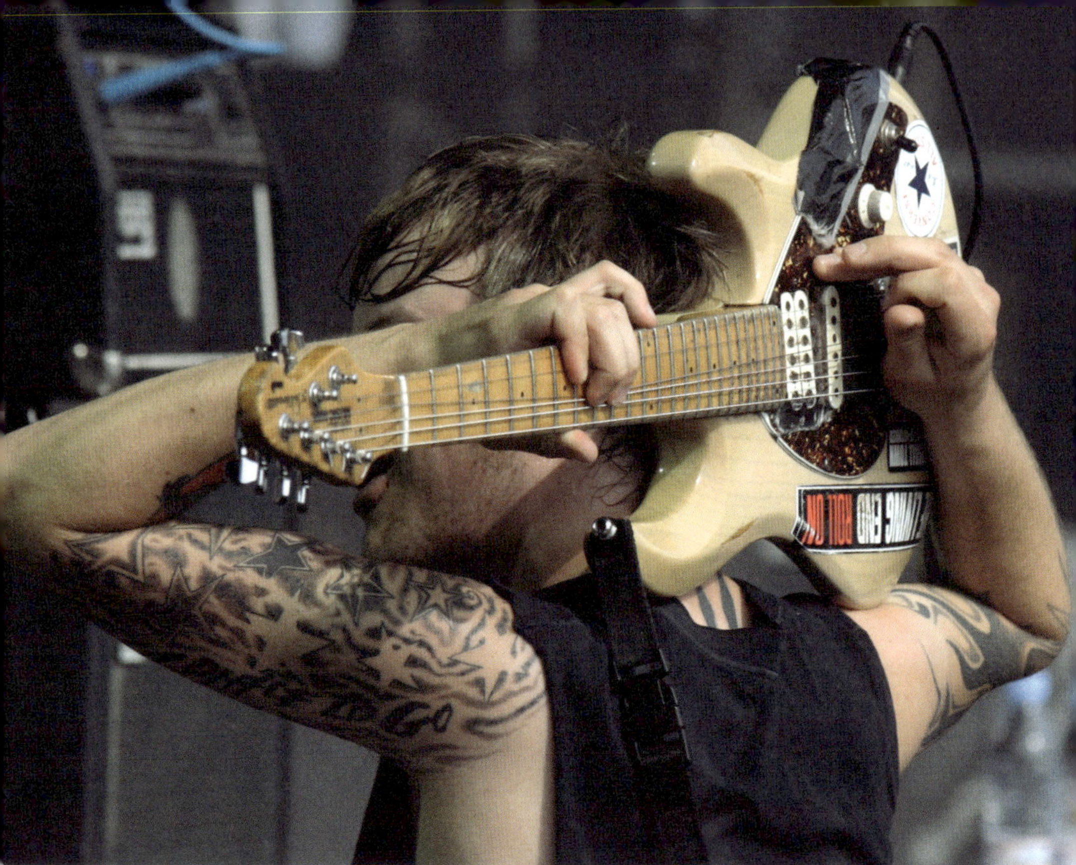

Um dem von den SonyBMG-Anwälten erzwungenen Stillstand zu entfliehen, stürzen sich die Donots in die Arbeit. Immer, wenn es passt, mieten sie sich ein Ferienhaus auf dem Land, verkriechen sich dort mitsamt ihrem Equipment und legen los. Praktisch rund um die Uhr wird gespielt, geschrieben und ausprobiert, die Aufnahmetaste bleibt dabei nonstop gedrückt. Allerdings stellen die Donots bald fest, dass unter den Bergen an Demos, die sie in den Ferienhaus-Sessions angehäuft haben, so gut wie nichts Brauchbares zu finden ist. Im Gegenteil: »Eigentlich war das nur Schrott«, sagt Alex. Der erste Versuch, sich als Band kreativ neu zu finden und ein Gefühl dafür zu bekommen, wo sie musikalisch gerade stehen, erweist sich als Fehlschlag.

Dass sie ausgerechnet diese Demos an Walter Schreifels schicken und ihn fragen, ob er vielleicht das nächste Donots-Album produzieren will, ist der Band im Nachhinein ein wenig peinlich. Schreifels ist in Hardcore- und Alternative-Kreisen eine Legende: Er liefert in den Achtzigern mit Youth Of Today und den Gorilla Biscuits die Blaupause für aggressiven, aber niemals stumpfen Hardcore, um später dann mit Quicksand und Rival Schools Maßstäbe im Spannungsfeld zwischen Alternative, Noise und Rock zu setzen. Er kennt die Donots seit einer gemeinsamen Tour und ist einer der nettesten Menschen, die man im Musikbusiness treffen kann. Auch auf die Anfrage der Donots reagiert er ausgesprochen höflich; trotzdem kommt es letztendlich nicht zur Zusammenarbeit.

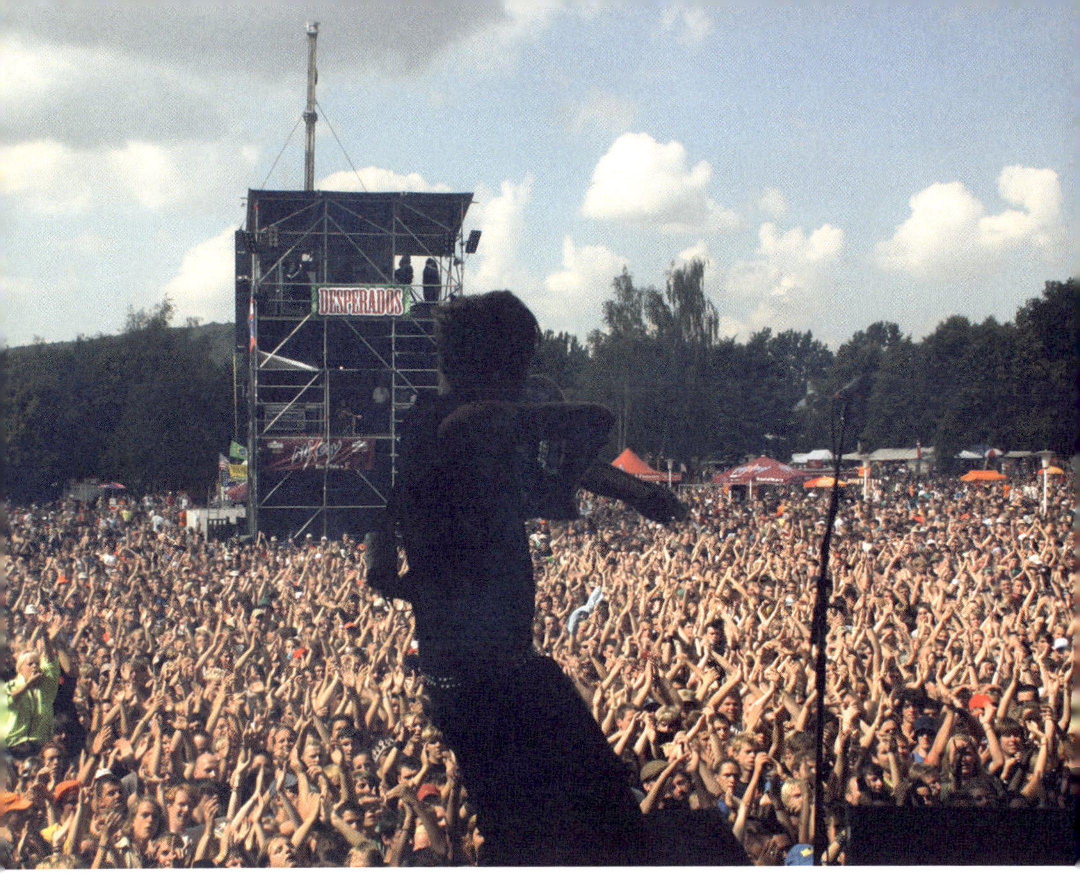

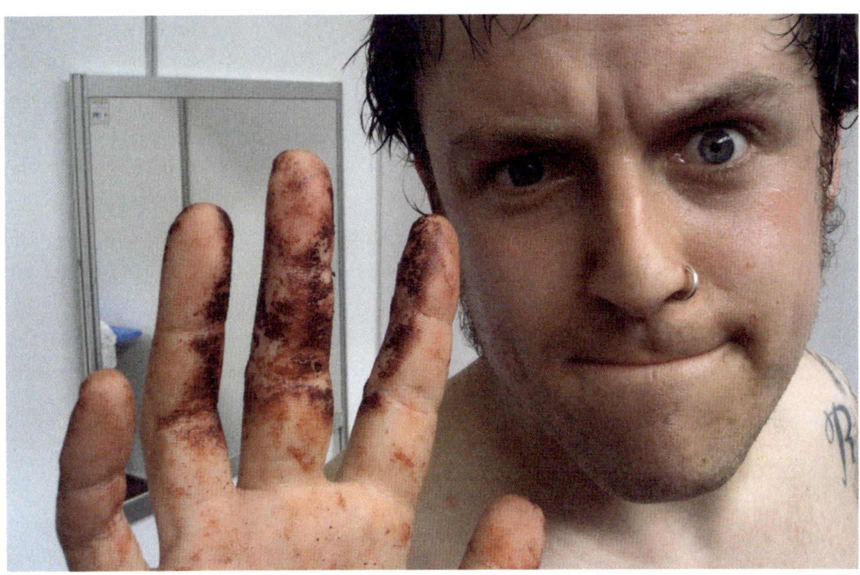

. Spielt nicht nach Lehrbuch: Guido.
. Bedroht das Highfield: Guido.
. Das hat er nun davon: Guido.

Da die Ferienhaus-Sessions nicht geholfen haben, die Köpfe frei zu bekommen, greifen die Donots zu einem bewährten Mittel und versuchen es mit Konzerten. Hier gibt es durchaus Nachholbedarf: 2005 haben sie nur 26 Konzerte gespielt, so wenige wie seit 1997 nicht mehr, und größtenteils waren das Festivalauftritte oder Supportshows für die Toten Hosen und Wir Sind Helden. Ohne eine aktuelle Platte und die Unterstützung durch ein Label ist an eine eigene Deutschlandtour nicht zu denken. Aber es gibt ja noch ein paar weiße Flecken auf der Europakarte.

Kurzerhand buchen die Donots fünf Shows in Osteuropa: In Lettland, Polen, Tschechien und Ungarn. Dummerweise ist der Januar 2006 einer der kältesten seit langer Zeit, und das gilt erst recht für den Osten des Kontinents. Temperaturen von minus 30 Grad stellen sie vor völlig neue Herausforderungen. Die Tour wird mit kleinem Besteck gefahren, die Band ist lediglich mit einem Van unterwegs. In dem ist es permanent so kalt, dass die Bandmitglieder sich während der Fahrt in zwei Schlafsäcke einwickeln und ständig anhalten müssen, um die Scheiben freizukratzen – und zwar außen und innen. Sobald sie länger als ein paar Sekunden im Freien sind, frieren ihnen die Popel in der Nase fest. Auch die Verstärker müssen vor den Auftritten mühevoll mit einem Fön enteist werden, weil im Inneren der Geräte das Kondenswasser zu Eiszapfen gefroren ist. In einem Hostel in Polen beobachten sie staunend, dass andere Gäste den Motor ihres Autos die ganze Nacht laufen lassen oder sicherheitshalber gleich die ganze Batterie ausbauen. Überall und zu jeder Tageszeit bekommen die Donots Wodka angeboten – die Heizung des kleinen Mannes. Trotz (oder vielleicht wegen) der hochprozentigen Warmhaltetaktik laufen die Auftritte richtig gut. Das Publikum amüsiert sich prächtig, und auch die Band hat ihre helle Freude beim Erwerb der neuen Länderpunkte: eine absolute Grenzerfahrung, die noch dazu einen Riesenspaß macht.

Doch die Ablenkung ist nur von kurzer Dauer. Wieder zu Hause, heißt es erneut: Warten, warten, warten. Der Rechtsstreit mit SonyBMG geht mittlerweile ins dritte Jahr, und die Annäherung der Positionen geschieht allenfalls in Tippelschritten, wenn überhaupt. Für eine so umtriebige Band wie die Donots ist der Schwebezustand, in dem sich nichts bewegt, kaum auszuhalten. Ein Auftritt im Februar, einer im März, vier im April, zwei im Mai – mehr steht im Frühling und Sommer 2006 nicht auf dem Zettel. Die Tage, Wochen und Monate ziehen sich wie Gummi. Immerhin, die Donots sind mal wieder auf Festivaltour: Sie spielen als Co-Headliner beim *Rocco del Schlacko* in Püttlingen, beim *Open Flair* in Eschwege, auf der Kieler Woche und Mitte August bereits zum fünften Mal beim *Taubertal Open Air*. Dort sitzen Purgen, Guido, Eike, Ingo und Alex gerade backstage in ihrem Garderoben-Container, als Manager Florian hereinschneit und triumphierend mit einem Fax wedelt.

»Da isser«, grinst er.

»Was? Wer?«

»Der Auflösungsvertrag mit GUN.«

»Nein!«

»Doch! Wenn Ihr den unterschreibt, seid ihr da raus. Endgültig und für immer.«

Tourposter aus Lettland un
irgendwo in Polen, 2006

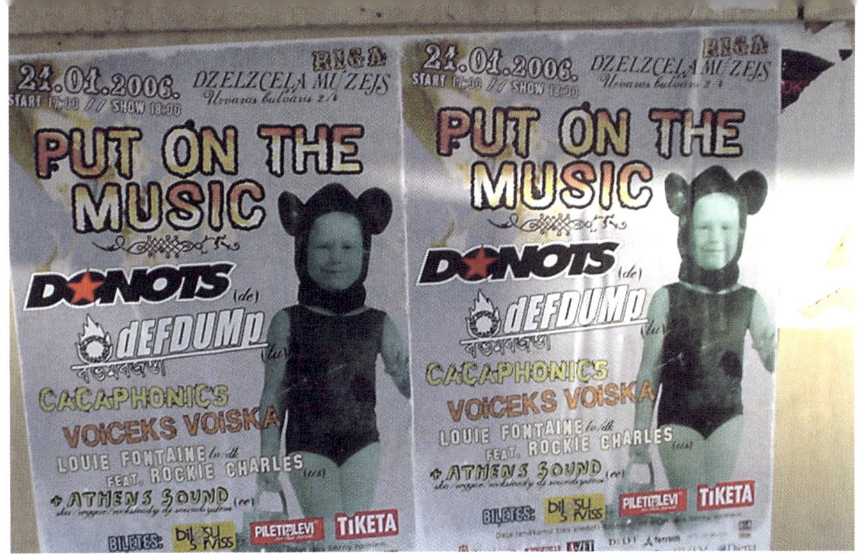
RIGA
21.01.2006.
DZELZCEĻA MUZEJS
START 17:00 // SHOW 18:00
PUT ON THE MUSIC
DONOTS (de)
dEFDUMp
CACAPHONICS
VOICEKS VOISKA
LOUIE FONTAINE
FEAT. ROCKIE CHARLES
+ ATHENS SOUND
BILETES:
TIKETA

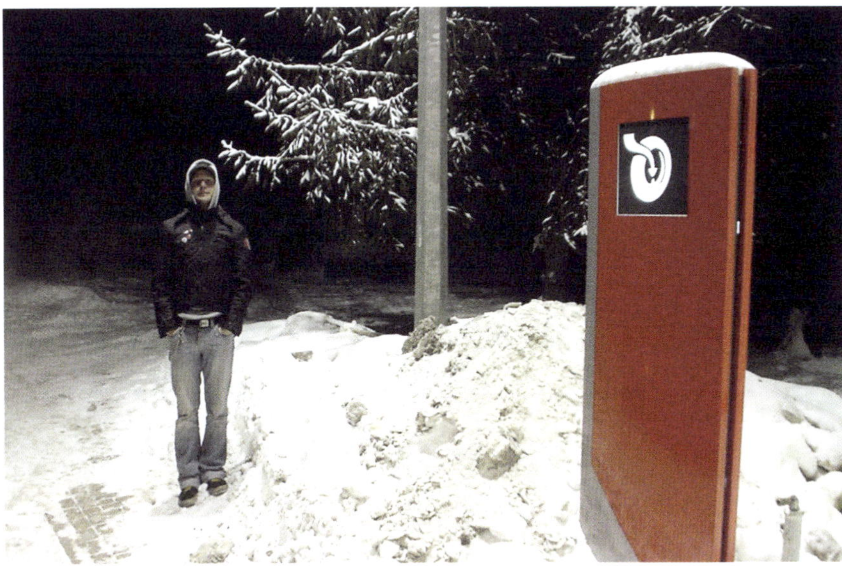

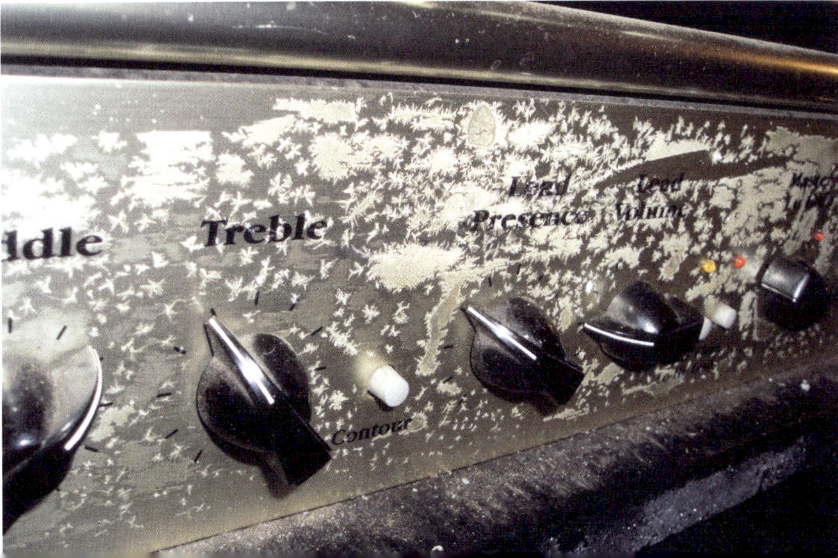
Treble
Contour
Lead
Presence
Lead
Volume

WALTER SCHREIFELS
[Gorilla Biscuits, Quicksand, CIV, Walking Concert, Youth Of Today, Rival Schools]

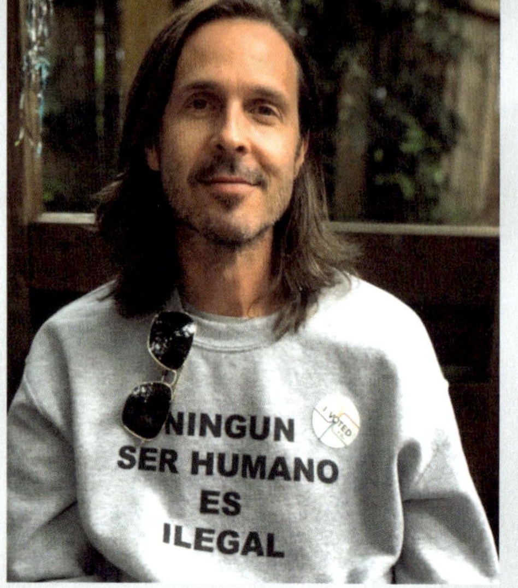

Ich hatte das Vergnügen, die Donots Mitte der 2000er-Jahre auf einer gemeinsamen Deutschland-Tour kennenzulernen. Es war eine denkwürdige Zeit, in der eine Freundschaft entstanden ist, die bis heute andauert. Ich hatte gerade das Debüt meiner neuen Band Walking Concert veröffentlicht. Wir hatten null Fans, aber die Donots haben uns als Support eingeladen. Wir durften in ihrem Bus mitfahren, und sie haben sogar unsere Bandshirts gedruckt. Wenn man das aus der Entfernung betrachtet, kommt einem eine solche Großzügigkeit von Fremden wahrscheinlich seltsam vor. Aber wenn man näher kommt, merkt man, wie nett und familiär es bei den Donots zugeht. Sie haben uns wie Brüder behandelt – oder zumindest wie Lieblingscousins.

Ich habe mir die Show der Donots jeden Abend angesehen: Ingo war der begabte und charismatische Frontmann, während Guido den coolen Keith gab als Gegenstück zu Ingos Mick. Eike zertrümmerte sein Schlagzeug mit einer Energie wie einst Dave Grohl. Alex, der damals noch Locken hatte, war für den Spaß auf der Bühne zuständig, während Purgen am Bass die musikalische und immer lächelnde Geheimwaffe der Donots darstellte. Diese Chemie hat die Band Abend für Abend mit ihrem Publikum verbunden. Mir wurde klar: Manche Dinge sind einfach magisch, die kann man niemandem beibringen.

Auf der Bühne zu stehen, war großartig, aber für mich fing der richtige Spaß erst danach an: Beim Abhängen nach den Shows und auf den langen Fahrten. Band und Crew waren wie eine Familie, wie hatten so viel Spaß zusammen und führten viele interessante Diskussionen. Ein paar Jahre später bin ich nach Berlin gezogen, und jedes Mal, wenn die Donots dort spielen, gehe ich hin. Das ist immer ein Riesenspaß.

Es erstaunt mich, wie es den Donots gelungen ist, sich als Band weiterzuentwickeln und gleichzeitig die entscheidenden Aspekte ihres Sounds und ihres Spirits zu bewahren. Unsere Wege haben sich nur kurz gekreuzt, aber es ehrt mich, dass ich hier etwas beitragen darf. Ach, eine Sache noch: Vielleicht habt ihr noch ein Walking-Concert-Shirt in eurem Lager? Die sahen ziemlich cool aus, wenn ich mich recht erinnere.

Der Jubel, der daraufhin aus fünf Kehlen durch die Garderobe schallt, ist fast so laut wie der des Publikums, als die Donots ein paar Stunden später »We're Not Gonna Take It« anstimmen. Aber erst einmal liegen sie sich in den Armen, recken die Fäuste und wissen gar nicht, wohin mit all ihrer Freude. Das muss gefeiert werden, und zwar nach allen Regeln der Kunst. Entgegen ihrer sonstigen Gepflogenheiten heißt es heute schon vor der Show: Hoch die Tassen! Als ihr Auftritt auf der Hauptbühne um kurz vor neun vorbei ist, werden die Handbremsen endgültig gelöst. Der Alkohol fließt in Strömen und befeuert die Euphorie bis ins Unermessliche.

»Was an diesem Abend alles passiert ist? Besonders viel weiß ich nicht mehr. Nur noch, dass sich das wirklich gut angefühlt hat. Wir wussten, wir sind endgültig raus aus der Nummer mit GUN, können uns neu sortieren und sehen, in welche Richtung das alles weitergeht. Ein ganz, ganz, ganz, ganz großartiges Gefühl«, sagt Ingo, der den Auflösungsvertrag auch Jahre später noch zu Hause stets griffbereit oben in der Schublade hat. Ab und zu holt er ihn hervor und liest ihn durch, einfach so, um sich darüber zu freuen. Den anderen geht es ähnlich. An diesem Abend lassen es alle so dermaßen krachen, dass die Erinnerung daran nicht nur bei Ingo eher verschwommen ist. Trotzdem ist er im kollektiven Gedächtnis der Band unter U wie »unvergesslich« abgespeichert. Es ist bezeichnend, dass die Party zur Auflösung des Plattenvertrags deutlich größer und exzessiver gerät, als es die Feier zur Vertragsunterzeichnung war.

Am nächsten Tag sind die Schädel dick, aber die Freude ist immer noch ungebrochen. Zumal gleich das nächste Highlight ansteht, denn für den Abend ist ein zweiter Auftritt auf dem Taubertal-Festival geplant und dafür haben sie sich etwas Besonderes ausgedacht. Um 23.30 Uhr stehen die Donots als Abschluss-Act auf der zweiten Bühne und spielen ein Akustikset, für das sie neben eigenen, eher selten gespielten Songs wie »Someone To Blame« oder »Wretched Boy« auch ein paar Coverversionen einstudiert haben: »London Calling« von The Clash, »Take 'Em All« von Cock Sparrer, den Tote-Hosen-Klassiker »All die ganzen Jahre«, und auch der Undertones-Hit »Teenage Kicks« bekommt eine Donots-Spezialbehandlung. Während sich Ingo mit dem Rotweinglas ans Klavier setzt, steht Guido breitbeinig am Mikro und verleiht dem Honky-Tonk-Arrangement seines Bruders eine herrlich rotzige Note. Irgendwie ist es programmatisch, was die Band an diesem Abend veranstaltet: »Das war ein völlig befreites Set. Wir haben einfach nur gespielt, worauf wir Lust hatten, ohne Zwänge und ohne das Gefühl, irgendwelchen Erwartungen gerecht zu werden«, blickt Ingo zurück.

Als letzten Song spielen die Donots »Room With A View«. Eigentlich ist gar keine Nummer mehr eingeplant, doch das Publikum lässt die Band einfach nicht von der Bühne gehen. Ingo, der um Mitternacht 30 geworden ist und entsprechend gefeiert wurde, setzt sich noch einmal ans Klavier. Er wählt zunächst die falsche Tonart, bricht ab und beginnt neu. Was bei manchen Bands entweder aufgesetzt oder aber stümperhaft wirken könnte, ist hier einfach nur echt und unverstellt. Ein berührender Moment, der sich auch auf die Menschen vor der Bühne überträgt. Erst klatschen sie im Takt mit, dann schwenken sie die Feuerzeuge – Handys mit Leuchtfunktion hat damals noch keiner – und bald ist das gesamte Publikum ein Lichtermeer.

Als Ingo den Rest der Band zurück auf die Bühne holt und sich die Donots zur Verabschiedung vor ihren Fans verbeugen, blicken sie in Tausende glückliche Gesichter, die spontan die Melodie von »Goodbye Routine« anstimmen. »Ooh-oh, yeah-ee-yeah« hallt es der Band noch minutenlang hinterher. Als sie sich in ihrem Backstage-Container verschwitzt und glücklich in den Armen liegen, singt das Publikum immer noch aus voller Kehle.

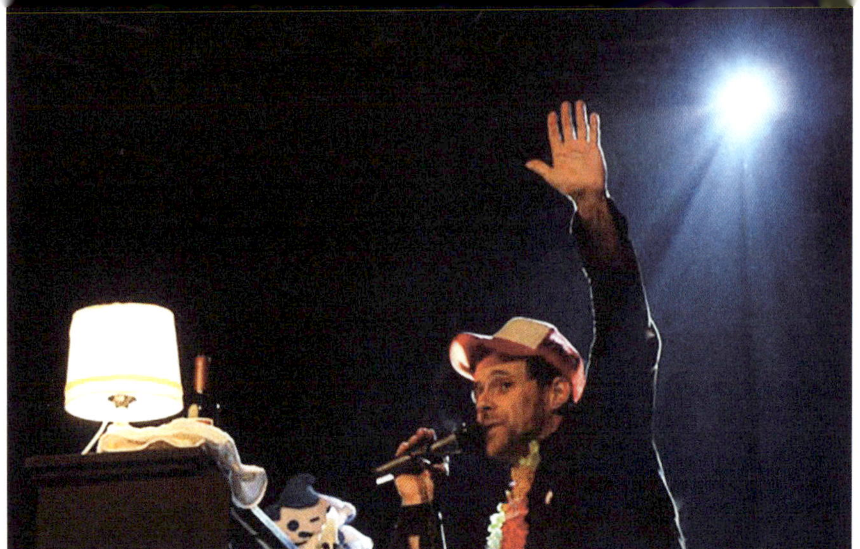

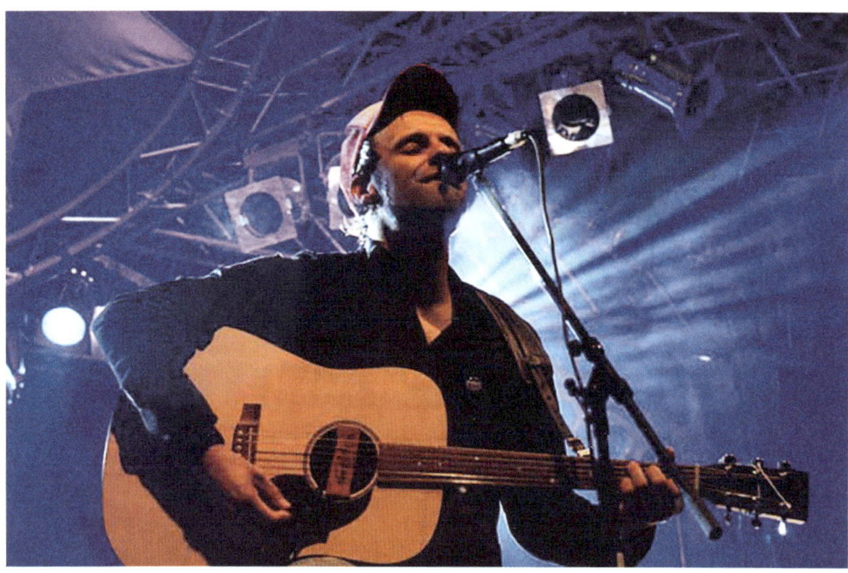

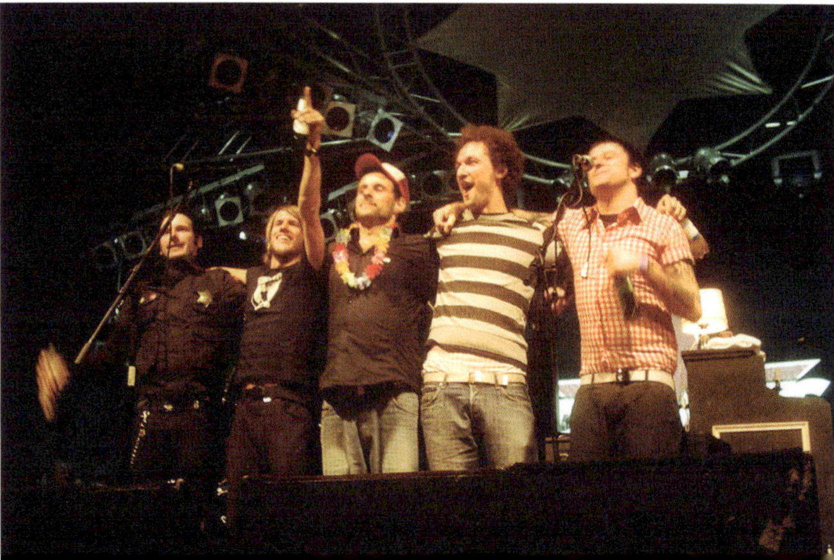

Wendepunkte treten häufig erst rückblickend in aller Schärfe hervor. Im Hier und Jetzt, wenn man mitten im Moment steckt, spürt man von der Bedeutung und Symbolkraft des Geschehens meist wenig. Auch den Donots wird erst später bewusst, was für ein entscheidender Augenblick dieser Auftritt beim Taubertal-Festival 2006 letztendlich für sie war. Denn dieser Abend markiert eine Zäsur für die Band: Die Donots 1.0 sind endgültig Geschichte.

Die Auflösung des Plattenvertrags wird im Sommer 2006 zwar beschlossen und besiegelt, ganz vorbei ist die Kooperation mit GUN aber noch nicht. Als Teil der Vertragsauflösung einigen sich beide Parteien darauf, ein Best-of-Album zu veröffentlichen. *The Story So Far – The Ibbtown Chronicles* erscheint im November 2006 und liefert auf zwei CDs einen Rundumschlag durch das bisherige Schaffen der Band: Hits und B-Seiten, Relevantes und Obskures, Live-Versionen und alternative Takes. Der Band ist es wichtig, kein klassisches Best-of-Album zu machen. Anstelle von Songs, die ohnehin schon jeder Fan in- und auswendig kennt, packen sie lieber möglichst exklusives Material auf die Doppel-CD.

Zwei Songs, »Duck And Cover« und »Play Dead«, werden sogar extra für *The Story So Far* aufgenommen. Es sind so ziemlich die einzig verwertbaren Songs der rund sechzig bei den Ferienhaus-Sessions entstandenen Demos. Aufgenommen werden die Nummern im Minirock-Studio in Köln, produziert von den Donots, zusammen mit Steffen Wilmking: Der Ex-Drummer von Thumb und den H-Blockx, der Eike vier Jahre zuvor auf der Millencolin-Tour vertreten hat, verlagert gerade seine Arbeit mehr und mehr von der Bühne ins Studio. Die Donots sind eine der ersten Bands, die er produziert, später kommen so illustre Namen wie Casper, Haftbefehl und Gentleman dazu.

Zur Veröffentlichung von *The Story So Far* im November 2006 gehen die Donots auf Interview-Tour – es ist die allerletzte Zusammenarbeit mit ihrem bisherigen Label.

Die Band ist sich sicher: Ab jetzt wird alles anders, ab jetzt wird alles besser. Endlich sind sie wieder frei! Keine Zwänge, keine Vorgaben, keine Verpflichtungen! Kein Produktmanager, mit dem sie Kompromisse aushandeln müssen. Keine verzweifelten Versuche mehr, dem Label ihre künstlerischen Visionen zu vermitteln. Kein Promotion-Schedule, kein Release-Countdown. Raus aus der Album-Promo-Tour-Album-Tretmühle. Zurück ins selbstbestimmte Leben einer Band, die nur noch macht, was ihr gefällt und was sie für richtig hält.

nplugged-Mitternachts-Show beim
aubertal-Festival: Ingo spielt
ein eigenes Geburtstagsständchen.

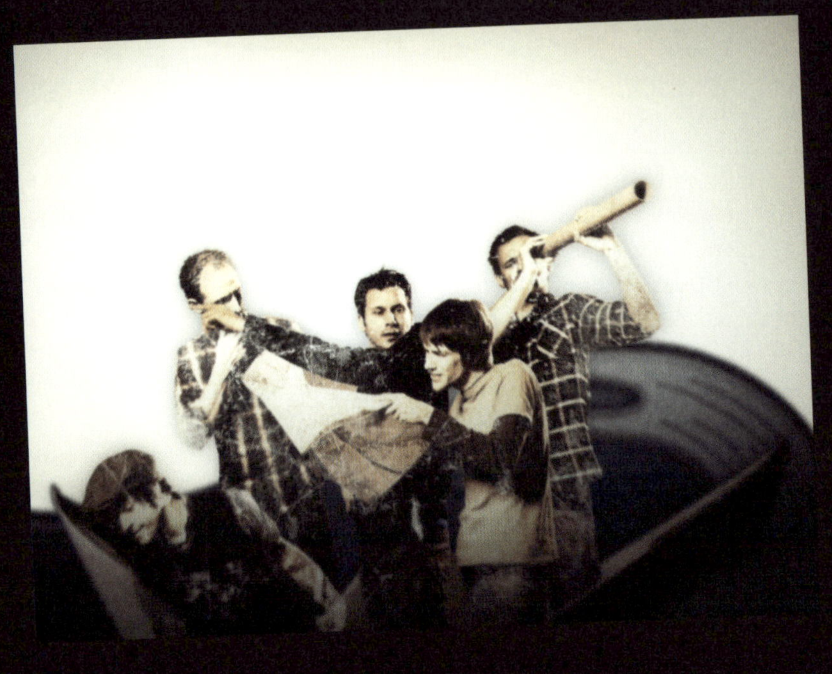

TEIL DREI

2007–2013

SUMPF UND SCHOPF

Coma Chameleon

The Long Way Home

Wake The Dogs

Voller Euphorie treffen sich die Donots ab dem Herbst 2006 regelmäßig im Proberaum. Die Aufnahmen zu *Got The Noise* sind bereits zweieinhalb Jahre her, so langsam wird es Zeit für neue Songs und ein neues Album. Doch die Hoffnung, dass das Ende des Vertrags mit GUN automatisch den Anfang einer neuen, kreativen Band-Phase einläutet, zerschlägt sich. Und zwar schnell. Musikalisch sind die Donots kein Stück weiter als bei den Ferienhaus-Sessions: Die Songs klingen zerfahren und ziellos. »Wir waren irgendwie verloren«, sagt Alex.

»Dass wir bei GUN raus waren, war natürlich super«, sagt Purgen. »Gleichzeitig hingen wir aber auch in der Luft, keiner wusste, wie es weitergeht. Und in einem solchen Zustand kreativ zu sein, ist wahnsinnig schwierig. Das geht vielleicht, wenn man ein Standardalbum macht, das mehr oder weniger wie die letzte Platte klingt. Aber nicht, wenn man versucht, sich neu zu finden und weiterzuentwickeln. Nicht, wenn man alles auf links dreht und ständig spürt, dass es sich gerade um einen entscheidenden Moment in der Bandgeschichte handelt.«

Die Donots sind unsicher und unlocker. Sie kommen immer mehr ins Grübeln. War es das etwa? Ist ihre Zeit vorbei? Bei vielen Bands ist nach drei, vier Alben die Luft raus. Dann kommen die Seitenprojekte, die Trennungen, die Seiltänze zwischen bemühten Experimenten und billigen Selbstkopien – man kennt das alles. Vor allem im Punkrock, wo sich kreative Durchhänger nur selten mit handwerklichem Können kaschieren lassen. Die Donots haben musikalisch und kompositorisch zwar immer versucht, über den Tellerrand der Szene zu blicken. Dennoch ist es schwer, ein einmal etabliertes und bewährtes Konzept zu revolutionieren.

Wollen wir härter und schneller werden? Oder eher in Richtung New Order und The Cure gehen? Allein, dass sie sich solche Fragen überhaupt stellen, zeigt ihnen, dass etwas in ihrem kreativen Prozess nicht stimmt. Dass sie auf dem Holzweg sind. Denn in der Vergangenheit sind ihnen ihre Songs einfach so »passiert«. Ohne Konzept, ohne Ziel. Einfach machen, dann entstehen die besten Sachen, lautete die Devise.

Und jetzt? In dieser Phase der Orientierungslosigkeit funktioniert das Donots-Songwriting nur noch über die Ablehnung. Sie haben keine Ahnung, wie sie klingen wollen, wissen aber ganz genau, wie sie *nicht* klingen wollen: Wie die Donots 1.0.

»Wir waren damals in einer Verweigerungshaltung uns selbst gegenüber«, erzählt Ingo. »Unser alter Sound war tabu. Das ging soweit, dass wir einmal einen Song hatten, zu dem wunderbar einer unserer typischen Wooo-hoo-Chöre gepasst hätte. Aber das haben wir uns streng verboten. ›Wooo-hoo-Chöre? Auf gar keinen Fall, das machen wir nie wieder!‹, sagten wir uns damals.«

Aber was sollen sie stattdessen machen? Die Donots fühlen sich ein bisschen wie der Schriftsteller, der auf das leere Papier starrt, oder wie der Maler, der die weiße

Leinwand vor sich hat. Freiheit kann einem Flügel verleihen und einen inspirieren, sie kann einen aber auch verdammt unter Druck setzen. Und diesen Druck spürt die Band gerade richtig heftig.

Um auf andere Gedanken zu kommen und nicht ständig in der eigenen Suppe zu schwimmen, suchen sich die fünf ein paar »Nebenjobs« und verstärken ihre Aktivitäten jenseits der Band. Alex beendet sein Studium. Ingo produziert das neue Album seiner Osnabrücker Freunde Waterdown. Purgen nimmt mit der Kieler Band One Fine Day deren Album *Damn Right* auf und produziert gemeinsam mit Guido eine EP ihrer Ibbenbürener Kumpels December Peals.

Zeit dafür haben sie mehr als reichlich. Denn genau wie die Bandkasse ist der Konzertkalender alles andere als gut gefüllt. Nach gerade mal 26 Auftritten im Jahr 2005 spielen die Donots auch 2006 nur 33 Shows. Meistens auf Festivals, von denen viele eher kleiner sind. Nicht, dass das den Elan oder das Engagement der Band bei ihren Auftritten mindern würde. Aber natürlich stimmt das Eike, Alex, Purgen, Guido und Ingo durchaus nachdenklich. Haben die Leute, die sie als »Yesterday's Sensation« titulieren, etwa recht? Weniger Auftritte, kleinere Gagen, keine guten Song-Ideen: Die Fakten deuten zumindest in diese Richtung.

Bei einem dieser Festivals treten auch Blackmail auf, und nach der Show trinken die Donots ein paar Bier mit Kurt Ebelhäuser. Der Blackmail-Gitarrist, der auch als Indierock-Produzent einen guten Ruf hat und mit den Donots an der Metal-EP gearbeitet hat, ist als äußerst direkter Gesprächspartner bekannt. Als die Donots ihre kreative Durststrecke zur Sprache bringen, nimmt Kurt kein Blatt vor den Mund: »Soll ich ganz ehrlich sein? Ihr seid so eine geile Band. Aber die Platten, die ihr bis jetzt rausgebracht habt, sind alle total beschissen. Ohne Ausnahme, da ist nichts Gutes drauf! Wie wär's, wenn Ihr mal bei mir in Koblenz im Studio vorbeikommt, und wir nehmen zusammen was auf? Ich bin mir sicher: Da steckt noch so viel mehr in Euch.«

Bam! Das hat gesessen! Doch wo andere beleidigt reagieren oder patzig zurückschießen würden, fühlen sich die Donots eher herausgefordert. Vielleicht hat Kurt ja Recht? Jetzt nicht unbedingt mit seinem Urteil über die Qualität ihrer bisherigen Alben. Denn die waren bestimmt nicht durch die Bank Schrott. Aber vielleicht mit seiner Prognose, dass die Band noch viel mehr zu bieten hat, als derzeit sichtbar ist? Die Aussicht, mit Kurt frischen Input für ihr Songwriting zu bekommen, reizt die Band. Warum denn nicht? Was soll dabei schon schiefgehen?

Im November 2006 fahren die Donots nach Lahnstein. In dem Kaff bei Koblenz nisten sich die Jungs für ein langes Wochenende in Kurts Studio ein. Neugierig und gespannt, aber ohne Druck oder konkrete Erwartungen. Einfach mal schauen, was passiert. Einfach mal schauen, ob dabei etwas herauskommt.

Dass Kurt ein spezieller Mensch ist, mit dem man erst einmal warm werden muss, ist ihnen bewusst. Werden sie sich überhaupt verstehen? Was will er, was will die Band?

Kurts Art, Songs zu produzieren, hat so gar nichts mit dem gemeinsam, was die Donots bislang kannten. Meistens haben sie ihre Songs vorproduziert und dann im

Studio in Ruhe am Feinschliff gearbeitet. »Der Prozess sah so aus: Du gehst in den Proberaum und schreibst einen Song. Dann verbesserst du ihn und bringst ihn in Form. Anschließend gehst du damit ins Studio und nimmst ihn auf«, erklärt Eike und benennt auch gleich das Problem an dieser Methode: »Das Ganze dauert ewig lange!«

Tatsächlich vergehen oft Wochen und Monate, bis aus einer ersten Idee ein ausproduzierter Song wird. »So kann man das erste, spontane Gefühl, das man beim Schreiben hatte, oft gar nicht bewahren«, sagt Eike. »Alles ist schon durchdacht und aufs Optimum hingebügelt, alle Möglichkeiten wurden abgewägt und ausdiskutiert.«

Für Kurt hingegen ist die Initialzündung für einen Song das Wichtigste überhaupt. Dieses Gefühl, das dem Song zugrunde liegt, will er einfangen, und zwar möglichst direkt und spontan. Ohne große Umwege, ohne Zeitverluste und Diskussionen. Seine unausgesprochene Aufforderung ist klar: Zeigt mir, was ihr draufhabt und was für eine Band ihr seid!

Das Set-up in seinem Studio sieht folgendermaßen aus: Die Donots stehen im Aufnahmeraum, werfen sich gegenseitig Songideen und -fragmente zu und komponieren sozusagen live. In der Regie auf der anderen Seite der Scheibe sitzt der Engineer, der den Computer bedient und sich um die Technik kümmert. Und neben ihm Kurt, der sich ganz auf die Musik konzentrieren kann. Welche Stellen sind interessant? Was lässt sich miteinander verknüpfen, wo kann man ansetzen? In seiner Methode, kreative Momente einzufangen und daraus Songs zu entwickeln, steckt viel Training. »Ich muss als Produzent ständig auf Empfang sein und sehr viel direkt entscheiden. ›Hmmm, da fehlt mir was, mach mal hier Moll und dort mal ein

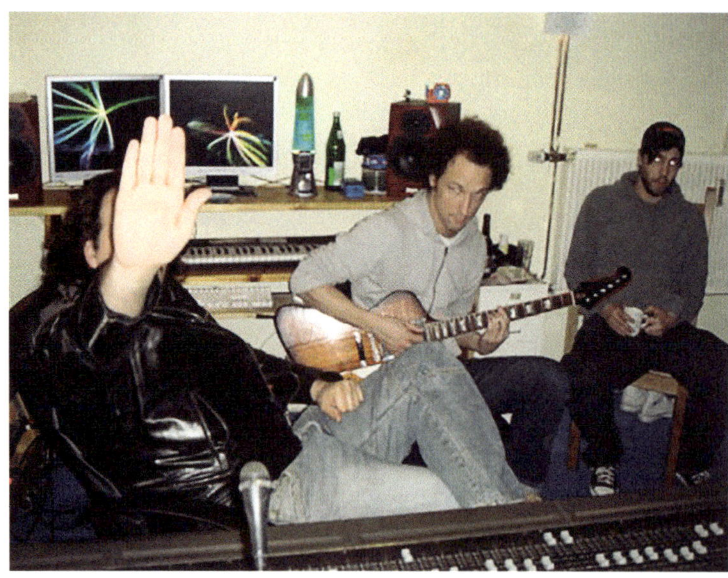

Tonstudio 45 in Koblenz mit anonymem Ebelhäuser

Break‹ – so was hört man dann von mir. Das muss aber sehr schnell kommen, damit ich den Prozess nicht zu sehr verlangsame und die Band am Ende genervt ist.«

Doch genervt sind die Donots nicht, im Gegenteil. Die Zusammenarbeit mit Kurt bringt genau den frischen Wind, den sie sich erhofft haben. »Bei den Aufnahmen ging es kein bisschen um süßliche Melodien und Harmonien. Sondern es gab einfach nur auf die Fresse«, sagt Alex. In kürzester Zeit entstehen die Songs »Let Me Let You Down«, »This Is Not A Drill« und »Anything«. Was als Test und kreative Lockerungsübung gedacht war, gerät so überzeugend, dass die letzten beiden Songs letztendlich sogar auf dem nächsten Album landen. Motiviert und begeistert wie schon lange nicht mehr fahren die Donots nach Hause. Sie sind sich sicher: Genau so muss das sein! Kurt ist der Mann, der ihnen weiterhelfen kann.

Manager Florian ist bei dieser kurzen Schnupper-Session in Lahnstein nicht dabei und sieht das zunächst etwas anders. Eigentlich gefällt ihm Kurts radikaler Ansatz sehr gut. Trotzdem ist er sich nicht sicher, ob er zu diesem Zeitpunkt der richtige Mann für die Donots ist. »Ich hatte Bedenken, ob es eine gute Idee ist, direkt zu einem meinungsstarken Produzenten zu gehen, wenn man sich doch gerade erst von einem meinungsstarken Label verabschiedet hat«, sagt er. Florian ist der Meinung, dass die Donots mehr Vertrauen in sich selbst bräuchten und versuchen sollten, ihren eigenen Weg zu finden.

Es folgen heiße Diskussionen zwischen der Band und Florian, in denen es auch um finanzielle Fragen geht. Denn die Bandreserven gehen rapide zu Ende. Nach einer Albumproduktion bei Kurt wäre praktisch nichts mehr übrig. Und sollte trotz des erfolgreichen Testlaufs nichts Brauchbares dabei herauskommen, wären die Donots pleite und die Band vielleicht ein für allemal am Ende. Das zu verhindern, sieht Florian als eine seiner Aufgaben.

Doch die Band lässt sich nicht beirren und setzt alles auf diese eine Karte. Nachdem sie in ihrer Zeit bei GUN vielleicht zu oft auf ihren Kopf gehört haben, ist es Zeit, dem Bauchgefühl zu folgen. Florians Bedenken werten sie als ein Anzeichen dafür, dass sich in dem Verhältnis zwischen ihm und der Band feine Risse bilden. »Uns war das wahnsinnig wichtig, wir waren voller Euphorie und Zuversicht«, erzählt Purgen. »Aber von Florian kamen eher Bedenken und Sätze, die mit ›Ja, aber …‹ anfingen. Zum ersten Mal hatten wir das Gefühl, dass er vielleicht nicht mehr so ganz nachvollziehen konnte, was uns antreibt.«

In der Zeit nach *Got The Noise*, als bei den Donots weniger für ihn zu tun war, hat sich Florian ein zweites Standbein aufgebaut. »Vorher war er zu hundert Prozent für die Donots da, aber dann hat er eine eigene Firma gegründet, mit anderen Bands gearbeitet, das Management für Muff Potter gemacht«, sagt Purgen. »Klar, das musste er auch, weil wir so in der Luft hingen. Aber wir hatten schon das Gefühl, dass er ein bisschen den Kontakt zu uns verloren hatte.« Florian hingegen sieht das anders: »Ich glaube nicht, dass das für uns der Anfang vom Ende war. Man muss hier zwischen dem Weg und dem Ziel unterscheiden. Und damals hatte ich nicht das Gefühl, dass wir unterschiedliche Ziele hatten. Über den Weg waren wir allerdings oft verschiedener Ansicht. Aber das ist ja normal, und es war auch nicht das erste Mal.«

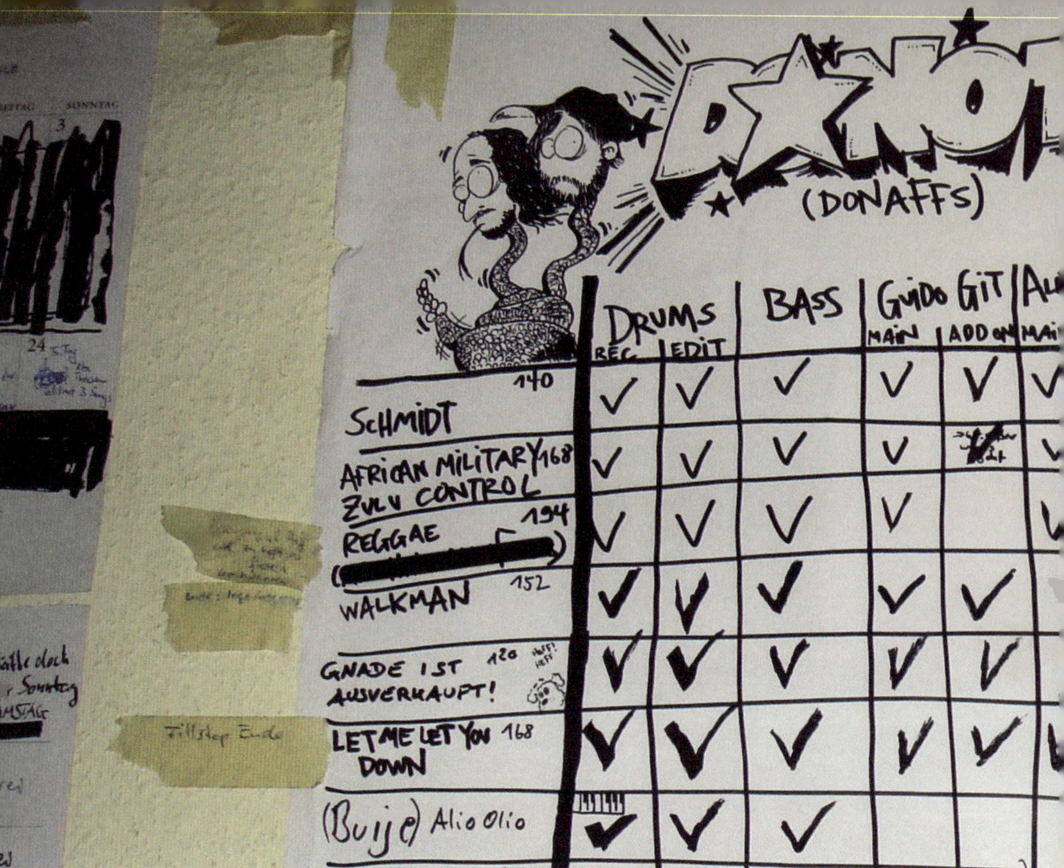

Songliste aus den *Coma Chameleon*-Sessions

Die geplante Zusammenarbeit sorgt nicht nur bei den Donots für Diskussionen. Bei Kurt sieht es genauso aus. »Du produzierst die Donots? Was soll das denn? Was willst du denn mit denen? Die sind doch komplett durch, das ist doch vorbei!« Solche Sprüche muss er sich regelmäßig anhören. Doch Kurt fühlt sich dadurch erst recht motiviert, die Sache durchzuziehen und etwas Großes auf die Beine zu stellen.

Als die Donots im Februar 2007 in Lahnstein aufschlagen, spürt er die Verunsicherung der Band. Doch da ist auch Wut und Trotz. Der Drang, es all denen zu zeigen, die sie schon abgeschrieben haben. Und auch dem Produzenten, der ihre bisherigen Platten beschissen findet. »Mit seiner direkten, konfrontativen Art hat Kurt die Band bei ihrer Ehre gepackt«, glaubt Florian. Auch Eike ist sich sicher: »Als wir zu Kurt kamen, war das genau der richtige Zeitpunkt. Zwei Jahre vorher hätte das niemals funktioniert, da hätte er uns gar nicht erreicht mit so einer Ansage. Eigentlich war es ein Wunder, dass das geklappt hat.«

Bei Kurt lernen die Donots, ihre Songs im Studio zu schreiben. »Wir haben Ideen und Demos durchgehört. Dann haben wir sie gemeinsam analysiert: ›Dieser Part ist irgendwie geil, hier können wir das verwenden. Aber dort stellen wir was um und nehmen dieses statt jenem Element.‹ Wir haben alle zusammen an den Songs gesessen und wie die Verrückten damit rumexperimentiert«, sagt Alex. »Wir waren

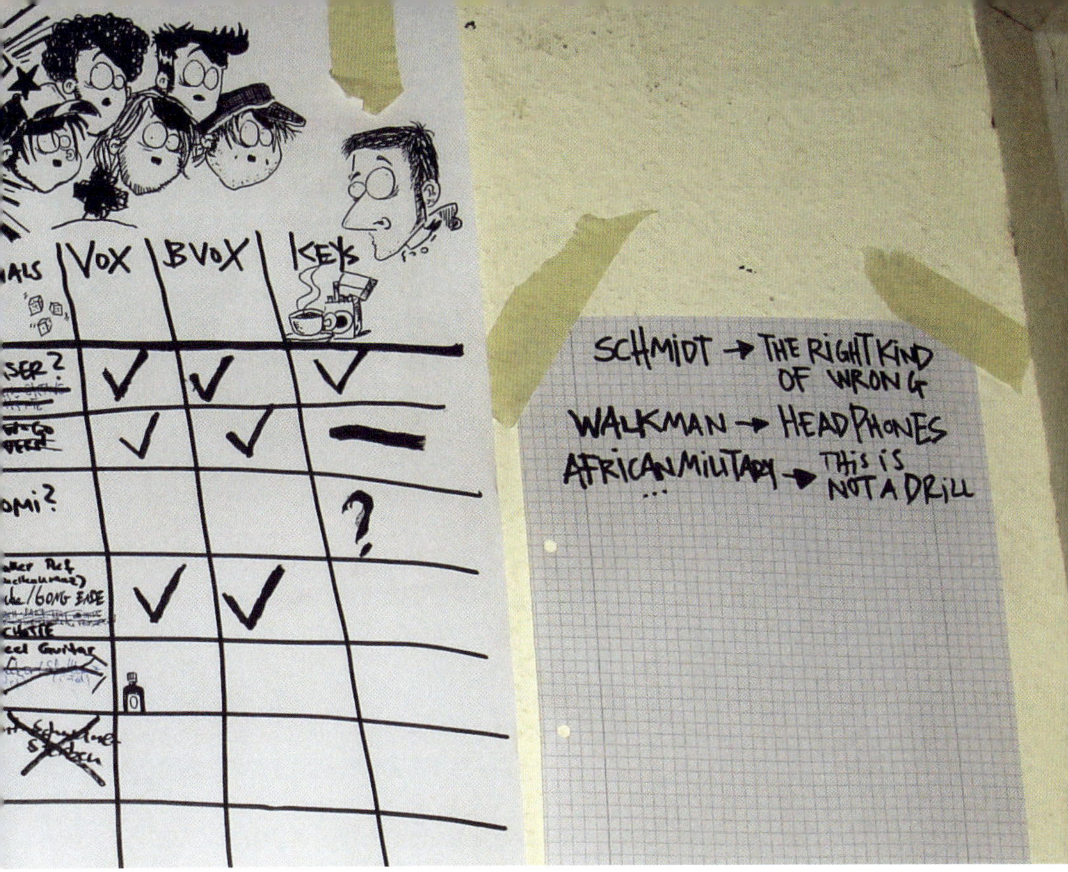

total geflasht, als wir gesehen haben, was man mit Spontaneität alles erreichen kann. Hier hat einer eine Idee, dort fügt jemand etwas hinzu, die Songs wurden größer und größer«, erzählt Eike.

Die Donots bemerken schnell, dass Kurt über Musik ganz anders denkt, als sie das damals tun. Das fängt schon bei der Organisation eines Studiotages an. Die letzten drei Alben haben sie mit Fabio Trentini aufgenommen und sich dabei an dessen Produktionsweise gewöhnt. Fabio ist der Typ Mensch, der selbst vor einer kurzen Fahrt zum Bäcker einmal rund um sein Auto geht und kontrolliert, ob alle Reifen genug Luft haben. Entsprechend strukturiert sind die Arbeitsabläufe im Studio: Es gibt Pläne, auf denen akribisch festgehalten wird, was vorhanden ist und was noch gebraucht wird. Abends setzen sich dann alle zusammen und besprechen detailliert, was am nächsten Tag ansteht. Fabio geht in jeder Beziehung auf Nummer sicher und vermeidet das Risiko.

Bei Kurt hingegen sind die Tage chaotisch, lang, und anstrengend. Pläne? Struktur? Wofür soll das gut sein? Kreativität hält sich an keinen Zeitplan, und die Momente, in denen Können zu Kunst wird, lassen sich nicht vorherbestimmen. Ein typischer Tag bei Kurt verläuft in etwa so: Die Donots fangen morgens um zehn mit einer Idee an und haben aus dieser bis abends um elf einen Song gemacht. Oder zumindest eine Skizze davon. Und statt sich hinzulegen und eine Nacht darüber zu schlafen, wird der Song dann sofort richtig aufgenommen. Gerade für Eike ist das manchmal hart. »Einen ganzen Tag lang an einem Song zu basteln, kostet tierische Konzentration. Danach bist du komplett durch. Aber ich sollte mich dann auch noch ans Schlagzeug setzen und den Song einspielen. Eigentlich geht das in so einer Situation gar nicht mehr«, sagt er. Aber irgendwie geht es eben doch.

Schreiben, Aufnehmen, fertig, nächster Song: Diese Produktionsweise hat den Vorteil, dass die Donots gar keine Zeit haben, sich über die Songs den Kopf zu zerbrechen. Machen statt analysieren, lautet die Devise. Die Jungs pushen sich gegenseitig, und auch Kurt schafft es, die Band immer wieder neu zu motivieren und über den toten Punkt hinauszutreiben. Mal mit schroffen Ansagen, mal mit einer Runde Bowling auf der Wii und fünf Euro Einsatz je Spieler.

Die sechs Wochen Studiozeit, die die Donots bei Kurt gebucht haben, werden zu einer emotionalen Achterbahnfahrt. Da sind einerseits die euphorischen Momente, in denen die Band vor Kreativität fast zu platzen droht. Musikalische Schranken? Vorgaben und Erwartungen von außen oder innen? Das alles spielt keine Rolle für die Band, die ihre Freiheit feiert, im Hier und Jetzt komponiert und Songs kreiert, die eins zu eins das wiedergeben, was sie gerade fühlen.

»Im Gegensatz zu den vorherigen Platten gab es bei dieser Produktion keinerlei Netz oder doppelten Boden«, sagt Alex. »Weder wirtschaftlich noch musikalisch. Das waren einfach nur wir, wir, wir. Näher dran konnte man damals gar nicht kommen an das, was wir als Band waren und sein wollten. Diese Platte ist die Essenz.« Die Donots fühlen sich wie eine neue Band. »Das war ein richtiger Befreiungsschlag«, sagt Alex rückblickend. »So, wie wenn man seine Bude neu einrichtet. Wir haben alles neu möbliert, die Fenster aufgerissen und frische Luft reingelassen.«

Doch dieses Gefühl haben sie nicht immer. Es gibt auch Momente, in denen gar nichts zusammenläuft. In denen die Band mit den Songs nicht weiterkommt. In denen keine Inspiration zu hören ist, sondern nur fünf Musiker, die nicht wissen, wohin sie wollen. In denen Kurt manchmal nervt mit seiner Meinungsfreude, seiner Spontaneität und seinem Chaos. »Diese Zeit bei Kurt war ein echter Gewaltritt: durch alle musikalischen Genres, aber auch durch alle Gefühlslagen. Auf euphorische Momente folgte maximale Verunsicherung«, sagt Eike. Auch Purgen ist sich zwischendurch mehr als unsicher, ob sie so wirklich zum Ziel kommen. »Das können wir total vergessen, mit Kurt kriegen wir niemals ein Album fertig«, prophezeit er an einem dieser unproduktiven Tage, an dem alle fix und fertig sind.

DONOTS

a kid named flash

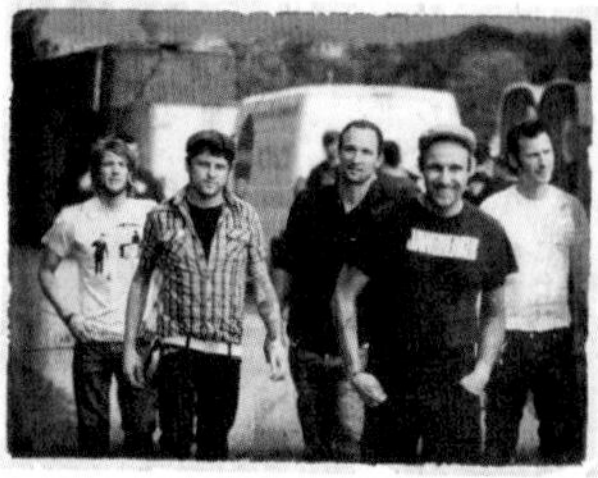

pre-listening copy

Coma Chameleon hieß in der Promophase noch *A Kid Named Flash*

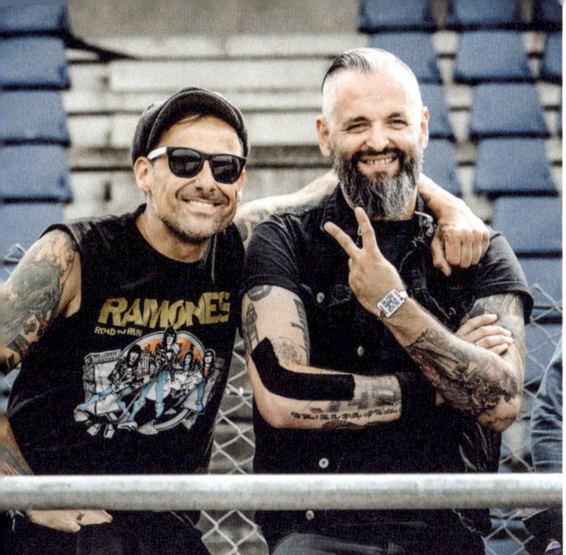

KRUSE [Waterdown, Adam Angst]

Vor 24 Jahren habe ich die Donots kennengelernt. Erst seit ein paar Jahren fragt mich niemand mehr, ob die wirklich so saunett sind oder ob die nur so tun. Inzwischen hat sich wohl herumgesprochen, dass ich die Typen hasse und nicht auf sie angesprochen werden will. Endlich Ruhe.

Und dann nimmt sich Kurt auch noch Urlaub – mitten in den Aufnahmen. Auch ihn hat die Produktion geschafft. Er brauche eine Pause, um sich zu erholen, dann könne man bestimmt viel besser neu ansetzen. Die Donots sind perplex, schließlich haben sie in Lahnstein Zimmer gebucht. Sie haben sich darauf eingestellt, die sechs Wochen durchzuarbeiten und nicht auf die Rückkehr ihres Produzenten zu warten. Eine Verlängerung der Studiozeit ist auch nicht möglich, schließlich ist die Band finanziell ohnehin schon ans Limit gegangen. »Nehmt euch doch auch eine Auszeit, das wird euch gut tun«, empfiehlt Kurt ihnen lapidar.

Und er hat Recht. Die Pause hilft allen Beteiligten, den Fokus zu schärfen. Nun wieder voll konzentriert bringen sie die Aufnahmen doch noch zu einem Ende. Kurt ist sich sicher: Sie haben eine wirklich gute Platte gemacht. »Aber oft entsteht gerade dann, wenn man glaubt alles im Kasten zu haben, noch einmal etwas Besseres, etwas ganz Besonderes«, sagt er.

Eins von den Demos, an denen noch nicht weitergearbeitet wurde, heißt »Kreditwunsch: 10.000 Euro«. Ein echter Knüppelsong, die schnellste und härteste Nummer der ganzen Session. Und irgendwie wird Kurt das Gitarrenriff des Songs nicht los. »Das ist super, aber spiel das doch mal langsamer und unverzerrt«, schlägt er vor. Guido probiert ein bisschen herum, und auf einmal ist da dieses Motiv, das alle aufhorchen lässt. Ruhig, entspannt, aber dennoch mit einem gewissen Drive. In Kurts Kopf fängt es sofort an zu rattern: »Ich hab da was im Sinn, kann es aber nicht so genau formulieren. Vertraut mir einfach, okay?«

Verglichen mit den musikalisch äußerst vielseitigen und ambitionierten Wundertüten, die sie in dieser Produktion bisher aufgenommen haben, gerät der Song sehr minimalistisch: Akustikgitarre, einfache Melodie, klarer Aufbau. Die Gesangsaufnahmen für den Refrain markieren die Geburtsstunde des Donots-Chors: Kurt beschließt kurzerhand, ihn von der kompletten Band einsingen zu lassen. Und wenn er »komplett« sagt, meint er damit ausnahmslos alle – inklusive Eike. Der Drummer war zwar bis dato noch nie als Sänger auf einer Donots-Platte zu hören, doch das kümmert Kurt wenig. Gnadenlos lässt er Eike den Refrain immer wieder vorsingen, bis es endlich so klingt, wie der Produzent sich das vorstellt. Es dauert nur einen Nachmittag, dann ist der Song fertig. Sein Name: »Stop The Clocks«.

»Ich habe sofort gespürt, dass dieser Song etwas hat. Dass da etwas Besonderes ist«, sagt Kurt. »Während einer Albumproduktion hört man sich ja alle Songs tausend Mal an, bis man sie in- und auswendig kann und sie manchmal fast schon über hat. Aber ab und zu gibt es diesen einen, ganz besonderen Song. Bei dem freust du dich einfach jedes Mal, wenn er läuft. Selbst beim tausendsten Mal und auch noch beim tausend-und-ersten Mal.«

Was die Donots am Ende der Produktion in den Händen halten, stellt tatsächlich den ersehnten Neubeginn dar. Denn mit eingängigen Arrangements und süßlichen Melodien hat dieses Album rein gar nichts mehr zu tun. Diese Musik ist eine Ansage. Mit einem fetten Ausrufezeichen. Die Donots, da lässt dieses Album keine Zweifel, sind erwachsen geworden. Statt weiterhin im Pop-Punk-Becken zu planschen, setzen sie die Segel und fahren raus aufs weite Meer. Die Bezugspunkte liegen eher im Rock als im Punk. Hin und wieder erinnern sie dabei an die Musikalität von Bands wie Biffy Clyro oder Muse, wenn sie ihre Gitarrenlinien mal barock verschnörkeln, mal breitbeinig nach vorne rocken. In anderen Momenten kommt einem die Effektivität einer Band wie Billy Talent in den Sinn, wenn Riff und Gesang nämlich zur Walze werden, die nur eines im Sinn hat: umwerfen und plattmachen. Es gibt Anleihen an den staubtrockenen Wüstenrock der frühen Queens Of The Stone Age, Ausflüge ins Schweinerock-Metier, Riffs und Arrangements, die auch den Hives gut stehen würden. Die Donots haben auf Reset gedrückt. Sie zelebrieren die Rockmusik in all ihren Spielarten und pfeifen auf die Konvention, sich auf ein Genre oder Subgenre zu beschränken.

Sie taufen ihr Album *Coma Chameleon*. Das ist zunächst eine Anspielung auf die Band Culture Club und die hassgeliebten Achtzigerjahre, die regelmäßig wie ein Schulterpolsterzombie um die Ecke kommen, und auch die Donots geprägt haben wie wohl keine andere Dekade. Aber der Titel ist auch ein Kommentar zur aktuellen Situation und zur jüngeren Vergangenheit der Band: Das *Chameleon* steht für die musikalische Wandlungsfähigkeit, die sie mit diesem Album zeigt. Und *Coma* symbolisiert die lange Pause, in der die Donots quasi auf Eis lagen. Sie waren zwar nicht scheintot, aber für einige Leute waren sie schlicht weg vom Fenster. Das ist nun zum Glück vorbei. Die Donots haben sich aufgerappelt, runderneuert und neu erfunden. Jetzt sollte es eigentlich wieder aufwärts gehen.

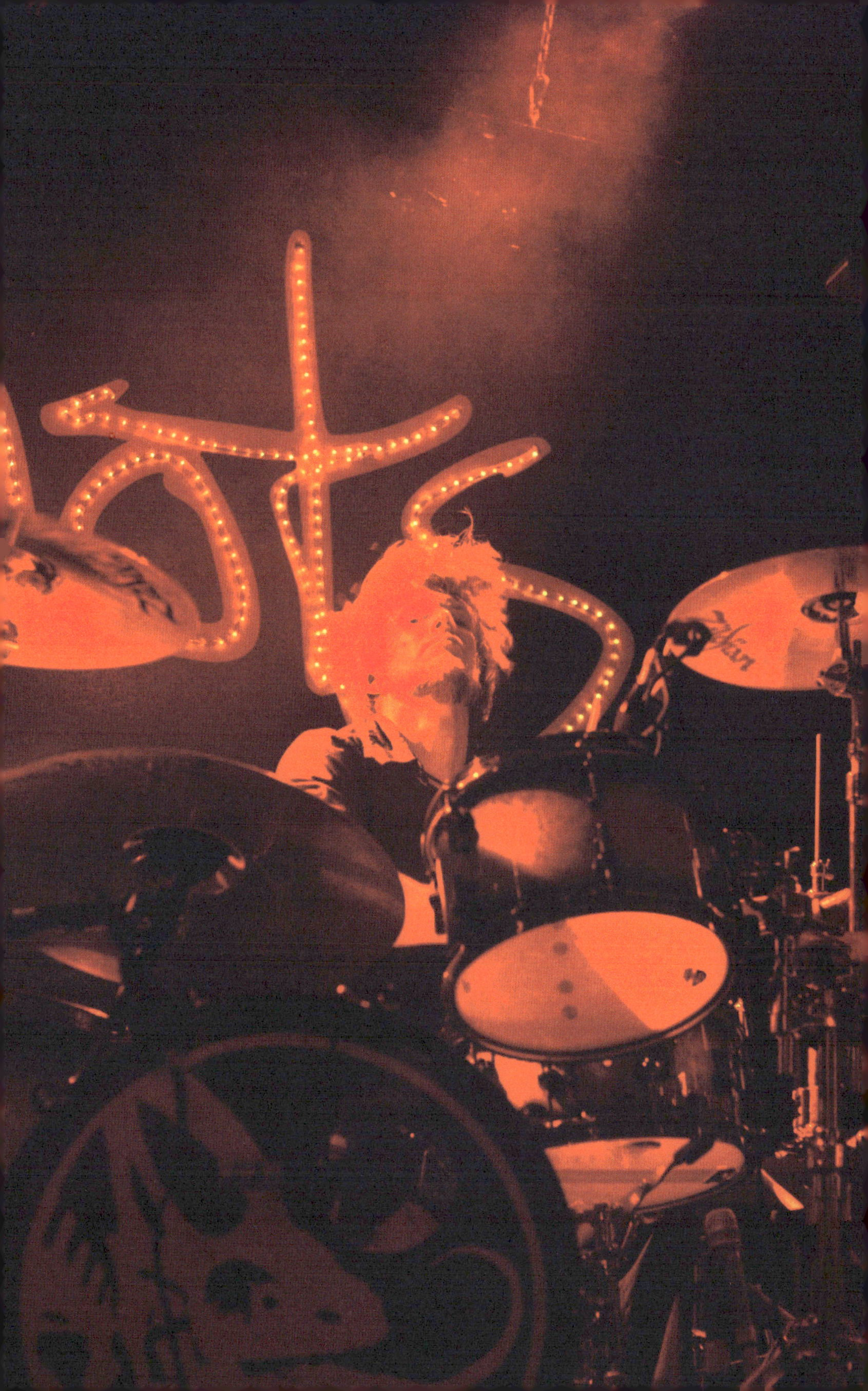

Im Frühjahr 2007 begeben sich die Donots auf Labelsuche. Sie sind top motiviert, haben wieder richtig Bock an der Sache und – wie sie finden – ein Knalleralbum im Gepäck. Auch wenn sie mit GUN nicht die besten Erfahrungen gemacht haben, gibt es in Deutschland genug andere Labels. Da wird sich doch bestimmt eins finden, mit dem man Hand in Hand arbeiten und seine künstlerische Vision verwirklichen kann. Optimistisch bis euphorisch gestimmt machen sie sich an die Arbeit.

Das letzte, noch dazu nicht besonders erfolgreiche Album *Got The Noise* hat inzwischen zwar vier Jahre auf dem Buckel, aber das neue Material, das die Donots allen relevanten Plattenfirmen zukommen lassen, sollte eigentlich für sich sprechen. So kraftvoll, frisch und überzeugend haben sie lange nicht mehr, vielleicht sogar noch nie geklungen. Die Songs von *Coma Chameleon* markieren unüberhörbar den Beginn von etwas Neuem. Welches Label würde diese Chance, gemeinsam mit einer gestandenen Band etwas aufzubauen, nicht beim Schopf packen wollen?

Leider sitzt die Euphorie nur auf einer Seite des Verhandlungstisches. Von den Plattenfirmen erhalten die Donots entweder Absagen, oder aber Angebote, die in wirtschaftlicher oder kreativer Hinsicht nicht tragbar sind. Offenbar glaubt niemand mehr daran, dass die Donots das Ruder noch herumreißen können.

Die bei Kurt entstandenen Songs sorgen bei den A&Rs und Produktmanagern eher für Fragezeichen: »Was macht ihr denn auf einmal für Musik? Das hat ja gar nichts mehr mit den Donots zu tun, die man so kennt. Und eine Single hören wir da auch nicht ...« Zumindest den letzten Punkt können die Donots ansatzweise nachvollziehen. Die Songs der Kurt-Session sind sehr stimmig und passen wunderbar zusammen. Aber eine Single, einen herausragenden Song, der das Revier markiert und die Band mit einem Schlag wieder ins Bewusstsein der Öffentlichkeit katapultiert, können sie auch nicht ohne weiteres ausmachen. Sie fahren in die Principal Studios und spielen das Album Vincent Sorg vor. Der ist sich auch nicht sicher. Vielleicht fehlt ja wirklich noch etwas? Über einen Mangel an Kreativität kann sich die Band gerade weiß Gott nicht beschweren, also nehmen sie bei Vince drei weitere Songs auf: »Killing Time«, »New Hope For The Dead« und »Pick Up The Pieces«. Vor allem Letzterer fasst den Zustand der Band programmatisch zusammen:

»Come one, come all / And have a dance on broken glass
We look a mess / Sedated in our Sunday best«

Und im Refrain heißt es:

»What the hell are we waiting for? / Pick up the pieces!«

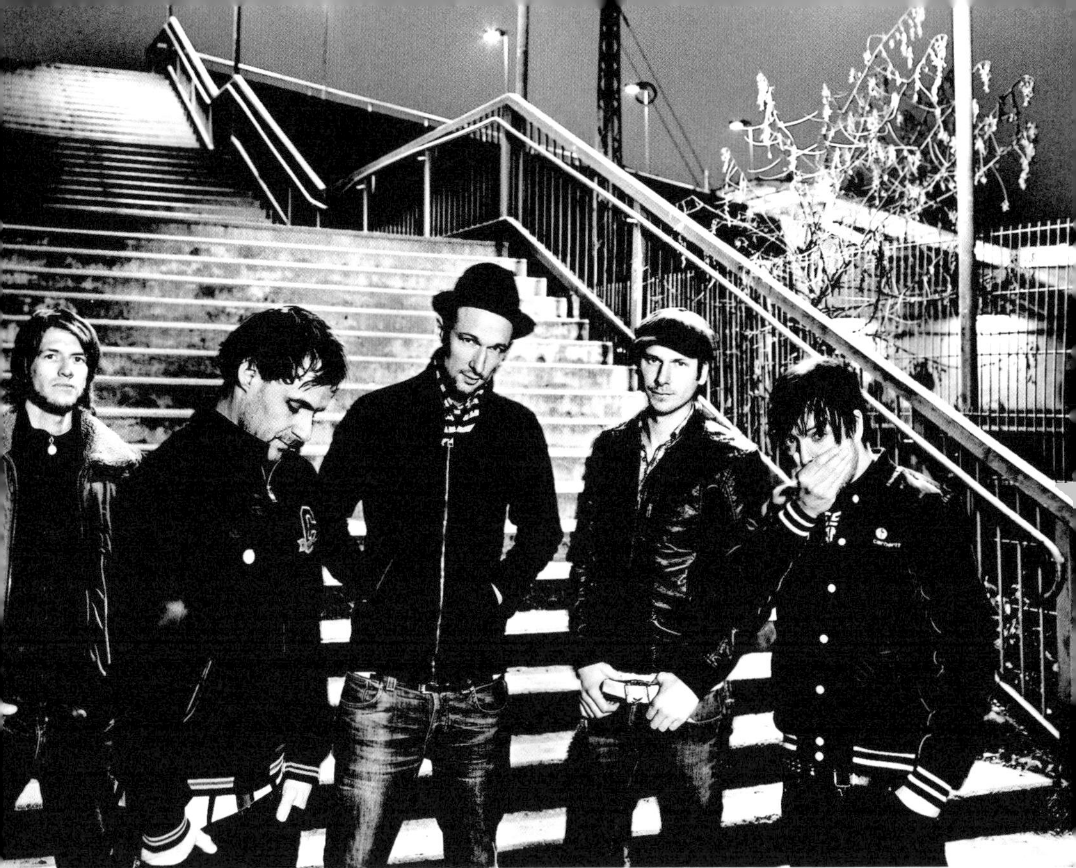

Worauf zur Hölle warten wir gerade? Lasst uns die Scherben zusammenklauben und etwas Neues daraus erschaffen!

Die drei Songs, die bei Vince entstehen, reihen sich nahtlos in das bisherige Material ein und ergänzen das Album wunderbar. Ob sie allerdings über das Hit-Potenzial einer künftigen Single verfügen? Die Donots befinden sich in einer schwierigen Situation. Einerseits sind sie von sich und den Aufnahmen immer noch total überzeugt. Andererseits nagen die Absagen und lauwarmen Reaktionen auf ihren Neustart natürlich am Selbstbewusstsein. Dazu kommt, dass es auch finanziell wirklich eng wird. In den vergangenen drei Jahren haben sie sehr wenig live gespielt. Außerdem haben sie noch finanzielle Verpflichtungen gegenüber ihrem Ex-Label. Und spätestens die Produktion von *Coma Chameleon* ging richtig ans Eingemachte.

Wer starken Gegenwind bekommt, der hat zwei Möglichkeiten: Er fügt sich, lässt sich davon wegtragen und landet irgendwo im Nirgendwo. Oder er bündelt trotzig seine Kräfte, hisst das Segel und bestimmt den weiteren Kurs auf eigene Faust.

Die Donots – keine Überraschung – entscheiden sich fürs Segeln.

»Scheiß drauf! Wenn kein Label versteht, wo wir als Band hinwollen, dann nehmen wir die Sache halt selbst in die Hand.« Was anfangs nur eine fixe Idee ist, lässt sie schon bald nicht mehr los, wird allmählich zur realistischen Option und reift schließlich zu einem Plan, der alternativlos erscheint. Mit Do-it-yourself kennen sich

Promofoto zum *Coma Chameleon*-Album.

die Donots nun wirklich aus, und wie oft haben sie sich in den Jahren bei GUN gewünscht, wichtige Entscheidungen alleine treffen zu können? Ohne Diskussionen, ohne Streit, ohne Kompromisse.

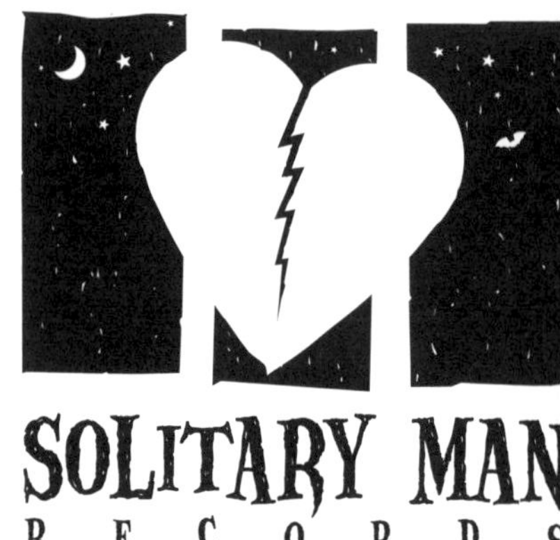

Die Situation erinnert ein bisschen an die der ...But Alive-Nachfolgeband Kettcar ein paar Jahre zuvor. Nachdem Marcus Wiebusch, Reimer Bustorff und Thees Uhlmann niemanden finden konnten, der das Kettcar-Debüt veröffentlichen wollte, machen sie die Not zur Tugend und gründen ihr eigenes Label: das Grand Hotel Van Cleef. Eine Entscheidung, die keiner der Beteiligten bereut hat. Im Gegenteil. Gerade angesichts der wachsenden Krise der Musikindustrie ist es vor allem für Bands dieser Größenordnung eine echte Option, sein eigener Herr zu werden.

Außerdem müssen die Donots nicht bei Null anfangen. Mit Solitary Man Records haben sie bereits ein eigenes Label. Bisher beschränken sich ihre Veröffentlichungen dort zwar auf den japanischen Markt, aber das lässt sich ändern. In Zukunft soll Solitary Man ihre Label-Heimat in Deutschland, Österreich und der Schweiz werden.

Ein überschaubares Konstrukt. Der Boss: die Donots. Die einzige Band unter Vertrag: die Donots.

Das erscheint ihnen erst einmal machbar. Zwar stellen die Donots schnell fest, dass Do-it-yourself auf diesem Niveau eine Menge Arbeit macht. Eine riesige Menge Arbeit. Und noch eine Tonne Arbeit obendrauf. Aber sie sind alle hochmotiviert und freuen sich, dass es endlich weitergeht.

Allerdings gehen sie dabei ein nicht zu unterschätzendes Risiko ein. Schon vor der Labelgründung haben die Donots so gut wie keine Reserven mehr. Und nun kommen am laufenden Band neue Kosten dazu, die normalerweise von der Plattenfirma mitübernommen werden: Presswerk, Gestaltung, Vertrieb, Promotion, Marketing, Buchhaltung. Der Stress geht allen an die Substanz, und die Tage sind lang. Ob sich das Risiko lohnt, kann keiner sagen. Zumindest ein Faktor, der bei einer solchen Unternehmensgründung gewöhnlich für Stress sorgt, spielt bei den Donots keine Rolle: die Verteilung von Kosten und Erlösen. Denn die Band funktioniert nach einem sehr einfachen Prinzip: Alles wird zu gleichen Teilen geteilt.

Diese Entscheidung treffen sie bereits ganz zu Beginn. Ganz ohne große Diskussionen. Und inzwischen sind sie mehr als froh, sich darüber nicht auch noch den Kopf zerbrechen zu müssen. »Bei anderen Bands haben wir oft mitbekommen, dass das Probleme verursacht und zu unnötigen Auseinandersetzungen führt«, sagt Purgen. »Eigentlich sollte Song Y die nächste Single werden, was aber nicht geht, weil er von demjenigen geschrieben wurde, der auch schon Single X geschrieben hat. Oder der eine braucht dringend Geld und will deshalb unbedingt, dass sein Song veröffentlicht wird ...«

Darauf können die Donots gut und gerne verzichten. »Am Ende«, findet nicht

Das klassische Herzlogo von Solitary Man Records

nur Purgen, »sollte doch allein die Sache, die Band, der Song entscheidend sein. Und das klappt am besten, wenn jeder seinen Beitrag leistet, und der Kuchen in gleich große Stücke aufgeteilt wird. Und zwar der gesamte Kuchen.«

Als *Coma Chameleon* am 28. März 2008 endlich erscheint, liegen anstrengende Wochen und Monate hinter den Donots. Vor allem die Label-Arbeit mit Solitary Man Records hat die Band viel Substanz gekostet. Doch jetzt sind sie stolz und gespannt, wie ihr Album bei Fans und Presse ankommt.

Die meisten Kritiken fallen positiv aus. Der musikalische Neustart kommt gut an. Viele Journalisten finden den Schritt hin zu einem etwas erwachseneren Sound nachvollziehbar und zollen den Bemühungen der Band ihre Anerkennung. Vom »zweiten Frühling« ist da die Rede, von »Aufbruchstimmung« und von einem »Befreiungsschlag«.

Aber wie sieht es an der Ladentheke aus? In der ersten Woche verkauft sich *Coma Chameleon* noch recht gut und landet auf Platz 41 der Charts. Es gibt offenbar immer noch Fans, die der Band vier Jahre lang die Treue gehalten haben und gleich nach Erscheinen des Albums in den Plattenladen rennen. Doch danach macht die Kurve einen Knick. Die Verkäufe brechen ein, nach nur einer Woche fällt die Platte wieder aus den Charts heraus. »Da war schnell Feierabend, da ging gar nichts mehr«, sagt Alex. Offenbar haben sie kaum neue Fans dazugewonnen, und auch die alten sind merklich weniger geworden. Aus der anfänglichen Euphorie wird nach und nach Ernüchterung. Die Veröffentlichung ihrer ersten Platte auf dem eigenen Label haben sich die Donots etwas anders vorgestellt.

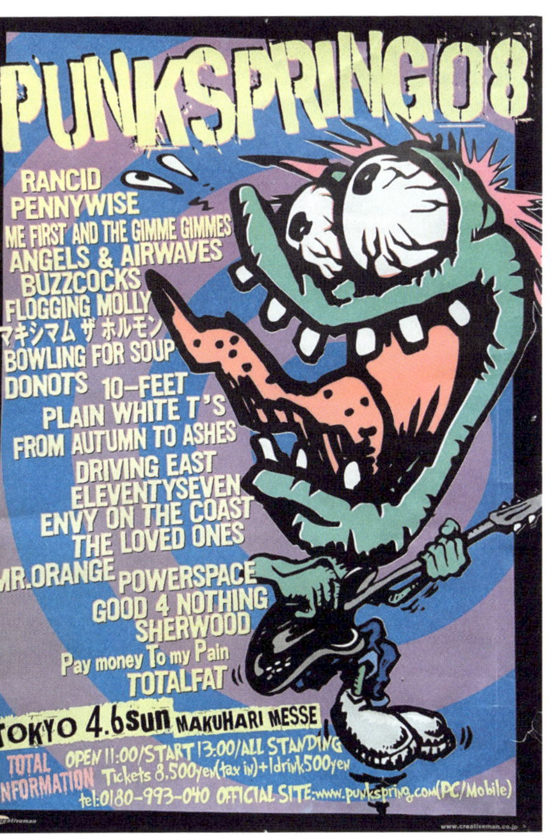

Da trifft es sich ganz gut, dass die Band kurz darauf nach Japan eingeladen wird, um dort auf dem *Punkspring*-Festival zu spielen. Mal eben in eine ganz andere Welt einzutauchen, um durchzuatmen und sich neu zu sortieren, tut sicher gut.

Das *Punkspring* findet in einer riesigen Halle in Tokio vor 20.000 Zuschauern statt. Auf dem Programm stehen so illustre Namen wie die Buzzcocks, Rancid, Pennywise, Me First & The Gimme Gimmes, Flogging Molly, Angels & Airwaves oder From Autumn To Ashes. Ein Traum-Line-up für die Donots,

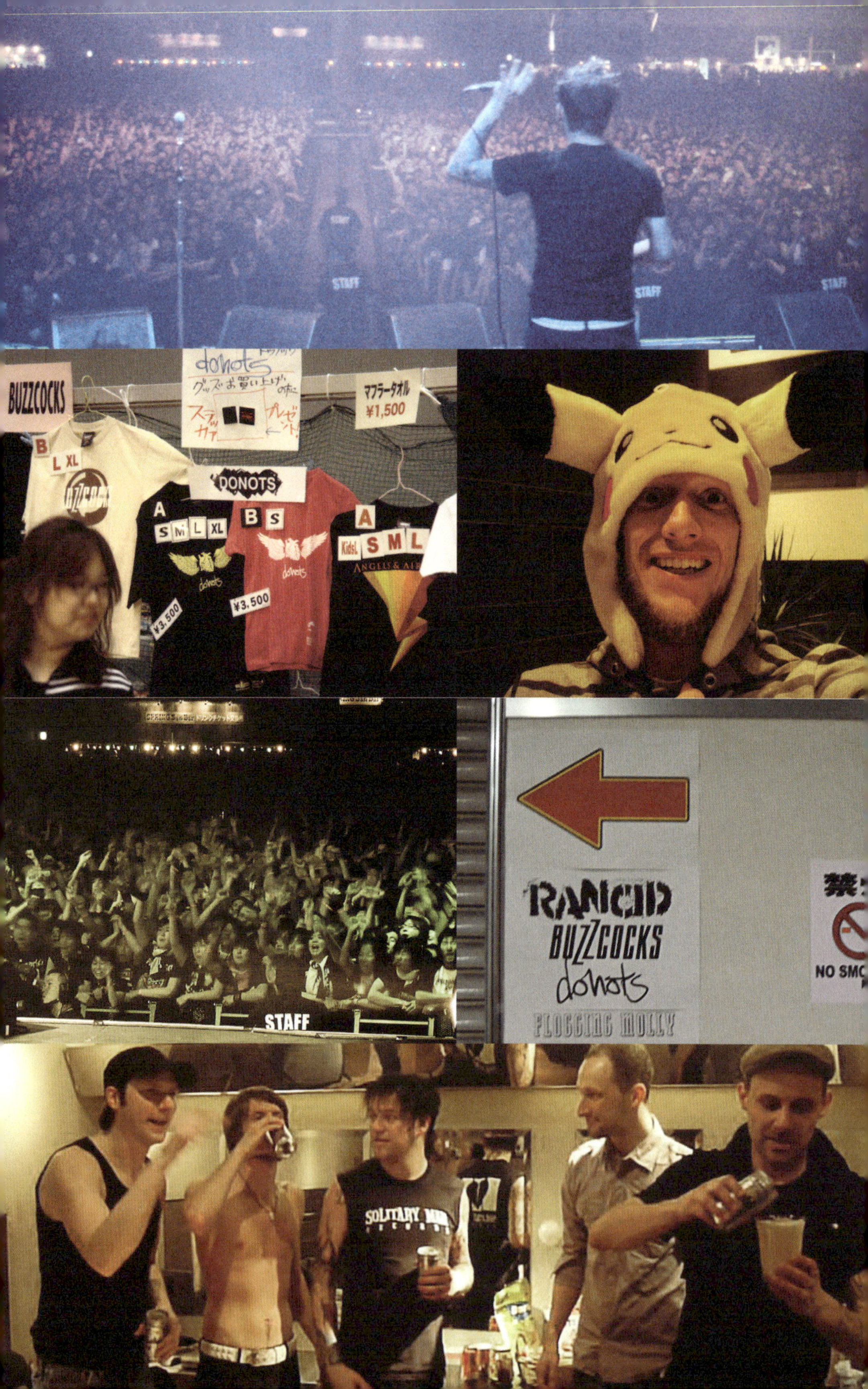
BUZZCOCKS
donots
グッズお買い上げの方に
ステッカー
プレゼント!
マフラータオル
¥1,500
DONOTS
¥3,500
¥3,500
RANCID
BUZZCOCKS
donots
FLOGGING MOLLY
NO SMO
STAFF

die Arbeit und Vergnügen hier wunderbar kombinieren können. Zumal der Zeitpunkt ihres Auftritts kaum besser sein könnte: Sie spielen abends um 20 Uhr auf der Hauptbühne und erleben mit offenen Mündern, wie ein riesiges japanisches Publikum komplett ausrastet. Abgekämpft, glücklich und mit einem Bier in der Hand stehen die Donots danach am Bühnenrand und schauen Rancid dabei zu, wie sie die Halle einmal durch den Schleudergang scheuchen.

Doch damit ist der Abend noch längst nicht zu Ende. Denn die Rancid-Show ist nur ein vorgezogenes Geburtstagsgeschenk für Guido, der am nächsten Tag neunundzwanzig wird. Das muss natürlich entsprechend gefeiert werden, also zieht die Band, die schon mächtig angeschickert ist, in ein Restaurant namens Madhouse weiter. Das Madhouse macht seinem Namen alle Ehre und ist wie ein Irrenhaus gestaltet: Die Donots sitzen in einer Art Gummizelle, wo sie von Krankenschwestern in Strapsen mit riesigen, schnapsgefüllten Spritzen behandelt werden. Und um Punkt Mitternacht geht im gesamten Laden das Licht aus. Stromausfall? Erdbeben? Keiner weiß, was los ist, die Gäste beginnen zu raunen und wundern sich.

Auf einmal wird der Laden in rotierendes, blaues Licht getaucht und dazu ertönt ein schriller Alarm, der durch Mark und Bein geht. Die Donots hören ein durchdringendes Geschrei, das sich schnell nähert, bis sie endlich sehen, woher der Lärm kommt: Ein verrückter Professor stürmt ihre Zelle. Er trägt eine Wrestling-Maske und eine Windel, an der vorne eine brennende Wunderkerze befestigt ist, und schiebt einen Rollstuhl vor sich her. Im Schlepptau hat er zwei der Sex-Krankenschwestern, die sich sofort auf Guido stürzen, um ihm die Klamotten vom Leib zu reißen, bevor er auch nur »Killewunz« sagen kann. Irgendjemand muss spitz bekommen haben, dass er Geburtstag hat, und offenbar soll die Aktion eine Art Geschenk sein. Ehe die anderen sich versehen, wird Guido, der inzwischen nur noch seine Unterhose trägt, von den drei Gestalten in den Rollstuhl geschubst und unter wildem Geschrei quer durch den Laden geschoben. Und das alles bei Blaulicht und schmerzhaft lautem Sirenenalarm!

»Ich hatte wirklich keine Ahnung, was da mit mir geschieht«, erinnert sich Guido. »Ich war schon ordentlich angesoffen und saß in diesem Rollstuhl, während die Umgebung in so komischen Schlieren an mir vorbeigezogen ist.« Auch viele der anderen Restaurantgäste wissen den Überfall auf Guido nicht einzuschätzen und reagieren sichtlich panisch, manche schreien sogar vor Angst.

Irgendwann, es mag fünf Minuten dauern oder fünfzehn, ist der Spuk vorbei. Guido wird an seinen Platz geschoben, das Licht geht wieder an, und die Belegschaft des Madhouse tut so, als wäre nichts geschehen. Und die Donots? Sitzen völlig perplex in ihrer Gummizelle und können nicht fassen, was ihnen gerade widerfahren ist. »Das ist Japan«, sagt Ingo. »Dort erlebt man Dinge, die sind so weit draußen, dass man sie niemandem richtig erzählen und begreifbar machen kann. Man muss dabei gewesen sein.«

EIN SONG ALS RETTUNGSRING

Zurück aus Japan, beginnen die Donots mit den Vorbereitungen und Proben für die Tour zu *Coma Chameleon*. Die erste eigene Tournee seit vier Jahren soll bereits in zwei Wochen starten, und die Band ist angespannt. Obwohl sich das Album weiterhin nur schleppend verkauft, hat die Band die Hoffnung, dass zumindest die Konzerte besser laufen. Zumindest war das früher immer so.

Doch früher ist lange her. Als die Donots am 23. April 2008 das erste Konzert der Tour spielen, ist der Hamburger Club Knust nur zur Hälfte gefüllt – wenn überhaupt. Am nächsten Tag treten sie in Berlin auf, und auch ins SO 36 zieht es lediglich 220 Zuschauer. Auch an den restlichen sechzehn Auftrittsorten der Tour, von Chemnitz bis München, von Zürich bis Prag, ist das Interesse nicht größer. Am Ende liegt der Besucherdurchschnitt bei gerade einmal 250 Leuten und damit deutlich unter den Zahlen der *Amplify*- und der *Got The Noise*-Tour.

Es gibt Bands, die mit lustlosen Auftritten die wenigen Zuschauer, die gekommen sind, dafür bestrafen, dass viele andere zu Hause geblieben sind. Ein Verhalten, das den Donots völlig abgeht. »Dass das Pendel mal in die eine und mal in die andere Richtung ausschlägt, war auf der Bühne nie ein Problem für uns. Ein Konzert fühlt sich für uns nicht besser an, wenn wir dadurch viel verdienen und auch nicht schlechter, wenn wir damit Miese machen«, sagt Ingo. »Der Grund, weswegen wir das machen, ist schließlich ein anderer. Wenn wir spüren, dass wir mit unserer Musik jemanden erreichen, wenn die Leute abfahren auf die Songs, die wir spielen, dann ist es ein guter Abend. Mehr braucht es für uns nicht.«

Nach der Abrechnung im Anschluss an die letzte Show in Bochum kann sich jedes Bandmitglied gerade mal 500 Euro ausbezahlen – für die gesamte Tour! Eine Summe, angesichts der die Band ernsthaft ins Grübeln gerät. Mit ihren Platten haben die Donots noch nie viel Geld verdient. Den Löwenanteil haben stets die Konzerte ausgemacht. Wenn diese Quelle jetzt auch noch versiegt, können sie dann überhaupt noch weitermachen? Als Vollzeitband, die mit der Musik ihren Lebensunterhalt verdient?

Und deren Mitglieder inzwischen alle um die dreißig sind. In einem Alter, in dem das Leben jenseits der Band allmählich an Bedeutung gewinnt. Eike zum Beispiel ist im Sommer 2007 als erster der Donots Vater geworden. Manchmal ist es gar nicht so einfach, dem Rest der Band zu vermitteln, dass er seine Familie nicht immer hintanstellen will. »Mir war es wichtig, viel Zeit mit meiner Familie zu verbringen, aber bei den anderen war dafür manchmal kein großes Verständnis vorhanden. Für die gab es nur Band, Band, Band. ›Die Donots stehen an erster Stelle‹, das war deren Einstellung. Aber meine eben nicht mehr. Es war schwierig, da auf einen Nenner zu kommen. Dafür habe ich hart kämpfen müssen«, erzählt er.

Außerdem wohnt Eike schon seit 2003 in Köln. »Meine Freundin lebte in Köln, ich wollte bei ihr sein, also zog ich dorthin. Außerdem hatte ich Lust, aus diesem Münster-Kosmos herauszukommen. Ich verbringe so viel Zeit mit der Band, da wollte ich die wenige Zeit, die nichts mit den Donots zu tun hatte, zumindest in einer anderen Stadt sein, ein bisschen mein eigenes Ding machen.« Eikes Umzug führt dazu, dass die Donots sich besser organisieren müssen und nicht mehr so viel auf Zuruf arbeiten können. Statt mehrmals in der Woche proben sie nun seltener, dafür aber in kompakten Blöcken von mehreren Tagen.

Eike ist derjenige in der Band, dem die Zukunft wohl das meiste Kopfzerbrechen bereitet. Aber auch die anderen grübeln. »Bis dahin gab es nie auch nur den kleinsten Gedanken daran, die Band aufzulösen. Aber in dieser Phase haben wir zumindest einmal kurz darüber gesprochen«, sagt Ingo. »Doch uns wurde schnell klar: Das kommt nicht in Frage. Wir hatten ja immer noch viel zu viel Bock an der Sache, trotz allem.«

Ist es vielleicht an der Zeit, die Donots nur noch als Hobby fortzuführen und nicht mehr als professionelle Band? Dann wäre zumindest der Druck weg, den inzwischen alle zu spüren bekommen. Auch Alex fragt sich manchmal, ob die Donots vielleicht einen Punkt erreicht haben, an dem sie andere Prioritäten setzen müssen. Einen Punkt, an dem die Band zukünftig keine ganz so große Rolle mehr spielt, wie das bisher der Fall war.

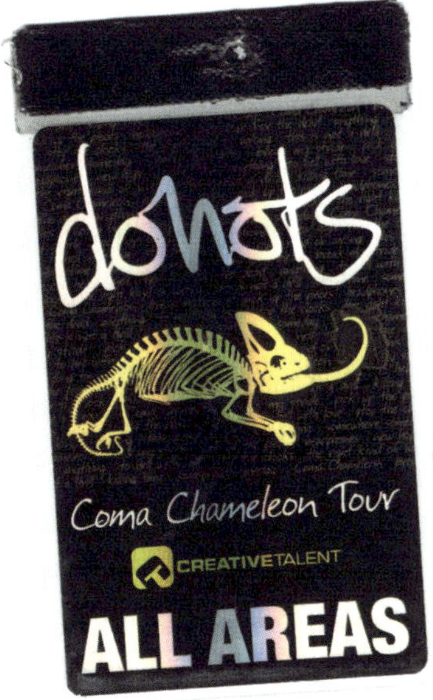

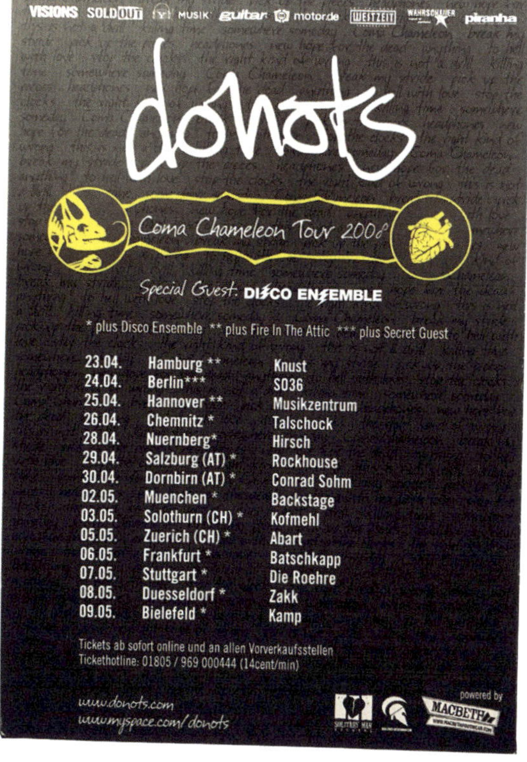

Während die Donots über ihre Zukunft nachdenken, entwickelt sich im Online-Forum der Band ein kleiner Hype um einen ganz bestimmten Song des neuen Albums: »Stop The Clocks«. Wirklich genial, heißt es dort. Die Nummer zeige die Band mal von einer ganz anderen Seite. Ein Hit wäre das, ein richtiger Hit! Auch die Donots lieben den Song, und sehen sich durch die Reaktionen ihrer Fans bestärkt.

Die Bandkasse ist zwar komplett leer, doch beim nächsten Meeting fassen die fünf einen Entschluss. Das letzte private Geld soll in die Single-Veröffentlichung von »Stop The Clocks« gesteckt werden. Wenn auch daraufhin nichts weiter passiert, haben sie zumindest alles versucht.

Doch die Vorstellung, dass damit wirklich ein Kapitel zu Ende gehen könnte, möchte keiner so richtig zulassen. Stattdessen lautet die Devise: Der Neustart fühlt sich trotz allem so gut, so richtig an – das muss einfach irgendwie gut gehen.

Bereits für »Break My Stride«, die erste aus *Coma Chameleon* ausgekoppelte Single, sind die Donots nach Schweden geflogen, um dort ein Video mit Magnus Härdner zu drehen. Der Regisseur, der ihnen von Millencolin empfohlen wurde, versteht ziemlich gut, worum es der Band geht. Kein Hochglanz, kein Bonbon-Look, nichts Glattgelecktes. Stattdessen dreht er Clips, die ein bisschen rough und seltsam, auf jeden Fall aber anders sind als das, was man im Musikfernsehen damals normalerweise zu sehen bekommt. Für »Break My Stride« erzählt er mit Stop-Motion-Technik die Geschichte von sieben depressiven Fernsehgeräten, die verloren durch Stockholm ziehen und schließlich Suizid begehen, indem sie sich von einem Häuserdach stürzen.

Sein Drehbuch für »Stop The Clocks« ist nur einen Satz lang und begeistert die Band sofort: »Ihr rennt nachts in Sträflingsunterwäsche durch den Wald und habt dabei Hundewelpen auf dem Arm.« Härdner ist bereit, das Video quasi zum Selbstkostenpreis zu drehen. Die Band muss nur irgendwie nach Schweden kommen.

Selbst das ist leichter gesagt als getan. Denn die Bandkasse ist wirklich komplett geleert, und auch mit ihren privaten Konten hängen die Donots teils knietief im Dispo. Alex, Guido, Eike, Ingo und Purgen kratzen alles Geld zusammen, das sie haben: Die allerletzte Kohle für die allerletzte Chance.

Knapp 2.000 Euro, mehr ist nicht mehr da. Ein mehr als überschaubarer Etat, verglichen mit den bombastischen Video-Budgets zu GUN-Zeiten. Das knapp bemessene Geld muss nicht nur für die Technik, sondern auch für die Reisekosten reichen.

Und spätestens an diesem Punkt haben die Donots ein Problem. Denn selbst beim günstigsten Anbieter und zur unbeliebtesten Reisezeit kriegen sie dafür keine fünf Flugtickets. Eins ist drin, vielleicht auch noch zwei, aber mehr definitiv nicht.

Was tun? Mit dem Auto oder dem Zug nach Schweden zu fahren, dauert zu lange und ist außerdem kaum günstiger. Ein neues Drehbuch? Ein anderer Regisseur? Kommt nicht in die Tüte. Sie möchten unbedingt mit Härdner drehen, auf dessen eigentümliche Ästhetik sie blind vertrauen.

Am Ende entscheiden sie pragmatisch: Nur Guido und Ingo fliegen zum Videodreh nach Stockholm. Alex, Purgen und Eike bleiben zu Hause. Damit nicht gleich auf den ersten Blick auffällt, dass in dem Video nur zwei der fünf Donots auftau-

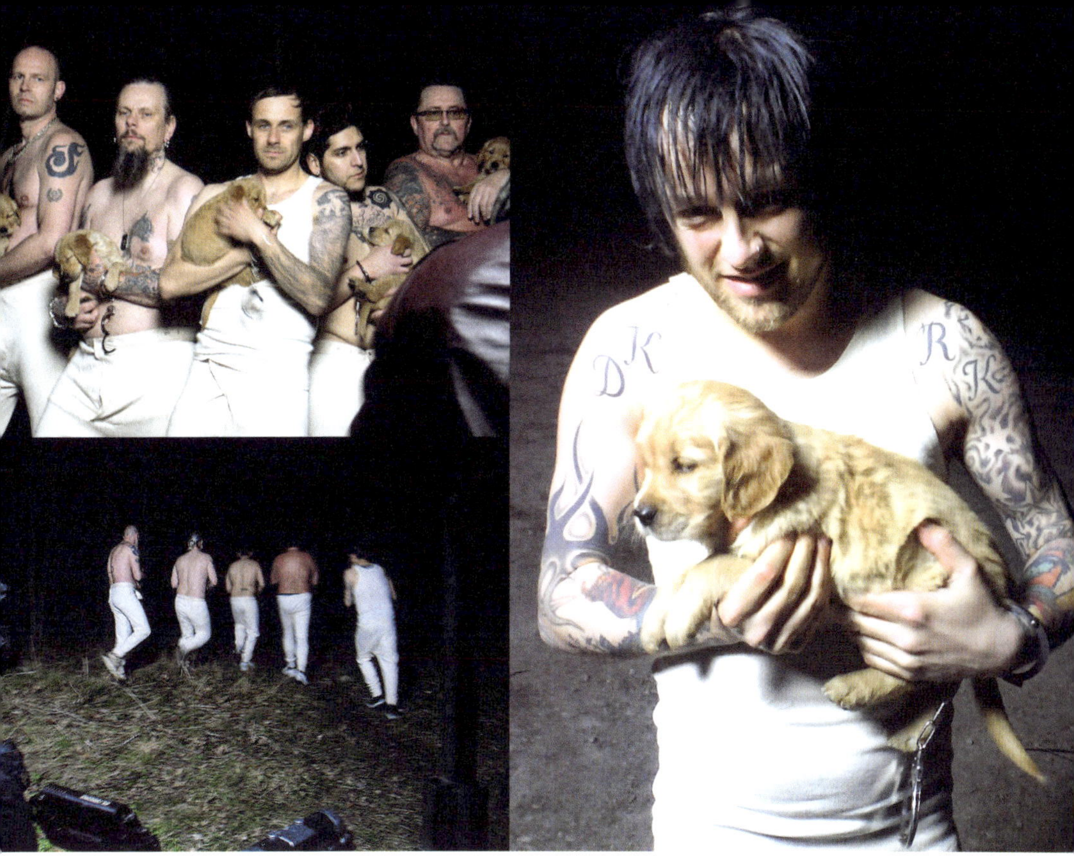

chen, engagiert Regisseur Härdner Ersatz. Er ruft ein paar tätowierte Kumpels an, die zumindest ein bisschen so aussehen, als würden sie in einer Band spielen. Mit diesen Ersatz-Donots rennen Ingo und Guido beim Dreh dann durch die schwedischen Wälder.

Geht es nach den ungeschriebenen Gesetzen des Musikfernsehens, ist das eigentlich ein No-Go: Wenn ein Song nicht von einem Solo-Interpreten sondern einer Band stammt, dann soll bitteschön auch die ganze Band im Video zu sehen sein. Und das ist nicht der einzige Verstoß gegen die Vorgaben von MTV & Co. Videos, die nachts spielen, sind bei den Sendern eigentlich auch nicht gern gesehen. Angeblich, weil es die Zuschauer irritiert, sie tagsüber anzuschauen. Den Donots ist das alles herzlich egal. Sie mögen das »Stop The Clocks«-Video sehr, und Bauchgefühl geht eben über Kalkül.

Tatsächlich strahlt MTV das Video wenige Wochen später aus. Allen missachteten Konventionen zum Trotz. Erst nur auf einer niedrigen Rotationsstufe, doch die Zuschauerreaktionen auf die Nummer sind so gut, dass der Song hochgestuft und ins Tagesprogramm genommen wird.

Auch an die Radiostationen wird der Song geschickt. Die Donots haben eine erfahrene und sehr gut vernetzte Radio-Promoterin, die es schafft, die Redaktionen auf »Stop The Clocks« aufmerksam zu machen. Obwohl das gar nicht schlecht läuft,

ideostills aus dem Clip zu *Stop The Clocks*.

hat Alex das Gefühl, die Band könne sich dieses Mal noch mehr einbringen. Für die Donots, die im Limbo zwischen »weitermachen wollen« und »aufgeben müssen« festhängen, war wohl noch nie ein Song so wichtig wie dieser.

Über die Jahre haben die Donots eine Menge Leute bei 1Live kennengelernt, der jungen Radiowelle des Westdeutschen Rundfunks: Moderatoren, Redakteure, Reporter, Praktikanten. Deren E-Mail-Adressen sucht sich Alex zusammen, und zwar von allen. An jeden und jede einzelne von ihnen schickt er nachts, als er nicht schlafen kann, eine lange, persönliche Mail.

Bei 1Live, wo es die Redakteure normalerweise gewohnt sind, dass ihnen die Promoter und nicht die Bands selbst die Songs schmackhaft machen, kommen Alex' Mails recht unterschiedlich an. Manche empfinden diese Art von Selbst-Vermarktung als unangebracht, fast schon übergriffig. Die Donots würden sich damit klein machen, so etwas wäre unprofessionell, heißt es hinter vorgehaltener Hand. Andere freuen sich. Ihnen imponiert es, dass die Band sich auf so persönliche und offene Weise bemüht, ihr Schicksal in die eigenen Hände zu nehmen.

Ob Alex' Mails oder die Arbeit von Radiopromoterin Dagmar letztendlich den Ausschlag geben, lässt sich hinterher nicht mehr genau sagen. Aber fest steht: 1Live springt auf »Stop The Clocks« an und nimmt den Song ins Programm auf. Er läuft morgens, mittags und nachmittags, zu den wichtigsten Radiozeiten, dann, wenn Millionen Hörerinnen und Hörer einschalten. 1Live ist zu der Zeit der viertmeistgehörte Radiosender in Deutschland, an dem sich viele orientieren und dessen Playlisten großen Einfluss auf die sogenannten Airplay Charts haben. Wenn dort ein Song gespielt wird, steigt er in den Charts nach oben – und im besten Falle ziehen die anderen Sender nach. So kommt es, dass »Stop The Clocks« bald auch bei Radio Fritz, N-Joy, DasDing, MDR Sputnik und Bayern 3 läuft.

Damit ist das Ende der Fahnenstange aller-

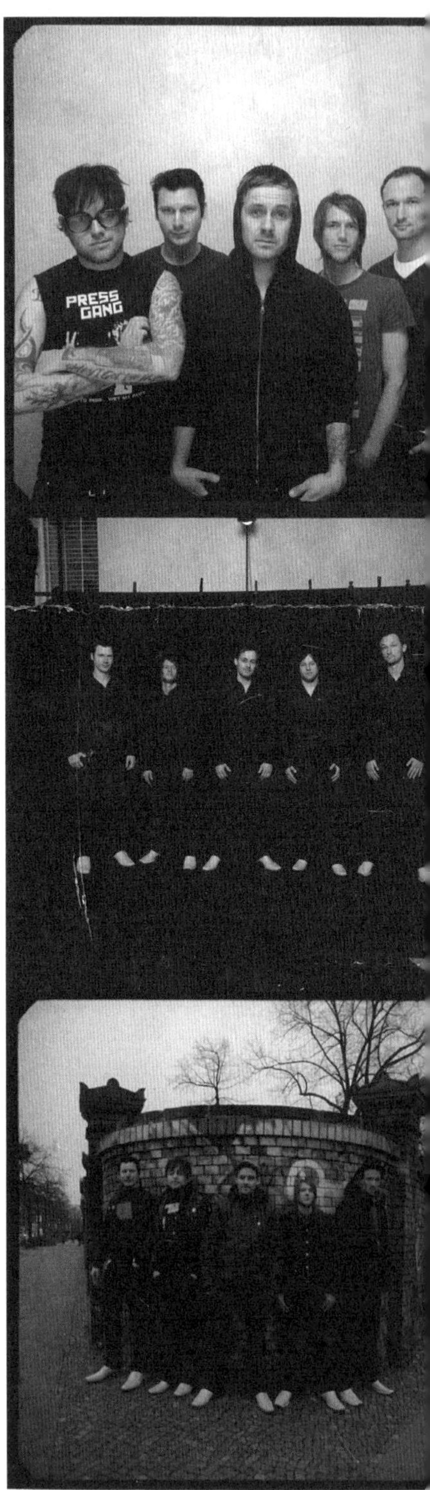

Fotosession in Berlin

dings noch längst nicht erreicht. Denn »Stop The Clocks« schafft etwas, was nur wenigen Lieder gelingt: Der Song wächst über sein Format, sein angestammtes Territorium hinaus. Dazu muss man wissen: Das Musikprogramm der deutschen Radiosender ist in der Regel ziemlich strikt getrennt. Es gibt die jungen Wellen wie 1Live, und es gibt Sender wie WDR2, die für ein älteres Publikum gemacht werden und von manchen despektierlich als »Hausfrauensender« bezeichnet werden. Was bei den einen läuft, läuft niemals bei den anderen – und umgekehrt.

»Stop The Clocks« überwindet diese unsichtbare Mauer: Nach den jungen Radios springen auch die Sender für die älteren Hörer darauf an, die ihn zwischen Phil Collins, Tears For Fears und Fools Garden platzieren. Dass hinter dem Song mit den hypnotischen Gitarren und der Ohrwurm-Melodie fünf tätowierte Punkrocker aus Ibbenbüren stecken, wissen dabei die wenigsten.

Schließlich schafft »Stop The Clocks« den Sprung in die Top 30 der deutschen Airplay-Charts. »Der Song hat sich irgendwie durch die Radiolandschaft und in die Köpfe der Hörer hineingefressen«, sagt Eike. Die Donots können sich nur noch am Kopf kratzen. So viel Zuspruch hatte im Radio noch keiner ihrer Songs. Eine Single, die auch ihre letzte hätte werden können, wird zum Riesenhit.

Auch die Kollegen in anderen Bands zeigen sich beeindruckt. Peter Brugger von den Sportfreunden Stiller freut sich über ein »außerordentlich feines Stück Gitarrenmusik« und ergänzt: »So traurig-schön und sehnsüchtig kannte ich die Donots noch nicht.« Für Thees Uhlmann ist der Song »echt tierisch« und »vielleicht sogar ihr bester«. Und auch Bela B., der sich mit Radiohits nun wirklich auskennt, meint anerkennend: »Den Song hätte ich auch gerne geschrieben ...«

Am Ende bleibt die Erkenntnis: Gute Songs haben eine Chance sich durchzusetzen. Selbst wenn das Video gegen sämtliche Regeln verstößt, kein Geld da ist und das Radio eigentlich anderen Gesetzmäßigkeiten gehorcht.

Interessanterweise profitieren die Donots zunächst gar nicht vom Airplay-Erfolg der Nummer. Weder verkaufen sie dadurch mehr Alben, noch kommen mehr Besucher zu den Konzerten. Offenbar mögen viele Leute den Song, aber weil er ziemlich untypisch für die Band ist, bringen sie ihn nicht mit den Donots in Verbindung.

Doch am Ende rettet ihnen »Stop The Clocks« den Arsch und legt die Grundlage dafür, dass es überhaupt weitergehen kann. Denn nach und nach trudeln die Abrechnungen der Verwertungsgesellschaften GEMA und GVL in Florians Büro ein. Und ein Radiohit, das merken die Donots schnell, spült richtig viel Geld in die Kasse: Um die 100.000 Euro betragen die Einnahmen alles in allem. Von Null auf sechsstellig mit einem einzigen Song? Nicht schlecht.

Das sollte reichen, um sich eine ganze Weile über Wasser zu halten. Mit diesem Geld müssten sie die Bandausgaben für die nächsten ein, zwei Jahre und vielleicht sogar die Produktionskosten der nächsten Platte bestreiten können. Bei Alex, Guido, Purgen, Eike und Ingo ist Aufatmen angesagt. Die Überlegungen, die Donots zur Hobbyband zu machen, werden endgültig über Bord geworfen.

Das finanzielle Polster, das ihnen »Stop The Clocks« beschert hat, sorgt natürlich für eine gewisse Entspannung, trotzdem können und wollen sie sich nicht zurücklehnen. Im Gegenteil: Was nützt auf lange Sicht ein Song, der zwar super ankommt, von dem aber viele gar nicht wissen, wer ihn singt? Also schmieden die Donots einen Plan, um die Leute auch dort wieder zu erreichen, wo sich die Band am wohlsten fühlt: Live auf der Bühne – und das bestenfalls nicht nur auf eigenen Tourneen. Denn nur so lassen sich – wie Alex sagt – »neue Ohren und Herzen gewinnen«.

Dafür bietet sich vor allem ein Mittel an: auf den richtigen Festivals so viel Präsenz wie möglich zu zeigen. Dort könnten sie auf einen Schlag viele Menschen erreichen, die sonst vielleicht nie mit den Donots in Berührung kommen würden. Gleichzeitig signalisiert eine Teilnahme bei *Hurricane*, *Rock am Ring* und Co. natürlich auch immer eine gewisse Relevanz. Entweder bist du dabei und gehörst damit zu den angesagten Bands – oder eben nicht.

Doch damit dieser Plan aufgeht, müssen die Donots ein gar nicht mal so kleines Problem lösen: Die Positionen in einem Festival-Line-up sind in der Regel vom aktuellen Status der Band abhängig. Nur wer gerade einen Lauf hat, der darf zu später Stunde auf der Hauptbühne ran. Dann, wenn richtig viele Leute im Publikum stehen, dann, wenn alle mächtig Bock haben. Die Booker bei den Festivals schauen sehr genau hin, erst recht bei Bands wie den Donots, die schon länger dabei sind. Erweist sich dann die erste Platte nach vier Jahren als eher lauwarmer Erfolg und bleibt auch die eigene Tour hinter den Erwartungen zurück, wirkt sich das nicht gerade positiv aus. Mit ein bisschen Pech wird man vielleicht gar nicht mehr gebucht. Denn manche Festival-Booker haben die Donots schlicht nicht mehr auf dem Zettel.

Wie lässt sich ein solches Schicksal abwenden? Der Masterplan der Donots sieht folgendermaßen aus: Sie fahren ihre Gagenforderungen deutlich zurück und bieten den Veranstaltern ihre Auftritte bis auf Weiteres zu einem Freundschaftspreis an, den man fast nicht abschlagen kann. »Uns war egal, was wir verdienen. Hauptsache, wir bekamen möglichst viele Gelegenheiten, zu spielen und mit dem Publikum den Acker durchzupflügen. Nur darum ging es uns damals«, sagt Alex. Und der Plan geht auf. Die Donots arbeiten sich Schritt für Schritt zurück in die Festival-Line-ups und erspielen sich neue Fans.

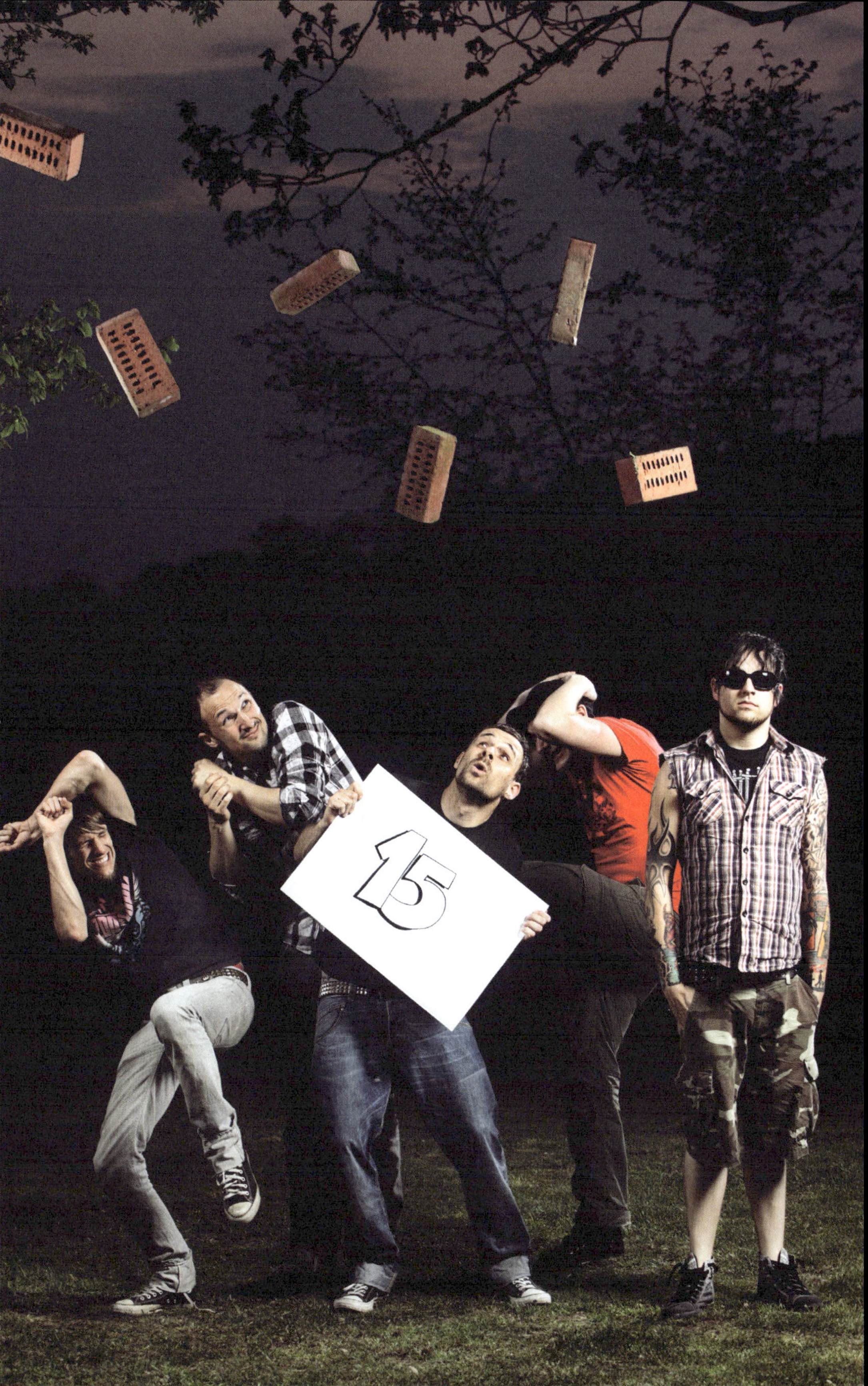
15

DAS SCHIFF WIRD WIEDER FLOTT

Ein Jahr nach der Veröffentlichung von *Coma Chameleon* können die Donots bilanzieren: Das Schiff ist wieder halbwegs flott. Zwar haben ein paar Segel noch Löcher, es muss noch etwas am Motor geschraubt werden und in der Kombüse fehlen die Schneebesen. Aber alles in allem sind die sie wieder auf Kurs und nehmen langsam, aber stetig Fahrt auf.

Dass die Konzerte besser laufen könnten? Dass sie immer noch viel Überzeugungsarbeit bei Veranstaltern leisten müssen? Dass sie von dem Status, den sie vor ein paar Jahren mal hatten, noch ein gutes Stück entfernt sind? Das ist den Donots zwar alles bewusst, spielt für sie aber keine große Rolle. Denn am Ende, das haben sie gelernt, zählt allein die Musik. Sie ist das einzige, was sie komplett in der Hand haben. Alles andere passiert, wie es eben passiert.

Der von den Aufnahmen zu *Coma Chameleon* ausgelöste Kreativitätsschub hält weiterhin an. Die Donots können es kaum erwarten, an neuen Songs zu arbeiten. »Bei Kurt haben wir eine gewisse musikalische Freigeistigkeit gelernt«, sagt Ingo. »Wie man an sein Songwriting rangeht. Wie man mit Musik experimentiert. Und wie man sich kicken lässt von dem, was man im jeweiligen Moment aufnehmen will.« Dieser Ansatz gegenüber der eigenen Musik ist so sehr zum Teil der künstlerischen DNA der Donots geworden, dass sie sich eine andere Arbeitsweise gar nicht mehr vorstellen können.

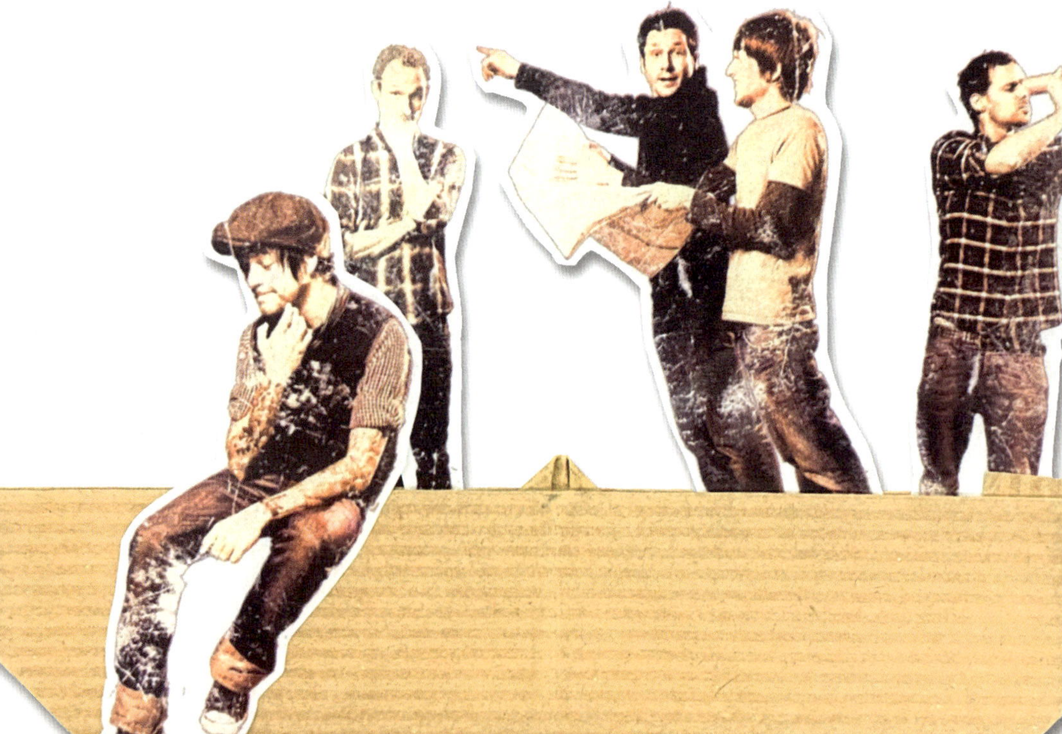

Als die Planungen für das nächste Album konkreter werden, denken die Donots kurz darüber nach, wieder bei Kurt in Koblenz aufzunehmen. Allerdings haben sie Zweifel, ob sich die Aufbruchsstimmung der *Coma Chameleon*-Aufnahmen überhaupt reproduzieren lässt. Oder ob sie nur vergeblich einem Gefühl hinterherjagen würden. Schließlich entscheiden sie sich, im Münsterland zu bleiben und mit Vince Sorg zu arbeiten, der schon *Tonight's Karaoke-Contest Winners* sowie die drei Nachzügler für *Coma Chameleon* produziert hat.

Vorher beziehen sie noch einen neuen Proberaum. Er befindet sich in einem Weltkriegsbunker, mitten in einem Wohngebiet im Süden Münsters. Die Proben dort laufen allerdings unter erschwerten Bedingungen. Es gibt kein Tageslicht, keine Klimaanlage und noch nicht einmal eine Lüftung. Die Arbeiten an den Songs gehen als »No daylight, no oxygen«-Sessions in die Bandhistorie ein. »Alle drei Stunden mussten wir an die frische Luft und ans Licht, um eine Pause zu machen«, sagt Purgen. »Das war auch bitter nötig, sonst wären wir zusammengeklappt.«

Die Donots sind in einer produktiven Hochphase und hauen eine Songskizze nach der anderen raus, die sie später im Studio mit Produzent Vince noch einmal komplett auf links drehen und auf den Punkt bringen. Das Thema der Aufnahmen ist klar: Alles zulassen, sich nichts verkneifen. »›Das können wir nicht machen‹ war ein Satz, den wir uns verboten haben«, sagt Purgen. »Wir haben erst einmal gemacht, gemacht, gemacht. Hinterher aussortieren kann man ja immer noch. Aber für uns war es megawichtig, den Hahn möglichst weit aufzudrehen und alles rauszulassen.«

Das Vertrauen darauf, dass sie auf eigene Faust weiterkommen werden, ist bei den Donots nicht nur durch die Erfahrungen bei der Produktion zu *Coma Chameleon* sondern auch durch den Erfolg von »Stop The Clocks« gewachsen. »Unsere Schultern waren auf jeden Fall deutlich breiter«, erzählt Ingo. Diskussionen, ob man sich vielleicht doch wieder eine Plattenfirma sucht, gibt es nicht. »Wir machen das selber – das stand eigentlich von Anfang an fest.«

»We're getting better day by day
We grow and rise up when we fall«

Die ersten Zeilen des ersten Songs auf dem neuen Album *The Long Way Home*, das ziemlich genau zwei Jahre nach *Coma Chameleon* erscheint, bringen die Situation und Einstellung der Band auf den Punkt: »Es geht aufwärts mit uns. Und wenn wir fallen, stehen wir einfach wieder auf und wachsen daran.«

Wo sie beim Vorgänger-Album auch ein Statement setzen wollten, zählt für die Donots auf *The Long Way Home* vor allem eins: Musik, Musik, Musik. Das Album ist ein wenig melodischer, geht wieder etwas mehr in Richtung Pop, ohne dabei je zuckrig oder oberflächlich zu werden. Stattdessen finden sich darauf einerseits Anleihen bei Wave- und Goth-Pop-Bands wie The Cure, Sisters Of Mercy oder New Order und andererseits so viele folkig-entspannte Momente wie noch nie auf einem Donots-Album. Und dazwischen? Da ist Platz für alles zwischen Auf-die-Fresse und In-den-Arm, was der Donots-Kosmos hergibt. Und der ist inzwischen verdammt groß.

us dem Video zu *Forever Ends Today.*

Die Donots sind mit *The Long Way Home* auf dem Höhepunkt ihrer Experimentierfreude. So gut wie jedes Lied bekommt einen überraschenden musikalischen Dreh oder ein ungewöhnliches Instrument spendiert: Celli und Chöre, Synthies und Mandolinen, Schifferklavier und Kontrabass. Selbst einem eigentlich simplen Pogo-Kracher wie »Dead Man Walking« verpassen sie mit einem Blasmusik-Zwischenspiel eine überraschende Wendung. Gerd Bracht, in dessen Garagen-Studio Teile der *Pedigree Punk* entstanden sind, darf dafür seine Tuba auspacken.

Zwei Jahre nach *The Long Way Home* veröffentlichen Die Ärzte übrigens eine EP mit dem Titel *zeiDverschwÄndung*. Auf der befindet sich ein Song namens »Will dich zurück«, der das »Dead Man Walking«-Motiv eins zu eins übernimmt. Als die Donots den Song zum ersten Mal hören, sind sie nicht sicher, was sie davon halten sollen: Ist das als Anerkennung gemeint? Als Verarschung? Oder schlicht dreister Diebstahl?

»Ingo hat mir dann eine sehr nette und belustigte Mail geschrieben«, sagt Bela B. »Ob das nun eine Hommage sei oder ob ich Bekanntschaft mit dem Anwalt der Donots machen wollte. Mir war das wirklich mega-peinlich. Ich hatte die Platte ein paar Mal angehört, aber offenbar vergessen, dass dieses Riff von den Donots stammt. Und dann habe ich es wohl geklaut, aber ohne Absicht oder Hintergedanken.« Wahrscheinlich, so Bela, war das Ganze eine Art unbewusste Anerkennung: »Die Melodien, die die Donots schreiben, sind eben absolute Hits. Es gibt kaum Bands in Deutschland, die so etwas schreiben können.« Natürlich hetzen die Donots dem Ärzte-Drummer nicht ihre Anwälte auf den Hals. Im Gegenteil: Die Episode bringt die Bands näher zusammen. »Seit damals verbindet uns eine Freundschaft«, sagt Bela. »Unser Humor ist ziemlich gleich, und auch sonst ticken wir ähnlich.«

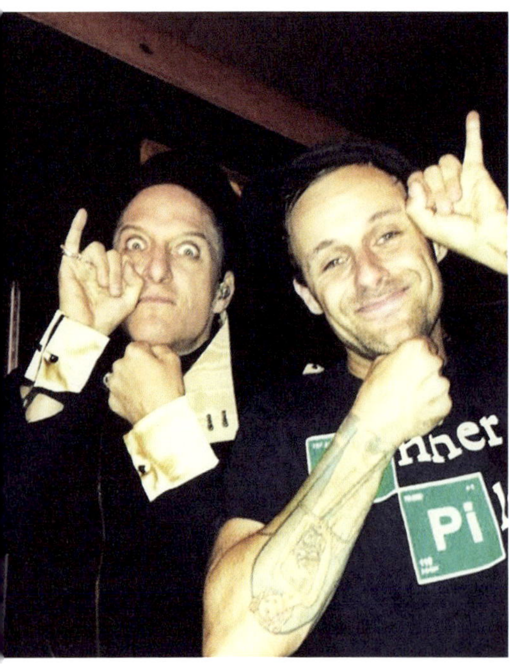

Als erste Single von *The Long Way Home* koppeln die Donots »Calling« aus: Ein Uptempo-Nummer mit ultra-eingängigem Arrangement und beherztem Synthesizer-Einsatz, die gleichzeitig auf die Achtziger, Neunziger und Nuller Jahre verweist. Die Band tüftelt ewig im Studio herum, bis sie eine Gesangslinie findet, die zu dem Song passt. »Das Stück war ein richtiger Frankenstein«, sagt Guido. Doch das Monster gibt am Ende eine gute Figur ab, die Reaktionen der Medien sind durchgehend positiv. MTV und VIVA lassen das Video rotieren, die Radiosender packen »Calling« auf ihre Playlisten. Und auch die Fans erklären den Song schnell zu einem ihrer Lieblinge und kriegen ihn seitdem bei nahezu jedem Konzert um die Ohren gehauen. Im Laufe der Jahre mausert

Links: Bela B. und Ingo D
Rechts: Eike beim Videodreh z
Calling in Stockholm

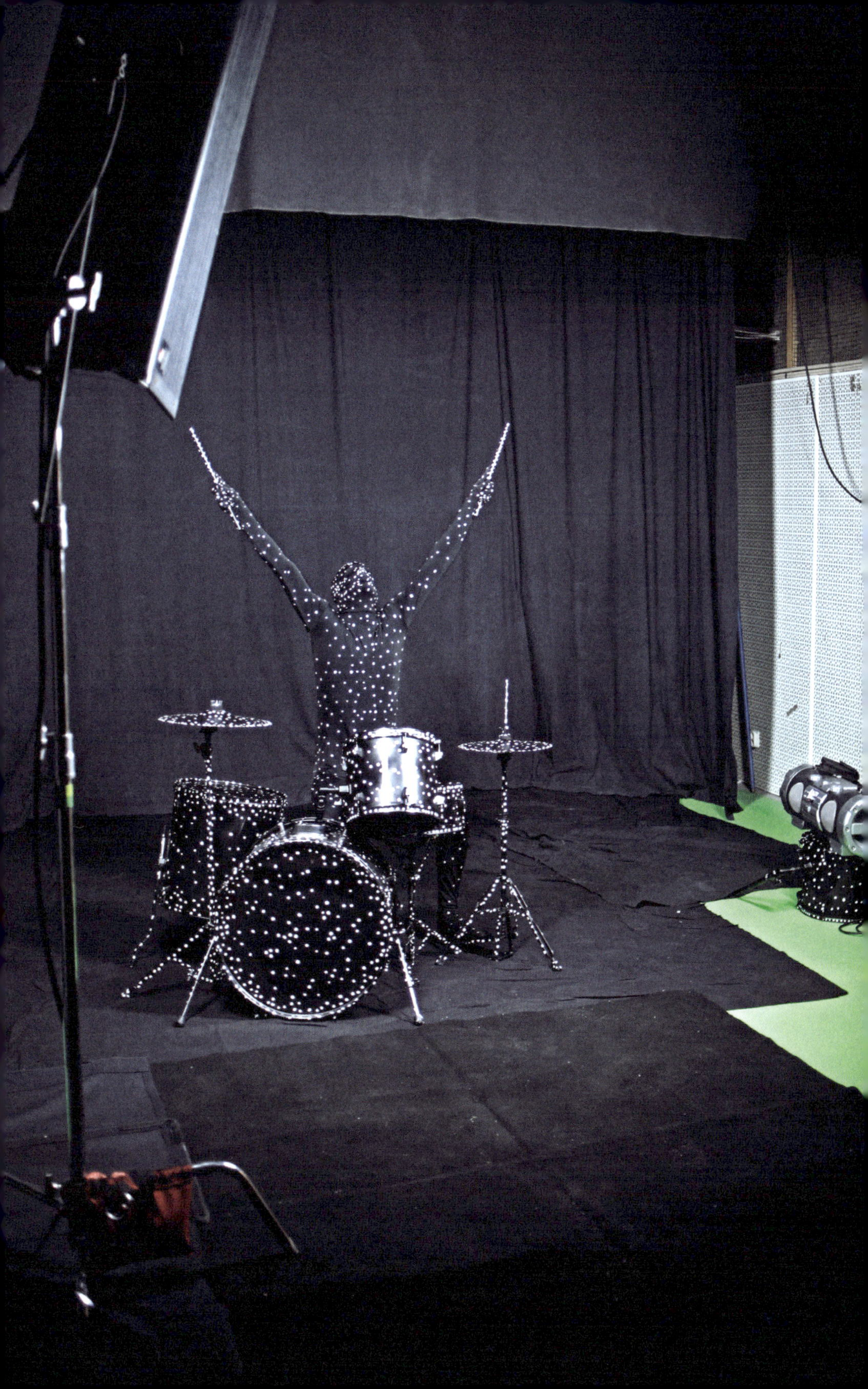

sich »Calling« zu einem *der* Donots-Songs überhaupt: Wenn man nach Streaming-Abrufzahlen geht, ist es der drittbeliebteste Song der Band. »Stop The Clocks« ist auch hier immer noch unerreicht, aber ein Song wie dieser gelingt wahrscheinlich auch nur einmal in einem Bandleben.

The Long Way Home landet auf Platz 24 der Charts und anders als sein Vorgänger fliegt das Album nicht direkt wieder raus, sondern hält sich einen Monat lang in den Top 100. Immerhin. Auch die nackten Verkaufszahlen bestätigen die Donots in ihrem Gefühl: Es geht wieder aufwärts.

»Wobei die Charts ein Indikator sind, den man eigentlich in der Pfeife rauchen kann«, sagt Alex. Die CD-Verkäufe in Deutschland nähern sich 2010 dem historischen Tiefststand, illegale Downloads und Tauschbörsen für MP3s florieren. Die großen Labels gehen das Problem sehr konfrontativ an: Wer illegal Songs tauscht oder sich herunterlädt und dabei erwischt wird, muss mit empfindlichen Strafen rechnen. Manche Labels heuern sogar Online-Detektive an, die auf Tauschbörsen gezielt nach illegal eingestellten Songs ihrer Künstler suchen und Beweise sichern, um die Anbieter schließlich anzuzeigen.

Die Donots, die als Band und Label gleich doppelt betroffen sind, sehen das nicht so streng. Alex meldet sich als »Alex Donot« in den Foren der gängigen Tauschbörsen an und verfasst einen Post. Darin zeigt er Verständnis, dass man sich nicht jede Platte kaufen kann. »Ladet euch gerne alle das Album runter, denn ich finde es super, wenn möglichst viele Leute die Platte zu hören bekommen und so entscheiden können, ob sie ihnen gefällt oder nicht. Von daher: Bringt die Platte unter die Leute, so viel es geht, und gebt sie gerne allen euren Freunden«, schreibt er dort.

Die Donots sind erst einmal jedem einzelnen dankbar, der sich für ihre Musik interessiert und sich Zeit dafür nimmt. Dieses Interesse zu bestrafen und oder sogar juristisch zu verfolgen, wie das Lars Ulrich und Metallica mit ihrer Klage gegen den Filesharing-Dienst Napster gemacht haben, ist ihnen sehr fremd. »Man muss doch erst einmal die Chance haben, sich kennenzulernen und die Liebe gedeihen zu lassen«, sagt Alex. »Und wenn daraus mehr wird: Umso schöner.« Vielleicht, so die Hoffnung der Band, gefallen ihre Songs dem einen oder anderen Downloader ja so gut, dass er sich entscheidet, die Band zu supporten, indem er eins ihrer Konzerte besucht, ein T-Shirt bestellt oder eine Platte kauft.

Die entspannte Einstellung der Donots gegenüber Downloadern hat damit zu tun, dass sie seit jeher eine Live-Band sind. »Die Platten waren immer das Vehikel, das wir gebraucht haben, um live spielen zu können«, sagt Purgen. »Manche Künstler gehen ja auf Tour, um dadurch mehr Platten zu verkaufen. Das war bei uns nie der Fall.«

Nachdem 2009 für die Donots ein eher ruhiges Konzert-Jahr war, wird es nach der Veröffentlichung von *The Long Way Home* wieder Zeit für eine eigene Tour. Wie schon zwei Jahre zuvor fällt der Startschuss auch diesmal wieder in Hamburg. Damals war das Knust gerade mal halbvoll, und die Donots sind entsprechend nervös. Wie kommt das neue Album an? Sind wenigstens ein paar Fans dazu gekommen? Ist der Aufwärtstrend weiter spürbar?

Die Vorbereitung auf die Tour ist aufwendiger als je zuvor. Die komplexen, vielschichtigen Arrangements von *The Long Way Home* bühnentauglich umzusetzen, ist gar nicht so einfach. Wie verteilen Guido und Alex die Gitarrenparts? Wie überträgt man die vielen Fremdinstrumente, die auf dem Album zu hören sind, ins Live-Setup?

Das alles trägt nicht unbedingt dazu bei, die angespannten Nerven zu beruhigen. Doch als die Donots am 8. April 2010 gegen 21.30 Uhr auf die Bühne des *Uebel & Gefährlich* sprinten und mit »Changes« und »Calling« loslegen, werden sie begeistert begrüßt. Der Laden ist ausverkauft, knapp 1.000 Zuschauer sind gekommen und haben richtig Bock. Musikalisch sind die Donots von ihrer 1.0-Version weiter entfernt denn je. Ehemalige Standards wie »Saccharine Smile«, »Superhero« oder »Big Mouth« sind von der Setlist geflogen, stattdessen spielen sie neun Songs von *The Long Way Home* und noch stolze sieben von *Coma Chameleon*. Doch keiner im Publikum verlangt nach den alten Hits, alle feiern die neue Band und ihre neuen Songs.

Der Rest der Tour läuft ähnlich gut wie der Auftakt in Hamburg. Viele Clubs sind ausverkauft, und in manchen Städten ist der Andrang so groß, dass die Band in Köln, Berlin und Hamburg kurzerhand Zusatzkonzerte anberaumt, damit die Leute, die sie beim ersten Mal verpasst haben, eine zweite Chance erhalten.

In dieser Saison sind die Donots auch wieder bei den großen Festivals am Start: *Rock am Ring* und *Hurricane*, *Donauinsel* und *Taubertal*, *Greenfield* und *Area 4*. Die Auftrittszeiten werden besser, die Dauer der Festival-Shows länger.

Die Donots wollen spielen, spielen, spielen und ihre neuen Songs möglichst vielen Menschen präsentieren. Als Ingo erfährt, dass Green Day im Sommer eine Stadiontour durch Deutschland planen, ist er sofort Feuer und Flamme: Das schreit für ihn förmlich nach einer Supportband namens Donots! Er nimmt Kontakt mit Green Days Konzertagentur MLK auf und signalisiert das große Interesse seiner

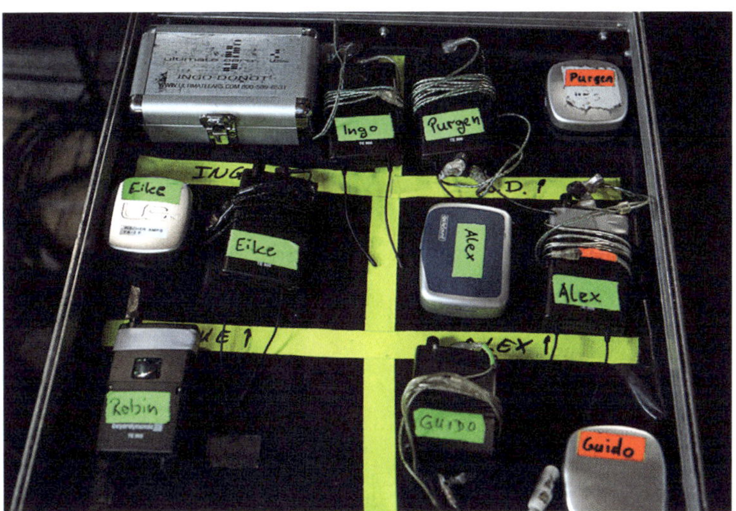

Das In-Ear-Monitoring-System der Donots.

Band. Doch die Donots sind nicht die einzigen, die diese brillante Idee hatten. »Wir packen euch auf den Stapel, aber ihr solltet euch keine allzu großen Hoffnungen machen. Hier haben ungefähr dreitausend Bands ihren Hut in den Ring geworfen«, lautet die Antwort der Agentur. Dreitausend ist mit Sicherheit übertrieben, aber dennoch rechnen die Donots sich keine großen Chancen aus. Vor allem, nachdem sie wochenlang nichts mehr von MLK hören.

Doch Mitte Mai findet Ingo eines Morgens eine Mail in seinem Postfach. Der Absender: MLK. Die Botschaft: Die Donots haben den Zuschlag für den Green-Day-Support bekommen. Bei der Band ist die Freude groß und wird noch größer, als sie erfährt, wie der Gig zustande gekommen ist. Keine Booker oder Manager sondern Green Day höchstpersönlich haben die Entscheidung getroffen. Auf deren ausdrücklichen Wunsch dürfen die Donots gemeinsam mit den anderen Supportbands Rise Against und Joan Jett & The Blackhearts die Stadien in Hannover, München und Mainz auf Betriebstemperatur bringen. Und das gelingt ihnen verdammt gut. Dass sie gleich als erste Band ranmüssen? Egal. Die Donots nehmen es sportlich, kloppen ein knackiges Acht-Song-Set raus und machen sich viele neue Freunde.

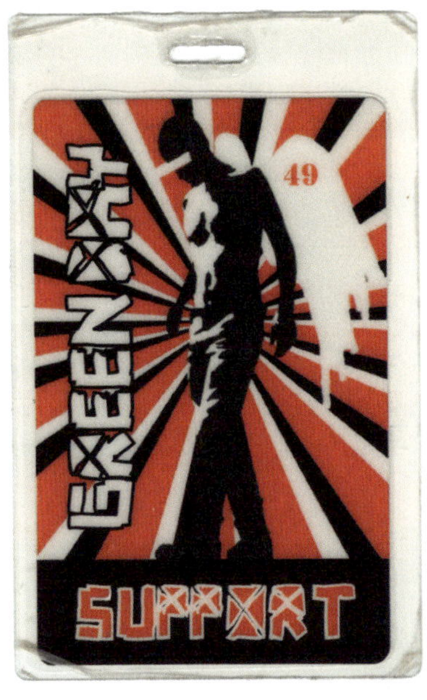

Nach ihren Auftritten verkriechen sich Alex, Eike, Guido, Ingo und Purgen nicht in ihrer Garderobe, sondern begeben sich mitten ins Publikum – und zwar mit fünf Bauchläden voller Donots-Alben. »Wir dachten, das wäre eine gute Möglichkeit, um mit den Leuten direkt ins Gespräch zu kommen. Und vielleicht auch, um die eine oder andere CD zu verkaufen«, erklärt Purgen. Doch entspannte Plaudereien sind nicht drin, den Donots werden die CDs förmlich aus den Händen gerissen. Zehn Euro sind natürlich mehr als fair, aber letztendlich ist es nicht der günstige Preis, sondern der überzeugende Auftritt, der dafür sorgt, dass die Donots jeden Abend hunderte CDs verkaufen. In München handelt sich Purgen bei der Aktion noch eine Anzeige wegen unbefugter Gewerbeausübung ein. Er hat natürlich keine schriftliche Genehmigung zur Hand, und die beiden Zivilpolizisten, die ihn zur Rede stellen, wollen es ihm auch nicht so recht abnehmen, dass er gerade noch da oben auf der Bühne gestanden hat und alles mit dem Veranstalter abgeklärt ist.

Im Herbst 2010 folgt der zweite Teil der *Long Way Home*-Tour, und auch hier sind die Läden voll. In Düsseldorf kommen 900, in Kiel 1.200, in Wiesbaden sogar 1.600 Besucher. Es sieht ganz so aus, als hätten die Donots sich am eigenen Schopf aus dem Sumpf gezogen.

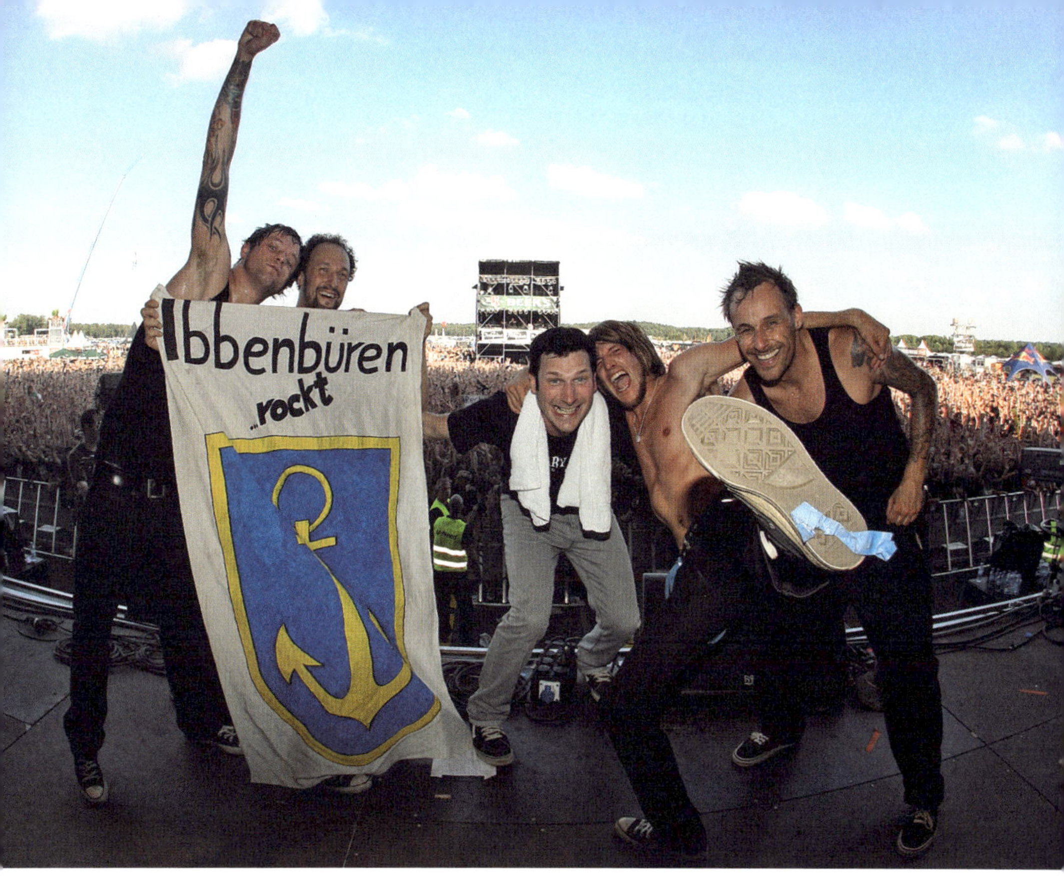

Zum Abschluss der Tour steht Münster auf dem Programm, und den Donots ist schnell klar, dass das Konzert etwas ganz Besonderes werden soll. Bei ihrem Heimspiel wollen sie mal so richtig auf die Kacke hauen. Statt im Skater's Palace oder im Jovel zu spielen, reservieren sie kurzerhand die Halle Münsterland! Die Halle, in der Ingo als 14-Jähriger die Hosen gesehen hat und Eike die Scorpions. Die Halle, in der die ganz großen Bands spielen, wenn sie nach Münster kommen. Mit einer Kapazität von 6.500 Zuschauern ist sie zwar ein bis drei Nummern zu groß für die Donots, aber das ist ihnen egal. Manchmal muss man seine Schnapsideen auch in die Tat umsetzen. Die Halle Münsterland zu buchen, ist zwar komplett bekloppt, aber eben auch ein mutiges Statement. Angst, dass die Idee sich als Rohrkrepierer erweist, hat keiner der Donots. Alle sind sich sicher: »Das wird total geil.«

Vom 4. bis zum 6. November 2010 gehen sie in Münster drei Tage lang auf *Short Way Home*-Tour. Jeden Abend spielen sie in einem anderen Laden, jeden Abend ein anderes Set. Donnerstags rocken sie die Gorilla Bar, ihre Stammkneipe im Kuhviertel, in die sich 140 Leute quetschen. Als Opener gibt es das Kassierer-Cover »Ich töte meinen Nachbarn und verprügele seine Leiche«, danach brettern die Donots schön chronologisch ihre bisherige Karriere entlang: Drei Songs pro Album, aber eben nicht nur die Hits, sondern auch selten gespielte Nummern wie »Watch You Fall« oder »Alright Now«.

bbenbüren represent auf dem *Area 4*
n Lüdinghausen.

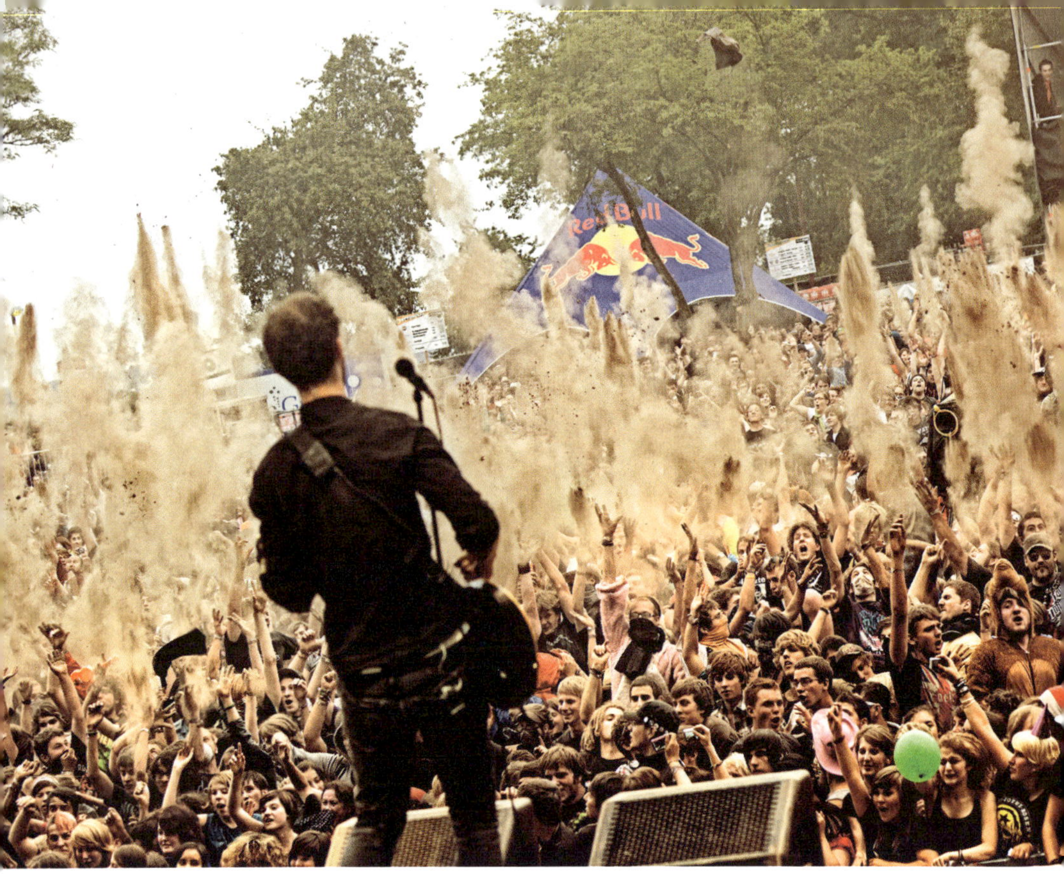

Einen Tag später geht es ins immerhin dreimal so große Gleis 22. Das Gleis ist in Münster *die* Institution für Gitarrenmusik überhaupt und wird regelmäßig zum besten Club Deutschlands gewählt. Die Donots legen sich auch heute mächtig ins Zeug und haben ihr Set komplett umgekrempelt. An solchen Abenden merkt man, wie groß das Repertoire der Band inzwischen ist – und wie gut. Als Zugabe gibt es zwei bemerkenswerte Cover: Eine Akustikversion von Gaslight Anthems »'59 Sound«, die Ingo zusammen mit Nicholas Müller von Jupiter Jones singt, sowie die Donots-Interpretation des Rancid-Klassikers »Olympia, WA«.

Am Samstag folgt dann der richtig große Aufschlag: Die Halle Münsterland! Für die Donots im wahrsten Sinne des Wortes heilige Hallen. Das Vorprogramm übernehmen kurzfristig die H-Blockx, nachdem die eigentlich eingeplanten Against Me! ihre Europatour in letzter Sekunde gecancelt haben. Als Lokalmatadore und Freunde des Hauses fällt es den H-Blockx leicht, das Publikum ordentlich in Fahrt zu bringen. Die Donots sehen sich die Show von der Tribüne aus an, und als ihnen klar wird, wie viele Leute gekommen sind, sind sie völlig überwältigt. Vor der Bühne stehen mindestens 2.000 Menschen.

Von der Tribüne gehen sie zurück in den Backstage-Bereich und klopfen sich kurz die heute ungewöhnlich große Nervosität aus den Klamotten. Dann stürmen sie die Bühne, wo sie von einer Woge aus Jubel und Geschrei fast überrollt werden.

Was für ein Lärm, was für ein Empfang! Anders als an den Vortagen liegt der Schwerpunkt der Show zunächst auf dem Material der letzten beiden Platten und liefert lautstarke Antworten auf folgende Fragen: Wo stehen die Donots, wer sind sie, was macht diese Band heute aus? Für manche der älteren Nummern haben sich die Donots etwas Besonderes überlegt: Mitten im Publikum ist eine zweite Bühne aufgebaut, auf der sie ein paar Spezialversionen ihrer Songs spielen. Bei »Room With A View« setzt sich Ingo alleine ans Klavier, und auch »Superhero« bekommt eine leise, aber mitreißende Akustik-Version spendiert.

Zu guter Letzt werfen sie noch eine ganz besondere Zeitmaschine an, die vor allem in Ingos Hirn einige Synapsen rattern lässt: Zwanzig Jahre, nachdem er auf dieser Bühne die Toten Hosen gesehen hat, steht er selbst hier oben. Und singt? Genau: Ein Lied der Toten Hosen!

»Versuch' dich zu erinnern
Wir hab'n so viel erlebt!«

Besonders diese beiden Zeilen aus dem Hosen-Song »All die ganzen Jahre« wirken wie für diesen Abend gemacht. Doch die Donots spielen nicht nur einen Song *von* den Hosen, sie spielen auch *mit* den Hosen – zumindest mit einem von ihnen: Hosen-Drummer Vom Ritchie kommt für den Song auf die Bühne und ersetzt Eike am Schlagzeug.

Am Ende sind sogar mehr als 2.500 Besucher bei der bis dato größten Donots-Show und bescheren allen einen Abend, der noch lange nachhallen wird. Dass die Band trotzdem nur mit Ach und Krach bei Plusminusnull landet, ist nicht zuletzt dem mehr als fairen (oder wie die Veranstaltungsprofis sagen: für die Hallengröße viel zu niedrigen) Eintrittspreis von 22,– Euro geschuldet. Ob jetzt ein paar hundert Leute mehr oder weniger im Publikum stehen, ob sie an diesem Abend schwarze Zahlen schreiben oder rote, ist für die Band nicht entscheidend. »Das war ein irres Gefühl für uns. Wir hatten noch nie zuvor auch nur ansatzweise so viele Leute bei einem unserer eigenen Konzerte«, sagt Alex. Einmal mehr erkennen die Donots, was man erreichen kann, wenn man seinem Bauchgefühl folgt.

Wichtiger als alles andere ist ihnen aber die Bestätigung, dass sie wieder auf dem richtigen Weg sind. Ein Weg, der ihnen erlaubt, weiterhin das zu tun, was ihnen am Wichtigsten ist: zusammen Musik machen. Denn Mitglied bei den Donots zu sein, ist für Eike, Purgen, Alex, Ingo und Guido der verdammt nochmal beste Job der Welt.

inks: Die legendären Staubraketen
er Donots-Festivalshows.
ächste Seite: Der Vorhang fällt zum Start
es ersten *Grand Münster Slam*.

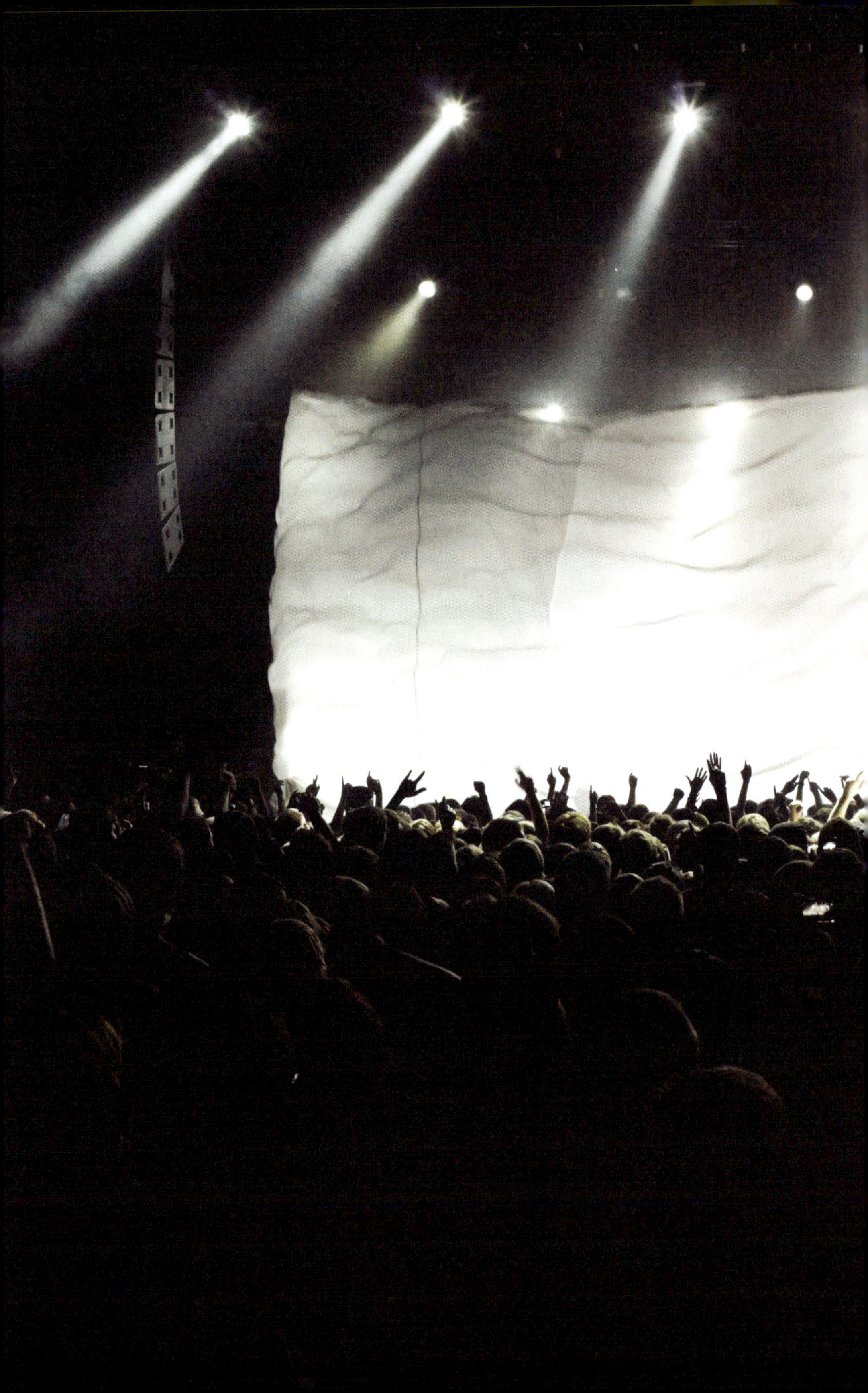

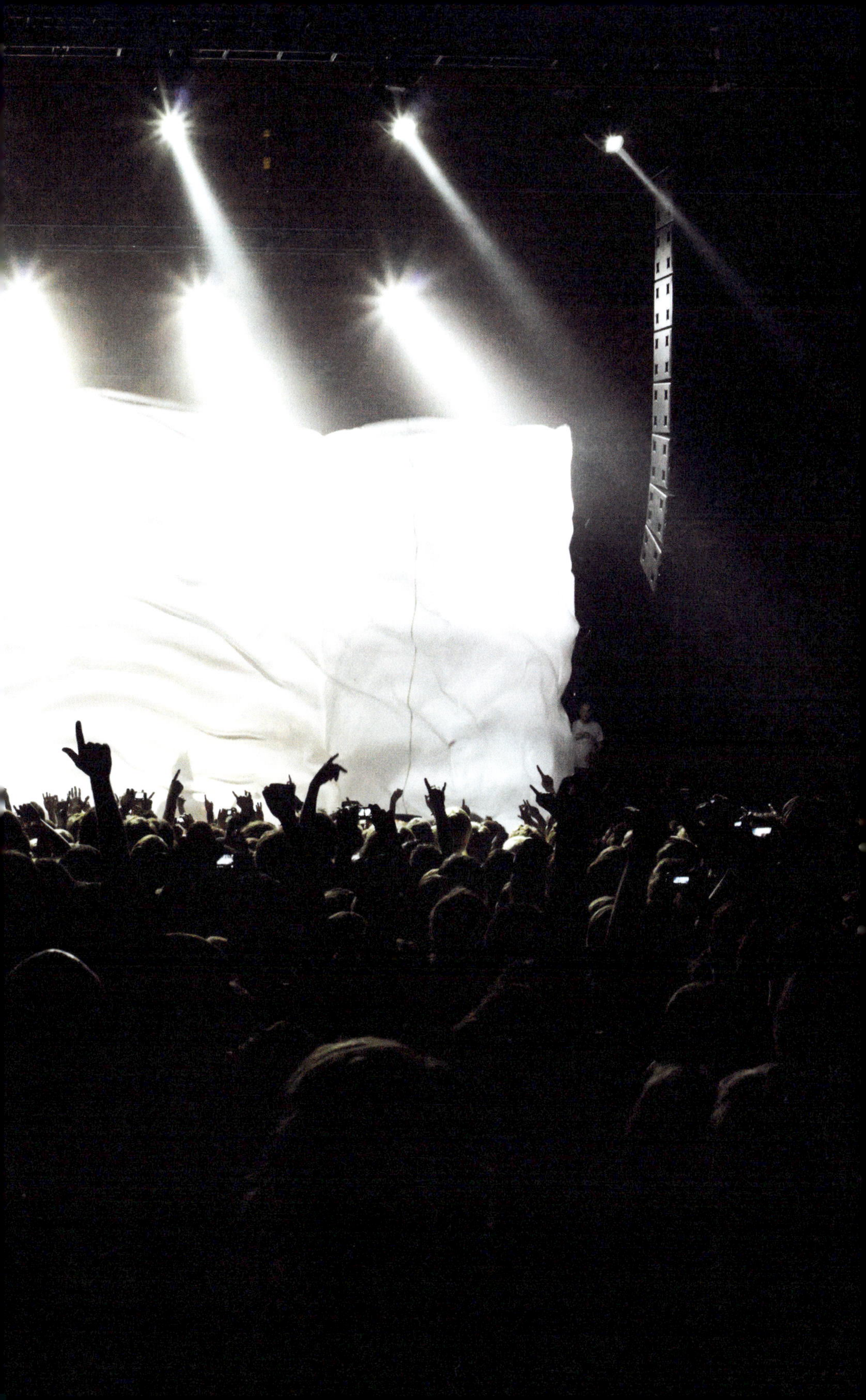

AMP AUF UND DANN HUNDE WECKEN

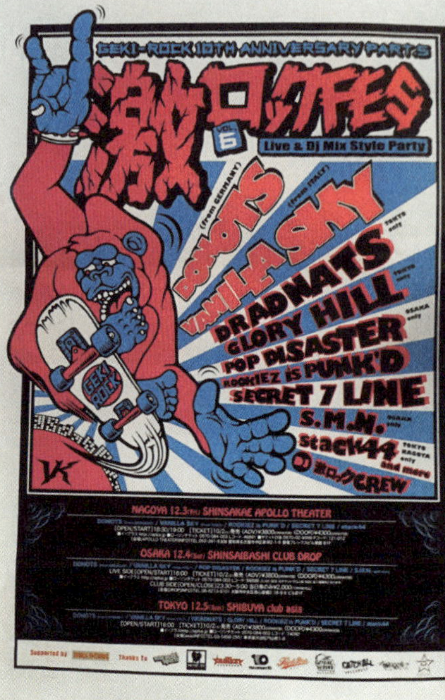

Einen Monat nach dem Münster-Spektakel packen die Donots ihre Sachen und fliegen für drei Konzerte nach Japan. Die Zeiten, in denen sie dort beinahe wie Superstars behandelt wurden, sind zwar vorbei, seit ihre Platten nicht mehr von BMG Japan in jeden Plattenladen gestellt und beworben werden. Aber auch wenn die Shows und das Drumherum inzwischen eine Nummer kleiner ausfallen, ist es jedes Mal aufs Neue ein überwältigendes Erlebnis, im Land der aufgehenden Sonne auftreten zu können. Dass sich diese Trips inzwischen eher nach »Urlaub mit Konzert« anfühlen, macht sie nicht unbedingt weniger attraktiv.

Im Januar 2011 spielen die Donots noch drei letzte Shows, dann legen sie eine halbjährige Bühnenpause ein. Trotzdem bleibt kaum Zeit mal durchzuatmen und es ruhig angehen zu lassen. Natürlich sind alle froh, dass es wieder so gut läuft. Dass sie nun ihr eigenes Label betreiben und ihre Platten selbst rausbringen, bedeutet aber auch sehr viel mehr Arbeit. Und der Berg, der sich vor ihnen auftürmt, wächst weiter an. Immer öfter wissen die Donots nicht mehr, wo ihnen der Kopf steht. Sie stoßen zunehmend an ihre Grenzen. Dauernd sind mindestens zehn Dinge gleichzeitig zu tun, alle sind wichtig, und am Ende haben sie stets das Gefühl, sie hätten es noch besser machen können.

Nicht selten wanken sie nach ihren Konzerten in den Backstage-Raum, wischen sich kurz mit dem Handtuch übers Gesicht, gießen sich einen Gin Tonic ein und setzen sich dann verschwitzt, dampfend und in Bühnenklamotten vor den Rechner. Dort bleiben sie bis spät in die Nacht hocken – und am nächsten Morgen geht das Spiel von vorne los. »Wir waren völlig überarbeitet und völlig unterpennt«, sagt Ingo.

Sie überlegen, wie sie ihre Situation verbessern und die Belastung reduzieren können. Klar, sein eigener Labelboss zu sein, ist eine wunderbare Sache, doch wenn am Ende die Kreativität der Band leidet, weil alle auf dem Zahnfleisch gehen, ist auch keinem geholfen.

Vielleicht lässt sich ja ein Mittelweg finden? Etwa, indem die Donots mit Solitary Man Records weiter die künstlerische Richtung bestimmen, sich aber ein etabliertes Label zur Seite holen, um von dessen Know-How in Sachen Vertrieb, Promotion und Marketing zu profitieren? Je länger sie darüber nachdenken, desto mehr können sie sich für diese Idee erwärmen. Und das trotz der unschönen Erlebnisse mit GUN. Denn dank dieser Erfahrungen wissen die Donots ziemlich genau, wie Majorlabels arbeiten, und worauf sie als Band achten müssen. Im Gegensatz zu früher begegnen sie einer Plattenfirma nun auf Augenhöhe. Sie sind sich sicher: Uns kann keiner irgendeinen Quatsch erzählen.

Natürlich ist auch in der Musikbranche nicht unbemerkt geblieben, dass es bei den Donots wieder gut läuft. Während sie vor vier Jahren bei den Labels nur Absagen kassiert haben, befinden sie sich nun in einer sehr viel komfortableren Situation. Als die Donots durchblicken lassen, dass sie ein Label suchen, signalisieren so gut wie alle großen Plattenfirmen in Deutschland ihr Interesse. »Das war Balsam für unsere Seelen«, sagt Purgen. Auch Eike kann eine gewisse Genugtuung nicht verbergen: »Vier Jahre vorher haben uns die Labels noch gesagt, dass wir durch sind, dass uns keiner mehr hören will. Und jetzt stehen auf einmal alle vor der Tür und machen uns Angebote.«

Die Band betrachtet den Sinneswandel der Branche eher als Kompliment und Anerkennung. »Es stimmt ja auch: Der Karren steckte im Dreck. Sowohl live, als auch von der Wahrnehmung, vom Standing her«, sagt Eike. »Und dass wir es alleine, ohne Hilfe von außen geschafft haben, uns da raus zu manövrieren, ist schon ne Leistung. Dass das alles noch einmal so abgeht, hätten wir uns in den kühnsten Träumen nicht ausgemalt.«

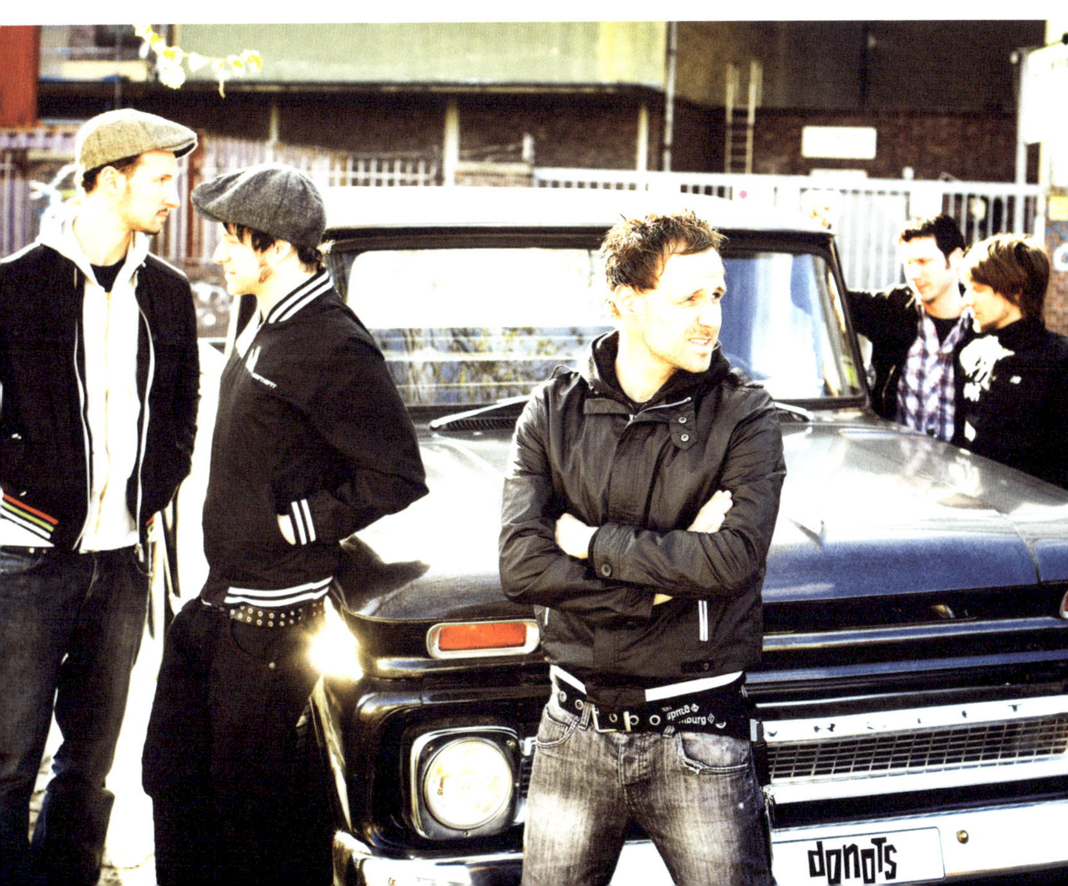

Die Donots haben die Qual der Wahl. Am Ende entscheiden sie sich für ein Sublabel von Universal: Bei Vertigo fühlen sie sich richtig aufgehoben. Die Manager und Promoter des Labels können sie davon überzeugen, dass sie wirklich verstehen, wer die Donots sind und worum es ihnen geht. »Unser Eindruck war: Die arbeiten ähnlich wie wir, nur eben im größeren Maßstab«, sagt Alex. »Zwar auch mal chaotisch, aber immer nah am Künstler.«

Zur Unterzeichnung des Bandübernahmevertrags fahren die Donots zu Universal nach Berlin. Zur Feier des Tages hat die Plattenfirma einen Tisch in einem noblen Sushi-Restaurant reserviert. Neben den Tellern liegen bereits die Stifte und der ellenlange Plattenvertrag parat. Dessen Inhalt ist für einen Normalsterblichen kaum zu verstehen, ein Abschnitt ist allerdings klipp und klar. Die Donots haben ihren Anwalt einen speziellen Paragraphen einbauen lassen. Dieser verpflichtet die anwesenden Vertreter der Plattenfirma, vor der Vertragsunterzeichnung ihre Hosentaschen mit Salz zu füllen und dann ein Eichhörnchen zu zeichnen. Das Salz dürfen sie behalten, während die Zeichnungen sowie die kompletten Verwertungs- und Vervielfältigungsrechte daran laut Vertrag in den Besitz der Donots übergehen. Auf die penible Einhaltung dieses Passus legt die Band sehr viel Wert: »In eine Hosentasche passt ganz schön viel Salz rein, das war eine ziemliche Sauerei in dem Restaurant«, grinst Alex.

Zum Zeitpunkt des Vertragsabschlusses ist die neue Donots-Platte bereits komplett im Kasten. Die Produktionsweise unterscheidet sich kaum von der zu *The Long Way Home*: Die Donots basteln in ihrem Bunker fleißig an Songs, Ideen und Skizzen, die in den Principal-Studios anschließend mit Vince Sorg ausgearbeitet und aufgenommen werden.

Was den künstlerischen Ansatz betrifft, gibt es allerdings große Unterschiede zu den Vorgängern. Auf *The Long Way Home* fuhren die Donots so viele Ideen, Arrangements und Instrumente auf, dass manchmal der

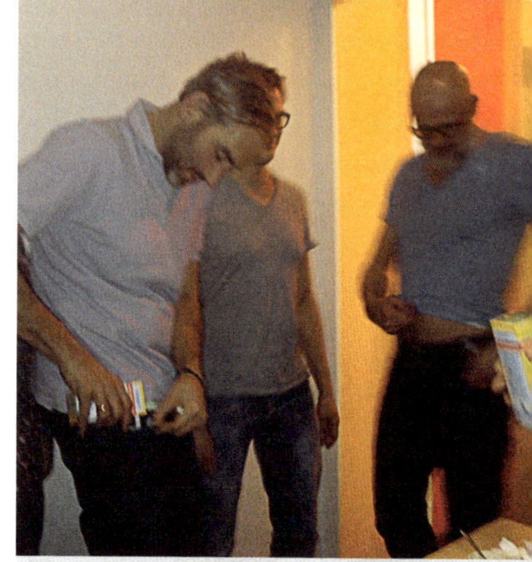

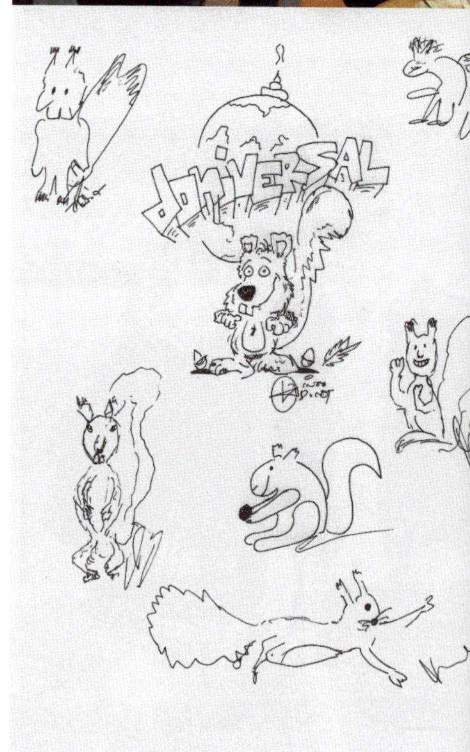

Major-Deal-Regel 1: Man unterschreibt mit Salz in den Taschen
Major-Deal-Regel 2: Jeder malt ein Eichhörnchen in den Vertrag

Eindruck aufkam: Mehr geht nicht mehr. Aber wenn man theoretisch alles machen *kann,* heißt das noch lange nicht, dass man praktisch alles machen *muss.* Und die nächsten Queen oder Muse wollen die Donots dann doch nicht werden. Dafür stehen sie viel zu sehr auf die komprimierte Power von drei schlichten aber knackigen Akkorden, angekündigt von einem heiseren »One, Two, Three, Four!«

Mit *Wake The Dogs,* so der Titel des Albums, verweisen die Donots wieder stärker auf ihre Wurzeln im Punkrock. Allerdings nicht die im amerikanischen Pop-Punk. Been there, done that – dieses Kapitel ist abgehakt. Sie orientieren sich lieber am zweiten Mutterland des Punks: England. An den Hymnen der späten Clash. Den Riffs von The Jam. Aber auch an der Schnoddrigkeit damals gerade aktueller Bands wie The King Blues oder The Streets. Das alles wird entschlackt und einmal durch den Donots-Wolf gejagt. Die Songs kommen ohne Umwege daher und verzichten bewusst auf jeden überflüssigen Zierrat. Gleichzeitig sind sie so kraftvoll, selbstbewusst und präzise, dass nahezu jeder Takt verkündet: Hier ist eine Band am Start, die ganz genau weiß, was sie will. Nämlich mit einfachen Mitteln die größtmögliche Wirkung erzeugen.

Die Aufnahmen von *Wake The Dogs* erstrecken sich über mehrere Sessions im Jahr 2011. Die Donots arbeiten sehr konzentriert und es geht gut voran: Schreiben, Aufnehmen, Haken machen, nächster Song – so verläuft ein Großteil der Produktion. Allerdings ist da ein Song namens »So Long«, der schon etwas länger herumliegt, weil ihm etwas fehlt. »So Long« ist eine echte Buddy-Hymne über Freundschaft und diese ganz besonderen Momente im Leben, die noch besser werden, wenn man sie teilt. Wie wäre es also, sich auch den Song zu teilen und einen Gast an Bord zu holen?

Ingo kommt der englische Singer/Songwriter Frank Turner in den Sinn, dessen Musik er sehr mag und dem es wunderbar gelingt, Brücken zwischen Punkrock und Folk zu schlagen. In England ist Turner gerade auf dem Sprung nach oben, während ihn in Deutschland noch kaum jemand kennt. Auch die Donots haben ihn noch nie getroffen, aber hier hilft ihnen ihr großes Netzwerk weiter. Frank Turner war früher Sänger der Hardcore-Band Million Dead, und deren Konzerte in Deutschland wurden von einem guten Freund von ihnen veranstaltet. Über den bekommt Ingo die E-Mail-Adresse. Er schreibt Frank, stellt sich und seine Band vor, und erzählt dann von diesem neuen Song, zu dem seine Stimme ausgezeichnet passen würde. Ob er vielleicht Lust hätte, mal bei ihnen im Studio vorbeizuschauen und mitzusingen?

Eine halbe Stunde später macht es »Pling«, als Franks Antwort in Ingos Posteingang landet. Sie lässt keine Fragen offen: »Are you fucking kidding me? You are my favourite German band!« Natürlich mache er mit. Die Donots sind baff.

Frank Turner zeigt sich heute noch begeistert. »Meine E-Mail-Adresse ist bekannt, mir kann jeder schreiben. Aber über manche Mails freut man sich mehr als über andere«, sagt er. »Ich glaube, die Donots waren eine der ersten deutschen Bands, die ich wahrgenommen habe. Das war lange, bevor ich von den Ärzten oder den Toten Hosen gehört habe.«

Aufmerksam auf die Band wird er durch »Time's Up«, einen Donots-Song, den er auf einer Compilation namens *Rock Against Bush Vol.2* hört. »Alles, worauf es mir bei dieser Art von Punkrock ankommt, ist das Songwriting. Du kannst einen Song von NOFX oder von Gaslight Anthem nehmen und ihn auf der Akustikgitarre spielen – es bleibt ein guter Song. Egal, wie verzerrt die Gitarren im Original sind oder wie schnell der Drummer spielt. Das ist der Test, der die Qualität offenlegt. Darauf achte ich, wenn ich Musik höre. Und bei den Donots dachte ich sofort: Diese Typen wissen, wie man gute Songs schreibt.«

Die Aufnahmen finden Mitte November statt, vor Franks Konzert in der Sputnikhalle in Münster. Ingo holt ihn dort ab, zusammen fahren die beiden ins Principal-Studio. Alles läuft wie am Schnürchen, Frank und die Donots verstehen sich auf Anhieb. Neben »So Long« nimmt Frank noch die Vocals für »Going Through The Motions« auf, das später als B-Seite auf der gemeinsamen Split-Single landet. Und er hat sogar noch Zeit, das Demo eines eigenen Songs aufzunehmen, den er morgens erst geschrieben hat: »Cowboy Chords«.

Im Studio ist es immer dasselbe: Bei der einen Hälfte der Songs sind sich die Donots einig, dass sie auf jeden Fall aufs Album müssen. Bei der anderen Hälfte gibt es lange Diskussionen, Pro und Contra wird abgewogen und fiktive Album-Tracklisten werden erstellt, um herauszufinden, welche am besten funktionieren. Bei »So

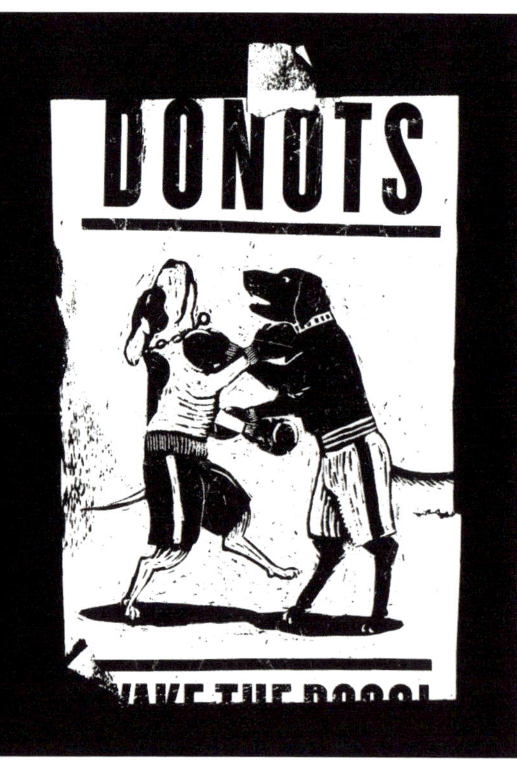

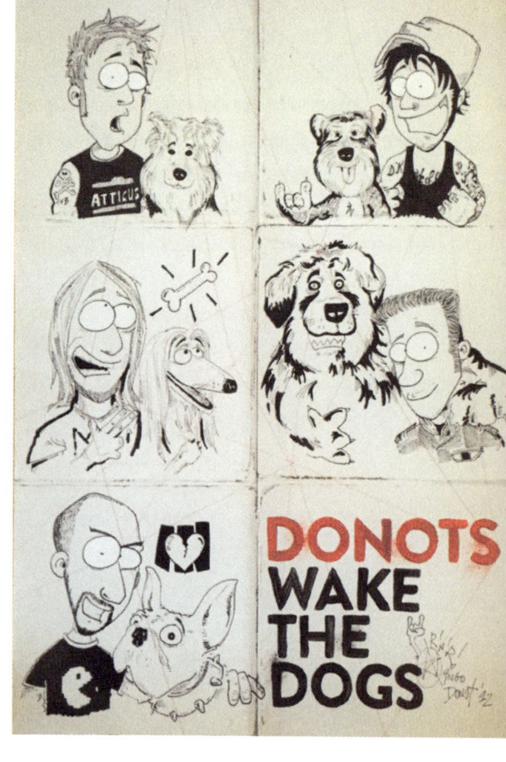

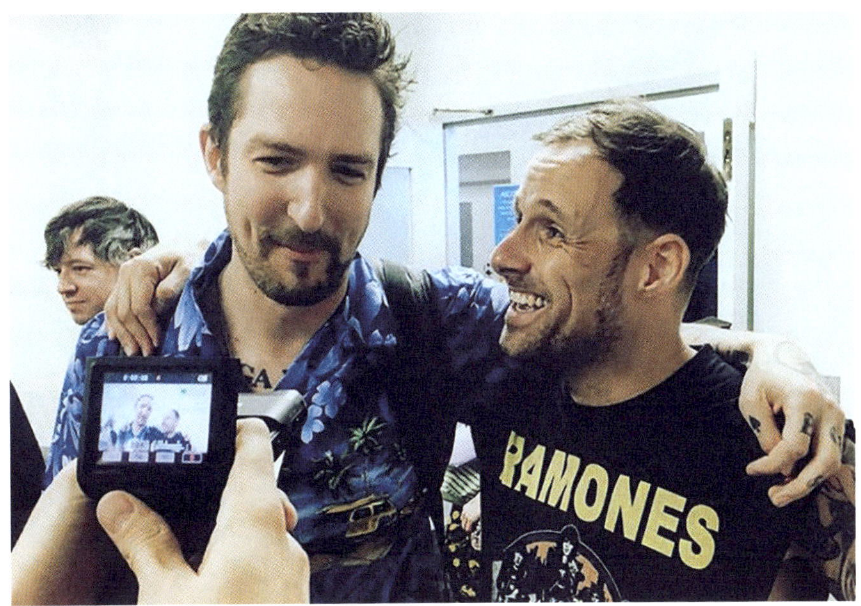

Long« ist sich Alex anfangs gar nicht sicher, ob der Song überhaupt aufs Album soll. Er findet ihn zu schwer, zu getragen, und er wird in seiner Meinung von Produzent Vince Sorg bestätigt. Doch letztendlich setzen sich die anderen durch – zum Glück. Denn »So Long« mausert sich neben dem Titelsong zum wichtigsten Stück der Platte und wird schnell zu einem Donots-Evergreen, mit dem ihre Konzerte einen wunderbaren Abschluss finden.

Passend zum »Bromance«-Charakter des Songs fliegt Ingo für den Videodreh nach London, um mit Frank einen Tag lang durch dessen Heimatstadt zu ziehen. Mit dem London Eye hoch über die City, dann durch die Plattenläden bummeln, und am Ende schön im Pub ein paar Ales vernichten: Der Plan klingt gut, wird aber durchkreuzt, als die Handys der beiden hektisch zu brummen anfangen. Tony Sly, der Sänger von No Use For A Name, ist gestorben, und diese Nachricht verbreitet sich in Punkrockkreisen natürlich rasant. Sowohl Ingo als auch Frank haben Tony mehrmals getroffen. Ein Spitzensänger, ultranett und entspannt. Entsprechend mitgenommen sind die beiden, und der Videodreh bekommt dadurch eine ganz andere Tiefe. »Tonys Tod kam total unerwartet«, sagt Frank. »Aber irgendwie hat es uns gut getan, den ganzen Tag ›So Long‹ zu singen. Auf eine gewisse Art haben wir uns damit von ihm verabschiedet.«

inks: *Wake The Dogs*-T-Shirt-Motiv.
aneben: *Wake The Dogs*-Cartoon-Poster von Ingo.
ben: Frank Turner und Ingo auf
er *Salty Dog Cruise* 2016.

INGE JOHANNSON
[The (International) Noise Conspiracy, Against Me!, Gatuplan]

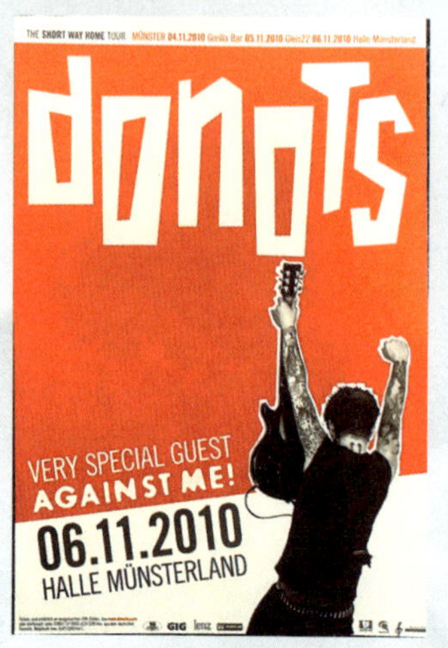

Zum Beginn ein Geständnis: Ich habe die Donots viele Jahre lang ignoriert. Dass sie existierten, war mir sehr wohl bewusst – die waren damals wirklich überall. Auf jedem Festival, auf dem ich mit meiner alten Band The (International) Noise Conspiracy Anfang der 2000er Jahre spielte, spielten sie auch. Wir hätten uns eigentlich auch den Tourbus teilen können ...

Aber in meiner Band hatten wir damals keinen Sinn für Humor, und Pop-Punk war der Feind für uns. Und als ich hörte, wie die Donots „Whatever Happened To The 80s" oder ihr Twisted-Sister-Cover „We're Not Gonna Take It" spielten, auf irgendeiner großen Festivalbühne an einem sonnigen Nachmittag in Deutschland, hat das nicht gerade geholfen, mein Vertrauen in diese Band zu stärken. Ich war zu sehr damit beschäftigt, die engsten Hosen zu tragen, die ich finden konnte, während ich versuchte, den Kapitalismus mittels Rockmusik zu überwinden.

Zu meiner Verteidigung muss ich sagen, dass ich deutsche Bands immer mochte. Allerdings war ich damals der Ansicht, dass deutsche Bands deutsch klingen sollten. Ich liebe Bands wie Einstürzende Neubauten, Trio und Kraftwerk – keine dieser Bands hätte es irgendwo anders zu etwas gebracht. In Deutschland nehmen die Leute Kunst ernst. Kunst ist dort kein Produkt wie in den USA oder Schweden, das man schnell konsumiert und dann wegwirft. Aus diesem Grund konnte ich nicht verstehen, warum diese Band, die – so dachte ich – nach einem ringförmigen Teilchen benannt war und dieses auch noch falsch schrieb, so verzweifelt versuchte, international zu klingen. Oder, noch schlimmer: Als ob sie aus dem Süden Kaliforniens käme.

Aber als die Donots 2008 *Coma Chameleon* herausbrachten, war das ein gigantischer Schritt vorwärts. Das klang weder amerikanisch, noch europäisch. Mit einem einzigen Album hatten sie einen ganz eigenen, internationalen Sound geschaffen, der die meisten Arena-Rockbands eigentlich dazu hätte bringen müssen, ihre Berufswahl zu überdenken. Mit diesem Album hatten mich die Donots so weit: Ich musste aufgeben. Ich hörte „Stop The Clocks", und das war es. Es gab kein Zurück mehr. Zum Glück hatte ich damals meine anmaßende Attitüde in der Frage, was cool, was gut und was schlecht war, längst aufgegeben. Ich habe mich Hals über Kopf in die Donots verliebt und ich hätte einen meiner Finger geopfert, wenn ich dafür die Fähigkeit bekommen hätte, einen Song zu schreiben, der auch nur halb so gut wie „Stop The Clocks" gewesen wäre.

25 Jahre sind eine sehr lange Zeit. Wenn ich mich vor 25 Jahren sehe, kann ich mir beim besten Willen nicht vorstellen, wie dieser Typ 25 Jahre lang in derselben Band sein soll. Und dadurch wird mir deutlich, wie weit voraus sie ihrer Zeit waren. So wie ich das sehe, sind die Donots eine Band, bei der sich alle einig sind: Was sie anstreben, wie sie klingen und wer sie sein wollen. Manchmal bin ich neidisch auf die Kameradschaft, die diese Typen offensichtlich untereinander haben.

Als *Coma Chameleon* herauskam, wurde ich zum Donots-Fanboy. Ich schlich ihnen backstage bei Festivals hinterher und stellte sicher, dass ich keinen Auftritt verpasste, wenn sie am selben Tag wie wir spielten. Als ich sie kennenlernte, war ich überrascht: Die schienen alle zu wissen, wer ich war. Und sie waren die nettesten und freundlichsten Leute, die man treffen kann. Ich bin zwar selbst Musiker, aber noch mehr definiere ich mich als Fan. Und wenn es um die Donots geht, bin ich gleich zweimal Fan: Von der Musik und von den Typen.

Wenn ich mich vor einer Show warmspiele, spiele ich auf meinem Bass oft „Wake The Dogs", den Titelsong ihres Meisterwerks aus dem Jahr 2012 – in diesem Jahr ist wohl kein besseres Album erschienen. Ich weiß nicht, wie oft ich vor der Anlage in meinem Apartment zu „Solid Gold" getanzt habe, und auch nicht, wie oft ich zu „Come Away With Me" geweint habe. Wahrscheinlich öfter, als ich es irgendjemandem gegenüber zugeben würde – noch nicht einmal Ingo oder Guido. Also verratet es ihnen nicht, ok? Die Donots haben meinen allergrößten Respekt dafür verdient, dass sie kommerziell erfolgreich wurden, ohne sich musikalisch zu verbiegen und es dabei sogar geschafft haben, ihre radikalen politischen Statements loszuwerden.

Wenn ich in die Zukunft blicke, sehe ich die Donots als eine Art „Motörhead des Punkrock": Immer neue Veröffentlichungen, immer auf Tour, immer damit beschäftigt, das Vermächtnis als Band zu bewahren und die Erwartungen der Fans zu erfüllen. Ich weiß, dass sie mich niemals enttäuschen werden. I love the Donots forever and ever.

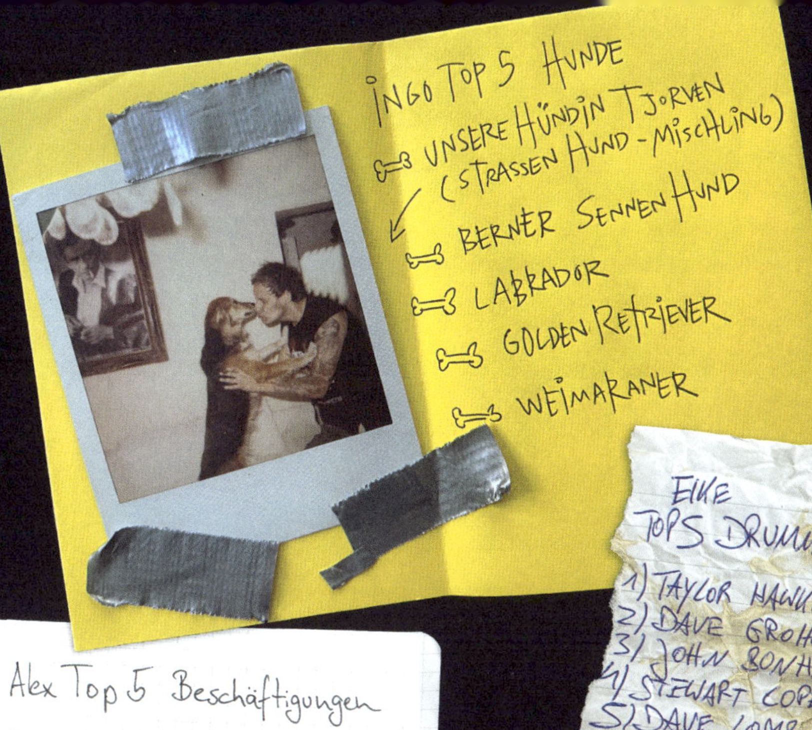

EIKE
TOP 5 DRUMMER

1) TAYLOR HAWKINS
2) DAVE GROHL
3) JOHN BONHAM
4) STEWART COPELAND
5) DAVE LOMBARDO

Alex Top 5 Beschäftigungen

(während die anderen nach dem Konzert saufen (in zeitlicher Reihenfolge))

1. Donots Social Media bestücken
2. Aftershow - Pizza essen
3. meist früh in den Nightliner gehen
4. angesäuselte Bandmitglieder ins Bett bringen
5. erst lesen, dann schlafen

GUIDO TOP 5 STRAIGHT EDGE BANDS:

- GORILLA BISCUITS
- ABHINANDA
- INSIDE OUT
- FORCE OF CHANGE
- MINOR THREAT

TOP 5
WORTAKROBATEN

HARRY ROWOHLT
VICO VON BÜLOW
HEINZ ERHARDT
OTTO WAALKES
JOHN K. SAMSON

PORGEN

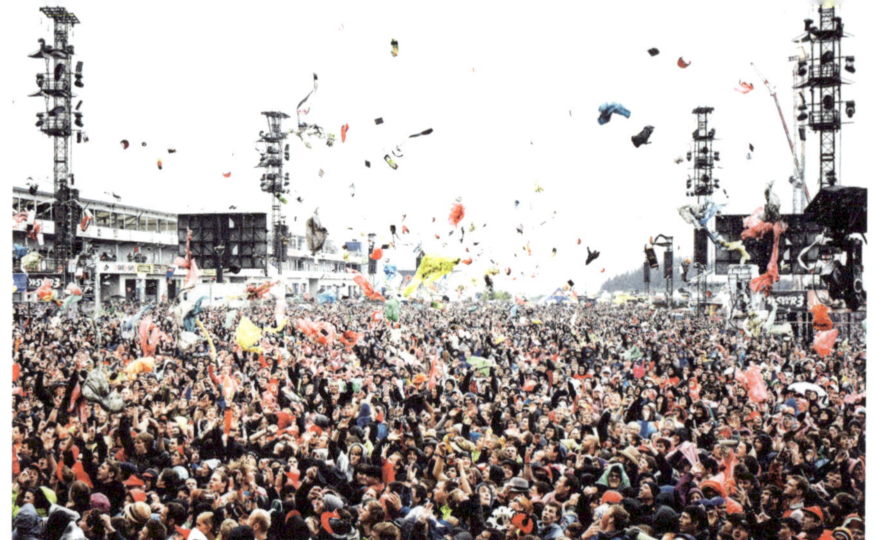

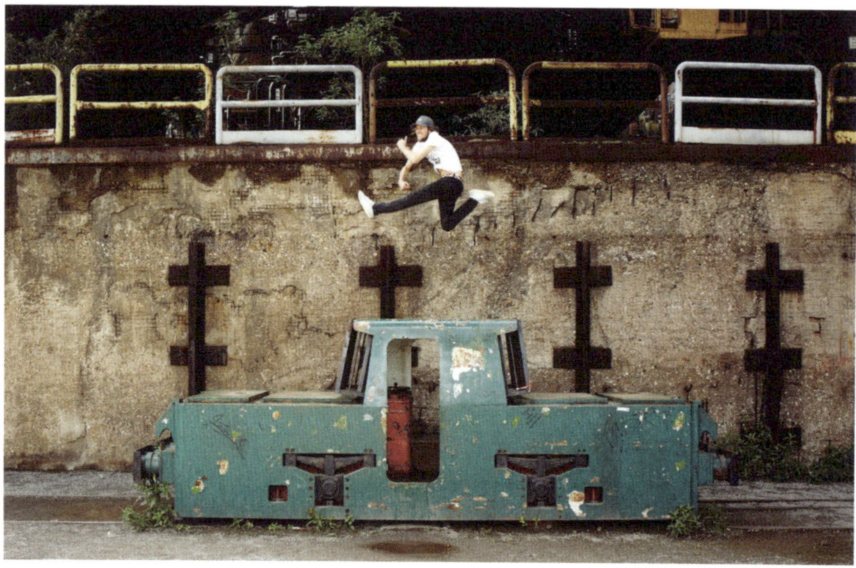

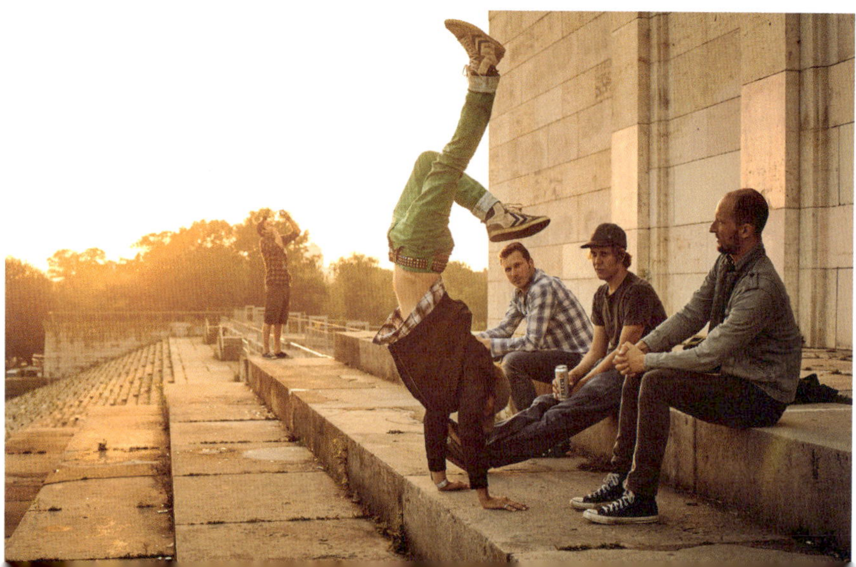

„MANAGER? MACH DU DAS DOCH, ALEX!“

Neues Album, neues Label: 2011 ist bei den Donots eine Menge in Bewegung. Das betrifft auch den engsten Bandzirkel. Sowohl die Donots als auch Manager Florian beschleicht zunehmend das Gefühl, dass es zwischen ihnen nicht mehr so richtig rund läuft. Die Zeiten, in denen Florian der »Additional Donot« war – wie er im *Got The Noise*-Booklet genannt wird –, sind lange her. Auf den Touren ist er nur noch sporadisch dabei, stattdessen kümmert er sich in seinem Büro in Münster um die Belange der Donots, aber auch um andere Dinge. Florian veranstaltet lokale Konzerte, betreut und bucht bundesweite Tourneen, managt verschiedene Bands. Einerseits hat das für die Donots durchaus Vorteile, weil er dadurch bestens vernetzt ist. »Andererseits hatten wir aber das Gefühl, dass Florian manchmal gar nicht mehr richtig mitbekommt, was bei uns läuft, was uns bewegt und was uns wichtig ist«, sagt Alex.

Der Ablöseprozess hat bereits eingesetzt und diverse Diskussionen darüber, was man in der Beziehung zwischen Band und Manager vielleicht ändern könnte, verlaufen im Nichts. Schließlich holen sie sich Hilfe von außen und gehen zu einem Mediator. Ihre gemeinsame Hoffnung ist, dass ein Unbeteiligter vielleicht helfen kann, indem er von außen auf das verworrene Konstrukt aus Freundschaft und Geschäftsbeziehung blickt. Einerseits sind Ingo, Guido, Purgen, Alex, Eike und Florian sechs Freunde, andererseits aber auch sechs gleichberechtigte Geschäftspartner. Oder eben fünf Musiker und ein Manager. Es kommt ganz auf den Blickwinkel an.

Als auch die Mediation zu keiner gemeinsamen Lösung führt, ist irgendwann allen klar: Das war es mit uns. Florian und die Band beschließen, in Zukunft getrennte Wege gehen.

»Wir haben uns einfach auseinandergelebt. Beziehungsweise: Wir haben zu sehr zusammengelebt«, sagt Florian. »Irgendwann waren wir an einem Punkt, wo jeder vorher schon wusste, was der andere gleich sagen würde. Es gab keine konstruktive Reibung mehr. Wir kannten uns einfach in- und auswendig. Mit allen Vorzügen, aber eben auch mit allen Macken.«

Wäre es also besser, wenn ein Manager mit der Band, für die er arbeitet, nicht befreundet ist? Ließen sich so vielleicht bestimmte Konflikte vermeiden? Florian ist sich unsicher: »Klar macht es das schwierig, eine Band zu managen, wenn man mit den Künstlern gut befreundet ist. Aber es ist mindestens genauso schwierig, wenn man *nicht* befreundet ist und keine persönliche Beziehung miteinander hat. Denn letztendlich ist es doch bei jeder Arbeit so: Es gibt eine Sachebene, und es gibt eine Beziehungsebene. Die beiden muss man zusammenbringen.«

Es gibt einfach keinen guten Moment für eine solche Trennung. Aber in diesem Fall ist der Zeitpunkt wohl besonders ungünstig. Das neue Album ist so gut wie fertig, das neue Label scharrt schon mit den Hufen, weil es endlich loslegen will –

ben: Upcycling auf den Donots-Shows.
itte: Springt nicht auf jeden Zug auf: Eike.
nten: Trägt sich selbst auf Händen: auch Eike.

und die Donots haben niemanden mehr, der in ihrem Interesse zwischen Band und Business vermittelt. Ausgerechnet jetzt, wo Vertigo einen richtig großen Aufschlag plant und ein sechsstelliges Budget für Marketing und Promotion des neuen Albums bereitstellt.

In ihrer Not wenden sich die Donots an Patrick Orth. den Geschäftsführer von JKP, der Plattenfirma der Toten Hosen. Ein richtig guter Typ, da sind sie sich alle einig. Orth ist im Laufe des Jahres ein »Freund des Hauses« geworden, der immer mal wieder gute Tipps und Ratschläge liefert, wenn man ihn darum bittet. Er ist bestens vernetzt, kommt aus der Punkszene und weiß, wie eine Band tickt. Er kennt die Mechanismen und Fallstricke des Business aus dem Effeff. Und er findet *Wake The Dogs* extrem gut. Die Aufnahmen zum Album erlebt er teilweise vor Ort, denn parallel zu den Donots sind auch die Hosen im Principal-Studio, um an ihrer neuen Platte zu arbeiten.

Orth sagt zu, sich um die Geschäfte der Donots zu kümmern, muss aber natürlich auch für die Toten Hosen da sein, deren neues Album fast zeitgleich ansteht. Drei Wochen, bevor *Wake The Dogs* erscheint, veröffentlichen die Hosen ihre neue Single. Eigentlich kein großes Ding, die Hosen sind schon lange eine Albumband, die Singles dienen eher zum Anheizen. Doch diesmal ist alles anders. Diesmal macht es Boom! Denn die Single »Tage wie diese« wird zum wohl größten Hit in ihrer langen Karriere. Das bedeutet aber auch: Bei Patrick Orth ist die Hölle los. Das Telefon klingelt pausenlos, eine Lawine aus Mails rollt an und JKP kann sich vor Anfragen nicht mehr retten.

Den Donots unter diesen Umständen angemessen bei der Veröffentlichung ihres neuen Albums zur Seite zu stehen, erweist sich als Quadratur des Kreises, und nach ein paar Monaten ist allen Beteiligten klar: Zum jetzigen Zeitpunkt kann die Konstellation Donots und JKP nicht wie erhofft funktionieren. Freundschaftlich und fair beenden sie die direkte Zusammenarbeit, wobei JKP zwar nicht mehr als Management tätig ist, sich aber im Hintergrund noch ein Jahr um die Büroangelegenheiten der Donots kümmert, während Orth der Band weiterhin beratend zur Seite steht.

Für die Donots stellt sich damit erneut die Frage: Wer kümmert sich künftig um das Büro und das Management? Manager, die das Zeug haben, mit einer Band dieser Größenordnung zu arbeiten, wachsen nicht auf den Bäumen vor der Business School. Ganz zu schweigen von denen, die den Spirit der Band kapieren und verinnerlichen können. Die Donots sind sich durchaus bewusst, dass sie eine sehr spezielle Band sind, die ganz genaue Vorstellungen hat und in vielen Punkten anders tickt.

Alex übernimmt die Managersuche. Er trifft sich mit Leuten aus dem Business, hört sich um, sondiert, überlegt und verwirft. Einer seiner Ansprechpartner ist Josef Limper, ein Medienanwalt aus Köln, der sich im Musikgeschäft sehr gut auskennt. Bei mehreren Treffen schildert ihm Alex, wie es im Moment bei den Donots aussieht und was die Band braucht. Bei einem dieser Treffen schaut ihn Limper lange an und fragt ihn dann: »Warum machst du das Management nicht selbst? Du kennst dich aus. Du bist sortierter als die meisten anderen, die ich kenne. Und keiner weiß besser über die Donots Bescheid als du.«

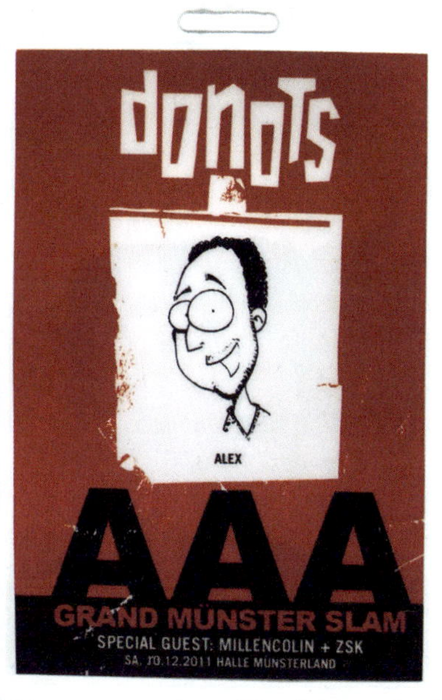

Alex ist unsicher. Einerseits hätte er durchaus Bock auf den Job. Als sie Solitary Man noch alleine schmissen, haben Ingo und er eine Menge Labelarbeit gemacht und viele geschäftliche Aufgaben übernommen. Das hat ganz gut geklappt. Trotzdem fragt er sich, ob eine solche Doppelrolle wohl funktioniert. Kann man Musiker und gleichzeitig sein eigener Manager sein? Muss sich ein Musiker nicht auch mal gegen seinen Manager stellen – und umgekehrt? Wie wirkt es sich aufs Bandgefüge aus, wenn einer von ihnen zwei Jobs macht, die auch noch direkt miteinander zu tun haben? Hat er dann mehr zu sagen? Ist er in geschäftlichen Belangen der Boss der anderen?

Alex' Idealvorstellung sieht so aus: Der Manager als externer Partner macht einen Vorschlag, die fünf Donots beraten darüber, bilden sich eine Meinung und fertig. Und dann setzt der Manager den Beschluss der Band um. Aber wie soll das gehen, wenn er sozusagen auf beiden Seiten des Tisches sitzt? Letztendlich beschließen alle gemeinsam, es zu versuchen.

Als neuer Manager muss sich Alex erst einmal orientieren. Er versucht – natürlich nach Rücksprache mit den anderen – die Infrastruktur der Band so transparent wie möglich zu halten und, da wo es nötig ist, klar Schiff zu machen: »Im Laufe der Jahre haben sich viele organisatorische Dinge im Hintergrund einfach irgendwie entwickelt. Wie ein Keller, den man jahrelang vollstopft, und bei dem man sich irgendwann fragt, wie und warum all diese Dinge dort überhaupt gelandet sind.«

Alex räumt den Keller auf. Die Donots wechseln ihren Booker und gehen zu KKT, der Agentur, die auch die Konzerte der Hosen, Ärzte und Beatsteaks veranstaltet. Sie engagieren einen neuen Anwalt, der sich um die rechtlichen Belange der Band kümmert, und stellen auch die Verwaltung ihrer Urheber- und Leistungsschutzrechte komplett neu auf.

Wake The Dogs erscheint Ende April 2012 und rauscht bis auf Platz sechs der deutschen Charts. Die Arbeit der vergangenen Monate hat sich gelohnt. In Münster knallen die Korken: Die Donots feiern ihr erstes Top-Ten-Album!

Ein Teil des Erfolges hat bestimmt mit der neuen Aufstellung, sprich: dem neuen Label zu tun. Dessen Mutterfirma Universal ist nach diversen Fusionen und Marktbereinigungen schließlich die größte Plattenfirma der Welt und verfügt über einigen Einfluss und Überzeugungskraft. Allerdings scheinen einzelne Vertigo-Mitarbeiter manchmal immer noch nicht zu wissen, mit was für einer Band sie es zu tun haben. Denn eines Tages meldet sich ein Label-Promoter bei den Donots mit einer – wie er meint – richtig guten Nachricht. Voller Stolz verkündet er, dass er ein paar Strippen gezogen, die richtigen Knöpfe gedrückt und schließlich einen total geilen

rand Münster Slam:
ackstage-Pass von Alex.

Promo-Slot an Land gezogen hätte: Die Donots könnten in der RTL-Soap *Gute Zeiten, schlechte Zeiten* auftreten! Das wäre sicher ein gewaltiger Schub für die Reichweite und die Verkaufszahlen.

Die Donots verschwenden keinen Gedanken daran: »Meint ihr das ernst? Auf gar keinen Fall gehen wir zu *GZSZ*!« Sie sind sich sicher: Das macht viel mehr kaputt, als es bringt. »Vielleicht verkauft man dadurch hundert Platten mehr. Aber gleichzeitig vergrault man tausend Leute, die einen vorher gut fanden. Davon abgesehen ist so ein Auftritt keine Mathematikaufgabe, wo es nur darum geht, Ergebnisse zu erzielen. Was wir bei der Vorstellung empfinden, in diesem Setting zu aufzutreten, ist auch nicht unwichtig. Und das fühlte sich einfach nicht besonders gut an«, sagt Alex. Die Donots haben viele Träume und Ideen, die sie noch umsetzen wollen. Ein Auftritt bei *GZSZ* gehört sicher nicht dazu. Der würde viel mehr garantieren, dass ihnen der Blick in den Spiegel eine ganze Weile lang verdammt schwer fallen würde.

Keine Frage: Sehr viel besser als Playback-Auftritte im TV sind Liveshows. Und nachdem 2011 das Jahr mit den wenigsten Donots-Konzerten seit 1995 war, freuen sich alle darauf, mit dem neuen Album ausgiebig auf Tour zu gehen. Das gilt offenbar nicht nur für die Band, sondern auch für die Fans. Viele der Shows sind ausverkauft und die Venues sind wieder eine Nummer größer als beim letzten Mal. Ob im Longhorn in Stuttgart, in der Großen Freiheit in Hamburg oder im Berliner Astra – Konzerte mit über 1.000 Zuschauern sind nicht mehr die Ausnahme, sondern die Regel.

Auch die Halle Münsterland steht erneut auf dem Programm. 2010 war ihr Auftritt dort das Highlight ihrer *Short Way Home*-Tour und hat sich für die Donots zwar nicht finanziell, aber eben emotional voll ausgezahlt. 2.500 Leute, die nur wegen ihnen gekommen sind und komplett ausrasten: Für diese Momente leben die Donots. Von ihnen können sie ewig zehren. Trotzdem wollen sie so etwas so schnell wie möglich wieder erleben!

Vielleicht lässt sich aus der Schnapsidee ja ein regelmäßiges Spektakel machen? Was spricht denn eigentlich dagegen? Sie beschließen, von nun an nach Möglichkeit jedes Jahr mit einem solchen Finale in der Halle Münsterland abzuschließen. Der *Grand Münster Slam* ist geboren. Ein furioses Konzert im ganz großen Rahmen, zu dem sich die Donots liebe Freunde und Kollegen in ihr Zuhause einladen.

Auch unter den Fans spricht sich herum, dass die *Grand Münster Slams* ganz besondere Abende sind. 2011, als die Donots von den wiedervereinigten ZSK und von Millencolin supportet werden, kommen schon 3.500 Zuschauer. 2012 drängen sich dann sogar mehr als 4.000 Menschen in die Halle. So langsam wird es eng. Das Publikum hat schon bei den Vorbands Itchy Poopzkid und Frank Turner derart Bock, dass es ihnen mehr als leichtfällt, die Halle für die Donots in Stimmung zu bringen.

Die drehen dann noch mal so richtig auf. Wie steigert man einen Superlativ? Diese Frage beantworten Ingo, Guido, Eike, Purgen und Alex nun schon im dritten Jahr hintereinander. Bei »Dead Man Walking« sorgen sie für den größten Circle Pit, den die Halle Münsterland je gesehen hat und der von Ingo sogar um das Mischpult herum dirigiert wird. Außerdem bringen sie bei der Show zum ersten Mal im

Oben: Ingo auf dem Publikum beim *Nova Rock* in Österreich
Unten: Schmuddel-Herwig

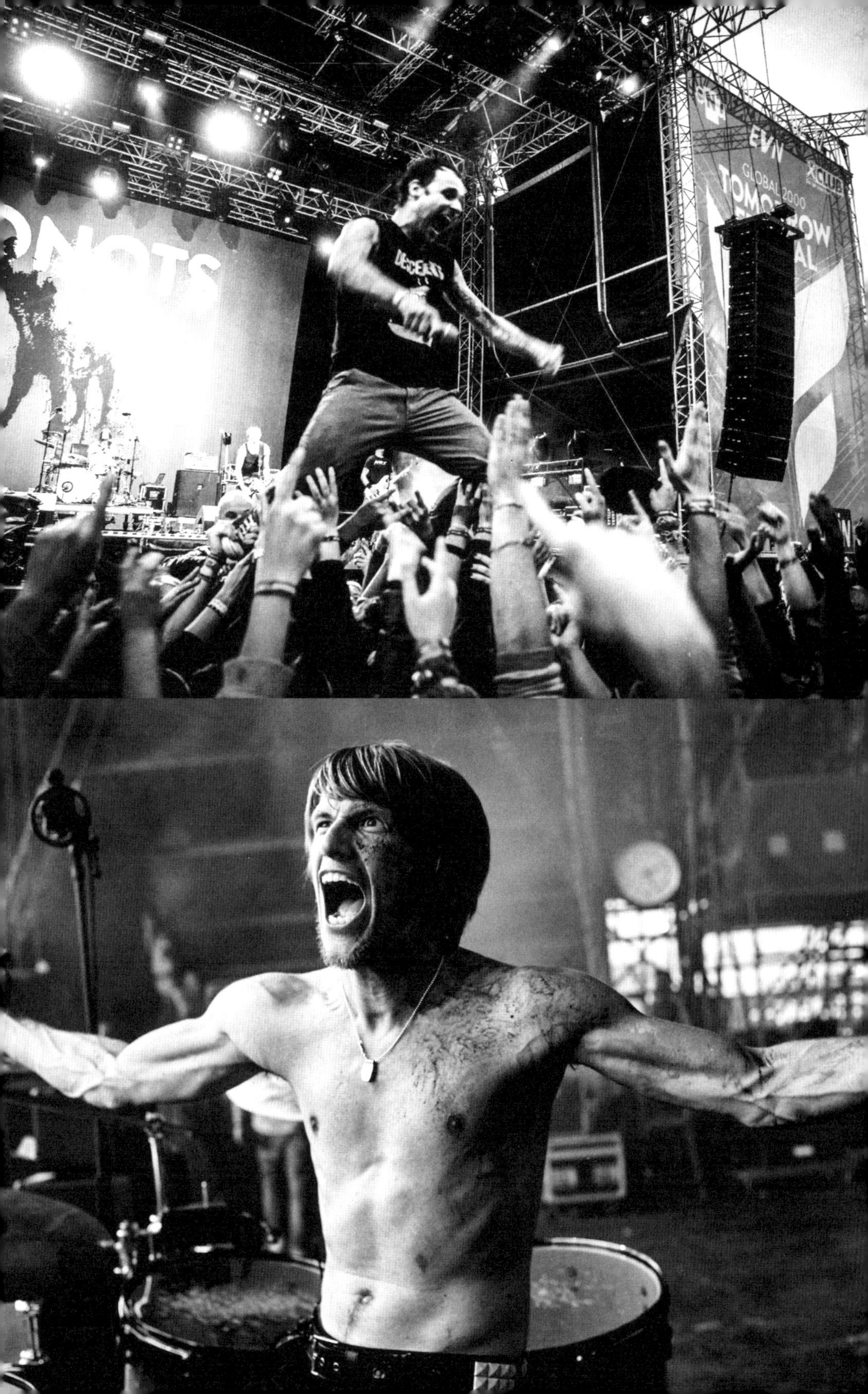
EVN
GLOBAL 2000

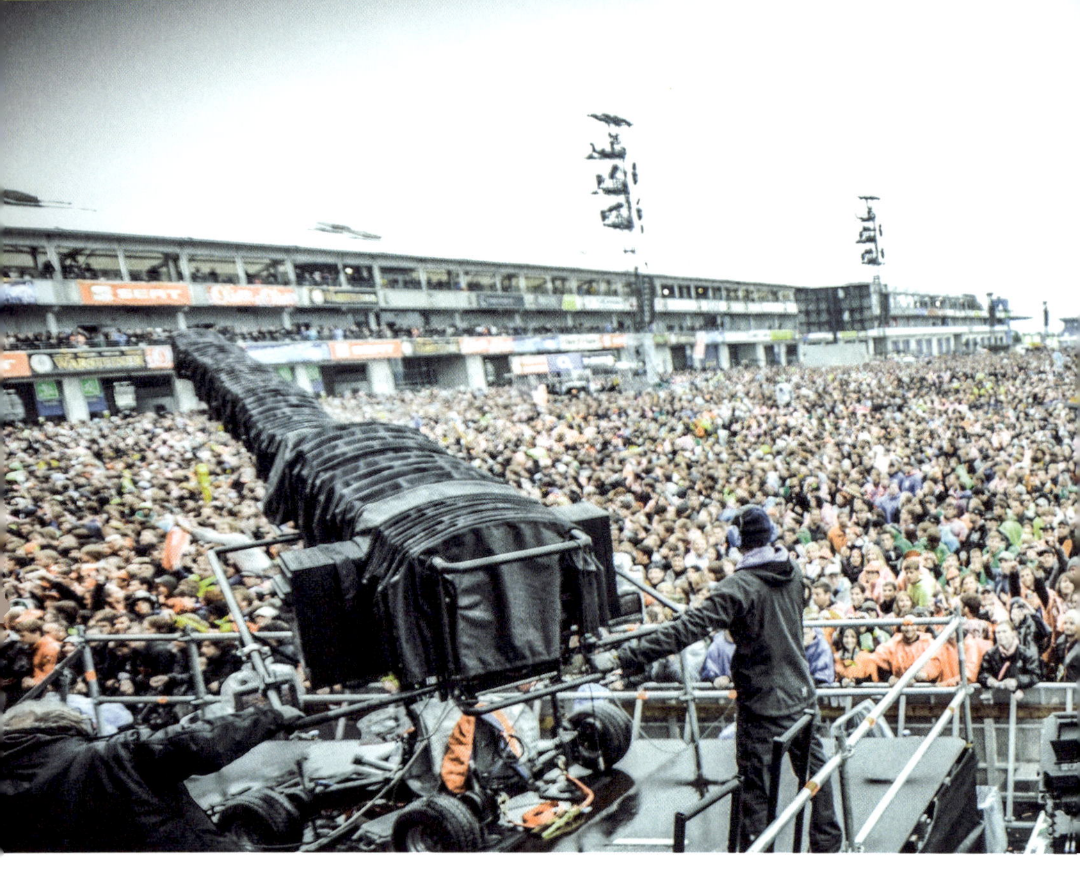

SONDASCHULE

Eine der wichtigsten, fleißigsten und absolut nettesten Bands, die ich je kennenlernen durfte. Zudem habe ich sie in diesem Musik-Zirkus noch nie schlecht gelaunt erlebt! (Daniel „Blubbi" Junker)

Neben all den Lobesgesängen auf die herzliche, menschliche, zuckerige Seite der Donots vergisst man beinahe, dass die Jungs bereits seit Jahrzehnten verfickte Rockstars sind, die schon mehrmals vom Olymp gespuckt haben und in guten wie in schlechten Zeiten immer eine Familie mit fünf Vätern geblieben sind, die lieben was sie tun und immer noch hungrig sind. Hoffentlich bleiben sie uns noch mindestens weitere 25 Jahre erhalten. Kuss auf den Mund - Nichts als LIEBE! (Costa)

Donots ist eine sehr gute Band, bis auf die Lieder. Als sie noch in englisch gesungen haben, habe ich es wenigstens nicht verstanden. Aber jetzt nerven die auch noch mit Inhalten. Ingolf und Gildo Knallmann, das Vorzeigepärchen des modernen Postpunks. (Mirko Klautmann)

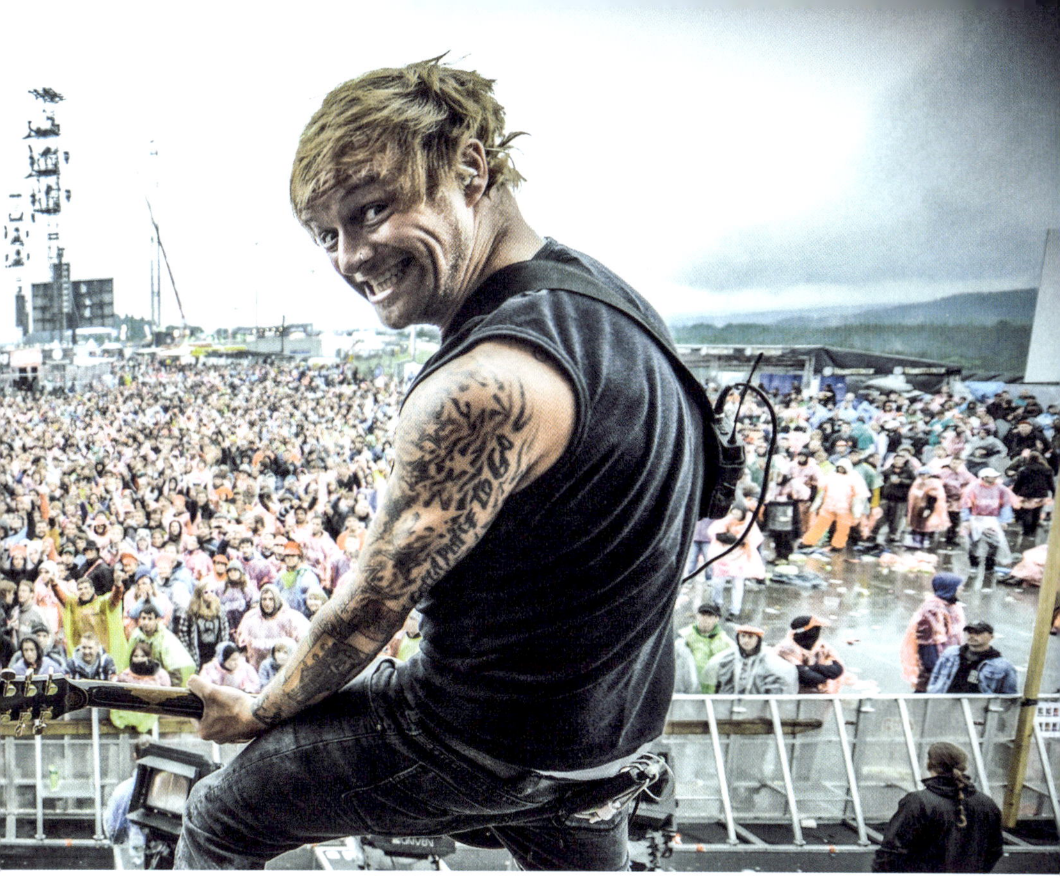

großen Stil Knicklichter zum Einsatz. Die werden zu tausenden verteilt und sorgen für beeindruckende Bilder, als sie vom Publikum im Takt hin und her geschwenkt und schließlich alle gleichzeitig in die Luft geworfen werden. Allerdings machen sich ein paar der Zuschauer anschließend einen Spaß daraus, die Lichter auf die Bühne zu pfeffern. Die Idee ist natürlich grandios, immer mehr machen mit, bis die Donots in einem Knicklichthagel stehen und erst einmal nicht weiterspielen können: »Aua!« – »Verdammt!« Diese spitzen, harten Plastikstäbe können ganz schön wehtun. Auch der Knicklichthagel wird in den kommenden Jahren aufgegriffen und schon bald zur Tradition.

Bei »So Long« nutzen die Donots die seltene Gelegenheit, den Song so darzubieten, wie er aufgenommen wurde: als Duett. Meistens singt Ingo ihn alleine, manchmal holt er sich Verstärkung von Freunden wie Chuck Ragan von Hot Water Music, Nicholas Müller oder Tim Vantol. Aber heute muss natürlich Frank Turner mit auf die Bühne. Den hat es nach seiner Support-Show sofort an die Bar gezogen, wo er schon ordentlich zugelangt hat, dennoch kriegt er seinen Part zunächst problemlos hin. Das Ende des Songs verläuft allerdings nicht ganz wie geplant: Die Donots leiten das Finale mit einem Feuerwerk ein und die Funken sprühen von einer Traverse einmal quer über die Bühne – was bei Frank beinahe für eine Herzattacke sorgt. »Diese Penner haben mir vorher nicht Bescheid gesagt, dass sie

uido auf der Hauptbühne vom *Rock am Ring*.

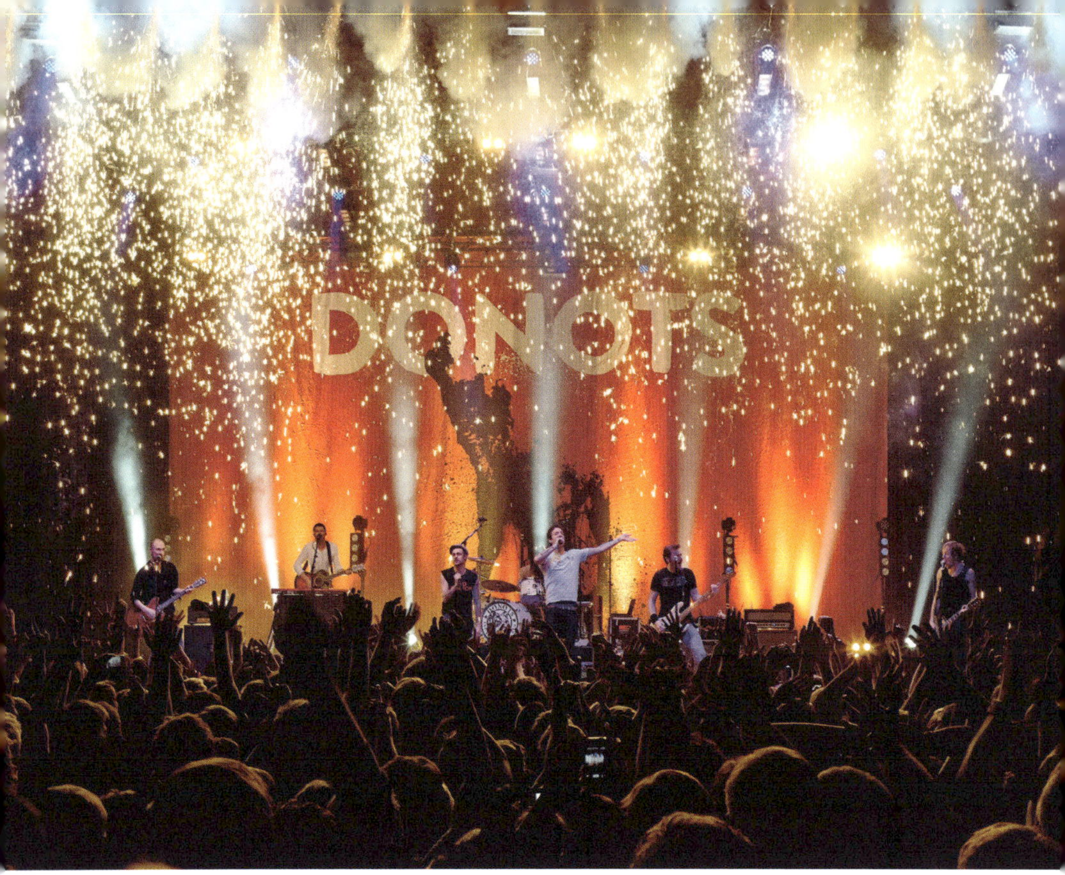

Pyro-Effekte einsetzen«, erzählt Frank lachend. »Ich stehe also da und singe, als plötzlich überall um mich herum diese scheiß Funken fliegen. Ich dachte wirklich ein paar Sekunden lang, ein Feuer bricht aus.«

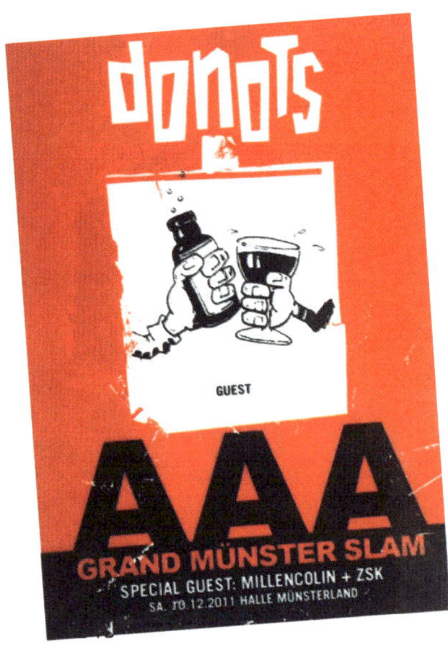

Keine Frage, das kostet die Donots hinterher ein paar Drinks. Die sind natürlich eingepreist, denn auf der Aftershow-Party nach dem *Grand Münster Slam* geht es immer sehr feucht und sehr fröhlich zu. Das Eskalationspotenzial ist hoch: chaotische Trinkspiele, absurde Aktionen, spontane Tattoo-Sessions – wer bietet mehr? Auf jeden Fall tragen die Donots ein fettes Dauergrinsen im Gesicht und lange Schals aus Getränkemarken um den Hals. Der Nachschub an Gin Tonic, und zwar in großen Gläsern, darf an solchen Abenden nie versiegen. Und wenn am Ende sogar die Donots-Crew auf der Tanzfläche abgeht, ist das ein eindeutiges Zeichen: Hier wird gerade extrem gut gefeiert.

Goldregen beim großen GMS-Final
mit Frank Turner und „So Long‘

»Sound system gonna bring me back up, yeah
One thing that I can depend on
Sound system gonna bring me back up, yeah
One thing that I can depend on«

Am 16. Juli 2010 ist im bayerischen Eching der Teufel los. Ein Gewitter zieht über das Gelände des *Sonnenrot*-Festivals. Und zwar keins der Kategorie »drei Blitze, zwei Donner, einmal kurz duschen«. Sondern ein richtig heftiges. Die Blitze zucken im Sekundentakt über den blauschwarzen Himmel und der Donner kracht lauter als die Amps von Slayer. Aus Sicherheitsgründen haben die Veranstalter das Festival unterbrochen und den Bühnenbereich geräumt. Die Zuschauer flüchten sich in die Zelte und Autos, die Bands verkriechen sich in ihre Container. Spielen sie überhaupt noch? Und wenn ja, wann? In ihrem Backstage-Bereich drehen die Donots Däumchen und die Anlage auf. Aus den Boxen dröhnt Operation Ivy. Die Quasi-Vorgängerband von Rancid ist wie Pizza oder Sex: Geht immer, hat man nie über.

»Ey, Spitzenmucke, die ihr da hört. Kann ich reinkommen?«

Offenbar besitzen Operation Ivy nicht nur bei den Donots, sondern auch bei Nathen Maxwell Heldenstatus. Der Auftritt seiner Folk-Punk-Band Flogging Molly wurde wegen des Gewitters ebenfalls verschoben. Also hängt er gerade backstage rum und schlägt ein bisschen Zeit tot, als ihn der OpIvy-Song »Sound System« in die Garderobe lockt. Die Donotshaben schon mehrmals auf denselben Festivals wie Flogging Molly gespielt, aber irgendwie sind die Bands immer aneinander vorbeigelaufen. Das wird nun nachgeholt. »Wir haben uns super verstanden und waren direkt beste Freunde«, sagt Ingo.

Zwei Jahre später treffen sie sich beim *2 Days A Week*-Festival in Österreich wieder. Die Donots haben gerade einen Deal mit dem New Yorker Indielabel OK!Good Records abgeschlossen, das ihre Platten in den USA veröffentlicht. Das Label sähe es gerne, wenn die Band ein paar Shows in den Staaten spielen würde, um dort die Platte zu promoten.

Eine Idee, die den Donots natürlich gefällt. Der Showcase im Elbow Room in New York liegt inzwischen fast zehn Jahre zurück, da wäre ein Ausflug über den großen Teich eine fantastische Sache. Eine eigene Tour in diesem riesigen Land würde allerdings aufgrund des Mangels an Fans nur wenig Sinn ergeben. Außerdem fehlt ihnen die Infrastruktur: Sie haben vor Ort keine Bookingagentur und auch ihr dortiges Label ist eher klein, sein Aktionsradios beschränkt sich auf New York und Umgebung. Wirklich sinnvoll wäre eine Amerikatour noch am ehesten als Support für eine größere Band. Dann könnte man vorhandene Ressourcen nutzen und hätte schon ein gewisses Grundlevel an Aufmerksamkeit erreicht.

Im Backstage-Bereich des *2 Days A Week* rennt Ingo in Nathen hinein und quatscht ihn kurzerhand an. Ob er nicht vielleicht von einer Band wüsste, die demnächst in den Staaten tourt und die Donots womöglich als Vorband mitnehmen würde. Oder zumindest jemanden kennt, an den sie sich wenden können, um ein paar Shows in den USA zu spielen. »Klar, ich hör mich mal um. Ich melde mich dann, ok?«, sagt Nathen.

Wenn Amerikaner sagen, dass sie sich melden, bedeutet das manchmal, dass sie sich melden. Oft heißt es aber nichts anderes als ein unverbindliches »Tschüss, vielleicht laufen wir uns ja irgendwann mal wieder über den Weg«. So wie die meisten Amerikaner ja auch nicht wirklich wissen wollen, wie es einem geht, wenn sie »How are you?« fragen. Doch bei Nathen war es offenbar keine Phrase. Denn als Ingo nach dem Festival-Wochenende nach Hause kommt und seinen Rechner aufklappt, wartet da schon eine Mail auf ihn. Ob die Donots vielleicht Lust hätten, im kommenden März Flogging Molly an der US-Westküste zu supporten? Sieben Shows in Städten wie San Diego, Oakland, Seattle oder Portland, und zum Abschluss noch ein fettes Festival am St. Patrick's Day in Phoenix, Arizona?

Holy fucking shit! Ob die Donots Lust hätten? Was für eine Frage! Natürlich haben sie Lust. Flogging Molly sind in den USA eine Riesennummer, die in Hallen für bis zu 4.000 Zuschauer spielen.

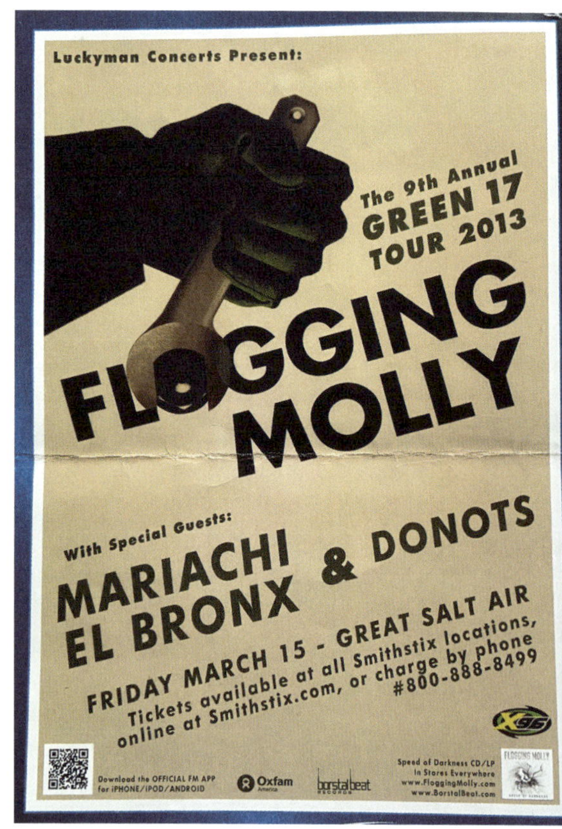

Das Motto für die US-Tour der Donots im Frühjahr 2013 steht schnell fest: »Wake The States«. Und wenn sie schon einmal in den USA sind, dann könnten sie doch auch versuchen, noch ein paar Konzerte mehr zu spielen. Ihr Ziel ist es, einen Monat lang in den USA zu touren. Die Donots schmeißen sich an die Rechner und Telefone. Sie melden sich bei all ihren amerikanischen Freunden, die sie im Laufe der Jahre kennengelernt und die ihnen zum Abschied häufig angeboten haben, bei ihnen zu pennen und mit ihnen zu spielen, sollten sie mal in den Staaten sein.

Auch das waren keine leeren Phrasen. In der Punkrock-Community steht man zu seinem Wort. »Ihr seid in den USA? Cool! Wie wär's, wenn ihr mit uns im Troubadour in Los Angeles spielt? Wir machen da ein paar Jubiläumsshows zu un-

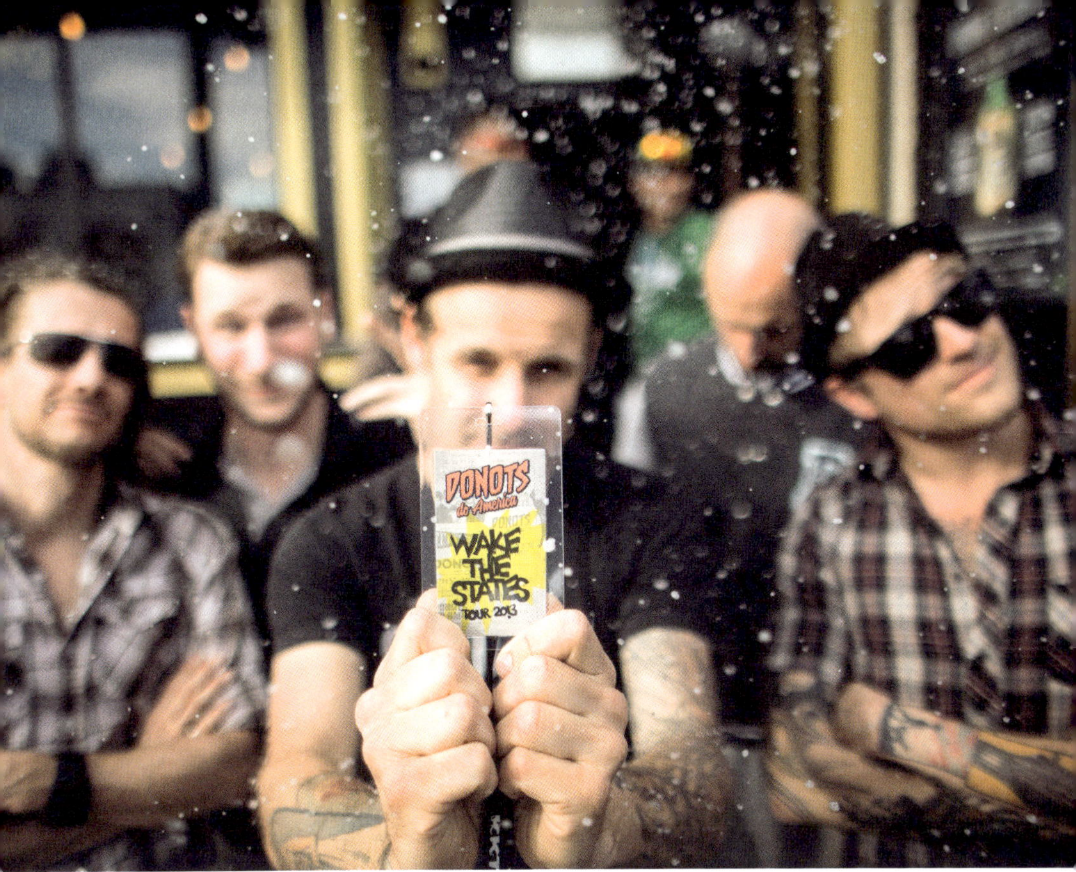

serem Zwanzigjährigen«, lautet die prompte Antwort von ihren alten Kumpels Anti-Flag. Und auch der Tourmanager, der die Donots in den USA betreut, ist ein alter Freund: Brett Rasmussen, der Bassist von Ignite, mit denen die Donots in Deutschland ein paar Mal zusammen aufgetreten sind und die sogar kurzzeitig ihre Labelmates bei GUN waren.

Am Ende gelingt es ihnen dank ihrer Kontakte, den Tourplan auf achtzehn Auftritte auszuweiten. Die Donots gehen auf US-Tour! Sie spielen keinen Showcase. Keine zwei, drei Dates an einem Ort. Sondern eine richtige Tour, über einen Monat lang. Ein Traum wird wahr. Allerdings hat er einen Haken: Er ist unglaublich teuer. Flüge, Unterkünfte, Verpflegung, Mietwagen, Crew – als die Donots anfangen, die Kosten zu überschlagen, werden sie erst einmal bleich. Und ständig kommt etwas dazu: Zuschläge fürs Übergepäck, Kosten für das Equipment, das sie vor Ort kaufen müssen. Alleine die Visa, die ihnen und ihrer Crew erlauben, in Amerika zu arbeiten, kosten über 1.000 Dollar. Wohlgemerkt: pro Person. Und dann gibt es in manchen US-Clubs auch noch die Vorgabe, dass man als unbekannte Band erst eine gewisse Anzahl an Tickets selbst kaufen muss, um einen Grundumsatz sicherzustellen.

Schnell wird den Donots klar: Alleine, nur aus ihrer Bandkasse, können sie das nie und nimmer stemmen. Hohe Gagen und massive Merchandise-Einnahmen sind

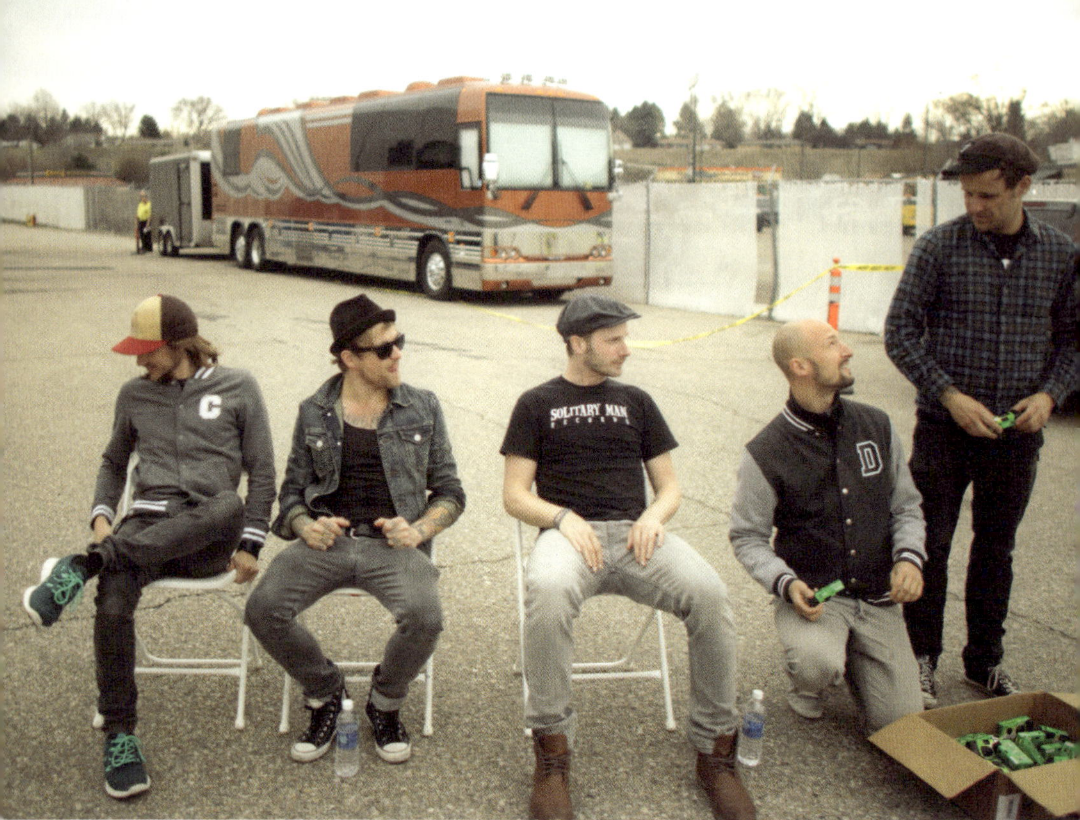

nicht zu erwarten, und auch der Labelsupport von OK!Good sowie der Zuschuss eines Bundeskulturprojekts namens »Initiative Musik« reichen nicht aus, um die Kosten zu decken. Was also tun? Wieder mal grübeln und diskutieren die Donots, bis Alex schließlich mit einer Idee kommt: Wie wäre es, wenn sie die Fans involvieren? Mit einer Crowdfunding-Kampagne?

2012 ist Crowdfunding noch lange nicht so beliebt und akzeptiert wie heute. Entsprechend unsicher ist die Band, ob sie es wirklich wagen soll. Sieht das nicht seltsam aus, wenn sie ihre Fans um Geld für eine US-Tournee bitten? Wobei es natürlich eine Gegenleistung gibt. Die Supporter werden für ihre Unterstützung belohnt: Die Donots nehmen den Fotografen Dennis Dirksen als Kameramann mit in die USA, wo er für die Crowdfunder eine abendfüllende Doku über die Tour drehen soll. Zudem gibt es diverse exklusive Aktionen und Andenken, die sich die Fans je nach Höhe ihrer finanziellen Beteiligung sichern können: Selbstgeschriebene Gedichte von Purgen, handbemalte T-Shirts von Guido, originale Songtexte von Ingo und persönliche Postkartengrüße der Donots von der laufenden Tour. Zu den Highlights gehören die Einwegkameras, die unterwegs von der Band vollgeknipst und anschließend an die glücklichen Besitzer verschickt werden. Wer will, kann sich einen persönlichen Videogruß der Band kaufen. Und als Höhepunkt winkt ein Gastauftritt bei einem Donots-Konzert. »Wir wollten nicht nur den üblichen Kram wie alte Drum-

Fotografieren fürs Crowdfunding
in Boise, Idaho

sticks oder ein paar Autogramme anbieten«, sagt Eike. »Ein bisschen besonderer und hochwertiger sollte es schon sein.«

Obwohl die Gesamtkosten am Ende fast dreimal so hoch sein werden, beschränken die Donots den Betrag, den sie mit Crowdfunding erzielen wollen, auf 30.000 Euro. Die Band möchte auf keinen Fall gierig erscheinen.

Doch sämtliche Befürchtungen erweisen sich als unbegründet. Die Fans freuen sich über die originellen Angebote und es geht eine Bestellung nach der nächsten ein. Am Ende kommen die Donots sogar auf fast 38.000 Euro. Nach Abzug von Steuern, Herstell- und Versandkosten sowie der Provision für das Crowdfunding-Portal ist davon netto zwar nur noch die Hälfte übrig, trotzdem sind sie der Finanzierung der Tour damit ein gutes Stück näher gekommen. Sämtliche Einnahmen, die über das gesetzte Ziel von 30.000 Euro hinausgehen, spendet die Band an die Tierschutzorganisation »Vier Pfoten«.

Die Donots sind eine der ersten deutschen Bands, die Crowdfunding derart gezielt einsetzen. Und es ist nicht das einzige Mal, dass sie extrem früh dran sind, wenn es darum geht, digitale Techniken und Medien zu nutzen.

Auch mit dem bandeigenen Podcast sind sie ihrer Zeit voraus. Als die Donots zum Ende ihrer Zeit bei GUN auf der Suche nach musikalischer Inspiration durch die Ferienhäuser tingeln, läuft das Aufnahmegerät quasi nonstop. Und es nimmt nicht nur die Songs sondern auch die Gespräche und Diskussionen der fünf Bandmitglieder auf. Egal ob gnadenlos albern und ausgelassen, ob begeistert oder auch mal ernst, ob mit direktem Band-Bezug oder ganz weit draußen, sind sie immer hundert Prozent Donots.

Auch wenn die Ferienhaus-Sessions musikalisch nicht das erhoffte Ergebnis gebracht haben: Für das Bandgefüge und den Zusammenhalt waren die Tage, die sie in Käffern wie Haren an der Ems verbracht haben, enorm wichtig. Die Donots hocken sich rund um die Uhr auf der Pelle, ohne dass es Ärger oder Spannungen gibt, stattdessen schweißen diese Ausflüge in die Provinz sie womöglich noch mehr zusammen. Sie kochen Nudeln, schauen Filme, hören Musik und sie reden, reden, reden. Und stellen sich irgendwann die Frage, ob die Aufnahmen dieser Unterhaltungen vielleicht auch ein paar Fans interessieren könnten. Die Donots lassen es darauf ankommen und geben 2005 als wahrscheinlich erste Band in Deutschland den Startschuss für einen eigenen Podcast: »Die relaxte Kluftpuppe«.

Die Entstehung des Namens ist eine typische Donots-Nummer und geht zurück auf Purgens vergeblichen Versuch, mit einigen Bieren zu viel in der Birne das Wort »Puffmutter« auszusprechen. Die »Kluftpuppe« erweist sich als ausgesprochen langlebig und ist sehr beliebt bei den Fans. Mal im Studio zwischen den Aufnahmesessions mitgeschnitten, mal backstage auf Tour, mal mit Gästen, mal Donots pur: Bis 2019 veröffentlichen sie ganze 71 Folgen.

Und der Podcast ist nicht die einzige Möglichkeit, die die Band nutzt, um ihren Fans Einblicke in ihre Welt zu verschaffen. Auch mit ihren Video-Tagebüchern, kurz Vlogs, sind die Donots früh dran: Bereits seit 2008 und damit zwei Jahre vor der Gründung von Instagram stellen sie diese kurzen Clips auf Youtube ein. Zunächst als »Tour Diaries« konzipiert, in denen die Band von ihren Auftritten berichtet, kommen später auch Videos von den Proben, aus dem Aufnahmestudio oder beim Paketepacken im Merchandise-Lager dazu.

Die für Podcast und Vlog zuständige Dokumentationsabteilung der Donots ist fest in Purgens Händen. Der Bassist nimmt diesen Job sehr ernst und fuchst sich immer weiter rein in die technischen und dramaturgischen Möglichkeiten, die die neuen Medien bieten. Keine Donots-Show und kein Festival, bei dem er nicht die Kamera einschaltet.

Auf der US-Tour hat Purgen allerdings weitgehend Pause, dort filmen Dennis Dirksen und ein Team vom WDR-*Rockpalast* unter der Regie von Ingo Schmoll. Die Donots haben den Trip mit Absicht so geplant, dass ihnen genug Zeit bleibt, den Aufenthalt zu genießen, statt bloß gestresst durch die Gegend zu hetzen.

Als sie Ende Februar 2013 in Kalifornien ankommen, beziehen sie erst einmal ein Haus in Newport Beach, in dem sie ein paar Tage bleiben, um zu akklimatisieren. Das Haus ist toll, viel Holz, schön eingerichtet, der Strand ist nicht weit weg, auf der Veranda steht ein monströser Grill, auf den sie abends Gemüse und Veggie-Würste werfen können.

Die Shows, die die Donots in den USA spielen, sind eine echte Erfahrung – und zwar in jeglicher Hinsicht: Mit massiven Ausschlägen in beide Richtungen der Skala. Der erste Auftritt ist im Whisky A Go-Go, einem legendären Club in Hollywood, in dem schon die Doors, The Police und System Of A Down gespielt haben und der als Keimzelle für den amerikanischen Metal der Achtziger gilt. Zweihundert Meter den Sunset Strip runter befindet sich die nicht minder legendäre Rainbow Bar, die Lemmy Kilmister schon vor Jahren zu seinem Wohnzimmer erkoren hat. Damals wird für den Motörhead-Chef immer ein Platz an der Theke freigehalten, auch wenn er sich leider nicht blicken lässt, als die Donots vor ihrer Show dort einen Happen essen.

Das Line-up beim Konzert am Abend ist ziemlich zusammengewürfelt und besteht hauptsächlich aus anstrengenden Muckerbands und schüchternen Folkrock-Teenies. Die Donots fühlen sich ein bisschen wie beim Schülerfestival in Recklinghausen. Ihre Show ist kurz und knackig. Zumindest den drei älteren Frauen, die sich in der ersten Reihe in Halbekstase tanzen, scheint es zu gefallen. Der Veranstalter, der mit seiner blondierten Dauerwelle und der Jeansweste aussieht, als wäre er geradewegs aus den Achtzigern hergebeamt, tituliert sie als »die deutschen AC/DC«. Das Fazit der Band lautet: strange, aber irgendwie gut. Beziehungsweise: Es kommt eben immer so, wie es kommt. Und aus dem, was kommt, machen sie dann das Beste. Mit der Show im Whiskey A Go-Go, geht kein jahrelang gehegter Traum in Erfüllung und es wird nicht einmal ein Punkt auf der To-Do-Liste abgehakt. Dennoch ist es natürlich saucool hier aufzutreten.

Im Vorprogramm von Flogging Molly spielen sie vor einem Publikum, das mit ihrem Sound zumindest theoretisch mehr anfangen können müsste. Dennoch sind die Erwartungen der Donots eher niedrig, als sie ein paar Tage später in San Diego die Bühne des House Of Blues betreten. »Wir haben mit nichts gerechnet und woll-

Vor dem ehrenwerten Paramount in Seattle

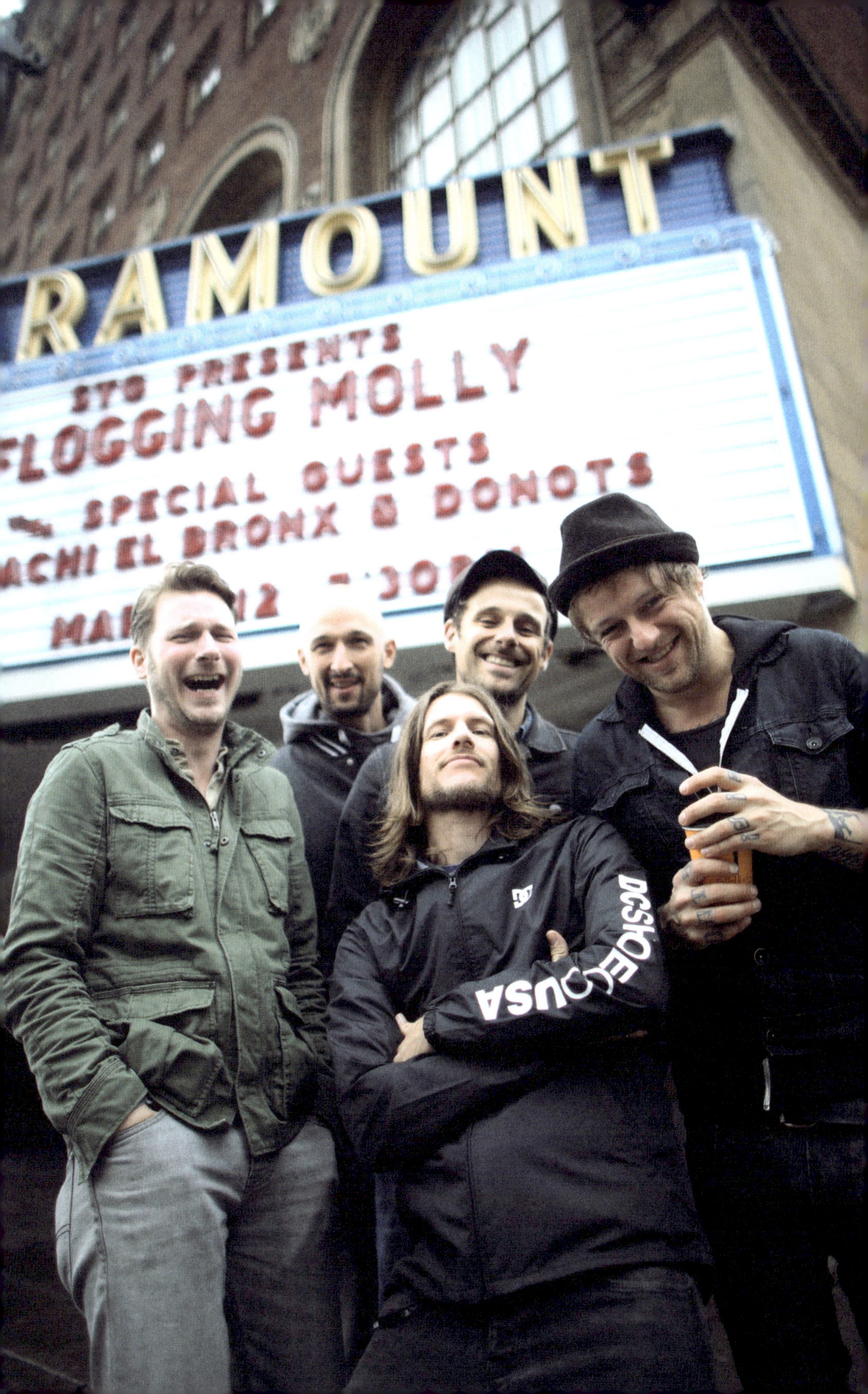
RAMOUNT
STG PRESENTS
FLOGGING MOLLY
SPECIAL GUESTS
EL BRONX & DONOTS

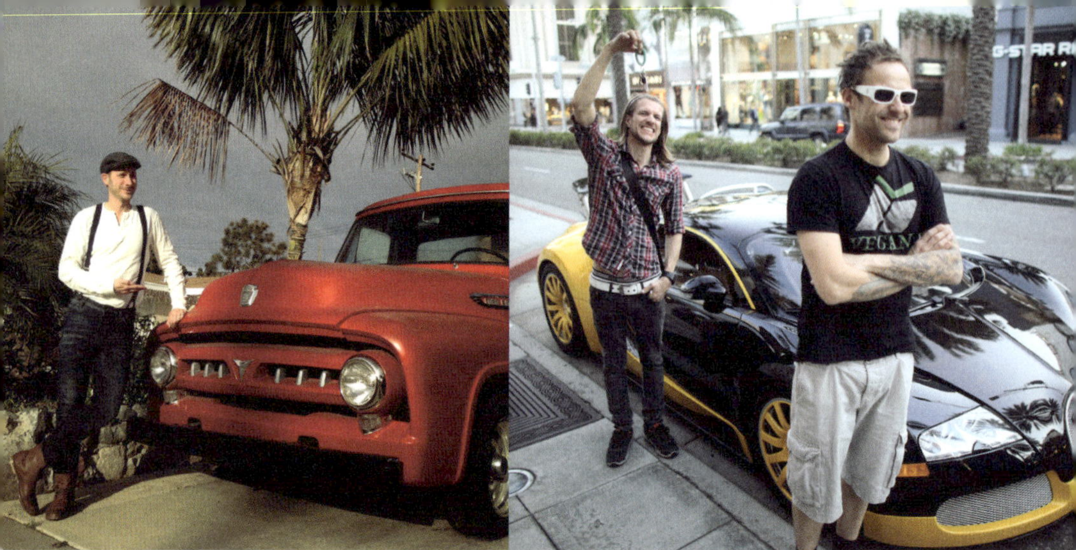

ten alles einfach passieren lassen«, sagt Alex. Umso erstaunlicher ist es für die Band, dass das Publikum nach einer kurzen Warmlaufphase voll mitgeht. Die Zuschauer tanzen, schubsen sich durch die Raum, gehen ab, ein paar singen sogar die Texte mit. Am Ende erschallen Rufe nach einer Zugabe – was bei Supportbands in Amerika ziemlich ungewöhnlich ist. Noch dazu, wenn sie vorher kaum einer kennt. Die Donots sind perplex und rundum glücklich: Mehr konnten sie ja wohl nicht erwarten.

Dank solcher Kontraste zwischen den Shows werden die nächsten Wochen zur Achterbahnfahrt. Mit Flogging Molly spielen sie ausverkaufte Shows in riesigen, wunderschönen Venues wie dem Fox Theater in Oakland oder dem Roseland in Portland, die mit rotem Plüsch, Kronleuchtern und goldenen Geländern an den Balustraden eher nach Oper als nach Punkrock aussehen. Stimmung, Resonanz, Ambiente: Alles ist umwerfend.

Die eigenen Shows, die an den Offdays auf dem Programm stehen, wenn sie nicht für Flogging Molly eröffnen, sehen dagegen völlig anders aus. Verranzte Läden, mieses Essen, wenig Interesse: So kommen zu ihrem Auftritt im El Corazon in Seattle gerade mal sieben zahlende Gäste. Doch auch das ist kein Problem für die Donots. Sie sind – und das müssen sie sich immer wieder vor Augen führen – auf USA-Tour. AUF USA-TOUR! Wie cool ist das denn, bitte?

Zumal auch unansehnliche Läden viel Geschichte haben können. Im El Corazon beispielsweise spielten Pearl Jam, Alex' absolute Lieblingsband, ihre ersten Shows. Jetzt mit den Donots auf derselben Bühne zu stehen, fühlt sich fast schon ein bisschen surreal an.

Nach drei Wochen an der meist sonnigen Westküste fliegen die Donots ins deutlich ungemütlichere New York. Dort stehen vier weitere Konzerte an: In Long Island, in Manhattan, im Asbury Park in New Jersey, der Geburtsstätte von Bruce Spring-

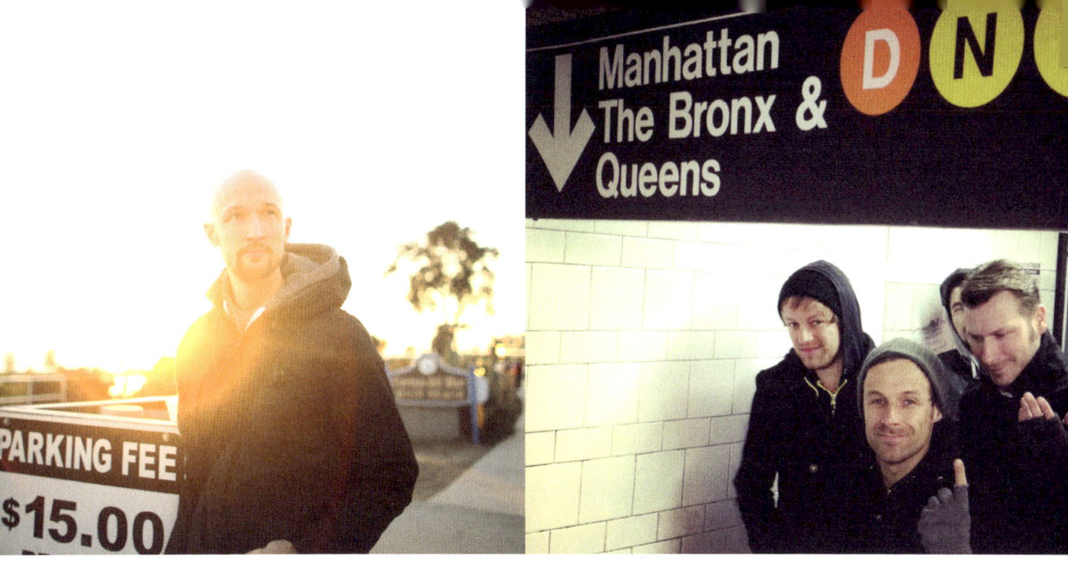

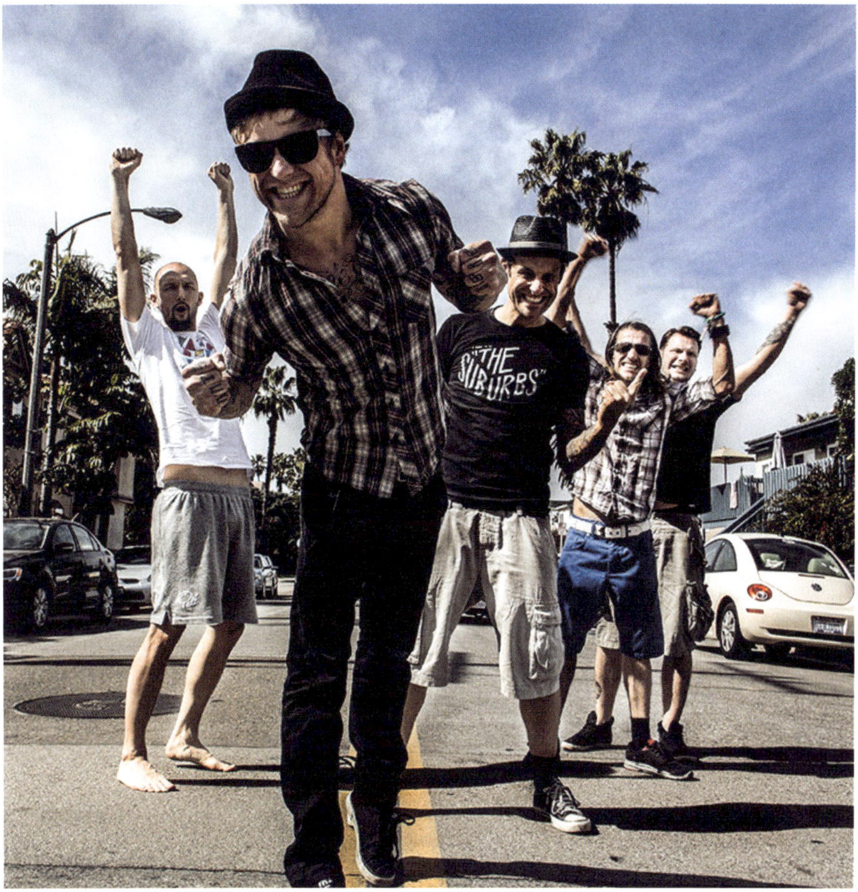

Ein paar Stationen der US-Tour: Beverly Hills, Los Angeles, Newport Beach, New York City, Huntington Beach.

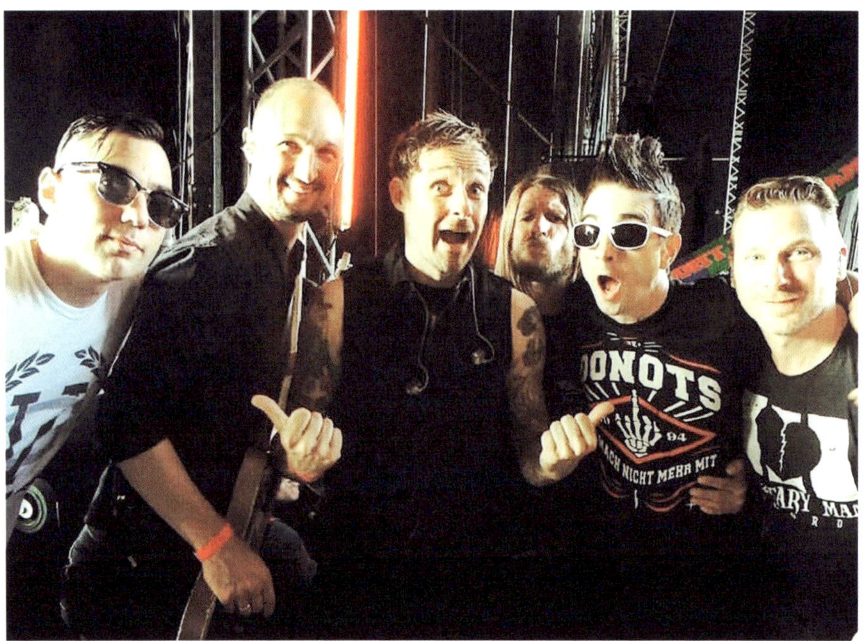

steens E Street Band. Und schließlich in Brooklyn, wo sie in einem Club namens St. Vitus auftreten. Hier machen sich mal wieder die alten Seilschaften bezahlt, denn der Club wird geführt von Arty Shepherd, dem Sänger von Errortype: 11, mit denen die Donots 1998 auf Tour waren. Die Shows in NY sind zwar lange nicht so groß wie die mit Flogging Molly, dafür können die Donots aber einen weiteren ihrer Helden treffen. Sie supporten Christopher Joseph Ward, besser bekannt als C.J., der von 1989 bis zu ihrer Auflösung Bassist einer der legendärsten Punkbands überhaupt war: den Ramones. Auch C.J. ist beeindruckt von den Donots, es entsteht eine Freundschaft, die im Laufe der Jahre zu weiteren netten Begegnungen und gemeinsamen Konzerten führen wird.

Als die Donots nach vier Wochen ihre Koffer für den Rückflug nach Deutschland packen, denken alle mehr oder weniger dasselbe: *Das ging viel zu schnell vorbei.* Und: *Scheiße, war das geil.* Am Ende haben sie zwar ein paar tausend Euro Miese gemacht, aber was soll's? Die Eindrücke und Erfahrungen, die sie gemacht haben, sind mit Geld nicht aufzuwiegen. Nicht nur Ingo ist sich hinterher sicher: »Von allen Touren, die wir jemals gemacht haben, ist das meine Lieblingstour. Und das, obwohl ich dafür in ein Flugzeug steigen musste.«

Alte Freunde 1: Donots und Anti-Flag.
Alte Freunde 2: Donots mit Nathen Maxwell von Flogging Molly.

NATHEN MAXWELL [Flogging Molly, The Bunny Gang]

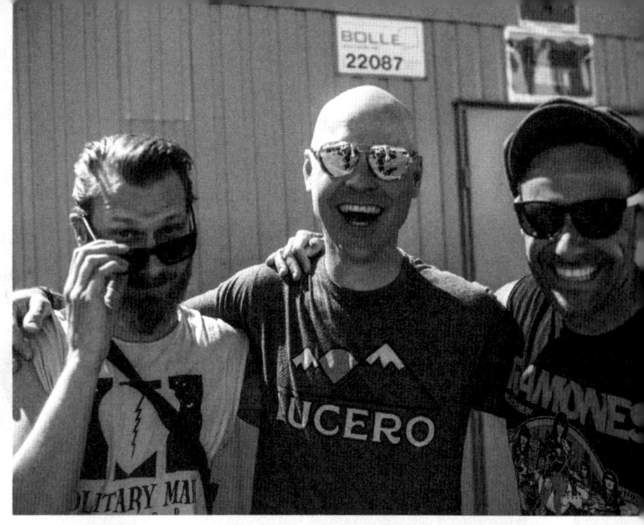

Durch Operation Ivy habe ich viele großartige Menschen kennengelernt. Diese Band war der musikalische Klebstoff, der mich als Teenager im Süden von Los Angeles mit meinen Freunden zusammengebracht hat.

Damals war die Punkszene ein Zufluchtsort für alle möglichen wütenden Jugendlichen: Außenseiter, Künstler, Skater, Schwule und Lesben – sie alle fanden ein Zuhause im Moshpit. Leider galt dies auch für Neo-Nazis und rechte Skins. Wir aber glaubten immer an die Gleichheit und an die Menschenrechte, also zogen wir in den Kampf. Und zwar oft. Es gab bestimmte Dinge, an denen man erkannte, wer auf welcher Seite stand und woran man glaubte: Die Bands, die man hörte, die (meistens selbstgemachten) T-Shirts, die Aufnäher und selbstbemalten Jacken – das alles war eine gute Methode, um Freunde von Feinden zu unterscheiden.

Zehn Jahre später: Ich habe mich seitdem zwar verändert und bin älter geworden, aber manche Sinne verlassen einen nie.

An einem sehr nassen Sommerabend laufe ich alleine backstage herum auf irgendeinem Festival in Deutschland, wo ich mit meiner Band Flogging Molly spielen soll. Ich höre den unverwechselbaren Sound von Operation Ivy, der aus einer der Künstlergarderoben kommt, und ich werde ganz automatisch davon angezogen. Ich stehe draußen vor diesem kleinen, weißen Zelt, klatschnass vom Regen, als mich ein Typ mit einer freundlichen Stimme auf Deutsch anspricht und hereinbittet. Er kennt mich nicht, er weiß nicht, wer ich bin, aber er winkt mir zu und drückt mir ein Bier in die Hand. Ich habe sofort eine Verbindung gespürt, so als ob das hier eine Erweiterung meiner Punkrockfamilie zu Hause in den USA wäre. Dieser Typ war Ingo von den Donots. Seit diesem Tag ist es immer, wenn wir uns treffen, so, als wären wir zwei alte Freunde, die sich auf einer Hausparty oder einer Show in einem Hinterhof sehen.

Im Laufe der Jahre bin ich ein großer Donots-Fan geworden, und zwar von der gesamten Band und Crew. Sie versprühen alle eine so große Liebe und Begeisterung – für ihre Musik, aber auch für das Menschliche, das Persönliche. Dieser Punkrock-Spirit, diese Kameradschaft sind immer präsent, wenn ich die Donots treffe oder ihre Musik höre. Ich kann mich glücklich schätzen, so viel gemeinsam mit den Donots erlebt zu haben: Von Festivals in Europa über ihre erste US-Tour bis zum *Salty Dog Cruise*, einem Punkrock-Festival auf einem Schiff, mit dem wir zu den Bahamas gefahren sind.

Mit am liebsten erinnere ich mich die an die *Karacho*-Tour, als ich die Donots mit meiner anderen Band, der Bunny Gang, supporten konnte. An jedem Abend auf der Tour haben wir Leute getroffen, die nicht nur Spaß haben wollten, sondern sich auch für die richtige Sache eingesetzt haben. Antirassistische Organisation haben ihre Stände aufgebaut, der Slogan „Refugees Welcome“ war allgegenwärtig. Einmal mehr habe ich mich wie zu Hause gefühlt.

Die Kirsche auf dem Kuchen war aber, dass die Donots sogar ihren Tourbus mit uns geteilt haben. Das ist wirklich ungewöhnlich, wenn man eine erfolgreiche Band auf eigener Headliner-Tour ist. Ingo und seine Brüder haben uns mit offenen Armen empfangen, vom Tag unserer Ankunft bis zum Abschied.

Es fühlt sich gut an zu wissen, dass die internationale Punkrock-Community gesund und wohlauf ist, dass sie für die Rechte der Schwachen kämpft und sich gegen Hass und Unterdrückung stellt. Wir haben noch einen weiten Weg vor uns, aber so lange es Bands wie die Donots gibt, die ihre Musik nutzen, um die Leute zu inspirieren und zu informieren, bleibe ich optimistisch. Wie Joe Strummer schon sagte: „The future is unwritten“.

Wenn ich jemanden sehe, der ein Donots-Shirt trägt oder ihre Musik hört, bin ich mir fast sicher: Mit dem kannst du Freundschaft schließen.

Danke, Operation Ivy!

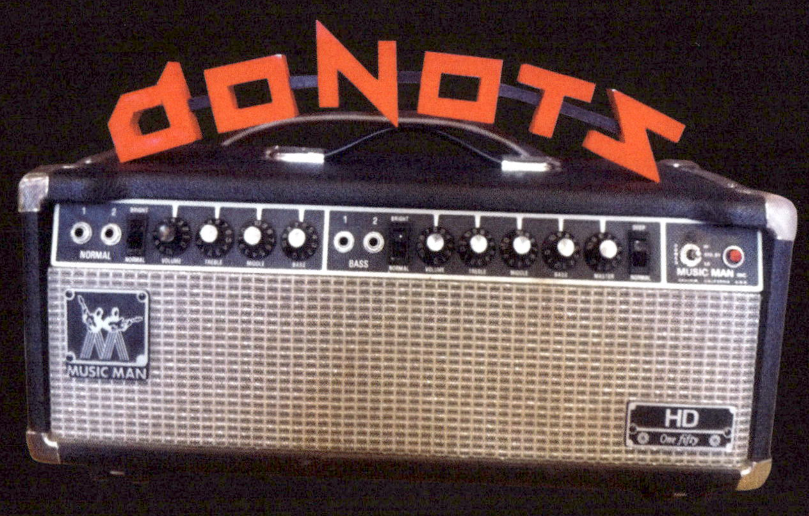
DONOTS
NORMAL
BASS
MUSIC MAN
MUSIC MAN
HD
One fifty

TEIL VIER

2013–2019

WECHSEL UND WIRKUNG

- Karacho
- Lauter als Bomben
- Silverhochzeit

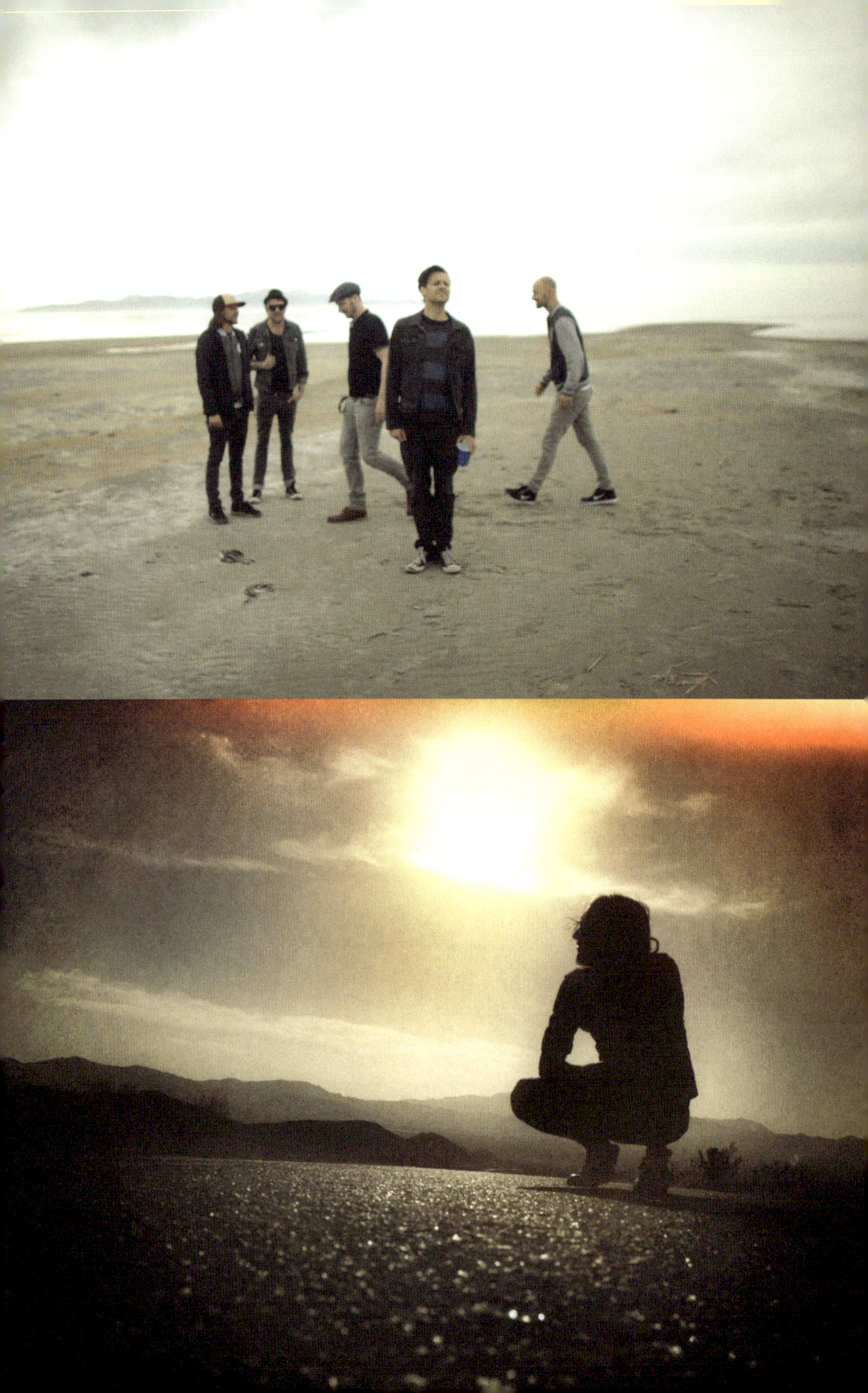

HEISS AUF DEUTSCHE TEXTE

Die Zeit in den USA hallt bei den Donots lange nach. Einerseits sind da die konkreten Erlebnisse und Anekdoten. Was sie gesehen und erlebt haben. Aber da ist noch etwas. Eine Gefühlssache, wenn man so will. Die hat ihren Ursprung in einer Unterhaltung zwischen Eike und Alex, die sie an einem Off-Day in der kalifornischen Mojave-Wüste führen. Die Sonne brennt. Um sie herum, so weit das Auge reicht, trockene, gelbe Erde. Und ab und zu ein dürrer, graugrüner Busch. Und das da hinten, ist das ein Kaktus? Odcr einfach nur ein abgestorbener Baum, der irgendwann aufgegeben hat im Kampf gegen die Hitze und die Trockenheit?

Eike und Alex sortieren in der Wüste ihre bisherigen Eindrücke der US-Tour und landen dabei immer wieder beim Zusammenspiel von Publikum und Band. Wie inbrünstig das Publikum bei Flogging Molly mitsingt, Zeile für Zeile, Wort für Wort! Wie überwältigend die Energie ist, die dabei entsteht. Dieses fantastische Gefühl von Einheit, von Verbundenheit. Eine Band, die nicht *für* ihr Publikum, sondern *mit* ihm singt. In der gemeinsamen Sprache, die alle verstehen. Völlig unvermittelt, ohne Übersetzung, ohne Transferleistung, ohne jeden Umweg, gehen die Texte durchs Ohr direkt ins Herz. Im Kleinen spüren die Donots das während der Tour sogar bei ihren eigenen Auftritten. Da singt zwar nicht der ganze Club mit, aber die Band hat dennoch das Gefühl, dass eine größere Nähe zum Publikum entsteht, weil sie dieselbe Sprache sprechen.

Sich vorzustellen, das wäre auch in Deutschland so, ist durchaus verlockend. Wäre, wohlgemerkt. Denn die Donots singen nun mal nicht auf Deutsch, sondern auf Englisch. Und das lässt sich nicht so mir nichts, dir nichts ändern. Was Alex und Eike, aber auch die anderen nicht davon abhält, immer wieder über das Thema Sprache und Ansprache nachzudenken – gerade nach den Erlebnissen auf der US-Tour.

Die Anregung, es mal auf Deutsch zu probieren, wurde im Laufe der Jahre immer wieder an sie herangetragen. Vor allem bei GUN kam das Thema regelmäßig auf den Tisch. »Wer Ingo kennt und sich mit ihm unterhält, merkt sehr schnell, was er sprachlich drauf hat«, sagt Markus Balk, der frühere Donots-A&R bei GUN. »Er hat einen großen Wortschatz, viel Fantasie, einen kreativen Umgang mit der Sprache. Also haben wir immer mal wieder gefragt, ob die Donots nicht mal einen Song auf Deutsch ausprobieren wollen. Vielleicht eine Coverversion. Oder einen Song mit Campino, die kannten und mochten sich ja. Aber dic haben immer Nein gesagt. Ich glaube, das ging alleine deshalb nicht, weil es die Plattenfirma vorgeschlagen hat.«

Eine Sichtweise, die von der Band bestätigt wird. »Unsere Ablehnung hatte einerseits viel mit unserer Prägung zu tun«, sagt Ingo. »Die meisten unserer Vorbilder haben englisch gesungen, und auch für uns war das lange Zeit die einzig denkbare Sprache. Aber es war natürlich auch eine gewisse Verweigerungshaltung gegenüber dem Label. Immer wenn ein neues Album von uns anstand, hatte gerade

ben: Salt Lake City, 2013.
nten: United States Of Herwig.

eine neue deutschsprachige Band einen Riesenhit. Zumindest gefühlt war das so. Und jedes Mal eine andere: Wir sind Helden, Seeed, Sportfreunde Stiller, und so weiter. Aber für uns war die Diskussion damit auch schon wieder vorbei. Wir haben uns gesagt: Das machen wir nur, wenn wir es wirklich wollen. Aber sicher nicht, weil ein Label das für einen vielversprechenden Ansatz hält, um mehr Platten zu verkaufen.«

Außerdem gibt es an Ingos Lyrics rein handwerklich so gut wie nichts auszusetzen. Er spricht fließend Englisch und beim Texten tut sich in seinem Kopf ein Raum voller schöner, langer Regale auf, in denen er sich bestens auskennt und genau weiß, wo er etwas findet. Tatsächlich sind seine Texte schon auf ihrem zweiten Album *Better Days Not Included* sprachlich erstaunlich ausgereift. Ungelenk oder gar peinlich formuliert ist da so gut wie nichts. Dass die Donots Deutsche sind, fällt höchstens aufmerksamen Muttersprachlern wie Samiam-Gitarrist Sergie Loobkoff auf.

»Wenn deutsche Bands englisch singen, sind da immer winzige Irritationen«, sagt Sergie. »Kleine Betonungen, die Aussprache, die Wortwahl – an irgendeiner Sache bleibt man meistens hängen. Selbst wenn jemand perfekt Englisch spricht wie Ingo, kann es sein, dass am Ende bloß ein Text dabei herauskommt, aber keine Kunst. Es gibt einen Unterschied, ob etwas sprachlich lediglich funktioniert, in dem Sinne, dass es korrekt und verständlich ist. Oder aber, ob es einem gelingt, etwas auf künstlerische Weise auszudrücken.«

Auch Frank Turner hat beim Singen von »So Long« oder »Going Through The Motions« keine Probleme mit Ingos englischen Zeilen. Das passt, das funktioniert, das fühlt sich gut an für ihn. »Englisch ist nun mal Weltsprache«, sagt er. Auch er hat so seine Gedanken zu Bands, die sich nicht in ihrer Muttersprache ausdrücken. »Als Teenager war meine Lieblingsband Refused. Die hatten immer gute Texte, da gab's nichts zu kritisieren. Dennoch habe ich mir oft vorgestellt, wie es wäre, wenn die auf Schwedisch sängen. Mir ist schon klar, warum sie das nicht gemacht haben. Und es war wahrscheinlich auch die bessere Entscheidung, denn sonst hätte ich womöglich nie von ihnen gehört. Aber tief in mir drin gibt es einen Teil, der will schwedische Texte hören, wenn er in Schweden ist. Und deutsche Texte, wenn er in Deutschland ist. Selbst dann, wenn ich sie nicht verstehe.«

Ist es dieser Widerspruch, der auch die Donots nicht loslässt? Einerseits geht es bei ihrer Musik genau darum: Frontal sein, direkt sein, die Leute bewegen, etwas in ihnen zum Klingen zu bringen und zu entzünden. Und andererseits errichten sie über die fremde Sprache eine Barriere, die mal kleiner und mal größer ausfällt. Sei es, weil manche Zuhörer vielleicht nicht so gut Englisch sprechen. Sei es, weil in einer anderen Sprachwelt auch andere Symbole, Gesetze und Maßstäbe gelten. Der Hörer betritt also eine Welt, in der – wie im Song »Changes« – davon geträumt wird, zehn Fuß groß zu sein. Und nicht drei Meter.

Oder rühren die Überlegungen daher, dass Ingo als Texter im Englischen inzwischen zu viel Routine hat? Klar, da ist dieser sprachliche Baukasten, aus dem er sich immer bedienen kann. Das klingt zwar gut, hat aber vielleicht nicht immer die größte Substanz. »Als deutsche Band kann man sich im Englischen viel mehr erlauben«, glaubt Ingo. »Es ist viel leichter, mit Floskeln und Füllseln zu arbeiten.

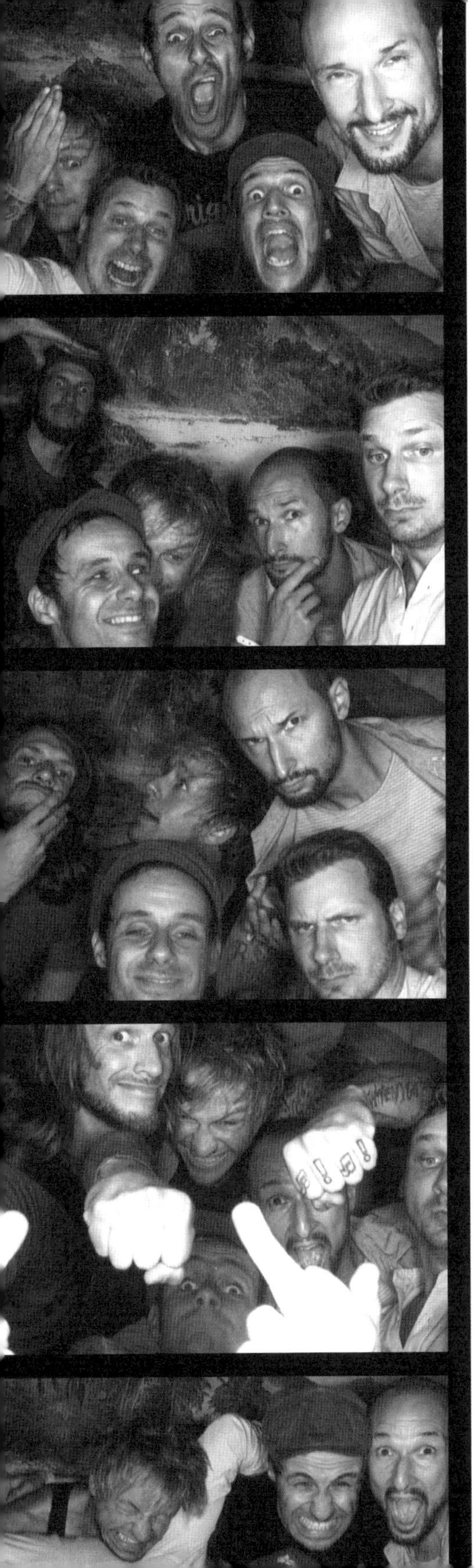

Vieles wird überhört, die meisten Hörer bleiben nur bei den Schlagwörtern hängen.«

Wer Deutsch singt, muss sich viel klarer und direkter ausdrücken und ist gezwungen, Stellung zu beziehen. »Man kann sich nicht mehr so durchschlängeln wie im Englischen«, sagt Ingo. »Und man muss höllisch aufpassen, dass man nicht im Schlager landet. Oder in der Belanglosigkeit.«

Je öfter die Donots über dieses Thema reden, desto weiter reift der Entschluss: Wir wollen das mal probieren.

Davon, komplett die Sprache zu wechseln, ist zunächst nicht die Rede. Der erste deutschsprachige Donots-Song soll etwas Einmaliges sein, ein ganz besonderes Special zum zwanzigjährigen Bandjubiläum. Das steht im April 2014 an, und da will die Band ihren Fans etwas bieten. Pünktlich am 16. April, genau zwanzig Jahre nach dem ersten Donots-Konzert in der Scheune, geht auf der Band-Homepage ein Song online, den man sich gratis herunterladen kann: »Das Neue bleibt beim Alten« ist für die Donots in mehrfacher Hinsicht etwas ganz Besonderes. Denn zum einen müssen sich die Fünf jedes Mal ungläubig die Augen reiben, wenn sie sich den Anlass vergegenwärtigen: *Zwanzig Jahre! Zieht euch das mal rein. Wir dürfen das schon zwanzig Jahre machen!* Zum anderen können sie für den Song einen renommierten und saucoolen Gastsänger eintüten: Tim McIlrath von Rise Against.

Dabei ist die Anfrage, die Ingo an Tim schickt, ziemlich ungewöhnlich. Denn die Zeilen, die dieser singen soll, sind auf Deutsch. »Mit schwebte so etwas wie der ›Punk Rock Song‹ von Bad

Religion vor, von dem gab es ja auch eine deutsche Version. Das war ein schönes Symbol der Internationalität, und in die Richtung wollten wir auch gehen«, sagt Ingo.

»Das Neue bleibt beim Alten« ist ein herrlich dreckiges Punkrock-Biest. Schnell, hart und rotzig, aber dank der mitreißenden Melodien und Angelhaken-Riffs äußerst eingängig. Wer den Song hört, fühlt sich ein bisschen wie Sonny Liston in seinem zweiten Kampf gegen Muhammad Ali: Es gibt ständig in die Fresse, nach nicht einmal zwei Minuten ist der Spaß vorbei und du liegst am Boden. Dann baut sich ein bedrohlicher Typ über dir auf und brüllt: »Steh auf, du Penner! Ich bin noch nicht fertig!« Widerspruch zwecklos.

Die aggressive Musik bietet das perfekte Vehikel für den Text, an dem Ingo so lange gesessen hat wie noch an keinem Donots-Song zuvor. »Das Neue bleibt beim Alten« ist seine Abrechnung mit dem Rechtsruck in Deutschland, mit denkfaulen Mitläufern, Nachplapperern und Trittbrettfahrern. Ein Statement, das es in dieser Deutlichkeit noch auf keiner Donots-Platte zu hören gab.

Nicht zuletzt deshalb sagt Rise-Against-Sänger Tim sofort zu und stellt sich der Herausforderung, für Amerikaner unaussprechliche Wörter wie »Architekten« oder »leugnen« zu singen. Neben der Gesangsspur hat ihm Ingo zur Orientierung den Text in Lautschrift geschickt. Bei den Aufnahmen soll er Tim eigentlich per Skype durch den Song lotsen. Doch als der mit Produzent Bill Stevenson in Santa Monica im Studio steht, steckt Ingo gerade im Stau auf der A1 zwischen Münster und Köln. Als er endlich zu Hause ist, hat Tim ihm schon seine komplette Gesangsspur geschickt. Ingos Fazit: »Hammer-Typ, Hammer-Aufnahme!«

»Das Neue bleibt beim Alten« ist nicht der einzige Song, der während der Studiosession zum Bandjubiläum entsteht. Als sie die Instrumente abbauen, haben die Donots neun Songs aufgenommen, sieben davon haben bereits einen Text. Einen *deutschen* Text, wohlgemerkt. »Am Anfang sind wir schon ein bisschen gestolpert. Sowohl textlich, als auch musikalisch. Das Ganze sollte ja zusammenpassen, das mussten wir erst mal hinkriegen«, sagt Purgen.

Die deutsche Sprache ist nicht so rund und geschmeidig wie das Englische. Sie hat mehr Ecken, mehr Kanten, mehr Brüche. Die Wörter und die Sätze sind länger, was auch an die Musik neue Anforderungen stellt. »Die Vielsilbigkeit des Deutschen hat sich direkt auf das Songwriting ausgewirkt«, sagt Ingo. »Man arbeitet mehr mit Stakkatos, hat öfter das sprachliche Maschinengewehr in der Hand. Wir haben gemerkt: Auf Deutsch ist direkt ein ganz anderes Aggressionspotenzial da.«

Die durch die Texte erzeugte Vollgasstimmung ermutigt die Donots, mal wieder einfachere Riffs zu schreiben. Powerchords, die nichts weiter wollen, als zu ballern. »Wenn man zwanzig Jahre lang Songs schreibt, scheut man irgendwann das Simple«, sagt Purgen. »Stattdessen sucht man immer öfter Umwege. Geht das nicht noch besser? Komplizierter? Anders?« Aber jetzt hat sich dieser Knoten offenbar gelöst. Das Songwriting gleicht sich den Texten an: Es wird direkter, klarer, hat mehr Wumms.

Die Frage, was mit den deutschen Songs passieren soll, wird heftig diskutiert. Ab in den Giftschrank damit? Englische Versionen aufnehmen? Oder einfach veröffentlichen? »Die Entscheidung, ob das jetzt unser neues Album wird, haben wir lange vor uns hergetragen«, sagt Eike. »Irgendwann war im Grunde alles fertig, aber wir waren uns einfach nicht sicher, ob wir diesen Schritt machen. Ob wir uns das trauen können.«

Ein Sprachwechsel ist vermutlich der größtmögliche Kurswechsel, den eine Band einschlagen kann. Und in Deutschland gibt es nicht viele Bands, die den Mut dafür aufbrachten, und noch sehr viel weniger, die damit auch Erfolg hatten. Und wenn, dann unter ganz anderen Umständen. Wie bei Element Of Crime, die vor 25 Jahren, als sie diesen Schritt riskierten, noch ziemlich am Anfang ihrer Karriere standen.

Doch die Donots merken, wie sehr diese neue Herausforderung ihre Synapsen kitzelt. Wie viel Drive sie ihnen gibt. Und wie viel Spaß das alles macht. »Es hat sich einfach gut und richtig angefühlt«, sagt Eike. »Die Songs hatten so viel Selbstbewusstsein, die haben quasi zu uns gesprochen: Das ist richtig so, lasst uns das machen.«

Als die Donots »Das Neue bleibt beim Alten« online stellen, sind sie so aufgeregt wie lange nicht mehr. Was werden die Fans dazu sagen? Wie kommt das rüber? Ist das ein zu großer Schritt?

Die nervöse Anspannung weicht schon bald einem glücklichen Grinsen. Das Feedback der Fans ist fast durchweg positiv: »Das passt so hammergut zu euch.« – »Macht auf jeden Fall so weiter.« – »Endlich klingt ihr wie die Band, die ihr eigentlich seid.« Kommentare wie diese bestärken die Band, und auch ihr Labelpartner Vertigo sieht in dem Sprachwechsel mehr Chancen als Risiken.

Am Ende sind sich alle einig. Und die Donots sagen:

Alright, let's do this! Beziehungsweise: Los, wir machen das!

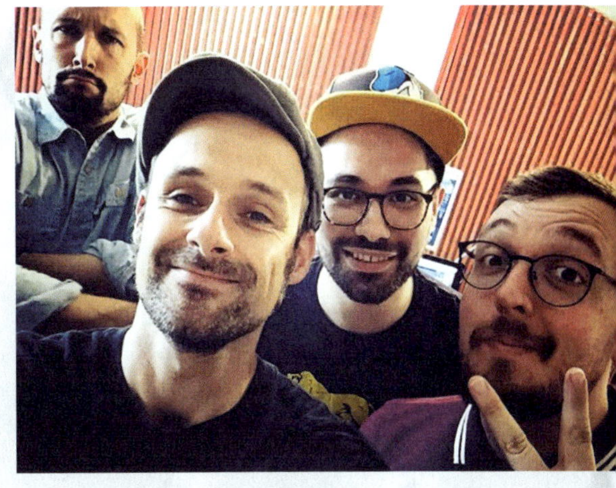

ANTILOPEN GANG

Die Donots sind eine zwanghaft liebe Rockkapelle aus einem Scheißkaff irgendwo in Westdeutschland. Sie mögen trotz ihres fortgeschrittenen Alters Memes, die ich selten verstehe. Sehr gut finde ich Guido, weil er gerne auf Wirrkopf macht und Eike, wegen den langen Haaren. Recht freundliche Grüße aber auch an die anderen.
(Panik Panzer)

Die Donots sind eine Band wie aus dem Rock-Bilderbuch, viele da können auch Instrumente spielen, teilweise sogar singen. Was für Menschen sind das, die sich nach einem Konzert bei einer Pizzeria einfach direkt alles bestellen und das auch noch in doppelter Ausführung? Wenn die Leute in der Halle Münsterland gesehen hätten, wie diese Band überfressen nach Luft ringend am Backstageboden lag und spöttisch lachte, sie wären vom Glauben abgekommen. Nichts als Betrug, nichts als falsche Hoffnung. (Danger Dan)

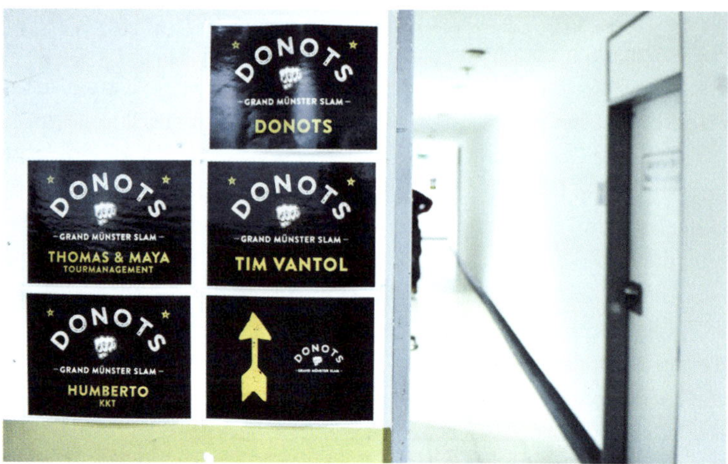

Nachdem der *Grand Münster Slam* 2013 nur in einer Miniaturversion in der Gorilla Bar stattfindet, ist es im Dezember 2014 wieder Zeit, in die Vollen zu gehen. Bereits zum vierten Mal spielen die Donots in der Halle Münsterland. Inzwischen eine liebgewordene Tradition für die Band, aber auch für die Fans. Der Vorverkauf für die Show läuft und läuft – bis er irgendwann nicht mehr läuft. Das Spektakel in der riesigen Halle ist bis auf den letzten Platz ausverkauft! Die Bandgeschichte ist um einen weiteren, großen WTF-Moment reicher. »Im Kopf sind da die Bilder von Konzerten, die man selbst als Zuschauer dort erlebt hat: Eine ganze Arena randvoll mit Leuten, die einfach nur abgehen und eine gute Zeit haben«, sagt Alex. »Und jetzt stehen wir da oben, und die sind alle wegen uns da. Wegen uns und unserer Schnapsidee. Weil wir irgendwann mal gesagt haben: Wir ziehen das jetzt durch.«

Als hätten die Donots noch einen weiteren Beweis dafür gebraucht, dass man ruhig mal ein Entchen aufs Wasser setzen kann, um dann einfach zu schauen, wo es hinschwimmt. Was soll schon groß schiefgehen? Nur so kommen Dinge in Bewegung, die sonst vielleicht nie passiert wären. Am Ende, das haben sie in zwanzig Jahren gelernt, bereut man doch meistens die Chancen, die man *nicht* genutzt hat.

Bevor Tim Vantol, die Subways und CJ Ramone das reguläre Vorprogramm beim vierten *Grand Münster Slam* bestreiten, haben die Donots noch einen Überraschungs-Support parat: sich selbst nämlich. Vor der Halle Münsterland steht ein LKW, und als der Zuschauerandrang dort am Größten ist, erklimmt die Band die Ladefläche, zieht die Plane hoch und prügelt eine Handvoll Nummern raus, um den Wartenden bei Temperaturen knapp über Null ordentlich einzuheizen: Unter ande-

Oben: Wegweiser in der Halle Münsterland
Rechts: Geheim-Show auf dem LKW vor dem *Grand Münster Slam*
Unten: Eike beim Soundcheck
Nächste Seite: Heute Pläne, Silber-Konfetti!

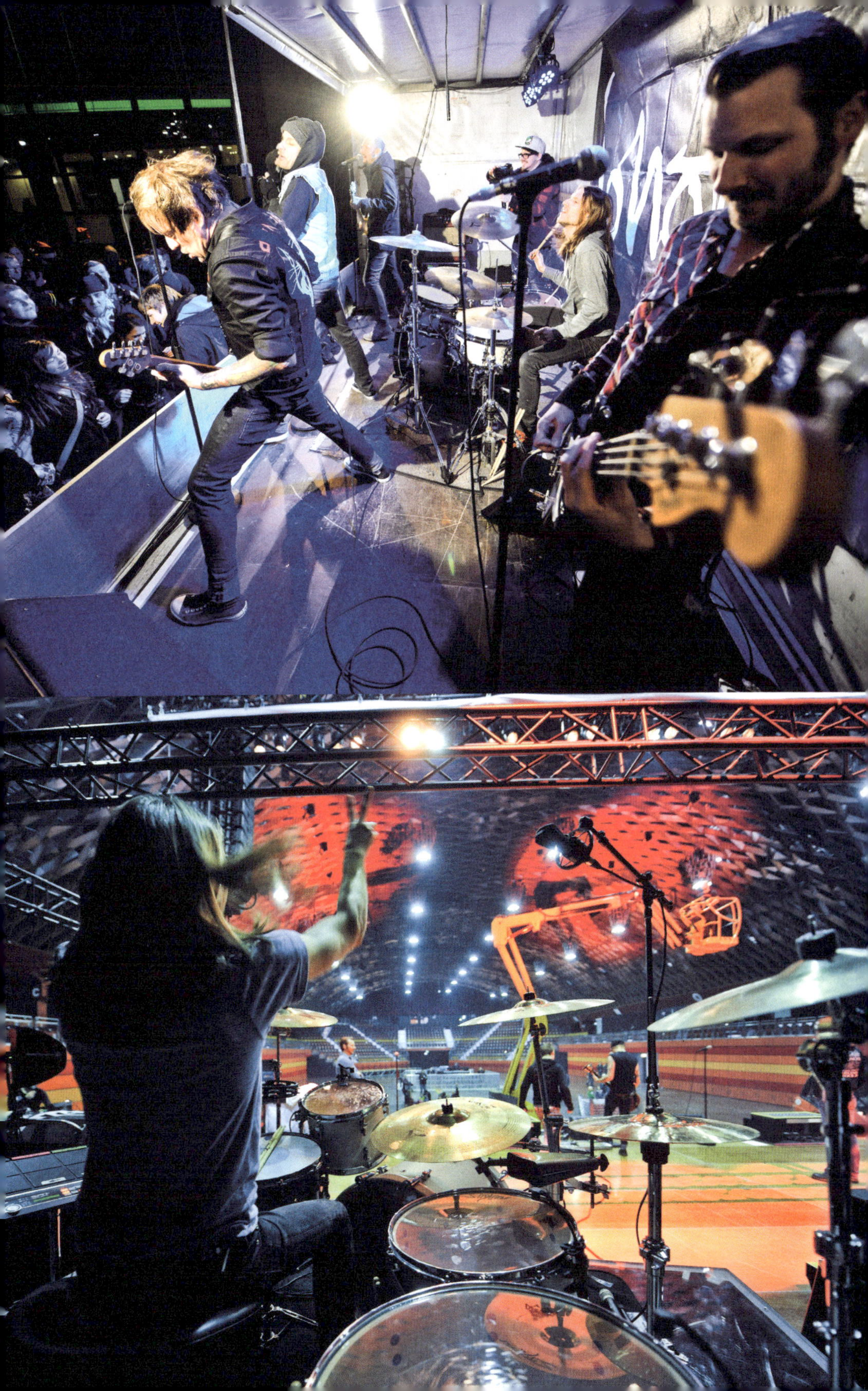

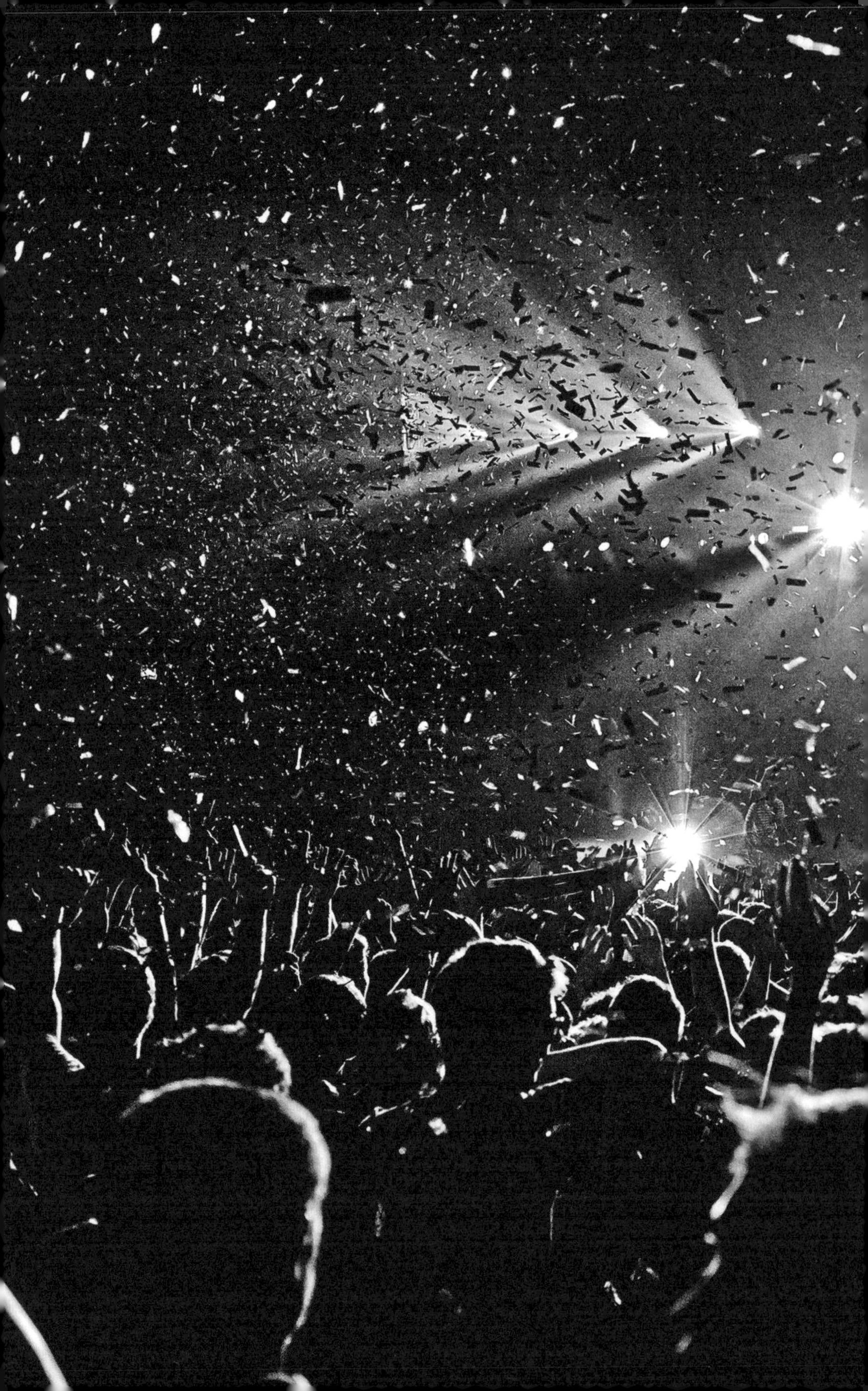

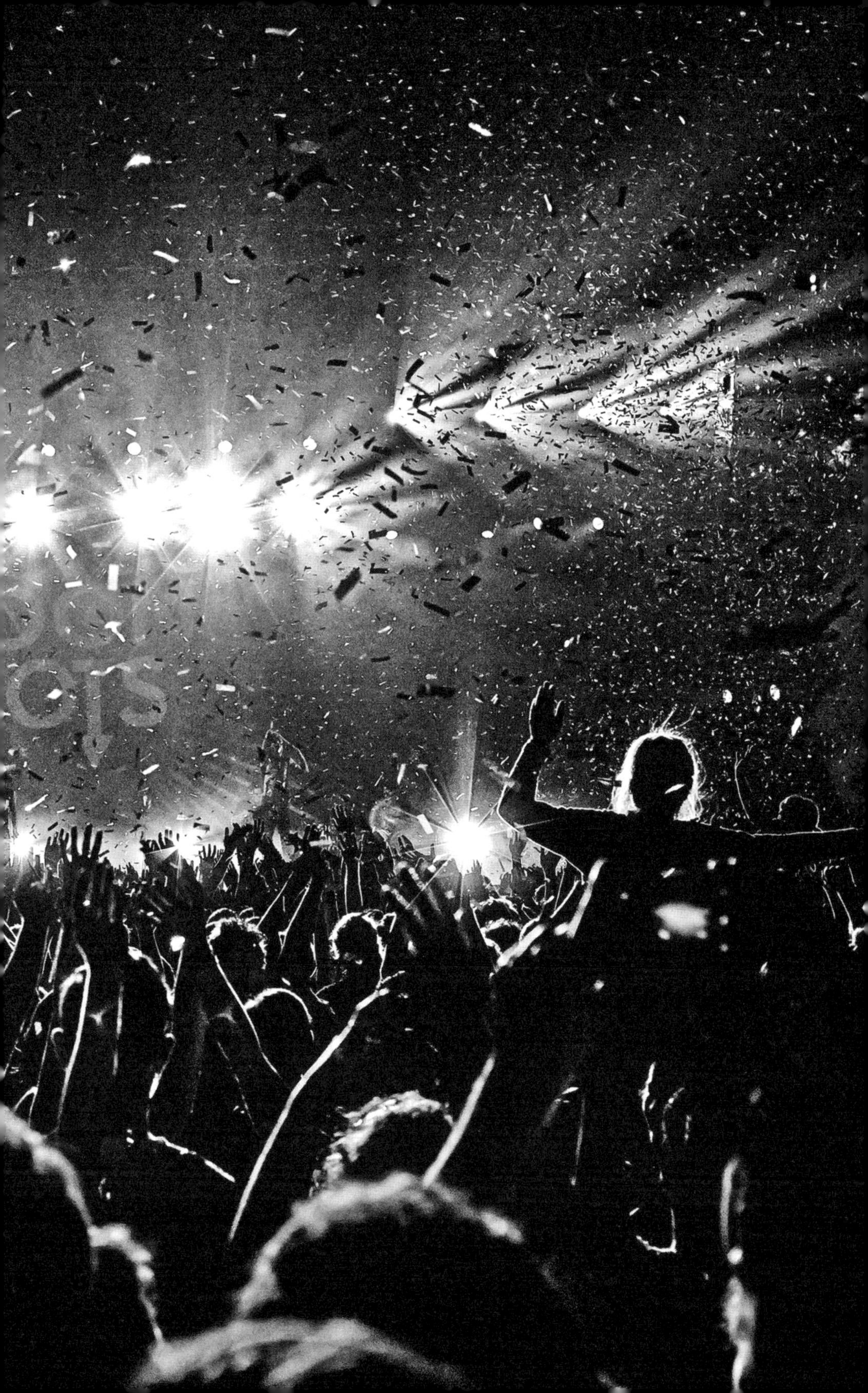

rem die selten gespielten Songs »Oh Yeah« und »Born A Wolf« sowie als Premiere »Hier also weg« vom neuen Album, von dem sie später, auf der großen Bühne, auch noch »Das Neue bleibt beim Alten«, »Ich mach nicht mehr mit« und »Hansaring 2:10 Uhr« spielen. Die neuen Songs fallen nicht aus der Reihe und wirken nicht wie Brüche, sondern sind direkt dort, wo sie hingehören: In den Herzen und Köpfen der Fans. Deren begeisterte Reaktionen machen die Donots fast sprachlos.

Karacho erscheint am 20. Februar 2015 und steigt auf Platz fünf in den Charts – erneuter Bandrekord. Im Marketing-Sprech der Plattenfirmen wird oft mit den Begriffen »breit« und »spitz« hantiert. Wer sich »breit« aufstellt, spricht die Masse an, während eine »spitze« Band sich einer bestimmten Zielgruppe oder Szene zuwendet. Den Donots gelingt mit *Karacho* der Spagat: Sie sind – bitte nicht missverstehen – gleichzeitig breit und spitz. Denn die Donots sind nicht nur erfolgreich, sondern werden mit dem Wechsel zur deutschen Sprache schlagartig zu einer gewichtigen Stimme im politisch und gesellschaftlich engagierten Punkrock.

Als Ingo beim Texten die ersten Gehversuche mit der deutschen Sprache unternimmt, merkt er rasch, dass da mehr kommen muss, als die Art von Lyrics, die er bis jetzt geschrieben hat: »Mir war schnell klar: Wenn wir das machen, dürfen wir uns textlich auf gar keinen Fall selbst auf den Füßen rumstehen. Dann lieber anderen auf die Füße treten.«

Um sich zu trainieren und ein Gefühl für das Zusammenspiel von Musik und deutschen Texten zu bekommen, hört Ingo wochen- und monatelang kaum etwas anderes. Natürlich seiner Meinung nach positive Beispiele wie Dackelblut, ...But Alive, Hammerhead, Slime, Tomte, Turbostaat, Die Skeptiker, Muff Potter, Boxhamsters oder auch Casper. Aber auch die Kehrseite der Medaille. Beim Autofahren schaltet er bewusst Schlager- und Mainstream-Pop-Sender ein. Er hört aufmerksam zu, analysiert die Texte und ihr Verhältnis zur Musik, wodurch ihm mehr und mehr klar wird, was er auf jeden Fall vermeiden will.

Direkt, aber nicht flach. Lyrisch, aber nicht kryptisch: Die Ansprüche, die der Perfektionist Ingo an seine Texte hat, sind hoch und führen zu einigen schlaflosen Nächten, in denen er stundenlang Wörter dreht und wendet, Formulierungen daraufhin abklopft, ob er sie in einem Text verwenden kann. Und so kommt er zu der Einsicht: Wer deutsch singt, darf keine einzige Textzeile verschenken.

»Dem Großteil der deutschsprachigen Musik, die man im Radio hört, fehlt es an Haltung und Attitüde«, sagt Ingo. »Nichts soll wehtun oder anecken, alles ist weichgespült und auf Format gebracht.« Er ist immer wieder aufs Neue erstaunt, wie gesichtslos und austauschbar die meisten Lieder sind. Und zieht daraus die richtigen Schlüsse für sich und die Donots: So machen sie es nicht. »Wenn wir schon verstanden werden, müssen wir auch etwas zu sagen haben«, beschreibt Ingo den Ansatz an seine deutschen Texte. »Nicht um den heißen Brei reden, nicht hinter Floskeln verstecken.«

Karacho ist ein Album, das sich aus vielen Fenstern gleichzeitig lehnt, und immer ganz weit hinaus. »Der Kopf bleibt oben, das Herz bleibt an« lautet eine Zeile, die sich durchaus als roter Faden der Platte lesen lässt: Nicht verzweifeln,

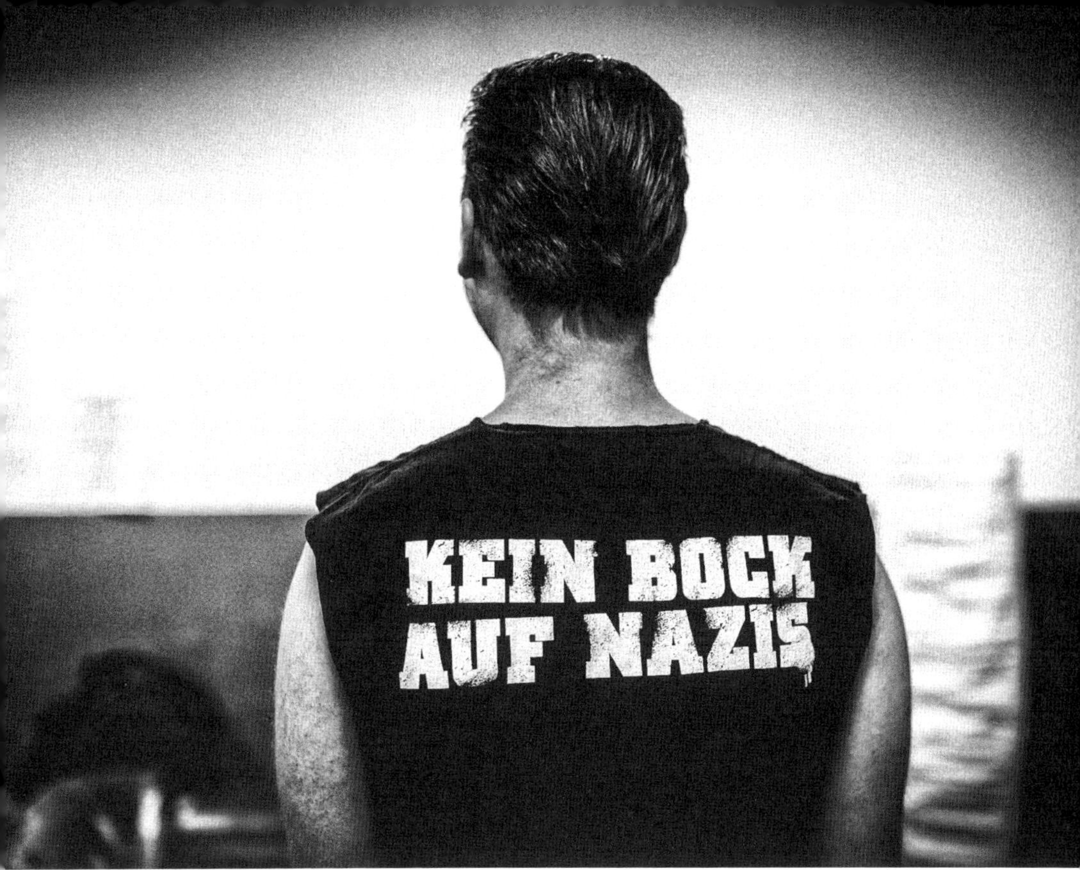

nicht unterkriegen lassen, Menschlichkeit bewahren und auf sich selbst vertrauen, das alles schwingt hier mit. Sowohl in »Junger Mann zum Mitleiden gesucht«, einer Absage an emotionale Nabelschauen, als auch in »Kaputt« und »Problem kein Problem«, wo die Band genüsslich den Mittelfinger ausfährt. Gerade »Problem kein Problem«, das von Guido herrlich rasselnd gesungen wird, ist ein Paradebeispiel dafür, wie gut der Wechsel von Englisch zu Deutsch funktioniert. »Wenn man die richtige Dosis Haltung in einen Song einbaut, bekommt auch eine eigentlich eher poppige Happy-go-lucky-Nummer eine schön nach vorne gelehnte Attitüde«, sagt Ingo.

Die Donots merken, dass ihr Songwriting deutlich griffiger geworden ist. »Man braucht keine zwei Dutzend Fremdinstrumente und auch keine künstlich aufgeblasene Produktion«, sagt Ingo. »Einfach einstöpseln und spielen, das reicht. Die Leute verstehen sofort, was Sache ist.« Dank der Texte, die ihre Themen nun sehr viel konkreter ansprechen und den Finger notfalls punktgenau in die Wunde legen, können sie so letztlich das gleiche Feuer entfachen.

Das gilt besonders für »Ich mach nicht mehr mit« und »Dann ohne mich«, die beiden Songs des Albums, in denen die Donots am eindeutigsten Position beziehen. Gegen rechts, gegen Religionen, gegen Obrigkeiten, gegen den Kapitalismus. Über diese beiden Songs werden sie von vielen definiert. Die Donots, so der Tenor in der Musikpresse und der interessierten Öffentlichkeit, sind auf einmal politisch

Seit Jahren ein gutes Team:
„Kein Bock Auf Nazis“ und die Donots.

geworden. Sie ernten Respekt und Anerkennung und werden auf einmal in Kreisen wahr- und ernst genommen, die sie jahrelang eher misstrauisch beäugt oder einfach ignoriert haben.

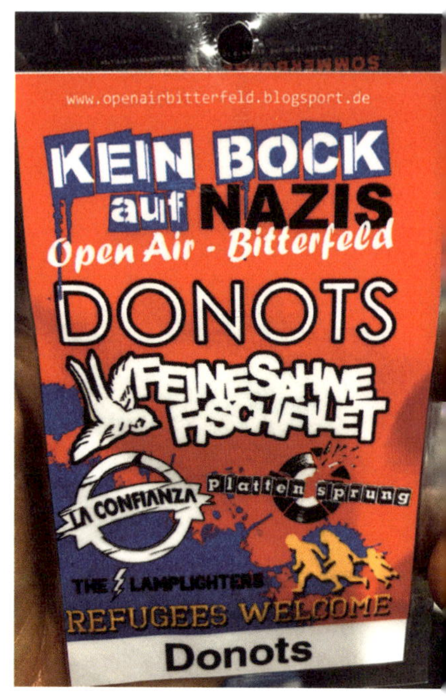

Ein gutes Beispiel dafür ist das *OX*, Deutschlands größtes Fanzine für Punk und Hardcore. Joachim Hiller, der das *OX* Ende der Achtziger gegründet und seitdem zu einem der wichtigsten gedruckten Medien in der deutschen Punkszene aufgebaut hat, kennt die Donots schon lange. Das erste Mal hat er sie im Dezember 1998 als Supportband von Samiam gesehen – ein fast schon traumatisches Erlebnis für ihn, sagt er später. Seine Gedanken damals: »Was ist das denn für eine nervige Nachwuchsband? Die sind ja schrecklich!« Die ersten Alben der Donots sind für ihn nicht der Rede wert. »Diese ganze Melody-Core- beziehungsweise Pop-Punk-Nummer war ohnehin schon auf dem absteigenden Ast. Und dann kam noch diese deutsche Band, die das Ganze aus meiner Sicht weder besonders gut noch authentisch gemacht hat. Und die zu allem Überfluss auch noch bei GUN war, dem Label aus der Hölle, das wirklich nur furchtbare Bands unter Vertrag hatte.« Dass die Band eigentlich einen durchaus glaubwürdigen DIY-Background hat und den Werten und Ansichten seines Fanzines sehr nahe stand, war ihm damals nicht klar.

Auch den weiteren Werdegang der Donots verfolgt Hiller eher aus der Distanz. »Ich bin erst aufmerksam geworden, als sie angefangen haben, sich wieder selbst um ihre Geschäfte zu kümmern. Als eben nicht mehr diese Maschine dahintersteckte. Musikalisch habe ich aber immer noch gefremdelt.« Das ändert sich erst mit *Karacho*. Mit ihrem ersten deutschen Album trifft die Band auch musikalisch und inhaltlich den Nerv des *OX*-Herausgebers, der zur Veröffentlichung sogar eine Titelgeschichte über die Band schreibt. Neben ZSK, Broilers oder Feine Sahne Fischfilet gehören die Donots für Hiller zu den deutschen Bands, die in der Lage sind, neue, junge Fans an die Szene heranzuführen. »Bei den Donots ist ganz klar, wo sie stehen und wogegen sie sich stellen. Gerade ein junges Publikum braucht es, dass da einfach mal Klartext geredet wird. Dass eindeutige Ansagen kommen und auch entsprechende Rituale gegen rechts gepflegt werden.« Für Hiller steht fest: »Mit *Karacho* sind die Donots eine Stimme in der linken deutschen Punkszene geworden.«

Einerseits freuen sich die Donots über solche Zuschreibungen und darüber, dass *Karacho* genau so verstanden wird, wie es gemeint ist: als Ansage. Aber sie wundern sich schon ein bisschen, wie sehr sich die Wahrnehmung ihrer Band geändert hat. Dabei sind die Donots seit jeher alles andere als unpolitisch. Schon im Booklet der *We're Not Gonna Take It*-EP haben sie zwei Seiten für die kapitalismuskritische

Organisation Attac freigeräumt. Sie unterstützen seit Jahren die Tierrechtsorganisationen Peta und Vier Pfoten, setzen sich für Amnesty International ein und lassen die Aktivisten der »Kein Bock auf Nazis«-Kampagne an ihrem Merchandise-Stand Flyer verteilen.

Auch in ihren Songs haben die Donots politisch und gesellschaftlich immer wieder eindeutig Position bezogen. Als sich 2003 der Irak-Krieg abzeichnet, nehmen sie mit Anti-Flag und ZSK den »Protest Song« auf, der sich vehement gegen Kriegstreiberei und Ungerechtigkeit wendet und offensiv zu Demonstrationen auffordert. »Because our voices this time won't get it done«, heißt es in dem Song, der in bester Old-School-Plakativität Taten statt Worte propagiert.

Im Jahr 2004 ruft Fat Wreck, das Label von NOFX-Chef Fat Mike, die Intiative punkvoter.com ins Leben, die es zum Ziel hat, junge Amerikaner zum Wählen zu motivieren. Damals noch vorrangig, um die Wiederwahl von George W. Bush zu verhindern. Begleitend zur Kampagne erscheint ein hochkarätig besetzter Sampler mit dem Titel *Rock Against Bush*, auf dem Bands wie Offspring, Descendents, Social Distortion, Alkaline Trio und Pennywise mit teils exklusiven Songs vertreten sind. Als die Donots davon Wind bekommen, dass ein zweiter Teil der Compilation geplant ist, nehmen sie in weiser Voraussicht den Song »Time's Up« auf.

Kurz danach spielen NOFX in Osnabrück, und Ingo verabredet sich mit Fat Mike. Die beiden setzen sich in den Nightliner und reden über Politik, Punkrock und die Wahl im November. Eine Wahl, die nicht nur die USA, sondern die ganze Welt betrifft. Auf dem ersten Teil des Samplers waren nur amerikanische Bands zu hören, aber vielleicht lässt sich der Rahmen diesmal weiter fassen? Vielleicht könnte man die globale Bedeutung dieser Wahl betonen, indem man auch internationale Bands für den Sampler rekrutiert? Fat Mike wirft sich während des Gesprächs zwar die eine oder andere bunte Pille rein, aber daran liegt es nicht, dass er schließlich sein Konzept ändert. Sondern an dem Song, den ihm Ingo vorspielt. »Time's Up« gefällt ihm auch textlich so gut, dass die Donots schließlich dabei sind, als im Oktober 2004 der zweite Teil von *Rock Against Bush* erscheint. Und sie befinden sich in illustrer Gesellschaft, denn mit Bands wie Green Day, Foo Fighters, Bad Religion, No Doubt, Sick Of It All, Rancid, Operation Ivy, Lagwagon und Hot Water Music ist das Line-up fast noch spektakulärer als beim ersten Teil. George W. Bush gewinnt zwar die Wahl, aber immerhin hat die Aktion der Welt ein paar richtig gute Songs beschert.

Trotzdem nimmt das politische Engagement der Donots bis zu ihrem Wechsel zur deutschen Sprache kaum jemand wahr. »Für viele Leute war das wohl nur ein Nebenschauplatz«, sagt Ingo. »Da stand dann einfach die englische Sprache im Weg.« Auch Guido wundert sich, dass die Donots erst seit *Karacho* als engagierte Band wahrgenommen werden: »Unserem Gefühl nach waren wir das schon immer.«

Allerdings muss man auch sagen, dass die Band vor fünfzehn Jahren Songs wie »Dann ohne mich« wohl nicht in dieser Form geschrieben hätte. Denn Anfang des Jahrtausends hat Ingo eine klare Meinung zu Anti-Nazi Songs: »Die braucht zum Glück kein Mensch mehr.« Als Punkband gegen Faschos anzusingen, das ist für ihn damals »preaching to the choir«. Was macht es für einen Sinn, ein Publikum zu überzeugen, das ohnehin schon deine Meinung teilt? Doch spätestens mit dem Rechtsruck in Deutschland, als reaktionäre, minderheitenfeindliche und rassistische Positionen immer mehr Zuspruch bekommen und zunehmend gesellschaftsfähig werden, überdenkt er seine Einstellung grundlegend.

Die Zeiten haben sich geändert, und damit auch die Haltung der Donots. Schnauze halten ist keine Option mehr. Und wenn die Rechten sich immer unverhohlener trauen, die Megaphone auszupacken und ihre Lügen zu verbreiten, gilt es eben noch lauter zurückzubrüllen. »Das kann man natürlich linkspopulistisch finden«, sagt Ingo. »Aber wenn Faschos mit der Keule kommen, braucht es einfach Klartext!«

Mit ihrer Musik haben die Donots dafür ein überaus effektives Werkzeug zur Hand. »Interviews und Statements sind schön und gut. Aber wir sind mit Punk, Hardcore und Bands wie Rage Against The Machine aufgewachsen. Da haben wir selbst erlebt, wie unmittelbar Gedankenanstöße knallen können, wenn sie in Songs verpackt sind«, sagt Ingo. »Das packt dich direkt am Kragen.«

Wobei die Donots sich nicht per se als Band mit Anti-Haltung sehen. Ihnen geht es nicht nur darum, lautstark *gegen* Rassisten zu mobilisieren. Es ist mindestens genauso wichtig, die Menschen *für* etwas zu begeistern, ein Gefühl des Zusammenhalts zu erzeugen, gemeinsam für etwas einstehen. Nämlich für Toleranz, für Aufklärung, dafür, den eigenen Kopf zu benutzen. »Manchmal tut es einfach gut, sich zu vergewissern, dass man nicht alleine ist mit seinen Ansichten. Das erzeugt Einigkeit und Verbundenheit, und darum geht es ja letztendlich bei allem«, sagt Ingo. »Das ist ja das Großartige am Punk. Er kann Leute in positive Wut versetzen, sie darin vereinen, und dabei jedem einzelnen Hörer und jeder Hörerin vermitteln: Du bist wichtig, deine Stimme zählt. Wenn dir etwas nicht passt, kannst du das ändern. Egal, wer du bist und wo du bist. Du bist nicht allein. Denn am Ende gibt es eben doch mehr gute Leute als Idioten« sagt Ingo.

Die Donots sind überzeugt: »Wenn wir nur einen einzigen Menschen wachrütteln können, dann hat es sich gelohnt.«

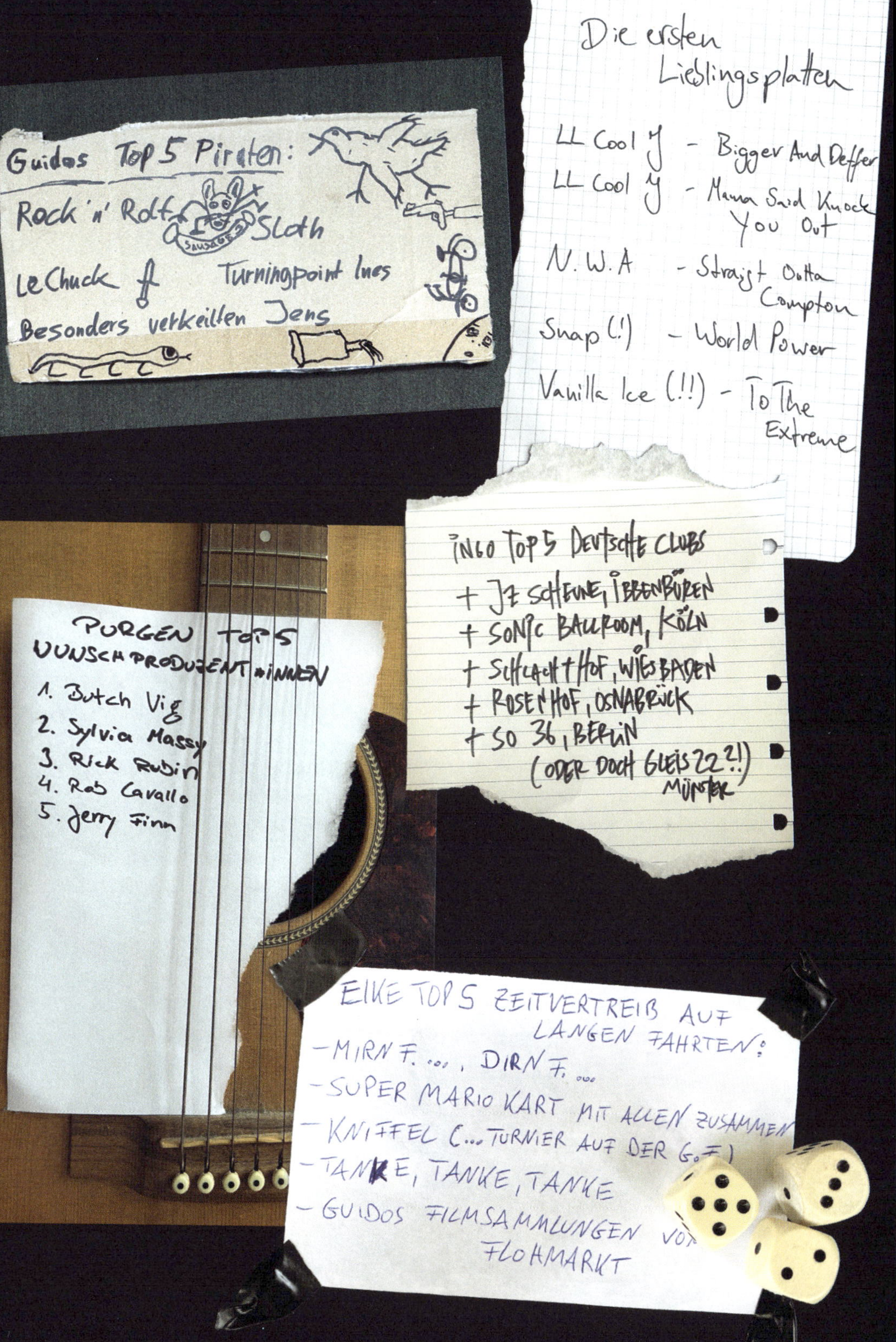
Guidos Top 5 Piraten:
Rock 'n' Rolf
SAUSAGE
Sloth
LeChuck
Turningpoint Ines
Besonders verkeilten Jens
Alex Top 5:
Die ersten Lieblingsplatten
LL Cool J - Bigger And Deffer
LL Cool J - Mama Said Knock You Out
N.W.A - Straight Outta Compton
Snap (!) - World Power
Vanilla Ice (!!) - To The Extreme
INGO TOP 5 DEUTSCHE CLUBS
+ JZ SCHEUNE, IBBENBÜREN
+ SONIC BALLROOM, KÖLN
+ SCHLACHTHOF, WIESBADEN
+ ROSENHOF, OSNABRÜCK
+ SO 36, BERLIN
(ODER DOCH GLEIS 22 ?!) MÜNSTER
JURGEN TOP 5 WUNSCHPRODUZENT*INNEN
1. Butch Vig
2. Sylvia Massy
3. Rick Rubin
4. Rob Cavallo
5. Jerry Finn
EIKE TOP 5 ZEITVERTREIB AUF LANGEN FAHRTEN:
- MIRN F...., DIRN F....
- SUPER MARIO KART MIT ALLEN ZUSAMMEN
- KNIFFEL (...TURNIER AUF DER G.
- TANKE, TANKE, TANKE
- GUIDOS FILMSAMMLUNGEN VO
FLOHMARKT

UNFREIWILLIG AUF DIE BREMSE

Februar 2015: *Karacho* steht in den Läden, die Reaktionen von Fans, Öffentlichkeit und Presse könnten kaum besser sein, und die Donots können es nicht erwarten, das Album, mit dem sie sich zum zweiten Mal neu erfunden haben, endlich live zu präsentieren.

Bevor die Tour am 3. März startet und ihn wochenlang von seiner Familie trennt, will Eike noch ein bisschen Zeit mit seinen Töchtern verbringen. Der Winter 2015 ist kalt, also geht er mit Polly und Tilda am Aachener Weiher in Köln Schlittenfahren. Nachdem er sich im April 2002 kurz vor der Europatour mit Millencolin das Handgelenk beim Snowboarden gebrochen hat, haben sich alle Donots ein strenges Wintersportverbot auferlegt. Aber es wird ja wohl kein Problem sein, die Kids anzuschieben und den Schlitten den Berg hochzuziehen.

Ist es dann aber doch, denn Eike tritt in den Eingang eines Kaninchenbaus und verdreht sich dabei das Knie. Mit schmerzverzerrtem Gesicht humpelt er nach Hause, kühlt das angeschwollene Gelenk und hofft inständig, dass die Schmerzen bis zum nächsten Tag wieder nachlassen. Leider vergeblich. Vor allem beim Schlagzeugspielen tut das Knie scheißweh. Er geht zum Orthopäden, und der hat schlechte Nachrichten für ihn: Das Innenband ist angerissen, und damit es gut ausheilen kann, soll Eike das Knie für acht bis zwölf Wochen nicht belasten. Ein paar Einzelshows wären vielleicht noch möglich, aber von einer ganzen Tour rät der Arzt dringend ab.

Verdammt! Und was machen wir jetzt? Die Überlegung, wie 2002 einen Ersatzdrummer zu engagieren, verwerfen die Donots sofort wieder. Das würde sich irgendwie falsch anfühlen. Neue Platte, neue Sprache, in gewisser Weise neue Donots: Da sollen dann auch alle fünf an Bord sein, wenn das Material zum ersten Mal live präsentiert wird. Sie vertagen die *Karacho*-Tour auf den Herbst und hoffen, damit nicht allzu viele Fans in Terminschwierigkeiten zu bringen.

Ein Termin, der sich nicht verschieben lässt, ist ihr Auftritt bei *Circus HalliGalli.* Joko und Klaas haben die Donots eingeladen, Mitte März in ihrer Show »Ich mach nicht mehr mit« zu spielen. Live und vor rund einer Million Pro-Sieben-Zuschauern. Das lassen sie natürlich nicht sausen und machen sich auf die Suche nach einem angemessenen Ersatz für Eike. Nur wer käme da in Frage? Ein Vorschlag nach dem anderen wird verworfen. Kein Wunder, scherzen sie, Eike ist so unersetzlich, dass sie nicht einen und nicht zwei, sondern eigentlich gleich drei Drummer bräuchten. Und noch während sie darüber lachen, fällt der Groschen. Alle fünf denken dasselbe: Das ist es, wir treten mit drei Drummern auf!

Natürlich nicht mit irgendwelchen Drummern. Nein, um Eike zu ersetzen, muss schon in die oberste Schublade gegriffen werden. Die Wahl fällt auf Bela B. und Vom Ritchie sowie auf Flo Weber von den Sportfreunden Stiller. Alle drei sind sofort für

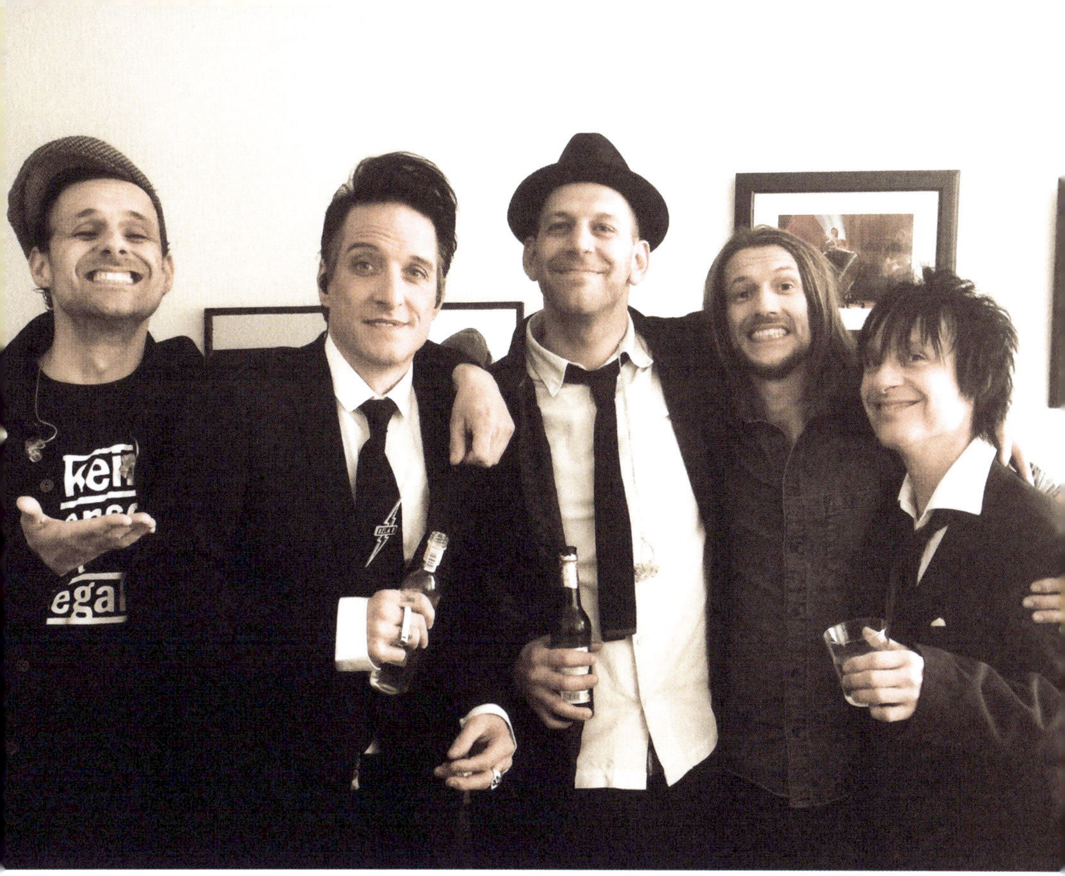

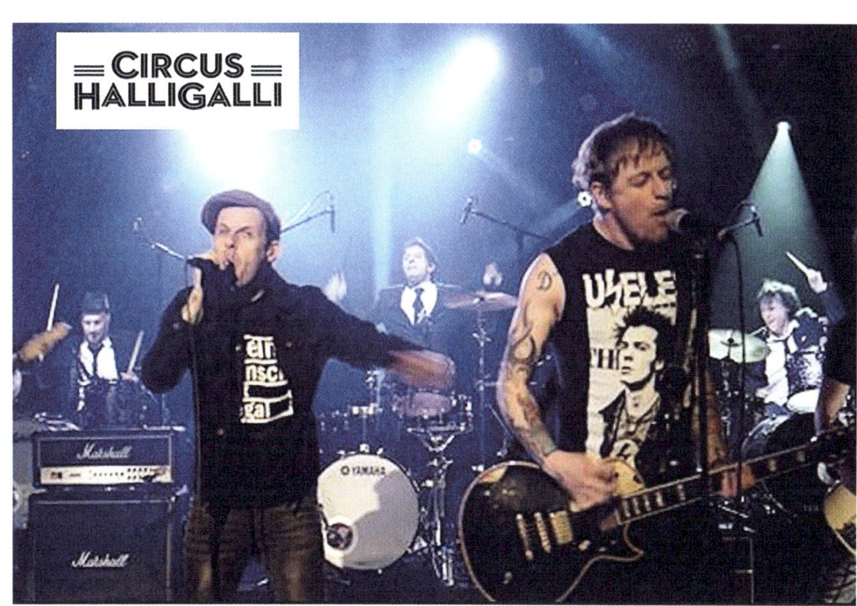

t Bela, Vom und Flo bei
ircus HalliGalli.

den Spaß zu haben. Im *Circus HalliGalli*-Studio bilden sie eine mächtige Drumwall, die hinter Ingo, Purgen, Alex und Guido ordentlich Dampf macht. Eine einzigartige Besetzung und ein einmaliger Coup, über den sich die Donots diebisch freuen. Vor allem, dass der Drummer der Ärzte und der der Hosen gemeinsam auftreten, ist eine ziemliche Sensation. Erst recht in Anbetracht der Rivalität, die zwischen den beiden größten deutschen Punkrockbands zeitweise herrschte. Doch wenn die nettesten Typen im deutschen Musikgeschäft mal wieder eine verrückte Idee haben, machen eben alle gerne mit.

FLO WEBER [Sportfreunde Stiller]

Donots (ital.: Donotellis)

Die hammergeilste Endtruppe! Von aufmüpfigen Emporkömmlingen zu todesmutigen Alternativlingen gereift. Immer im Auge des Punks und von Lieblichkeit ummantelt. Seit Jahrhunderten in der Pflege der Menschlichkeit und Umarmung unterwegs. Dem politisch Bösen richtig in die Fresse gesungen: Alles muss kaputt sein!

Allerding vor Einzelkritiken nicht gefeit:

Alex – der Lenker:
Der ruhige Überblicker und weise Rat der Rasselbande. Hat das intensive Gespür fürs Arrangieren von Melodien für Millionen. Mit ihm verliere ich mich in den Tiefen reichhaltiger Gespräche. Immer da, wenn ich nicht anrufe! Kleidungstechnisch am Rande des Hipstertums. Hätte fast mal Raab geschlagen – Extralob!

Guido – der Gliedmaßenverrenker, besser als Michael Schenker:
Die menschliche Kanonenkugel. Feuert sich selbst wie ein Gummiderwisch über die Bühne, spielt dabei studioreif jedes Riff. Singt, als hätte seine Kehle Ärger mit ihrer Schwiegermutter. Verzapft Nonsens - muss eigentlich Kabarettist werden.

Jan-Dirk – der Denker:
Nuschelt stets Richtiges durch seinen Bart. Nagelt erst seine Schuhe vors Mikro an der Bühne, presst anschließend sein Publikum mit der Basswalze ins Hinterstübchen. Ich denke, seine Vorfahren waren Seemänner mit Wikingeranteilen. Bei aller Freundlichkeit ist Vorsicht geboten.

Eike – der Henker:
Fallbeile aus Holz guillotinieren Fell und Blech. Ein alter Knüppelhase im Körper eines 20-Jährigen und Beats wie Maschinenpistolen. Lässt Haar und Hoden fliegen. Könnte Nachhilfe im Schlittenfahren vertragen. Neben ihm durfte ich trommeln und fühlte mich, trotz 40 Kilo mehr, klein und nicht ibbenbürtig. Lacht mich seit 20 Jahren aus. Gefällt mir.

Ingo – der Sänker, äh Sänger:
Sein Grätschsprung ist vier Meter höher als der von David Lee Roth. Bei all der intensiven Bühnenakrobatik noch nie eine Silbe verschluckt. Stets den Mittelfinger gehoben gegen die Pestizide dieser Welt. Ich mag seine deutsche Stimme noch lieber als die englische. Liegt wohl daran, dass ich das nicht verstehe. Beim Küsschen auf die Wange bemerke ich immer: Sein Rasiermesser ist stets fein gewetzt. Gut, dass wir alle Kumpels sind.

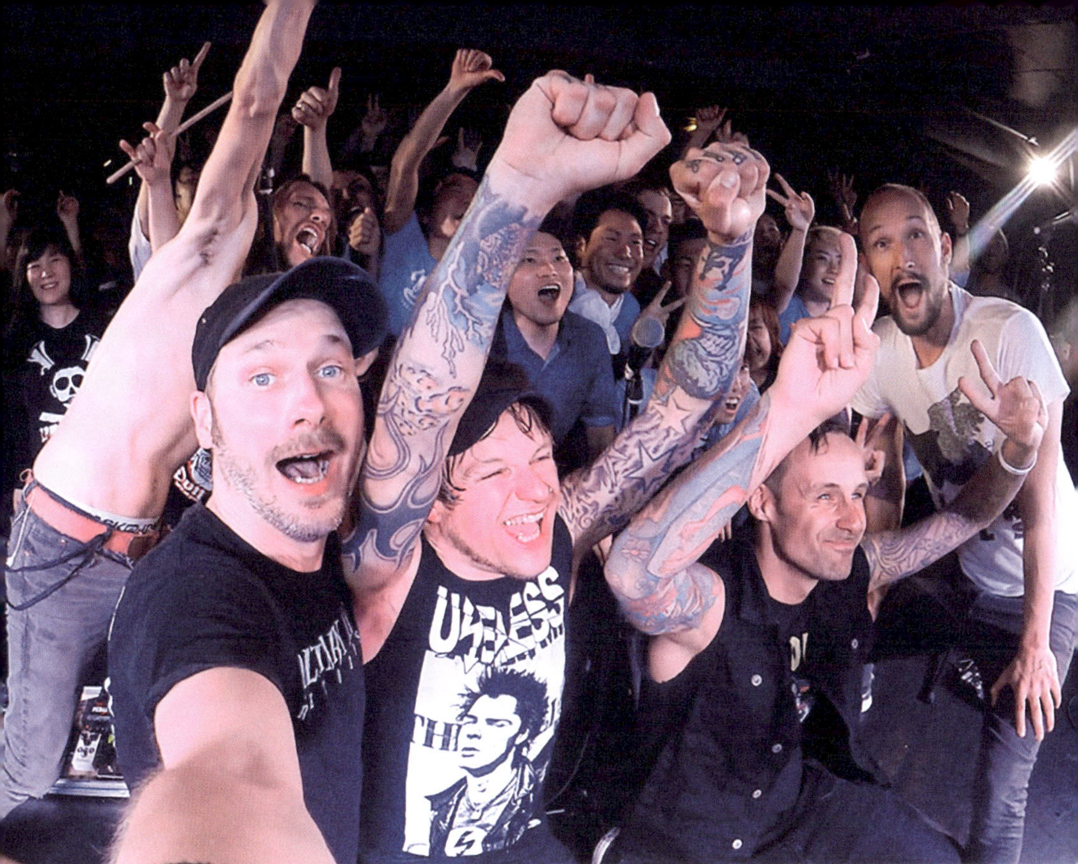

Mitte Mai ist Eike endlich wieder fit genug und es kommt zur Live-Premiere der Songs von *Karacho*. Wobei: Ganz richtig ist das nicht. Die Donots spielen zwar einen Großteil des neuen Albums, allerdings heißen die Songs »I Will Deny« statt »Ich mach nicht mehr mit«, »No Part Of It« statt »Dann ohne mich«, »All The Weight Of The World« statt »Junger Mann zum Mitleiden gesucht«, und aus dem Münsteraner »Hansaring« wird die Londoner »Camden Station«. Aber warum singen die Donots jetzt doch wieder englisch? Ganz einfach: Das Konzert findet in Tokio statt.

Ingo hat für den internationalen Markt eine englischsprachige Variante des Albums eingesungen, die als *¡CARAJO!* veröffentlicht wird. Da kommt die Gelegenheit, eine Show in Japan zu spielen, gerade recht. Die Show findet im King's X, einem Club im Stadtteil Ikeburo, und damit ganz bewusst in einem überschaubaren Rahmen statt.

Nach dem Reaktorunfall von Fukushima im März 2011 haben sich die japanische Gesellschaft und Kultur stark verändert. Punkrock und generell ausländische Bands sind lange nicht mehr so interessant und massenkompatibel, wie sie es lange waren. Stattdessen haben die Japaner eine Art kultureller Wagenburg errichtet. Musikalisch dominiert im Land harmloser J-Pop ohne Haltung, der nicht wehtut und die heile Welt feiert.

it dem Publikum in Tokio zum
apan-Release von *¡CARAJO!*.

Als sich die Donots ihre Instrumente schnappen und auf die Bühne des King's X gehen, ist die Bude trotzdem voll. Nicht nur die Band, sondern auch die Zuschauer geben alles, und da keine Vorband engagiert wurde, dürfen sie die Donots im XXL-Format erleben: Mit 28 Songs in knapp zweieinhalb Stunden Spielzeit ist es das bis dato längste Donots-Konzert aller Zeiten.

Anfang Juni steht dann die »richtige« Livepremiere von *Karacho* an, und zwar bei *Rock am Ring*. Nachdem das Festival jahrzehntelang auf der Rennstrecke Nürburgring stattfand, ist es in diesem Jahr auf den Flughafen Mendig umgezogen. Mendig liegt zwar auch in der Eifel und ist nur eine halbe Stunde vom Nürburgring entfernt, dennoch fühlt sich *Rock am Ring* in diesem Jahr fast an wie ein neues Festival. Der Auftritt der Donots ist für den späten Nachmittag geplant. Eine gute Position im Line-up, an der es nichts auszusetzen gibt. Aber die Band juckt es mal wieder, etwas Besonderes auf die Beine zu stellen. Es beginnt eine dieser für die Donots typischen Diskussionen, in denen kein Vorschlag durchgeknallt genug sein kann und an deren Ende auch diesmal eine nicht weniger typische Donots-Idee steht: Wie wäre es, wenn sie als allererste spielten und das neue Gelände eröffneten? Wenn sie die Leute mit *Karacho* willkommen hießen und den Laden direkt ordentlich umpflügten? Das wäre doch das ultimative Grand Opening!

Als Alex dem Veranstalter des Festivals, der Konzertagentur MLK eröffnet, dass die Donots das Festival gerne am Mittag eröffnen würden, fällt seinem Gesprächspartner fast der Telefonhörer aus der Hand. Der erste Slot ist gewöhnlich die unbeliebteste Position eines Festivals, denn kurz nach Öffnung der Tore tummeln sich nur sehr wenige Zuschauer vor der Bühne. Die meisten Besucher verschaffen sich erst einmal einen Überblick. »Wo gibt es Bier?« – »Wie kommt man von einer Bühne zur anderen?« – »Wo sind die Toiletten?« So lauten die Fragen, die schnellstmöglich geklärt werden wollen, und die auf einem völlig neuen Gelände umso drängender sind. Als allererste Band bei einem Festival spielen normalerweise nur Newcomer oder No-Names. Dass eine Band von der Größe der Donots freiwillig auf eine bessere Spielzeit verzichtet und so riskiert, einem nur spärlich gefüllten Zuschauerraum gegenüberzutreten, ist mehr als ungewöhnlich. Aber gut, warum nicht, sagen sich die Veranstalter: »Lasst es uns einfach ausprobieren.«

Bei *Rock am Ring* ist es häufig kalt, nass und windig. Selbst Anfang Juni macht die Eifel ihrem Ruf als zugiger Kühlschrank gerne alle Ehre. Aber als am Freitag, den 5. Juni, die Donots um kurz nach zwei Uhr nachmittags auf die Bühne sprinten, knallt die Sonne. Genau wie der Auftritt.

90.000 Zuschauer sind in diesem Jahr bei *Rock am Ring*, und gefühlt steht ein Großteil von ihnen vor der Hauptbühne und hat Bock, mit Vollgas ins Wochenende zu starten. Es gibt riesige Circlepits, auf Ingos Kommando werfen die Zuschauer Unmengen von Dreck in die Luft, alle feiern und freuen sich über einen Festivalauftakt wie ihn der Ring wohl noch nie erlebt hat.

Gleich beim Opener »Ich mach nicht mehr mit« heißt die Band Vom von den Hosen und Flo von den Sportis auf der Bühne willkommen, die die mächtige Schlagzeugwand für den Song diesmal mit Eike statt mit Bela hochziehen. »Problem kein

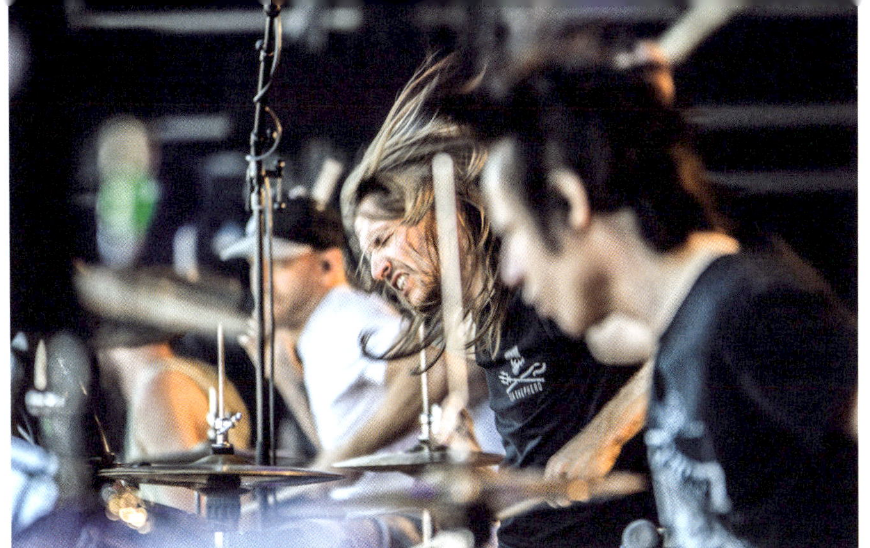

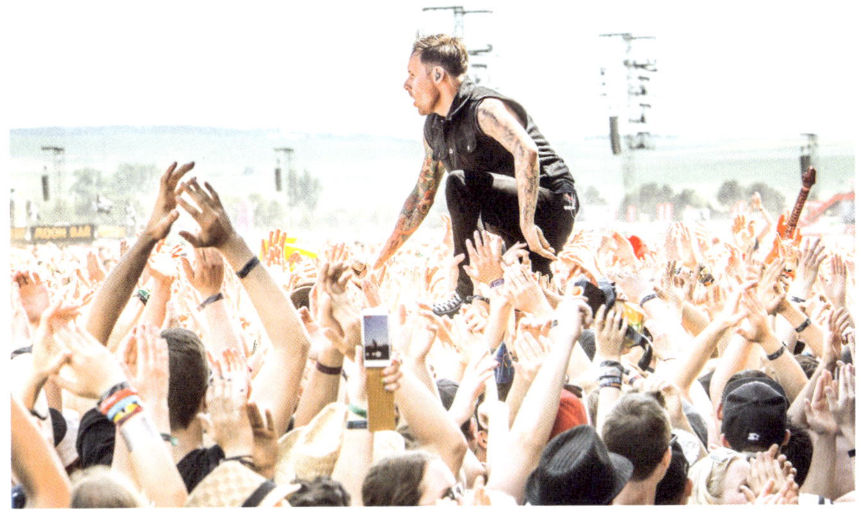

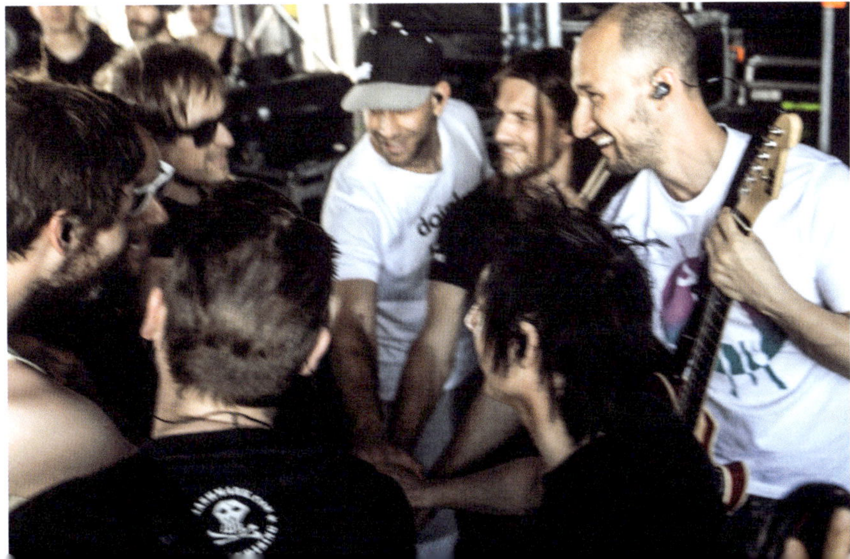

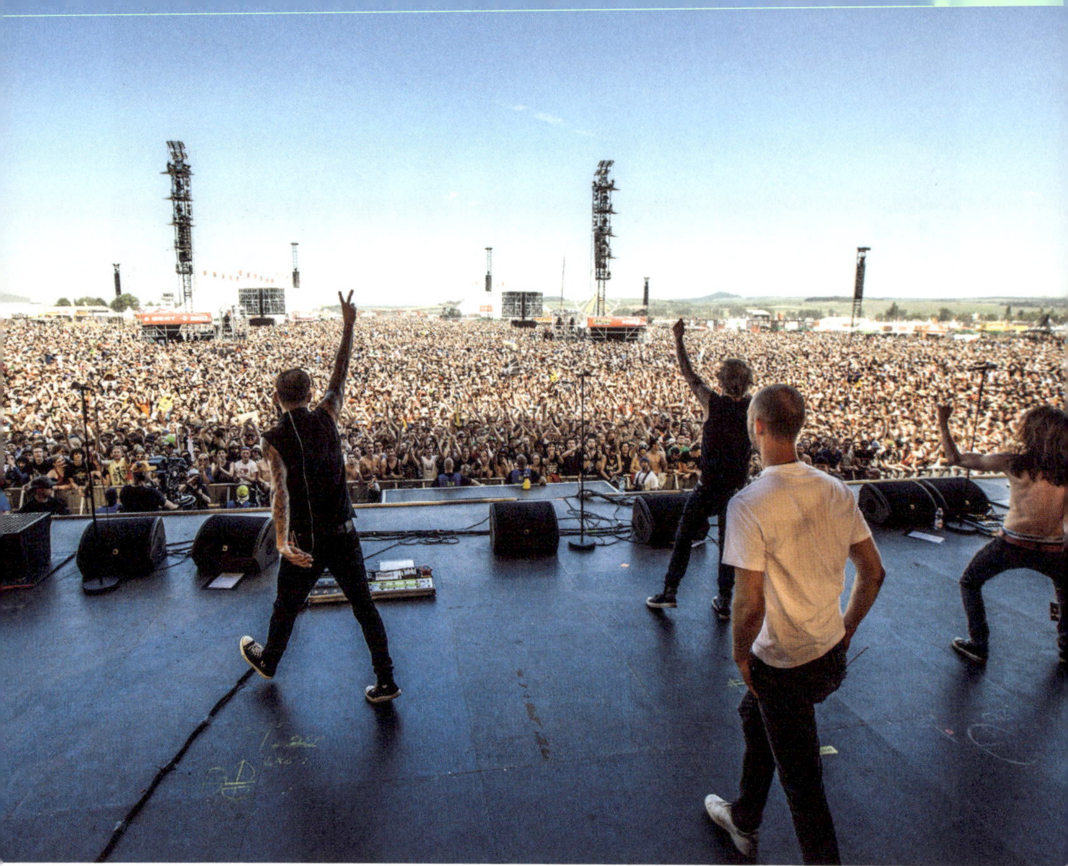

Problem« vermöbelt Guido im Duett mit Broilers-Frontmann Sammy Amara, und als die Donots sich nach einer knappen Stunde mit »So Long« verabschieden, sind sie sich einig: Dieser Auftritt wird in die Bandgeschichte eingehen.

Ein paar Wochen später stehen die Donots am anderen Ende der Running Order eines Festivals: Beim Altheimer Open Air in der tiefen schwäbischen Provinz spielen sie als letzte Band. Der Termin am 31. Juli bereitet Ingo allerdings schon seit einer Weile Kopfschmerzen. Denn für Anfang August ist auch die Geburt seiner Tochter ausgezählt, die er auf keinen Fall verpassen will. Vor dem Open Air in Altheim haben die Donots zwei Wochen Pause – mit ein bisschen Glück könnte also alles glatt gehen. Aber wie kann es anders sein: Die Kleine will ihren Geburtstag ausgerechnet am Vortag des Auftritts feiern. Jetzt ist guter Rat teuer. Eine Donots-Show ohne Ingo hat es in 21 Jahren noch nie gegeben und ist für die anderen eigentlich nicht vorstellbar. Purgen plädiert dafür abzusagen, und die anderen sind ebenfalls skeptisch. Aber bei dem Gedanken, die Zuschauer und die Veranstalter hängen zu lassen, ist ihnen nicht wohl. Und wer weiß, vielleicht macht es ja sogar Spaß? Auf jeden Fall wäre es eine neue Erfahrung und das Publikum bekäme etwas noch nie Dagewesenes zu sehen.

Als am Mittag schließlich klar ist, dass Ingo nicht kommen wird, bricht der Rest der Band in hektische Aktivität aus. Es gilt, entscheidende Aufgaben zu verteilen:

Oben: Wahnsinns-Kulissebei de
Rock am Ring-Eröffnung – danke, Mendig

Wer singt was? Wer übernimmt welche Parts? Wer macht die Ansagen? Am Ende teilen sich Purgen, Guido und Robin Völkert den Großteil der Arbeit. Robin fährt schon seit der *Wake The Dogs*-Veröffentlichung als Gastmusiker und sechster Donot mit und ist ein musikalisches Naturtalent: Er hat ein nahezu perfektes Gehör, spielt ein Dutzend Instrumente, kann arrangieren und produzieren. Und eben auch Ingo bei Songs wie »Kaputt« oder »Wake The Dogs« vertreten. Sie üben den ganzen Tag lang bis kurz vor der Show. Bei der holen sie sich dann für »Whatever Happened To The 80s« und »We're Not Gonna Take It« Gastsänger aus dem Publikum, während Mario Radetzky von den Blackout Problems das abschließende »So Long« singt. Und auch Ingo lässt sich kurz blicken – zumindest auf der Leinwand. Per Videomessage meldet er sich mit Schnuller in der Hand aus der Klinik: »Sorry, dass ich nicht da bin, aber ich habe die beste Ausrede der Welt …«

Das Publikum nimmt den Auftritt mit Humor und viel gutem Willen, aber für die Donots fühlt sich der Abend ziemlich seltsam an. »Das war merkwürdig und hat keinem von uns richtig Spaß gemacht. Wir alle haben gemerkt, was für einen Job und welche Verantwortung Ingo hat. Nicht nur als Sänger, sondern auch als Entertainer und Kommunikator«, sagt Alex. Ein Konzert ohne Sänger? Einmal und nie wieder. So viel ist klar.

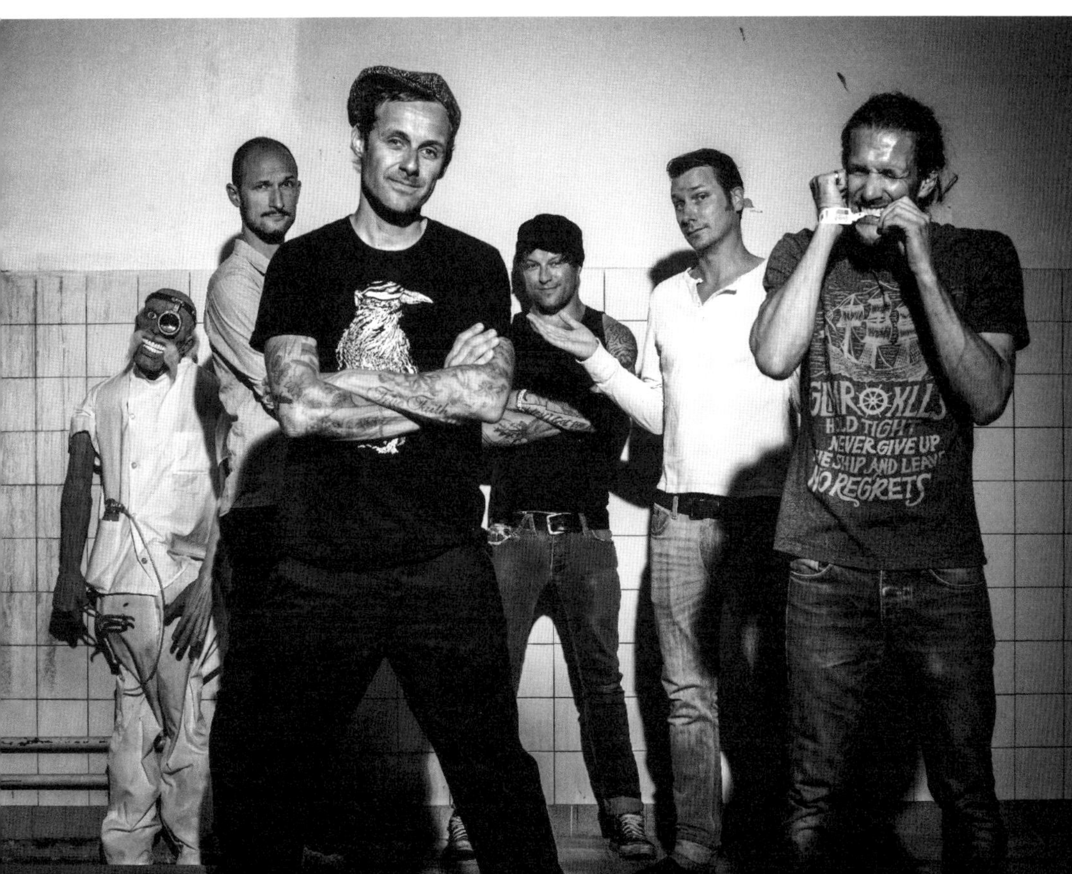

Im Sommer 2015 stehen die Donots vor einer Entscheidung, die alles andere als klar ist. Sie haben die Möglichkeit, bei Stefan Raabs *Bundesvision Song Contest* aufzutreten. Ein Auftritt beim *BuViSoCo*, wie die Show abgekürzt heißt, wurde in den vergangenen Jahren bereits öfter an sie herangetragen. Eigentlich widerstrebt ihnen die Vorstellung, weil es ein Contest ist. »Wettbewerbe mit Musik machen irgendwie keinen Sinn«, sagt Purgen. »Wie will man da vergleichen und benoten? Noch dazu, wenn so viele verschiedene Bands aus unterschiedlichen Genres spielen.«

Aber der *BuViSoCo* ist eine der wenigen Shows im deutschen Fernsehen, in der es wirklich um Musik geht. In der die Bands nicht zwischen den Talks oder Spielen auftreten und das Pausenprogramm bestreiten, das meistens ohnehin zum Bierholen und dem Gang auf die Toilette genutzt wird. Und in der mit Madsen, Sportfreunde Stiller, Olli Schulz, Jupiter Jones, Thees Uhlmann, Kraftklub, Adolar und OK Kid schon eine Menge Freunde der Donots aufgetreten sind. Man mag von Stefan Raab halten, was man will, aber Musik ist ihm sehr wichtig. Das merken die Donots, als sie in dessen Show *TV Total* zu Gast sind. »Der hat im Hintergrund sehr viele Tontechnik-Profis arbeiten, die haben alle total Bock. Als Musiker fühlt man sich da schon ganz gut aufgehoben«, sagt Alex.

Nach reiflicher Überlegung sagen die Donots schließlich zu. Allerdings steht weiterhin die Frage im Raum, wie sie einen solchen Auftritt angehen sollen. Anfangs favorisieren sie die Idee, »Kaputt« zu spielen – in einer Aggro-HipHop-Version mit ihren Freunden von der Antilopen Gang. Auch den Gedanken, »Junger Mann zum Mitleiden gesucht« in einer Tex-Mex-Variante mit Mariachi-Bläsern zu präsentieren, verwerfen sie wieder. Coole Ideen, keine Frage. Aber irgendwie schafft man durch solche Verfremdungen eine gewisse Distanz. »Wir hätten nicht das abgeliefert, was wir sind. Sondern nur eine Variante davon«, sagt Alex.

Es gibt doch sicher eine Möglichkeit, diese Chance sinnvoller zu nutzen? Wie wäre es zum Beispiel, wenn sie das Publikum – an einem Donnerstagabend zur Prime Time immerhin knapp zwei Millionen TV-Zuschauer – nicht nur unterhalten, sondern auch eine Botschaft übermitteln würden?

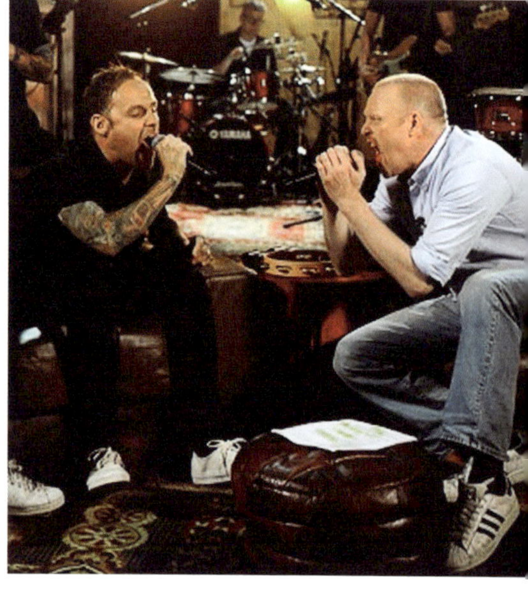

Duett mit Stefan Raab

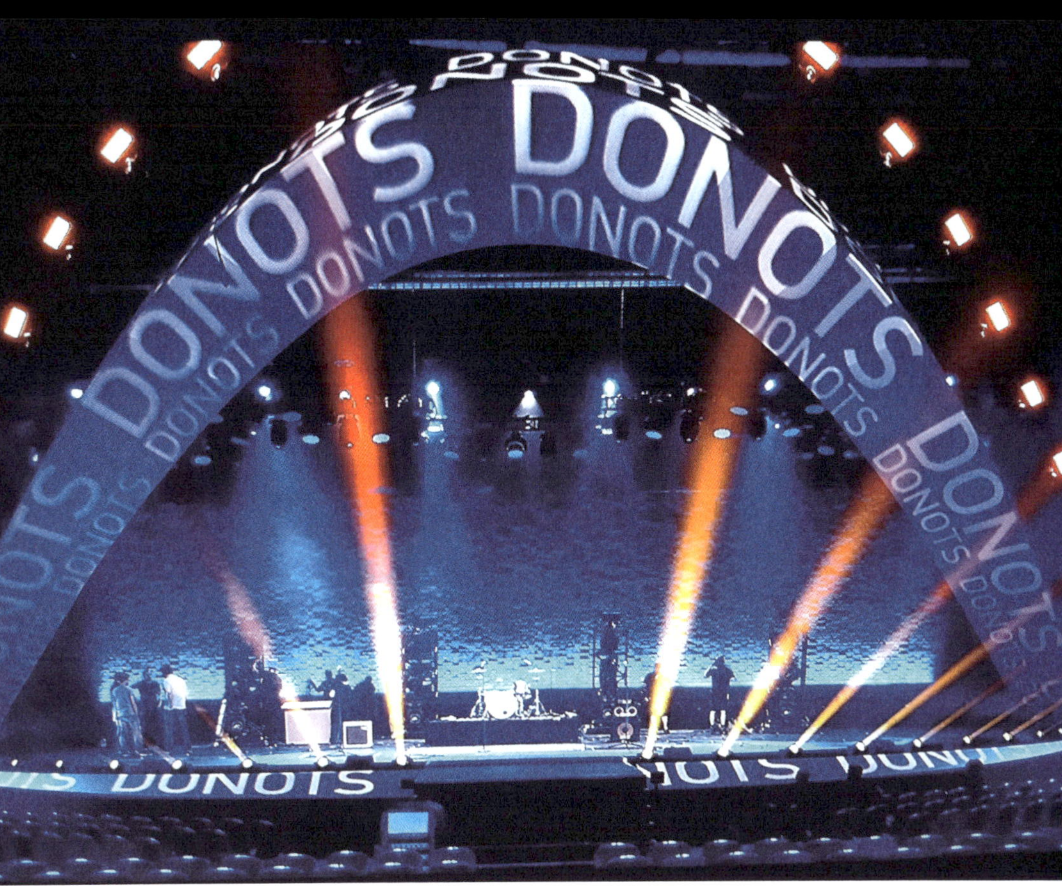

Die Donots entscheiden sich für »Dann ohne mich«. Von allen Songs auf *Karacho* ganz klar der mit der deutlichsten Message. Es gibt keine Gäste, kein ungewöhnliches Arrangement, keine ausgefallene Bühnendeko und keine abgehobenen Spezialeffekte. Dafür wendet sich Ingo im C-Teil direkt an die Zuschauer. Mit einer Ansage, die der Band ein enormes Anliegen ist: »Es ist absolut zum Kotzen, aber während wir hier diese Sendung machen, laufen da draußen sogenannte besorgte Bürger und rechtsradikale Wichser herum, die Flüchtlingsheime anzünden und gegen Menschen hetzen, die ganz dringend unsere Hilfe brauchen. Seid laut gegen diese Leute! Wenn ihr dazu schweigt, dann ohne mich!«

Um herauszufinden, wie viel Zeit er zum Sprechen hat, probiert Ingo die Ansage schon nachmittags bei der Stellprobe aus. Und sorgt so für angespannte Stimmung in der Bremer Stadthalle. Besorgte Bürger und Rechtsradikale? Wichser und Mittelfinger? Aufnahmeleitung und Redaktion sind irritiert. Im Gespräch mit den Donots und ihrem TV-Promoter versucht ProSieben vorzufühlen, ob die Band unter Umständen bereit wäre, auf diesen Teil ihres Auftritts zu verzichten. Die Show solle ja schließlich keine politische Veranstaltung werden. Die Donots sind schockiert, dass der Sender ihre Freiheit bei der Gestaltung des Auftritts beschneiden will und sind entsprechend auf Krawall gebürstet: Wenn wir nicht sagen dürfen, was wir wollen, dann fahren wir eben wieder nach Hause. Das will ProSieben dann doch nicht.

Die Bühne des *Bundesvision Songcontests*.

Nach heftigen Diskussionen lautet die offizielle Sprachregelung: Man wäre mit dem Vorhaben der Donots nicht einverstanden und habe das auch unmissverständlich zum Ausdruck gebracht, da die Sendung aber live übertragen wird, sei man machtlos, wenn sich die Band auf der Bühne nicht an die Abmachung hielte. Unter der Hand bekommen die Donots allerdings die Zusage, dass ihnen auf der Bühne niemand den Strom oder das Mikro abdrehen wird, denn eigentlich, so stellt sich nach und nach heraus, finden alle Beteiligten die Aktion der Band großartig.

Im Gegensatz zu den meisten anderen Teilnehmern nutzen die Donots ihre Social-Media-Kanäle nicht, um ihre Fans aufzufordern, für sie anzurufen. Der eigentliche Wettbewerb juckt sie kein Stück. Der Auftritt ist nicht als Promo-Maßnahme gedacht. Allein die Message zählt. Sie soll etwas bewirken und möglichst viele Leute erreichen. »Wenn wir solche Ansagen bei Konzerten machen, sprechen wir tendenziell zu Leuten, die ohnehin dieselbe Einstellung haben. Aber im Fernsehen erreicht man die breite Masse, da sitzen auch Leute vor der Mattscheibe, die sich über diese Themen keine Gedanken machen. Oder die es vielleicht sogar stört, dass hier jemand seine Meinung so explizit äußert«, sagt Alex. »Wenn das so ist: Super! Es ist wichtig, zu stören.«

Die Donots ernten mit ihrem Auftritt auch kritische und ablehnende Reaktionen. Musiker sollten sich auf die Musik konzentrieren und keine politischen oder radikalen Statements abgeben – so und so ähnlich klingt es aus manchen Kommentarspalten und auf Facebook. Sogar Donots-Fans melden sich und kündigen der Band die Gefolgschaft. Wer ihnen den Rücken zukehrt, weil er sie für »linksfaschistoid« hält, kann den Donots gerne gestohlen bleiben. Aber das sind nur Einzelfälle. Am Ende haben die Donots mehr Menschen begeistert als verärgert: Überraschend landen sie hinter Mark Forster auf dem zweiten Platz, und das Video mit Ingos Statement wird bis zum nächsten Morgen über zwei Millionen Mal abgerufen.

Gleich am Morgen nach dem Auftritt meldet sich die Plattenfirma der Donots. »Die haben allen Ernstes vorgeschlagen, die *Karacho*-CDs mit einem Sticker zu bekleben: ›Das Album mit dem Anti-Nazi-Hit‹ oder so was. Natürlich haben wir das abgelehnt. Was für eine Idee«, sagt Ingo. »Wir wollten das auf gar keinen Fall ausschlachten, sondern die Köpfe und Herzen der Leute erreichen. Die schlimmen fremdenfeindlichen Entwicklungen in diesem Land für Albumpromo auszuschlachten – das ging gar nicht«, sagt Purgen. Auch die Presseanfragen, die nach dem *BuViSoCo* eingehen, werden fast alle abgelehnt. Die Donots geben ein einziges Interview – der Deutschen Presseagentur – und damit hat es sich.

Im Herbst 2015 steht endlich die im Frühjahr verschobene *Karacho*-Tour an. Vorfreude und Spannung werden mit jedem Tag größer. Die Donots haben sich im Laufe der Jahre schon mehrfach neu erfunden, aber noch nie so radikal wie mit *Karacho*. Wie wird sich das live auswirken? Die Festivalauftritte liefen zwar alle sehr gut bis überragend, aber eine eigene Show vor eigenem Publikum ist der eigentliche Moment der Wahrheit.

Die Tournee beginnt am 20. Oktober im Rostocker Peter-Weiss-Haus, einem Kulturzentrum, in dem die Donots noch nie gespielt haben. Und das sie gleich mit dem

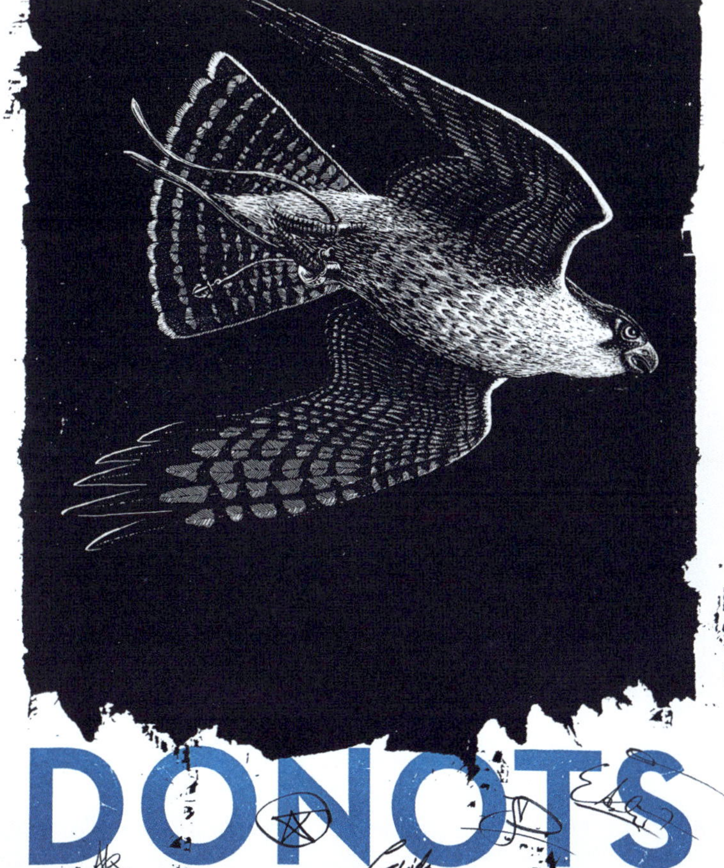

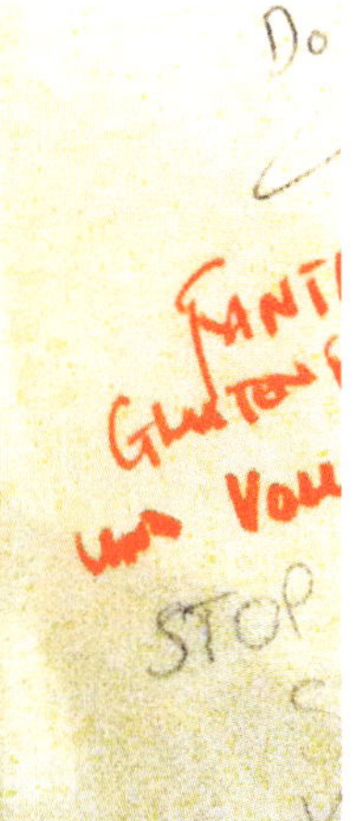

Siebdruckposter von Phillip Janta und eins von Ingos unendlich vielen Backstage-Wandgemälden.

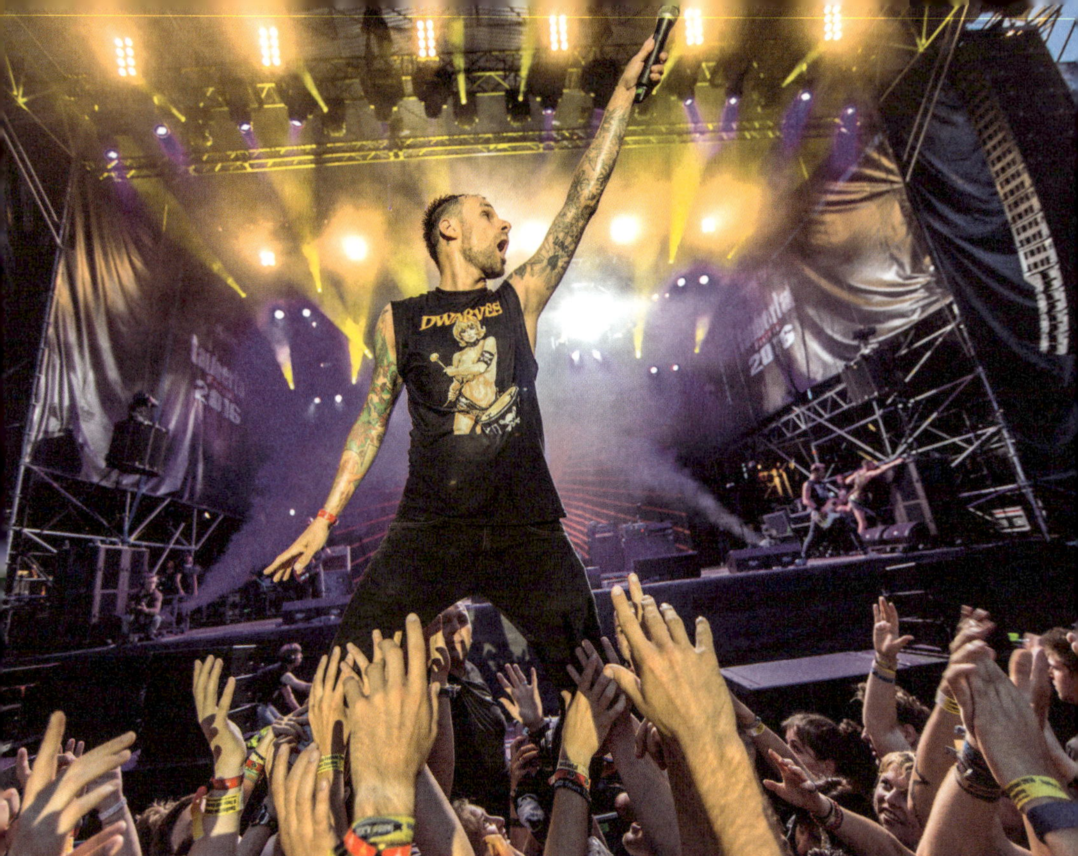

ersten Song »Ich mach nicht mehr mit« einmal komplett auf links drehen. Die Leute rasten aus, sie tanzen, sie pogen und sie singen, nein, brüllen ihnen mit Inbrunst ihre Texte entgegen. Sie spielen fast das komplette *Karacho*-Album und können kaum fassen, was im Zuschauerraum abgeht. »Das war wie eine Offenbarung. Unsere Band gab es damals schon über zwanzig Jahre, aber so etwas hatten wir noch nicht erlebt«, sagt Alex rückblickend. »Dass so ein Feuer in der Bude ist. So eine Euphorie, solche Emotionen!« Nach dem Konzert wechseln sie ungläubige Blicke und allen liegt dieselbe Frage auf den Lippen. Dieselbe Frage, die sie sich für den Rest der Tour jeden Abend stellen werden: Was zum Teufel ist da grade passiert?

Auch die Kombination aus deutschen und englischen Texten funktioniert wunderbar. Die Donots haben sich zwar neu erfunden, ihre Vergangenheit werfen sie deshalb aber nicht über Bord. Das würde sich befremdlich für sie anfühlen, und auch die Fans kennen natürlich die Geschichte der Band und freuen sich über junge und ältere »Klassiker« wie »Whatever Happened To The 80s?«, »Superhero«, »Stop The Clocks« oder »Dead Man Walking«.

Die Donots sind inzwischen eine Band, die eine Menge erlebt hat. Eine Band, der man ihre Haltung abnimmt und die auch für den wilden Ritt geschätzt wird, den sie in über zwanzig Jahren hinter sich gebracht hat. »Dieser Marathon, diese ganzen Resets und Reboots, dass wir immer an unserer Band gearbeitet haben: Das wurde

Live beim hochgeschätzten *Taubertal Open Air*

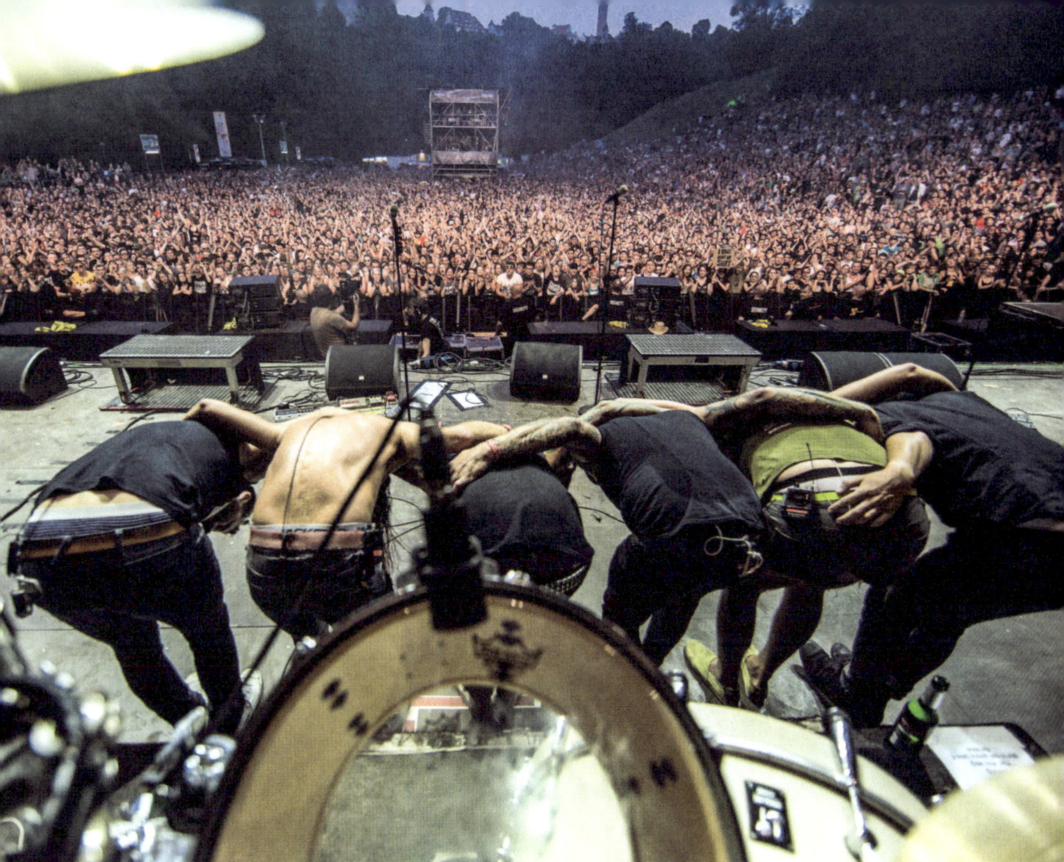

seit *Karacho* viel mehr wahrgenommen. Seitdem merken wir selbst immer mehr, wie schön es ist, dass wir über all die Jahre durchgehalten haben«, sagt Ingo.

Auch wenn es natürlich toll ist, dass die Clubs immer größer und die Hallen immer voller werden – entscheidend ist etwas anderes: Dass die Donots bei sich selbst angekommen sind. Dass sich alles so gut und so richtig anfühlt wie noch nie zuvor in ihrer langen Karriere. Für die Band hat eine neue Zeitrechnung begonnen.

Allerdings gibt es einen Punkt, der aus ihrer Sicht runder laufen könnte: die Zusammenarbeit mit dem Label. Mit Vertigo läuft es zwar um Längen besser als damals mit GUN. Die Meetings sind meist produktiv, die Leute cool und die Donots haben durchaus das Gefühl, als Band ernstgenommen zu werden. Dennoch gibt es immer wieder Punkte, die dazu führen, dass sich die Band nicht ganz zu Hause fühlt. Nichts Grundlegendes, es sind eher Details, kleine Fehlentscheidungen, die sich aber mit der Zeit summieren. Außerdem dreht sich das Personalkarussell bei Universal – wie in der Musikbranche üblich – ziemlich schnell, weshalb sich die Donots immer wieder neuen Gesichtern gegenübersehen, was irgendwann zu einer gewissen Entfremdung führt.

Deshalb spielen sie immer öfter mit dem Gedanken, die Geschäfte doch wieder in die eigenen Hände zu nehmen. Mit den Erfahrungen, die sie in den vergangenen Jahren gesammelt haben, müsste es doch gelingen, die Label-Arbeit komplett zu

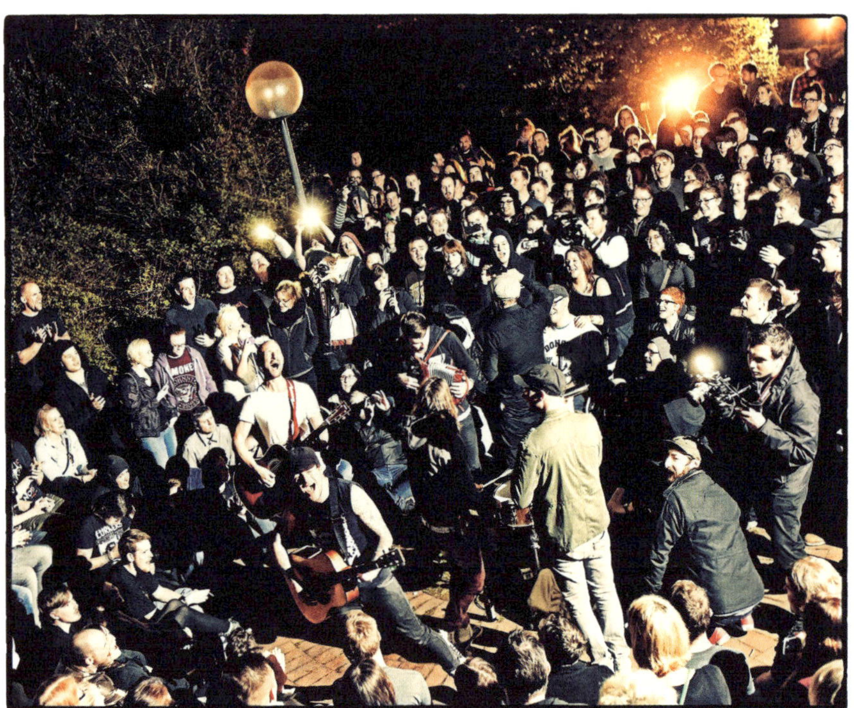

Zugabe unter freiem Himmel vor der Scheune in Ibbenbüren

übernehmen, ohne sich dabei völlig zu verausgaben. Die Aussicht ist verführerisch: Statt Mitarbeitern, bei denen keiner weiß, ob sie beim nächsten Meeting vielleicht schon zu einer anderen Firma gewechselt sind, holen sie sich kompetente Freunde zur Seite, die sie in den Arbeitsbereichen unterstützen, in denen sie selbst vielleicht nicht so firm sind. Und sämtliche wichtigen Entscheidungen und Prozesse laufen direkt über den Tisch der Band, die dann auch keine großen Diskussionen mehr führen muss – von den obligatorischen bandinternen Debatten natürlich abgesehen.

»Analog zu Helikoptereltern gibt es auch Helikopterbands«, sagt Ingo. »Und das sind wir definitiv. Die Band ist unser Baby. Und bei allen Dingen, die mit unserem Baby zu tun haben, sind wir sehr aufmerksam. Das ist bestimmt oft anstrengend, aber wir können eben nicht anders. Wenn man sein Baby in fremde Hände gibt, muss da ganz viel Liebe und Konzentration vorhanden sein. Und dieses Gefühl hat uns eben manchmal gefehlt. Auch wenn es bestimmt nicht böse gemeint war.«

Irgendwann steht der Entschluss: Das nächste Album werden die Donots wieder ganz alleine machen. Alex fährt nach Berlin zu Vertigo und eröffnet dem Label, dass die Band die Zusammenarbeit gerne beenden würde: »Kein Streit, keine Vorwürfe, kein Stress – das alles lief sehr vorbildhaft. Wir haben zwei Platten lang miteinander gearbeitet, aber ein drittes Mal musste das dann von unserer Seite nicht mehr sein. Die Leute beim Label haben das respektiert, also sind wir im Guten auseinandergegangen.«

Obwohl die *Karacho*-Tour noch längst nicht beendet ist, beginnen die Donots bereits Anfang 2016 mit den ersten Aufnahmen von neuen Songs. Die Tour im Herbst war ein voller Erfolg und die Aussicht, demnächst mit Solitary Man Records wieder komplett auf eigenen Füßen zu stehen, beflügelt die Band zusätzlich. Alle sind voller Tatendrang. Die Frage, ob sie wieder zurück zur englischen Sprache wechseln, stellt sich nicht wirklich. »Ingo wurde immer fitter und besser, was seine deutschen Texte anging, und auch wir hatten das Gefühl, dass das Kapitel noch lange nicht zu Ende erzählt ist«, sagt Alex.

In den vergangenen zwei Jahren hat sich die Band ein räumliches Umfeld geschaffen, das es ihnen erlaubt, ihre kreativen Ideen jederzeit spontan aufzunehmen. Unter idealen Bedingungen: Denn inzwischen haben die Donots ihr eigenes Studio.

Wie so häufig begann alles mit einem ersten »Was wäre wenn?«, dem schnell ein zweites und drittes folgte, bis eine Idee die andere ergab. Was wäre, wenn wir in diesem stickigen und dusteren Proberaum nicht nur Untermieter wären? Was wäre, wenn das unsere musikalische Basis werden würde? In der wir nicht nur proben, sondern auch aufnehmen können? Was wäre, wenn wir hier einen kreativen Raum schaffen, ein richtiges Studio?

Gesagt, ausgiebig diskutiert, getan. Alex trifft sich mehrfach mit dem bisherigen Hauptmieter, der die Räumlichkeiten selbst kaum noch nutzt. Schließlich können sie sich einigen, und die Donots übernehmen den Bunker.

Die Räume werden zunächst komplett entkernt: Wände weg, Boden weg, alles weg. Robin Völkert übernimmt die technische Konzeption und den Großteil der handwerklichen Arbeit. Er sorgt dafür, dass aus dem schimmeligen Proberaum ein modernes Studio wird, mit allem, was dazugehört. Lager und Aufenthaltsbereich, Küche und WC, Regie und Aufnahmeraum. Robin überlegt sich dafür ein Raum-im-Raum-System zur Vermeidung ungewollter Resonanzen. Die Arbeitsaufteilung ist klar: Robin ist der Architekt und Polier, der vor allem von Purgen und Eike mit vollem Einsatz unterstützt wird.

Mauern aufstemmen und einreißen, Kernbohrungen in meterdicken Betonwänden, Fenster einsetzen, Strom verlegen: Es dauert fast zweieinhalb Jahre, bis der Umbau abgeschlossen ist. Kaum weniger gewaltig ist der Kostenberg, der die Donots am Ende erwartet. »Keiner von uns hat jemals für irgendetwas so viel Geld wie für die Renovierung und den Umbau des Studios ausgegeben«, sagt Alex.

Der Aufwand macht sich dennoch bezahlt. Er belohnt die Donots mit einem Ort, der exakt auf ihre kreativen Bedürfnisse zugeschnitten ist. Jedes Riff, jeden Refrain, jedes Arrangement, jede Textzeile, jede interessante Idee, die ihnen während einer Bandprobe einfällt, können sie jetzt sofort aufnehmen, und zwar so professionell, dass man das Ergebnis – zumindest von der Soundqualität her – im Grunde direkt veröffentlichen könnte. Das erlaubt der Band, sich den Vorbereitungen für das nächste Album sehr viel entspannter als bisher zu widmen. Ohne Zwang, ohne Termine, ohne limitierte Studiozeit.

Das Studio wird auf den Namen »Heavy Kranich« getauft. Er geht – wie könnte es anders sein? – auf Guido zurück, der dafür eine so simple wie logische Erklärung hat. »So heißen Studios nun mal, oder?«, grinst er.

Die *Karacho*-Tour geht Anfang 2016 so weiter, wie sie im Jahr davor geendet hat: Volle Läden, volle Begeisterung, voll geflashte Band. Und: voll geflashte Vorband! Denn die Donots holen sich eine ganz besondere Truppe in ihr Vorprogramm: Kosmonovski aus Rheine, die sich selbst scherzhaft als »Inklusions-Combo« betiteln. Eine neunköpfige Band, bestehend aus Menschen mit und ohne Behinderung, deren schrullige Pop-Punk-Songs genauso leidenschaftlich anders sind wie sie selbst. Sechs Shows spielen sie zusammen, und am Ende gehen beide Bands mit neuen Freunden und einem erweiterten Horizont nach Hause.

Einmal müssen sie dieses Jahr allerdings auf jeden Fall noch auf die Bühne, denn wenn sie sich nicht völlig verrechnet haben, steht als nächstes ein ganz besonderes Jubiläum an: Das tausendste Konzert der Donots! Ganz sicher sind sie sich bei der Terminfindung allerdings nicht. Denn erstens wurden die Auftritte in der Frühphase der Band noch nicht so akribisch dokumentiert, wie das heute der Fall ist, und zweitens sind sie sich nicht ganz einig, was eigentlich als Konzert gilt und was nicht. Zählen dazu auch Auftritte in Plattenläden und Radiosendungen? Oder solche als Vorgruppe für sich selbst, wie die Show auf der LKW-Ladefläche vor der Halle Münsterland beim *Grand Münster Slam* 2014?

Eike schnappt sich die ellenlange Excel-Liste mit allen bisherigen Donots-Konzerten, peilt über den Daumen und kneift ein Auge zu: Doch, doch, das passe schon irgendwie. Kurzerhand erklären die Donots den fünften *Grand Münster Slam*, der am 10. Dezember steigt, zum »(Ungefähr) tausendsten Konzert«.

Am 10. Dezember ist von außen betrachtet alles wie in den Jahren davor: eine ausverkaufte Halle Münsterland, gute Freunde im Vorprogramm (Adam Angst und Olli Schulz), die Aftershowparty im AMP. Doch Abende wie diese werden nie zur Gewohnheit. Wenn 6.500 Zuschauer in einer rappelvollen Halle abgehen, feiern und alle Songs lauthals mitsingen, ist das für die Donots jedes Mal aufs Neue ein unbeschreibliches Gefühl. Unbeschreiblich gut. Und immer noch unbeschreiblich unwirklich.

Ey, lasst uns doch mal auf Deutsch singen! Vor knapp vier Jahren, in der kalifornischen Mojave-Wüste, war das nur eine fixe Idee, von der niemand wusste, ob sich die Band damit nicht mit Anlauf in die eigenen Beine grätscht. Und jetzt? Jetzt sind die Donots in der Musikszene dieses Landes eine der lautesten und meistgehörten Stimmen, die sich gegen rechte Umtriebe und für ein tolerantes Miteinander einsetzen. Nicht schweigen, nicht stillhalten, nicht wegsehen: Diese Devise gilt bei den Donots mehr denn je, und das wird von ihren Fans honoriert.

Das Arsenal, aus dem sich die Band dabei bedient, ist groß. Mal ist es ein riesiges Anti-Nazi-Banner, das sie hinter sich auf der Bühne hissen. Mal sind es Auftritte

Poster von Phillip Janta zur tausendsten Show
Nächste Seite: Klares Statement in der Halle Münsterland

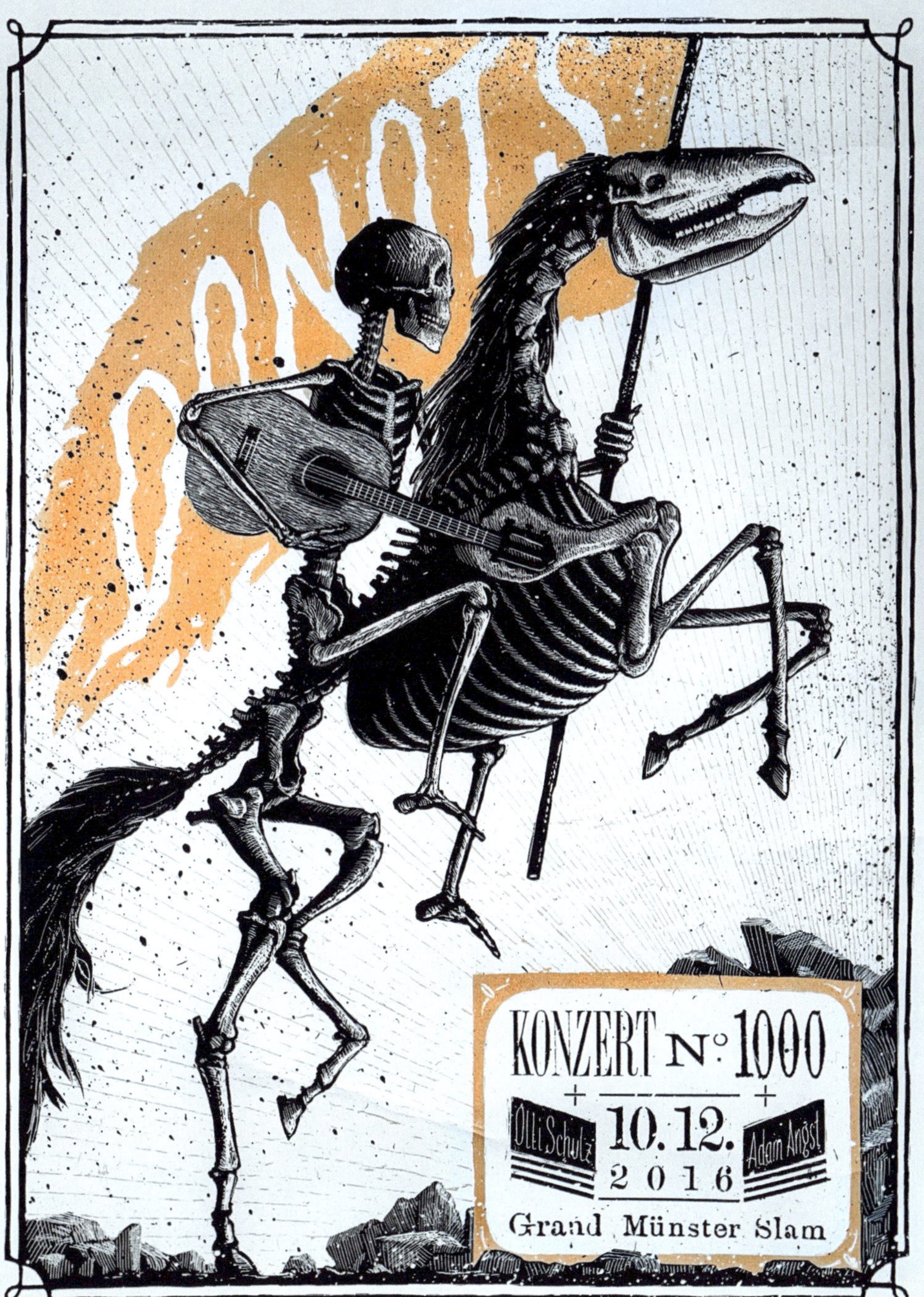

2 / 150

DESIGNED AND HANDPRINTED AT JANTA-ISLAND

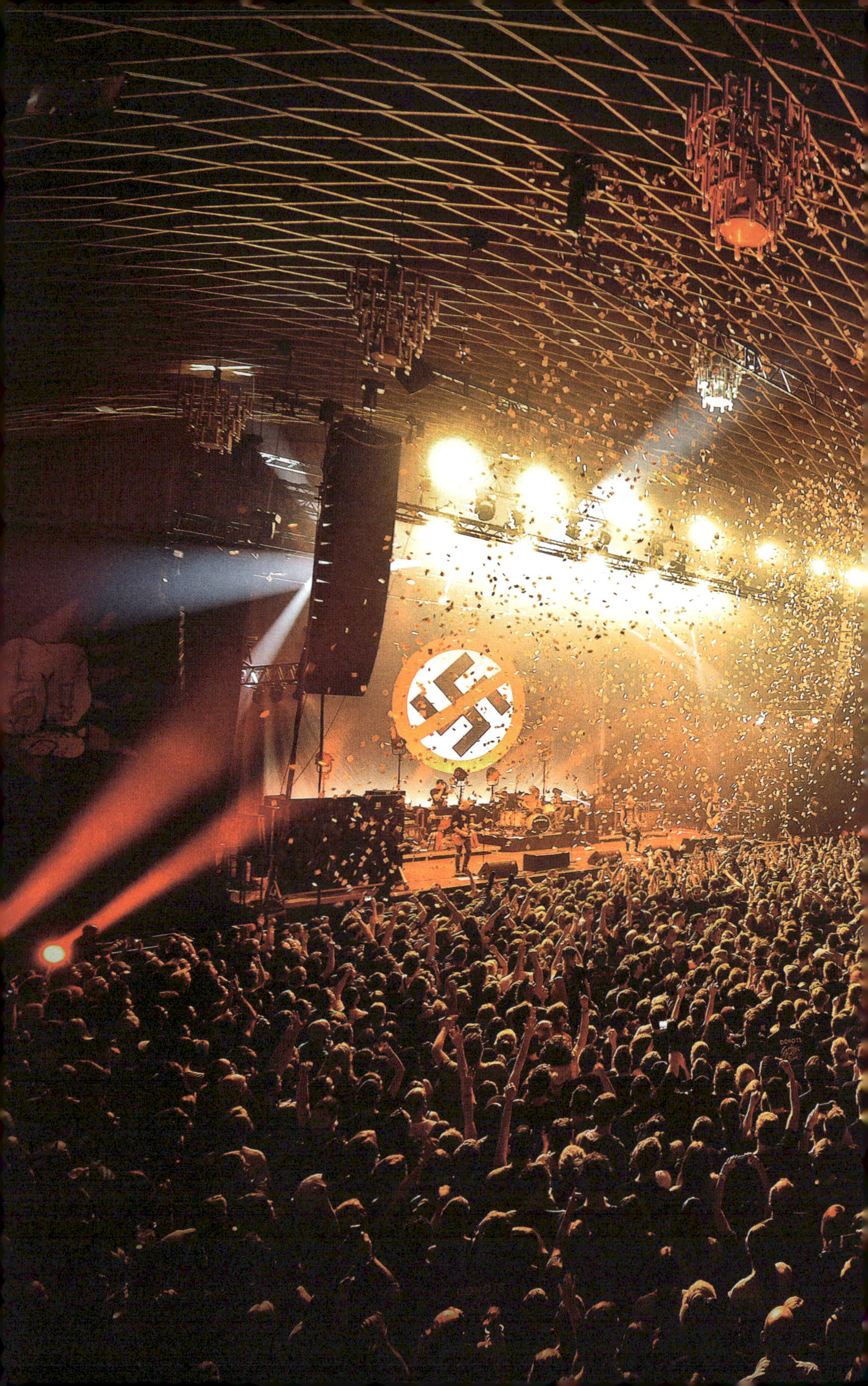

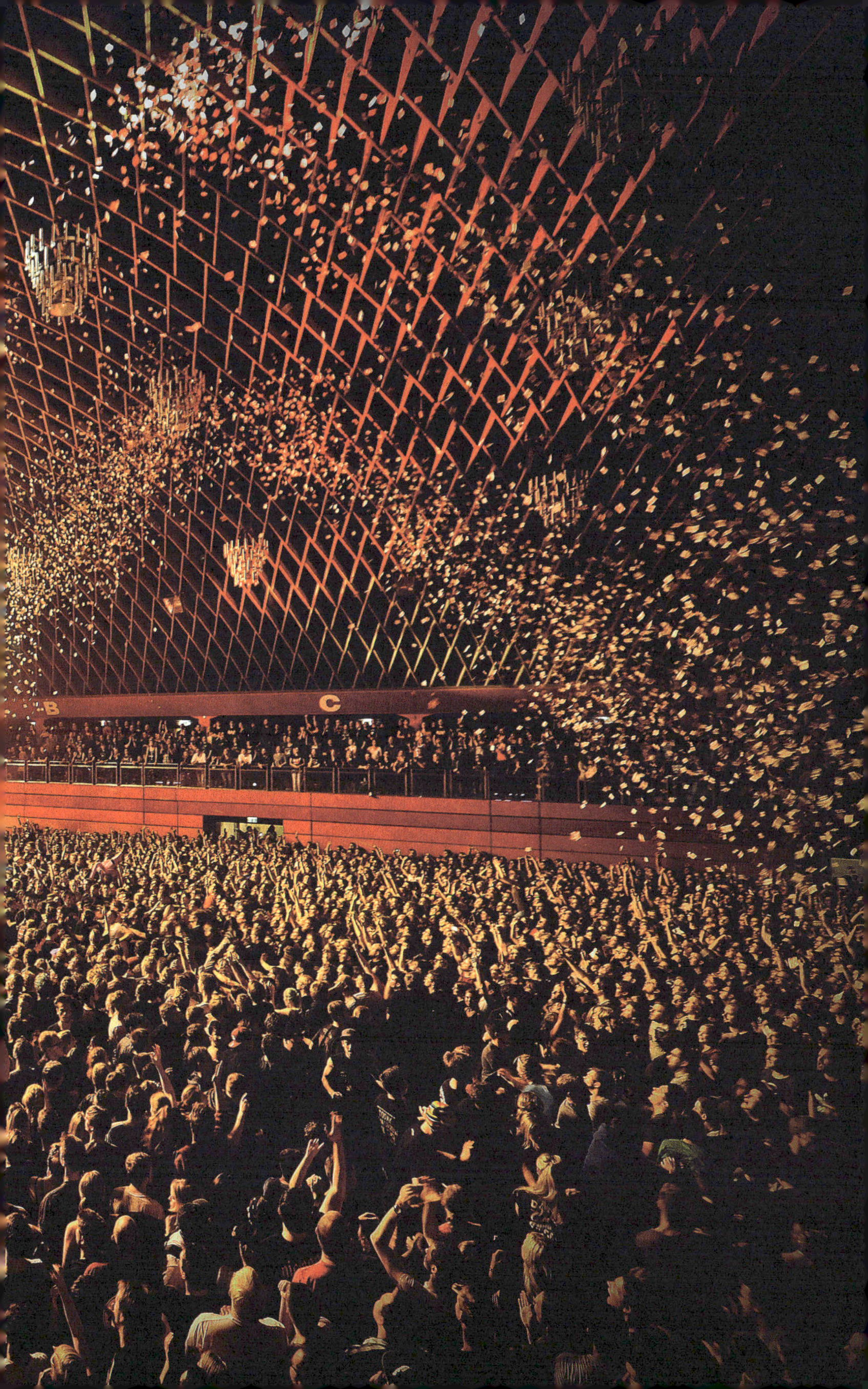
B
C

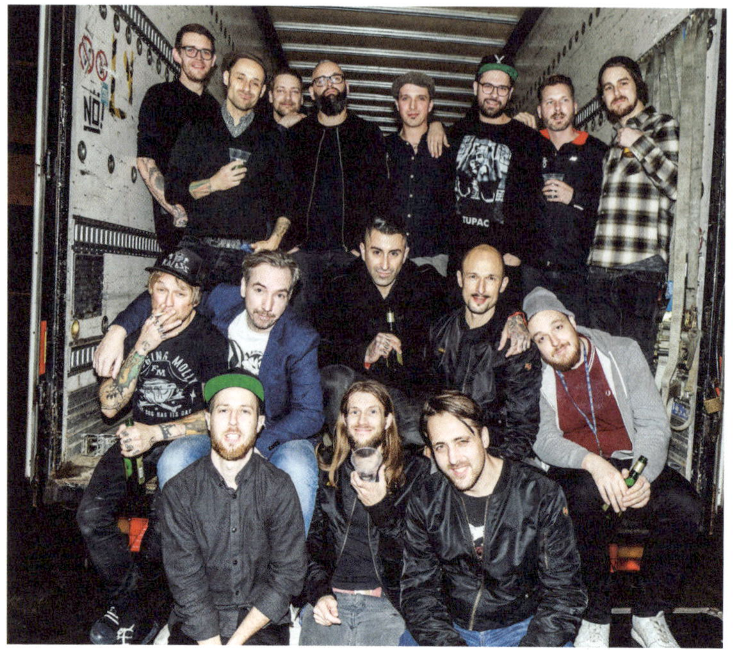

bei Anti-AfD-Demos und auf Rock-gegen-Rechts-Konzerten. Und mal sind es typische Donots-Aktionen, die den Spaß mit der guten Sache verbinden – etwa wenn sich Ingo beim Konzert mit der Spendendose in den Moshpit wirft und dort Geld für Hilfsorganisationen sammelt.

»Wenn man einen ganzen Sommer lang Festivals in Deutschland spielt und hinter einem hängt ein riesiges Plakat mit einem durchgestrichenen Hakenkreuz, ist das eine Ansage«, sagt Alex. »Natürlich kann man das stumpf und plakativ finden. Aber es ist auch eine klare Aussage. Daran lässt sich nicht rütteln, das ist ein eindeutiges Signal.«

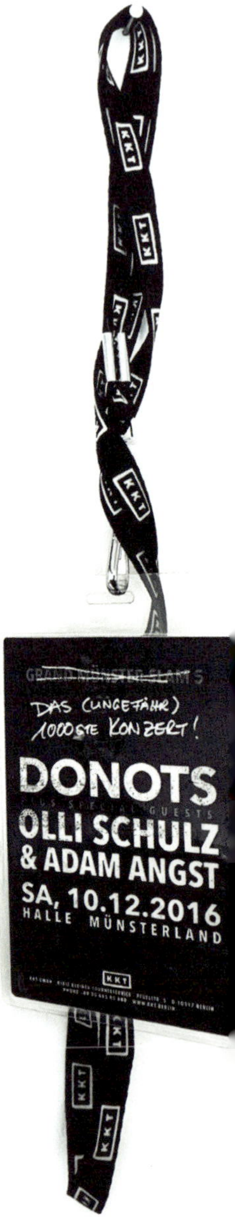

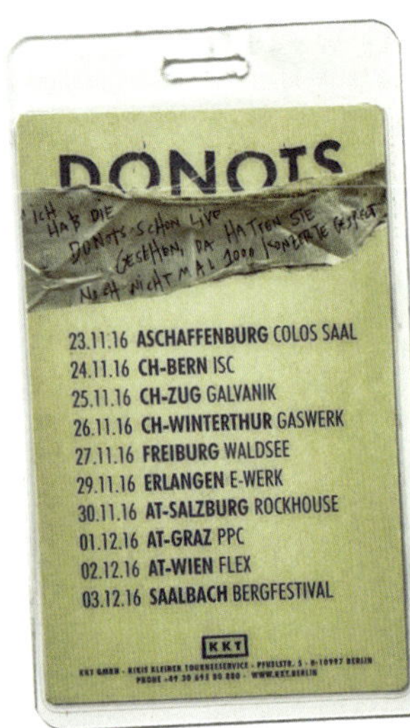

Mit Olli Schulz, Broilers, Adam Angst, Nicholas Müller und der Antilopen Gang beim (ungefähr) tausendsten Konzert.

TIM VANTOL

Ich befürchte, das, was ich über Donots zu sagen habe, ist dasselbe, was all die anderen auch schon gesagt haben. Andererseits: Man kann das nicht oft genug wiederholen.

Die Donots sind eine Hit-Maschine, und dazu auch noch die nettesten, ehrlichsten und respektvollsten Menschen in unserer Szene, die man treffen kann. Ich bin extrem dankbar für die Dinge, die sie mir beigebracht haben (und die ihnen wahrscheinlich gar nicht so bewusst sind), indem sie einfach sie selbst waren, egal ob auf der Bühne oder dahinter.

Konzerte mit ihnen zu spielen, war immer ein Highlight für mich und wird es (hoffentlich) auch in Zukunft sein. Nicht nur, weil ich dadurch vor einem tollen Publikum spielen kann, sondern auch wegen der positiven Energie, die die Donots mir und wahrscheinlich auch vielen anderen geben.

SEBASTIAN MADSEN

Von Funpunk zur politischen Deutschpunk-Institution. Keine andere Band aus diesem Land hat sich in dem Genre öfter und besser neu erfunden. Und das immer unverkrampft und mit einem Lächeln im Gesicht.

SAMMY AMARA [Broilers]

Was mich an den Donots am meisten stört? Ich kann ihnen einfach nicht böse sein. All meine sonst so fundierte Missgunst, all meine Wut, meine Bitterkeit, es perlt an dieser Band ab. Ich erwische mich sogar dabei, dass ich ihnen alles gönne und mich, schlimmer noch, zeitweise für sie freue.
Schön ist das nicht.

JOSHI [ZSK]

Wenn eine Band einfach aus herzensguten Menschen besteht, mit denen man morgens um drei Uhr nackt an der Tankstelle eine Polonaise um den Nightliner machen kann, dann sind das die Donots. Ist Fakt!

ALEXANDER „ELTON“ DUSZAT

Mein erstes Crowdsurfen war bei den Donots ... Was für starke Fans die Jungs doch haben!

IN DIE EIGENE HAND GENOMMEN

Obwohl die Donots 2016 viel unterwegs sind und mit Ausnahme des Oktobers in jedem Monat eigene Shows oder Festivals spielen, schaffen sie es zwischendurch immer wieder, neue Ideen zu sammeln und an Songs zu arbeiten. Der Heavy Kranich macht es möglich. 2017 liegt der Fokus dann fast komplett auf dem neuen Album. Die Band ist zwar personell besser aufgestellt als zu den Zeiten von *Coma Chameleon* und *The Long Way Home* – ein eigenes Label zu führen ist dennoch wahnsinnig viel Arbeit. Die macht Spaß, ist befriedigend und ist genau das, was die Band wollte und will. Zwischen Songwriting, Aufnahmen, Release-Vorbereitung und den tausend anderen Dingen, die anfallen, wenn man in einer Band auf dem Level spielt, das die Donots inzwischen erreicht haben, wissen die Fünf trotzdem manchmal nicht mehr, wo ihnen der Kopf steht.

Bei den finalen Aufnahmen und bei der Produktion der Platte helfen ihnen zum Glück zwei Freunde, die genau wissen, wie die Donots ticken und was sie wollen: Engineer und Co-Produzent ist Robin Völkert, der zwar seinen Livejob als sechster Donot aus Zeitmangel demnächst an den Nagel hängen will, ihnen im Studio aber gerne zur Seite steht. Und die Produktion übernimmt Kurt Ebelhäuser, der 2007 maßgeblich für den kreativen Neustart der Donots gesorgt hat. Kurt verlässt dafür sogar seine Koblenzer Heimat und nimmt große Teile des Albums nicht bei sich an der Mosel, sondern im Heavy Kranich auf.

Anders als bei den Aufnahme-Sessions für *Coma Chameleon* hat Kurt dieses Mal keine verunsicherte Band vor sich, die nicht weiß, wo sie hinwill und was sie dafür braucht, sondern fünf selbstbewusste Musiker, die mit ziemlich breiter Brust ihre Songs raushauen. Was aber nicht heißt, dass es für Kurt nichts zu tun gibt. Die Donots vertrauen auf ihn als Motivator, der ehrlich seine Meinung sagt, aber gleichzeitig konstruktiv mit ihren Ideen umgeht. Und auch als kreativen Partner, der genau weiß, was die Band kickt.

Exemplarisch dafür stehen die letzten vierzig Sekunden im Song »Heute Pläne, morgen Konfetti«. Kurt schlägt den Donots vor, das Lied mit einem gemeinsamen Gitarrensolo zu beenden, dessen Parts sie untereinander aufteilen sollen. Nicht nur unter den beiden Gitarristen Guido und Alex, sondern auch unter Purgen, Ingo und Eike. Jeder bekommt vier Takte, Korrekturen sind nicht möglich, genommen wird gleich der erste Take – scheißegal, wie der klingt. Um für gleiche Bedingungen zwischen den Saiteninstrumentalisten und den beiden anderen zu sorgen, müssen Alex, Guido und Purgen ihr Solo mit links spielen. Die Donots sind Feuer und Flamme. Und tatsächlich steckt in diesen vierzig Sekunden letztlich sehr viel mehr als eine Sammlung schiefer Töne. Im Grunde ist dieses Solo eine laut quietschende Allegorie auf die Band: Fünf Freunde, die sich mit Hingabe auf jede Idee stürzen, die andere vermutlich sofort als Blödsinn verwerfen würden.

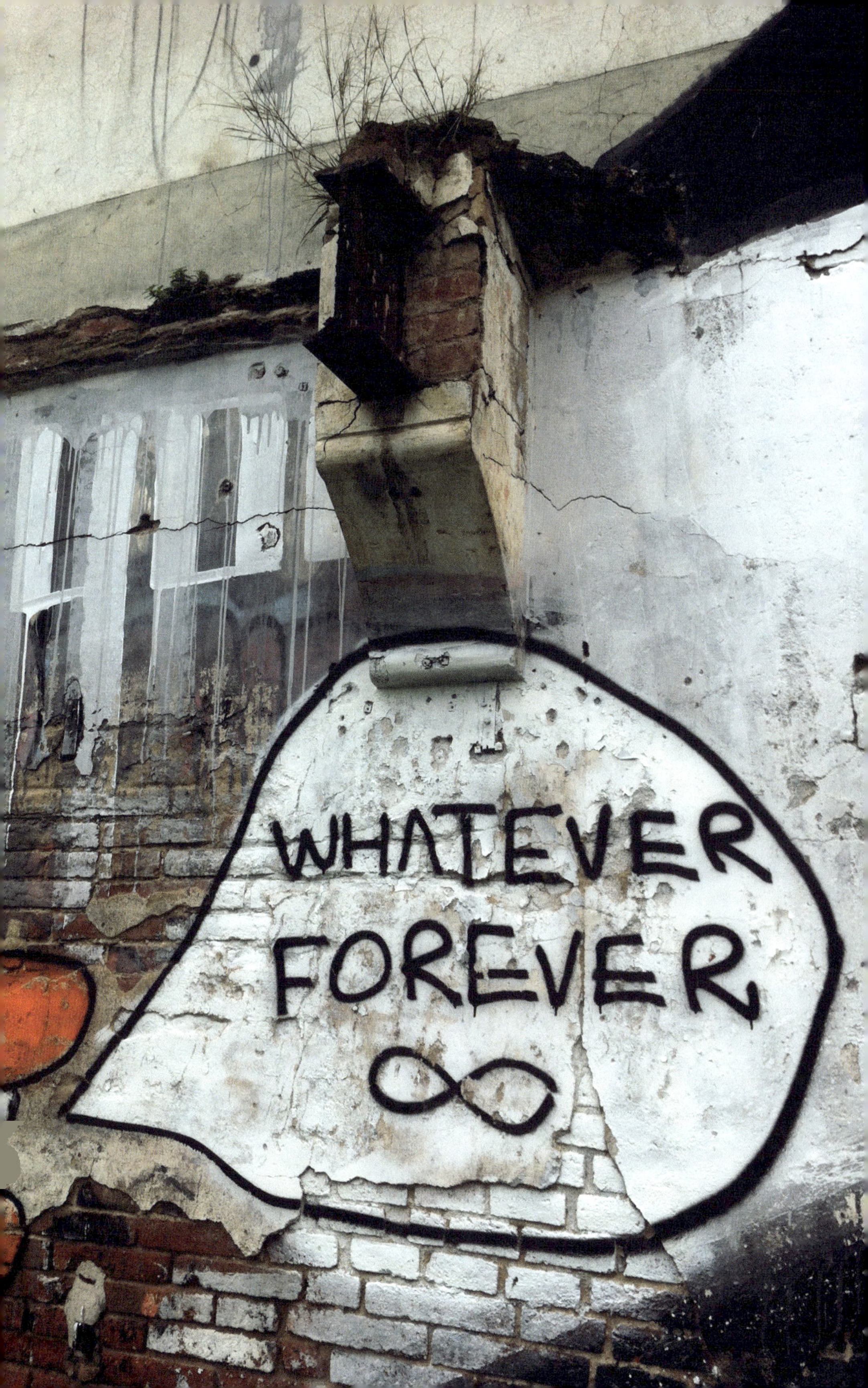
WHATEVER
FOREVER
∞

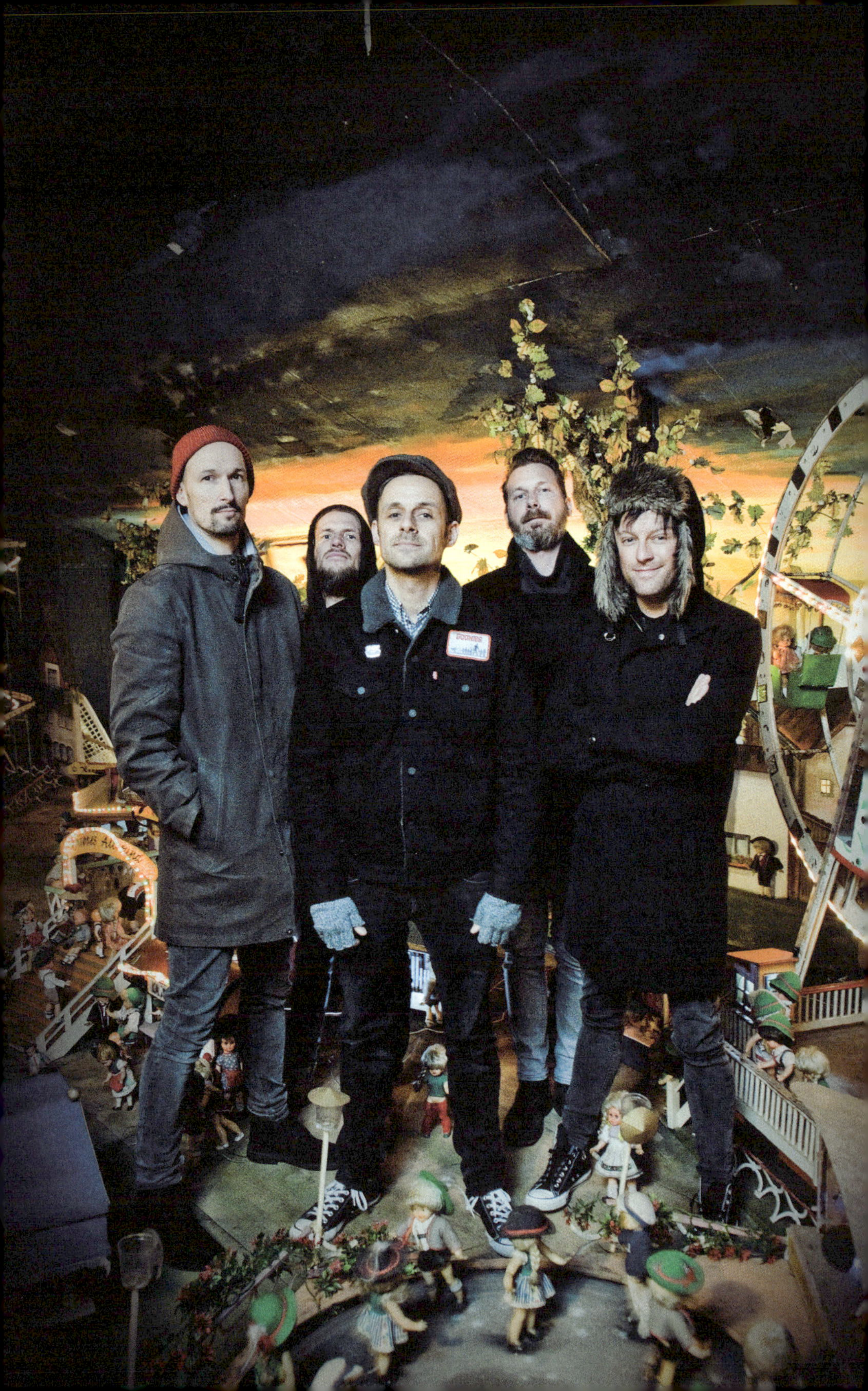

Am Ende halten die Donots eine Platte in den Händen, die ihnen das Gefühl gibt, dass auf ihr wirklich alles zusammenkommt. *Lauter als Bomben*, so der Titel des Albums, ist eine Bestandsaufnahme, die die Donots so unverfälscht wie möglich abbildet. Als eine Band, die einerseits viel Wert auf Musikalität und Vielseitigkeit legt, aber andererseits auch stark vom Drive und ihrer Attitüde lebt. So und nicht anders muss das sein, so und nicht anders wollen sie das haben: Eigenes Label, eigenes Studio, alles zu den eigenen Bedingungen und mit viel Herzblut und Liebe. Und im Gepäck eine fast fünfundzwanzigjährige Bandhistorie.

Mit *Lauter als Bomben* hat sich für die Donots ein Kreis geschlossen. Am Anfang haben sie Punkrock gemacht, weil sie es nicht besser konnten. Inzwischen sind sie wieder beim Punkrock gelandet, obwohl sie es eigentlich besser könnten. Denn auch, wenn sie sich gerne mal kokett als »Trümmertruppe« bezeichnen: Tatsächlich sind sie inzwischen eine der versiertesten Rockmaschinen, die durch dieses Land pflügt. Für die jede musikalische Herausforderung, und sei sie auch noch so abwegig, erst einmal keine Hürde, sondern eine kreative Teamübung darstellt. Die ihren Horizont mit jeder dieser Hürden ein kleines Stück und mit jedem Album ein sehr viel größeres Stück erweitert.

Von all diesen Alben ist *Lauter als Bomben* wahrscheinlich dasjenige, in das die Donots sich am meisten eingebracht haben. Mehr Donots auf einer Platte ist kaum machbar: Sie haben jeden einzelnen Schritt selbst entschieden, alles selbst verantwortet, selbst bezahlt und selbst gemacht. Bis hin zur Handschrift im Booklet – die ist nämlich von Ingo.

Als Vorbote auf das neue Album erscheint im Mai 2017 »Keiner kommt hier lebend raus« auf einer Split-Single mit ihren Freunden von Adam Angst. Der Song, dessen Titel auf einer Songzeile der Doors beruht, balanciert seine Aussage fröhlich zwischen Fatalismus und Motivationsgesten: Wenn das Leben schon so scheißkurz ist, dann macht doch was draus und versucht zumindest, eure kleine Welt ein bisschen heller strahlen zu lassen.

Wie schnell ein Lied mit ganz neuer Bedeutung aufgeladen werden kann und wie groß die Verantwortung ist, die man manchmal als Rockband hat, erleben die Donots kurz nach Veröffentlichung des Songs bei *Rock am Ring*. Denn am Festival-Freitag wird die Veranstaltung aus Sicherheitsgründen abgebrochen: Die Polizei hat Hinweise auf einen terroristischen Anschlag, der auf dem Gelände verübt werden soll. Die Zustände vor Ort kann man sich vorstellen: Überall Hektik, Chaos, Evakuierungen, Spürhunde und Polizei. Alle spekulieren, keiner weiß was Definitives. Die Donots, die an diesem Tag bei *Rock im Park*, dem Schwesterfestival in Nürnberg auftreten, hängen nach ihrer Show völlig in der Luft. Können sie am nächsten Tag bei *Rock am Ring* spielen? *Wollen* sie unter diesen Umständen überhaupt spielen?

Am Freitagabend beruhigt sich die Situation dann schließlich. Der konkrete Verdacht, sagt die Polizei, ließe sich nicht erhärten, eine akute Bedrohungslage sei nicht mehr gegeben. Im Klartext: Die Bombenwarnung war wohl ein Fehlalarm.

Und welche Band soll nach der Wiedereröffnung des Geländes am Festival-Samstag als erste auf der Bühne stehen? Genau: die Donots. Die Geschehnisse

Beim Videodreh von „Eine letzte letzte Runde“ im Ibbenbürener Märchenwald.

zwingen die Band, den bevorstehenden Auftritt, ihre Songs und ihre Wirkung gründlich auf den Prüfstand zu stellen. Denn sie haben ein neues Bühnenbanner, das, angelehnt an den Titel des kommenden Albums, eine dicke Bombe zeigt. Und sie wollen natürlich »Keiner kommt hier lebend raus« spielen. Einen Song also, der die Band in Anbetracht der Situation am Vortag nicht nur aufgrund des Titels, sondern gleich mit der ersten Zeile – »Bomben – lauter als Bomben« – auf ziemlich dünnes Eis führen würde.

Können sie das wirklich bringen? Über Bomben und den Tod singen? Wirkt das nicht total zynisch? Oder kann es ihnen gelingen, den Leuten verständlich zu machen, dass es den Donots dabei um mehr geht, als eine platte Provokation auf Kosten der Zuschauer? Dass ihnen nichts ferner liegt, als stumpf über den Schreck hinwegzurocken, der vielen noch immer in den Knochen steckt? Nachdem sie anfangs erwägen, ihr Banner nicht aufzuhängen und die Setlist zu ändern, setzt Ingo sich schließlich hin und formuliert eine Ansprache, die in einfühlsamen Worten auf die Geschehnisse eingeht, die verschiedenen Reaktionen sorgsam einordnet und einen klaren eigenen Standpunkt bezieht. Später auf der Bühne äußern die Donots dann Verständnis für die Ängste im Publikum, wenden sich aber auch strikt dagegen, bestimmte ethnische Gruppen unter Generalverdacht zu stellen, wie das am Vorabend auf einer Pressekonferenz des Veranstalters passiert ist. Ohne sich zu verbiegen, meistern sie den schwierigen Auftritt souverän, und das wirkt auch bei den meisten Menschen auf dem riesigen Platz vor der Bühne: Am Ende feiern mehrere zehntausend Menschen die Donots, die sich und ihren Fans mal wieder einen Auftritt beschert haben, von dem sie noch ihren Enkeln erzählen können.

Die zweite Hälfte des Jahres ist vollgepackt mit Vorbereitungen für die Album-Veröffentlichung: Marketingpläne, Merchandise, Booking, Promotion, Interviews. Es gibt viel zu tun, bevor *Lauter als Bomben* am 12. Januar 2018 in den Läden stehen kann.

Doch all der geschäftige Trubel, die Vorfreunde und die Anspannung rücken auf einen Schlag ganz weit in den Hintergrund. Denn kurz vor Weihnachten stirbt Dieter Knollmann, der Vater von Ingo und Guido, bei einer OP. Geschockt und wie betäubt schleppen sie sich über die Feiertage. Der Schmerz und die Trauer sind riesig. Die Beerdigung findet am 28. Dezember statt, einen Tag vor dem ersten der beiden traditionellen Jahresabschlusskonzerte der Donots im Osnabrücker Rosenhof.

Die Jahresabschlusskonzerte, kurz JAKs, gibt es schon seit 2001, als ein Konzert der Donots auf der Osnabrücker Maiwoche aus Sicherheitsgründen abgesagt werden musste: zu viele Zuschauer, zu wenig Absperrungen. Als Wiedergutmachung spielen sie damals am Jahresende ein Konzert im Osnabrücker Hyde Park, und weil der Auftritt Band und Publikum so viel Spaß macht, wird aus der einmaligen Aktion ein regelmäßiges Highlight im Jahreskalender der Donots. Kleiner Rahmen, volles Haus, superenthusiastisches Publikum: Bei den JAKs, die 2005 in den Rosenhof umziehen, hat die Band die Möglichkeit, sich ohne jeglichen Druck auszuprobieren. Coverversionen und Raritäten, neue Songs und spontane Ideen – für all das bieten die Jahresabschlusskonzerte den idealen Rahmen.

Ob die JAKs so kurz nach dem Tod von Dieter Knollmann überhaupt stattfinden können, ist eine Frage, die sich für die trauernden Donots nicht stellt. Ingos und Guidos Vater war einer der ersten und größten Fans der Band, und wer weiß, ob es die Donots überhaupt geben würde, hätten die beiden nicht von Anfang an so viel Unterstützung und Zuspruch durch ihre Eltern erfahren. Es ist kein Zufall, dass auf dem Cover von *Pedigree Punk*, der allerersten Donots-Platte, Papa Knollmann zu sehen ist. Und genau diese CD legen sie ihm in sein Grab.

Alle sind sich sicher: Er hätte gewollt, dass die Donots ihre Konzerte in Osnabrück spielen. Das ist allerdings nicht der einzige Grund, wieso die Shows nicht abgesagt werden. Dieter Knollmann war der Vater von Guido und Ingo, aber verloren haben ihn irgendwie alle fünf. Und wer trauert, der sucht Halt und will aufgefangen werden. Im Kreise der Menschen, die ihm die wichtigsten sind, seiner Freunde, seiner Verwandten, seiner Familie. Und die Donots, das zeigt sich in diesen Tagen ganz deutlich, sind mehr als eine Band. Sie sind genau das: eine Familie.

Zwei Abende. 2.000 Menschen. 55 Lieder. Fast hundert Dezibel. Dazu ganz viel Schweiß und Tränen: Die Trauerfeier für Dieter Knollmann werden die Donots nie vergessen.

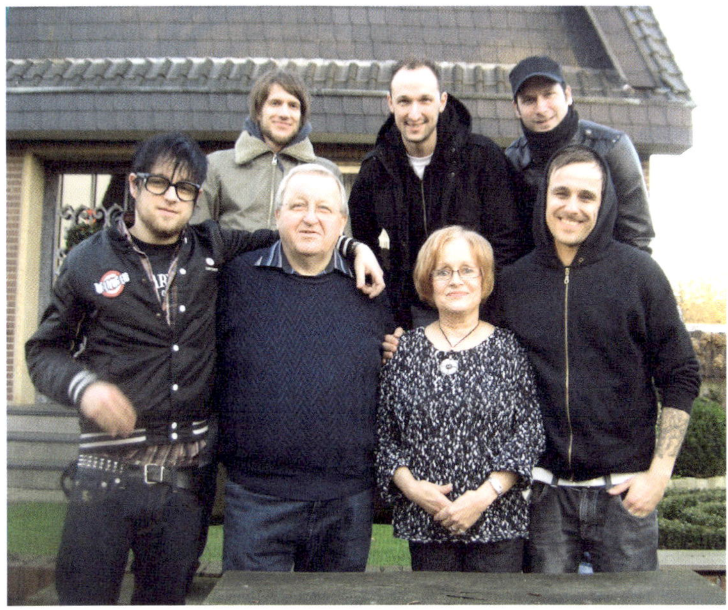

ie Donots mit Mama und Papa Knollmann.

THEES UHLMANN

Ich habe Angst vor den Donots.

Doch dazu später.

Ich war beim Konzert von The Offspring im alten Marquee in Hamburg. Es war 1994, exakt eine Stunde, bevor „Nananana Nananana" ein Superhit wurde. Gestern, nach meiner Lesung aus dem Toten-Hosen-Buch in Berlin, stand jemand in der ersten Reihe, hielt mir eine Tomte-Platte aus dem Jahr 2004 unter die Nase, und sagte: „Ich wusste gar nicht, dass du der Sänger von Tomte bist. Tomte habe ich immer gehasst, weil du mal in einem Interview bei *Rock am Ring* gesagt hast, The Offspring wären die schlechteste Band, die hier heute spielt. Dafür habe ich dich gehasst."

Ich habe mich entschuldigt und gesagt, dass man dumme Sachen sagt, wenn man sich am Anfang einer Karriere irgendwie spüren und abheben möchte. Also von den anderen Bands, nicht als Zustand. Das wäre ja komplett idiotisch. Es gab so unglaublich viel Geld in der Musikindustrie, und ich wollte doch nur eine Mark davon abhaben. Dann hätte man wenigstens Geld für eine Krankenversicherung und Geld für die sichere Miete.

Und die Donots haben für uns da oben mitgepunkt. Man kennt sich in Deutschland relativ schnell, wenn man Musik macht und es ernst meint und im Segment Rock'n'Roll spielt.

Sie waren wie wir, aber sie liefen auf den Musikkanälen. Sie waren wie wir, aber sie hatten sich durch ihre große Kraft da oben fest- und durchgesetzt. Das hat mir immer viel bedeutet. „Vielleicht kann ich das dann auch?", habe ich dann gedacht. So was ist gar nicht so unwichtig, wenn Musik mit deutschen Texten mal wieder überhaupt nicht angesagt ist.

Heute wünscht man sich das ja manchmal einfach wieder.

Die Donots haben einfach durchgezogen. Als Freunde. Als Firma aus Freunden. Mit einem riesigen Aufwand in einem riesigen Kraftakt. Wer so was macht und schafft, gehört zu den Geilsten, die es gibt.

Es ist eine Woche vor dem Release meines Albums *Junkies und Scientologen* und ich habe Angst. Damit diese Angst ein wenig in einen Rahmen gepresst wird, darf ich auf dem *Grand Summer Slam*, dem Open Air der Donots in Ibbenbüren, spielen. Ich reise mit dem Zug an und inzwischen finde ich es wieder geil, wenn ich mit 45 Jahren mit meiner Gitarre auf den Rücken geschnallt durch Deutschland reise, klar erkennbar als Künstler, und ausgestattet mit Kenntnissen in der Kulturtechnik. Mir gefällt so was.

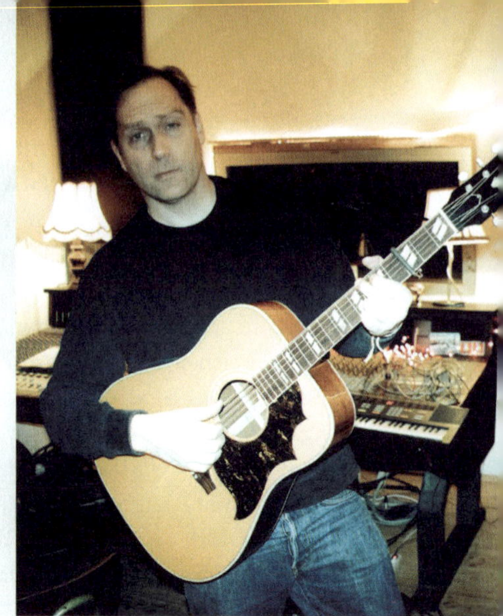

Ich komme in Ibbenbüren an und stelle fest, wie hässlich diese Stadt auf den ersten Blick ist, und so was liebe ich. Es brennt sich in mein Gehirn ein und ich gleiche es mit allem ab, was ich in Deutschland schon als Künstler gesehen habe. Und dann finde ich Ibbenbüren schön, weil ich weiß, dass ich Ibbenbüren nicht vergesse. Das ist mir viel wert, weil meine Freunde von den Donots hierher kommen. New York kann jeder. Ibbenbüren - das muss man schaffen.

Aber ich habe Angst vor den Donots. Denn ... Die Donots sind immer gut drauf. Zumindest von außen. Wenn man sie sieht und sie einen zurücksehen, dann kommen die Zähne raus, dann wird gelächelt, dann wird gelacht, dann gehen die Arme auf, dann wird umhalst, dann wird Liebe gemacht.

Ich habe Angst, weil ich so was nicht so gut kann, ich es aber liebe, dass die so sind. Sie tragen ihr Herz im Mund. Sind die bei Scientology? Wird man da nicht glücklich gemacht? In Kursen, die 10.000 Euro kosten?

Sie drücken mich und sagen, dass sie sich sehr freuen, dass ich in Ibbenbüren bin, und dass sie meinen neuen, ersten Song toll finden.

Mein Mut für die nächsten Tage und Wochen fängt an zu wachsen.

Und ich kann sagen – weil die Beziehung lang und tief und klein und kurz ist –, dass ich warm und stolz bin auf die Donots. Zieht das Ding durch. Ibbenbüren's greatest days are still to come.

One Love,
Euer Thees
!

EUPHORIE GLEICH WELLENWEISE

Am Abend vor der Veröffentlichung von *Lauter als Bomben* sind die Donots in Köln zu Gast beim Radiosender 1Live. Sie geben Interviews, machen Promotion, eben das Übliche, wenn eine neue Platte ansteht.

Bis einer das Gespräch auf das Underground bringt. Der Punkrock-Club in Köln-Ehrenfeld ist mit den Jahren ein Teil der Donots-Geschichte geworden: Das erste Mal haben sie hier 1999 auf der gemeinsamen Tour mit den Beatsteaks gespielt, danach folgten viele weitere Shows, die alle eins gemeinsam hatten: Es war voll, es war laut, es war ein Riesenspaß. Doch der lässt sich leider nicht wiederholen, denn das Underground wurde im Herbst 2017 dem Erdboden gleich gemacht. Abgerissen im Dienste der Gentrifizierung. Auf dem Gelände des alteingesessenen Clubs soll »eine Mischung aus Wohnen, Kultur, Gewerbe und Einzelhandel realisiert werden«, heißt es in einer Mitteilung der Stadt Köln. Das Underground hat für die künstlerische Entwicklung im Rheinland mit Sicherheit mehr getan als sämtliche Kölner Kulturdezernenten der vergangenen zwanzig Jahre. Aber wenn Bürokraten den Wert von lauten Gitarren mit den immens steigenden Grundstückpreisen verrechnen, rücken am Ende eben die Bagger mit der Abrissbirne an.

Kurzerhand beschließen die Donots: Wenn ihr unsere Clubs abreißt, dann stellen wir uns auf die Trümmer. Und wenn es dort keinen Strom gibt, dann spielen wir eben unplugged. Spontan starten sie live im Radio einen Aufruf und posten diesen auch auf Facebook: »Heute Nacht 0:00 Uhr erscheint unser Album – also treffen wir uns alle Punkt Mitternacht da, wo das Underground stand. Wir bringen ein paar Kisten Bier und Akustikgitarren mit, und alle zusammen stoßen wir auf den Release von *Lauter als Bomben* an, und wir zocken ein paar Songs! Deal?«

Als sich die Donots am Abend auf den Weg machen, rechnen sie mit zwanzig bis maximal dreißig Leuten, die dort auf sie warten. Es ist Mitte Januar, es ist kalt, der Aufruf war megakurzfristig, der nächste Tag ist ein Freitag, also ein ganz normaler Schul- und Arbeitstag. Mehr als zwei, drei Dutzend Die-Hard-Fans werden sich wohl nicht aus dem Haus gewagt haben. Doch als sie in Köln-Ehrenfeld ankommen, trifft sie fast der Schlag. Die Brache auf dem Gelände der ehemaligen Helios-Werke, in deren Hallen der Club mal sein Zuhause hatte, ist rappelvoll. Hunderte stehen dort im Freien. Mit kalten Fingern, mit dampfendem Atem, mit Riesenbock.

Auch das Ordnungsamt und die Polizei erwarten sie bereits. Die Beamten weisen die Donots pflichtgemäß darauf hin, dass ein vierstelliges Bußgeld wegen Verstoßes gegen die Lärmschutzbestimmungen fällig wird, sollte sich einer der Anwohner beschweren. Davon abgesehen zeigen sich die Freunde und Helfer aber erstaunlich zugänglich. So sehr, dass es Alex und Eike gelingt, eine gute halbe Stunde Spielzeit auszuhandeln, und die Beamten ihnen sogar »Viel Spaß!« wünschen.

Und den haben sie. Die Donots legen los mit »Keiner kommt hier lebend raus«.

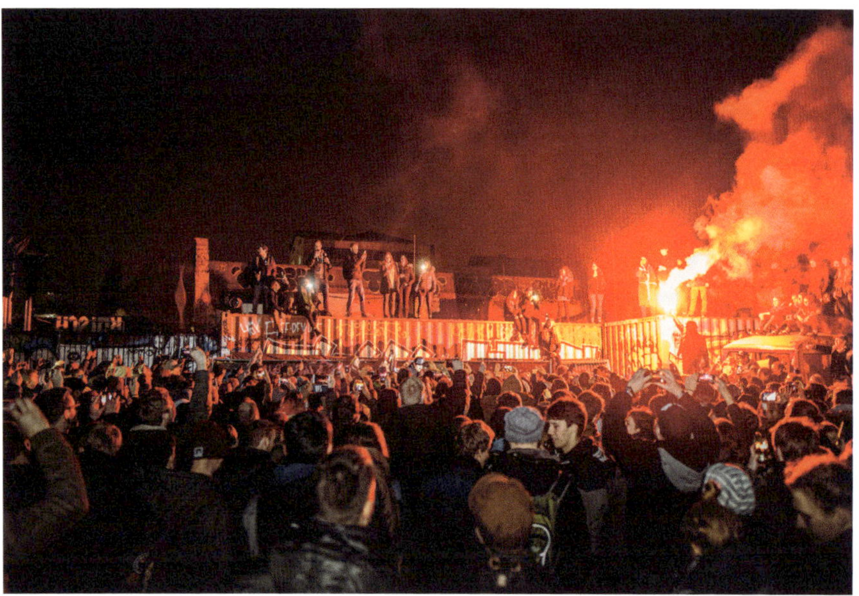

Guerilla-Show auf den Trümmern des Underground in Köln

Aus »Hansaring 2:10 Uhr« machen sie »Underground 0:10 Uhr«. Bengalos werden gezündet, die Stimmung ist unbeschreiblich. Ein besseres Omen für die neue Platte kann sich die Band kaum vorstellen.

2018 gilt mehr denn je: Eigentlich sagen die Charts nichts aus. Ob ein Album in der Hitparade oben oder unten landet, hängt von vielen Faktoren ab. Welche anderen Bands haben ihre Platten zeitgleich veröffentlicht? Feiern die Medien das Album? Werden die Videos in den sozialen Medien geteilt? Wurde es in irgendwelche relevanten Playlists der Streamingplattformen aufgenommen? Sind gerade Ferien? Sogar das Wetter kann einen Einfluss auf die Verkäufe haben.

Die Donots haben noch nie geglaubt, dass sich die Qualität einer Platte daran bemessen lässt, wie oft sie über den Ladentisch geht. Dennoch ist die Freude im Band-Hauptquartier groß, als eine Woche nach ihrem Underground-Auftritt die Verkaufszahlen der ersten Woche feststehen: *Lauter als Bomben* steigt auf Platz vier in die Albumcharts ein. Wie schon bei *Wake The Dogs* und *Karacho* haben sie sich auch diesmal wieder selbst übertroffen: So hoch war bislang noch kein Donots-Album platziert.

Von der Vorstellung, dass ein Top-5-Album gleichbedeutend mit einem warmen Geldregen ist, hat sich die Band schon lange verabschiedet. Wenn man nicht gerade Ärzte, Hosen, Grönemeyer oder Fischer heißt, bedeuten die Plattenverkäufe für einen Musiker heutzutage kaum mehr als ein nettes Zubrot. Und manchmal nicht einmal das.

Am Ende machen die Donots mit *Lauter als Bomben* sogar Minus. Denn Solitary Man Records ist ein Zuschussgeschäft. »Wenn man auf die reinen Zahlen sieht, kostet uns das Label mehr, als es uns einbringt«, sagt Alex. Produktion, Presswerk, Vertrieb,

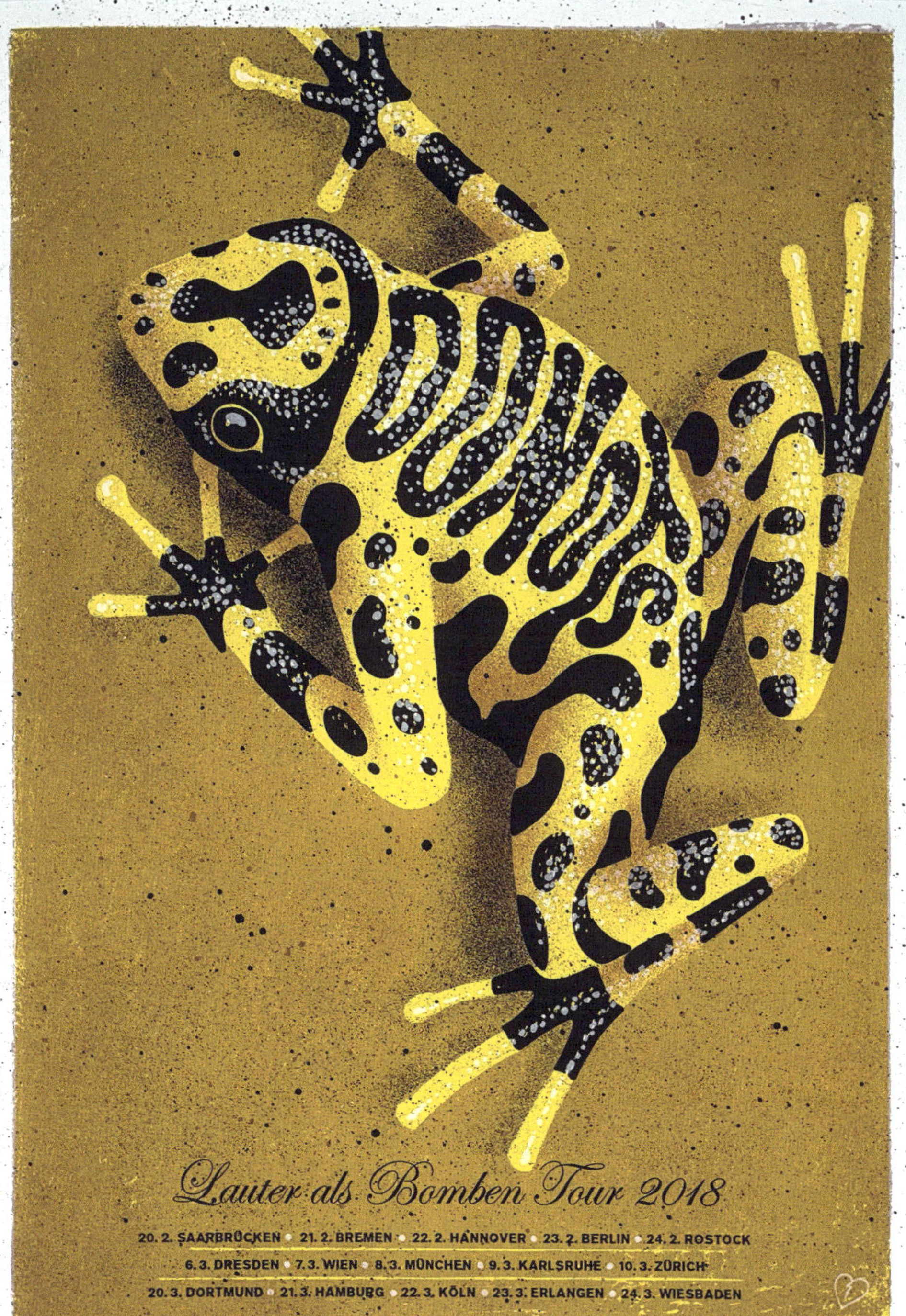
Lauter als Bomben Tour 2018
20. 2. SAARBRÜCKEN • 21. 2. BREMEN • 22. 2. HANNOVER • 23. 2. BERLIN • 24. 2. ROSTOCK
6. 3. DRESDEN • 7. 3. WIEN • 8. 3. MÜNCHEN • 9. 3. KARLSRUHE • 10. 3. ZÜRICH
20. 3. DORTMUND • 21. 3. HAMBURG • 22. 3. KÖLN • 23. 3. ERLANGEN • 24. 3. WIESBADEN
/150
DESIGNED & HANDPRINTED AT JANTA-ISLAND

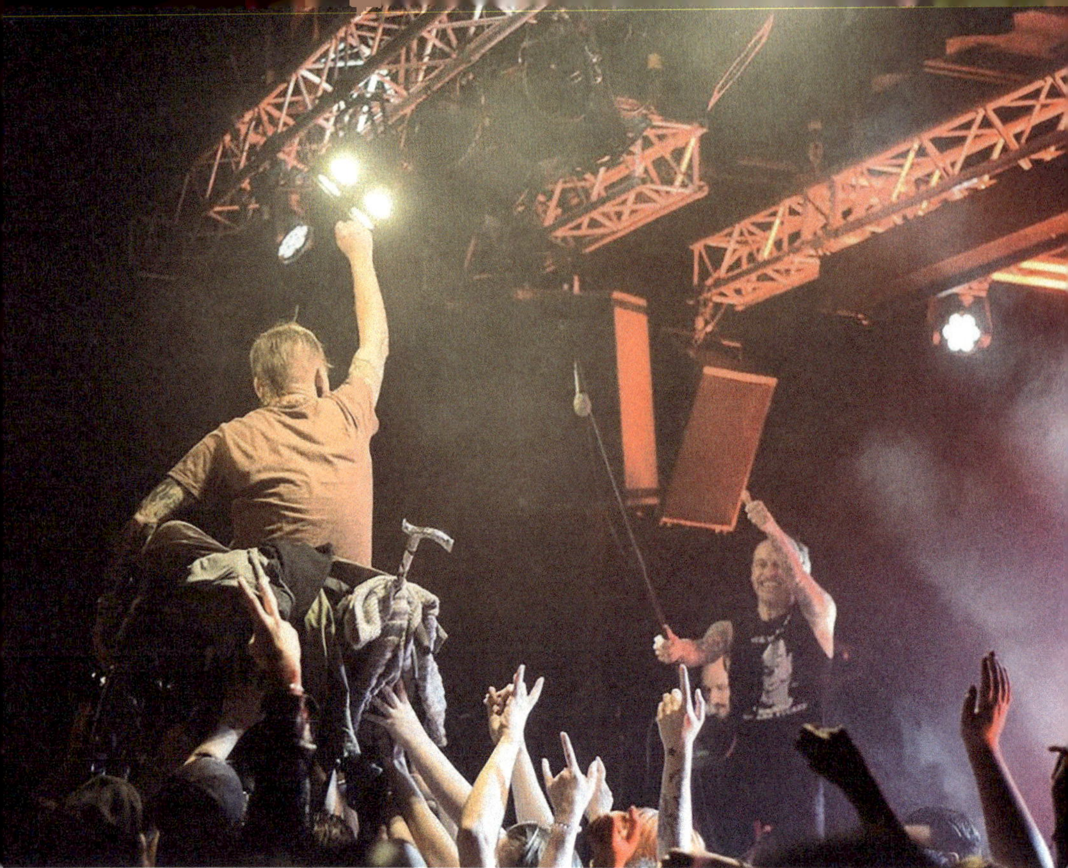

Covergestaltung, Druck, Videodrehs, Vermarktung und Promotion in Presse, Fernsehen, Radio und online – für das Geld, das die Donots in die Veröffentlichung von *Lauter als Bomben* stecken, hätte sich jeder von ihnen eine schöne Familienkutsche vor die Tür stellen können.

Doch den Donots geht es bekanntlich nicht um die Zahlen. Dass sie den Plattenvertrag, der ihnen während der *Lauter als Bomben*-Produktion ins Haus geflattert ist, schließlich abgelehnt haben, ist deshalb trotz des obszön hohen Angebots kaum weiter verwunderlich. Dafür hätten sie nämlich die Rechte an ihren Songs abtreten müssen, und das wollten sie auf gar keinen Fall. »Dass wir jetzt alles wieder komplett selbst machen, tut uns einfach sehr, sehr gut. Und dieses Gefühl trägt viel dazu bei, dass wir genau die Platten machen können, die wir machen wollen. Man muss das Gesamtbild betrachten: Wenn wir mit dem Album Minus machen, lässt sich das im besten Fall mit den Merchandise-Einnahmen und den Gagen auf der Tour wieder ausgleichen«, erklärt Alex.

Vorausgesetzt natürlich, die Tour läuft gut. Und das tut sie: Der Vorverkauf brummt, die Shows sind zum Teil schon Wochen vorher ausverkauft, viele Konzerte müssen in größere Hallen verlegt werden.

In Köln sollen die Donots in der Live Music Hall spielen. Für die Band ein echtes Highlight, erst recht, als sich abzeichnet, dass sie die Halle sogar vollkriegen werden.

Doch der Run auf die Tickets ist sogar so enorm, dass sie in eine größere Location wechseln müssen. Zum ersten Mal in ihrer langen Karriere spielen sie eine eigene Show im fast doppelt so großen E-Werk in Köln-Mülheim.

Gegenüber vom E-Werk, gleich auf der anderen Straßenseite, befindet sich das Palladium. Dort treten am selben Abend Kraftklub auf. Als die Donots davon erfahren und sich die ersten Fans beklagen, weil sie sich nicht entscheiden können, welches der beiden Konzerte sie besuchen, beginnt es in den Köpfen der Donots wieder mal zu rattern: So eine Gelegenheit müssen sie doch nutzen! Nach ein paar Anrufen steht ein spektakulärer Plan.

Am Konzertabend simulieren beide Bands zeitgleich eine technische Panne und trotten ungefähr nach der Hälfte des Sets zerknirscht von der Bühne. Mit den Worten »Sorry, wir müssen uns da hinten um die Technik kümmern …«, verschwinden die Donots. Das ist natürlich nur eine faule Ausrede. Beide Bands sprinten los, klatschen sich unterwegs einmal ab und an einem Tisch, den die Cateringfirma Rote Gourmet Fraktion auf halber Strecke aufgebaut hat, kippen sie gemeinsam einen schnellen Schnaps. Dann wechseln sie die Straßenseite und stürmen die Bühne der Kollegen. Als im Palladium das Licht wieder angeht, stehen dort die Donots und hauen den überraschten Kraftklub-Fans »Wake The Dogs« um die Ohren, während Kraftklub mit »Unsere Fans« das E-Werk zum Ausrasten bringen. Auch die Branche zeigt sich begeistert: Die Donots und Kraftklub werden für diese Aktion mit dem »Preis für Popkultur« in der Kategorie »Spannendste Idee« ausgezeichnet.

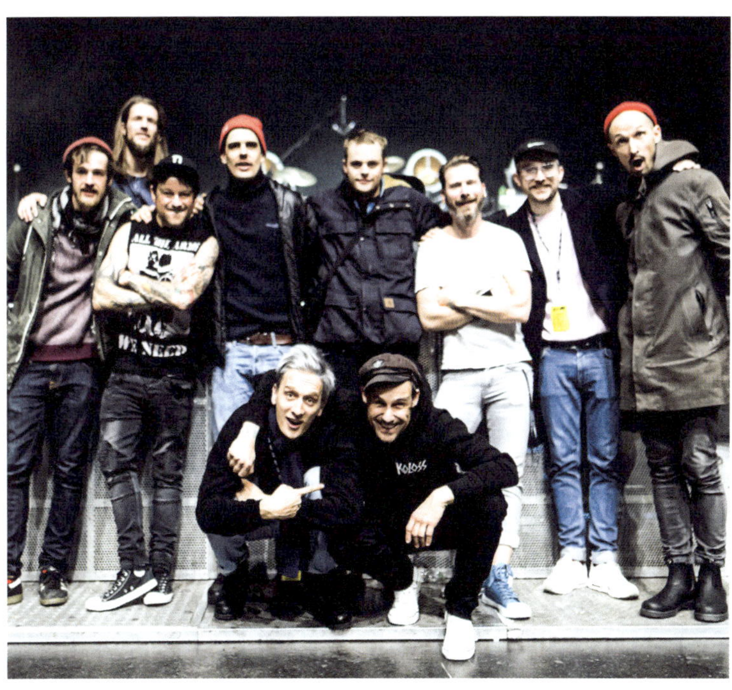

inks: Rollstuhl-Crowdsurfen bei den Donots.
ben: Show-Tausch mit Kraftklub in Köln.
ächste Seite: Bitte Sänger auffangen und durchreichen!

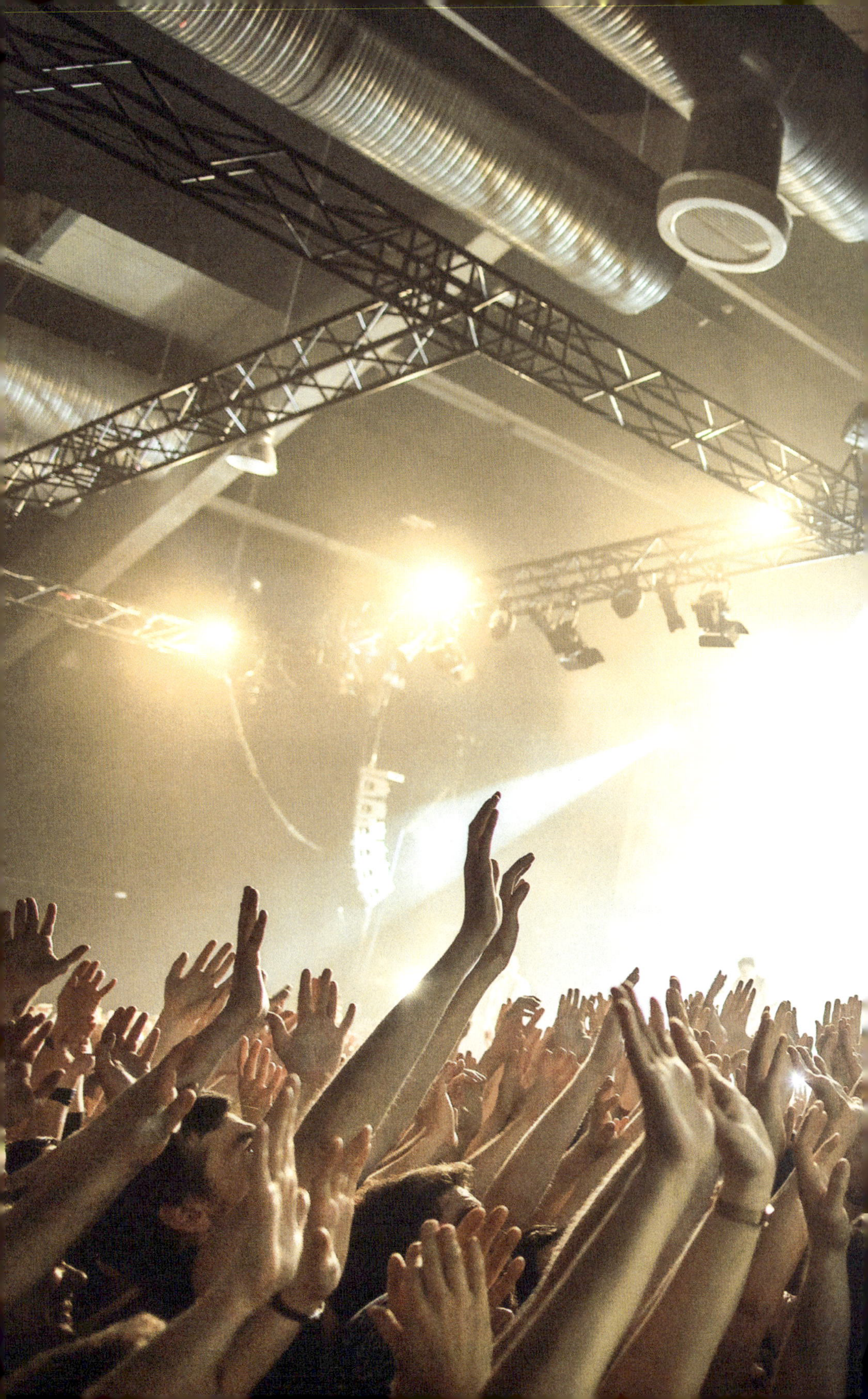

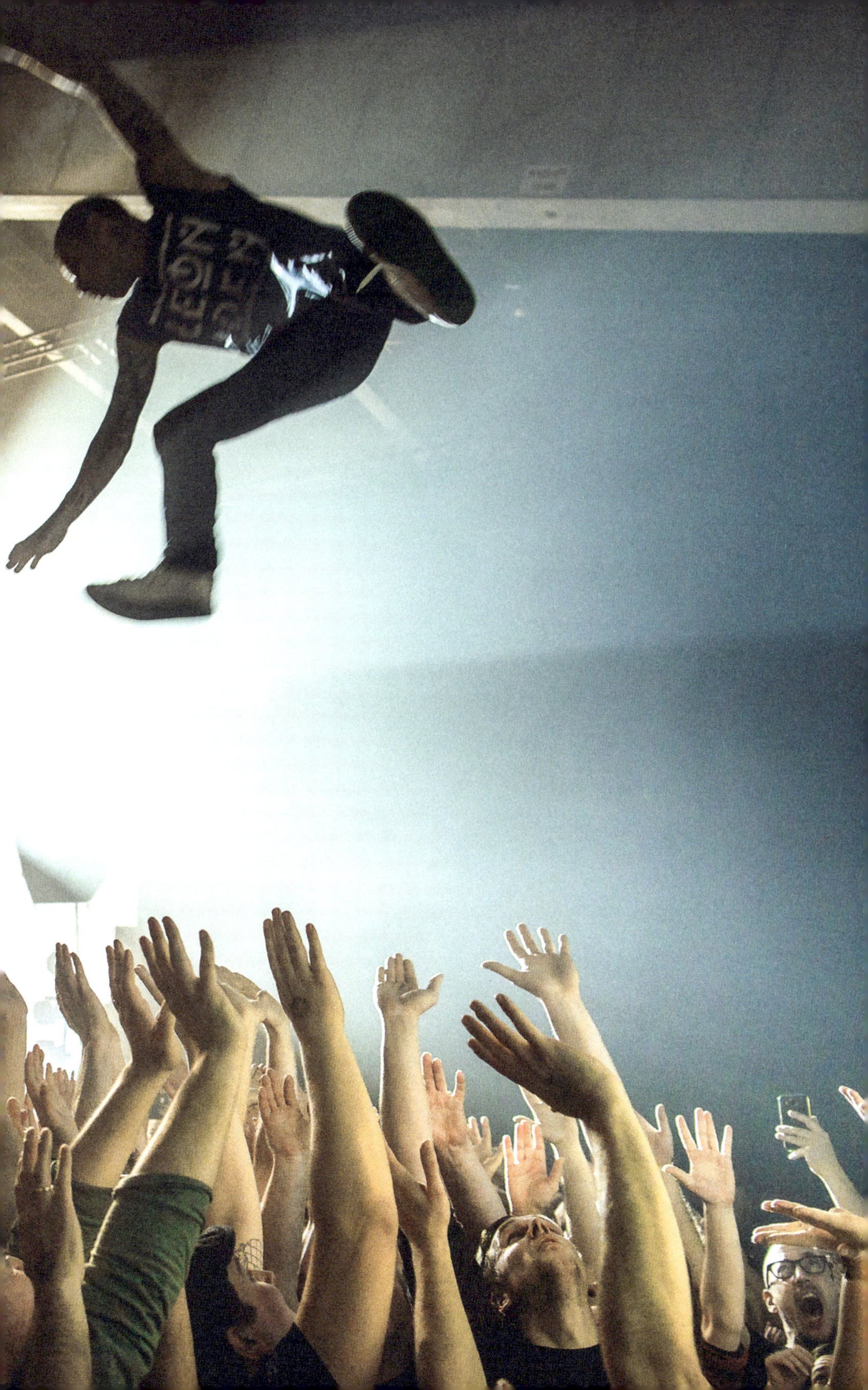

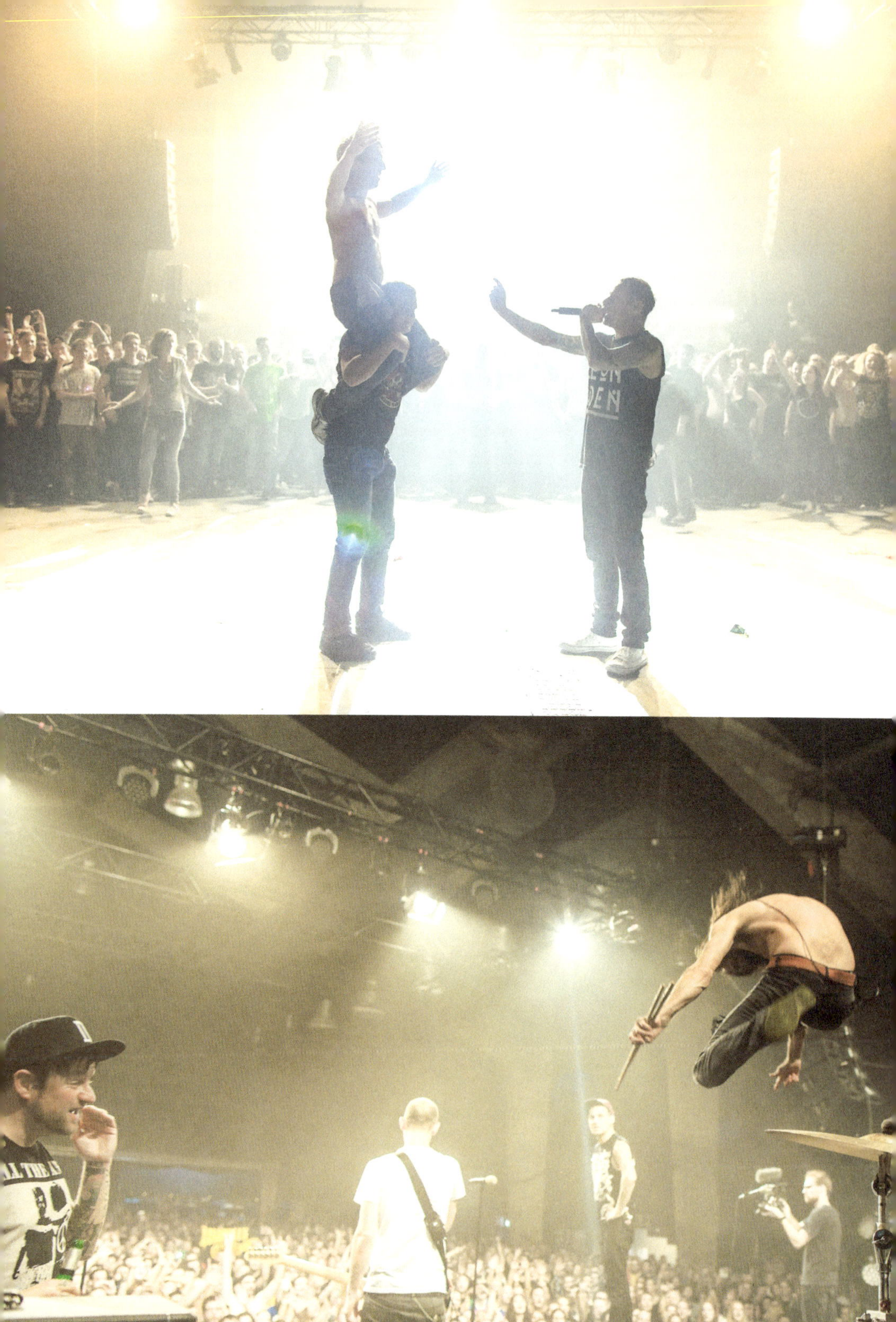

SO ERFOLGREICH WIE NOCH NIE

Das Leben als Band ist nur zu einem gewissen Grad planbar. Zwischen Ende Mai und Anfang September gilt das noch mehr als sonst. In diesem Zeitraum ist Festivalsaison, da muss Alex ständig damit rechnen, dass das Telefon klingelt und er einen hektischen Veranstalter oder Manager in der Leitung hat: Ob die Donots nicht früher spielen könnten als geplant? Oder später? Oder am Freitag auf der Hauptbühne statt am Sonntag im Zelt? Oder am Sonntag im Zelt statt am Freitag auf der Hauptbühne? Ob sie der Band, die nach ihnen spielt, einen Teil der Backline überlassen würden, deren Equipment hänge noch im Zoll? Und ob sie nicht doch mit dem Nightliner kommen könnten, das Hotel habe einen Wasserschaden?

Auch kurzfristige Engagements als Ersatz für Bands, die ihren Auftritt absagen müssen, gibt es immer mal wieder. Die Donots kennen das, sie sind im Laufe der Jahre schon für einige Bands eingesprungen. Für Jet, für Wanda, für Kettcar, für Feine Sahne Fischfilet, für Sum 41. Doch die Anfrage, die Mitte August 2018 bei ihnen eingeht, ist etwas Besonderes: Bad Religion, die in drei Tagen beim *Highfield*-Festival im sächsischen Großpösna spielen sollen, müssen ihren Auftritt wegen eines Trauerfalls absagen. Ob die Donots vielleicht für sie in die Bresche springen können?

Ob sie an einem Samstagabend auf der Hauptbühne vor ausverkauftem Haus für gute Freunde einspringen wollen? Was für eine Frage!

Da so kurzfristig in ganz Deutschland kein Tourbus mehr aufzutreiben ist, fahren die Donots am Samstagmorgen mit dem Zug nach Leipzig. Und auf der Fahrt, irgendwo zwischen Hamm und Bielefeld, kommt ihnen eine Idee.

»Wenn wir schon anstelle von Bad Religion spielen, müssten wir sie eigentlich auch covern, oder?«

»Geil!«

»Genial.«

»Spitzenidee!«

»Aber welchen Song? ›Along The Way?‹«

»Hmmm. Zu langsam, oder?«

»Wie wär's mit ›Do What You Want‹?«

»Top! Das machen wir.«

Da ihnen vor Ort kaum Zeit zum Proben bleibt, setzen sich die fünf ihre Kopfhörer auf und hören »Do What You Want« in Dauerschleife. Im Großraumabteil des ICE veranstalten die Donots zum ersten Mal in ihrem Leben eine Bandprobe ohne Instrumente: Guido und Alex prägen sich die Akkordfolgen ein – E, C, G, D, so wie die meisten der frühen Bad-Religion-Songs. Purgen übt den Basslauf auf der Luftgitarre. Eike schiebt die *db mobil* zur Seite und trommelt den schnellen Uffta-Uffta-Beat mit den Fingern auf dem Tisch vor ihm. Auch Ingo geht zur Sicherheit den

Text nochmal durch, aber eigentlich kann er ihn seit fünfundzwanzig Jahren auswendig.

»Und? Kriegen wir hin, oder?«

»Klar.«

»Das wird super.«

Kurzfristig als Ersatz für eine beliebte Band einzuspringen, deren Absage sich im Publikum womöglich noch gar nicht herumgesprochen hat, kann eine ziemlich undankbare Aufgabe sein. Doch als an diesem Abend statt Bad Religion die Donots auf der Green Stage des *Highfield* erscheinen, wird schnell klar, dass es kaum eine bessere Vertretung geben könnte. Spätestens als Ingo nach »Calling« ins Publikum springt und inmitten eines wilden Pogopulks »Do What You Want« singt, ist auch der skeptischste Bad-Religion-Fan überzeugt und fährt zufrieden grinsend seine Ellbogen aus.

Der Auftritt beim *Highfield* verdeutlicht einmal mehr, welchen Stellenwert sich die Donots erarbeitet haben. Auch live ist seit der Veröffentlichung von *Lauter als Bomben* alles noch ein ganzes Stück größer, überwältigender und emotionaler geworden. Ob bei Riesenfestivals oder in kleinen Clubs, ob im Vorprogramm der Toten Hosen in Luzern oder beim Heimspiel in der (natürlich ausverkauften) Halle Münsterland, wo im Dezember 2018 der sechste *Grand Münster Slam* stattfindet – immer, wenn die Donots denken, dass es nun wirklich nicht mehr besser geht, wird es genau das: besser.

Für die Jubiläumsshows, die sie im Frühjahr 2019 spielen, gilt das natürlich erst recht. Denn zum fünfundzwanzigsten Bandgeburtstag machen die Donots ein richtiges Fass auf: Die *Birthday Slams*, wie sie die Konzerte nennen, finden in den größ-

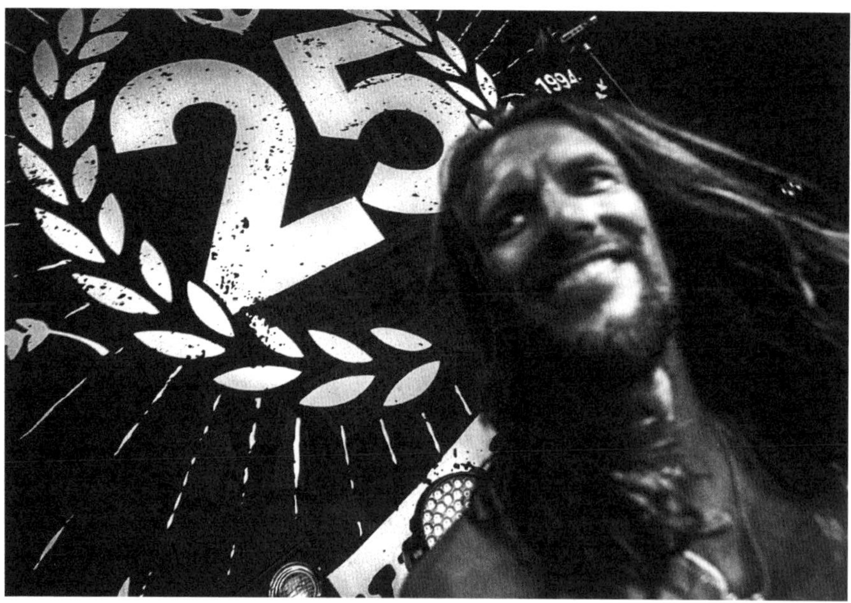

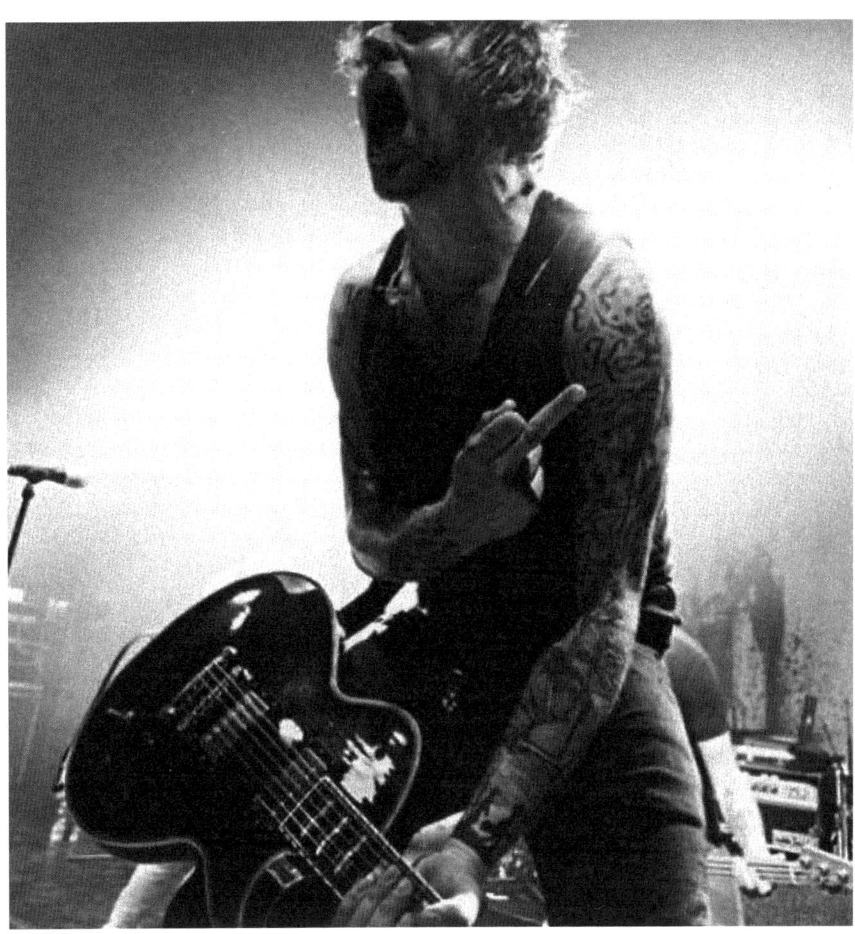

ten Hallen statt, in denen sie je gespielt haben – und die ruckzuck ausverkauft sind: Das Mehr!-Theater in Hamburg, das Stahlwerk in Düsseldorf, die Columbiahalle in Berlin. In Wiesbaden ist die Nachfrage sogar so groß, dass sie gleich zweimal im Schlachthof spielen. Und zwar am selben Tag: Nach dem »Frühschoppen« am Nachmittag wird einmal das Publikum getauscht, bevor die Donots dort am Abend erneut auftreten.

Als Supportbands haben sie sich mit Anti-Flag und Itchy mal wieder ein paar gute, alte Freunde eingeladen. In Düsseldorf bestreiten sogar ihre Buddies von Samiam das Vorprogramm. Nach über zwanzig Jahren schließt sich damit ein ganz besonderer Kreis. Denn ihre allererste Tour im Winter 1998 bestritten die Donots als Vorgruppe von Samiam. Dass die Rollen nun vertauscht sind, ist für Samiam kein Problem. Sie freuen sich, Teil der großen Geburtstagssause zu sein. »Die Donots sind unsere Freunde, und wenn die fragen, ob wir mit ihnen spielen können, dann machen wir das natürlich«, sagt Samiam-Gitarrist Sergie Loobkoff. »Wir gönnen ihnen den Erfolg von ganzem Herzen!«

Die Geschichte der Donots ist an Höhepunkten nicht gerade arm. Spätestens seit *Karacho* scheint ein Superlativ auf den nächsten zu folgen. Ein ungewöhnliches Gefühl und sicher nicht ganz einfach für eine Band, die nicht nur »Geschichten *vom* Boden« singt, sondern auch immer auf dem Boden geblieben ist. Die sich eigentlich stets dagegen gesperrt hat, sich auf dieses Höher-Schneller-Weiter-Spiel einzulassen. Dass die Stimmung auf den *Birthday Slams* noch einmal alles Bisherige übertrifft, jagt ihnen einen kollektiven Schauer über den Rücken. Ein derart textsicheres und euphorisiertes Publikum haben sie bisher noch nie erlebt. Sie treffen sogar Fans die ihnen stolz Ihre Tattoos mit Zeilen aus Donots-Songs zeigen. Andere lassen sich sogar direkt nach dem Konzert von Guido tätowieren.

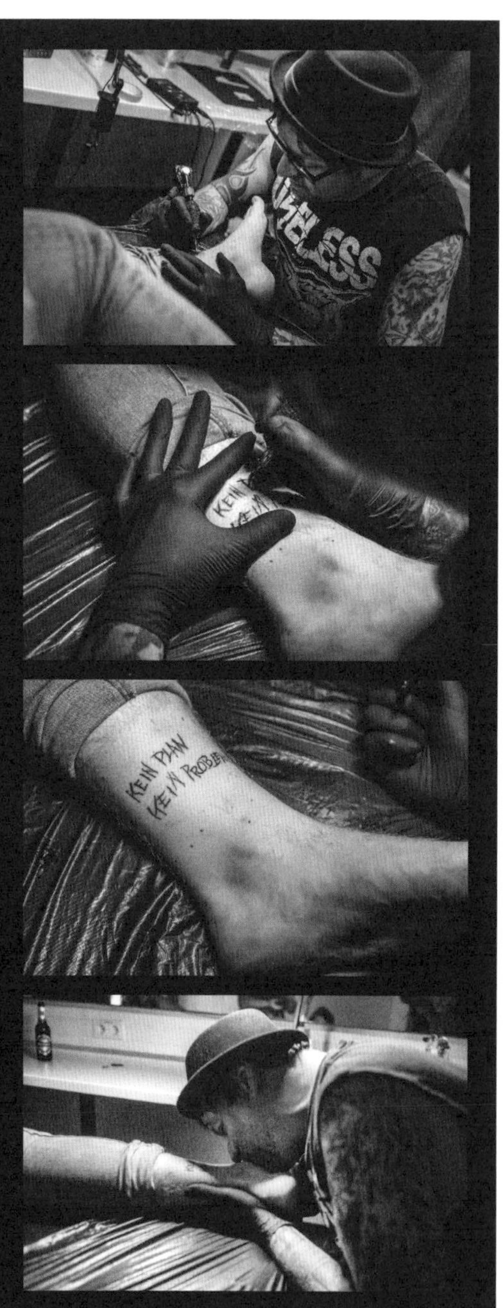

Donots-Konzerte sind inzwischen Veranstaltungen für mehrere Generationen geworden. Wenn sie einen »Oldie« wie »You Cannot« mit den Worten ankündigen: »Den Song haben wir vor einundzwanzig Jahren geschrieben«, dann schallt es ihnen manchmal aus der ersten Reihe entgegen: »Da war ich minus sechs!« Vorne holt sich der Nachwuchs im Circle Pit blaue Flecken, während hinten am Bierstand angegraute Altpunks von der Show mit den Beatsteaks im Dezember 1999 schwärmen. Die Altersspanne reicht von sieben bis siebzig, und so vielfältig das Publikum inzwischen auch ist, eines vereint alle miteinander: Am Ende geht jeder von ihnen verschwitzt, glücklich und mit einem fetten Grinsen im Gesicht nach Hause. Und mit einem festen Vorsatz: Das will ich bald wieder erleben.

Links: Guido tätowiert einen Fan nach den *Birthday Slams*.
Oben: Noch 3, 2, 1 bis zum Startschuss in Berlin.
Rechts: Siebdruckposter zum Bandgeburtstag.
Nächste Seite: Ausverkaufte Columbiahalle in Berlin.

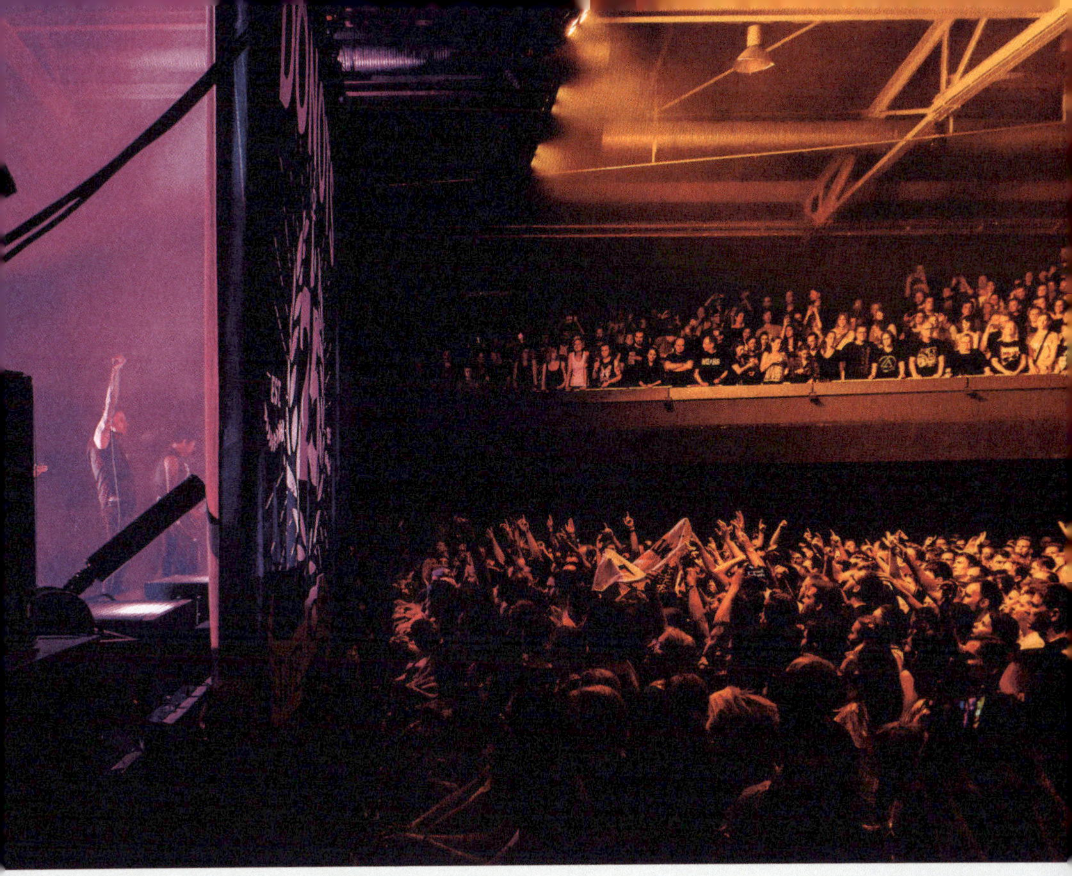

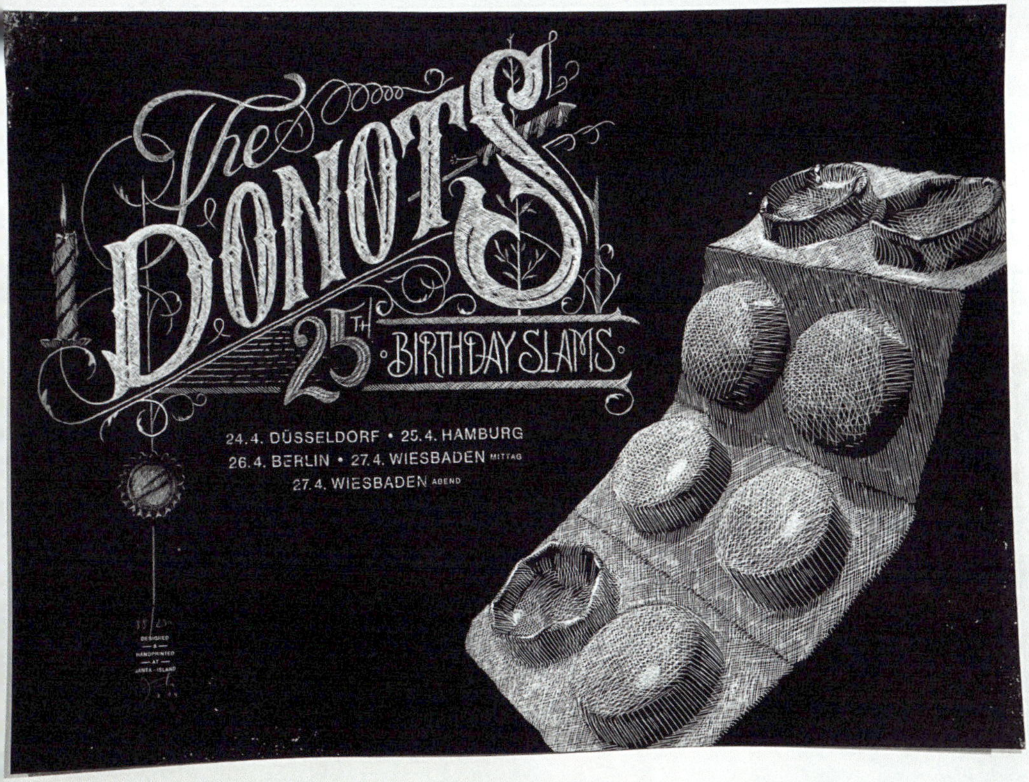

The DONOTS
25TH · BIRTHDAY SLAMS
24. 4. DÜSSELDORF • 25. 4. HAMBURG
26. 4. BERLIN • 27. 4. WIESBADEN MITTAG
27. 4. WIESBADEN ABEND

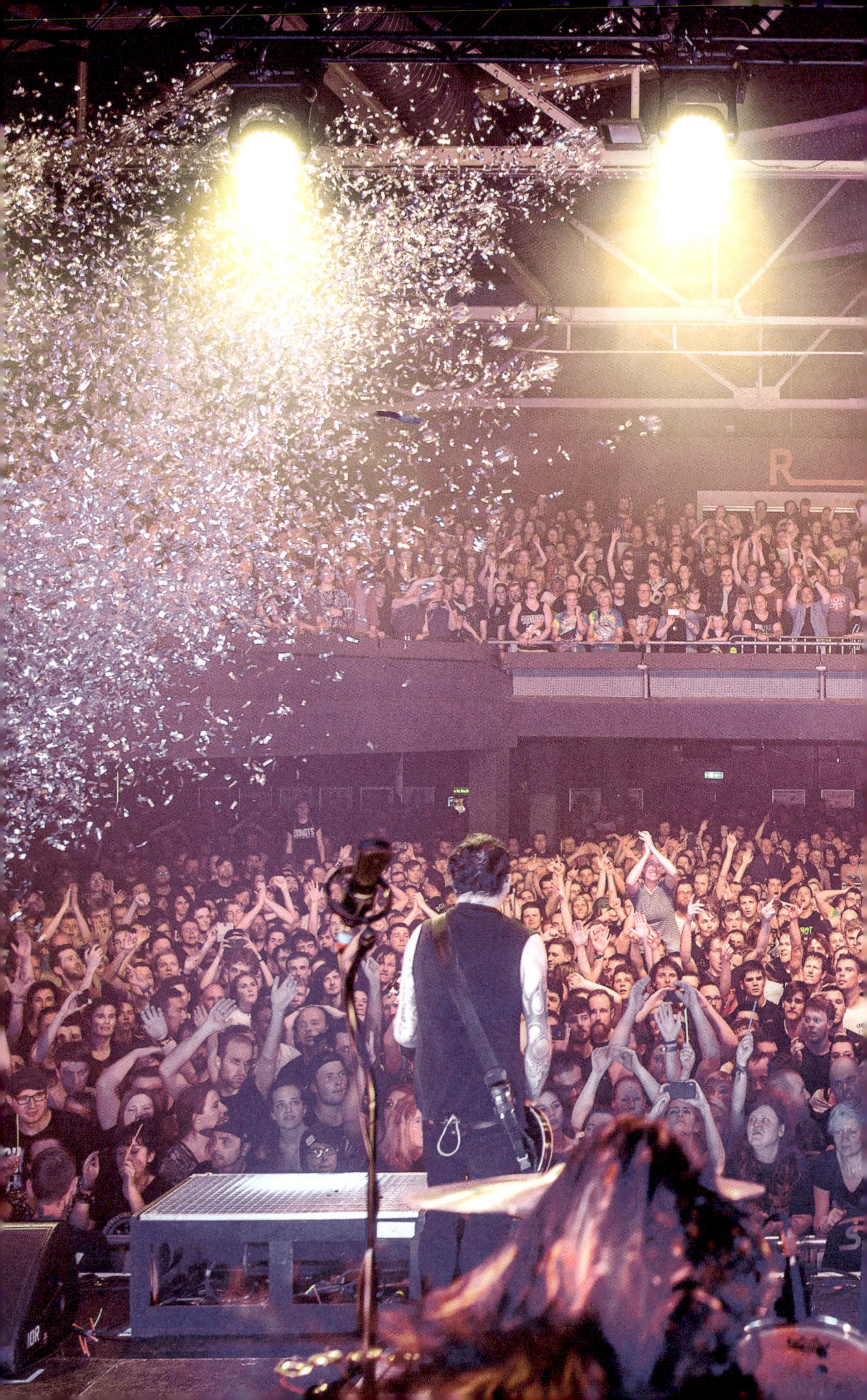

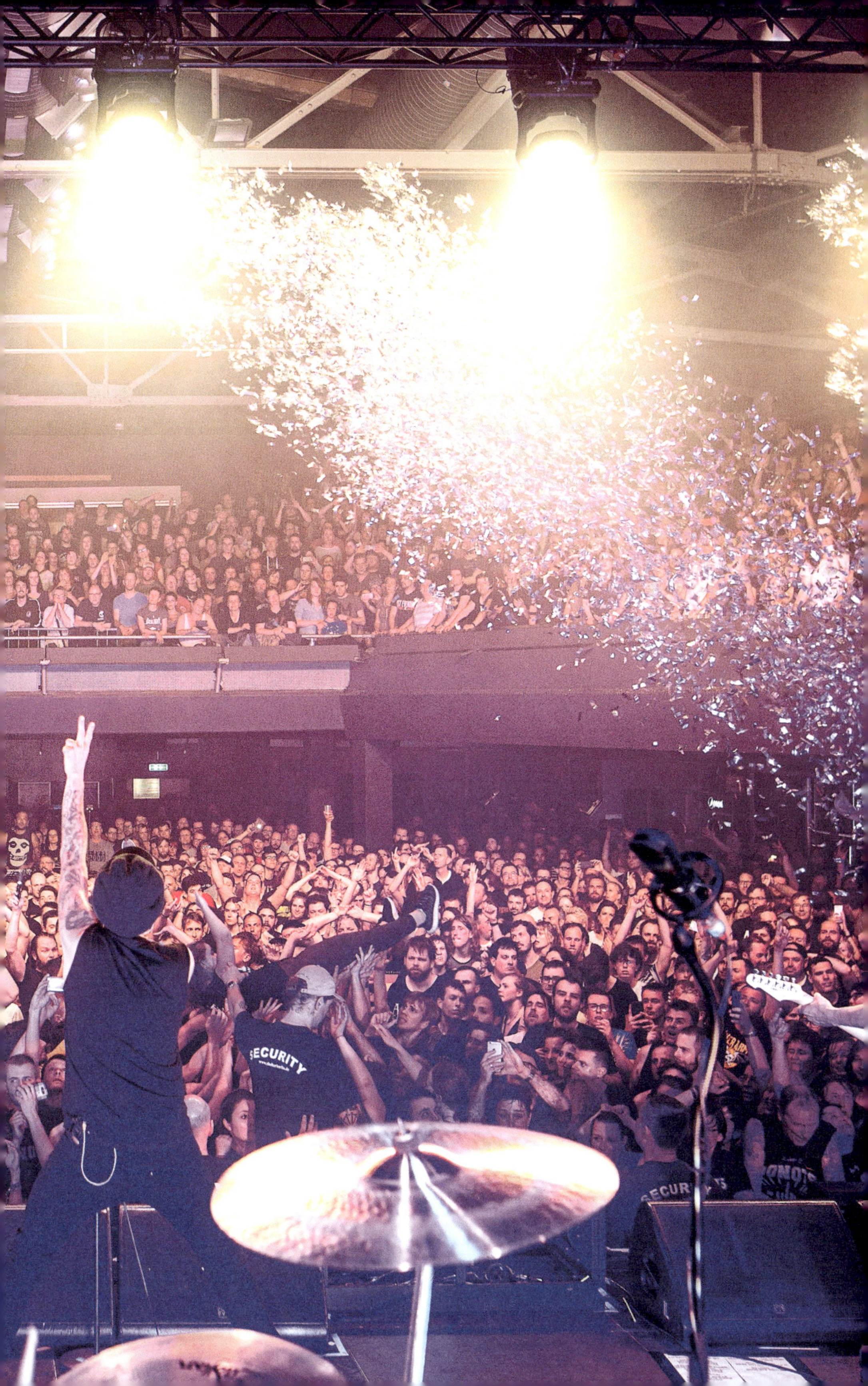
SECURITY

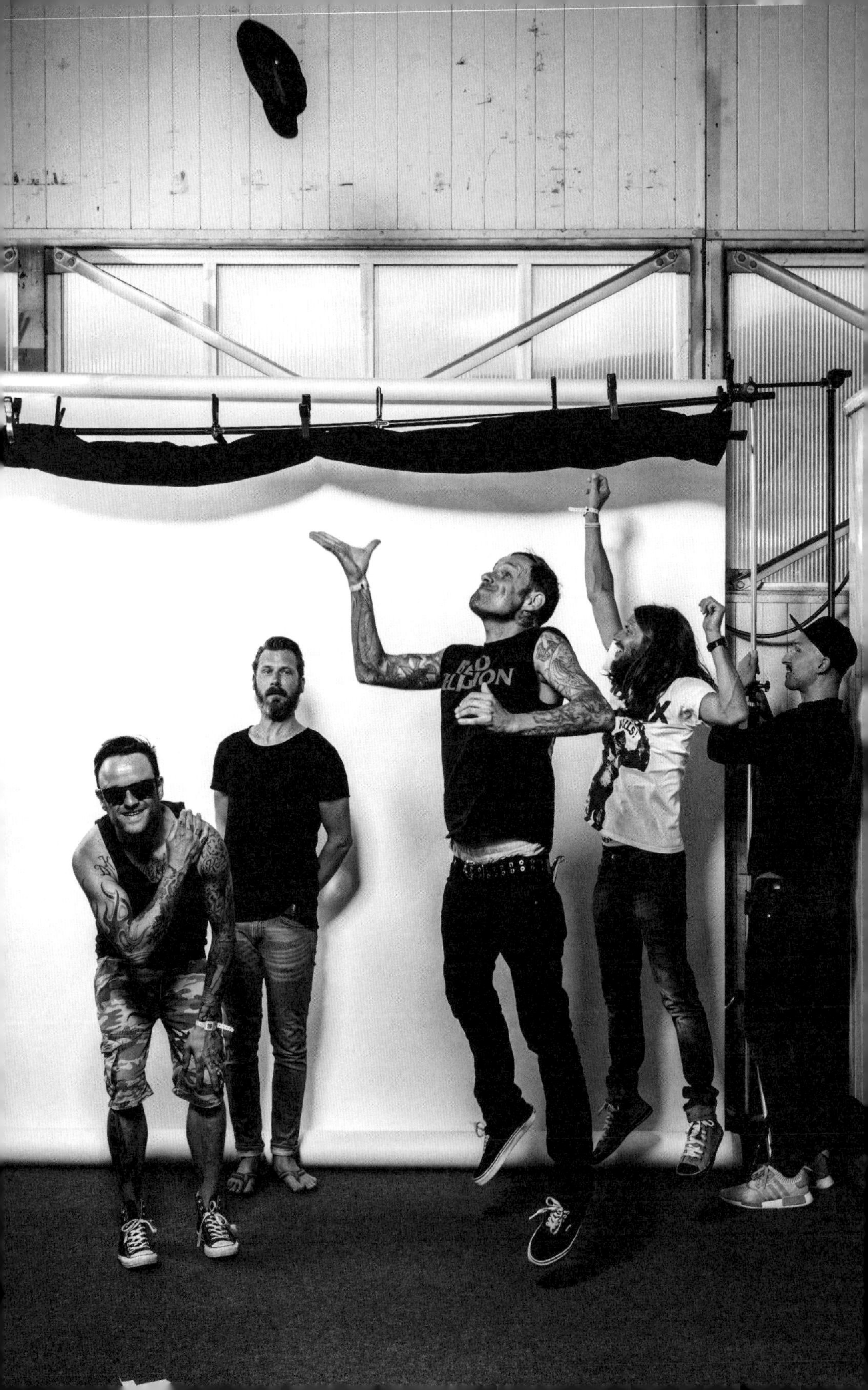

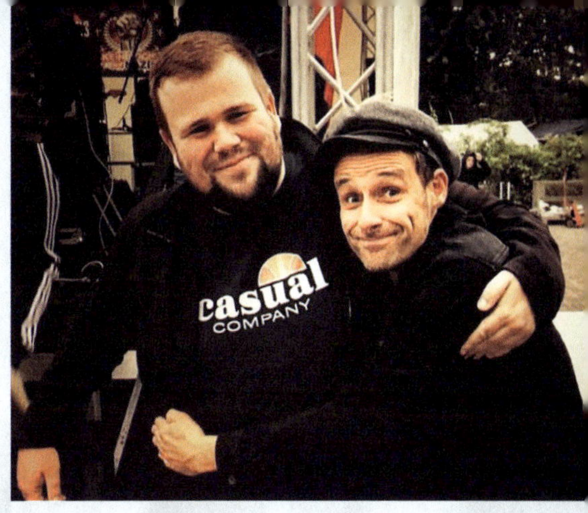

MONCHI [Feine Sahne Fischfilet]

Digger, Donots? Liebste Band der Welt. Und das im positivsten Sinne. Null aufgesetzt. Real lieb und live ne absolute Abriss-Band!

SERGIE LOOBKOFF
[Samiam]

Vor über 20 Jahren hat man uns mit ein paar jungen Typen in einen Bus gesteckt, um damit quer durch Europa zu fahren. Das war ein großer Spaß, den wir im folgenden Jahr direkt wiederholten. Diese Kids waren nicht die Donots, wie man sie heute kennt, sie wussten noch nicht so ganz, wie es läuft. Man kann also ehrlicherweise sagen, dass wir die zweite Tour nicht deshalb zugesagt haben, weil sie unsere neue Lieblingsband waren. Sondern weil sie menschlich besonders waren und das einfach gepasst hat.

Inzwischen sind über zwei Jahrzehnte vergangen, die Donots haben uns in vielen Dingen übertroffen. Sie sind eine wirklich, wirklich gute Band geworden und außerdem noch scheißerfolgreich. Ich will ehrlich sein: Wenn Bands gut und populär werden und somit das erreichen, was uns immer misslungen ist, werde ich normalerweise ein bisschen eifersüchtig. Bei den Donots hatte ich dieses unschöne Gefühl jedoch nie. Die sind wirklich ungewöhnlich nett und bescheiden, und manchmal glaube ich, dass sich wirklich jeder über ihren Erfolg freut. Allerdings übertreiben sie es ziemlich mit ihrer Dankbarkeit uns gegenüber, weil wir sie auf unsere Touren mitgenommen haben. Als ob wir mehr verdienen würden als nur die kleinste Fußnote in der Erfolgsgeschichte der Donots. What a bunch of lovable arschlochs!

EIKE DONOT
JAN-DIRK DONOT
INGO DONOT
ALEX DONOT
GUIDO DONOT

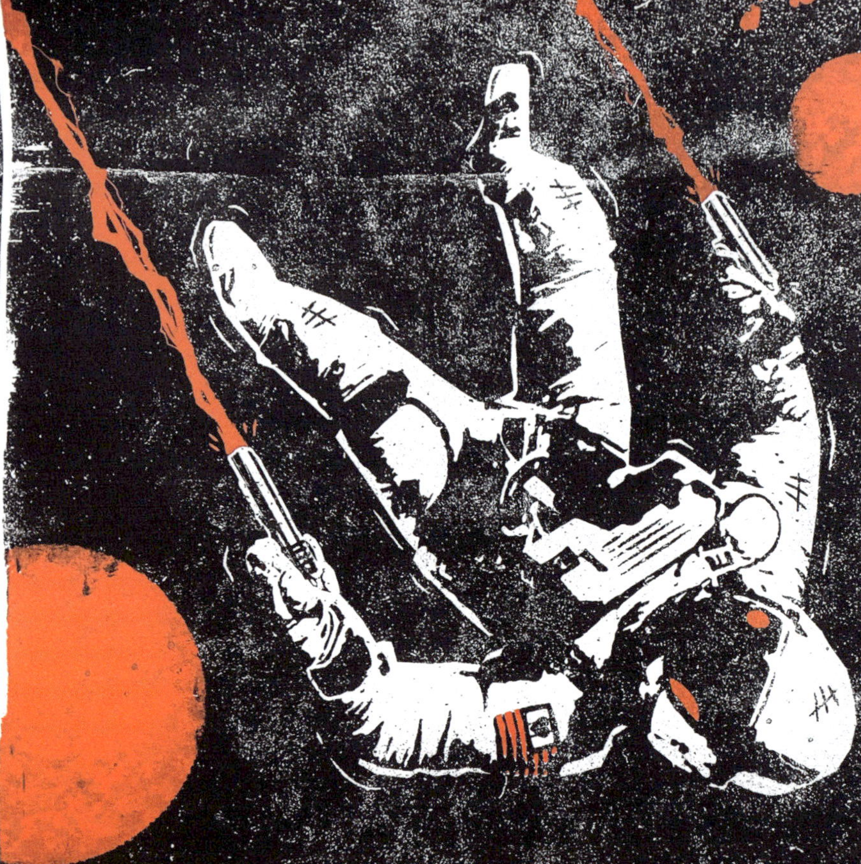

DONOTS

PEDIGREE PUNK - 1996 | TONIGHTS KARAOKE-CONTEST WINNERS - 1998 | BETTER DAYS (NOT INCLUDED) - 1999 | POCKETROCK - 2001 | AMPLIFY THE GOOD TIMES - 2002 | GOT THE NOISE - 2004
THE STORY SO FAR / IBBTOWN CHRONICLES - 2006 | COMA CHAMELEON - 2008 | THE LONG WAY HOME - 2010 | WAKE THE DOGS - 2012 | KARACHO - 2015 | LAUTER ALS BOMBEN - 2018 | SILVERHOCHZEIT - 2019

BAUCHGEFÜHL ÜBER ALLES

Was macht es mit einem, wenn man regelmäßig vor Tausenden von Leuten spielt? Die einen feiern, einem jedes Wort von den Lippen ablesen und einen im wahrsten Sinne des Wortes auf Händen tragen, so wie das Ingo erlebt, wenn er sich bei den Shows mit Anlauf ins Publikum schmeißt?

Der Umgang mit der eigenen Popularität, mit den Fans, die einem auf die Schulter klopfen und einen anhimmeln, sieht je nach Band unterschiedlich aus. Grob lassen sich aber drei verschiedene Strategien feststellen.

Die einen Bands pflegen ihre Allüren und stehen dazu.

Die anderen leugnen ihre Allüren, haben aber trotzdem welche.

Und dann gibt es Bands wie die Donots, die einfach keine Allüren haben. Die geradezu schmerzhaft normal mit ihrem Status umgehen. Denen das ganze Gewese fast schon ein bisschen peinlich ist.

Wenn die Donots eine Kneipe, einen Club oder einen Backstagebereich betreten, erwarten sie niemals, dass man weiß, wer sie sind. Und schon gar nicht, dass die Anwesenden alles stehen und liegen lassen, ihre Aufwartung machen und ihnen am besten gleich ein Getränk servieren. Im Gegenteil: Lieber stellen sie sich einmal zu viel als zu wenig vor. Und wenn bei einem Konzert im Backstageraum nur warmer Billig-Gin parat steht? Wenn die Anlage viel kleiner und mieser ist, als eigentlich abgemacht war? Wenn das Hotelzimmer nicht die versprochenen drei Sterne, dafür aber vier Wanzen hat? Dann sind die Donots die letzten, die einen Aufstand machen.

Auch mit Skandalen und Eskapaden können sie nicht wirklich dienen. Der Hinweis kommt an dieser Stelle vielleicht ein bisschen spät, aber wer in diesem Buch Sex- und Drogengeschichten erwartet hat, dürfte wohl enttäuscht sein. Da ist nichts. Und auf den verbleibenden Seiten kommt auch nichts mehr. Andere Bands werfen Fernseher aus dem Hotelfenster, ziehen sich halb Bolivien durch die Nase, verschanzen sich in ihren Backstageräumen wie Könige in ihren Gemächern. Die Donots stellen sich bei ihren eigenen Festivals an den Einlass und legen den Zuschauern die Eintrittsbändchen ums Handgelenk.

Immer zugewandt, immer freundlich, immer nahbar: Das mag untypisch sein für eine Rockband, aber so sind die Donots eben. Das ändert sich auch nicht mit der wachsenden Popularität.

Die Donots sind 2019 erfolgreicher als je zuvor. Noch nie haben sie so große Hallen gespielt, noch nie haben sie so viele Platten verkauft. Und das im fünfundzwanzigsten Jahr ihrer Karriere!

Normal ist das nicht. Manche Bands knallen mit ihrem Debüt direkt durch die Decke, andere nehmen ein bisschen Anlauf und erreichen mit dem dritten, vierten oder spätestens mit dem fünften Album den Gipfel ihrer Popularität. Aber mit dem elften? Nach fünfundzwanzig Jahren? Das ist tatsächlich ziemlich beispiellos.

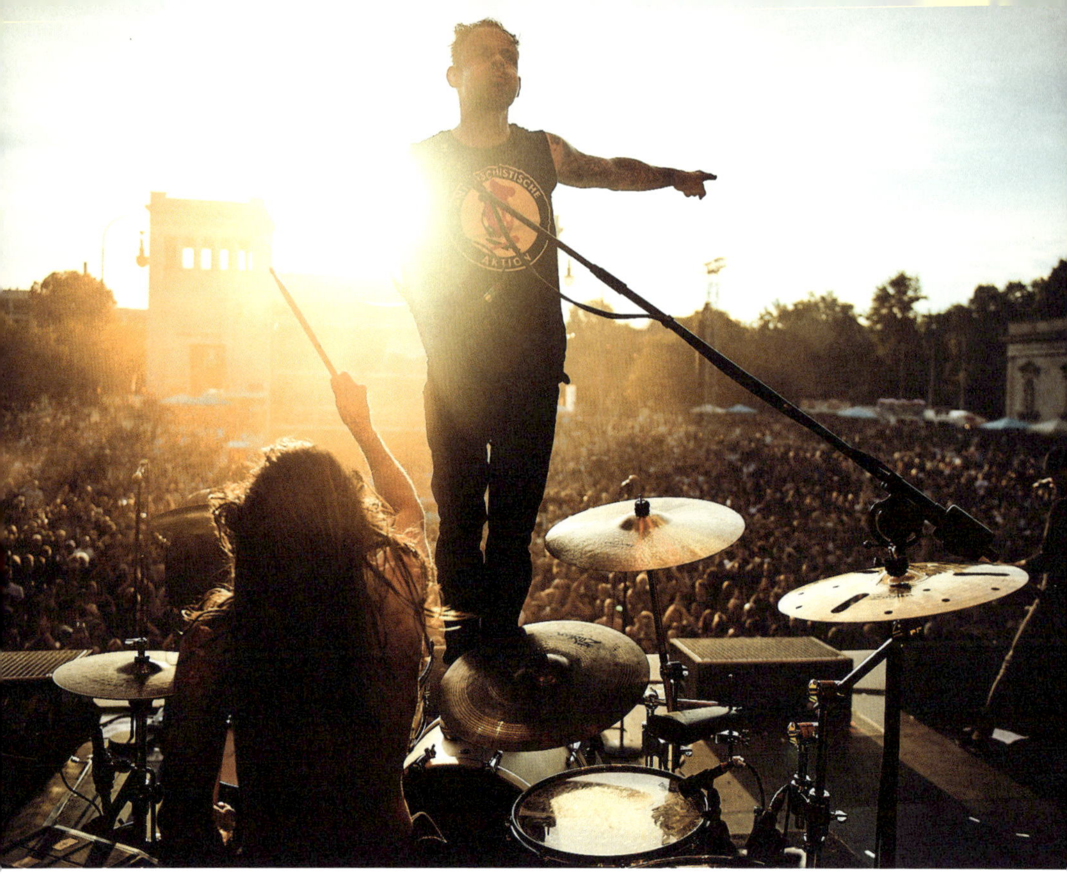

Woran das liegt, kann keiner so genau sagen.

Ist es die harte Arbeit, die sie in ihre Band stecken? Bestimmt spielt das eine Rolle. Wobei: Es gibt Bands, die ähnlich viel Energie und Herzblut investieren, und die dennoch nie was reißen. Die feiern keine Feste zum Fünfundzwanzigsten, sondern lösen sich nach neuneinhalb Jahren frustriert auf.

Ist es die Mischung aus Beharrlichkeit und Wunschdenken, mit der die fünf westfälischen Sturköpfe einfach so lange ihren Traum beschreien, bis er wahr wird? Mag sein, dürfte für sie aber vermutlich zu sehr nach Kalkül, nach Strategie klingen. Denn eigentlich haben sich die Träume der Donots immer nur ums Heute gedreht. Morgen war egal, morgen war Konfetti.

Es könnte auch der Zeitgeist sein. Möglicherweise verkörpern die Donots augenblicklich genau das, was in einer musikalischen Welt voller Kuschelgitarren und Weichspülgesang fehlt? So wie der kratzige Pulli zwischen all den glatten Seidenhemden.

Oder liegt es an ihrer Haltung, die nach fünfundzwanzig Jahren so ausgeprägt und sichtbar ist wie nie zuvor? Ist es der Mut zur künstlerischen Weiterentwicklung? Das Gespür für Hits und große Melodien? Die immer noch grandiosen Liveshows einer Band, die auf der Bühne quasi erwachsen geworden ist und sich dennoch ihren juvenilen Elan bewahrt hat?

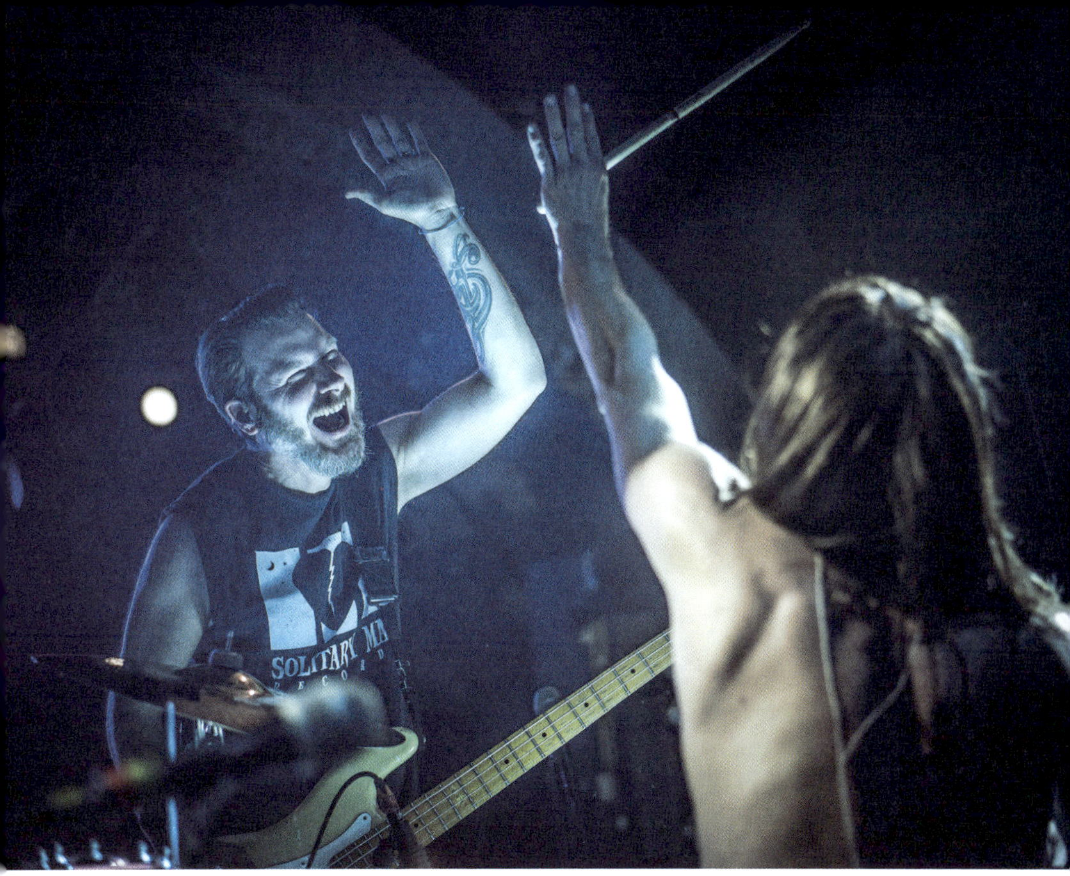

Das kann alles richtig sein, aber es kann auch alles falsch sein. Wer die Donots nach ihrem Erfolgsrezept fragt, bekommt vor allem zuckende Schultern und stockende Sätze serviert.

»Uns wurden im Laufe der Jahre eine Menge Knüppel zwischen die Beine geworfen«, sagt Ingo. »Manchmal sind wir gestolpert, manchmal haben wir damit arbeiten können. Und am Ende hat alles dazu beigetragen, dass die Band das geworden ist, was sie heute ist. Das ist vielleicht das Größte, was wir erreicht haben. Dass wir das Ruder immer rumgerissen haben.« Alex nickt: »Wenn wir auf unser Bauchgefühl hören, wird es gut: Das ist die größte Lektion aus fünfundzwanzig Jahren Donots. Wir müssen ehrlich zu uns selbst sein, und es muss sich gut anfühlen. Alles andere macht keinen Sinn.«

ben: Die Rhythmusgruppe der Donots
latscht im Takt.
ächste Seite: Spontaner Wahnsinn beim
etzten Song in Hamburg: Band und Publikum
m Boden.

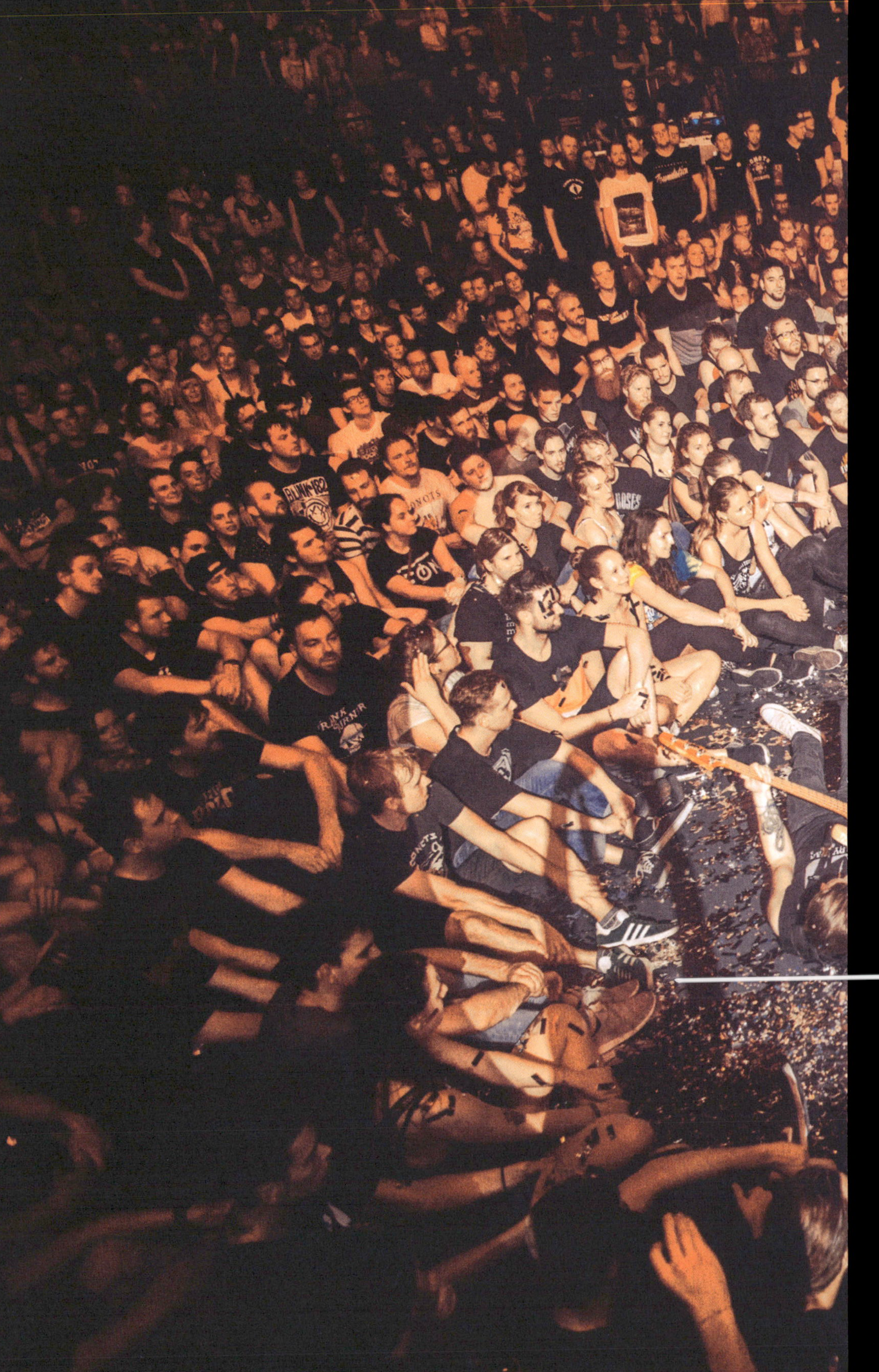

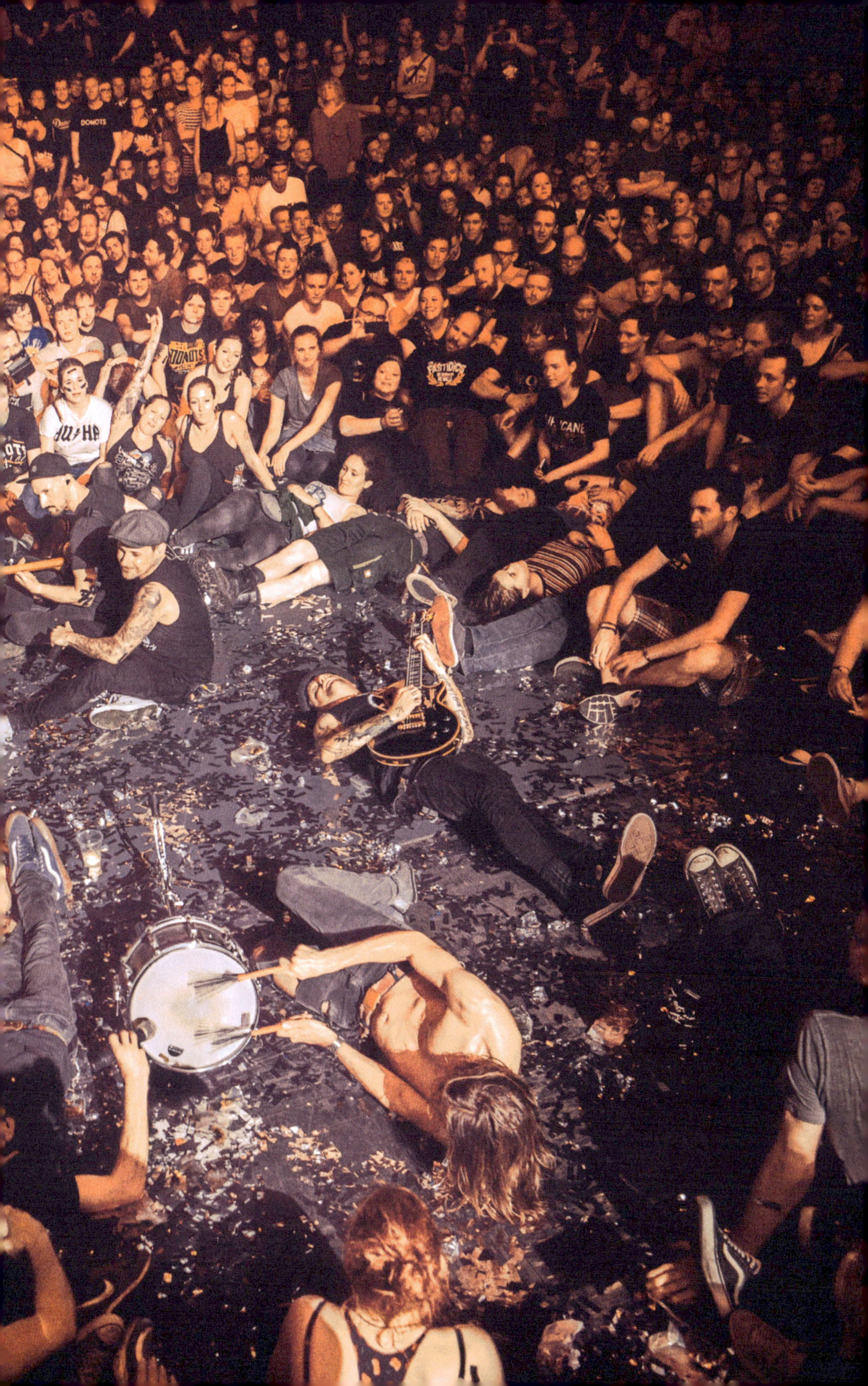

DAS MASKOTTCHEN AN DER AUTOBAHN

»Da vorne ist er. Einmal dem Knusperfelix winken, bitte!«

September 2019, die A1 kurz vor Schwerte-Ergste. Eike und Ingo, auf dem Weg von Köln nach Münster, recken die Hälse. Sie blicken kurz nach rechts aus dem Fenster und winken einmal routiniert in Richtung der Ültje-Fabrik am Rande der Autobahn. Für die beiden – und auch für den Rest der Donots – ist das ein fast schon alltägliches Ritual. Wer das allerdings zum ersten Mal erlebt, stellt sich vermutlich die Frage, ob man nach fünfundzwanzig Jahren Punkrock womöglich doch einen größeren Dachschaden davonträgt, als gemeinhin angenommen. Wer bitteschön ist der Knusperfelix? Und warum muss man ihm winken?

Der Knusperfelix, erklären die beiden darauf mit heiligem Ernst, ist der Schutzpatron der Donots.

Seinen Ursprung hat dieser Band-Mythos in der Kindheit von Guido und Ingo. Familie Knollmann fuhr damals in den Sommerferien gerne in den Süden, nach Italien oder Spanien. Größere Ausflüge mit dem Auto waren eine Seltenheit, und so haben sich diese Fahrten im heißen, vollgepackten BMW der Knollmanns, in dem es nach hart gekochten Eiern und Schlauchbootplastik riecht, tief in Ingos und Guidos Gedächtnis eingebrannt. Jedes Mal, wenn sie an Schwerte-Ergste vorbeifahren, zeigt Papa Dieter auf einen riesigen Jungen. Der hat keine Nase, trägt kurze Hosen, und seine Frisur ist eine seltsame Mischung aus Tolle und Undercut. Er steht als Maskottchen auf dem Dach der Firma Felix, die Nüsschen und anderes Knabberzeug produziert. »Da ist der Knusperfelix, winkt dem mal! Der macht die Nüsse schön knusprig«, ruft der Papa. Und was machen Guido und Ingo? Na, was wohl? Sie winken.

Start in Ibbenbüren, bei Ladbergen auf die A1, Münster, Ascheberg, Kamener Kreuz, Dortmund, und dann ist es soweit: Mit der Zeit kennen die beiden die Strecke und freuen sich jedes Mal tierisch auf Papas Spruch, denn der Knusperfelix und das Winken läuten praktisch den Urlaub ein.

Fünfzehn Jahre später, irgendwann Ende der Neunziger: Die Karriere der Donots kommt langsam in Fahrt, und zwar wortwörtlich. Die Band spielt nicht mehr nur im Dreieck zwischen Münster, Osnabrück und Bielefeld, sondern immer öfter auch außerhalb Westfalens, im Bergischen oder im Rheinland. Um dorthin zu kommen, fahren sie die A1 runter. Guido und Ingo fühlen sich dabei fast wie auf den Reisen damals nach Italien: Im Auto ist es voll und es ist heiß. Nur dass es nicht nach Eiern und Schlauchboot, sondern nach Bier und Kippen riecht.

Als sie Schwerte-Ergste passieren, heben Guido und Ingo wie selbstverständlich die Hand und winken: »Da ist der Knusperfelix, winkt dem mal. Der macht die Nüsse schön knusprig!« Dass man dem Knusperfelix winkt, ist für die beiden selbstverständlich. Eike, Purgen und Alex kommen dagegen bis Wuppertal nicht mehr aus dem Lachen raus.

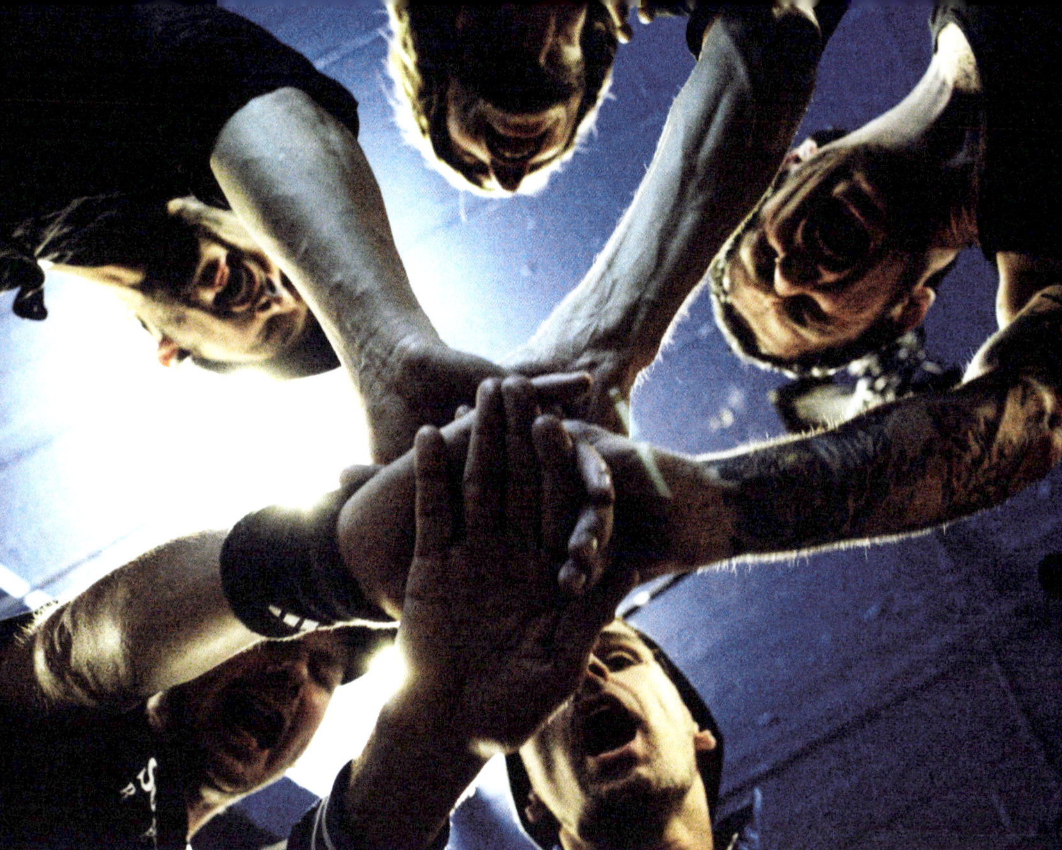

»Der was??«

»Na, der Knusperfelix! Kennt ihr den nicht?«

»Äh, nein.«

Weder Purgen, noch Eike oder Alex kennen den Knusperfelix.

Genau genommen kennt den niemand außerhalb der Familie von Guido und Ingo, denn der Knusperfelix ist eine Erfindung von Dieter Knollmann. Das Maskottchen oben auf der Felix-Fabrik hat offiziell gar keinen Namen. Das ist den Donots natürlich egal, denn die haben jetzt einen Spitzenspruch, den sie den Rest der Fahrt zusammen abfeiern können. Und bei der nächsten. Und auch bei der übernächsten.

Die zahllosen Stunden, die man als Band auf der Autobahn verbringt, können ganz schön lang werden. Um sich die Zeit zu vertreiben, pflegen die Donots deshalb immer schon die hohe Kunst des gepflegten Scheißelaberns – kein Wunder, dass sie der Knusperfelix nicht mehr los lässt. Er bekommt einen Lebenslauf und sogar einen Erzfeind angedichtet, und schließlich ernennt die Band ihn zu ihrem Schutzpatron, dem sie in den Booklets ihrer Platten an prominenter Stelle huldigen. Auf der A1 bei Schwerte wird jeder der fünf deshalb stets pflichtschuldig winken.

Und das ist nicht alles. Der Brauch will es, dass man direkt danach einen Freund anruft, ihn darüber informiert, dass man gerade seiner knusprigen Heiligkeit gehuldigt hat – und dass der Angerufene doch bitte auch umgehend zu winken hat. Das

Das einzige Ritual, bevor es auf die Bühne geht.

gilt selbstverständlich zu jeder Tages- und Nachtzeit und hat schon so manchen aus dem Schlaf gerissen. Auch die Donots selbst. Wenn sie nachts im Nightliner über die A1 fahren, kann es passieren, dass sich ihr Busfahrer unvermittelt über Lautsprecher zu Wort meldet. Das klingt dann ungefähr so: »Meine Damen und Herren, es ist drei Uhr achtunddreißig. In zehn Minuten passieren wir Schwerte-Ergste, die Heimat des allmächtigen Knusperfelix. Bitte verlassen Sie Ihre Betten und treten Sie an zum Winken!« Und egal wie fest sie schlafen – die Donots quälen sich aus ihren Kojen.

Bis heute ist der dreifache Ruf nach dem Knusperfelix fester Teil des Rituals, das die Donots abhalten, bevor sie auf die Bühne gehen. Die Techniker, die Sound und Licht steuern, sind bereits auf Position, und das Publikum wird von dieser ganz besonderen Unruhe erfasst, die so nur kurz vor Beginn eines Konzerts spürbar ist. Alex, Guido, Purgen, Ingo und Eike bilden hinter der Bühne einen Kreis und rufen aus vollen Kehlen »Knusperfelix! Knusperfelix! Knusperfelix! Oooooopa!« (Wobei »Oooooopa« auf einen älteren, Mofa fahrenden Herren anspielt, dem die Band früher auf dem Weg zum Proberaum ständig begegnet ist.) Erst dann schnappen sie sich ihre Instrumente. Erst dann kann es losgehen.

Als die Knabbereien-Hersteller Ültje und Felix Anfang des Jahrtausends fusionieren, wird die Werbefigur auf dem Dach abmontiert und eingelagert. Die Donots fragen unverbindlich bei Ültje an, und dort würde man das alte Maskottchen sogar unter Umständen hergeben. Allerdings scheitert das nicht zuletzt an der Logistik. Mit über zehn Metern Länge und einem Gewicht von mehreren hundert Kilo müsste der Knusperfelix von einem Spezialtransporter abgeholt werden. Auch wenn die Vorstellung, den almighty Knusperfelix zu besitzen, für die Donots noch so verlockend ist, scheint der Aufwand dann doch unverhältnismäßig zu sein. Und wo sollen sie ihn aufstellen? Ins Heavy Kranich-Studio, wo die Fahrt für Eike und Ingo an diesem Septembermorgen endet, passt er jedenfalls nicht.

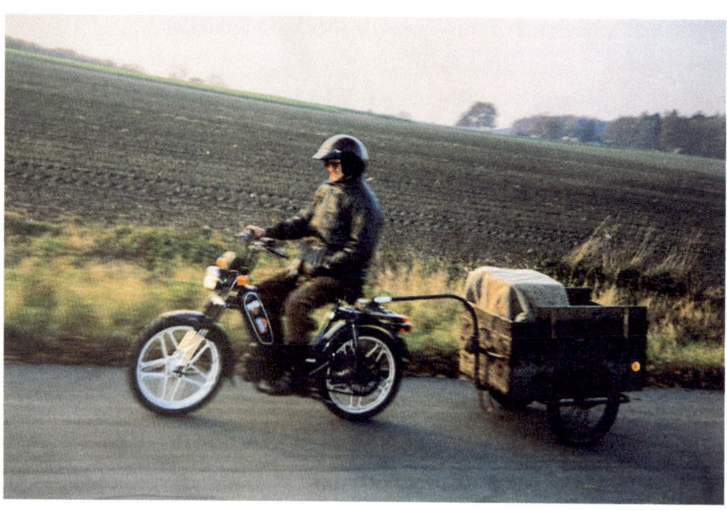

Opa auf Mofa. Prophet im Namen des Knusperfelix.

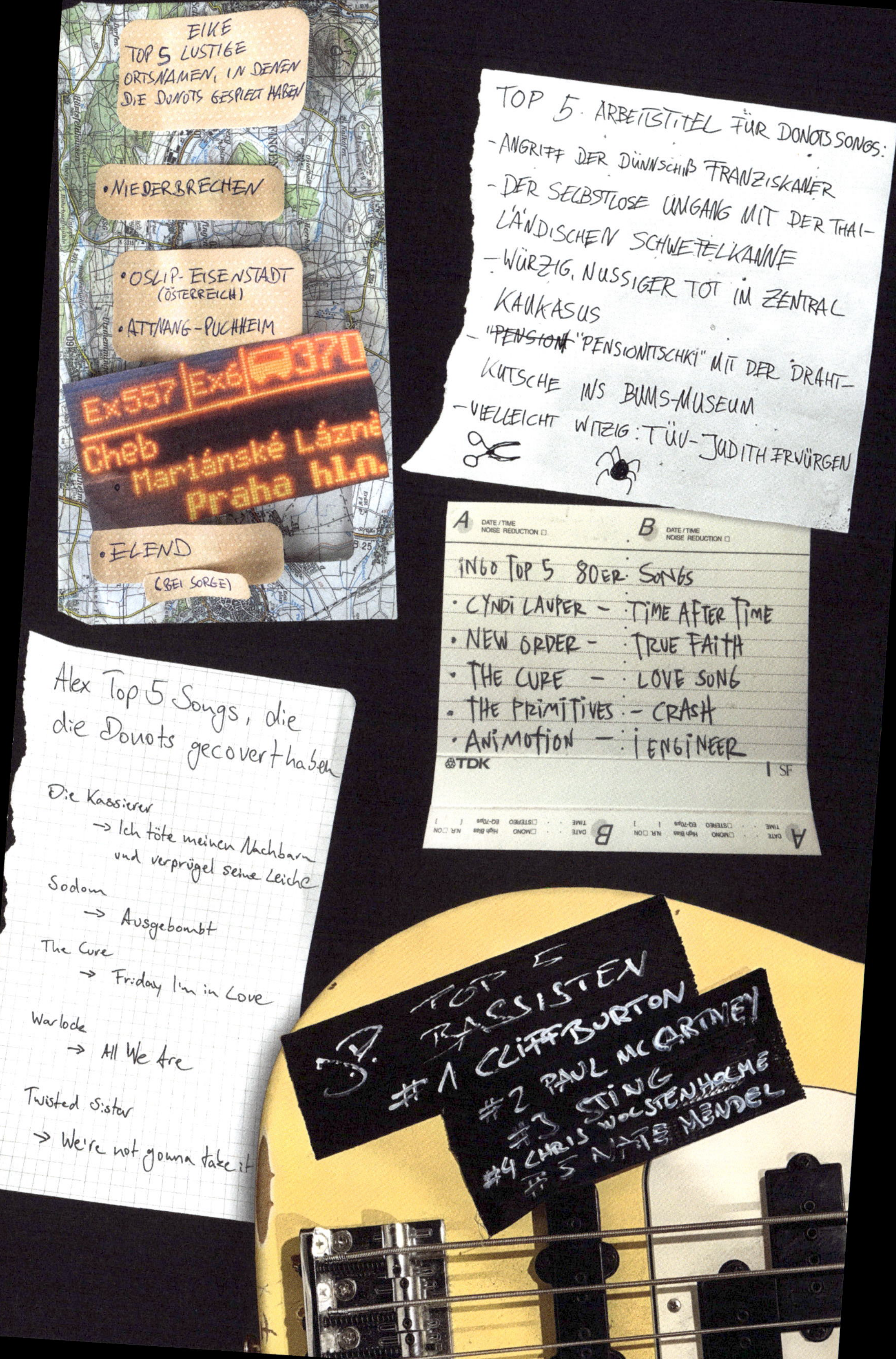
EIKE
TOP 5 LUSTIGE ORTSNAMEN, IN DENEN DIE DONOTS GESPIELT HABEN
• NIEDERBRECHEN
• OSLIP-EISENSTADT (ÖSTERREICH)
• ATTNANG-PUCHHEIM
Ex557 Ex6 370
Cheb
Mariánské Lázně
Praha hl.n.
• ELEND (BEI SORGE)
TOP 5 ARBEITSTITEL FÜR DONOTS SONGS:
- ANGRIFF DER DÜNNSCHIß FRANZISKANER
- DER SELBSTLOSE UMGANG MIT DER THAILÄNDISCHEN SCHWEFELKANNE
- WÜRZIG, NUSSIGER TOT IM ZENTRAL KAUKASUS
- ~~„PENSION~~ „PENSIONITSCHKI" MIT DER DRAHTKUTSCHE INS BUMS-MUSEUM
- VIELLEICHT WITZIG: TÜV-JUDITH ERWÜRGEN
A DATE / TIME NOISE REDUCTION
B DATE / TIME NOISE REDUCTION
INGO TOP 5 80ER SONGS
• CYNDI LAUPER – TIME AFTER TIME
• NEW ORDER – TRUE FAITH
• THE CURE – LOVE SONG
• THE PRIMITIVES – CRASH
• ANIMOTION – I ENGINEER
TDK
SF
Alex Top 5 Songs, die die Donots gecovert haben
Die Kassierer
-> Ich töte meinen Nachbarn und verprügel seine Leiche
Sodom
-> Ausgebombt
The Cure
-> Friday I'm in Love
Warlock
-> All We Are
Twisted Sister
-> We're not gonna take it
J.P.
TOP 5 BASSISTEN
#1 CLIFF BURTON
#2 PAUL MCCARTNEY
#3 STING
#4 CHRIS WOLSTENHOLME
#5 NATE MENDEL

Die Donots treffen sich im Studio, um einen neuen Song aufzunehmen. Vor ein paar Tagen haben sie ihn zum ersten Mal live gespielt, auf einem Festival in Jamel.

Jamel ist ein kleines Dorf in Mecklenburg-Vorpommern, das die dortigen Rechtsextremen gerne zur »national befreiten Zone« erklären würden. Auf der Dorfscheune weht die Reichskriegsflagge, ein Wegweiser in der Ortsmitte zeigt die Entfernung zu Adolf Hitlers Geburtsort. Eine Garagenwand ziert das kitschige Bild einer Bauernfamilie in NS-Ästhetik. Daneben steht: »Dorfgemeinschaft Jamel frei-sozial-national«.

In der Presse gilt Jamel als »Nazidorf«, allerdings ist das nicht hundertprozentig richtig. Denn einige wenige Bewohner wehren sich gegen die braune Brut. Die bekanntesten von ihnen sind Birgit und Horst Lohmeyer, die in ihrem Garten seit 2007 ein Festival veranstalten, das sich explizit gegen Rechtsextremismus und für Toleranz einsetzt.

Die ersten Jahre spielen dort meist regionale Bands, bis das Open Air 2015 bundesweit bekannt wird. Ein paar Tage vor Beginn der Veranstaltung kommt es zu einem Brandanschlag und die Scheune der Lohmeyers brennt komplett nieder. Der oder die Täter werden zwar nie gefasst, aber wer dahintersteckt ist ein offenes Geheimnis. Selbst der damalige CDU-Innenminister des Bundeslandes, Lorenz Caffier, vermutet einen rechtsextremen Hintergrund.

Doch die rechten Brandstifter erreichen mit ihrer Tat genau das Gegenteil: Die Lohmeyers verschwinden nicht und sie geben nicht klein bei. Aus ganz Deutschland gehen Solidaritätsbekundungen, Spenden und Hilfsangebote ein, die die beiden in ihrem Engagement bestärken. Auch Campino meldet sich bei den Lohmeyers und bietet seine Hilfe an. Das Angebot der Hosen, einen Überraschungsauftritt auf dem Festival zu spielen, nehmen die Lohmeyers natürlich liebend gerne an.

Im Laufe der Jahre wird *Jamel rockt den Förster*, so der Name des Festivals, zu einem Symbol des Widerstands gegen rechte Strukturen, und die Lohmeyers können dabei stets auf prominente Unterstützung bauen: Im Jahr nach den Hosen kommen die Ärzte. Fettes Brot, Grönemeyer, Casper waren ebenfalls schon da. Auch die Donots haben die Lohmeyers ein paar Mal getroffen, und die Idee, auf deren Festival zu spielen, gärt schon seit Jahren. 2019 klappt es dann endlich, und bei der Band ist die Freude groß. Was die Lohmeyers da aufziehen, das Engagement und die Entschlossenheit, mit der sie den Rechten entgegentreten, beeindruckt und inspiriert sie. Und was macht eine inspirierte Band? Genau: Sie schreibt einen Song.

Dieser Song, den die Donots eine Stunde vor ihrem Auftritt in Jamel im Treppenhaus der Lohmeyers einüben, heißt »Willkommen Zuhaus« und ist eine Verbeugung vor denen »die sich grademachen, wenn es drauf ankommt«, wie Ingo auf der Bühne des Festivals erklärt.

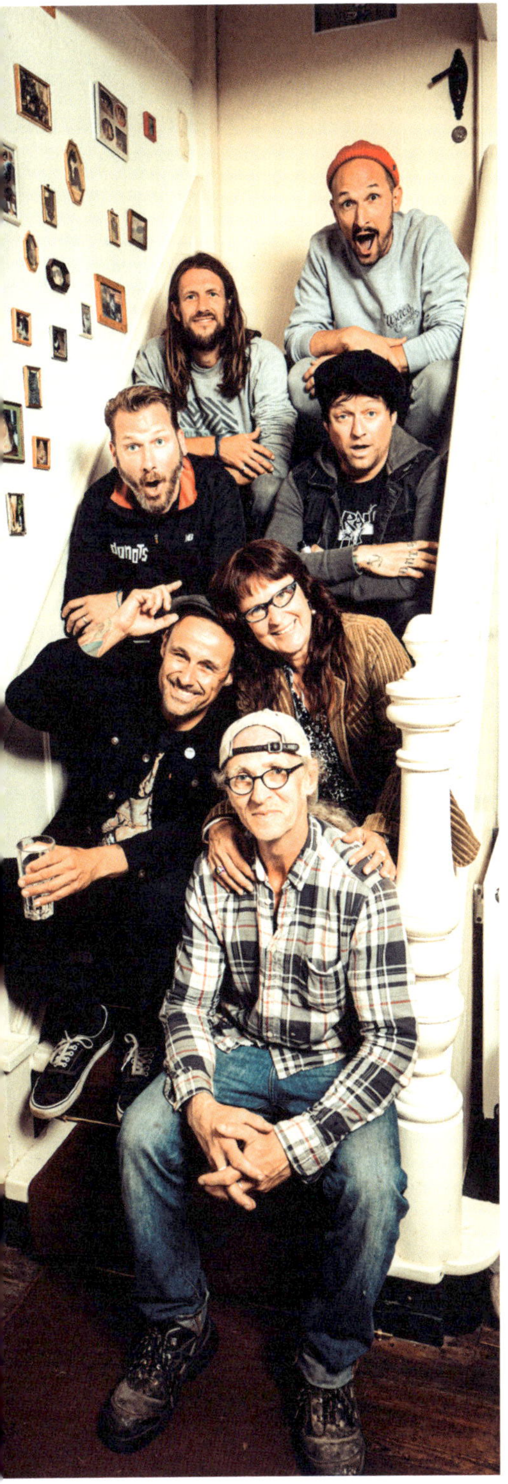

lit Birgit und Horst Lohmeyer
uf der Treppe in Jamel.

»Ein Haus, ein Heim,
eine Burg, ein Leuchtturm
Ein Monument, ein Appell,
ein Fels in der Brandung«

Der Song kommt beim Publikum super an, und auch den Donots macht es richtig Bock, ihn zu spielen. Sie überlegen, wie sie aus »Willkommen Zuhaus« mehr machen können als eine reine Solidaritätsadresse, und sie beschließen, den Live-Mitschnitt des Songs als Single zu veröffentlichen. Die Erlöse aus den Verkäufen der Platte sollen den Lohmeyers dabei helfen, ihren Kampf weiterzuführen. Für die B-Seite der Platte wollen sie eine Studioversion aufnehmen. Das soll hier und heute in Münster geschehen.

Wer einen Tag mit den Donots im Studio verbringt, erkennt schnell, welche Bandmitglieder für welche Aufgaben zuständig sind. Jeder hat seine Rolle gefunden und macht das, was ihm am meisten liegt.

Als Ingo und Eike im Studio ankommen, ist Purgen bereits da und schraubt am Regiepult herum, legt Anschlüsse und checkt Kabel. Der Techniker der Band ist nicht nur für die Vlogs und Podcasts zuständig, auch im Heavy Kranich hat er auf alles ein Auge und setzt sich bei den Aufnahmen gerne mal selbst in den Regiestuhl, um an den Songs und Sounds zu schrauben. Das macht er auch heute, als sich der Engineer Phil Meyer zum Frühstück kurz eine Tiefkühlpizza in den Ofen schiebt.

Die Grundidee des Songs, dessen Arrangement wie ein Extrakt aus den besten zehn Rancid-Nummern klingt, stammt von Ingo. Er und Guido geben viele maßgebliche Impulse und bilden das musikalische Kraftwerk der Band. Sie sind die kreativen Katalysatoren, sie sammeln und filtern die Ideen, bevor sie dann von alle fünfen gemeinsam in Donots-Songs umgesetzt werden.

Die meisten Menschen, die gerade nicht wissen, was sie mit ihren Händen machen sollen, daddeln auf ihrem Handy herum. Guido daddelt auf der Gitarre. Es ist schon lange kein Tag mehr vergangen, an dem er nicht nach seinem Instrument gegriffen hat – sei es gezielt oder ganz in Gedanken verloren. Und wenn doch, dann war es kein guter Tag.

»Willkommen Zuhaus« ist ein so simpler wie effektiver Punkrock-Song, und dennoch investiert Guido in seinen Gitarrensound enorm viel Mühe. Jeder Part wird akribisch analysiert und zigfach variiert. Powerchords oder nicht? Mehr oder weniger Zerre? Und was harmoniert am besten mit Alex' Gitarrenspur? »Wenn du bei den Slides hinterherschlöddelst, dann schmiert das« – so klingt es, wenn sich Guido mit Purgen und Phil über die Aufnahmen verständigt.

Alex sitzt derweil im Aufenthaltsraum des Studios und stöpselt sein iPhone ein – der Akku muss laden. In zehn Tagen findet der *Grand Summer Slam* statt, ein Festival in Ibbenbüren, das die Donots ziemlich spontan ins Leben gerufen haben, und das ihn als Manager so kurz vor Beginn besonders beschäftigt. »Eigentlich ist es Wahnsinn, ein Open Air mit einem so geringen Vorlauf zu veranstalten«, sagt er. Aber bei Sätzen, die mit »Eigentlich ist es Wahnsinn« anfangen, überhören die Donots gerne die ersten vier Wörter. Also hat Alex – natürlich nicht alleine, sondern immer in Rücksprache mit den anderen – noch eine Menge Fragen zu klären. Wann schauen die Donots in der Scheune vorbei, um sich bei den vielen freiwilligen Helfern zu bedanken? Lassen sich die Verwaltungskosten, die mehrere tausend Euro betragen, irgendwie reduzieren? Wie lange wird der Überraschungsgast Thees Uhlmann spielen können?

Und dann ist da noch das Problem mit dem Festival im Nachbarort. Denn die Donots haben den *Grand Summer Slam* versehentlich auf denselben Tag gelegt wie das *Detten rockt*. Ein Umsonst-Festival am alten Klärwerk von Emsdetten, das dieses Jahr schon zum fünfzehnten Mal stattfindet. Die Macher sind allesamt ehrenamtlich tätig und müssen sich jedes Jahr erneut die Frage stellen, ob und wie sich die Durchführung der Veranstaltung finanziell stemmen lässt. Kein Wunder, dass sie von der Konkurrenzveranstaltung in Ibbenbüren keineswegs begeistert sind. Wer soll denn nach Emsdetten kommen, wenn nur zwanzig Kilometer entfernt zeitgleich eine so populäre Band wie die Donots auftritt?

Die sind alles andere als glücklich über das, was sie da unbedachterweise angerichtet haben. Ihr eigenes Festival können sie nicht mehr verschieben, aber genauso wenig wollen sie den Machern des *Detten rockt* in die Parade fahren, zumal die sich mit ihrer Veranstaltung explizit gegen Rassismus und Diskriminierung wenden. Was tun? Nach einer dicken Entschuldigung und mehreren konstruktiven Gesprächsrunden finden Alex und die *Detten rockt*-Veranstalter schließlich eine Lösung: Die Donots werden auf beiden Festivals auftreten! Abends spielen sie in Ibbenbüren als Headliner beim *Grand Summer Slam* und mittags in Emsdetten als Überraschungsband. Diesen Auftritt werden sie auf ihrer Facebook-Seite ankün-

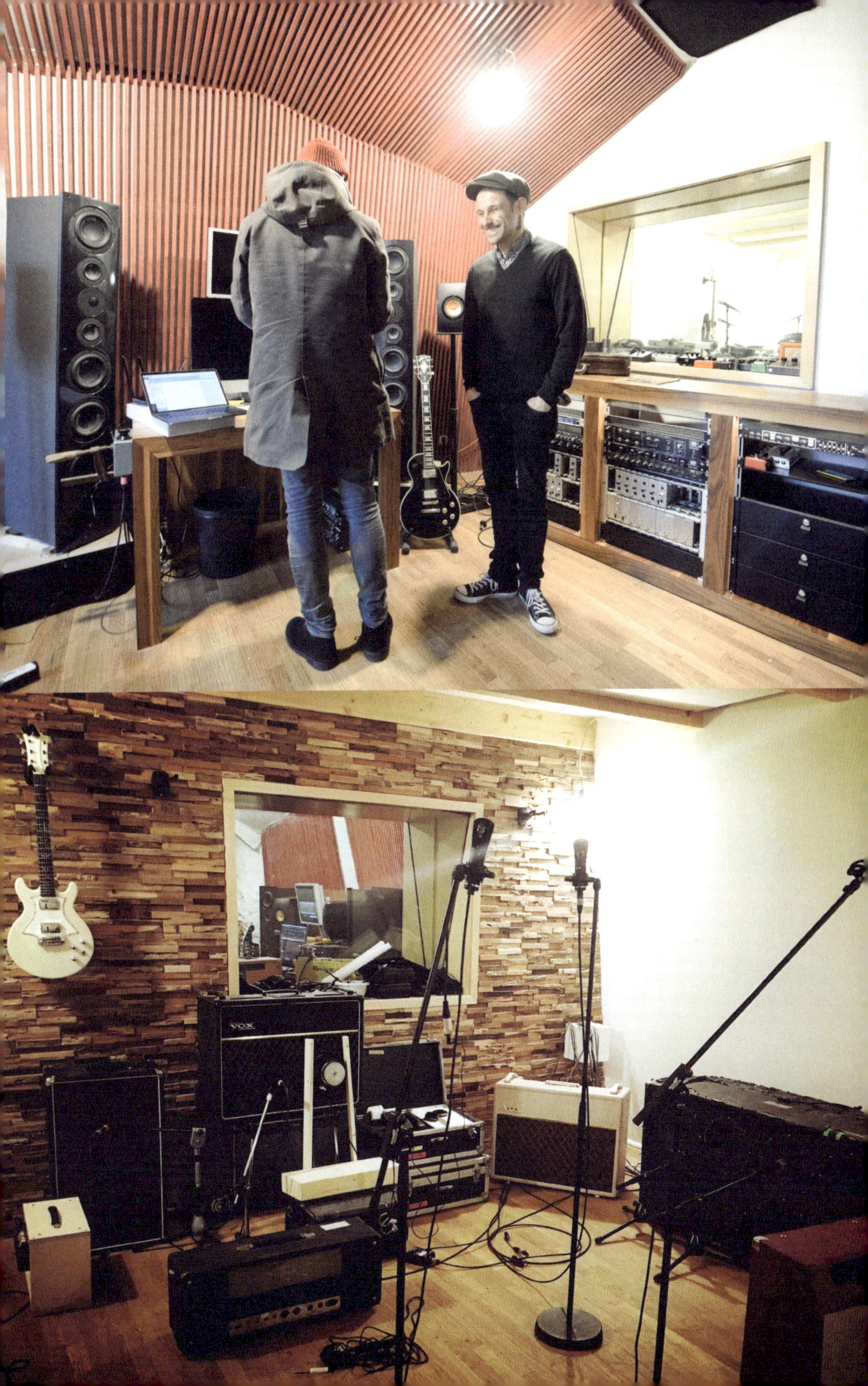
VOX

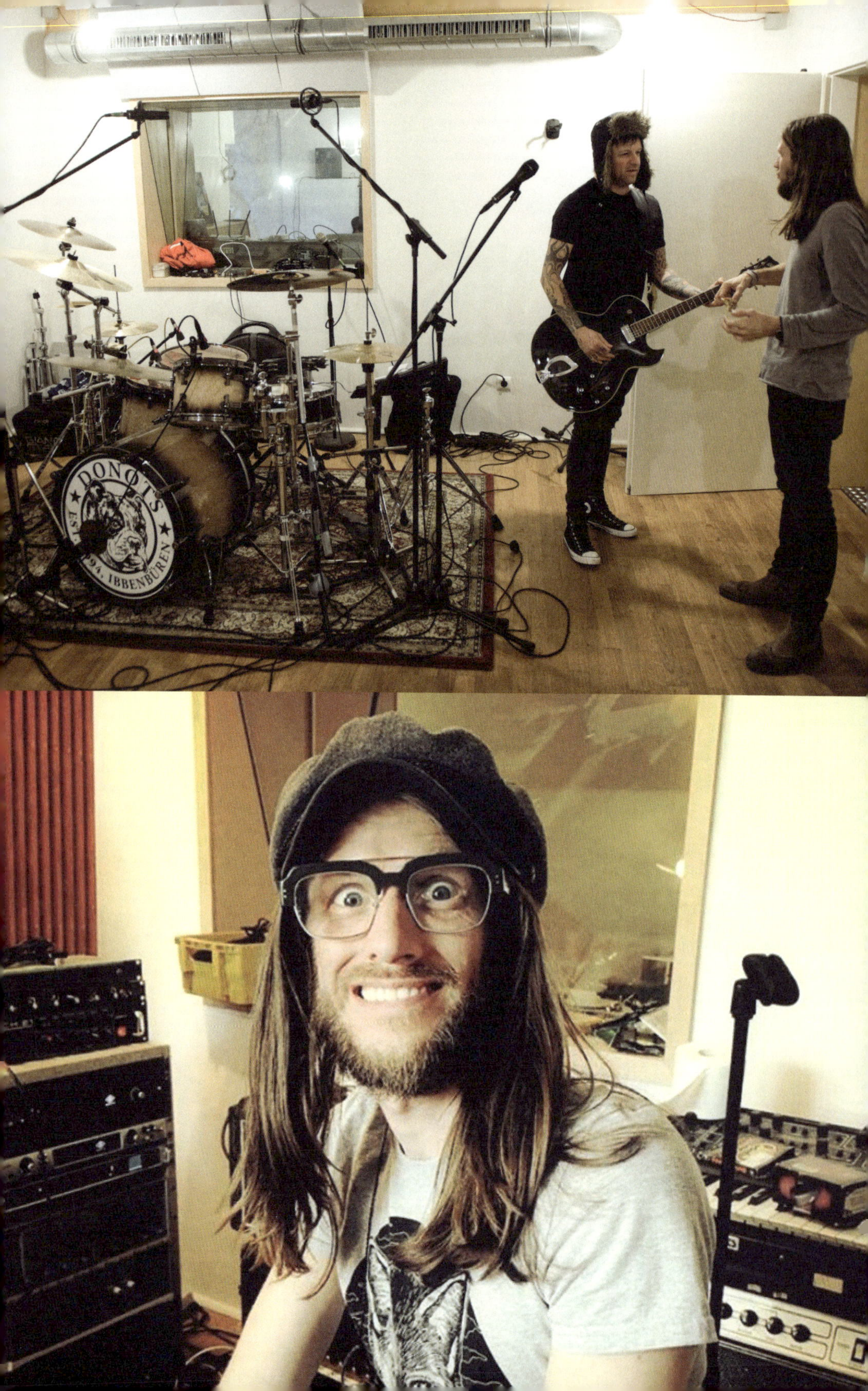
DONOTS
EST
94, IBBENBÜREN

digen. Nur wann genau? Schon am Vorabend? Oder erst morgens? Und wie sieht es mit den Bedingungen vor Ort aus? Können die Donots in Emsdetten einen Soundcheck machen? Bringen sie ihren eigenen Mischer mit? Das alles muss Alex noch klären.

Der will eigentlich gar nicht, dass man ihn »Manager« nennt. Das klingt ihm zu technisch, zu sehr nach BWL. Er sieht seine Aufgabe darin, dafür zu sorgen, dass alle fünf von dem, was sie tun, leben können, und sich dabei wohlfühlen. Das eine geht nicht ohne das andere. »Ich muss sozusagen die Bauchentscheidungen der Band so umsetzen, dass wir kohlemäßig nicht vor die Wand fahren«, sagt er.

Zwischendurch bespricht er sich immer wieder mit Eike, der ihm lange Excel-Tabellen auf seinem Laptop zeigt: »Buchen wir diese Einnahmen auf das Bandkonto oder auf das Labelkonto? Was ist mit den GEMA- und GVL-Tantiemen? Und hier, bei der Abrechnung, fehlt da nicht noch etwas?«

Im Gegensatz zu den anderen Donots hat Eike ein Faible für Zahlen und Statistiken. Gewissenhaft fuchst er sich in komplizierte Tabellen und Berechnungen rein. Das prädestiniert ihn für den Job des Buchhalters, der sich nicht nur bei Solitary Man Records und den Donots um das Finanzielle kümmert: Auch im Kindergarten und in der Schule seiner Töchter sitzt er im Finanzausschuss.

Als Drummer wird Eike heute eigentlich gar nicht mehr gebraucht. Die Donots haben schon vor ein paar Tagen ein Demo von »Willkommen Zuhaus« aufgenommen und Eikes Schlagzeugparts waren so auf den Punkt, dass die Band sie für die finale Version einfach übernimmt. Statt an seinen Becken zu schrauben und den richtigen Klang für die Snare zu finden, pflastert der Drummer das Studio mit den aktuellen Veröffentlichungen seiner Band. Auf dem Couchtisch, auf dem Küchentisch, am Rand der Treppe, im Flur, der zu der zentnerschweren Eingangstür führt – überall verteilt er Schallplatten und CDs von *Lauter als Bomben* und der Werkschau *Silverhochzeit*. Daneben legt er eine Handvoll Eddings aus. Die ersten handsignierten limitierten Auflagen sind fast ausverkauft, vor dem Festival muss Nachschub her. Und so lassen die Donots nacheinander die Stifte quietschen. 2.500 Autogramme schreibt man nicht mal eben zwischen Tür und Angel.

Da die Gesangsaufnahmen heute als letztes dran sind und Guido, Purgen und Phil noch am perfekten Gitarren- und Basssound schrauben, kümmert sich Ingo um seine zweite große Aufgabe bei den Donots. Auch abseits des Mikros ist er ihr Gesicht in der Öffentlichkeit. Ingo ist der Präsident der Donots. Wie der Präsident eines Fußballvereins vertritt er die Band nach außen. Die wirklich treuen Fans kennen natürlich alle fünf Mitglieder und wissen genau, wer bei den Donots was macht. Aber auf die Konzerte kommen auch Besucher, die mögen zwei, drei Songs, haben ihren Spaß bei der Show, und wenn sie Alex anschließend vor der Halle treffen, fragen sie ihn, ob er der Bassist der Band sei. Alles schon passiert.

Nur Ingo, den kennen alle. Er ist stets der erste, der angesprochen wird. Heute gibt er zunächst ein kurzes Interview am Telefon und beantwortet dann ein paar Fragen per Mail. Zwischendurch verschönert er liebevoll zwei Gitarren, die beim Festival verlost werden sollen: Auf die eine kommt das Ibbenbürener Stadtwappen, auf die andere das Solitary-Man-Logo. Ingo ist ein begabter Zeichner; wenn er Karikaturen von den Donots, anderen Bands und Freunden macht, erkennt man seinen Stil auf den ersten Blick. Nachdem er mit den Gitarren fertig ist, dreht er eine Runde durch den Heavy Kranich, um routiniert sein Autogramm auf die ausliegenden CDs und LPs zu kritzeln.

Das Szenario im Studio ist fast schon exemplarisch: Natürlich sind die Donots in erster Linie und in letzter Konsequenz eine Band, und genau deshalb sind sie heute hier. Sie haben einen Song geschrieben, der nun aufgenommen wird. Doch damit alles nach ihren Vorstellungen läuft, gibt es neben der Musik noch tausend andere Dinge zu tun. Es reicht nicht aus, wenn Ingo nur singt, Eike nur trommelt, und die anderen drei nur in ihre Saiten hauen. Ingo muss repräsentieren, Guido muss inspirieren, Eike kalkulieren, Alex planen, Purgen tüfteln und bauen.

Die Donots sind ein Unternehmen geworden. Kein Arschloch-Laden im streng kapitalistischen Sinne, der die Gewinnmaximierung über alles stellt. Aber eben auch kein Garagen-Start-Up von fünf Grünschnäbeln, die mal was ausprobieren, und wenn nichts draus wird, ist es halb so wild. »Es gibt Fragen, die heute wichtiger für uns sind als noch vor zehn Jahren«, sagt Alex. Zum Beispiel? »Zum Beispiel, ob alle über die Runden kommen. Denn es geht mittlerweile nicht mehr nur um uns fünf, sondern auch um unsere Familien.«

Aufgrund seiner Power, seiner Attitüde und seiner Infantilität wirkt Punkrock zwar oft wie ein Geheimrezept für die ewige Jugend. Aber im April 2019 hat mit Guido selbst der Jüngste der Donots seinen Vierzigsten gefeiert. Bis auf Purgen sind in den vergangenen Jahren alle Väter geworden. Es gibt inzwischen acht Donots-Kinder.

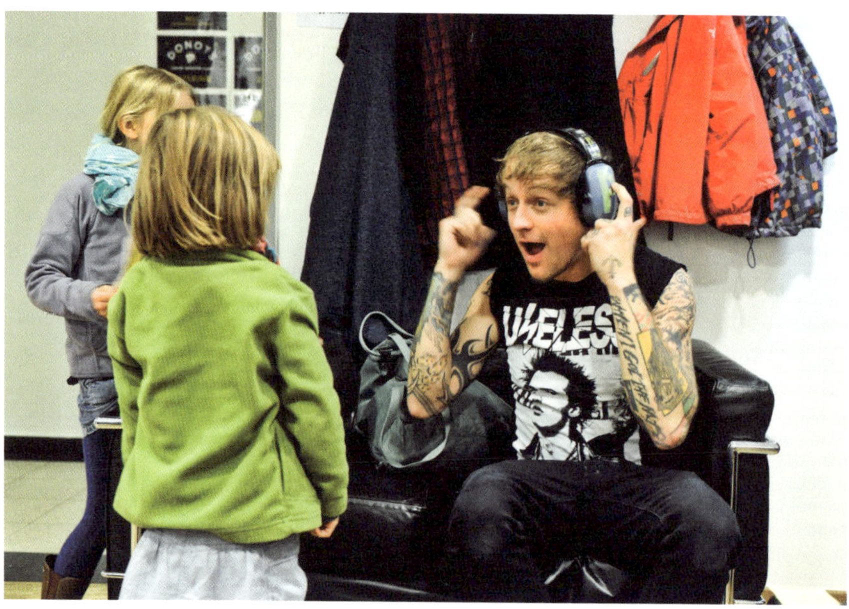

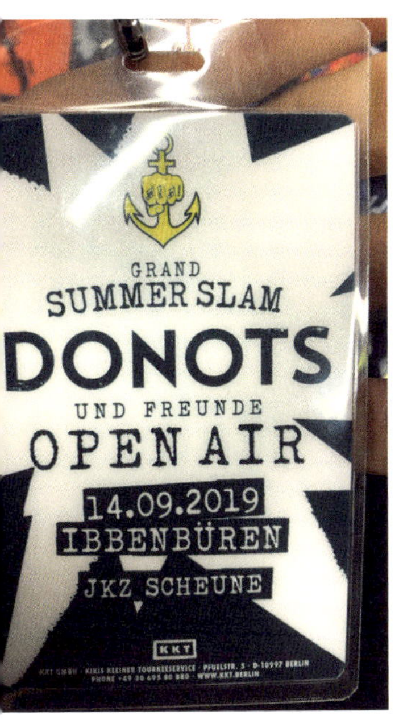

Eike musste vor ein paar Jahren noch darum kämpfen: Heute ist es selbstverständlich, dass bei der Tourneeplanung, bei Plattenproduktionen und Promo-Terminen das Familienleben der Bandmitglieder berücksichtigt wird. Wie heißt es so schön bei den Descendents? »I Don't Want To Grow Up!« Den Song lieben immer noch alle Donots heiß und innig, aber sie spüren immer öfter, wie sich Verantwortung anfühlt. »Die Band ist eben auch das, was unsere Miete bezahlt«, sagt Ingo. »Und inzwischen nicht nur die von uns fünfen. Das muss man bei den geschäftlichen Entscheidungen auch berücksichtigen. Natürlich sollte das nie der einzige Grund sein, etwas zu tun oder zu lassen. Man darf es aber auch nicht ausblenden.«

Denn eines darf man sich auch nicht vormachen: Keiner der fünf hat bis zum Lebensende ausgesorgt. Die Donots mögen gerade so erfolgreich sein wie noch nie zuvor in ihrer Karriere. Aber vom Status der Ärzte und der Hosen, von Nummer-Eins-Hits und ausverkauften Fußballstadien, sind sie trotzdem meilenweit entfernt. Ferienhäuser, fette Villen, dicke Autos oder luxuriöse Reisen sind nicht drin. Sie spielen jetzt zwar in der Berliner Columbiahalle, dem Düsseldorfer Stahlwerk, im Hamburger Mehr!Theater und gleich zweimal an einem Tag im Wiesbadener Schlachthof. Aber größere Hallen bedeuten eben auch höhere Kosten: Die Produktion wird teurer, die Technik aufwendiger, die Crew wächst, die Donots zahlen bessere Löhne. »Und teilt man dann das, was übrig bleibt, durch fünf, und zieht die Steuern ab ...« Alex zuckt mit den Achseln. »Da wäre es vielleicht doch besser, einen richtigen Job zu machen.« Er hält kurz inne. »Also natürlich nicht besser, bloß lukrativer. Wenn man es nur aus der finanziellen Perspektive betrachtet, wären wir alle mit einem ›ordentlichen‹ Beruf besser gefahren. Aber darum ging es uns nie. Wir sind einfach glücklich und dankbar, dass wir von dem leben können, was wir lieben: von unserer Musik.«

Alex ist von den Donots derjenige, der am strategischsten denkt. Der sich für die Band Gedanken über die Zukunft macht, über das, was noch kommt. Seit über zehn Jahren, im Grunde seit *Coma Chameleon*, haben die Donots durchgeballert – zumindest fühlt es sich für sie so an. Wäre es da nicht langsam an der Zeit, sich mal eine Weile zurückzunehmen? Ihr Freund Thees Uhlmann hat gerade eine fünfjährige Pause beendet, in der er keine Auftritte mit seiner Band absolviert und keine Platten veröffentlicht hat. Vergessen hat ihn während dieser Zeit keiner. Im Gegenteil. Könnte es nicht sein, dass Publikum und Veranstalter auch mal eine kleine Auszeit von den Donots brauchen, weil sie die Band sonst irgendwann überhaben? Oder ist es besser, am Ball zu bleiben und weiter zu powern? Gerade jetzt, wo sie so erfolgreich sind, wo ihnen so viele Leute zuhören? Das sind einige der Fragen, die sich Alex gelegentlich stellt und über die er dann auch mit den anderen spricht. Um zu erfahren, wie die sich dabei fühlen, Tendenzen abzuklopfen und vielleicht gemeinsame Antworten zu finden.

»Klar, gerade läuft es super. Von der Resonanz, vom Zuspruch her ist das eine der schönsten Phasen, die wir als Band je hatten«, sagt Alex. »Und trotzdem fühlen wir uns nicht safe. Das Gefühl, es ‚geschafft' zu haben, kennen wir nicht. Und das ist auch okay so. Wir surfen immer nur am Rande des Machbaren.«

Ingo legt den Nintendo-Switch-Controller weg, auf dem er gerade ein paar Runden *Axiom Verge* gezockt hat, und lässt sich in den Sessel neben Alex plumpsen. »Ehrlich gesagt: Ich will dieses Gefühl auch gar nicht«, sagt er. »Es geschafft zu haben? Angekommen zu sein? Dieser Zustand reizt mich nicht. Und er interessiert mich nicht. Wenn ich zurückblicke, auf diese fünfundzwanzig Jahre, auf diese tausendeinhundert Konzerte in einundzwanzig Ländern oder so, dann ist für mich das Schönste daran, dass nichts davon aufgestülpt war. Wir haben uns nie daran orientiert, was vielleicht erfolgsversprechend wäre und was nicht. Es zählt immer nur das, worauf wir Bock haben und was unser Bauch sagt. Und wenn man das fünfundzwanzig Jahre lang durchzieht, merken das die Leute.« Eike, der die fünfhundert CDs und LPs mit den Autogrammen wieder in die braunen Kartons gepackt und an der Wand gestapelt hat, nickt zustimmend.

Inzwischen ist es elf Uhr nachts. Die ersten Biere des Tages sind geöffnet und geleert, die Beleuchtung im Studio wird gedimmt. Es ist Zeit, die Backing Vocals für »Willkommen Zuhaus« aufzunehmen. Der Text ist mehr als simpel: Einfach an der richtigen Stelle »Hey!« brüllen, das war's. Vermutlich hätte es gereicht, wenn Ingo, nachdem er vorhin seinen Part eingesungen hat, alleine ein paar »Heys!« aufgenommen hätte. Einmal laut, einmal leiser, einmal hoch, einmal tiefer, einmal sanft und einmal rotzig. Phil hätte die einzelnen Spuren dann nur noch schnell am Rechner zu einem mehrstimmigen »Hey!« zusammenmischen müssen, und niemand hätte etwas gemerkt.

Doch diese Art zu singen heißt im Punkrock nicht grundlos »Gang-Vocals«. Hier geht es um das Gemeinschaftsgefühl: *Das ist unsere Band, das ist unser Song, also sollen auch alle unsere Stimmen zu hören sein.*

Als das Licht in der Gesangskabine aufleuchtet und Phil hinter der Scheibe den Finger hebt, stehen Ingo, Guido, Alex, Purgen und Eike im Halbkreis um das Mikrofon herum. Von einem Foto an der Wand blicken Helmut Kohl, seine Frau Hannelore und ihre beiden Söhne mit leicht debilem Blick auf sie herab. Ein kurzes Räuspern. Hände an den Kopfhörer. Im Takt mitwippen, um den Einsatz zu treffen. Guido schaut zu Eike, Eike zu Alex, Alex zu Purgen, Purgen zu Ingo. Und dann brüllen sie. Jeder auf seine Art, jeder anders. Und doch passt am Ende alles zusammen. So klingt eine Gang. Fünf Stimmen werden zu einer.

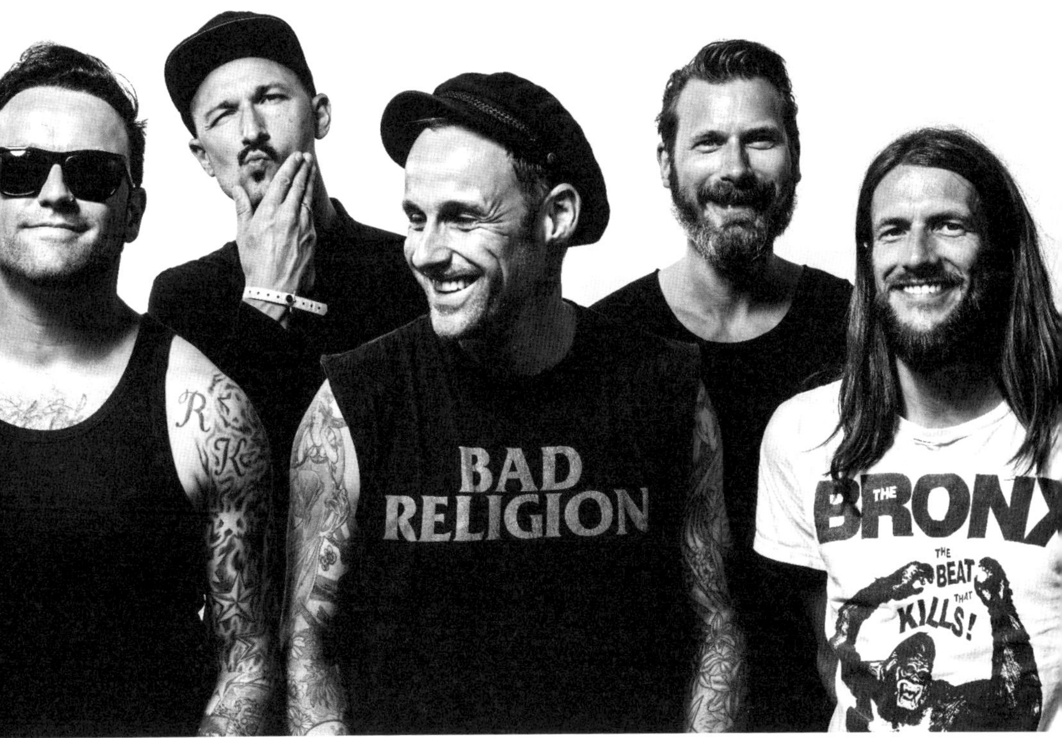

»Hey!«
»Hey!«
»Hey!«
»Hey!«
»Hey!«

Fünfundzwanzig Jahre in einer Band zu sein, ist die einfachste Sache der Welt. Alles, was man dafür braucht, sind ein paar Freunde.

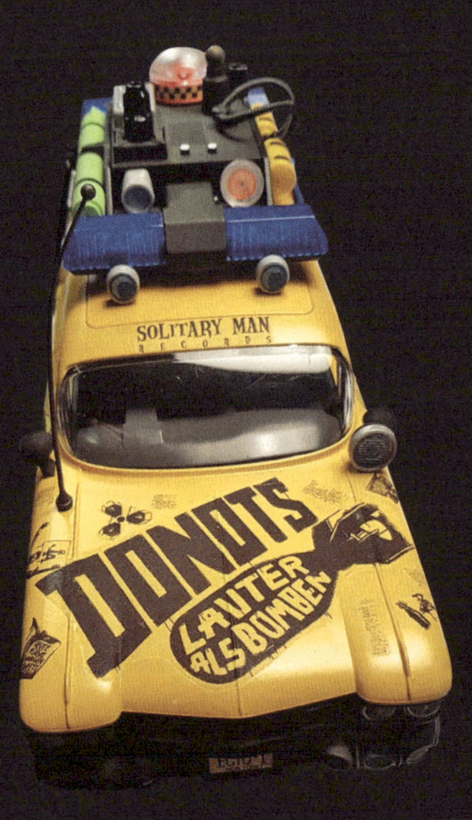
SOLITARY MAN
RECORDS
DONOTS
LAUTER ALS BOMBEN

Epilog

Anfang Mai 2019. Am Kölner Tanzbrunnen ist es kalt und windig. Ingo hat die Kapuze seines Hoodies hochgezogen, die nassen Haare kleben ihm in der Stirn und an den Schläfen. Er hat sich gerade den Auftritt von Bad Religion beim *Punk In Drublic*-Festival angesehen. Und zwar nicht von der VIP-Tribüne und auch nicht vom Bühnenrand. Sondern dort, wo man hinmuss, wenn man ein Punkrock-Konzert richtig erleben will: vor der Bühne. Wo einem alle zehn Sekunden ein fetter Doc-Martens-Stiefel die Zehen platt tritt, wo es nach Schweiß und Alk stinkt, und wo man ständig aufpassen muss, keinen Ellbogen in die Rippen, keinen Tritt vors Schienbein zu bekommen.

Gleich bei seinem zweiten Bad-Religion-Konzert, 1995 in der Halle Gartlage in Osnabrück, ist Ingo ein Crowdsurfer von hinten auf den Kopf gesprungen. Das Ergebnis: Ein abgesplitterter Nervenkanal in der Wirbelsäule, drei Wochen Krankenhaus, jahrelange Schwindelanfälle.

Aber das ist lange her und hindert ihn nicht daran, sich am Tanzbrunnen zwischen die Typen in den ausgeleierten Pennywise-Shirts zu schmeißen, die ihn herzhaft anrempeln, ihm den Inhalt ihrer Bierbecher über den Kopf schütten und mit schlechtem Atem Songzeilen wie »My daddy's a lazy middle-class intellectual« ins Ohr brüllen. Bad-Religion-Konzerte sind Pflichttermine. Wie oft Ingo seine Lieblingsband live gesehen hat, weiß er gar nicht. Zwanzigmal? Fünfundzwanzigmal?

Verschwitzt und glücklich grinsend wühlt er sich nach dem Auftritt aus der Menge. Vorne links, etwas abseits vom Pogo-Pulk, trifft er Eike.

»Und? War super, oder?«

»Voll.«

»Kommst du nachher mit zur Aftershowparty? Kurz Hallo sagen?«

Mit Bad Religion hat diese Geschichte angefangen, damals, im Fahrradkeller der Aaseeschule. Aber wann und wie sie enden wird, kann keiner sagen.

Vielleicht hauen die Donots aus Versehen und ohne es darauf anzulegen noch ein richtig dickes Ding raus. Einen Megahit à la Hosen oder Ärzte, der sie ganz nach oben in die Charts und in die Stadien spült. Es wäre ihnen zuzutrauen.

Vielleicht geht ihnen die Motivation flöten.

Vielleicht hängen sie noch weitere 25 Jahre dran.

Vielleicht ist nächsten Herbst Schluss.

Vielleicht haben sie noch tausend gute Ideen.

Vielleicht auch keine einzige mehr.

Die Donots rechnen mit allem und mit nichts. Nur in einem sind sie sich sicher: Sie werden weiterhin das machen, worauf sie Bock haben. Nicht irgendwann, sondern am besten sofort. Denn eines haben sie im Laufe der Jahre gelernt: Die Pläne von heute sind das Konfetti von morgen.

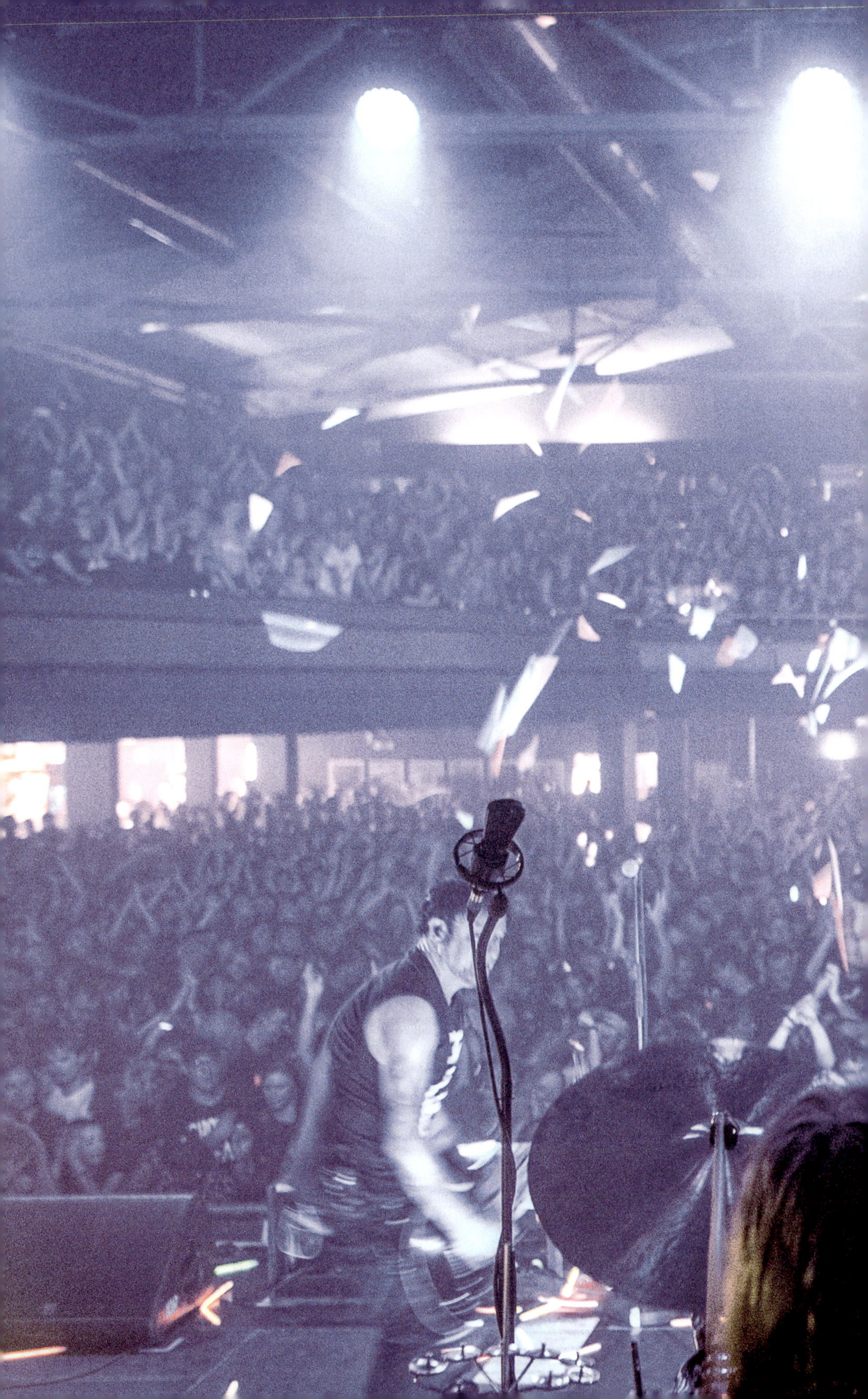

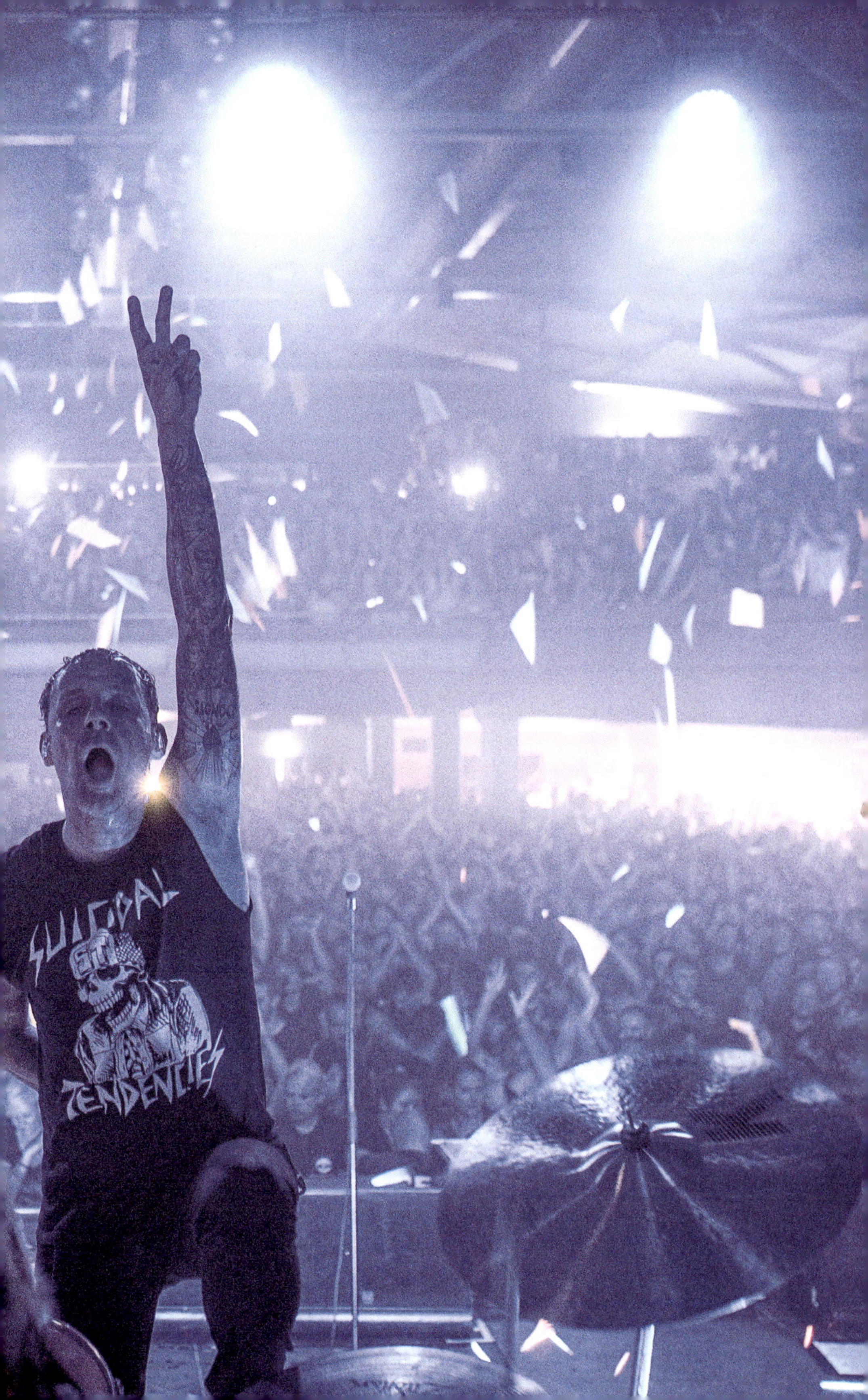
SUICIDAL
TENDENCIES

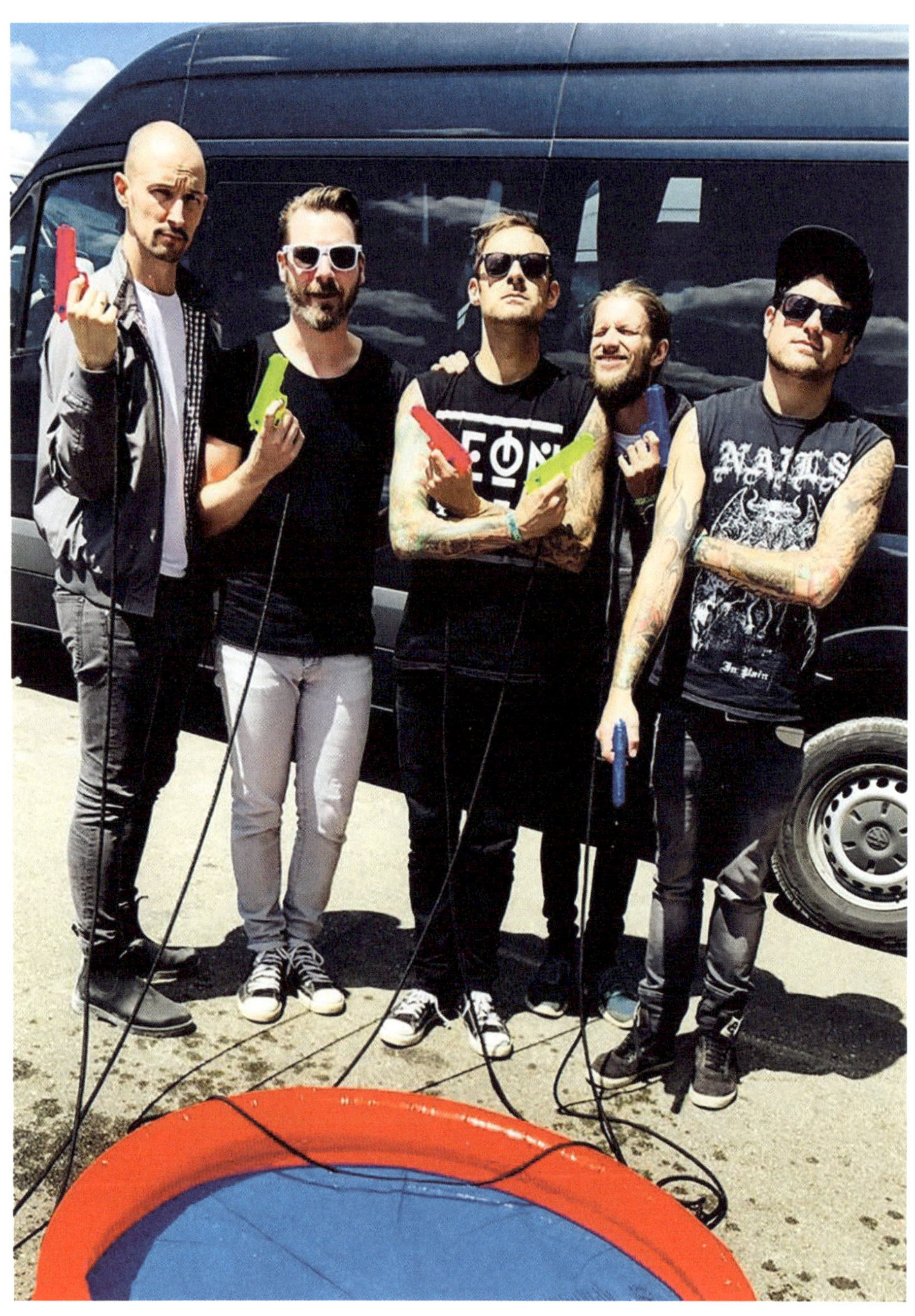

Vorherige Seite: Asoziales Gruppenschwitzen in der Berliner Columbiahalle.
Oben: Bereit für eine Abkühlung beim *Southside*-Festival.
Rechts oben: Ingo beim Hosen-Support in Essen.
Rechts: Purgen beim Soundcheck in Dortmund.
Nächste Doppelseite: Das vielleicht legendärste Donots-Live-Foto, aufgenommen von Rainer Keuenhof am 22.3.2018 im E-Werk Köln.

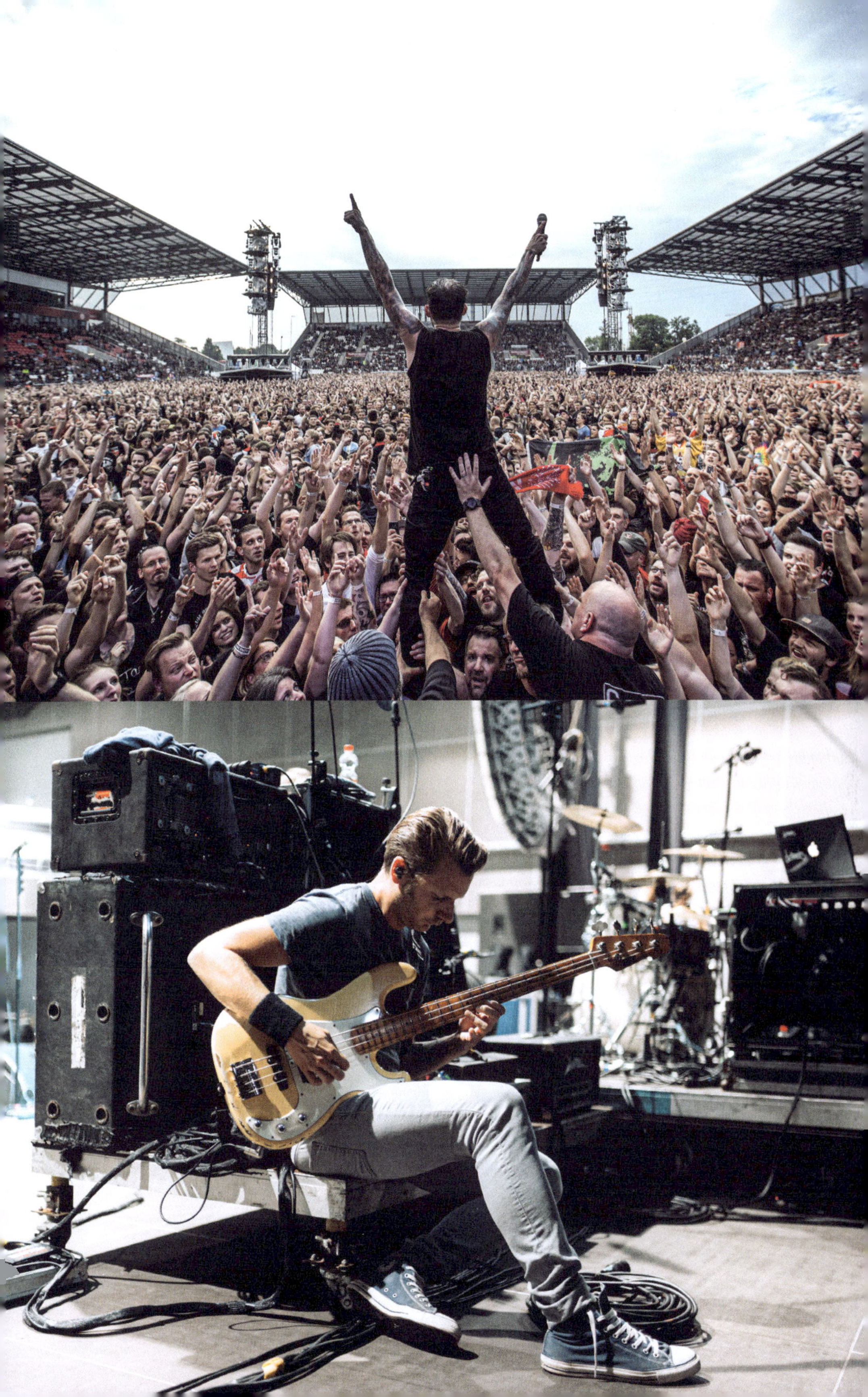

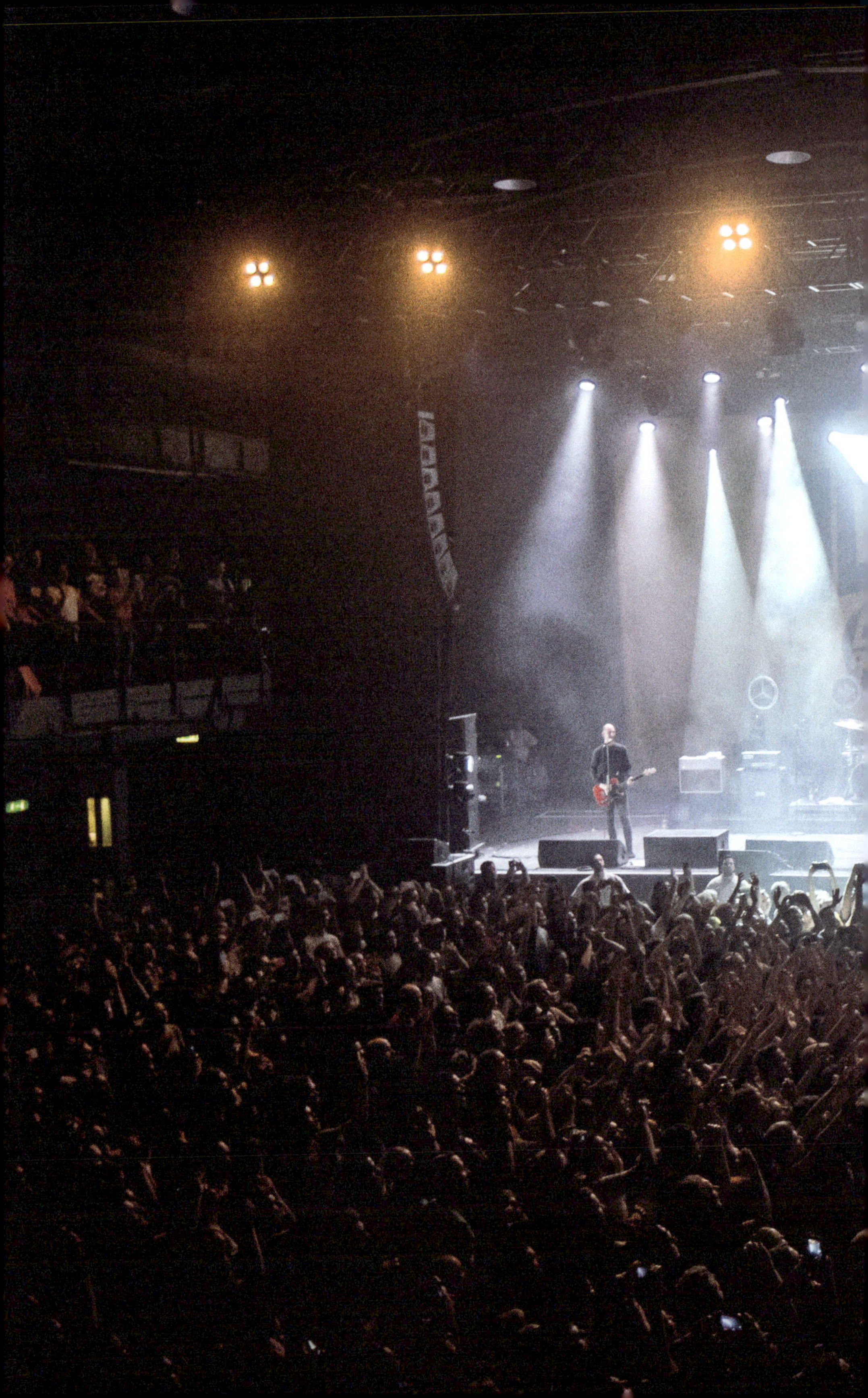

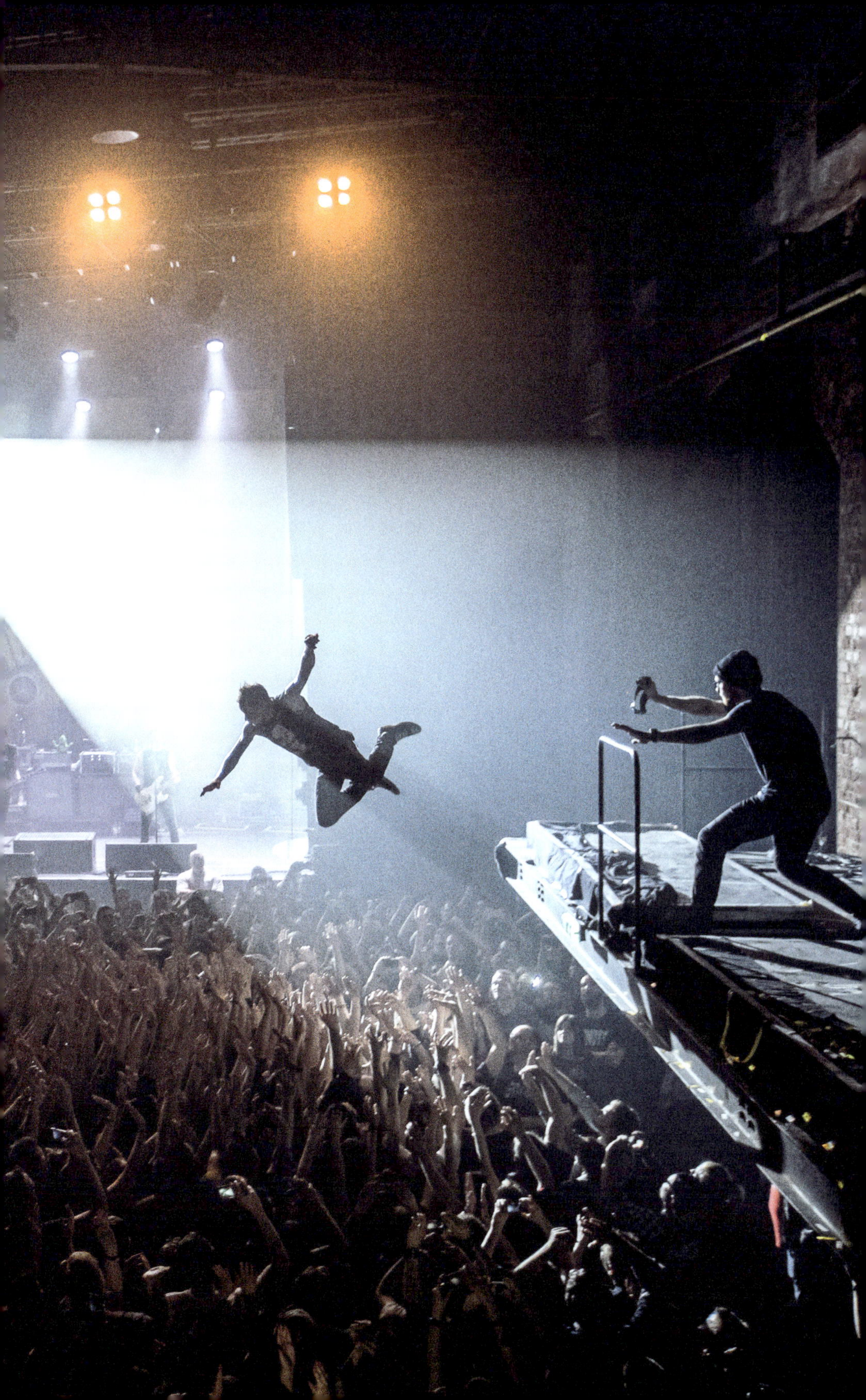

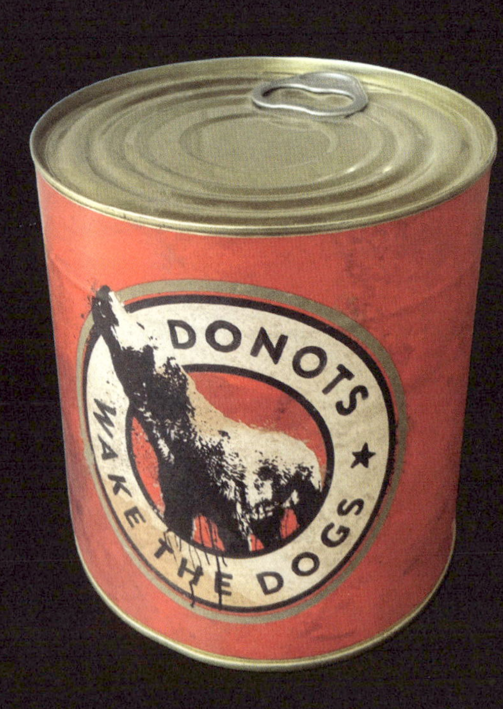
DONOTS
WAKE THE DOGS

ZUGABE

UND DANN KAM CORONA …

Eigentlich hätte dieses Buch schon im April 2020 erscheinen sollen. Auch eine kleine Lesereise war geplant, auf die sich alle gefreut hatten: Auftritte in der Scheune in Ibbenbüren, im Berliner SO36, im Rahmen von Frank Turners *Lost Weekend*-Festival.

Doch dann kam das Corona-Virus und machte aus den Plänen von ungefähr acht Milliarden Menschen auf diesem Planeten einen großen Haufen Konfetti. Natürlich auch aus denen der Donots: Die Auftritte wurden gestrichen, die Buchveröffentlichung erst einmal verschoben.

Von dem Buch abgesehen, sollte 2020 eigentlich ein ruhiges Jahr für die Band werden: Keine Konzerte, keine Verpflichtungen. Nach Jahren des Durchballerns wollten sie mal durchatmen. Neue Sachen ausprobieren, alte Wege verlassen, sich Impulse von außen holen. Und dann mal schauen, wie es weitergeht mit der Band und dem ganzen Drumherum.

Der Schluss, dass Corona insofern gar nicht viel geändert hat für eine Band, die ohnehin im Sabbatical-Modus war, ist aber falsch. Denn der Laden läuft nicht nur dank Alex, Purgen, Guido, Ingo und Eike, sondern auch wegen eines Umfelds, das ungleich härter betroffen ist. Wenn die Donots Pause machen, gehen ihre Backliner, Tourmanager und Merchandiser normalerweise mit anderen Bands auf Tour. Doch das fiel 2020 aus. Wer solche Jobs macht, häuft auch in guten Zeiten nicht bergeweise Geld an. Wenn dann aber eine Pandemie kommt, werden die Existenzsorgen schnell turmhoch.

Klar: Alle leiden an Corona und seinen Folgen. Und wer mit Auftritten und Entertainment sein Geld verdient, ist noch mal stärker betroffen. Aber am schlimmsten trifft es dabei wohl die »körpernahen« Veranstaltungen, bei denen Schweiß, Bier und eben auch Viren wild durch die Gegend fliegen. Ein Punkrock-Konzert mit Abstand und Maske, bestuhlt in einer seelenlosen Messehalle? Schwer vorzustellen. »First to close, last to open« heißt das bittere Motto: Konzerte und Festivals wurden als erstes abgesagt, und sie werden die letzten Veranstaltungen sein, die wieder möglich sein werden.

Um die Not zumindest ein bisschen zu lindern, beschließen die Donots eine ziemlich überraschende Veröffentlichung: Ihre erste Liveplatte – inklusive einer Support-Aktion für ihre Crew. Zu der Idee kommt es, als die Band beim nostalgischen Durchhören der *Birthday Slam*-Mitschnitte ehrlich erstaunt ist, wie gut die Aufnahmen klingen und wie viel Stimmung und Atmosphäre rüberkommt. Natürlich können Liveaufnahmen das echte Konzertgefühl nur unzureichend ersetzen. Aber in Zeiten wie diesen muss man sich eben an alles klammern, was man hat – das gilt für Fans und Band gleichermaßen. Das Doppel-Album wird ein Erfolg im doppelten Sinne: Es landet auf Platz sechs der Charts – und das in der umsatzstarken und konkurrenzreichen Vorweihnachtszeit. Und auch das umwerfende Spendenergebnis für die Crew sorgt für rundum zufriedene Gesichter.

Die DIY-Corona-Hilfe wird fortgesetzt: Mit vielen weiteren befreundeten Bands beteiligen sich die Donots an dem Benefiz-Sampler *Merchcowboy – Mixtape Vol. 1*. Die Einnahmen kommen einem Solidaritätsfonds namens #handforahand zugute, mit dem Freiberuflern in der Branche schnell und unkompliziert geholfen werden soll.

Auch für ein paar Nebenprojekte und Tätigkeiten jenseits der Band ist Zeit. Purgen und Guido produzieren das neue Album von Smile And Burn, Guido spielt den Score für den Film »Somehow« ein, Ingo nimmt mit ein paar Freunden das Debüt von Duchamp auf, einem Emo/Hardcore-Projekt in bester Kid Dynamite-Tradition.

2020 war das erste Jahr seit Bandgründung ohne einen einzigen Donots-Auftritt. Und es ist durchaus möglich, dass 2021 direkt das nächste folgt. Wie geht es weiter? Was kommt als nächstes? Diese Fragen treiben die Donots schon in normalen Zeiten um und an. Für Pandemie-Zeiten gilt das erst recht.

Insgesamt finden sich 441 Fragezeichen in diesem Buch. Das größte von ihnen steht am Schluss.

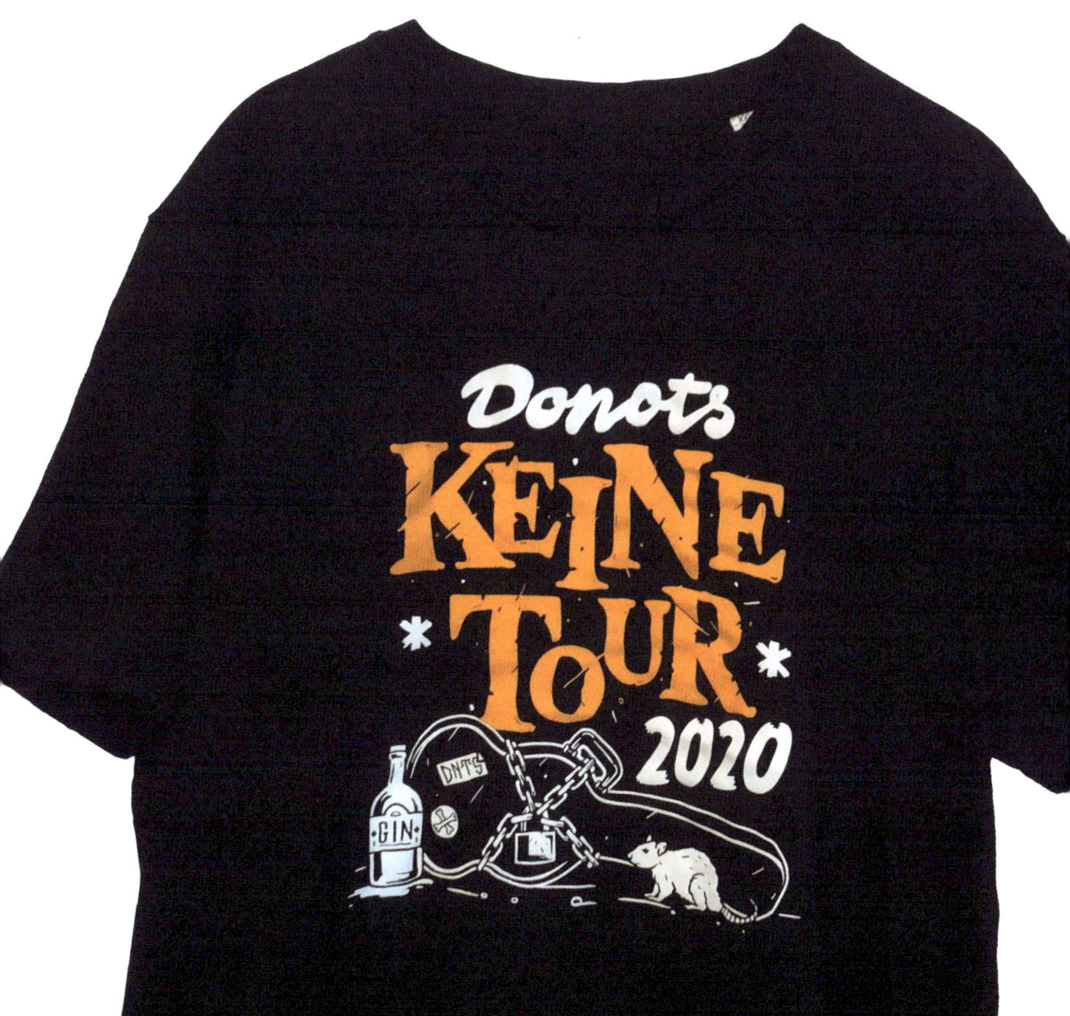

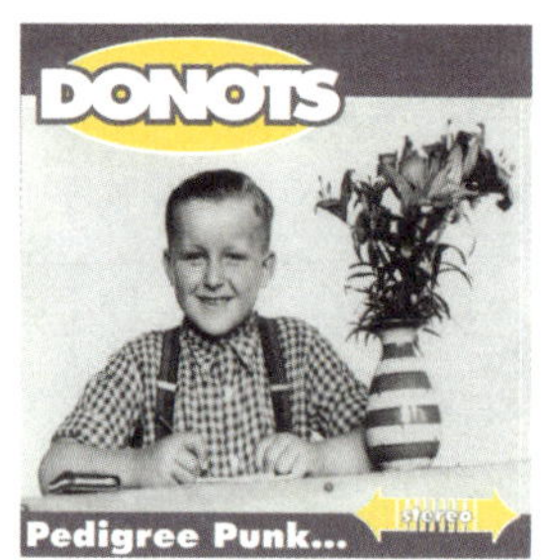
DONOTS
Pedigree Punk...
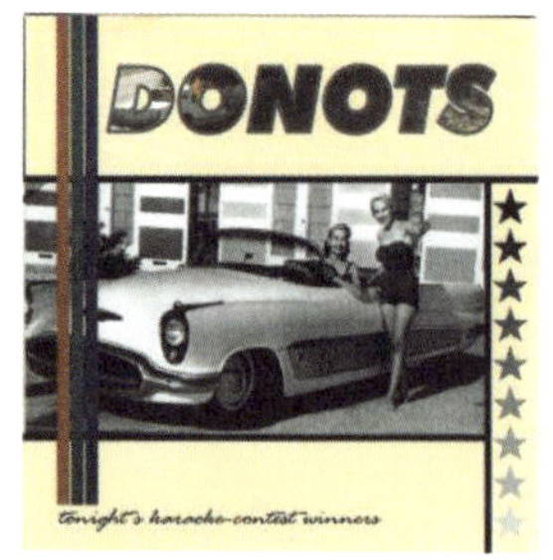
DONOTS
tonight's karaoke-contest winners
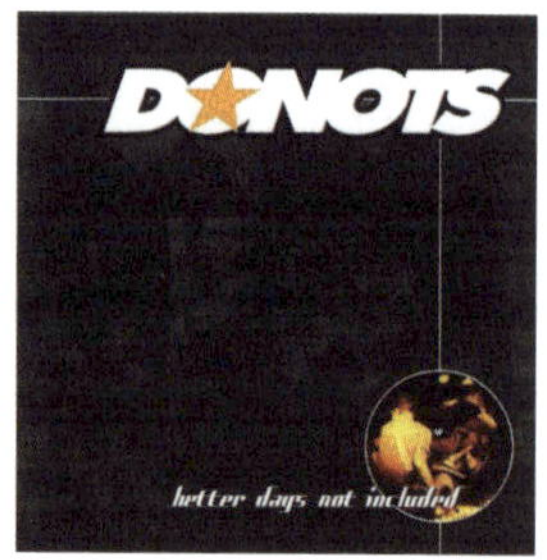
DONOTS
better days not included
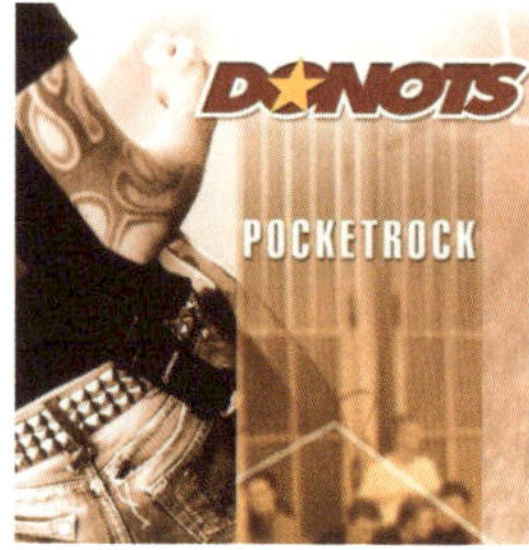
DONOTS
POCKETROCK
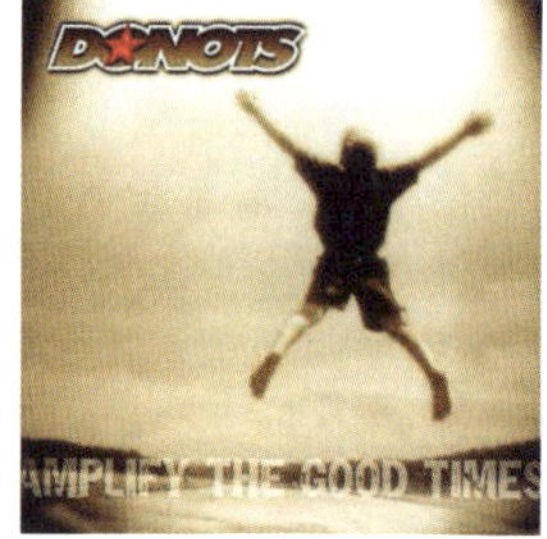
DONOTS
AMPLIFY THE GOOD TIMES
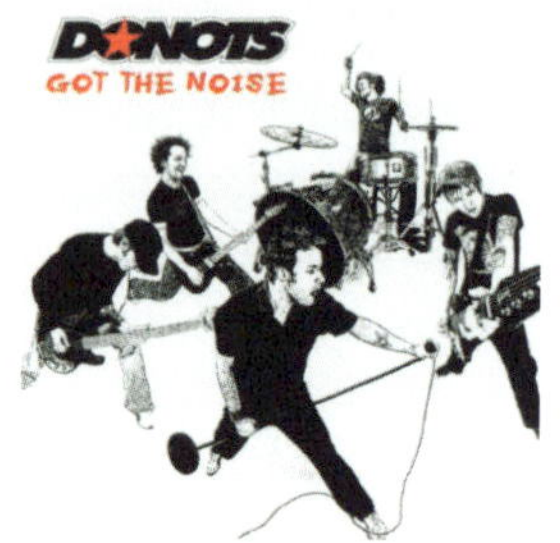
DONOTS
GOT THE NOISE
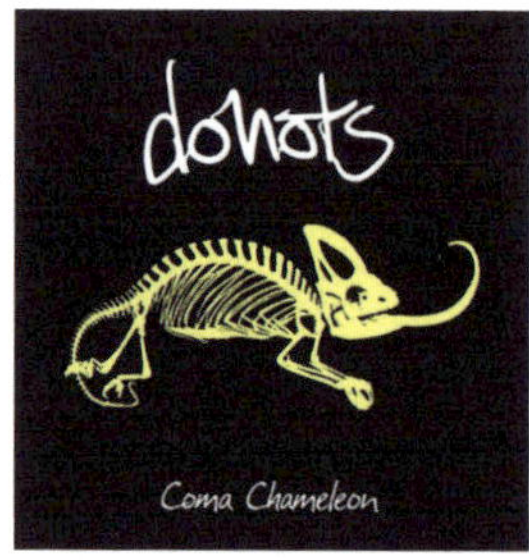
donots
Coma Chameleon
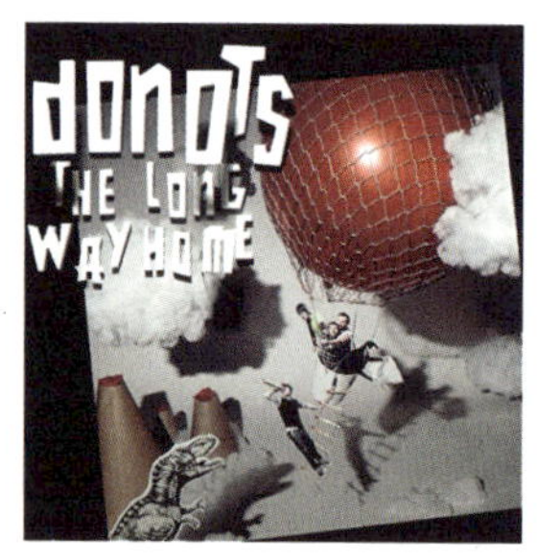
donots
THE LONG WAY HOME
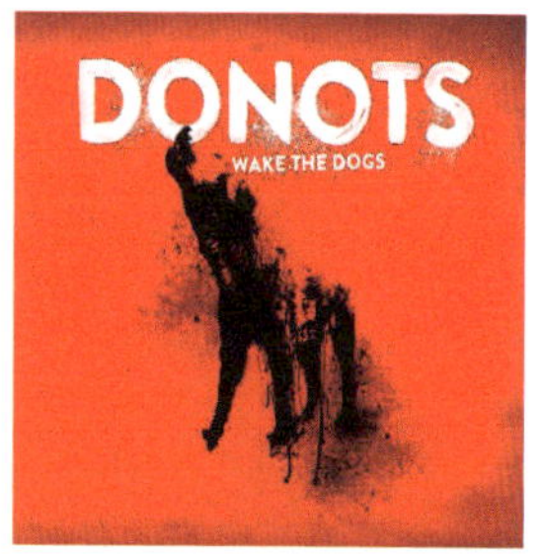
DONOTS
WAKE THE DOGS
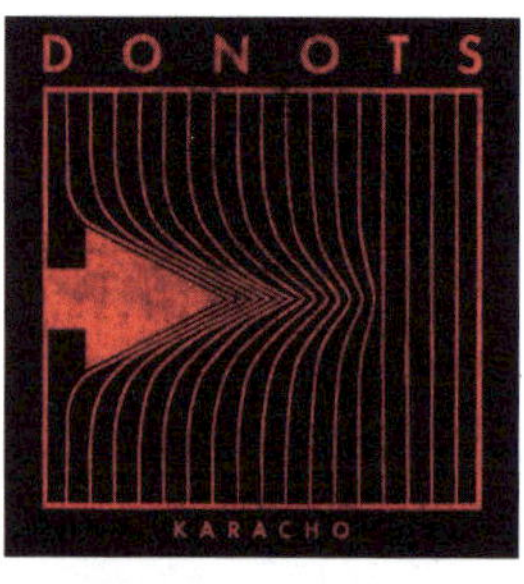
DONOTS
KARACHO
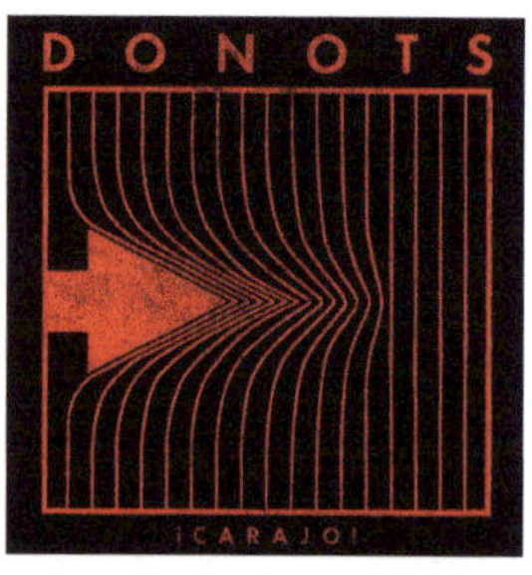
DONOTS
¡CARAJO!
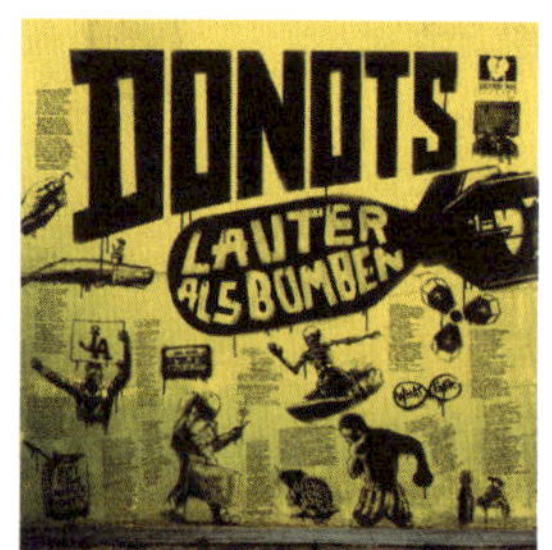
DONOTS
LAUTER ALS BOMBEN
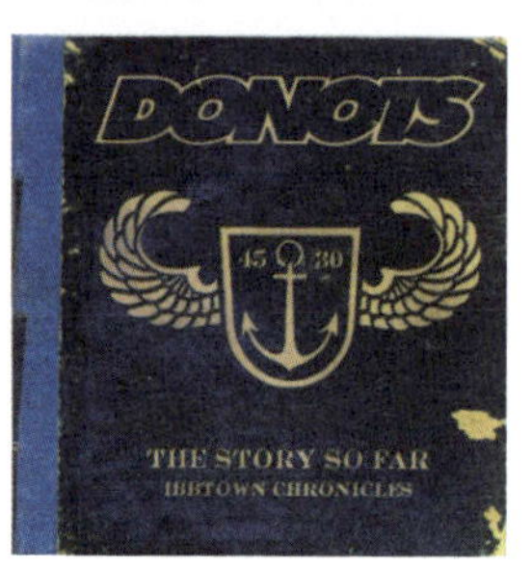
DONOTS
THE STORY SO FAR
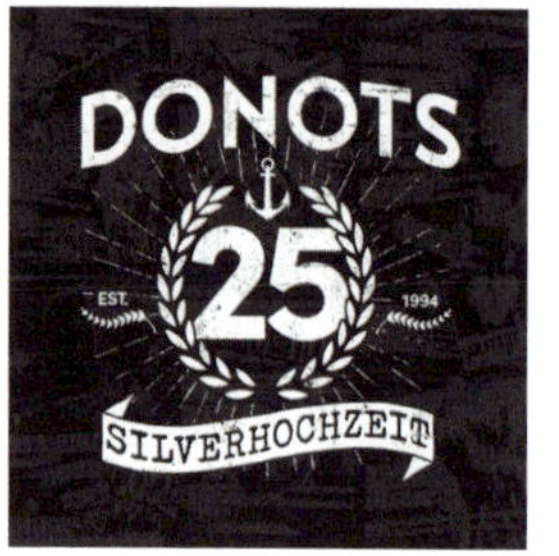
DONOTS
EST.
25
1994
SILVERHOCHZEIT
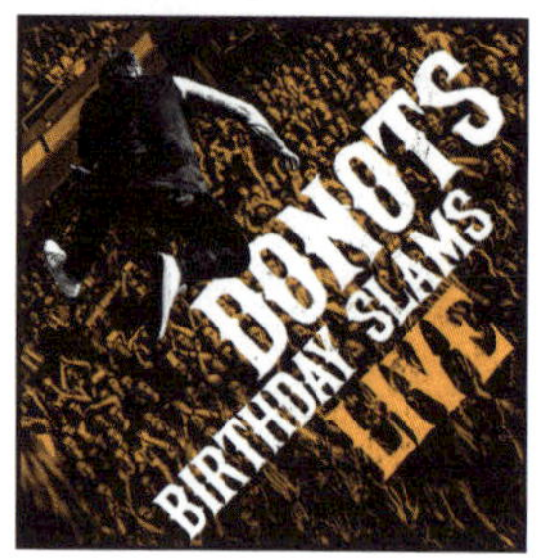
DONOTS
BIRTHDAY SLAMS
LIVE

DISKOGRAFIE

Alben
Pedigree Punk (1996, Eigenproduktion)
Tonight's Karaoke-Contest Winners (1998, Eigenproduktion)
Better Days Not Included (1999, GUN)
Pocketrock (2001, GUN)
Amplify The Good Times (2002, GUN)
Got The Noise (2004, GUN)
Coma Chameleon (2008, Solitary Man)
The Long Way Home (2010, Solitary Man)
Wake The Dogs (2012, Vertigo)
Karacho (2015, Vertigo)
¡CARAJO! (2016, OK Good/Grindhouse)
Lauter als Bomben (2018, Solitary Man)

Compilations
The Story So Far: Ibbtown Chronicles (2006, GUN)
Silverhochzeit (2019, Solitary Man)
Birthday Slams Live (2020, Solitary Man)

Singles und EPs
Outshine The World (1998, GUN)
Whatever Happened To The 80s (2000, GUN)
Superhero (2001, GUN)
Donots vs. Midtown (2001, Stereodrive)
Today (2001, GUN)
Room With A View (2001, GUN)
Saccharine Smile (2002, GUN)
Big Mouth (2002, GUN)
We're Not Gonna Take It (2002, GUN)
We Got The Noise (2004, GUN)
Good-Bye Routine (2004, GUN)
Stop The Clocks (2008, Solitary Man)
To Hell With Love (2008, Solitary Man, UK only)
Forever Ends Today (2010, Solitary Man)
Donots vs. Itchy Poopzkid (2011, Solitary Man)
We Took The Long Way Home (2012, Solitary Man)
Come Away With Me (2012, Vertigo)
So Long (2012, Vertigo)
Das Neue bleibt beim Alten (2014, Solitary Man)

Bruch und Dalles (2015, Vertigo)
Donots vs. Adam Angst (2017, Solitary Man)
Piano Mortale (2018, Solitary Man)
Versagt, getan (2019, Solitary Man)
Willkommen Zuhaus (2020, Solitary Man)
Live in der Scheune (2020, Solitary Man)
Merry X-Mas (I Don't Want To Fight Tonight) (2020, Solitary Man)

DVDs
Making Of Good Times (2002, GUN)
Ten Years Of Noise (2005, GUN)
To Hell With Live (2012, Solitary Man)
Wake The States (2013, Pledge Crowdfunding)
Das (ungefähr) 1000ste Konzert (2017, Solitary Man)

Exklusive Samplerbeiträge
Ausgebombt (auf »Aggropop Now!«, Destiny, 2003)
Time's Up (auf »Rock Against Bush Vol. 2«, Fat Wreck, 2004)
Ich töte meinen Nachbarn und verprügel seine Leiche (auf »Kunst! 20 Jahre Die Kassierer«, Teenage Rebel, 2005)
Creeping Death (auf »A Tribute To Metallica«, Vertigo, 2008)
Calling (Unplugged) (auf »Music 4 Cancer Sampler«, Music 4 Cancer, 2010)
Invincible (»A Tribute To Tony Sly«, Fat Wreck, 2013)
Lied vom Wecken (»Giraffenaffen 6«, 2020)

Schrappmesser (Seitenprojekt Ingo und Guido)
The Shape Of Platt To Come (2011, 7")
Schlachtrufe Stimmungshits (2014, LP)

Duchamp (Seitenprojekt Ingo)
Slingshot Anthems (2021, LP)

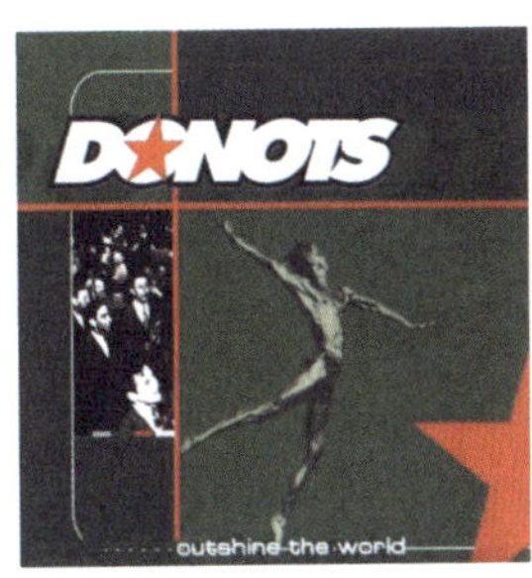
DONOTS
outshine the world
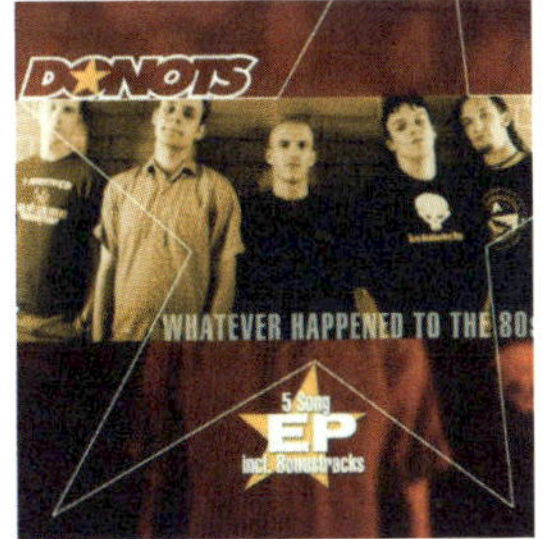
DONOTS
WHATEVER HAPPENED TO THE 80
5 Song
EP
incl. Bonustracks
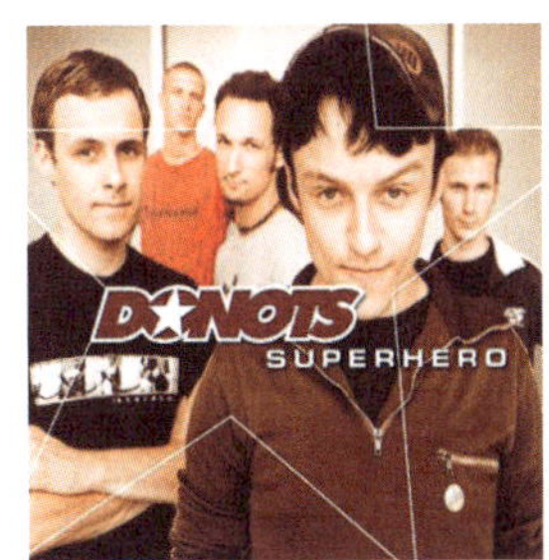
DONOTS
SUPERHERO
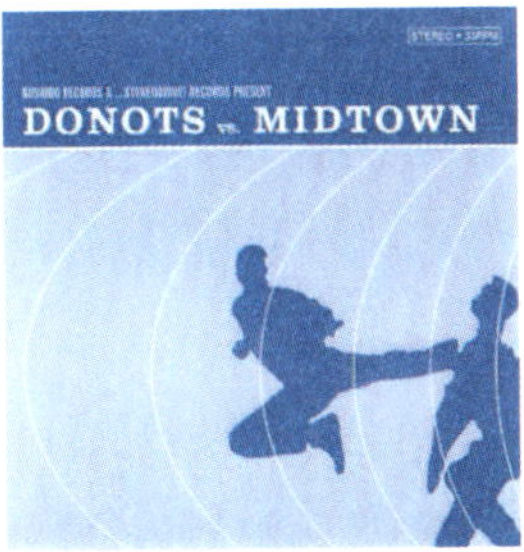
DONOTS vs. MIDTOWN
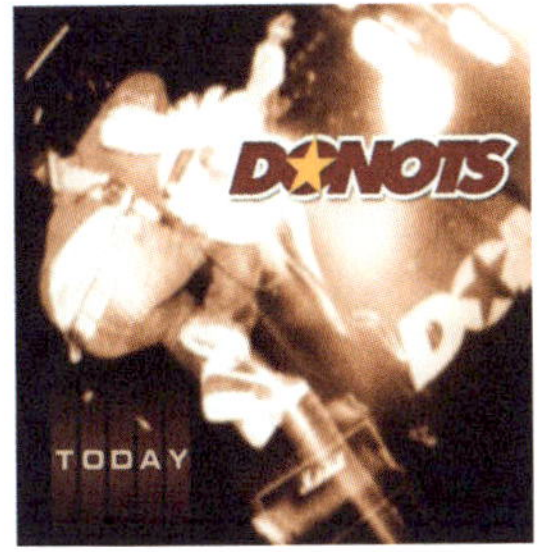
DONOTS
TODAY
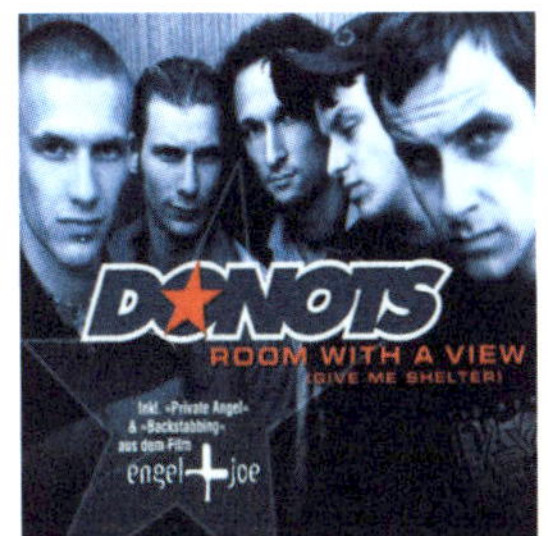
DONOTS
ROOM WITH A VIEW
(GIVE ME SHELTER)
Inkl. »Private Angel«
& »Backstabbing«
aus dem Film
engel+joe
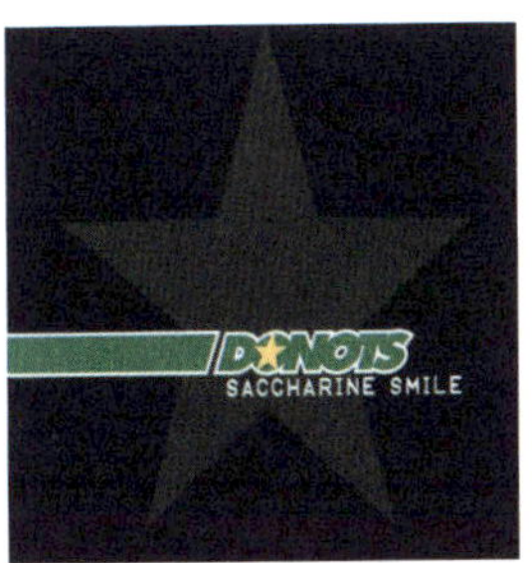
DONOTS
SACCHARINE SMILE
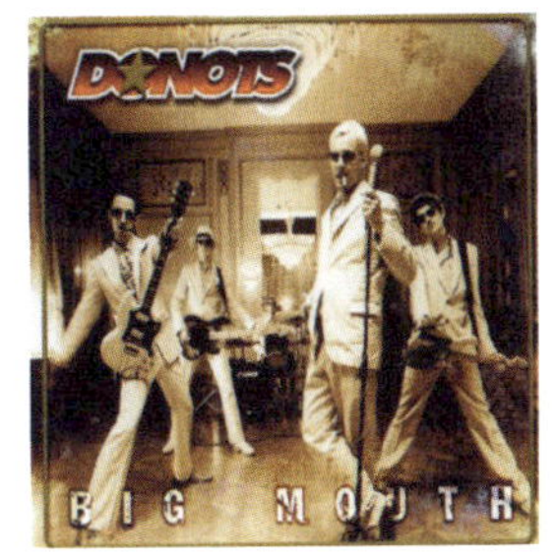
DONOTS
BIG MOUTH
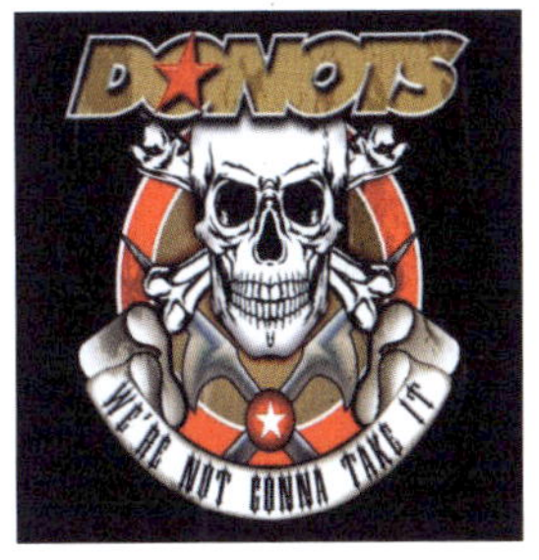
DONOTS
WE'RE NOT GONNA TAKE IT
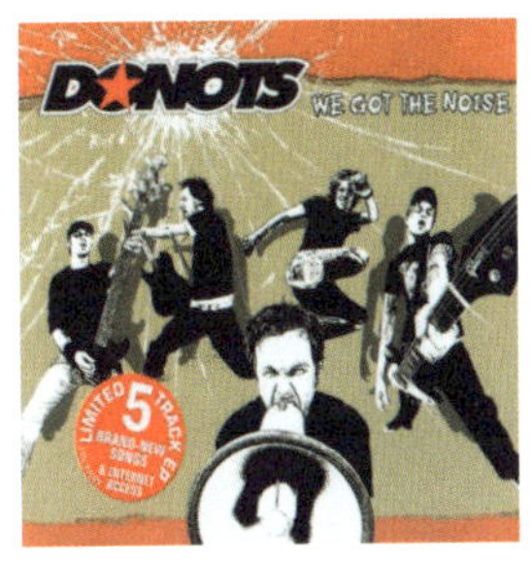
DONOTS
WE GOT THE NOISE
LIMITED 5 TRACK EP
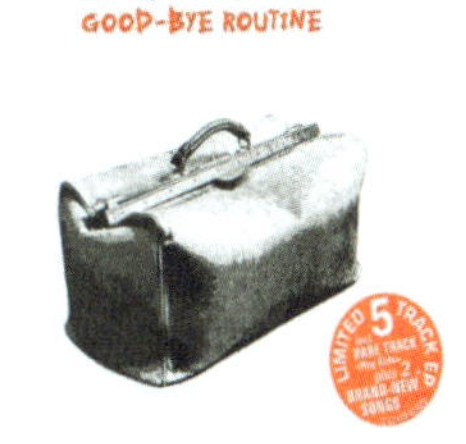
DONOTS
GOOD-BYE ROUTINE
LIMITED 5 TRACK EP
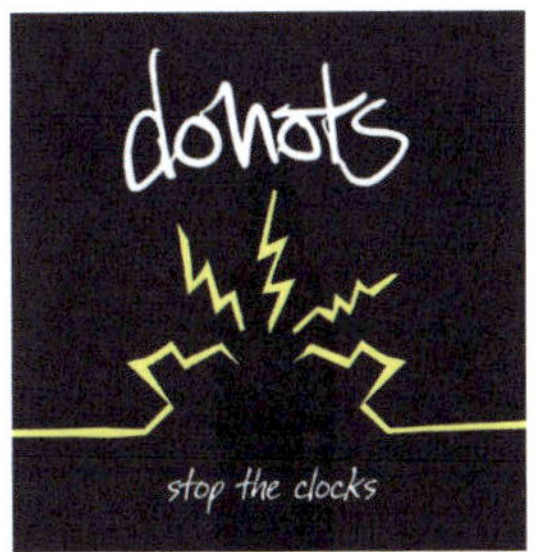
donots
stop the clocks
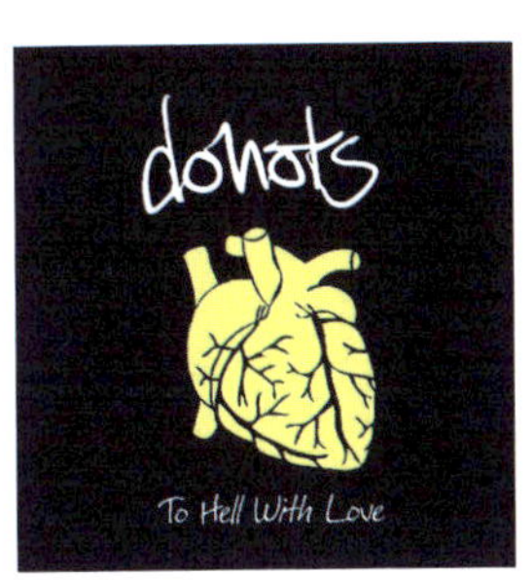
donots
To Hell With Love
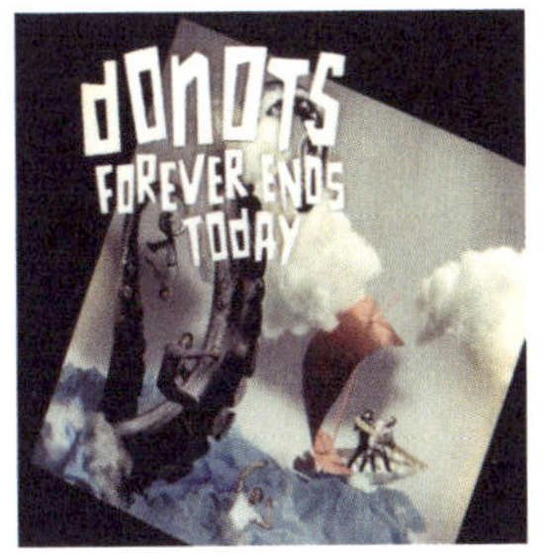
donots
FOREVER ENDS
TODAY
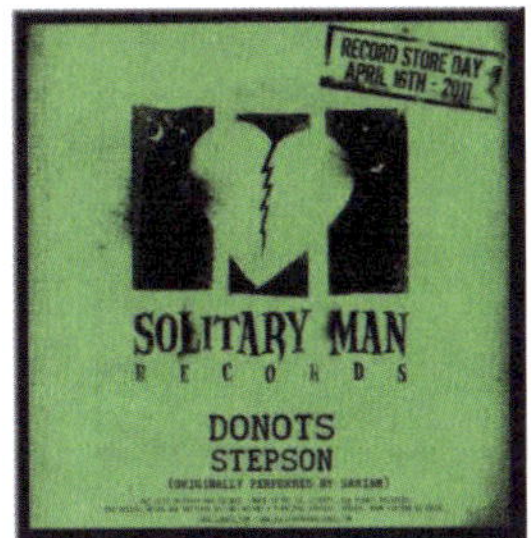
RECORD STORE DAY
APRIL 16TH - 2011
SOLITARY MAN
RECORDS
DONOTS
STEPSON

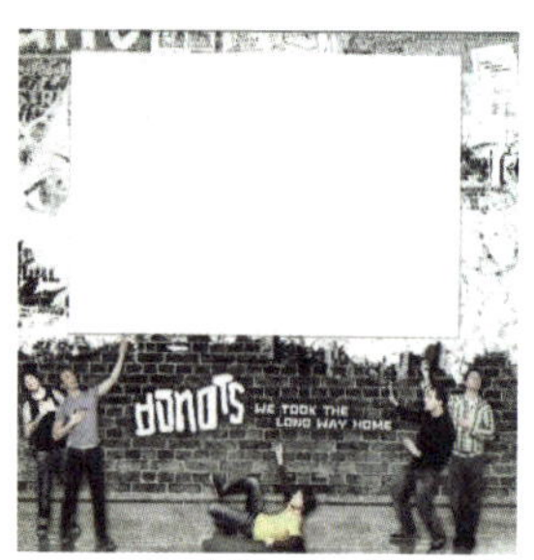
donots
WE TOOK THE LONG WAY HOME
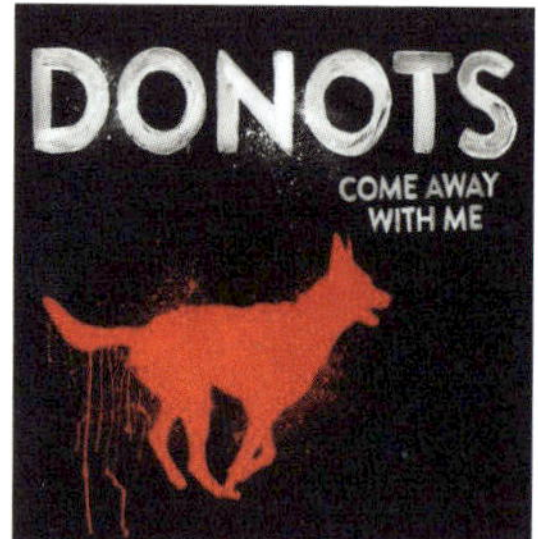
DONOTS
COME AWAY WITH ME
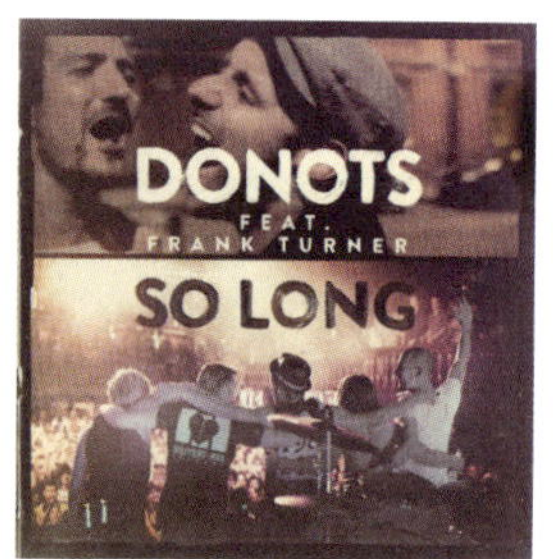
DONOTS
FEAT. FRANK TURNER
SO LONG
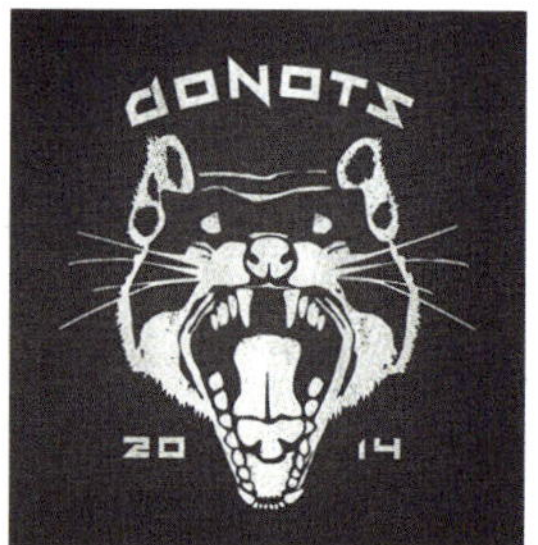
DONOTS
20 14
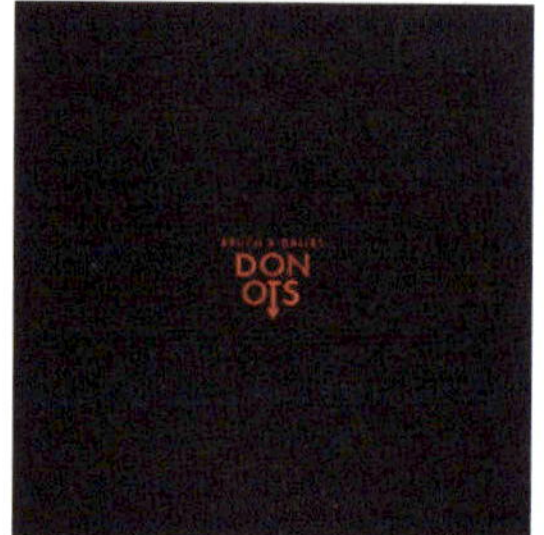
DON OTS
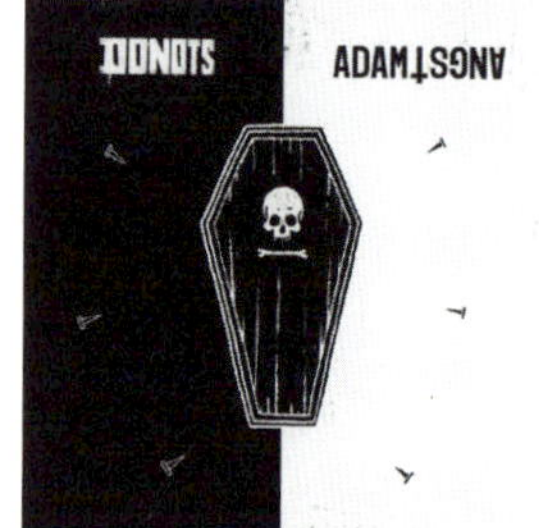
DONOTS
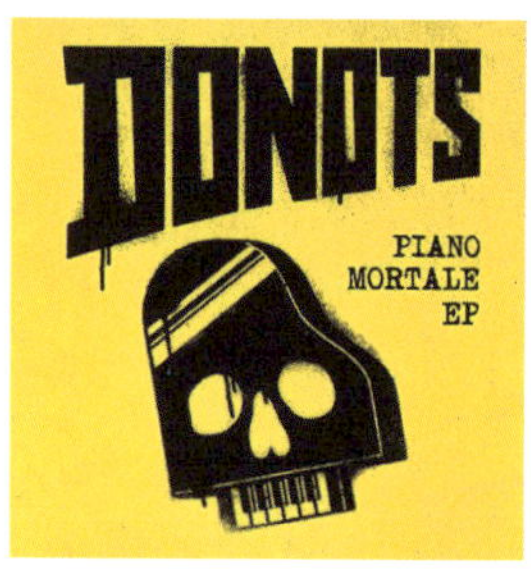
DONOTS
PIANO MORTALE EP
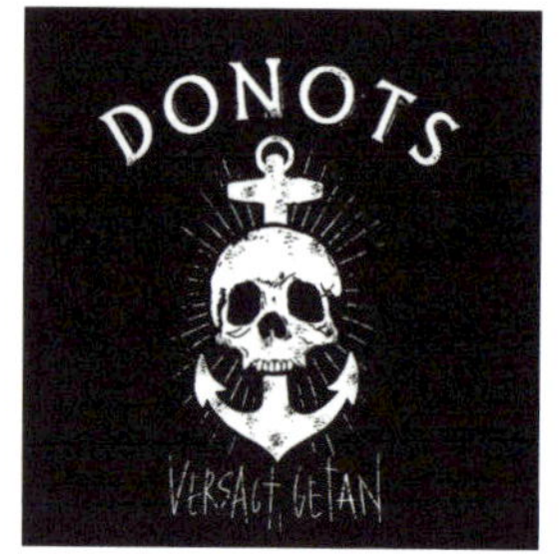
DONOTS
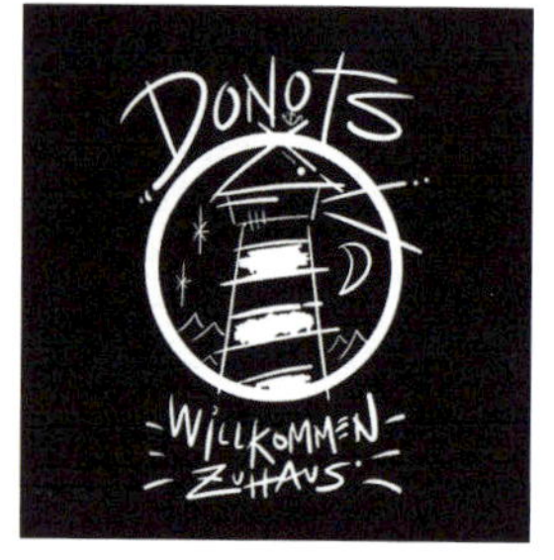
Donots
Willkommen Zuhaus
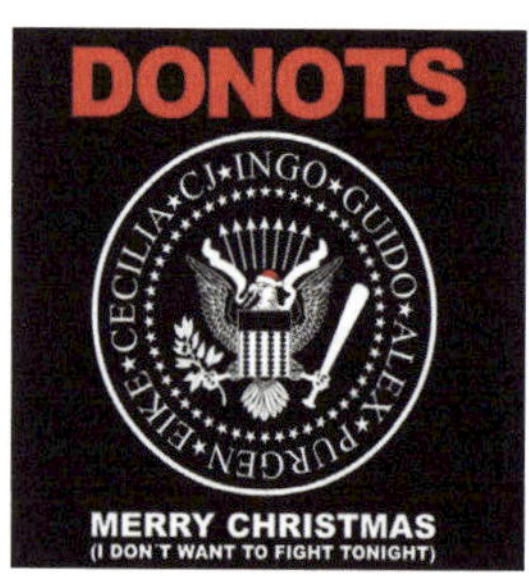
DONOTS
CJ INGO GUIDO ALEX JURGEN EIKE CECILIA
MERRY CHRISTMAS
(I DON'T WANT TO FIGHT TONIGHT)
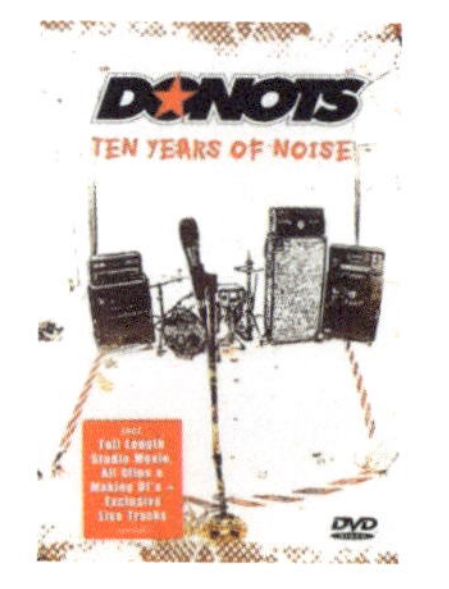
DONOTS
TEN YEARS OF NOISE
DVD
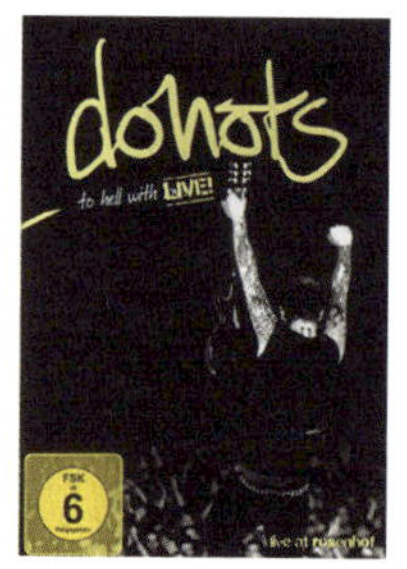
donots
to hell with LIVE!
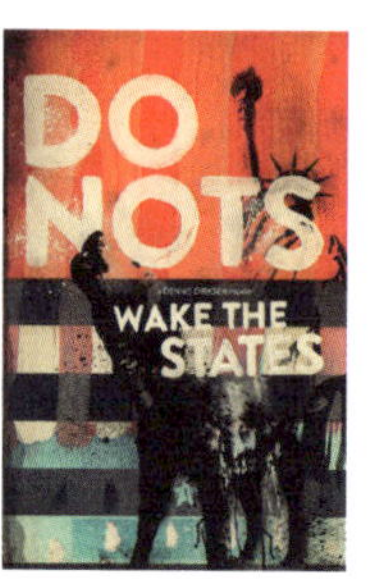
DO NOTS
WAKE THE STATES
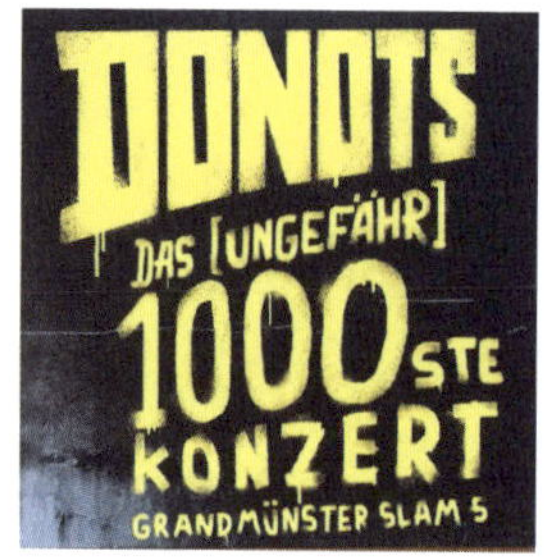
DONOTS
DAS [UNGEFÄHR]
1000STE
KONZERT
GRANDMÜNSTER SLAM 5

GASTBEITRÄGE UND KOLLABORATIONEN

Arnim Teutoburg-Weiß (Beatsteaks): Gastvocals »Jaded« (*Pocketrock*-Album)
Midtown: Gang Vocals »Up Song« (*Amplify The Good Times*-Album)
Holger Kochs (Pale): Gastvocals »Got The Time« (*We're Not Gonna Take It*-EP)
Rock'n'Rolf Kasparek (Running Wild): Gastvocals »Bad To The Bone« (*We're Not Gonna Take It*-EP)
Jason Perry (A): Gastvocals »Alright now« (*Got The Noise*-Album)
Pete Vuckovic (3 Colours Red): Gastvocals »Knowledge« (*Got The Noise*-Album)
Walter Schreifels (Gorilla Biscuits, Quicksand, Rival Schools): »Break My Stride«-Akustikversion (*Coma Chameleon*-Album)
Pete Vuckovic (3 Colours Red): Spoken Word Intro »There's A Tunnel At The End Of The Light« (*Coma Chameleon*-Album)
Chuck Ragan (Hot Water Music): Spoken Word Intro »Changes« (*The Long Way Home*-Album)
Lynda Mandolyn (Fabulous Disaster): Spoken Word Intro »Dead Man Walking« (*The Long Way Home*-Album)
Joey Cape (Lagwagon): Spoken Word Intro »Manifesto« (*Wake The Dogs*-Album)
Frank Turner: Gastvocals »So Long« (*Wake The Dogs*-Album) und »Going Through The Motions« (*So Long*-Single)
Tim McIlrath (Rise Against): Gastvocals »Das Neue bleibt beim Alten« (Single)
Jan Windmeier (Turbostaat): Gastvocals »Gegenwindsurfen« (*Lauter als Bomben*-Album)
Samy Amara (Broilers): Gastvocals »Problem kein Problem« (*Das (ungefähr) 1000ste Konzert*-Album)
Antilopen Gang: Gastvocals »Kaputt/Beton« (*Das (ungefähr) 1000ste Konzert*-Album)
Nicholas Müller (Jupiter Jones): Gastvocals »So Long« (*Das (ungefähr) 1000ste Konzert*-Album)
Vom Ritchie (Die Toten Hosen): Drums »Superhero« (*Birthday Slams Live*-Album)
Antilopen Gang: Gastvocals »Kaputt/Beton« (*Birthday Slams Live*-Album)
Jan Windmeier (Turbostaat): Gastvocals »Gegenwindsurfen« (*Birthday Slams Live*-Album)
Sammy Amara (Broilers): Gastvocals »Problem kein Problem« (*Birthday Slams Live*-Album)
Cecilia Boström (The Baboon Show): Gastvocals »Merry Christmas (I Don't Want To Fight Tonight)« (Single)
CJ Ramone: Gastvocals »Merry Christmas (I Don't Want To Fight Tonight)« (Single)

GANZE BAND

Donots & Anti-Flag: »Protest Song« (Gratis Download)
Donots & Anti-Flag & Billy Talent & Beatsteaks: »Toast To Freedom« (Amnesty International 7")
Sämtliche Gang Vocals: Broilers *(sic)!*-Album
Gang Vocals: Jupiter Jones »Hey! Menetekel« (*Jupiter Jones*-Album)
Gang Vocals: Rantanplan »Stay Rudel, Stay Rebel« (*Stay Rudel, Stay Rebel*-Album)
Gang Vocals: Band Aid 30 »Do They Know It's Christmas Time?« (Single)

INGO

2000 Gastvocals: New Rock Conference »Heal Yourself« (Single)
2003 Piano: Muff Potter-Album *Heute wird gewonnen, bitte*
2003 Gastvocals: Die Innung »Cool in Detmold« (Single)
2004 Gastvocals: Die Toten Hosen »All die ganzen Jahre« (*Rock am Ring 2004 – Live*-DVD)
2004 Gastvocals: Heideroosjes »Euronoise« (*Sinema*-Album)
2004 Gastvocals: Alternative Allstars »I Get Around« (*110% Rock*-Album)
2006 Produktion: Waterdown-Album *All Riot*
2007 Gastvocals: Jupiter Jones »Im Januar, im Schlaf« (*Entweder geht diese scheußliche Tapete oder ich…*-Album)
2007 Piano: Muff Potter-Album *Steady Fremdkörper*
2008 Gastvocals: Moonbound »Tired Of Being Good« (*Confession And Release*-Album)
2009 Gastvocals: Eat The Gun »Wiser« (*Super Pursuit Mode Aggressive Thrash Distortion*-Album)
2013 Gastvocals: Gameface »The Only Chance We Get« (*Come On Down*-Single)
2016 Gastvocals: Space Chaser »Metro Massacre« (*Dead Sun Rising*-Album)
2017 Gastvocals: Antilopen Gang »Der goldene Presslufthammer« (*Atombombe auf Deutschland*-Bonusalbum)
2017 Gastvocals: Tim Vantol »Burning Desires« (*Burning Desires*-Album)
2017 Gastvocals: Sondaschule »RIP Audio« (*Schere, Stein, Papier*-Album)
2017 Gastvocals: Pascow »Lettre Noir« (*Lost Heimweh*-DVD)
2019 Gastvocals: Rogers »Zu spät« (*Mittelfinger für immer*-Album)
2019 Gastvocals: Montreal »15 Jahre für die Punchline« (*Hier und heute nicht!*-Album)

PURGEN

2006 Produktion: One Fine Day *Damn Right*-Album
2006 Produktion: December Peals *If You Wanna Be Loud*-EP
2019 Produktion und Bass: Smile And Burn *Morgen anders*-Album
2020 Bass-Engineering: Duchamp *Slingshot Anthems*-Album

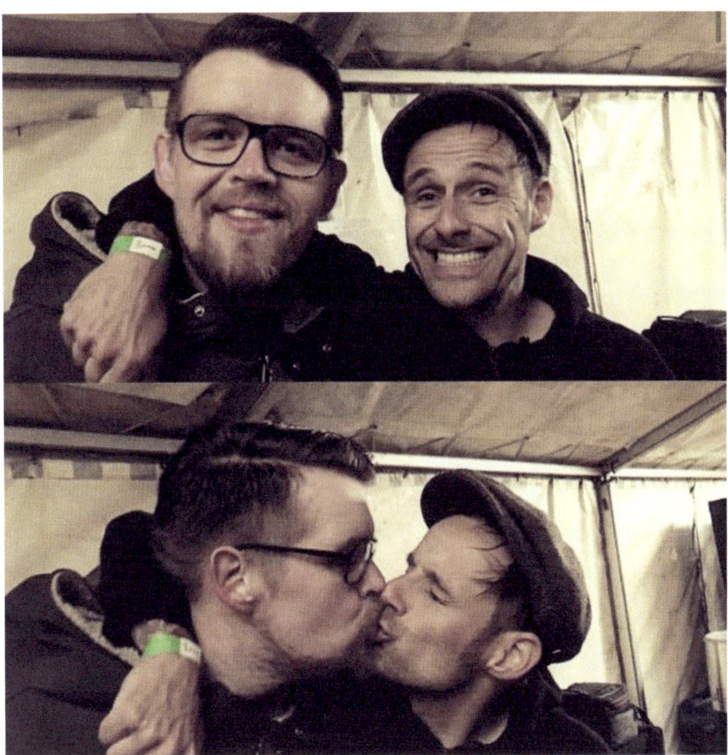

GUIDO

2006 Produktion: December Peals *If You Wanna Be Loud*-EP (2006)
2007: Produktion Tiny Y Son *Embracing Uncertainty*-Album
2009 Gitarre: Eat The Gun »Wiser« (*Super Pursuit Mode Aggressive Thrash Distortion*-Album)
2011 Gitarrensolo: Jupiter Jones »Hey! Menetekel« (*Jupiter Jones*-Album)
2012 Gastvocals: Itchy »The Pirate Song« (*Ports & Chords*-Album)
2013 Gastvocals: Marathonmann »Wir sind immer noch hier« (*Holzschwert*-Album)
2016 Gastvocals: Scrotem »Smile« (*Scrot 'Em All*-Album)
2017 Gastvocals: Kosmonovski »Kleines Plädoyer« (*Kosmonovski*-Album)
2018 Gastvocals: ZSK »Die besten Lieder« (*Hallo Hoffnung!*-Album)
2019 Produktion: Smile And Burn *Morgen anders*-Album
2019 Produktion: Empire Me
2019 Produktion: Henning Wehland

Ingo mit Nicholas Müller (Jupiter Jones)

Dank

Vielen Dank an Markus Balk, Florian Brauch, Jens Grimstein, Joachim Hiller, Sergie Loobkoff, André Knollmann, Frank Turner und an alle anderen, die sich die Zeit genommen haben, mir meine Fragen über die Donots zu beantworten.

Ein besonderer Dank geht an Ingo Schmoll, der mir vieles von seinem Material so selbstverständlich zur Verfügung gestellt hat.

Danke an Anja Fröhlich und an alle Autorinnen und Autoren im »Schreibraum Köln«, wo große Teile dieses Buches entstanden sind.

Ich danke Rio und Holly, ihr seid das Gegenteil von »No Future«.

Und ich danke natürlich Alex, Eike, Ingo, Jan-Dirk und Guido. Für die Standleitung während des Schreibens. Für die Geschichten, die sie erlebt haben und die ich im Grunde nur noch aufschreiben musste. Und für ihr Herz, Rückgrat und Zwerchfell. Wenn ich in einer Band wäre – sie müsste so und nicht anders sein.

Der letzte Dank geht an Rabo, Gero und Cora. Ohne Euch wäre dieses Ding mit den drei Akkorden nie so laut in meinem Kopf explodiert, und es hätte nie so lange nachgehallt. Bis heute und für immer.

Credits

Cover, S. 265, 341b: Marcel Weste
Klappe (Broschur), S. 186, 211, 212, 215, 220, 222/223, 225, 232, 237b, 240a, 262/263, 323: Patrick Runte
S. 8/9: Privatarchiv von Fans
S. 40, 41, 51, 83, 107b, 108, 228b, 281b: Ingo Knollmann
S. 60, 114: Sascha Kramski
S. 77: Cora Pratz
S. 87, 100, 137, 145: Dirk Schelpmeier
S. 94: David Biene
S. 98: Saskia Löber
S. 112, 129, 144: Saskia Otto
S. 138a, 139: Steffen Wilmking
S. 140, 151b: Ingo Neumayer
S. 162a: Privatarchiv Motoko Fujii
S. 164, 170/171, 176, 275, 276: Thomas Rabsch
S. 178, 179a, 219: Jochen Melchior
S. 182: Privatarchiv Walter Schreifels
S. 195, 311a: Andreas Budtke @ budti
S. 199, 208: Erik Weiss
S. 202d, 202e, 202f: Nina Fingskes
S. 217, 237a: Christina Karagiannis
S. 228a, 281a, 287, 301, 311b: Phillip Janta / Janta Island
S. 243, 244, 247, 248b, 249a, 249c, 254a: Dennis Dirksen
S. 251, 308, 310, 320/321: Daniel Kötter Zitterman
S. 238/239, 260, 261, 288/289, 294, 329a, 330a, 332: Markus Hauschild
S. 277, 314, 335: Tobias Sutter
S. 282, 283, 290a, 304–306: Paul Gärtner
S. 298: Privatarchiv Thees Uhlmann
S. 300, 303, 312/313. 338/339, 341a, 342/343: Rainer Keuenhof
S. 316: Rupert Gruber
S. 318: Michael Weniger
S. 319: Ludwig Seidl
S. 327: Andreas Hornoff
S. 336: Privatarchiv (Fangeschenk)
Alle anderen Abbildungen: Privatarchiv Donots

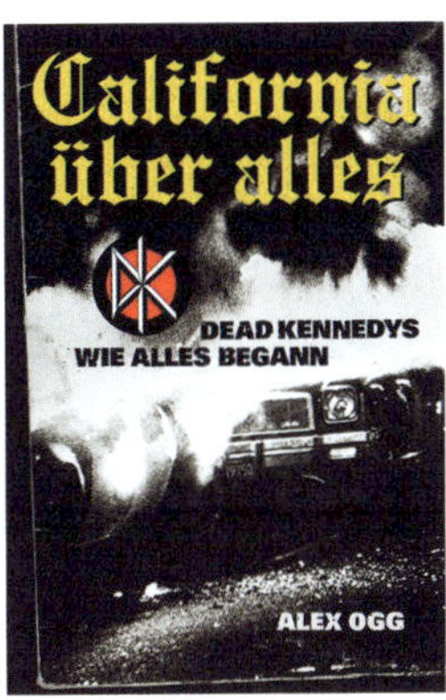

Alex Ogg
California über alles. Dead Kennedys – wie alles begann

Das erste umfassende Buch über eine der wichtigsten und einflussreichsten US-Punkbands. Es konzentriert sich auf die Gründungsphase der Band in der Szene von San Francisco bis nach Erscheinen des ersten Albums »Fresh Fruit For Rotting Vegetables« 1981.

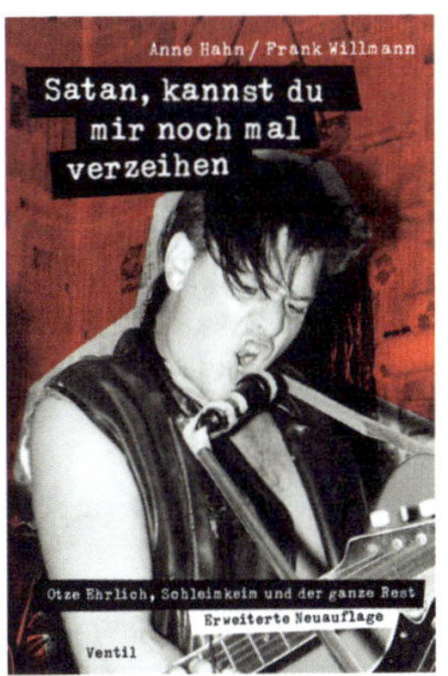

Anne Hahn / Frank Willmann
Satan, kannst du mir noch mal verzeihen. Otze Ehrlich, Schleimkeim und der ganze Rest

Dieter »Otze« Ehrlich, Sänger der legendären Punkband Schleimkeim, hat DDR-Musikgeschichte geschrieben. Anne Hahn und Frank Willmann begaben sich auf Spurensuche des Musikers, der 2005 unter rätselhaften Umständen ums Leben kam. Das Buch erzählt von der Punkszene der DDR, dem von Repressionen geprägten Alltag und wie das war mit dem Saufen und Singen, Lieben und Klauen, den Platten und Partys.

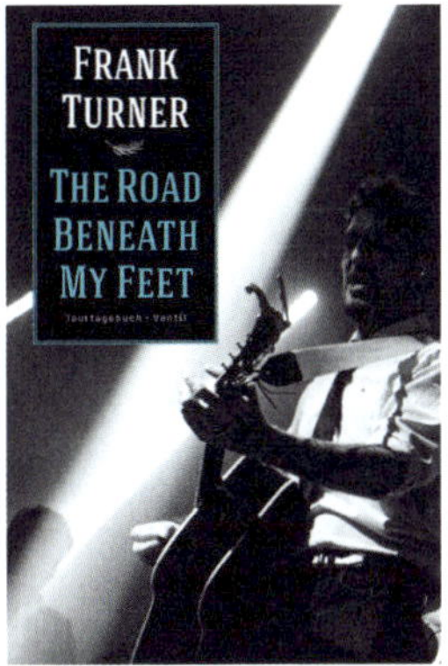

Frank Turner
The Road Beneath My Feet.
Tourtagebuch

Frank Turner erzählt von seinen ersten Gehversuchen als Solomusiker, von durchzechten Nächten und Momenten der Klarheit. 1.254 Shows später wird Turner gefragt, ob er bei der Eröffnungszeremonie der Olympischen Spiele 2012 auftreten möchte ...

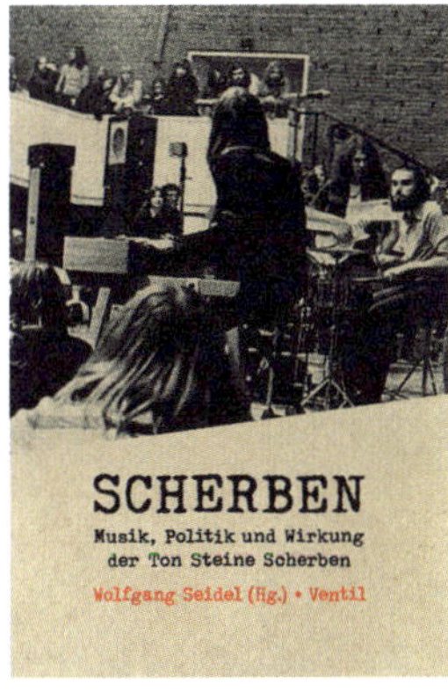

Wolfgang Seidel (Hg.)
Scherben. Musik, Politik und Wirkung der Ton Steine Scherben

Heute werden die Ton Steine Scherben und ihr charismatischer Sänger Rio Reiser gerne verklärt. Wolfgang Seidel, erster Schlagzeuger der Band, wirkt diesem Mythos entgegen: Er hat Zeitzeugen, politische Aktivisten und Freunde der Band versammelt, deren Erinnerungen die Vergangenheit noch einmal lebendig werden lassen.

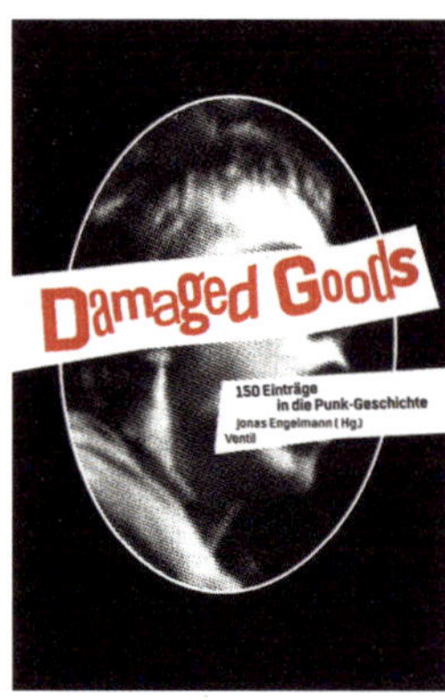

Jonas Engelmann (Hg.)
Damaged Goods. 150 Einträge in die Punk-Geschichte

Zum 40. Punk-Jubiläum haben wir Freund*innen des Ventil Verlags gebeten, unserem wichtigsten musikalischen Wegbegleiter eine Liebeserklärung zu verfassen. Entstanden sind rund 150 Texte zu zentralen Alben der Punkgeschichte, zu Lieblingsplatten, übersehenen Perlen und Klassikern.

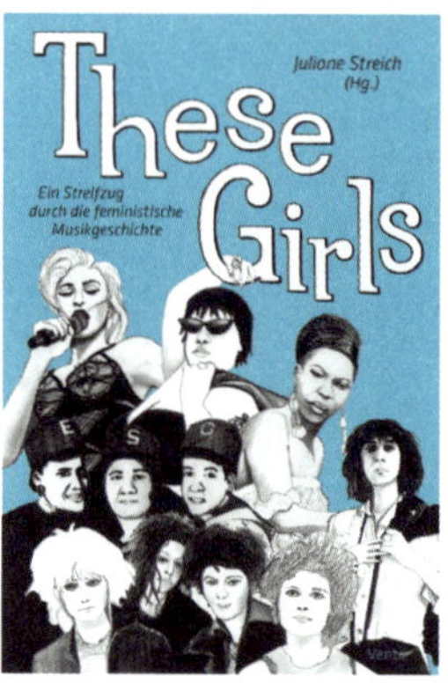

Juliane Streich (Hg.)
These Girls. Ein Streifzug durch die feministische Musikgeschichte

Journalist*innen, Musiker*innen und Fans schreiben über Bands, die sie prägten, über Künstlerinnen, die dem Feminismus eine neue Facette gaben, über Lieblingsplatten, Lebenswerke und Lieder, die sie mitgrölen – vom Klassiker bis zum Außenseitertipp.

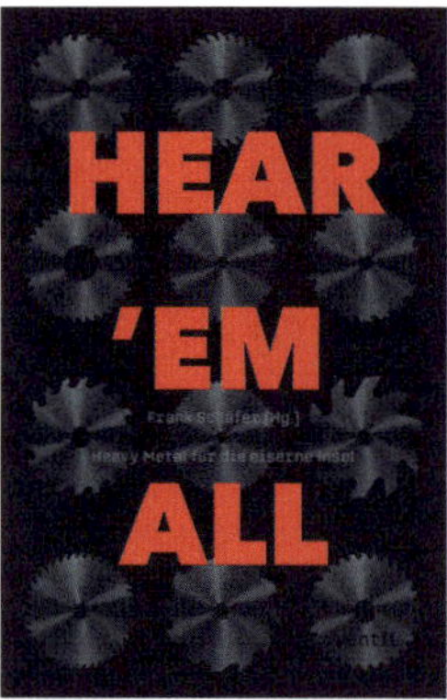

Frank Schäfer (Hg.)
Hear 'em All. Heavy Metal für die eiserne Insel

Eine Anthologie, zusammengetragen von Fans, hochinteressierten Laien und komplett einseitig gebildeten Weirdos. 80 Fachleute haben sich über ihre Sammlung gebeugt und persönliche Favoriten herausgesucht, die sie narrativ oder analytisch, sportlich oder elegant, kritisch, abwägend oder auch emotional völlig verblendet vorstellen.

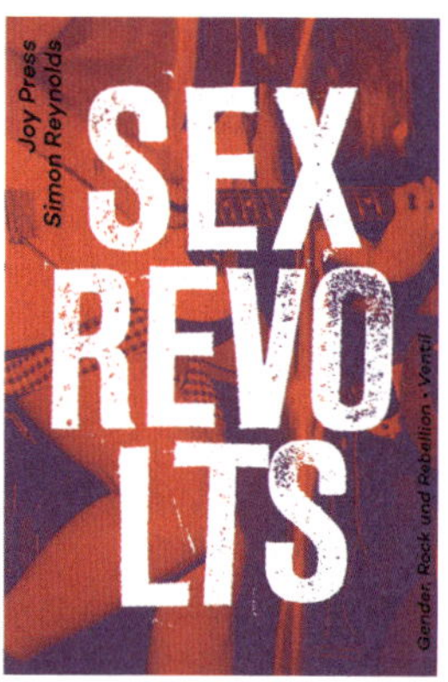

Joy Press / Simon Reynolds
Sex Revolts. Gender, Rock und Rebellion

Im mittlerweile zum Klassiker avancierten »Sex Revolts« stellen Joy Press und Simon Reynolds angesichts der Verkultung des Männlichen im Rock und der Marginalisierung von Künstlerinnen die dringend notwendige Gegenfrage: Muss das so sein?

www.ventil-verlag.de

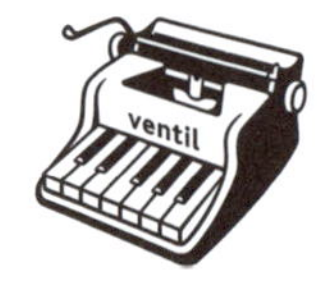